U0643826

SHIYONG GUANGZHOUHUA FENLEI CIDIAN

实用广州话分类词典

麦　耘　谭步云◎编

中国出版集团
世界图书出版公司

图书在版编目（CIP）数据

实用广州话分类词典/麦耘，谭步云编．—广州：世界图书出版广东有限公司，2016.1

ISBN 978-7-5192-0107-4

Ⅰ.实…　Ⅱ.①麦…　②谭…　Ⅲ.①粤语—方言词典—广州市　Ⅳ.①H178-61

中国版本图书馆CIP数据核字（2015）第213062号

实用广州话分类词典

策划编辑：魏志华
出版发行：世界图书出版广东有限公司
（广州市新港西路大江冲25号　邮编：510300）
电　　话：（020）84451969　84453623　84184026　84459579
http://www.gdst.com.cn　E-mail：pub@gdst.com.cn
经　　销：各地新华书店
印　　刷：广州市怡升印刷有限公司
版　　次：2016年1月第1版
印　　次：2016年1月第1次印刷
开　　本：880mm×1230mm　1/32
字　　数：540千
印　　张：14
ISBN 978-7-5192-0107-4/H·0969
定　　价：35.00元

咨询、投稿：020-34201910　weilai21@126.com

总 目 录

凡 例

（一）本词典收集广州话中与普通话不相同的词语，主要是词，也有一些是不独立使用的词素，有一些是固定的词组，还有少数惯用语。这些与普通话不相同的词语，包括普通话没有的和普通话虽然有，但含义和用法跟广州话有些不一样的。这里所说的普通话主要指普通话口语，有些词语在普通话书面语里偶尔使用，但口语不用，而广州话口语里常用，本词典也收入，如“颈”（脖子）、“朝”（早上）等。也收入少数广州不常用而见于香港粤语的词语。

（二）本词典的标音有两种：一种是用国际音标逐词字注音；另一种是只对不常见的字和常见字的特殊读音加注，或用广州话同音字来注，或用同声母同韵母的字加注声调表示，或用反切注，放在尖括号中（请参阅【注音说明】）。

（三）凡一词有两种读法而意义不变的，国际音标用括号注出又音，如“出”注 ts^{h}ɵt^1(ts^{h}yt^1)；如果读法之不同仅限于声调，则仅括注又音的声调，如“一阵间”（一会儿）的“阵”字注 tsɐn$^{6(-2)}$，表示此字可读第 6 声，也可读变调第 2 声。这种情况如果是字音的自由变读，则不再在尖括号中作注（如“出”字），如果只是在这个词中才有两读的，则也用广州话在尖括号中加以注明，如上例“阵”字注〈阵又读第 2 声〉。

（四）词头用字取社会上惯常使用的写法，不一定追求本字、正字，但必要时会用括号注出另一种写法或本字。如“仔”字后面加圆括号附“崽”字。有的音节找不到合适的字写，则取同音或音近字。连音近的字也没有的，用方框“口”代替。外语音译词一般写同音或音近字，无同音或音近字可写的就直接写外语原词（用大写方式），如“阿 SIR”。实际读音随后注出。

（五）凡一词既有方言义项，又有与普通话相同的义项的，一般只注出方言义项，除特别需要以外，不再列出其同于普通话的义项。

（六）凡两个以上的词写法相同，但实际含义并没有联系或者相去很远的，在词的右下角加注 1、2 等，以作区别。如作玄孙讲的“唛$_1$”与作罐头听子讲的“唛$_2$”、作“盯人（球赛用语）”讲的“唛$_3$”等。字形一样且意义相关，但读音不同的也作同样处理，如“妹”分别读 mui^{-1} 和 mui^{-2}，就分作“妹$_1$”和“妹$_2$”。

（七）大部分词条列有例句或有关词组，其中以“~”代表词条，后面的圆括号内为普通话译文；每个例句之间用“｜”号隔开。

（八）在释义和例句之后，有时用方括号加进一步的附注，包括说明词源（如“的士”注[英语 taxi]）、建议参见其他词条（如“八婆”注[参见“八卦”、“八”]）、指出意义相同而形式略异的其他词形（如“后尾枕”注[又作“后枕”]）、必要时与普通话作比较，以及其他补充性的说明。

（九）本词典使用的缩略语有：

【俗】俗语，指特别俗的词语，包括粗话

【雅】雅语，即比较文雅的说法

【詈】詈语，即骂人的话

【谑】戏谑语，即玩笑话、俏皮话

【婉】委婉语，包括忌讳语

【敬】敬称，尊称，礼貌用语

【昵】亲昵的称呼

【贬】贬义词，包括轻蔑的称呼

【褒】褒义词

【喻】比喻的说法

【儿】儿语，即主要是小孩说话或大人对小孩说话时的用语

【旧】旧时流行（即现在不怎么流行）的词语

【外】主要是外语音译词和半音译词（不包括全部外来词）

【熟】熟语，成语，谚语，口头禅等

【歇】歇后语

（十）本词典按意义分类，共分 11 大类（请参阅【分类说明】），每大类中以 A、B、C 等分小类，每小类之中，再分出 1、2、3、4 等项，每项内列有关的词条。同一个词如有不同义项，又属于不同的类项，就在不同的类项下分别列出，而在词条前加星号“*”，表示这个词在别的类项下重见，并在词条后用方括号注明重见于何处。但仅为写法相同，意义上没有联系的，或读音不同的，即上述（六）所谈到后注 1、2 等作区别的，不作重见处理。

（十一）词典后有索引，读者可根据字形查到有关词条。具体用法请阅索引前的说明。

（十二）本词典所立词目约 7 800 条，其中包括一词的不同义项重见的情况。如将重见的词条只作一条算，则为 7 000 条左右。此外，在一些词条后在方括号中以“又作 ××”的方式注出形式略异的词，共有 200 余条。

分类说明

本词典共分 11 大类，说明如下：

（一）人物。包括对各种人的称呼。

（二）自然物和自然现象。包括自然现象和各种自然物，只见于动物的动作和生理现象也在此类中。凡自然物经过人类加工之后，就不算入这一类，而归入下一类“人造物”中，如“猪手”（猪前腿）归入下一类的“食物”小类中；但虽经人工，却不是人有意制造出来的东西，如“镬黸”（锅黑子）则归在这一类。

（三）人造物。包括所有经人类加工制造而成的物体。由人建立起来的社会活动场所，如“茶居”（茶馆）之类，也列在这一类中。

（四）时间与空间。有关的计量单位参见第十类。

（五）心理与才能。包括心理状态、活动、感情、思想性格、智慧才能等，凡与人的意识有关的内容均收入此类。但想法、脾气等作为抽象事物则收在第八类，表现感情的表情则归入第九类。

（六）运动与动作。包括一切明显的空间变动过程以及人或动物的各种具体动作和行动。动物特有的动作则归第二类。空间变动过程不明显的，如“甩”（脱落）归于第九类。

（七）人类活动。包括日常生活、各种社会性的活动和交际行为以及多种社会现象等。礼貌用语也列入此类。

（八）抽象事物。上面几类中实际上也包括了一些抽象事物（如时间与空间等），这一类则列其他各种抽象的事物以及不定指的指称，如“呢啲”（这些）。泛指的物品，如“嘢”（东西），也附在这里。

（九）状况与现象。包括各种具象的外貌、情状和抽象的事物状态、性质、特征、程度等，除了上面几类已经包括了的（如自然现象、心理状态和一部分社会现象等）以外，均在这一类中。

（十）数与量。包括数词和量词（计量单位）。但数量的多与少则在第九类。

（十一）其他。包括语气助词、叹词、拟声词和一部分惯用语。

以上分类有互相交叉的地方，为读者查阅方便，本词典在细目和正文的有关地方加注说明，如在第四类注［时间和空间的计量单位参见十 E］。

注音说明

注音分两种：一种是用汉字注音，是为会发广州音的一般读者准备的（见下面的 A）；一种是用国际音标注音，是为专业的语言工作者和有一定音标拼读基础的读者准备的（见下面的 B）。

A. 本词典对不常见字或者常见字特殊读音都用尖括号加注，是用广州话来注广州话。有如下几种形式：

1. 用同音字来注，如“黄黚黚”（黄而不艳）注〈黚音禽〉，意思是“黚”字跟“禽”字在广州话中同音；又如“衫架”注〈架音真假之假〉，意思是在这个词里，“架”字读音同广州话“真假”的“假”字一样（不同于“假期”的“假”）。只要能用同音字，都一定用同音字来注。

2. 一字有多种常用的读音，就以用例注出，如“行床”（铺床）注〈行音银行之行〉，意思是这里的“行”字跟“银行”的“行”字同音，而跟“行动”或“行路”等词中的“行”字不同音。

3. 有时没有同音字，或者同音字也很生僻，就用同声母同韵母的字加注声调来表示，如“花冧”（花蕾）注〈冧音林第 1 声〉，意思是把“林”字读成第 1 声，就是“冧”的音。当某个字改变声调而原来的声母和韵母都不变时，就直接指出读第几声，如“打皮”（出钱）注〈皮读第 2 声〉，意思是“皮”字在这里读成第 2 声。

广州话声调有 6 个，下面举一些例字，只要把这些例字读熟，就能记住这 6 个声调：

第 1 声：夫福　　真
第 2 声：虎　　　好
第 3 声：库阔　　笑
第 4 声：扶　　　牛
第 5 声：妇　　　上
第 6 声：付伏　　树

记住“真好笑，牛上树”，凡是跟“真”字同一个声调的就第 1 声，跟“好”字同一个声调的就是第 2 声，其余的类推。

4. 在既找不到同音字又没有同声同韵的字时，就使用反切。反切是用两个字分别表示声母和韵母，后面再加一个“切”字。一般来说，把反切的两个字连起来读快了，就能拼出字音来。例如“质因切”就是把“质因”两个字连起来，读出“真”的音。有的反切因为找不到很合适的字，拼读起来麻烦些，例如“啵”（扑克）注〈披些切〉，“披”和“些”连读不很顺，可把“些”字的声母去掉，读作“爷”的第1声，再来连读，即“披爷（第1声）”合起来，就得“啵”的音。

反切不是什么神秘的东西，一说就明白，很容易掌握，一旦掌握了又很有用。

B. 本词典对所收每个词、每个字都以国际音标注音。

1. 辅音：（汉字是这些辅音作声母时的例字；广州话还有零声母，此处不列）

不送气音		送气音		鼻音		擦音		响音	
p	波班边背	p^h	婆派潘平	m	明门微文	f	翻发欢快		
t	多大点短	t^h	拖条天太	n	年农奶脑			l	流拉领路
ts	字祖姐罩	ts^h	次粗斜穿			s	丝笑树山	j	音然雨完
k	甘歌见居	k^h	卡靠权期	ŋ	岸我颜牛	h	汉看欠晓		
kw	瓜关军季	kw^h	夸葵昆群					w	温为话环

说明：

（1）对于不送气音（p、t等）和送气音（p^h、t^h等），没学过规范标准的国际音标的读者，请不要按汉语拼音方案的读法来拼读，也不要按英语音标的读法来拼读（尽管人们习惯把英语音标直接称为“国际音标”）。如果按汉语拼音方案或者英语音标来读，就会误把不送气音读成送气音了。实际上，p、t、ts、k、kw相当于汉语拼音方案的b、d、z、g、gu，而p^h、t^h、ts^h、k^h、kw^h相当于汉语拼音方案的p、t、c、k、ku。

（2）ts、ts^h、s的发音部位比普通话z、c、s要后一些，舌头接触齿龈，与t、t^h同部位。

（3）新派没有n声母，凡n声母字都读为l声母；新派也没有ŋ声母，凡ŋ声母字都读为零声母（没有声母）。本词典在声母上，一律照老派读法注音。

（4）除了作声母外，m、n、ŋ还作鼻音韵尾；p、t、k还作不爆发（不读出来）的塞音韵尾。

（5）m和ŋ可以单独成音节，如表示否定的“唔”m^4，以及“吴”$ŋ^4$、“五伍”$ŋ^5$、“误”$ŋ^6$等。不过，新派把ŋ读成m。本词典按老派读法注音。

2. 元音：a ɐ œ ɵ ɔ o ɛ e i u y

说明：

(1) oŋ 和 ok 两个韵母中的 o 实际读音是 ʊ（基本上就是普通话 ong 韵母的韵腹元音）。

(2) eŋ 和 ek 两个韵母中的 e 实际读音是 I（基本上就是英语 ing 的元音）。

3. 声调

（1）用 6 调系统，舒声调赅括入声调。

（2）老派广州话阴平有两调，55 调和 53 调有对立；新派合而为一，一般作 55 调。今从新派。

（3）用数字表示调类，如下：

1—阴平、上阴入 55 调	2—阴上 35 调
3—阴去、下阴入 33 调	4—阳平 11 调
5—阳上 13 调	6—阳去、阳入 22 调

数字标在音标的右上角，如 $tseŋ^{1}$、pui^{6} 等。

（4）变调主要有 55 调和 35 调两种，分别用 1 和 2 表示；另有少数 11 调和 33 调，分别用 4 和 3 表示。在变调前加短横“-”，以示区别，如 $jɐn^{-1}$、mun^{-2} 等，但不标出本调。有的字音本就是来自变调，但现在只有这一读法，而无本调之读，就不再标“-”号。

分类目录

四、时间与空间

五、心理与才能

十、数与量［多少参看九 B18］

十A 数　量

十B 人与动植物的计量单位

十C 物体的计量单位［表示容器的名词一般都可以作量词，此处不一一列出，参见三］

十D 货币和度量衡单位

一、人 物

一A 泛 称

一A1 人称、指代

哋₁ tei⁶〈音地，大利切〉词尾，表示人称的复数。[普通话的"们"除用于人称"我们、你们"等之外，也可用于其他一些名词，如"同学们、商人们"，广州话的"哋"只能用于人称代词"我哋、你哋"等]

我哋 ŋɔ⁵tei⁶〈哋音地，大利切〉我们；咱们：你哋去，～唔去。(你们去，我们不去。)｜你係广州人，我又係广州人，～都係广州人。(你是广州人，我也是广州人，咱们都是广州人。)[普通话的"我们"不包括听话的人，"咱们"包括在内，广州话没有这样的区别]

你哋 nei⁵tei⁶〈哋音地，大利切〉你们。

佢 kʰøy⁵〈音拒，企吕切〉他；她：～係我嘅朋友。(他是我的朋友。)｜我钟意～。(我喜欢她。)

佢哋 kʰøy⁵tei⁶〈佢音拒，哋音地〉他们；她们。

边个 pin¹kɔ³ 谁：～喺度？(谁在这儿？)｜你钟意叫～嚟都得。(你喜欢叫谁来都行。)

乜人 mɐt¹jɐn⁴〈乜音物第1声，妈一切〉谁：～将呢个桶冚响度？(谁把这个桶放在这儿？)

阿(亚)谁 a³søy⁻²〈谁读第2声，音水〉【谑】谁：人哋边识得你係～！(人家哪知道你是谁！)

乜谁 mɐt¹søy⁻²〈乜音物第1声，谁读第2声，音水〉同"阿(亚)谁"。

人哋 jɐn⁴tei⁶〈哋音地，大利切〉人家；别人(有时泛指别的人，有时指特定的某个人，有时指说话者自己)：～都唔惊，你惊乜嘢嚅！(别人都不怕，你怕什么呀！)｜快啲送翻去畀～啦！(快点送回去给人家吧！)｜唔好噉啦，～而家冇心机。(别这样吧，人家现在没心思。)

人 jɐn⁴ 同"人哋"，但一般不出现于句子开头：咪净识得话～！(不要只会说别人！)[其他许多用法同于普通话]

***第二个** tɐi⁶ji⁶kɔ³ 别人；另外的人：呢件事唔好畀～知到。(这件事不要让别人知道。)[重见八A8]

***第个** tɐi⁶kɔ³ 同"第二个"：除咗佢，～都唔得。(除了他，别人都不行。)[重见八A8]

一A2 一般指称、尊称

阿(亚) a³ 词头，用于对人的称呼，一般是比较亲切或随便的称呼：～伯(大伯)｜～广(对某个以"广"为名字的人的称呼)｜～徐(对某个姓徐的人的称呼)｜～驼(驼子)

***阿(亚)SIR** a³sœ⁴〈SIR音时靴切第4声〉【敬】【外】先生：嗰位～，唔该留留步。(那位先生，请留步。)[英语sir，进入广州话后读音有所改变。重见一F3、一F4]

阿(亚)生 a³saŋ¹〈生读先生之生，司坑切〉【敬】先生：～，你用啲乜嘢？(先生，您吃点儿什么？)

生$_1$ saŋ^{1}(sɛŋ^{1})〈生读先生之生，又音鱼腥之腥〉【敬】先生，前面加姓氏：刘～（刘先生）｜李～（李先生）

咁多位 kɐm^{3}tɔ^{1}wɐi^{-2}〈咁音甘第 3 声，位读第 2 声〉【敬】诸位；各位（对多人的总称。咁：这么）：～，早辰！（诸位，早上好！）

*__大佬__ tai^{6}lou^{2}【敬】【谑】本义是哥哥，用于对男性的尊称（不一定比自己年纪大；常用于陌生人；如用于熟人，则多带玩笑口吻）：唔该问声～，呢度去黄村仲有几远？（请问大哥，这儿到黄村还有多远？）｜～啊，你话点嘞！（我的老哥呀，你说怎么办吧！）［重见一 C3、一 E3］

*__伙记__ fɔ^{2}kei^{3} 对人略带亲切的称呼：～，有火吗？［意义与普通话“伙计”相同，但广州话“计”与“记”不同音。重见一 E1］

姐$_1$ tsɛ$^{-1}$〈读第 1 声，音遮〉【敬】用于对平辈女性的称呼，在前面加上其姓或名：洪～｜娥～［注意必须读第 1 声。如读本调第 2 声，则是对女佣人的称呼，参见一 E1］

阿（亚）狗阿（亚）猫 a^{3}kɐu^{2}a^{3}mau^{1}【贬】泛指不加选择的任何人，带轻视口吻：～都畀入嚟，噉点得啊！（无论什么人都给进来，那怎么行！）｜唔通～你都嫁？（难道不管什么乱七八糟的人你都嫁给他？）

阿（亚）保阿（亚）胜 a^{3}pou^{2}a^{3}seŋ^{3} 泛指不加选择的任何人（“保”和“胜”是以前较常见的人名用字）：我唔理係～，总之畀多几个人我。（我不管是张三李四，总之多给我几个人。）

*__鬼__ kwɐi^{2}【喻】①用在句子中表示“只有鬼才……”，实际上是“任何人都不……”之意：咁低人工，～去咩！（这么低工资，鬼才去呢！）｜佢咁水皮，～怕佢啊！（他这么差劲，谁怕他！）②在句子中表示“连鬼都……”，实际上是“任何人都……”之意：试过一次，～都怕啦！（尝试过一回，谁都会怕啊！）［重见三 A19］

鬼人 kwɐi^{2}jɐn^{4}【喻】同“鬼”①（用法上语气更重）：有～制！（有谁愿意！）

友仔 jɐu^{-2}tsɐi^{2}〈友读第 2 声，仔音子矮切〉【贬】【昵】对人含贬义，但有时又带亲昵口吻的指称：条～唔靠得嘅。（这家伙靠不住。）｜条～都几叻。（这家伙还挺有能耐。）

友 jɐu^{-2}〈读第 2 声，椅口切〉【贬】【昵】①同“友仔”。②词尾，略带贬义，有时带亲昵口吻：为食～（馋鬼）｜浪荡～（浪荡子）｜胡须～（留胡子的人）

生部人 saŋ^{1}pou^{-2}jɐn^{4}〈部读第 2 声，波好切〉陌生人（生部：陌生）。

架基冷 ka^{4}ki^{1}laŋ^{1}〈架读第 4 声，基音鸡衣切，冷读第 1 声〉【谑】自己人。［这是模仿潮汕方言的读音］

一 A3 詈称、贬称

打靶鬼 ta^{2}pa^{2}kwɐi^{2}【詈】对人辱骂的称呼（打靶：枪毙）。

斩犯 tsam^{2}fan^{-2}〈犯读第 2 声，音反〉【詈】要被砍头的罪犯，用作骂人的称呼。

发瘟鸡 fat^{3}wɐn^{1}kɐi^{1}【喻】【谑】对人笑骂的称呼。

龟蛋 kwɐi^{1}tan^{-2}〈蛋读第 2 声〉【喻】【詈】王八蛋，用作骂人的称呼。

契弟 k^{h}ɐi^{3}tɐi^{6}【詈】【昵】本义是干弟弟，指娈童，常用于辱骂人的称呼，有时也用于亲昵的称呼（只用于男性）。

*__扫把星__ sou^{3}pa^{2}seŋ^{1}【喻】①不祥之人。本义为彗星。在古人的观念中，

彗星出现必有妖孽，乃不祥之兆，故称。②不祥的女人。原指“命相克夫”之类的女子，又泛指惹是生非或招致灾祸的女子。［重见二 A1］

***咸（冚）家铲** hɐm^{6}ka^{1}ts^{h}an^{2}〈咸（冚）音陷〉诅咒人全家死光（咸：全部；铲：铲除），是极度辱骂人的称呼：呢个～！（这个死绝的！）［重见十一 C1］

死铲 sei^{2}ts^{h}an^{2}【詈】辱骂人的称呼。

死人 sei^{2}jɐn^{4}【詈】加在人名或称呼之前，作轻微的或带笑骂意味的骂人话（妇女多用）：～杨荣，而家先嚟！（你个死杨荣，现在才来！）

死人头 sei^{2}jɐn^{4}t^{h}ɐu^{4}【詈】轻微的骂人的称呼（妇女多用）：嗰个～去咗边？（那个家伙哪里去了？）

衰神 søy^{1}sɐn^{4}【詈】轻微骂人的称呼（衰：坏）。

衰人 søy^{1}jɐn^{4} 同“衰神”。

衰鬼豆 søy^{1}kwɐi^{2}tɐu^{-2}【詈】【谑】轻微骂人的称呼，又作开玩笑的称呼（衰：坏）。

躝癱 lan^{1} t^{h}an^{2}〈癱音坦〉【詈】咒骂人的称呼（字面意思是“爬着走路的癱子”。躝：爬），有时可在前加一“死”字加重诅咒语气：你个死～！

老阶 lou^{5}kai^{1}【谑】本指“阶级敌人”，后作骂人话，带开玩笑的口吻。

***骑喱蚂** k^{h}ɛ^{4}lɛ^{4}kwai^{2}〈喱音黎骑切，蚂音拐〉【喻】【贬】本指一种外貌奇特的树蛙，转用作对人的贬称。［重见一 D2、二 D8］

***嘢** jɛ^{5}【贬】【谑】本指东西，指人时带轻视或玩笑的口吻：我哋楼上有个～好衰嘅。（我们楼上有个家伙很坏的。）｜你个～咁抵死嘅！（你这家伙这么该死！）［重见八 A1、八 A8、十 F2］

一B　男女老少

一 B1　孩子、男孩子、青少年

***仔（崽）** tsɐi^{2}〈仔音挤第 2 声，子矮切〉词尾，用于：①年纪较小的男性：司机～（年轻的男司机）｜叻～（能干的小伙子）②年纪较小的人，不分性别：保姆～（小保姆）｜学生～（年纪小小的学生）③用在姓或名后，指称年轻或年幼男性，带亲切口吻：何～（对某个姓何的小男孩或小伙子的亲切称呼）｜祥～（对某个以“祥”为名字的小男孩或小伙子的亲切称呼）［“崽”字另有书面语音 tsɔi^{2}。重见一 C4、八 A8、二 D1］

BB pi^{4}pi^{1}〈前字读第 4 声，后字读第 1 声〉【昵】【外】婴儿。［英语 baby。又作“BB 仔”］

伢伢 ŋa^{4}ŋa^{1}〈前一字音牙，第二字音牙第 1 声〉【昵】婴儿。［又作“伢伢仔”］

膼虾仔 sou^{1}ha^{1}tsɐi^{2}〈膼音苏，仔音子矮切〉①婴儿。②小孩（一般指较小的小孩）。［又作“膼虾”］

阿（亚）膼 a^{3}sou^{1} 一般小孩子常见的乳名。［参见“膼虾仔”］

细蚊仔 sɐi^{3}mɐn^{1}tsɐi^{2}〈仔音挤第 2 声，子矮切〉小孩子。

***细路** sɐi^{3}lou^{6} 小孩子。［重见一 C4］

细路仔 sɐi^{3}lou^{6}tsɐi^{2}〈仔音挤第 2 声，子矮切〉小男孩。

猪 tsy^{1}【昵】词尾，用于小孩：论尽～（麻烦的孩子）｜烂玩～（贪玩的小孩）

乖猪 kwai^{1}tsy^{1}【昵】乖孩子。

曳猪 jɐi^{5}tsy^{1}〈曳音以矮切第 5 声〉【昵】淘气的孩子（曳：淘气，不听话）。

化骨龙 fa^{3}kwɐt^{1}lɔŋ^{4}【喻】【谑】难管的小孩子。原指一种传说中的动物，人如误食之，会化为血水，喻使父母呕心沥血的孩子。

塞窦窿 sɐt¹tɐu³loŋ¹〈窦音斗争之斗〉【谑】小孩子。

男仔 nam⁴tsɐi²〈仔音挤第2声，子矮切〉男孩子（视情况的不同，可以指婴幼儿，也可以指青少年，指青少年时略带亲切口吻）：表姐琴日生咗个BB，係个～。（表姐昨天生了个孩子，是个男孩。）｜秀珍识咗个～，几淳品下㗎。（秀珍认识了一个男孩子，挺淳厚的。）

男仔头 nam⁴tsɐi²tʰɐu⁴〈仔音挤第2声，子矮切〉男孩子（只用于与女孩子相对之时）：成班女仔中间有个～。（成群女孩子当中有一个男孩子。）｜我个女跳皮到死，成个～噉。（我的女儿调皮得要死，整个儿像个男孩子。）

后生 hɐu⁶saŋ¹〈生读生熟之生，司坑切〉年轻人，特指青年男子。[重见二C2]

后生仔 hɐu⁶saŋ¹tsɐi²〈生读生熟之生，仔音子矮切〉青年男子。

后生细仔 hɐu⁶saŋ¹sɐi³tsɐi²〈生读生熟之生，仔音子矮切〉年轻人（与成年人相对而言；指男性）：～边处学到咁焦即！（年纪轻轻的哪儿学来的那么轻狂！）｜我哋啲老大唔学得～咁好力啰！（我们这些上年纪的人不能像年轻人那么有力气啰！）

后生仔女 hɐu⁶saŋ¹tsɐi²nøy⁻²〈生读生熟之生，女读第2声，仔音子矮切〉青年男女。

僆仔 lɛŋ¹tsɐi²〈僆音衣领之领第1声，仔音子矮切〉男孩子，小伙子（略带轻蔑口吻）。

僆口 lɛŋ¹kʰɛŋ¹〈僆音衣领之领第1声，后字音卡僆切〉【贬】年轻人（含有不懂事、没能力的意思）：咁大件事就交畀呢班～嚟做？（这么大的事就交给这帮毛头小子来做？）

鼻涕虫 pei⁶tʰɐi³tsʰoŋ⁴【喻】【谑】挂着鼻涕的小孩："宁欺白发公，莫欺～。"（谚语，意为万勿轻视年纪小的人，后生可畏。）

大个仔 tai⁶kɔ³tsɐi²〈仔音挤第2声，子矮切〉长大了、懂事的孩子（指男孩；与还很小、不懂事的孩子相对而言）：你係～嚟喇，唔好叫阿妈咁嬲气啦！（你已经长大了，别让妈妈为你那么操心啦！）[参见"大个"、"细个仔"]

细个仔 sɐi³kɔ³tsɐi²〈仔音挤第2声，子矮切〉年纪小、不懂事的小孩子（细：小。一般指男孩；与长大了、懂事的孩子相对而言）：你都读六年级喇，让下啲～啦！（你都读六年级了，让一下小弟弟吧！）[参见"大个仔"、"细个"]

*__阿（亚）哥__ a³kɔ¹【敬】对男青年的尊称。[重见一C3]

哥记 kɔ¹kei³【敬】对年轻男性的称呼（一般是对不相识者）：～，借个火啊嗱。（老兄，借个火儿。）

*__细佬__ sɐi³lou²【俗】本义是弟弟，用作对年纪比自己轻的人（一般是年轻人）的称呼，略带轻视的口吻：～，识做啲先得㗎！（小兄弟，要识相点儿嘛！）[重见一C3]

世侄 sɐi³tsɐt⁶ ①【旧】旧时对通家后辈、朋友的儿子的称呼。②上年纪的人（一般是男性）对晚辈男性的称呼，略带轻视口吻：～，有啲嘢你仲要学哩！）（年轻人，有些东西你还要学哩！）[参见一B3"世伯"]

衰仔 sœy¹tsɐi²〈仔音挤第2声，子矮切〉【詈】骂男孩子的称呼，常用于骂自家的孩子，语气可轻可重（衰：坏）：你个～，我打死你！（你这兔崽子，我打死你！）｜个～咁晏仲唔翻嚟屋企。（这小子这么晚还不回家来。）

寿仔 sɐu^{6}tsɐi^{2}〈仔音挤第 2 声，子矮切〉【昵】小傻瓜（用于对小男孩的亲昵的称呼）。

***傻仔** sɔ^{4}tsɐi^{2}〈仔音挤第 2 声，子矮切〉【昵】小傻瓜（用于对小男孩的亲昵的称呼）。［重见一 D3、一 F4］

一 B2　女孩子、年轻女子

***女**$_{1}$ nøy^{-2}〈读第 2 声，扭许切〉词尾，用于年轻女性：靓～（漂亮姑娘）｜叻～（能干的姑娘）｜傻～（傻姑娘）［重见一 C4、一 E2 三 A19］

妹$_{1}$ mui^{-1}〈读第 1 声〉词尾，用于年轻女性：学生～（女学生）｜上海～（上海姑娘）

女仔 nøy^{5}tsɐi^{2}〈仔音挤第 2 声，子矮切〉女孩子（视情况的不同，可以指婴幼儿，也可以指青少年，指青少年时略带亲切口吻）：～好凑过男仔。（女孩比男孩好带。）｜有几个～钟意佢，佢都唔知拣边个好。（有几个女孩喜欢他，他都不知挑哪个好。）

细路女 sɐi^{3}lou^{6}nøy^{-2}〈女读第 2 声，扭许切〉小女孩。［参见一 B1"细路"］

后生女 hɐu^{6}saŋ^{1}nøy^{-2}〈生读生熟之生，女读第 2 声〉青年女子。［参见一 B1"后生"］

健女 lɛŋ^{1}nøy^{-2}〈健音衣领之领第 1 声，女读第 2 声〉女孩子，姑娘（略带轻蔑口吻）：一个～识乜嘢！（一个小女孩懂什么！）［参见一 B1"健仔"］

褛髧妹 lɐu^{1}jɐm^{4}mui^{-1}〈褛音拉优切，髧音淫，妹读第 1 声〉小姑娘；处女（褛：披；髧：额前的刘海）。

妹猪 mui^{-1}tsy^{1}〈妹读第 1 声〉【昵】丫头。

妹丁 mui^{-1}tsɛŋ^{1}〈妹读第 1 声，丁音低赢切第 1 声〉【贬】丫头（对女孩子轻蔑的称呼）。

死妹丁 sei^{2}mui^{-1}tɛŋ^{1}〈妹读第 1 声，丁音低赢切第 1 声〉【詈】死丫头。

大姐仔 tai^{6}tsɛ^{2}tsɐi^{2}〈仔音挤第 2 声，子矮切〉【敬】姑娘（对女青年的尊称）。

姐姐仔 tsɛ$^{-4}$tsɛ$^{-1}$tsɐi^{2}〈前一姐字读第 4 声，后一姐字读第 1 声，仔音挤第 2 声，子矮切〉同"大姐仔"。

大个女 tai^{3}kɔ^{3}nøy^{-2}〈女读第 2 声，扭许切〉长大了、懂事的女孩（与不懂事的小女孩相对而言）：阿珍～喇，帮得阿妈手喇。（阿珍是大姑娘了，能给妈妈做帮手了。）［参见"大个"、一 B1"大个仔"］

女仔之家 nøy^{5}tsɐi^{2}tsi^{1}ka^{1} 姑娘家：～要规矩啲！（姑娘家要规矩点儿！）｜我一个～，点好意思啊！（我一个姑娘家，怎么好意思呢！）

一 B3　成年人、成年男性

***公** koŋ^{1} 词尾，指人时用于成年男性：盲～（瞎子，男的）｜衰～（坏家伙，指男的）［重见二 D1］

佬 lou^{2} 词尾，用于成年男性，略带贬义：高～（高个子男人）｜补鞋～（补鞋匠）

男人老狗 nam^{4}jɐn^{4}lou^{5}kɐu^{2} 大男人（与女人相对而言）：行出嚟要似个～先得㗎！（走出来得像个男人才行嘛！）［此处"老狗"并无贬义］

伯爷公 pak^{3}jɛ$^{-1}$koŋ^{1}〈爷读第 1 声〉老年男人。

***阿（亚）伯** a^{3}pak^{3}【敬】对老年男性的尊称。［重见一 C1］

伯父 pak^{3}fu^{-2}〈父读第 2 声，音苦〉【敬】对老年男性的尊称。（较少用于当面称呼，多用于背称）：嗰个～有啲耳背。（那个老大爷耳朵有点儿背。）

[也用于指父亲的哥哥（与普通话相同），但一般念不变调（第 6 声）]

***阿（亚）叔** a^{3}sok^{1}【敬】对中年以上男性的尊称。[重见一 C1]

叔记 sok^{1}kei^{3}【敬】对中、老年男性的称呼（一般是对不相识者）：唔该～，南华新街点行啊？（请问大叔，南华新街怎么走？）

世伯 sɐi^{3}pak^{3}【敬】【旧】旧时对通家前辈、父辈的朋友的称呼。[参见一 B1“世侄”]

大人大姐 tai^{6}jɐn^{4}tai^{6}tsɛ^{2} 大人（与小孩相对而言，常用于多数）：你哋～，仲同啲细路仔嬲气？（你们这些大人，还跟小孩子怄气？）|～咁小气嘅！（这么大的人这么小气！）

老大 lou^{5}tai^{-2}〈大读第 2 声〉上年纪的人（与年轻人相对而言；不分性别）：～唔同后生喇！（上年纪的人比不了年轻人了！）

老坑公 lou^{5}haŋ^{1}koŋ^{1} 老年男性；老头（略带贬义）。[又作“老坑”]

死佬 sei^{2}lou^{2}【詈】对男人辱骂的称呼（女人多用）；有时妻子用以背后称呼自己丈夫。

衰公 sœy^{1}koŋ^{1}【詈】对男人辱骂的称呼（女人多用）；有时妻子用以背后称呼自己丈夫（衰：坏）。

女人形 nøy^{5}jɐn^{-2}jeŋ^{4}〈人读第 2 声，音隐〉女人气十足的男人。

老嘢 lou^{5}jɛ^{5}〈嘢音野〉【贬】对老人不尊重的称呼（不分性别。嘢：东西）。

龟公 kwɐi^{1}koŋ^{1}【喻】【詈】王八，对男人辱骂的称呼。

一 B4 成年女性

婆 pʰɔ$^{4(-2)}$〈有时读第 2 声〉词尾，用于成年女性，略带贬义：肥～（胖女人。此读第 4 声）|卖菜～（卖菜女人。此读第 2 声）

伯爷婆 pak^{3}jɛ$^{-1}$pʰɔ$^{-2}$〈爷读第 1 声，婆读第 2 声〉老年女人。

***阿（亚）婆**$_{1}$ a^{3}pʰɔ^{4}【敬】对老年女性的尊称。[重见一 C2]

***伯娘** pak^{3}nœŋ^{4}【敬】对与父母同辈而年龄稍大的女性的称呼（不用于陌生人）。[“伯母”在广州话里与“百冇”（样样都没有）同音，所以忌讳，改称“～”。重见一 C1]

大姐 tai^{6}tsɛ^{2}【敬】对成年女性的尊称。[此与普通话用法相近，但普通话多用于熟人（往往前加姓氏），广州话除此之外还常用于陌生人]

大姑 tai^{6}kwu^{1}【敬】对中年以上妇女的尊称。

太 tʰai^{-2}〈读第 2 声〉【敬】对已婚妇女的尊称，前加其夫姓：杨～（杨太太）|何～（何太太）

师奶 si^{1}nai^{-1}【旧】①【敬】对年纪稍大的妇人的尊称。②对女人的泛称：咪好似个～噉吟嚟吟去啦！（别像个娘儿们似的唠叨个不停吧！）

老坑婆 lou^{5}haŋ^{1}pʰɔ$^{-2}$〈婆读第 2 声〉老年女性；老太婆（略带贬义）。

老婆乸 lou^{5}pʰɔ^{4}na^{2}〈乸音拿第 2 声〉【贬】【俗】对老年妇女不尊敬的称呼。

婆乸 pʰɔ$^{-2}$na^{2}〈婆读第 2 声，乸音拿第 2 声〉【贬】【俗】①对不年轻的妇女的不友好的称呼；婆娘。②对女人的泛称：我唔理你哋啲～嘅事。（我不管你们娘儿们的事。）

老藕 lou^{5}ŋɐu^{5}【喻】【贬】【俗】上了年纪，已失去姿色的妇人。

男人婆 nam^{4}jɐn^{4}pʰɔ^{4}【贬】像男人似的，没有女人味的女人。

衰婆 sœy^{1}pʰɔ$^{-2}$〈婆读第 2 声〉【詈】对女人辱骂的称呼（衰：坏）。

姣婆 hau⁴pʰɔ⁴〈姣音效第 4 声〉【詈】淫荡的女人，用于骂人的称呼。

烂番茄 lan⁶fan¹kʰɛ²【贬】【俗】【喻】失去贞操的女人。

一C 亲属、亲戚

一 C1 父母辈

阿(亚)爸 a³pa⁴〈爸读第 4 声〉爸爸。

爹哋 tɛ¹ti⁴〈哋音帝移切〉【外】爸爸。[英语 daddy]

老豆(窦) lou²tɐu⁶ 父亲（一般不用于当面称呼；现在有的青年用作对父亲的当面称呼，则带有开玩笑的口吻）：我～唔畀我去。（我父亲不让我去。）｜～，快啲啦！（老头子，快点儿！）[“豆”又写作“窦”]

伯爷 pak³jɛ⁻¹〈爷读第 1 声〉【旧】父亲（不用于当面称呼）。

爷 jɛ⁴ 父亲（一般不单独使用）：仔～（父子）｜契～（干爹）

阿(亚)妈 a³ma¹ 妈妈。

妈咪 ma¹mi⁴〈咪音磨移切〉【外】妈妈。[英语 mammy]

老母 lou²mou⁻²〈母读第 2 声，摸好切〉母亲（一般不用于当面称呼）。

*__老妈子__ lou⁵ma¹tsi² 上年纪的母亲（这是不太庄重的称呼，一般不用于当面称呼；如用于当面称呼，则带开玩笑的口吻）。[重见一 E1]

乸 na²〈音拿第 2 声〉母亲（一般不单独使用）：仔～（母子）｜契～（干妈）[重见二 D1]

大妈 tai⁶ma¹【旧】嫡母。

阿(亚)大 a³tai⁶【旧】对嫡母的称呼。

细姐 sɐi³tsɛ²【旧】庶母（细：小）。[又作“细妈”]

阿(亚)细 a³sɐi³【旧】对庶母的称呼（细：小）。

后底爷 hɐu⁶tɐi²jɛ⁻²〈爷读第 2 声〉继父（后底：后来）。

后底乸 hɐu⁶tɐi²na²〈乸音拿第 2 声〉继母（后底：后来）。

*__阿(亚)伯__ a³pak³ 伯父（父亲的哥哥）。[重见一 B3]

*__伯娘__ pak³nœŋ⁴ 伯母（伯父之妻）。[广州话“伯母”与“百冇”（百样皆无）同音，故避忌而改称“～”。[重见一 B4]

*__阿(亚)叔__ a³sok¹ 叔叔（父亲的弟弟）。[重见一 B4]

阿(亚)婶 a³sɐm² 婶婶。

姑妈 kwu¹ma¹ 父亲的姐姐。[普通话的姑妈指父亲的姐妹，范围比广州话大]

姑姐 kwu¹tsɛ⁻¹〈姐读第 1 声，音遮〉父亲的妹妹，姑姑。

姑丈 kwu¹tsœŋ⁻²〈丈读第 2 声，音掌〉姑父。

舅父 kʰɐu⁵fu⁻²〈父读第 2 声，音斧〉舅舅。

妗母 kʰɐm⁵mou⁵⁽⁻²⁾〈母又读第 2 声〉舅母。

姨妈 ji⁴ma¹ 母亲的姐姐。[普通话的姨妈指母亲的姐妹，范围比广州话大]

阿(亚)姨 a³ji⁻¹〈姨读第 1 声，音医〉母亲的妹妹。[也作对母亲同辈的女性的尊称，这同于普通话]

*__姨仔__ ji⁻¹tsɐi²〈姨读第 1 声，音医〉母亲最小的妹妹（一般只是小孩使用）。[重见一 C3]

家公 ka¹koŋ¹ 公公（丈夫的父亲）。

老爷 lou⁵jɛ⁴【旧】公公。

大人公 tai⁶jɐn⁴koŋ¹【旧】公公。

家婆 ka¹pʰɔ⁻²〈婆读第 2 声〉婆婆（丈夫的母亲）。

奶奶 nai⁻⁴nai⁻²〈前字读第 4 声，后字读第 2 声〉【旧】婆婆。

安人 ɔn^{1}jɐn^{4}【旧】【敬】对婆婆的尊称。[本是明清时六品官员之妻的封号]

外父 ŋɔi^{6}fu^{-2}〈父读第2声，音斧〉岳父。

外母 ŋɔi^{6}mou$^{5(-2)}$〈母又读第2声〉岳母。

外母乸 ŋɔi^{6}mou^{-2}na^{2}〈母又读第2声，乸音拿第2声〉【谑】岳母。

一 C2 祖辈、曾祖辈

***阿(亚)爷** a^{3}jɛ^{4} 爷爷。[重见八C6]

阿(亚)嫲 a^{3}ma^{4}〈嫲音麻〉奶奶。

嫲嫲 ma^{4}ma^{4}〈嫲音麻〉奶奶。

***阿(亚)公**$_1$ a^{3}koŋ^{1} 外祖父。[重见八C6]

公公 koŋ^{1}koŋ^{1} 外祖父。

***阿(亚)婆**$_1$ a^{3}pʰɔ^{4} 外祖母。[重见一B4]

婆婆 pʰɔ^{4}pʰɔ$^{-1}$[第二个婆字读第1声，音坡]外祖母。

伯公 pak^{3}koŋ^{1} 伯祖（父亲的伯父）。

伯婆 pak^{3}pʰɔ^{4} 伯祖母（父亲的伯母）。

叔公 sok^{1}koŋ^{1} 叔祖（父亲的叔叔）。

叔婆 sok^{1}pʰɔ^{4} 叔祖母（父亲的婶母）。

姑婆 kwu^{1}pʰɔ^{4} 父亲或母亲的姑妈、姑姑。

姑太 kwu^{1}tʰai^{-2}〈太读第2声〉同"姑婆"。

舅公 kʰɐu^{5}koŋ^{1} 父亲或母亲的舅舅。

妗婆 kʰɐm^{5}pʰɔ^{4} 父亲或母亲的舅母。

太公 tʰai^{3}koŋ^{1} 曾祖父；曾外祖父。

太爷 tʰai^{3}jɛ^{4} 曾祖父；曾外祖父。

太婆 tʰai^{3}pʰɔ$^{4(-1)}$〈婆常读第1声〉曾祖母；曾外祖母。

阿(亚)太 a^{3}tʰai^{3} 曾祖母；曾外祖母。

一 C3 同　辈

***阿(亚)哥** a^{3}kɔ^{1} 哥哥。[重见一B1]

***大佬** tai^{6}lou^{2} 兄长。[重见一A2、一E3]

阿(亚)嫂 a^{3}sou^{2} 嫂嫂。

***家嫂** ka^{1}sou^{2} 嫂嫂。[重见一C4]

***细佬** sɐi^{3}lou^{2} 弟弟。[重见一B1]

弟弟 ti^{-4}ti^{-2}〈前一字第移切，后一字底椅切〉常用于对家中小弟的称呼。[一般的"弟弟"（义为弟弟，或者作为对小男孩的昵称，同于普通话）读为 tɐi^{4}tɐi^{-2}〈前一字第黎切，后一字音底〉，与此不同]

弟嫂 tɐi^{6}sou^{2} 弟媳妇。

家姐 ka^{1}tsɛ$^{-1}$〈姐读第1声，音遮〉同父母的姐姐（包括同胞的和继父母带来的），近房的堂姐。[表姐或无亲戚关系的不称～]

大姊 tai^{6}tsi^{2}〈姊音子，左椅切〉姐姐，特指最大的姐姐（长姐）。

妹$_2$ mui^{-2}〈读第2声〉妹妹：你有几个～？（你有多少个妹妹？）

细妹 sɐi^{3}mui^{-2}〈妹读第2声〉妹妹：我个大～大过细嘅～两岁。（我那大的妹妹比小的妹妹大两岁。）

阿(亚)妹$_1$ a^{3}mui^{-2}〈妹读第2声〉妹妹。

阿(亚)妹$_2$ a^{3}mui^{-1}〈妹读第1声〉常用于对家中闺女，往往是大闺女的特定称呼。[家中如果有两个闺女，往往大的称"～"，小的称"妹妹"]

妹妹 mui^{-4}mui^{-2}〈前字读第4声，后字读第2声〉对家中小闺女的特定称呼。[参见"阿（亚）妹$_2$"。也一般地指妹妹，用法与普通话相同，但较少用（多用"细妹"指妹妹）]

***姊妹** tsi^{2}mui^{-2}〈姊音子，妹读第2声〉姐妹；姐弟；兄妹：何仔屋企四～：两个大佬，下便个细妹。（小何家里四兄妹：两个哥哥，下面一个妹妹。）[兄弟姐妹中只要有一人是女性，即可称为～。重见一E2]

老公 lou^{5}koŋ^{1} 丈夫。

阿(亚)公$_2$ a^{3}koŋ^{1}【俗】妻子对丈夫的

称呼，不用于当面称呼：我～钟意饫雀。（我那老头子喜欢养鸟。）

***心抱（新妇）** sɐm^{1}pʰou^{5} 媳妇儿；妻子："娶着～，唔要老母。"（娶了媳妇儿就跟母亲疏远。反映一种社会现象的谚语。）[本字为"新妇"。重见一 C4]

阿（亚）婆$_{2}$ a^{3}pʰɔ$^{-2}$〈婆读第 2 声〉【俗】丈夫对妻子的称呼。[如婆字不变调，意思不同，参见一 B4、一 C2"阿（亚）婆$_{1}$"]

黄面婆 wɔŋ^{4}min^{6}pʰɔ^{4}【谑】【贬】妻子（常常是城里的男人对别人称呼自己在乡下的妻子）。

煮饭婆 tsy^{2}fan^{6}pʰɔ$^{-2}$【谑】妻子。

大婆 tai^{6}pʰɔ$^{-2}$〈婆读第 2 声〉【旧】【俗】大老婆；正室。

妾侍 tsʰip^{3}si$^{6(-2)}$〈侍又读第 2 声，音屎〉【旧】小老婆；偏房。

二奶 ji^{6}nai^{-1}〈奶读第 1 声〉【旧】小老婆。[今常转指婚外情妇]

老襟 lou^{5}kʰɐm^{1} 连襟。

大舅 tai^{6}kʰɐu^{5} 妻兄，大舅子。

舅仔 kʰɐu^{5}tsɐi^{2}〈仔音挤第 2 声，子矮切〉妻弟，小舅子。

大姨 tai^{6}ji^{-1}〈姨读第 1 声，音医〉妻姐，大姨子。

***姨仔** ji^{-1}tsɐi^{2}〈姨读第 1 声，仔音子矮切〉妻妹，小姨子。[重见一 C1]

大伯 tai^{6}pak^{3} 丈夫的哥哥，大伯子。

叔仔 sok^{1}tsɐi^{2}〈仔音挤第 2 声，子矮切〉丈夫的弟弟，小叔子。

大姑 tai^{6}kwu^{1} 丈夫的姐姐，大姑子。

姑仔 kwu^{1}tsɐi^{2}〈仔音挤第 2 声，子矮切〉丈夫的妹妹，小姑子。

***老亲** lou^{5}tsɐn^{3}〈亲音衬〉【谑】亲家。[由于此词另有不大好的意思，所以不大使用，如用到则带玩笑口吻。重见一 E4]

禾叉髀 wɔ^{4}tsʰa^{1}pei^{2}〈髀音比〉【喻】原指禾叉（叉取稻草的工具）的两个分叉（髀：大腿，喻指分叉），比喻同辈的堂亲（堂兄弟、堂姐妹等）。堂亲是同一祖宗的分支，所以有此比喻：我嘅～兄弟。（我的堂兄弟。）

老表 lou^{5}piu^{2} 同辈的表亲（表兄弟、表姐妹等）：我哋两个係～。（我们俩是表亲。）

一 C4 后 辈

***仔（崽）** tsɐi^{2}〈仔音挤第 2 声，子矮切〉①儿子。②泛指儿女：生～（生孩子）[崽字另有书面语音 tsɔi^{2}〈音宰〉。重见一 B1、二 D1、八 A8]

***女**$_{1}$ nɵy^{-2}〈读第 2 声，扭许切〉女儿。[重见一 B2、一 E2、三 A19]

仔仔 tsɐi$^{2(-4)}$tsɐi$^{2(-1)}$〈此词有 3 种读法，意思一样：(1) 两字都读第 2 声；(2) 前字第 4 声，后字第 2 声；(3) 前字第 4 声，后字第 1 声〉【昵】对儿子的昵称（只用于幼年）。

女女 nɵy^{-4}nɵy^{-2} (-1)〈前一字读第 4 声，后一字第 2 声，又读第 1 声〉【昵】对女儿的昵称（只用于幼年）。

阿（亚）仔 a^{3}tsɐi^{2}〈仔音挤第 2 声，子矮切〉常用于对儿子的称呼。

阿（亚）女 a^{3}nɵy^{-2}〈女读第 2 声，扭许切〉常用于对女儿的称呼。

死女包 sei^{2}nɵy^{-2}pau^{1}〈女读第 2 声，扭许切〉【俗】【詈】死丫头（对自家女儿的詈称）。

衰女 sɵy^{1}nɵy^{-2}〈女读第 2 声，扭许切〉【詈】【昵】死丫头（对自家女儿的詈称，口气比"死女包"轻些；有时又作为亲昵的称呼）。[又作"衰女包"]

仔女 tsɐi^{2}nɵy^{-2}〈仔音子矮切，女读第 2 声〉儿女：啲～都大喇。（儿女们都大了。）

***细路** sɐi^{3}lou^{6} 孩子，儿女：你个～儿

大喇？（你的孩子多大了？）[重见一 B1]

孖仔 ma^{1}tsɐi^{2}〈孖音妈，仔音子矮切〉孪生子（孖：成双的）。

孖女 ma^{1}nøy^{-2}〈孖音妈，女读第 2 声〉孪生姑娘（孖：成双的）。

头长仔 t^{h}ɐu^{4}tsœŋ^{2}tsɐi^{2}〈长音生长之长，仔音子矮切〉最大的儿子，长（zhǎng）子。

孻仔 lai^{1}tsɐi^{2}〈孻音拉，仔音子矮切〉最小的儿子（孻：末尾）。

孻女 lai^{1}nøy^{-2}〈孻音拉，女读第 2 声〉最小的女儿（孻：末尾）。

阿（亚）孻 a^{3}lai^{1}〈孻音拉〉【昵】对最小的孩子的昵称（孻：末尾）。

心肝椗 sɐm^{1}kɔn^{1}teŋ^{3}〈椗音定第 3 声，帝庆切〉极疼爱的孩子；心肝宝贝儿（椗：蒂）：个女係佢嘅～。（女儿是她的心肝宝贝。）

香炉墩 hœŋ^{1}lou^{4}tɐn^{-2}〈墩音底隐切〉【喻】【谑】独生子（靠他维持香火之意）。

屐仔 k^{h}ɛk^{6}tsɐi^{2}〈屐音剧，仔音子矮切〉【谑】【喻】年幼的子女（屐：木拖鞋）：屋企有只～，行唔开。（家里有个孩子，走不开。）

***心抱（新妇）** sɐm^{1}p^{h}ou^{5} 儿媳妇：你个～待你几孝顺。（你的儿媳妇对你挺孝顺。）[本字为“新妇”。重见一 C3]

***家嫂** ka^{1}sou^{2}【旧】公婆对儿媳的称呼。[本义是嫂嫂，此处是父母随儿子称呼。重见一 C2]

新家嫂 sɐn^{1}ka^{1}sou^{2} 新娶的儿媳妇。

侄 tsɐt^{-2}〈读第 2 声〉侄子。

侄仔 tsɐt^{6}tsɐi^{2}〈仔音子矮切〉侄子。

侄抱（妇） tsɐt^{6}p^{h}ou^{5} 侄媳妇。[参见“心抱”]

外甥 ŋɔi^{6}saŋ^{1} 男子的外甥；女子的丈夫的外甥。[普通话“外甥”与“舅舅、舅母、姨妈、姨父”相对，而广州话“～”只与“舅父、妗母”相对，与“姨妈、阿（亚）姨、姨丈”相对的是“姨甥”]

姨甥 ji^{4}saŋ^{11}(sɐŋ^{1}) 女子的外甥；男子的妻子的外甥。[参见“外甥”]

外甥女 ŋɔi^{6}saŋ^{1}nøy^{-2}〈女读第 2 声，扭许切〉男子的外甥女；女子的丈夫的外甥女。[参见“外甥”]

姨甥女 ji^{4}saŋ^{1}(sɐŋ^{1}) nøy^{-2}〈女读第 2 声，扭许切〉女子的外甥女；男子的妻子的外甥女。[参见“外甥”]

野仔 jɛ^{5}tsɐi^{2}〈仔音挤第 2 声，子矮切〉【贬】私生子（歧视的说法）。

油瓶仔 jɐu^{4}p^{h}ɛŋ^{5}tsɐi^{2}〈瓶音婆赢切第 5 声，仔音子矮切〉【贬】随母出嫁的孩子（歧视的说法）。

孙 syn^{1} 孙子。

塞（息） sɐk^{1}〈音阻塞之塞〉曾孙。

唛$_{1}$ mɐk^{1}〈音麦第 1 声〉玄孙。

一 C5　家人合称

***屋企** ok^{1}k^{h}ei^{-2}〈企读第 2 声，概起切〉家庭；家里人：噉要～同意至得。（这要家里同意才行。）[重见三 A25]

外家 ŋɔi^{6}ka^{1} 岳家（对已婚男子而言）；娘家（对已婚女子而言。）[普通话指外祖父家或男子的外室，与广州话完全不同]

家爷仔乸 ka^{1}jɛ^{4}tsɐi^{2}na^{2}〈仔音子矮切，乸音拿第 2 声〉全家人；一家子（父母儿女等）：～都喺晒处。（一家子都在这儿。）

仔乸 tsɐi^{2}na^{2}〈仔音子矮切，乸音拿第 2 声〉母子：佢哋～几好啊嘛？（他们母子挺好吧？）

仔爷 tsɐi^{2}jɛ^{4}〈仔音挤第 2 声，子矮切〉父子：几～一齐去玩。（父子几个一起去玩。）

两仔乸 lœŋ^{5}tsɐi^{2}na^{2}〈仔音子矮切，乸音拿第 2 声〉母子俩。

两仔爷 lœŋ^{5}tsɐi^{2}jɛ^{4}〈仔音挤第 2 声，子矮切〉父子俩。

爷孙 jɛ^{4}syn^{1} 爷爷（或外公）和孙子：两～（爷孙俩）。

婆孙 p^{h}ɔ^{4}syn^{1} 外婆（或奶奶）和孙子：～几个唔知几亲热！(婆婆孙子几个不知多亲热！)

嫲孙 ma^{4}syn^{1}〈嫲音麻〉奶奶和孙子（嫲：奶奶）。

两公婆 lœŋ^{5}koŋ^{1}p^{h}ɔ$^{-2}$〈婆读第 2 声〉夫妻俩。

一 C6　其　他

老祖 lou^{5}tsou^{2} 祖先。

老宗 lou^{5}tsoŋ^{1} 本家；泛指同姓的人。

亲生 ts^{h}ɐn^{1}saŋ^{1}〈生音生熟之生〉有直接血缘的；亲：～大佬(亲哥哥)｜～姊妹(亲姐妹)｜～舅父(亲舅舅)[普通话“亲生”只用于父母与子女间，广州话使用范围则较大]

疏堂 sɔ^{1}t^{h}ɔŋ^{4} 堂房的，从亲的：～阿叔(堂叔)｜～大佬(堂哥)｜～家姐(堂姐)｜～细妹(堂妹)

契 k^{h}ɐi^{3} 拜认的，干亲的：～爷（干爹）｜～乸（干妈）｜～仔（干儿子）｜～家姐(干姐姐)

*__翻(返)生__ fan^{1}saŋ^{1}〈生音丝坑切〉本义为复活。旧俗：已婚女子去世，其丈夫再娶，原来的岳家认他的新妻子为亲人，称为“～××”：～女｜～大姐｜～细妹[重见二 C1]

一D　各种体貌、状态的人

一 D1　各种体型的人

高佬 kou^{1}lou^{2} 高个子(男性)。

长脚蜢 ts^{h}œŋ^{4}kœk^{3}maŋ$^{-2}$〈蜢读第 2 声〉【喻】【谑】腿长的人。

戙企水鱼 toŋ^{6}k^{h}ei^{5}søy^{2}jy^{-2}〈戙音洞，鱼读第 2 声〉【喻】【谑】矮而胖的人(戙企：竖立；水鱼：甲鱼。竖立的甲鱼矮宽而似人)。

矮仔 ɐi^{2}tsɐi^{2}〈仔音挤第 2 声，子矮切〉矮子(男性)。

矮仔唛 ɐi^{2}tsɐi^{2}mɐk^{1}〈仔音子矮切，唛音麦第 1 声〉【贬】矮子(男性)。

肥佬 fei^{4}lou^{2} 胖男人：嗰度坐住个～。(那儿坐着个胖子。)

肥婆 fei^{4}p^{h}ɔ^{4} 胖女人。

肥奶奶 fei^{4}nai^{-4}nai^{-2}〈前奶字读第 4 声，后奶字读第 2 声〉【谑】对上年纪的胖女人开玩笑的称呼。

肥仔 fei^{4}tsɐi^{2}〈仔音挤第 2 声，子矮切〉小胖子。

肥仔唛 fei^{4}tsɐi^{2}mɐk^{1}〈仔音子矮切，唛音麦第 1 声〉【昵】小胖子。

肥妹 fei^{4}mui^{-1}〈妹读第 1 声〉胖姑娘。

大肚腩 tai^{6}t^{h}ou^{5}nam^{5}〈腩音南第 5 声〉腹部特别肥胖的人：个～唔知走咗去边。(那个大肚皮不知跑哪儿去了。)

钢筋 kɔŋ^{3}kɐn^{1}【喻】【褒】瘦而结实的人：你咪睇佢瘦，佢～嚟㗎。(你别看他瘦，他像钢筋那样结实。)

瘦骨仙 sɐu^{3}kwɐt^{1}sin^{1}【喻】【谑】极瘦的人。

鹤 hɔk^{-2}〈音学第 2 声〉【喻】【谑】极瘦的人。

阿(亚)奀 a^{3}ŋɐn^{1}〈奀音银第 1 声，啊因切〉瘦小的人(一般指小孩。奀：瘦小)。

豆丁 tɐu⁶tɛŋ¹【喻】个子小的人（一般指小孩）：你个～都想参加？（你这丁点儿大的孩子也想参加？）

一 D2　各种外貌的人

靓仔 lɛŋ³tsɐi²〈靓音衣领之领第 3 声，仔音子矮切〉【褒】漂亮英俊的男孩（靓：漂亮）。

靓女 lɛŋ³nøy⁻²〈靓音衣领之领第 3 声，女读第 2 声〉【褒】漂亮姑娘。

削仔 sœk³tsɐi²〈仔音子矮切〉【贬】模样清瘦的男青年；小白脸。

胡须公 wu⁴sou¹koŋ¹〈须音苏〉长着大胡子的人。[又作“胡须佬”]

孪毛仔 lyn¹mou⁻¹tsɐi²〈孪音乱第 1 声，毛读第 1 声〉头发鬈曲的男青年（孪：弯曲）。

长毛贼 tsʰœŋ⁴mou⁴tsʰak⁶【谑】头发长而乱的人。[原为清朝统治者对太平天国将士的诋毁性称呼，现已没有贬义]

红面关公 hoŋ⁴min⁶kwan¹koŋ¹【喻】满脸通红的人：饮咗两啖酒啫，就变咗个～。（才喝了两口酒，就满脸通红了。）

大头轰 tai⁶tʰɐu⁴kwɐŋ¹【谑】脑袋长得大的人。

大眼贼 tai⁶ŋan⁵tsʰak⁶【谑】大眼睛的人。

大眼金鱼 tai⁶ŋan⁵kɐm¹jy⁻²〈鱼读第 2 声〉【喻】【谑】大眼睛的人。

***猞(射)猁(喱)眼** sɛ⁶lei¹ŋan⁵〈猞音射，猁（喱）音离第 1 声〉【喻】斜视的人。[重见二 C14]

***大耳牛** tai⁶ji⁵ŋɐu⁴【喻】【谑】大耳朵的人。[重见一 G5]

***猪头** tsy¹tʰɐu⁴【喻】【贬】长得丑陋的人。[重见一 G4]

***豆(痘)皮** tɐu⁶pʰei⁻²〈皮读第 2 声，婆起切〉长麻子的人。[重见二 C11]

污糟猫 wu¹tsou¹mau¹【喻】【谑】肮脏的孩子（污糟：脏）：你去边度滚成个～啊！（你上哪儿蹭成了小脏猫啊！）

乌面猫 wu¹min⁶mau¹【喻】【谑】脸上肮脏的孩子。

花面猫 fa¹min⁶mau¹【喻】【谑】脸上很脏的小孩：你睇你个～，快啲洗下！（你看你脸上脏的，快点儿洗洗！）

***大花面** tai⁶fa¹min⁻²〈面读第 2 声〉【喻】【谑】本指戏剧舞台上的大花脸，喻脸上很脏的人。[重见一 F4]

宿包 sok¹pau¹ 满身汗臭或久未洗澡的人（宿：酸臭）。

缠脚娘 tsin⁶kœk³nœŋ⁻¹〈缠音贱，娘读第 1 声〉缠脚婆娘，小脚女人。

大脚式 tai⁶kœk³sek¹ 脚很大的人。

西装友 sɐi¹tsɔŋ¹jɐu⁻²〈友读第 2 声，椅口切〉穿西服的人（略含贬义）。

油脂仔 jɐu⁴tsi¹tsɐi²〈仔音子矮切〉穿奇装异服的男青年。《油脂》为 20 世纪 70 年代末一部美国影片在香港放映时的中文译名，片中主角一度被香港青年奉为偶像，其服装被称为“油脂装”，后成为奇装异服的代名词。

油脂女 jɐu⁴tsi¹nøy⁻²〈女读第 2 声〉穿奇装异服的女青年。[参见“油脂仔”]

四眼佬 sei³ŋan⁵lou² 戴眼镜的男人。

四眼妹 sei³ŋan⁵mui⁻¹〈妹读第 1 声〉戴眼镜的姑娘。

四眼狗 sei³ŋan⁵kɐu²【詈】对戴眼镜的人辱骂的称呼。

***骑喱蚂** kʰɛ⁴lɛ⁴kwai²〈喱音黎骑切，蚂音拐〉【喻】【贬】本指一种外貌奇特的树蛙，比喻外貌或服饰古怪的人。[重见一 A3、二 D8]

一 D3　各种身体状况的人

寿星公 sɐu^{6}seŋ^{1}koŋ^{1}【喻】长寿的人；寿星。

大只佬 tai^{6}tsɛk^{3}lou^{2} 健壮的男人；壮汉（大只：健壮）。

软脚蟹 jyn^{5}kœk^{3}hai^{5}【喻】【谑】本是一种蟹的名称，喻没力气的人：佢哋几只～冇法子搬得郁呢嚿大石头。（他们几个手无缚鸡之力的家伙没法儿搬动这块大石头。）

***拉（赖）尿虾** lai^{6}niu^{6}ha^{1}〈拉音赖〉【喻】【谑】尿床或尿裤子的小孩（拉尿：遗尿）。[重见二 D11]

醉酒佬 tsøy^{3}tsɐu^{2}lou^{2} 喝醉的男人；醉汉。

大肚婆 tai^{6}t^{h}ou^{5}p^{h}ɔ$^{-2}$〈婆读第 2 声〉孕妇。

沤仔婆 ɐu^{3}tsɐi^{2}p^{h}ɔ$^{-2}$〈沤音欧第 3 声，婆读第 2 声〉表现出妊娠反应的孕妇。[参见“沤仔”]

坐月婆 ts^{h}ɔ^{5}jyt^{6}p^{h}ɔ$^{-2}$〈婆读第 2 声〉坐月子的女人。

单眼仔 tan^{1}ŋan^{5}tsɐi^{2}〈仔音挤第 2 声，子矮切〉只有一只眼睛的人（指年轻男性）；独眼龙。

盲公 maŋ^{4}koŋ^{1} 瞎子（指男性）。

哑仔 a^{2}tsɐi^{2}〈仔音挤第 2 声，子矮切〉哑巴（指年轻男性）。

阿（亚）驼 a^{3}t^{h}ɔ$^{-2}$〈驼念第 2 声，土裸切〉驼背的人（这是对残疾人不礼貌的称呼）。

阿（亚）跛 a^{3}pɐi^{1} 瘸子（这是对残疾人不礼貌的称呼）。

黄泡仔 wɔŋ^{4}p^{h}au^{1}tsɐi^{2}〈仔音挤第 2 声，子矮切〉患浮肿病的人（指青年男性）。患者皮肤鼓胀发黄，故称。

病君 pɛŋ^{6}kwɐn^{1} 体弱多病的人：噉点得啊，变咗个～！（这怎么行呢，成了个病夫！）

病坏 pɛŋ^{6}wai^{-2}〈坏读第 2 声〉体弱多病的人。

病猫 pɛŋ^{6}mau^{1}【喻】病态慵懒的人：你睇嗰只～！（你看那个病歪歪的家伙！）

肺痨柴 fɐi^{3}lou^{4}ts^{h}ai^{4}【喻】患肺结核的人（肺痨：肺结核）。因患者往往骨瘦如柴，故称。

亏柴 kw^{h}ɐi^{1}ts^{h}ai^{4}【喻】身体孱弱的人（亏：体质虚弱）。此以柴喻瘦。

废柴 fɐi^{3}ts^{h}ai^{4} 同“亏柴”。

***死老鼠** sei^{2}lou^{5}sy^{2}【喻】【谑】病态萎靡的人。[重见一 D4、一 G3]

***傻仔** sɔ^{4}tsɐi^{2}〈仔音挤第 2 声，子矮切〉精神病患者；傻瓜（指年轻男性）。[重见一 B1、一 F4]

癫佬 tin^{1}lou^{2} 精神病患者；疯子（指男性）。

本地状元 pun^{2}tei^{6}tsɔŋ^{6}jyn^{4}【谑】麻风病人。

死鬼 sei^{2}kwɐi^{2}【俗】加在人名或称呼之前，表示此人已死：我个～老公都有多少银纸留落过我。（我那死去的丈夫也还有一些钱留下给我。）

一 D4　各种精神状态的人

***笑口枣** siu^{3}hɐu^{2}tsou^{2}【喻】开心地笑的人：头先係死老鼠，而家变咗～。（刚才垂头丧气，现在笑逐颜开。）[重见三 B7]

***开心果** hɔi^{1}sɐm^{1}kwɔ^{2}【喻】本是一种坚果，喻自己开心，又能令人开心的人。[重见二 E3]

***死老鼠** sei^{2}lou^{5}sy^{2}【喻】【谑】垂头丧气的人：碰倒一啲事就变咗～，真冇用！（碰上一点事就垂头丧气，真没用！）[重见一 D3、一 G3]

苦瓜干 fu^{2}kwa^{1}kɔn^{1}【喻】愁眉苦脸的人。

***乌头** wu1tʰɐu4【喻】本是鱼名，喻精神委靡的人。[重见二 D10]

失魂鱼 sɐt1wɐn4jy-2〈鱼读第 2 声〉【喻】【谑】①精神恍惚的人：你今日点解成日赖低嘢㗎？～噉！(你今天怎么整天落（là）下东西？丢了魂儿似的！）②没头没脑地乱闯的人：你条～！畀你撞死我喇！(你这没头苍蝇！我让你撞死了！）

一 D5 其 他

***摄青鬼** sip3tsʰɛŋ1kwɐi2〈青音池赢切第 1 声〉【喻】【谑】诡秘地悄悄走动的人。[重见八 C6]

撞死马 tsɔŋ6sei2ma5【喻】【谑】走路横冲直撞的人：你个～！因住啲啊！(你这乱撞的家伙！小心点儿！）

哇鬼 wa1kwɐi2【喻】【谑】吵吵闹闹的人（常用以指小孩）：呢班～，嘈到反晒天。(这群大呼小叫的家伙，吵得翻了天。）

大声公 tai6sɛŋ1koŋ1〈声读鱼腥之腥〉大嗓门的人：成栋楼都能听得见你个～把声。(整幢楼都能听见你这大嗓门的声音。）

单料铜煲 tan1liu-2tʰoŋ4pou1【喻】字面意思是很薄的铜锅，可组成歇后语“一滚就熟”（“滚”有“水开”和“一起玩乐”双关意思），喻容易与人稔熟的人。

烂瞓猪 lan6fɐn3tsy1〈瞓音训〉贪睡的人。[参见“烂瞓”]

为食猫 wɐi6sek6mau1【喻】【谑】嘴馋的人（为食：嘴馋）。

烟铲 jin1tsʰan2【喻】【谑】烟瘾极大的人；烟鬼。

左挠仔 tsɔ2jau1tsɐi2〈挠音衣敲切，仔音子矮切〉左撇子（指年轻男性）。[参见八 A6“左挠”]

一E 各种社会身份、境况的人

一 E1 东家、雇工、顾客

波士 pɔ1si-2〈士音屎，洗椅切〉【外】老板。[英语 boss]

老细 lou5sɐi3 老板：我哋嘅～对我哋都几好嘅。(我们的老板对我们还不错。）

事头 si6tʰɐu-2〈头读第 2 声，体口切〉老板；掌柜。

事头婆 si6tʰɐu4pʰɔ4 老板娘；女掌柜。

屋主 ok1tsy2 房东。

打工仔 ta2koŋ1tsɐi2〈仔音挤第 2 声，子矮切〉受雇工作的人；雇工（指男的）：住喺呢度嘅都係外地嚟嘅～。(住在这里的都是外地来做工的。）｜我呢个总经理并唔係老细，亦都係～嗻。(我这个总经理并不是老板，也只是被雇来做事的。）[参见七 D1“打工”]

打工妹 ta2koŋ1mui-1〈妹读第 1 声〉受雇工作的女青年。[参见七 D1“打工”]

工仔 koŋ1tsɐi2〈仔音挤第 2 声，子矮切〉雇工：你对啲～好，啲～先肯落力做㗎嘛。(你对那些雇工好，他们才肯下气力干活嘛。）｜而家请～唔容易。(现在雇工人不容易。）

***伙记** fɔ2kei3 店员。[意义与普通话“伙计”相同，但广州话“计”与“记”不同音。重见一 A2]

工人 koŋ1jɐn4 佣人；保姆：请～（雇保姆）。[也有普通话“工人”的意思，但日常口语中使用不多]

***老妈子** lou5ma1tsi2 上年纪的保姆：我请咗个～，辞咗原先嗰个保姆仔。(我请了个老保姆，把原来那个小保

姆辞了。)[重见一 C1]

凑仔婆 tsʰɐu³tsɐi²pʰɔ⁻²〈仔音子矮切，婆读第 2 声〉带孩子的女人，特指专带孩子的老年保姆（凑仔：带孩子）：我而家一日喺屋企做～，真係闷到死！(我现在整天在家里带孩子，真是闷得慌！)

妹仔 mui⁻¹tsɐi²〈妹读第 1 声，仔音子矮切〉【旧】婢女。

使婆 sɐi²pʰɔ⁻²〈婆读第 2 声〉【旧】女佣人：你唔好将阿妈当～至得㗎！(你可不能把妈妈当佣人来使唤啊！)[又作"使妈"]

姐₂ tsɛ²【旧】对女佣人的称呼（放在姓或名的后面）：刘～｜珍～[如果是尊称，则要读变调第 1 声，参见一 A2"姐₁"]

客仔 hak³tsɐi²〈仔音挤第 2 声，子矮切〉顾客。

熟客仔 sok⁶hak³tsɐi²〈仔音挤第 2 声，子矮切〉熟客（客仔：顾客）。

米饭班主 mɐi⁵fan⁶pan¹tsy²【喻】【谑】顾客。因顾客为生意人挣钱的来源，故称：佢哋都係～，边得罪得㗎！(他们都是衣食父母，怎能得罪呢！)

搭客 tap³hak³ 乘客。

一 E2　朋友、合作者、邻里、情人、婚嫁人物

亲朋戚友 tsʰɐn¹pʰɐŋ⁴tsʰek¹jɐu⁵ 亲戚朋友。

***老朋** lou⁵pʰaŋ⁻²〈朋音彭第 2 声〉老朋友：知心的朋友：我有个～想搵你帮下手。(我有个要好的朋友想找你帮个忙。)

死党 sei²tɔŋ²【喻】【谑】要好的、有事必相帮的朋友：我同佢係老朋兼～。(我跟他是老朋友、铁哥们。)

老友记 lou⁵jɐu⁵kei³ ①交情很深的朋友：呢个係我嘅～。(这是我的老朋友。) ②江湖上对不相识的人的称呼，略有套近乎的口气：～，唔使咁嬲啊！(朋友，不必那么生气嘛！)[又作"老友"]

砂煲兄弟 sa¹pou¹heŋ¹tɐi⁶【喻】同吃一锅饭的兄弟，喻一起混日子的亲密朋友（砂煲：砂锅）：我哋啲～，边使计咁真㗎！(我们这些在一个锅里搅马勺的兄弟，哪儿要算那么清呢！)

孖公仔 ma¹koŋ¹tsɐi²〈孖音妈，仔音子矮切〉【喻】原指黏连在一起的两个泥人儿（一种玩具），喻非常要好、形影不离的一对朋友（孖：两物黏连；公仔：小人儿）。

FRIEND fɛn¹〈音咖啡之啡，后面加恩之音尾〉朋友。[英语 friend，进入广州话后读音有所改变]

猪朋狗友 tsy¹pʰɐŋ⁴kɐu²jɐu⁵【喻】【贬】不三不四的朋友。

损友 syn²jɐu⁵【雅】坏朋友：交埋晒啲～，害死佢啊！(总是交一些坏朋友，要害死他的！)[源自《论语·季氏》："益者三友，损者三友。友直，友谅，友多闻，益矣。友便辟，友善柔，友便佞，损矣。"]

***拍档** pʰak³tɔŋ³ 合作者；搭档：帮你揾个新～。(给你找个新搭档。)[重见七 E3、九 C10]

***敆(夹)档** kɐp³(kap³)tɔŋ³ 同"拍档"。[重见七 E3、九 C10]

同屋住(主) tʰoŋ⁴ok¹tsy⁻²〈住音主〉住同一所房子、同一幢楼的邻居。[又作"同屋"]

隔篱邻舍 kak³lei⁴lɵn⁴sɛ⁵ 邻居；街坊。

隔篱二叔婆 kak³lei⁴ji⁶sok¹pʰɔ⁻²〈婆读第 2 声〉泛指邻里的老太婆（隔篱：隔壁）：啯日嚟咗好多亲朋戚友，连

也嘢～都嚟埋。（那天来了许多亲戚朋友，连街坊上什么老太婆呀都来了。）

拖友 t^{h}ɔ^{1}jɐu^{-2}〈友读第 2 声，椅口切〉【俗】恋人。［参见“拍拖”］

***女**$_{1}$ nøy^{-2}〈女读第 2 声，扭许切〉【俗】女恋人；女朋友：你条～唔嚟嘅？（你的女朋友怎么不来？）［重见一 B2、一 C4、三 A19］

契家佬 k^{h}ɐi^{3}ka^{1}lou^{2}【俗】【贬】情夫；姘夫。

契家婆 k^{h}ɐi^{3}ka^{1}p^{h}ɔ$^{4(-2)}$〈婆又可读第 2 声〉【俗】【贬】情妇；姘妇。

新郎哥 sɐn^{1}lɔŋ^{4}kɔ^{1} 新郎。

新人 sɐn^{1}jɐn^{4} 新娘。

媒人婆 mui^{4}jɐn^{4}p^{h}ɔ^{4} 媒婆。

大葵扇 tai^{6}kw^{h}ɐi^{4}sin^{3}【谑】媒人。因旧戏曲中的媒婆总是手摇葵扇出场，故称。

***姊妹** tsi^{2}mui^{-2}〈妹读第 2 声〉女傧相。［重见一 C3］

兄弟 heŋ^{1}tɐi^{6} 男傧相。

大妗 tai^{6}k^{h}ɐm^{5}〈妗音禽第 5 声〉旧俗：除女傧相外，在婚礼上临时找女子来陪伴新娘，年纪大的称“～”，年轻的称“大妗姐”。

大妗姐 tai^{6}k^{h}ɐm^{5}tsɛ^{2}〈妗音禽第 5 声〉参见“大妗”。

翻（返）头婆 fan^{1}t^{h}ɐu^{4}p^{h}ɔ^{4}【贬】再婚妇女；二婚头（这是歧视妇女的称呼）。

一 E3 能人、内行人、有权势者

猛人 maŋ^{5}jɐn^{4} 很有能耐、很有本事或很有来头、很有势力的人。［参见“猛”］

头$_{1}$ t^{h}ɐu^{-2}〈读第 2 声，土口切〉【贬】【谑】头目；首领（一般带有贬义；如不带贬义，则带开玩笑的口吻）：土匪～｜要同我哋嘅～商量过至得。（要跟我们的上司商量过才行。）

王 wɔŋ$^{-2}$〈读第 2 声〉【喻】首领；最强的人：喺呢度佢做～。（在这儿他是霸主。）

一哥 jɐt^{1}kɔ^{1}【谑】【喻】第一把手；最强的人：喺呢度我係～。（在这儿我说了算。）｜佢乜都想做～。（他在什么事情上都争强好胜。）

***大哥大** tai^{6}kɔ^{1}tai^{6}【俗】原指黑社会的大头目，转指最有势力或权力的人，又指德高望重的人。［重见三 A17］

***大佬** tai^{6}lou^{2}【俗】黑社会的头目。［重见一 A2、一 C3］

老行专 lou^{5}hɔŋ^{4}tsyn^{1}〈行音银行之行〉某一行业中的专家、权威：你係～喇，你话啦！（你是这一行中的权威了，你说吧！）

万能老倌 man^{6}nɐŋ^{4}lou^{5}kwun^{1}【喻】原指什么都能演的演员（老倌：戏曲演员），比喻多面手。

大粒瘻 tai^{6}nɐp^{1}mɐk^{-2}〈瘻音墨第 2 声〉【喻】【谑】大官（瘻：痣）：佢老豆係个～嚟㗎。（他老子是个大官儿。）［参见“大粒”。］

大粒嘢 tai^{6}nɐp^{1}jɛ^{5}〈嘢音野〉【喻】【谑】大官（嘢：东西）。［参见“大粒”］

大粒色 tai^{6}nɐp^{1}sek^{1}【喻】【谑】大官（色：骰子）。［参见“大粒”］

财主佬 ts^{h}ɔi^{4}tsy^{2}lou^{2} 财主；有钱人。

***大肚腩** tai^{6}t^{h}ou^{5}nam^{5}〈腩音南第 5 声〉有钱人（特指有钱的商人）。［重见一 D1］

一 E4 不幸者、尴尬者、生手

过气老倌 kwɔ^{3}hei^{3}lou^{5}kwun^{1}【喻】原指曾经走红、后来衰微的戏曲艺人，比喻一度有权势、地位或资财而后来失去了的人。

*老亲(衬) lou⁵tsʰɐn³〈亲音衬〉被人捉弄的人：你想揾我做～啊？（你想把我当傻瓜捉弄吗？）[重见一 C4]

较飞 kau³fei¹ 无辜的受害者或替罪羊：佢哋两边都推卸责任，我夹响中间做咗～。（他们两边都推卸责任，我夹在中间成了受害者。）｜食死猫、做～，我唔制！（背黑锅、当替罪羊，我不干！）

*马命 ma⁵mɛŋ⁶〈命音务赢切第 6 声〉【喻】辛苦劳碌的人；命苦的人：我就係条～。（我就是个命里辛苦劳碌的人。）[重见八 A4]

猪仔 tsy¹tsɐi²〈仔音子矮切〉【喻】被出卖的人：你因住畀人当～卖咗啊！（你小心让人给出卖了！）[参见“卖猪仔”。]

*羊牯 jœŋ⁴kwu²【喻】任人宰割的人。[重见二 D3]

*扯线公仔 tsʰɛ²sin³koŋ¹tsɐi²〈仔音子矮切〉【喻】【贬】本义为提线木偶（公仔：小人儿），比喻受人操纵的人：呢个係～，后便仲有人嘅。（这个是傀儡，后面还有人的。）[重见三 A19]

二奶仔 ji⁶nai⁻¹tsɐi²〈奶读第 1 声，仔音子矮切〉【喻】原指庶子（二奶：小老婆），喻被歧视、得不到平等对待的人。

*白鼻哥 pak⁶pei⁶kɔ¹【谑】本为对戏剧舞台上丑角的俗称（鼻哥：鼻子），因戏台上常作才子的反衬角色，被考官黜落，所以比喻考试失败的人。[重见一 G6]

失匙夹万 sɐt¹si⁴kap³man⁶【喻】【谑】很难从家长手中拿到钱的富家子弟（夹万：保险柜）。

大乡里 tai⁶hœŋ¹lei⁻²〈里音李第 2 声，黎起切〉【贬】土包子；乡巴佬：我呢个广州人嚟到深圳，变咗个～添！（我这个广州人来到深圳，竟成了个乡巴佬！）

土佬 tʰou²lou²【贬】乡巴佬；见识少的人。

茄哩啡 kʰɛ¹lɛ¹fɛ¹〈茄读第 1 声，哩音拉啡切〉【外】无足轻重的人；不被人看重的人。[英语 carefree]

多事古 tɔ¹si⁶kwu² 麻烦很多的人：一阵又呢一阵又嗰，你个人真係个～！（一会儿这一会儿那，你这人麻烦真多！）

监趸 kam¹tɐn²〈监读第 1 声，趸音底很切〉坐牢的人；囚犯。

初哥 tsʰɔ¹kɔ¹ 初次做某种事情的人；生手：做呢啲你就係～喇！（干这个你就是生手了！）

新仔 sɐn¹tsɐi²〈仔音子矮切〉新手，新入行的人。

二打六 ji⁶ta²lok⁻²〈六读第 2 声〉不熟练的人；水平低的人：呢度个个都係～。（这儿人人都是半瓶醋。）

倒瓤冬瓜 tou²nɔŋ⁴toŋ¹kwa¹〈瓤音囊〉【喻】徒有其表的人（倒瓤：瓜瓤坏掉）：讲得咁响，原来係个～！（讲得那么好，原来徒有虚名！）｜你咪惊佢，佢係～嚟喋咋。（你别怕他，他只是个纸老虎罢了。）

磨心 mɔ⁶sɐm¹【喻】本指石磨的中轴，比喻夹在互相矛盾的双方中间的人：家婆同心抱嗌霎，做仔嘅就变咗～。（婆婆和儿媳争吵怄气，做儿子的就成了风箱老鼠。）

一 E5 鳏寡孤独

单身寡佬 tan¹sɐn¹kwa²lou² 单身汉。

单身寡仔 tan¹sɐn¹kwa²tsɐi²〈仔音挤第 2 声，子矮切〉单身汉（指年轻的）。

寡佬 kwa²lou² 单身汉：佢到而家仲係～。（他到现在还是光棍儿。）

寡母婆 kwa²mou⁵pʰɔ⁻²〈婆读第 2 声〉中年以上、带着孩子的寡妇。

老姑婆 lou⁵kwu¹pʰɔ⁴ 老姑娘。

自梳女 tsi⁶sɔ¹nøy⁻²〈女读第 2 声，扭许切〉【旧】旧时珠江三角洲农村地区的女子有终生独身的风气，凡矢志不嫁者，至成年即自行梳起发髻（如出嫁则由别人代梳），称"～"。

无主孤魂 mou⁴tsy²kwu¹wɐn⁴【喻】孤独的、无处可归的人。

死剩种 sei² tsɐŋ⁶ tsoŋ²【喻】死剩下的独苗。

一 E6 外地人、海外华人

捞松(老兄) lau¹soŋ¹〈捞音拉敲切〉【贬】对北方人不友好的称呼。［这是对北方话"老兄"的不准确的模仿］

捞头 lau¹tʰɐu⁴〈捞音拉敲切〉【贬】对北方人不友好的称呼。［参见"捞松(老兄)"］

捞佬 lau¹lou²〈捞音拉敲切〉【贬】对北方男人不友好的称呼。［参见"捞松(老兄)"］

捞婆 lau¹pʰɔ⁻²〈捞音拉敲切，婆读第 2 声〉【贬】对北方女人不友好的称呼。［参见"捞松(老兄)"］

捞仔 lau¹tsɐi²〈捞音拉敲切，仔音子矮切〉【贬】对北方男孩不友好的称呼。［参见"捞松(老兄)"］

捞妹 lau¹mui⁻¹〈捞音拉敲切，妹读第 1 声〉【贬】对北方女孩不友好的称呼。［参见"捞松(老兄)"］

外江佬 ŋɔi⁶kɔŋ¹lou² 外省人（略带歧视口吻）。

唐人 tʰɔŋ⁴jɐn⁴ 华人；中国人（用于指海外华人）。

金山客 kɐm¹san¹hak³ 从美洲回来的华侨客人。［参见四 B9"金山"］

金山伯 kɐm¹san¹pak³ 从美洲回来的华侨客人（指老年男性。）［参见四 B9"金山"］

南洋伯 nam⁴jœŋ⁻²pak³ 从东南亚回来的华侨客人（指老年男性）。［参见四 B9"南洋"］

一 E7 外国人

番鬼佬 fan¹kwɐi²lou²【贬】对男性西洋人的不友好的称呼；洋鬼子。［简作"鬼佬"］

老番 lou⁵fan¹【谑】西洋人。

番鬼婆 fan¹kwɐi²pʰɔ⁻²〈婆读第 2 声〉【贬】对女性西洋人的不友好称呼。［简作"鬼婆"］

番鬼仔 fan¹kwɐi²tsɐi²〈仔音挤第 2 声，子矮切〉【贬】对西洋小孩的不友好的称呼。［简作"鬼仔"］

番鬼妹 fan¹kwɐi²mui⁻¹〈妹读第 1 声〉【贬】对西洋年轻女性的不友好的称呼。［简作"鬼妹"］

红毛头 hoŋ⁴mou⁴tʰɐu⁴ 对西洋人的不友好称呼。［"红毛"本是明清时代中国人对荷兰人的称呼］

红番 hoŋ⁴fan¹ 对红种人的不友好称呼。

黑鬼 hak¹(hɐk¹)kwɐi² 对黑种人的不友好称呼。

摩罗叉 mɔ¹lɔ⁻¹tsʰa¹〈罗读第 1 声，么呵切〉【外】①对南亚地区人（肤色较黑）的不友好称呼。②对黑种人的不友好称呼。［西班牙文 moros］

日本仔 jɐt⁶pun²tsɐi²〈仔音挤第 2 声，子矮切〉对日本人的不友好称呼。

萝卜头 lɔ⁴pak⁶tʰɐu⁴ 对日本人的不友好称呼。［这一称呼起于 20 世纪三四十年代日本侵华时期］

一 E8 其 他

人客 jɐn⁴hak³ 客人（集体概念）：～都嚟齐嘞。（客人们都来齐了。）［广州话“客人”是个体概念，“～”则是集体概念，可以说“一个客人”，但不能说“一个～”］

地胆 tei⁶tam² 在一地生活很久、熟悉情况而又关系广的人；地头蛇。

文胆 mɐn⁴tam² 为人出谋划策的人；智囊。

师爷 si¹jɛ⁴【喻】原指旧时的讼师，又指旧时官僚身边的清客，比喻专门为人出计谋的人（略带贬义）：你嗰位～呢勻冇帮你出倒好计嚡！（你那位军师这回没为你提出好主意呢！）

拥趸 joŋ²tɐn²〈趸音打很切〉某支球队的球迷、某位影星或歌星的影迷或歌迷等；拥护者：我哋都係佢嘅～。（我们都是他的球迷。）

发烧友 fat³siu¹jɐu⁻²〈友读第 2 声，椅口切〉【喻】【谑】对某事特别爱好、特别热心的人：在座都係音响～。（在座的都是热衷于玩音响的人。）｜我係个京剧～嚟㗎。（我可是个京剧迷呢。）

*__公证__ koŋ¹tseŋ³ 在发生争执的双方之间的不偏不倚的见证人；仲裁者：呢件事我可以做～。（这件事我可以做见证人。）［重见一 F4］

*__脚__ kœk³【喻】牌局或游戏等中的人手：少只～，点玩啊？（少一个人，怎么玩呢？）｜你嚟埋就够～，开得台嘞。（你也来就够人玩牌了。）［重见二 B4］

冇尾飞陀 mou⁵mei⁵fei¹tʰɔ⁴〈冇音无第 5 声，米老切〉【喻】【谑】到处跑而又去向不定、很难找的人（冇：没有；飞陀：一种能飞的玩具，缺尾则飞行方向不稳定）：嗰只～，你去边度揾佢啫！（那个不知行踪的家伙，你上哪儿去找他呢！）

*__夜游鹤__ jɛ⁶jɐu⁴hɔk⁻²〈鹤读第 2 声〉【喻】晚上外出的人：佢係～嚟嘅。（他老是晚上出去逛荡。）［重见二 D5］

巡城马 tsʰɵn⁴seŋ⁴ma⁵【喻】原指旧时在城墙上巡逻的骑兵，比喻满城跑的人：我今日做咗～。（我今天满城到处跑。）

一F 各种职业、行当的人

一 F1 工人、机械人员

工友 koŋ¹jɐu⁵【敬】工人。

三行佬 sam¹hɔŋ⁻²lou² 建筑工人。［参见七 D2“三行”］

泥水佬 nɐi⁴sɵy²lou² 泥瓦匠。

斗木佬 tɐu³mok⁶lou² 做细木工的工人。［参见七 D2“斗木”］

咕哩 kwu¹lei¹〈咕音姑，哩音离第 1 声〉【外】【俗】对搬运工人不尊重的称呼。［英语 coolie］

花王 fa¹wɔŋ⁴ 花匠；园丁；园林工。

手作仔 sɐu²tsɔk⁻⁶tsɐi²〈作音凿，仔音子矮切〉手艺人（手作：手艺）。

仵作佬 ŋ⁵tsɔk⁻⁶lou²〈仵音五；作音凿〉殡葬工人。

细工 sɐi³koŋ¹ 做杂活的工人，小工（细：小）：我哋呢度要招两个～。（我们这里要招两个小工。）

学师仔 hɔk⁶si¹tsɐi²〈仔音挤第 2 声，子矮切〉学徒。

飞机师 fei¹kei¹si¹ 飞行员。

大偈 tai⁶kɐi²〈偈音计第 2 声，假矮切〉大副（船长的第一副手）。

一 F2 农 民

耕田佬 kaŋ1tʰin4lou2 农民。

耕仔 kaŋ1tsɐi2〈仔音挤第 2 声，子矮切〉农民。

农民头 noŋ4mɐn4tʰɐu4【贬】对农民不友好的称呼。

㩧佬 pɔk1lou2〈㩧音薄第 1 声〉【贬】对农民的蔑称。[参见九 C6“㩧₂”]

一 F3 军人、警察等

兵士 peŋ1si6 士兵。

兵哥 peŋ1kɔ1 对军人友好而略带玩笑的称呼。

军佬 kwɐn1lou2 对军人不严肃的称呼。

二叔 ji6sok1【谑】警察（小朋友称解放军为叔叔，称警察也是叔叔，而在解放军之后，故称“～”。）[此为广州通用语]

老二 lou5ji-2〈二音椅〉【俗】警察。[参见“二叔”]

*__阿（亚）SIR__ a3sœ4〈SIR 音时靴切第 4 声〉【外】【敬】警察：嗰度企住两个～。（那儿站着两个警察。）[此为香港通用语。英语 sir。英国警察以 sir 称呼上司，香港警察沿习，而读音讹变。 重见一 A2、一 F4]

差人 tsʰai1jɐn4 警察。[此为香港通用语]

差佬 tsʰai1lou2 对警察不严肃的称呼。

保安仔 pou2ɔn1tsɐi2〈仔音子矮切〉保安队员。

一 F4 教育、文艺、体育界人员

*__阿（亚）SIR__ a3sœ4〈SIR 音时靴切第 4 声〉【外】【敬】对老师的尊称。[英语 sir，进入广州话后读音发生变化。重见一 A2、一 F3]

学生哥 hɔk6saŋ1kɔ1〈生读生熟之生〉男学生。

学生妹 hɔk6saŋ1mui-1〈生读生熟之生，妹读第 1 声〉女学生。

小学鸡 siu2hɔk6kɐi1【谑】小学生（略带轻视口吻）：～写得出噉嘅作文？（小学生能写出这样的作文？）

中学鸡 tsoŋ1hɔk6kɐi1【谑】中学生（略带轻视口吻）：～做记者，真定假啊？（中学生当记者，是真还是假啊？）

戏子佬 hei3tsi2lou2【旧】对男性戏曲演员不十分尊重的称呼。

大老倌 tai6lou5kwun1【旧】地方戏曲的名艺人。[又作“老倌”]

啲打佬 ti1ta2lou2〈啲音低衣切〉吹唢呐的人；吹鼓手（旧时为人做红白喜事时吹奏鼓乐的人。啲打：唢呐）。

*__傻仔__ sɔ4tsɐi2〈仔音挤第 2 声，子矮切〉马戏团的小丑。[重见一 A3、一 D3]

*__大花面__ tai6fa1min-2〈面读第 2 声〉大花脸（戏曲中的一个行当）。[重见一 D2]

*__二花面__ ji6fa1min-2〈面读第 2 声〉二花脸（戏曲中的一个行当）。[重见一 G1]

公仔佬 koŋ1tsɐi2lou2〈仔音子矮切〉【谑】以画画为业的人；画家（指男性。公仔：小人像）。

摩度 mɔ1tou4〈摩读第 1 声，度读第 4 声〉【外】作绘画写生、人像摄影等的对象或进行时装表演的人；模特儿。[英语 model]

球员 kʰɐu4jyn4 球类运动员；球队队员。

球手 kʰɐu4sɐu2 同“球员”。

老波骨 lou5pɔ1kwɐt1【谑】老资格的、经验老到的球类运动员（波：球）。

*__龙门__ loŋ4mun4 守门员。[重见三 D9]

跑手 pʰau2sɐu2 跑步运动员。

球证 kʰɐu^{4}tseŋ^{3} 球类运动裁判员。

边判 pin^{1}pʰun^{3} 司线员；巡边员。

边旗 pin^{1}kʰei^{4} 足球巡边员（因其手执旗子）。

* **公证** koŋ^{1}tseŋ^{3} 体育竞赛或游戏的仲裁人；裁判：想捉军棋，之搵唔倒人做～。（想下军棋，可是找不到人当裁判。）[重见一 E8]

一 F5 商人、服务人员

生意佬 saŋ^{1}ji^{3}lou^{2} 生意人。

商家佬 sœŋ^{1}ka^{1}lou^{2} 商人。

水客 søy^{2}hak^{3} ①以长途贩运货物为业的人（珠江三角洲水网发达，旧时贩运多从水路，所以贩货人称为～）。②从水路或海上走私的人。[参见三“水货”]

炒友 tsʰau^{2}jɐu^{-2}〈友读第 2 声，椅口切〉炒买炒卖的人；倒爷。

后镬 hɐu^{6}wɔk^{-2}〈镬读获第 2 声〉厨师；掌勺儿（镬：炒菜锅）。

火头军 fɔ^{2}tʰɐu^{4}kwɐn^{1} 火夫；炊事员。[又作“火头”]

企堂 kʰei^{5}tʰɔŋ$^{-2}$〈堂读第 2 声〉茶楼、酒楼等的招待员；跑堂。

收买佬 sɐu^{1}mai^{5}lou^{2} 沿街叫喊买破烂的人；回收废品者。

姑娘 kwu^{1}nœŋ^{4} 护士：～，唔该帮佢探下热。（护士，请替他量一下体温。）[本是对天主教修女的称呼，因旧时教会医院的护士均由修女充任，所以转为对护士的称呼]

黄绿医生 wɔŋ^{4}lok^{6}ji^{1}sɐŋ^{1} 庸医；医术低劣、靠行医骗钱的医生。

执仔婆 tsɐp^{1}tsɐi^{2}pʰɔ$^{-2}$〈婆读第 2 声〉旧式接生婆。

艇家 tʰɛŋ^{5}ka^{1} 船家；以摆渡等为业的人。

疍家 tɐŋ^{6}ka^{1}【旧】旧时的水上居民，以摆渡、水运、泊岸卖小吃等为业（近数十年多已上岸居住）。

一 F6 无正当职业者

插手 tsʰap^{3}sɐu^{2} 扒手。

三只手 sam^{1}tsɛk^{3}sɐu^{2} 扒手。

荷包友 hɔ^{4}pau^{1}jɐu^{-2}〈友读第 2 声，椅口切〉扒手（荷包：钱包）。

钳工 kʰim^{4}koŋ^{1}【谑】扒手。广州话“钳”有以手指取物之意，所以有此双关语。

贼佬 tsʰak^{6}lou^{2}【贬】①小偷（指入屋盗窃者）。②强盗；拦路抢劫者。

贼仔 tsʰak^{6}tsɐi^{2}〈仔音挤第 2 声，子矮切〉【贬】小偷（指入屋盗窃者）。

* **白撞** pak^{6}tsɔŋ^{6}【贬】白天入屋盗窃者：严拿～！[重见七 E19]

拐子佬 kwai^{2}tsi^{2}lou^{2}【贬】拐卖人口者；人贩子。

拆家 tsʰak^{3}ka^{1} 分销毒品的犯罪分子。

大耳窿 tai^{6}ji^{5}loŋ^{1}【喻】放高利贷的人：借～（借高利贷）。

马仔 ma^{5}tsɐi^{2}〈仔音挤第 2 声，子矮切〉充当别人的跑腿、打手等的人（多指在黑社会中）。

乞儿 hɐt^{1}ji^{-1}〈儿音衣〉乞丐，叫花子。

老举 lou^{5}køy^{2}【贬】【旧】妓女（旧时挂牌招客者）。

鸡$_{1}$ kɐi^{1}【喻】【贬】暗娼。

乌龟 wu^{1}kwɐi^{1}【喻】【贬】皮条客；为卖淫的女人拉客的男人。

散仔 san^{2}tsɐi^{2}【贬】游手好闲的无业青年（男性）。

* **捞家** lou^{1}ka^{1}〈捞音劳第 1 声〉无正当职业，以骗钱、打秋风等为生的人。[重见一 G2]

一 F7 其 他

师姑 si¹kwu¹ 尼姑。

风水佬 foŋ¹søy²lou² 以看风水、相宅、相墓为业的人；堪舆家。

南无佬 nam⁴mɔ⁴lou²〈无音读摩擦之摩，读第 4 声〉做法事的人。[本当指口念“南无阿弥陀佛”的人，即和尚，但实际上包括道士、巫师等]

江湖佬 kɔŋ¹wu⁴lou² 流浪江湖以卖艺、卖药为生的人。

*__执地__ tsɐp¹tei⁻²〈地读第 2 声，底起切〉以捡破烂为生的人。[重见七 D10]

一G 各种性格、品行的人

一 G1 好 人

人板 jɐn⁴pan²【褒】品质极好、可以树立为榜样的人（板：样板）：阿良认真係个～嚟㗎！（阿良确实是个做人的榜样啊！）

好人好姐 hou²jɐn⁴hou²tsɛ²【褒】很好的人（一般用于年轻女性）：你噉嘅～，千祈咪同佢哋群埋一堆啊！（你这样的好姑娘，千万别跟他们混在一块儿！）

*__好仔__ hou²tsɐi²〈仔音挤第 2 声，子矮切〉【褒】好孩子，好青年（侧重于指不沾染不良习气）：戒咗烟啦？係喇，噉先至係个～嘅样啊嘛！（戒了烟了？对了，这才是个正派青年的样子嘛！）[重见五 D1]

𥄫家 mɐi¹ka¹〈𥄫音米第 1 声〉【谑】【褒】读书或钻研问题很刻苦用功的人：好似你哋阿三噉嘅～而家难揾喇！（像你们老三这样刻苦读书的人现在难找了！）[参见七 D7“𥄫”]

书虫 sy¹tsʰoŋ⁴【喻】【谑】酷爱读书的人。

*__二花面__ ji⁶fa¹min⁻²〈面读第 2 声，摸演切〉【喻】本是粤剧中的一个行当，多为好打抱不平的角色，喻打抱不平的人：佢哋个个都粒声唔出，唯有我嚟做～啦。（他们个个都一声不吭，那就只有我来扮演打抱不平的角色了。）[重见一 F4]

开荒牛 hɔi¹fɔŋ¹ŋɐu⁴【喻】辛劳的开创者。

一 G2 聪明人、老成人

*__叻(呖)仔__ lɛk¹tsɐi²〈叻（呖）音拉吃切第 1 声，仔音子矮切〉【褒】聪明、能干的人（用于年轻男性）：我老早就话阿标係个～嚟。（我早就说阿标是个聪明的孩子。）[参见五 E1“叻”。重见五 E1]

*__叻(呖)女__ lɛk¹nøy⁻²〈叻（呖）音拉吃切第 1 声，女读第 2 声〉【褒】聪明、能干的姑娘。[参见五 E1“叻”。重见五 E1]

醒目仔 seŋ²mok⁶tsɐi²〈醒音写影切，仔音子矮切〉【褒】聪明、机灵的男孩子。

精仔 tseŋ¹tsɐi²〈精音之赢切第 1 声，仔音子矮切〉精明能干的、精于算计的人（指年轻男性。有时略带贬义）。

世界仔 sɐi³kai³tsɐi²〈仔音挤第 2 声，子矮切〉精明能干、善于交际但有时显得不够淳厚的年轻人（指男性。略含贬义）：阿宁十足十係个～嚟㗎。（阿宁是个十足精明的年轻人。）[参见七 E1“捞世界”]

*__捞家__ lou¹ka¹〈捞音劳第 1 声〉善于在社会上混，有时用不正当手段谋利的人（略带贬义）。[参见七 E1“捞世界”。重见一 F6]

人精 jɐn⁴tseŋ¹〈精音精神之精〉【喻】【谑】极为老于世故、极为精明的人

（略带贬义）。

扭计师爷 nɐu²kɐi⁻²si¹jɛ⁴〈计读第2声，假矮切〉【贬】善于出诡谲的主意为难人的人（师爷：旧时的讼师）。[参见七E20"扭计"]

耷头佬 tɐp¹tʰɐu⁴lou²〈耷音低洽切〉【贬】工于心计而又寡言少语的人（耷头：低头）。

老人精 lou⁵jɐn⁴tsɛŋ¹〈精音精神之精，支英切〉【贬】过分老成的孩子。

老奀茄 lou⁵ŋɐn¹kʰɛ²〈奀音银第1声〉【喻】【谑】原指到老也长不大的茄子，喻个子长不大却显得老气的孩子（奀：瘦小）。

老水鸭 lou⁵sɵy²ap⁻²〈鸭读第2声〉【谑】老成、世故的人（卤水鸭是家常菜肴；"卤水"与"老水"谐音）。[参见五D2"老水"]

老积散 lou⁵tsek¹san²〈散音丸散之散〉【谑】本为一种药名，转指老成的少年人（老积：老成）。

一 G3 各种性格的人

长气袋 tsʰœŋ⁴hei³tɔi⁻²〈袋读第2声，朵海切〉【喻】【谑】说话啰唆的人（长气：啰唆）。

吱喳婆 tsi¹tsa¹pʰɔ⁻²〈婆读第2声〉整天嘴巴不停的、爱说闲话的女人（吱喳：爱说话；爱说闲话）。

尖嘴鸡 tsim¹tsɵy²kɐi¹【喻】【谑】说话尖刻、嘴巴很厉害的人。

铁嘴鸡 tʰit³tsɵy²kɐi¹ 同"尖嘴鸡"。

***大光灯** tai⁶kwɔŋ¹tɐŋ¹【喻】原指汽灯，喻爱咋呼的人。[重见三A12]

***大喊十** tai⁶ham³sɐp⁶【谑】大惊小怪地大喊大叫的人：你正一係～！未睇真就乱咁嗌！（你真是个大惊小怪的家伙！没看清楚就乱喊！）[重见一G6]

冇掩鸡笼 mou⁵jim²kɐi¹loŋ⁴〈冇音无第5声，米老切〉【喻】【贬】乱说话的人（像没有笼盖的鸡笼一样，让鸡随便飞出来。冇：没有；掩：笼盖）：乜都畀呢个～抆搦晒！（什么都让这嘴上没岗哨的家伙搅黄了！）

密实姑娘 mɐt⁶sɐt⁶kwu¹nœŋ⁴ 不爱说话的姑娘。[参见五C4"密实"]

***大快活** tai⁶fai³wut⁶ 性格开朗、整天兴高采烈的人：秀妹係个～嚟㗎，一日听倒佢笑。（秀妹是个性格开朗的人，整天听见她笑。）[重见五C1]

大笑姑婆 tai⁶siu³kwu¹pʰɔ⁴【谑】喜欢大声笑的女人。

鼓气袋 kwu²hei³tɔi⁻²〈袋读第2声，底海切〉【喻】爱生闷气的人；气鼓鼓的人；憋了一肚子气的人：你睇你嬲到，变咗～喇！（你看你气得成了个鼓气包了！）

诸事理 tsy¹si⁶lei⁻¹〈理读第1声〉爱管闲事的人。

八卦妹 pat³kwa³mui⁻¹〈妹读第1声〉【贬】爱管闲事而讨人嫌的女孩子。[又作"八妹"。参见"八卦"]

八卦婆 pat³kwa³pʰɔ⁻²〈婆读第2声〉【贬】①爱管闲事而讨人嫌的女人。②注重有迷信色彩的礼仪、有许多禁忌的女人。[本来是指以占卦算命为业的女人。参见"八卦"]

八婆 pat³pʰɔ⁴【贬】爱管闲事的讨厌女人。[此为"八卦婆"的简称，但含义稍窄]

三姑六婆 sam¹kwu¹lok⁶pʰɔ⁴【贬】泛指各种爱管闲事且俗气的老年妇女。[古代的三姑六婆指尼姑、道姑、卦姑、牙婆（买卖人口者）、媒婆、师婆（巫婆）、虔婆（鸨母）、药婆（女郎中）、稳婆（接生婆），广州话意义从此中变来]

鸡仔媒人 kɐi1tsɐi2mui4jɐn-2〈仔音子矮切，人音隐〉【谑】爱管闲事的人：我今日都嚟做翻一次～啦！（我今天也来做一回管闲事的人吧！）

黸姜 mɐŋ2kœŋ1〈黸音摸肯切〉性格急躁的人（黸：急躁、烦躁）。

短命种 tyn2mɛŋ6tsoŋ2〈命音未赢切第 6 声，种读第 2 声〉【谑】性急的人（短命：性急）。

腍佛 nɐm4fɐt6〈腍音泥淫切〉【喻】脾气很好的人（腍：软）。

缩头龟 sok1tʰɐu4kwɐi1【喻】【贬】性格懦弱、遇事退缩的人。

***死老鼠** sei2lou5sy2【喻】【贬】性格懦弱、无阳刚气的人（一般指男性）。［重见一 D3、一 D4］

抽筋种 tsʰɐu1kɐn1tsoŋ2〈种读种子之种，子拥切〉【喻】【詈】着急的人；急急忙忙地做事的人；毛毛躁躁的人（抽筋：紧张，着急）。

一 G4　愚笨的人、糊涂的人

阿（亚）福 a3fok1【贬】傻头傻脑的人：你睇佢，成个～嘅！（你看他，整个儿一个傻瓜！）

阿（亚）茂 a3mɐu6【贬】傻头傻脑的人（"茂"为"谬"的谐音）：你呢个～！（你这傻瓜！）

福头 fok1tʰɐu4【贬】傻头傻脑的人。

猪唛 tsy1mɐk1〈唛音麦第 1 声〉【喻】【詈】像猪一样蠢的人：你真係～！（你真是蠢猪！）

猪头 tsy1tʰɐu4【喻】【贬】蠢人。［重见一 D2］

大冬瓜 tai6toŋ1kwa1【喻】【谑】【贬】举止笨拙的人。

大番薯 tai6fan1sy4(-2)〈薯可以读第 2 声〉【喻】【贬】愚笨的人：学极都唔识，你十足～嚟㗎！（怎么学都学不会，你十足是个笨东西！）

大辘木 tai6lok1mok6【喻】【贬】大的原木，喻呆板而愚笨的人。

***大泡禾** tai6pʰau1wɔ4〈泡音抛，批敲切〉【喻】【谑】【贬】无能、窝囊的人：咁细件事都做唔成，你唔係成咗个～？（这么小的事都办不成，你岂不成了个窝囊废？）［重见五 E2］

大嚿衰 tai6kɐu6sɵy1〈嚿音旧〉块头大而愚笨的人（嚿：块；衰：糟糕）。

墨鱼头 mɐk6jy4tʰɐu4【喻】【贬】愚笨的、没头脑的人。

***薯头** sy4tʰɐu4【喻】【贬】笨人。［重见五 E2、九 C6］

生水芋头 saŋ1sɵy2wu6tʰɐu-2〈头读第 2 声，体口切〉【喻】【贬】煮熟后不面的芋头，喻傻头傻脑的人。

***大头虾** tai6tʰɐu4ha1【喻】【贬】【谑】粗枝大叶的人；马大哈。［重见五 D3］

倒米寿星 tou2mɐi5sɐu6seŋ1【谑】老是捅娄子或把事情弄糟的人：死嘞，个～又嚟嘞！（糟了，那倒霉鬼又来了！）［参见"倒米"］

***老懵懂** lou5moŋ2toŋ2 年老糊涂的人：你而家变成个～！（你现在变成个老糊涂！）［重见五 B11］

乌龙王 wu1loŋ-2wɔŋ4〈龙读第 2 声，黎恐切〉【贬】非常糊涂的人（乌龙：糊涂）。

一 G5　蛮横的人、难调教的人

霸王鸡乸 pa3wɔŋ4kɐi1na2〈乸音拿第 2 声〉【喻】【贬】霸道、蛮横的女人（霸王：霸道；鸡乸：母鸡）：我都费事去理嗰只～！（我都懒得去睬那个不讲理的女人！）

伧鸡婆 tsʰaŋ4kɐi1pʰɔ4〈伧音撑第 4 声〉【贬】泼野的女人。［参见"伧鸡"］

老虎乸 lou⁵fu²na²〈乸音拿第 2 声〉【喻】【贬】母老虎，喻凶悍的妇人。

大帝 tai⁶tɐi³【喻】【谑】难以驾驭的人；极淘气的孩子（常用于多数）：呢班～！连总经理出面都搞唔啱！（这帮蛮汉子！连总经理出面也玩不转！）｜嗰班～将间课室搞到乱晒坑。（那群淘气鬼把课室弄得乱七八糟。）

*__烂命__ lan⁶mɛŋ⁶〈命音唔病切〉【贬】破罐破摔、视生命如儿戏的人：呢几只嘢只只都係～，好恶搞啊！（这几个家伙个个都是不要命的，很难搞啊！）[重见八 A4]

马骝精 ma⁵⁽⁻¹⁾lɐu¹tsɛŋ¹〈马又可以读第 1 声，音妈〉【喻】【谑】非常调皮、好动的小孩（马骝：猴子）。

扭计星 nɐu²kɐi⁻²sɛŋ¹〈计读第 2 声，假矮切〉【贬】爱撒娇的、要求达不到就要哭闹的小孩。[参见七 E25 "扭计"]

扭纹柴 nɐu²mɐn⁴tsʰai⁴【喻】【贬】原指纹理不直、不好劈的木柴，喻不听话、脾性乖戾的孩子。

星君仔 sɛŋ¹kwɐn¹tsɐi²〈仔音子矮切〉【谑】非常调皮的小孩：呢个细路正一係～嚟㗎。（这个小孩真正是个淘气蛋。）[又作 "星君"]

甩绳马骝 lɐt¹sɛŋ⁻²ma⁵⁽⁻¹⁾lɐu¹〈甩音拉一切，绳读第 2 声，马可读第 1 声，骝音留第 1 声〉【喻】【谑】字面意思是脱了绳套的猴子（甩：脱；马骝：猴子）。比喻非常调皮而难以约束的孩子。

湿水榄核 sɐp¹sɵy²lam⁻²wɐt⁶〈榄读第 2 声，核音屈第 6 声〉【喻】【谑】橄榄核儿放不稳，沾了水更滑，喻好动、淘气的孩子。

生骨大头菜 saŋ¹kwɐt¹tai⁶tʰɐu⁴tsʰɔi³【谑】原义是肉根中长了硬纤维的劣质大头菜，构成歇后语 "种坏"（种为种植之种；"种坏" 与 "纵坏" 谐音），也直接比喻被娇纵、宠坏了的孩子。

烂喊猫 lan⁶ham³mau¹【喻】【谑】爱哭的孩子（喊：哭）。[参见 "烂喊"]

喊包 ham³pau¹【贬】爱哭的孩子（喊：哭）。

牛精嘢 ŋɐu⁴tsɛŋ¹jɛ⁵〈嘢音野〉【喻】【贬】不讲道理、难以调教的人。[参见 "牛精"]

牛王头 ŋɐu⁴wɔŋ⁴tʰɐu⁴【喻】【贬】蛮横的、霸道的人。[参见 "牛王"]

倔尾龙 kwɐt⁶mei⁵lɔŋ⁻²〈倔音掘，龙读第 2 声，黎恐切〉【喻】【贬】秃尾巴的龙，是传说中兴风作雨的怪物，喻难调教或爱闯祸的人。

*__大耳牛__ tai⁶ji⁵ŋɐu⁴【喻】【贬】不听劝告的人，或对有益的训诫老是忘记的人。[重见一 D2]

包顶颈 pau¹tɛŋ²kɛŋ² 总是跟人顶嘴、抬杠的人；不肯听从训诫的人（顶颈：顶嘴）。

一 G6　有各种不良习气的人

败家精 pai⁶ka¹tsɛŋ¹【贬】败家子。

二世祖 ji⁶sɐi³tsou²【喻】【贬】原指三国时的阿斗，喻无能而奢侈的败家子。

太子爷 tʰai³tsi²jɛ⁻²〈爷读第 2 声〉【喻】【贬】只会享受而不必做事的年轻人（指男性）：呢度冇得畀你做～㗎。（在这儿你可不能白吃饭。）

蛀米大虫 tsy³mɐi⁵tai⁶tsʰɔŋ⁴【喻】【贬】只会吃饭而不会或不愿做事的人。

大食懒 tai⁶sɛk⁶lan⁵【贬】好吃懒做的人。

懒蛇 lan⁵sɛ⁴【喻】【贬】懒惰的人（冬眠的蛇非常慵懒，所以用作比喻）：

呢条～瞓到而家仲瞓。（这条懒虫睡到现在还睡。）[又作“大蛇”]

*蛇王 sɛ4wɔŋ4【喻】【贬】很懒惰的人。[重见五 D5]

死蛇烂鳝 sei2sɛ4lan6sin5【喻】【谑】【贬】极懒的人（俗以蛇为懒惰不愿动弹的动物，而死后就更不动了；又因鳝似蛇，也指为懒物）。

观音兵 kwun1jɐm1peŋ1【喻】【谑】特别热衷于为女性奔走效劳的男人。

*白鼻哥 pak6pei6kɔ1【喻】【贬】本为对戏剧舞台上鼻子涂成白色的丑角的俗称（鼻哥：鼻子），喻猥琐而又喜欢追逐女性的人。[重见一 E4]

咸湿佬 ham4sɐp1lou2 好色而下流的男人。[参见五 D6“咸湿”]

咸虫 ham4tshoŋ4【喻】同“咸湿佬”。

*生鸡 saŋ1kɐi1【喻】【贬】未阉的公鸡，喻好色的男人。[重见三 D3]

*花心萝卜 fa1sɐm1lɔ4pak6【喻】【谑】【贬】好女色而又感情不专一的男性：佢细妹行过三个男仔，个个都係～。（他妹妹谈过三个男朋友，个个都是感情不专一的。）[重见二 E6。参见五 B8“花心”]

麻甩佬 ma4lɐt1lou2〈甩音拉一切〉【贬】喜挑逗、调戏女性的男人。

基佬 kei1lou2【外】男性同性恋者。[英语 gay]

道友 tou6jɐu5【喻】吸毒者。[本为同教信徒之称，吸毒者一般有秘密的松散联系，有如某些宗教团体，故以此作比喻。或以吸毒者一般极瘦，所以开玩笑地喻为仙风道骨的出家人]

竹织鸭 tsok1tsek1ap-2〈鸭读第 2 声〉【喻】【贬】本指用竹篾织成、内部空心的鸭子（一种玩具），构成歇后语“冇心”（无心，没有感情），也直接比喻没有感情的人：你使乜仲挂住嗰只～呢？（你何必还念着那个没心没肺的人呢？）

大炮友 tai6phau3jɐu-2〈友读第 2 声，椅口切〉【贬】吹牛皮撒谎的人（大炮：谎话）：你咪听个～！（你别听那个牛皮大王的！）

葫芦王 wu4lou-2wɔŋ4〈芦读第 2 声，黎好切〉【贬】吹牛撒谎的人。

冇耳藤喼 mou5ji5thɐŋ4kip1〈冇音无第 5 声，喼音劫第 1 声〉【贬】字面意思是没有提手的藤箱子（冇：没有；耳：提手；喼：箱子），可构成歇后语“靠托”（“托”有扛和拍马屁两重意思）；也直接用作指拍马屁的人。

白鸽眼 pak6kɐp-2(kap-2)ŋan5【喻】【贬】对有权势或有钱人阿谀奉承、对普通人则白眼相待的人；势利小人。

搅屎棍 kau2si2kwɐn3【喻】【贬】喜搬弄是非、制造事端的人。

*大喊十 tai6ham3sɐp6【贬】光说不做的人：你听嗰个～啦！佢唔係得个讲？（你听那个耍嘴皮子的！他不就是只会说？）[重见一 G3]

花健仔 fa1lɛŋ1tsɐi2〈健音衣领之领第 1 声，仔音子矮切〉花里胡哨的小青年。[又作“花健”。参见一 B1“健仔”]

花健口 fa1lɛŋ1khɛŋ1〈健音衣领之领第 1 声，后字音卡健切〉同“花健仔”。[参见一 B1“健口”]

牙擦仔 ŋa4tshat3tsɐi2〈仔音子矮切〉【贬】自负、轻狂的年轻人（男性）[参见七 C4“牙擦”]

*铎(度)叔 tɔk6sok1〈铎音地落切〉【贬】吝啬的男人：千祈唔好去求嗰个～！（千万别去求那个吝啬鬼！）[传说以前有个叫～的演员专演吝啬鬼，由此成为专称；或因广州话“度”有反复算度之意，故以用以概括吝啬鬼的特征。重见五 D5]

孤寒铎(度) kwu1hɔn4tɔk6〈铎音地落

切〉【贬】吝啬的人。[参见五 D5“孤寒”、“铎（度）叔”]

孤寒种 kwu^{1}hɔn^{4}tsoŋ^{2}【贬】吝啬的人。[参见五 D5“孤寒”]

铁沙梨 t^{h}it^{3}sa^{1}lei^{-2}〈梨读第 2 声〉【喻】【贬】极吝啬的人（沙梨：一种梨子）。

大花洒 tai^{6}fa^{1}sa^{2}【喻】乱花钱的人（花洒：浇花或洗澡用的莲蓬头）。水喻钱财，故言。[又作“大花筒”]

大水喉 tai^{6}søy^{2}hɐu^{4} 同“大花洒”。

跟屁虫 kɐn^{1}p^{h}ei^{3}ts^{h}oŋ^{4}【喻】【贬】人云亦云、亦步亦趋的人：人哋噉讲你又噉讲，十足个～！（人家这么说你也这么说，十足是个应声虫！）

***跟尾狗** kɐn^{1}mei^{5}kɐu^{2}【喻】【贬】对人亦步亦趋，做事总是跟着别人的人：你做咗我唔做㗎喇，我唔做～㗎。（你做了我就不做了，我可不会跟在人家后面跑。）[重见二 D3]

两头蛇 lœŋ^{5}t^{h}ɐu^{4}sɛ^{4}【喻】【贬】在发生矛盾的双方之间两头讨好、脚踏两条船的人；骑墙者。

吊靴鬼 tiu^{3} hœ^{1} kwɐi^{2}【喻】传说中一种吊挂在人的靴子后面的鬼，喻缠人的人或盯梢的人：呢只～，一日跟到我实。（这个尾巴，整天跟得我紧紧的。）

生虫枴杖 saŋ^{1}ts^{h}oŋ^{4}kwai^{2}tsœŋ$^{-2}$〈杖音蒋，子响切〉【喻】【贬】【谑】做事不牢靠、不能依靠的人（生虫：长蛀虫）：若果你靠佢呢个～，就实害死你。（如果你靠他这办事不牢的家伙，那就一定把你害苦了。）

三脚凳 sam^{1}kœk^{3}tɐŋ^{3}【喻】【贬】【谑】同“生虫枴杖”。

赖猫君 lai^{-3}mau^{1}kwɐn^{1}〈赖读第 3 声〉【贬】耍赖皮的人（赖猫：耍猫）。

奸赖猫 kan^{1}lai^{-3}mau^{1}〈赖读第 3 声〉【儿】【喻】【贬】耍赖皮的人（奸赖：耍赖）。

一 G7 坏人、品质差的人

人渣 jɐn^{4}tsa^{1}【喻】【贬】人类渣滓；最坏的人。

烂头蟀 lan^{6}t^{h}ɐu^{4}tsøt^{1}〈蟀音卒〉【喻】【贬】打架特别凶狠、不要命的流氓（烂：破损。蟀：蟋蟀。相传头部伤残的蟋蟀相斗时特别凶猛）。

烂仔 lan^{6}tsɐi^{2}〈仔音子矮切〉【贬】小流氓；无赖汉。

滚(韵)友 kwɐn^{2}jɐu^{-2}〈友读第2声，椅口切〉【贬】骗子（滚：骗）：畀个～滚咗添！（让那骗子给骗了！）

老千 lou^{5}ts^{h}in^{1}【贬】骗子。

撞棍 tsɔŋ^{6}kwɐn^{3}【贬】骗子。

西南二伯父 sɐi^{1}nam^{4}ji^{6}pak^{3}fu^{-2}〈父读第 2 声，音苦〉【贬】纵容甚至唆使年轻人干坏事的老年人（西南：广东地名）。

打斋鹤 ta^{2}tsai^{1}hɔk^{-2}〈鹤读第 2 声〉【贬】【喻】引诱人干坏事的人。

烂赌二 lan^{6}tou^{2}ji^{-2}〈二读第 2 声〉【贬】嗜赌的人。[参见“烂赌”]

一窿蛇 jɐt^{1}loŋ^{1}sɛ^{4}【喻】【贬】同一伙的坏人：佢同嗰几个嘢都係～。（他跟那几个家伙都是一丘之貉。）

石灰箩 sɛk^{6}fui^{1}lɔ^{4}【喻】【贬】到处做坏事、到处留下劣迹的人。因装着石灰的箩筐放到哪里都会漏下石灰。

蛊惑友 kwu^{2}wak^{6}jɐu^{-2}〈蛊音古；友读第 2 声〉【贬】奸诈、滑头的人。[参见“蛊惑”]

蛊惑仔 kwu^{2}wak^{6}tsɐi^{2}〈蛊音古〉【贬】奸诈、滑头的人。（指年少的男性）。[参见“蛊惑”]

反骨仔 fan^{2} kwɐt^{1} tsɐi^{2}【贬】背信弃义的人（指男性）；叛变者。[参看五 G6“反骨”]

色狼 sɛk^{1}lɔŋ^{4}【喻】【贬】狂暴的色鬼；性犯罪者（男性）。

串仔 tsʰyn^{3}tsɐi^2〈仔音子矮切〉【贬】闲散游荡且性关系暧昧的男青年；阿飞。[参见七 E27“串”]

串女 tsʰyn^{3}nøy^{-2}〈女读第 2 声，扭许切〉【贬】闲散游荡且性关系暧昧的女青年；女阿飞。[参见“串”]

马达 ma^{5}tat^6【贬】女流氓。

鳄鱼头 ɔk^{6}yu^{4}tʰɐu^4【喻】【贬】【旧】旧时横行一方的恶霸。

大天二 tai^{6}tʰin^{1}ji^{-2}〈二读第 2 声，音椅〉【旧】旧时珠江三角洲一带的土匪恶霸头子。

一 G8 其 他

化学公仔 fa^{3}hɔk^{6}koŋ^{1}tsɐi^2〈仔音子矮切〉【喻】【谑】【贬】原指赛璐珞制成的洋娃娃，喻吃不了苦、经不起劳累或禁不住摔打的人（公仔：小人儿）：我即估你有几猛，原来亦係个唔襟撞嘅～嘘！（我还以为你多有能耐，原来也是个不禁碰的泥人儿！）[参见九 D2“化学”]

古老石山 kwu^{2}lou^{5}sɛk^{6}san^1【喻】【贬】思想守旧的人。

软皮蛇 jyn^{5}pʰei^{4}sɛ^4【喻】①疲疲沓沓、以无所谓的态度对待世事的人。②以软抗硬的人：佢係～，你闹佢冇用。（他是个会来软的人，你骂他没用。）

*__好人__ hou^{2}jɐn^4 与人为善的人；不得罪人的人(与“丑人”相对而言，略有“老好人”的含意)：～话好做又好做，话唔好做又唔好做。（不得罪人说容易也容易，说不容易也不容易。）[重见五 Dl。参见七 E11“做好人”]

丑人 tsʰɐu^{2}jɐn$^{4(-2)}$〈人又可读作隐〉得罪人的人（与“好人”相对而言）：你做好人，我变咗～，我唔制！（你唱白脸，我成了唱红脸的，我不干！）|呢匀我做咗～嘞。（这回我得罪人了。）[参见七 E11“做丑人”]

*__顶趾鞋__ teŋ^{2}tsi^{2}hai^4【喻】【谑】把丈夫管得很严的女人。

*__电灯胆__ tin^{6}tɐŋ^{1}tam^2【喻】【谑】本义是灯泡，因广州话称不通人情为“唔（不）通气”，所以比喻不通人情的人，特指不知趣地妨碍情侣谈情的人：人哋两个咁好倾，你点解要埋去做～？！（人家两个谈得那么投机，你干嘛要不知趣地走过去？！）

四方木 sei^{3}fɔŋ^{1}mok^6【喻】【贬】原指六面体的木块，因要踢一踢才动一动，喻办事不主动或不灵活的人。

大眼乞儿 tai^{6}ŋan^{5}hɐt^{1}ji^{-1}〈儿读第 1 声〉【喻】【谑】想向人多要点儿东西的人（乞儿：乞丐）：畀咗咁多仲想要，你个～啊！（给了那么多还想要，你这贪多的家伙！）

二、自然物和自然现象

二A　非生物体及现象

二A1　日、月、星、云

***日头** jɐt^{6}t^{h}ɐu^{-2}〈头读第2声〉太阳：～好猛，晒到皮都甩。（太阳很猛，晒得皮都掉了。）[重见四 A3]

热头 jit^{6}t^{h}ɐu^{-2}〈头读第2声〉太阳：出～喇，都係戴翻顶太阳帽至好出街。（出太阳了，还是戴上太阳帽才好上街。）

月光 jyt^{6}kwɔŋ^{1} ①月亮：今晚个～好圆。（今晚月亮很圆。）②月亮的光芒：今晚冇晒～。（今晚连一线月亮光也没有。）

娥眉月 ŋɔ^{4}mei^{4}jyt^{-2}〈月读第2声〉新月、月牙儿：今日係旧历初一，怪唔之得净係见到～啦。（今天是农历初一，怪不得只见到月牙儿。）

半边月 pun^{3}pin^{1}jyt^{-2}〈月读第2声〉半个月亮：见倒～，估都估倒係初七初八啦。（看见半个月亮，猜也可以猜出是初七初八左右。）

星 seŋ^{1} 星星：天上有几粒～。（天上有几颗星星。）

天光星 t^{h}in^{1}kwɔŋ^{1}seŋ^{1} 启明星，即天亮前出现于东方天空中的金星。

***扫把星** sou^{3} pa^{2} seŋ^{1}【喻】彗星（扫把：扫帚）。[重见一 A3]

红云 hoŋ^{4}wen^{4} 火烧云：～盖顶，揾定湾艇。（谚语：满天火烧云，赶快找地方停泊船只。是说暴风雨将要来临。）

二 A2　地貌、水文、泥土、石头

山坑 san^{1}haŋ^{1} 山沟：辘咗入～。（滚进了山沟里。）

山窿 san^{1}loŋ^{1}〈窿读第1声〉山洞：嗰座山上有个～，冇人敢入去㗎。（那座山上有个山洞，没人敢进去的。）

山窿山罅 san^{1}loŋ^{1}san^{1}la^{3}〈窿读第1声，罅音丽亚切〉大山里的复杂地形（罅：缝儿）：呢度咸都係～。（这里全是山洞山沟。）

草皮（披） ts^{h}ou^{2}p^{h}ei^{-1}〈皮读第1声，音披〉草坪；草地：呢块～剪得真係靓，好似张地毡噉。（这块草坪修剪得真漂亮，好像一张地毯那样。）

笡（斜） ts^{h}ɛ^{3}〈音斜第3声〉斜坡：落～（下坡）｜上嗰个～好嘥气。（上那个斜坡非常吃力。）

***坎** hɐm^{2}〈起饮切〉土坑：路边有个大～。｜因住跌咗落个～度。（小心摔到坑里。）[重见十 B2、十 C6]

沙$_{1}$ sa^{1} 在江岸边或江心冲积而成的平坦陆地。常用作地名：黄～（在广州）｜～头角（在深圳）

海 hɔi^{2} 江，河（特指珠江）：过～（渡江）[也指海洋，则同于普通话]

海皮 hɔi^{2}p^{h}ei^{4} ①江边：今日咁热，去～㗎凉啰。（今天这么热，去江边乘凉吧。）②海边。

海傍 hɔi^{2}pɔŋ^{6}〈傍音磅，罢旺切〉海边：青岛嘅～好靓，我谂中国冇边个地方有嗰度咁靓。（青岛的海边很美，我想中国没哪个地方有那儿美。）

氹 t^{h}ɐm^{5} 水坑：水～｜一场大水冲出一个大～。

河涌(冲) hɔ^{4}tsʰoŋ^{1}〈涌音冲〉小河；河沟。

涌(冲) tsʰoŋ^{1}〈音冲〉小河；河沟：呷条～好浅㗎咋，�童过去啦。（这条小河很浅的，趟过去吧。）| 鲗鱼～（地名，在香港）

堑 tsʰim^{3}〈潜第 3 声，次厌切〉小河；河沟：以前呷度有条～㗎，起咗呢座大厦就填平咗嘞。（以前这地方有条小河沟，建了这座大厦后就填平了。）| ～口（地名，在广州）

沥 lɛk^{6}〈丽石切〉河流的小分支；汊道。

滘 kau^{3}〈音教〉小河；河沟。常用作地名：～西洲 | 新～（在广州）[参见“漖”]

漖 kau^{3}〈音教〉小河；河沟。常用作地名：东～（在广州）[“漖”与“滘”本为一字分化为二，作地名时按习惯作不同写法]

圳 tsɐn^{3}(tsøn^{3})〈音震，又音进〉小河；河沟：水～（水沟）| 深～市（地名，在广东省）

山坑水 san^{1}haŋ^{1}søy^{2} 山涧（山坑：山沟）。

西水 sɐi^{1}søy^{2} 洪水（珠江的洪水一般自西而下）：走～（洪水泛滥时离家逃避）

西水大 sɐi^{1}søy^{2}tai^{6} 洪水暴发：落咗咁耐雨，～嘞。（下了这么久的雨，要发洪水了。）

发大水 fat^{3}tai^{6}søy^{2} 洪水暴发：呢度年年都～。（这儿年年都有洪水。）

水干 søy^{2}kɔn^{1} 退潮：～去沙滩执贝壳，够写意喇啩。（退潮后去沙滩捡贝壳，够惬意了吧。）

水大 søy^{2}tai^{6} 涨潮：知唔知几时～呢？（知不知道什么时候涨潮？）

龙舟水 loŋ^{4}tsɐu^{1}søy^{2} 端午节期间的大水：洗～（端午节当日下河耍水，民俗以为可禳灾）

生水$_{1}$ saŋ^{1}søy^{2} 活水；经常流动的水：东湖连住珠江，所以啲湖水係～嚟㗎。（东湖连接珠江，所以湖水是活水。）

***转** tsyn^{6}〈读第 6 声〉漩涡：呢度有～，唔好落去游水。（这儿有漩涡，别下去游泳。）[重见二 B1]

泥 nɐi^{4} 泥土：呢度啲～又干又硬，冇法子掘得嘟。（这儿的泥土又干又硬，没办法挖得动。）[普通话“泥”是湿的，“土”是干的，二者有区别；广州话不说“土”，而“～”则不分干湿。]

泥肉 nɐi^{4}jok^{6} 可耕种的土层：呢窟田～好厚。（这块地沃土层很厚。）

湴 pan^{6}〈音办〉烂泥：整到成身都係～。（弄得满身是稀泥。）[又作“泥湴”]

烂湴泥 lan^{6}pan^{6}nɐi^{4}〈湴音办〉烂泥：因住唔好跌落啲～度。（小心别跌到烂泥里。）[又作“烂湴”、“烂泥湴”]

麻石 ma^{4}sɛk^{6} 花岗岩：呢条石级路咸唪呤係用～砌成㗎。（这段台阶全是用花岗岩砌成的。）

云石 wɐn^{4}sɛk^{6} 大理石。在广东以产于云浮县者最为著名，故名。

石春 sɛk^{6}tsʰøn^{1} 鹅卵石（春：卵）：～路（用鹅卵石铺成的路）

摄石 sip^{3}sɛk^{6} 磁石（摄：磁吸）：想试下呷嚿係唔係～，好易啫，搵嚿铁嚟，睇下黐唔黐係得啰。（想试一下这块是不是磁石，很容易，找块铁来，看看是不是可吸住不就行了吗？）

二 A3　气象、气候

天候(口) tʰin^{1}hɐu^{-2}〈候读第 2 声，音口〉天气：～爇（天气热）| 今日～好。

天时 tʰin^{1}si^{4} 天气：呢两日～唔好。

(这两天天气不好。)[普通话“天时”指天气条件，与广州话略有不同]

好天 hou^{2}t^{h}in^{1} 天晴：落咗咁耐雨，过几日应该～啰。(下了这么久的雨，过几天该天晴了吧。)｜今日好～。(今天是个大晴天。)

天阴 t^{h}in^{1}jɐm^{1} 天色阴沉：今日～，睇嚟要带把遮至好出门口。(今天阴天，看来要带把雨伞才好出门。)

天阴阴 t^{h}in^{1}jɐm^{1}jɐm^{1} 天色阴沉沉的：～啲，唔係要落雨啊嘛？(天色阴沉沉的，不是要下雨吧？)

阴阴天 jɐm^{1}jɐm^{1}t^{h}in^{1} 同“天阴阴”：咿牌成日都～，就係落唔出雨。(这段时间整天都天色阴沉，就是不下雨。)

沤雨 ɐu^{3}jy^{5} 多日阴天并气压低，像要下雨而又不下(就像沤东西那样经过长时间)：沤咗成个礼拜雨，今日先至落出。(整个星期天色阴沉，将雨不雨，直至今天才下起雨来。)

雨溦 jy^{5}mei^{1}〈溦音微第1声，么禧切〉微雨(溦：小水点)：落～都会淋湿身㗎。(下小雨也会淋湿的。)

溦溦雨 mei^{1}mei^{1}jy^{5}〈溦音微第1声，么禧切〉淅沥小雨(溦：小水点)：～啫，着件干湿褛唔係得啰，唔使带遮喇。(毛毛雨罢了，穿一件晴雨两用衣不就行了吗，不用带伞了。干湿褛：以防水布制成的厚衣，晴雨两用。)

雨毛 jy^{5}mou^{-1}〈毛读第1声〉毛毛雨。

雨粉 jy^{5}fɐn^{2} 毛毛雨：～一样会湿身。(毛毛雨照样会打湿衣服。)

白撞雨 pak^{6}tsɔŋ^{6}jy^{5} 太阳雨(出太阳同时下雨)：～灒坏人。(太阳雨又热又凉的会把人淋坏。)

过云雨 kwɔ^{3}wɐn^{4}jy^{5} 短时阵雨：我睇係～嚟啫，我哋入店里头避下就行得㗎喇。(我看是阵雨罢了，我们进店里避一下就可以走了。)

落雨 lɔk^{6}jy^{5} 下雨：～喇，好收衫喇。(下雨了，快把衣服收起来。)

雨溦溦 jy^{5}mei^{1}mei^{1}〈溦音微第1声，么禧切〉下小雨的样子(溦：小水点)：春游有啲～先至够情调㗎嘛。(春游遇上小雨淅沥才够浪漫呢。)

雨粉粉 jy^{5}fɐn^{2}fɐn^{2} 细雨飘零：外边～㗎，你有冇带遮啊？(外面雨纷纷的，你带雨伞没有？)

雨糠糠 jy^{5}hɔŋ^{1}hɔŋ^{1} 细雨飘零：～啲，都唔知落到几时。(细雨飘零，都不知道下到什么时候。)

落雨丝湿 lɔk^{6}jy^{5}si^{1}sɐp^{1} 因下雨而潮湿：呢两日～，我都唔想出街。(这两天下雨，到处湿漉漉的，我都不想上街。)[又作“落雨湿湿”]

落雪水 lɔk^{6}syt^{3}sɵy^{2} 下很冷的小雨：呢几日日日～，冻到𢱑命。(这几天天天下冷飕飕的小雨，冷得要命。)

横风横雨 waŋ^{4}fɔŋ^{1}waŋ^{4}jy^{5} 风雨横扫：而家啲～，担遮都照样湿身㗎。(现在这样风大雨骤，打伞也照样淋湿身体的。)

打风打雨 ta^{2}fɔŋ^{1}ta^{2}jy^{5} 刮风下雨：秋天最多时～。(秋天常刮风下雨。)

翻风 fan^{1}fɔŋ^{1} 刮风：～喇，着多件衫先好出门口嚯。(刮风了，多穿件衣服才出门吧。)

打风$_{1}$ ta^{2}fɔŋ^{1} 刮台风：电视话要～喇。(电视上说要刮台风了。)

荡西 tɔŋ^{6}sɐi^{1} 台风的风向自东北转向西北，是台风过去的先兆：打风唔～，三日就翻归。(谚语：台风风向不变，三天后台风又会回来。)

风旧 fɔŋ^{1}kɐu^{6} 台风、暴风：打～(刮台风)

雷公 lɵy^{4}koŋ^{1} 雷(本指传说中的雷神，转指雷)：打～｜呢个～够晒响。(这个雷够响的。)

行雷 haŋ^{4}ləy^4〈行音行路之行〉打雷：细路仔最怕～。（小孩子最怕打雷。）

摄电 sip^{3}tin^6 闪电：一个～，吓我一惊。

闪靓 sim^{2}lɛŋ^3〈靓音丽赢切第 3 声〉闪电。

天公 t^{h}in^{1}koŋ^1 天（用于天气，一般是指有风雨的天气）：～落雨。（天下雨。）

西斜热 sɐi^{1}ts^{h}ɛ^{4}jit^6 夏日夕阳的热辐射（一般就朝西的屋子而言）：呢间屋兜正～，热天晚黑实好热嘅。（这所房子正对着太阳西下射来的高温，夏天晚上一定很热。）

回南 wui^{4}nam^4 冬天里温度回升、暖和而潮湿的天气：～天，啲菜就会平翻。（到了回暖的天气，蔬菜的价钱就又会下降。）

正$_1$ tseŋ^3〈音正确之正〉猛烈的阳光或阳光反射造成干燥的高温：呢度咁～，点解唔去嗰头避下热头啫？（这里这么燥热，为什么不到那边避一下太阳？）

热腥 jit^{6}sɛŋ^3〈腥音四赢切第 3 声〉地面经太阳暴晒后突然淋上水而造成的潮湿的暑气：头先仲大热头，一下一朕过云雨，成街～嚹。（刚才还大太阳，一下子一阵短时的阵雨，满街是潮湿暑气的气味。）

雪珠 syt^{3}tsy^1 冰雹：寻晚落咗场～，打到个瓦面“摽摽”声。（昨晚下了场冰雹，打得房顶“乒乒乓乓”作响。）

雾水 mou^{6}søy^2 露水：啲盆景要拶出去打下～至长得好嚟。（树桩盆景要拿出去采采露水才长得好。）[又作“雺”]

湿气 sɐp^{1}hei^3 空气中所含水气：一落雨呢度～就好重。（一下雨这个地方就非常潮湿。）

霞雾 ha^{4}mou^6 雾。

*__哄__$_1$ hoŋ^6 日月晕：今晚个月光有～，听日可能要落雨。（今晚月亮出现了月晕，明天可能要下雨。）[重见二 A4]

十月火归天 sɐp^{6}jyt^{6}fɔ^{2}kwɐi^{1}t^{h}in^1【谚】农历十月天气燥热。

二 A4　灰尘、污迹、雾气、气味

沙尘$_1$ sa^{1}ts^{h}ɐn^4 灰尘：架车行过，搞到～滚滚。（车子驶过，弄得尘土飞扬。）

泥尘 nɐi^{4}ts^{h}ɐn^4 灰尘：张台一个礼拜唔抹就～成寸厚。（这桌子一个星期没擦就有成寸厚的灰尘。）

尘灰 ts^{h}ɐn^{4}fui^1 灰尘：四围都係～。（到处是灰尘。）

墥尘 p^{h}ong^{1}ts^{h}ɐn^4〈墥音篷第 1 声，批空切〉蒙在物体上面的尘土（墥：蒙尘）：啲嘢梗係好耐冇人嘟过嘞，咁厚～。（这些东西肯定很久没人动过了，这么厚的尘土。）

烟屎 jin^{1}si^2 烟垢：烟嘴里头积满～。

镜面 kɛŋ^{3}min^{-2}〈面读第 2 声，摸演切〉长时间未换洗的衣物上较厚而有光泽的污垢。

*__哄__$_1$ hoŋ^6〈读第 6 声，贺共切〉水锈；汗渍：把刀起晒～嘅，梗係用完冇抹干嘞。（这把刀满是水锈，一定是用完后没有擦干。）| 你件笠衫起晒～喇，仲唔洗！（你的汗衫都是汗渍，还不洗！）[重见二 A3]

渍 tsek^1〈音积〉水垢；污痕：水煲用得耐就会起～。（水锅用久了就会有水垢。）| 张台咁多～嘅，梗係啲菜汁嚟。（桌子这么多污痕，一定是菜汁。）

汗渍 hɔn^{6}tsek^1〈渍音积〉衣服上的黑色霉点（往往沾汗后不及时洗就会出现）。

乌鸡 wu^{1}kɐi^1 同“汗渍”。

霞气 ha⁴hei³（凝结在玻璃等上的）雾气：挡风玻璃上面有啲～，开咗个拨雨器刮咗佢喇。（挡风玻璃上有些雾气，开动拨雨器把它刮掉吧。）

水气 səy²hei³（凝结在玻璃等上的）雾气：镜面上有～，边度照得到人啊！（镜子上有雾气，哪里能照得见人！）[此与普通话“水汽”（呈气态的水）意思不一样]

嚾 tsʰəy⁴〈音随〉气味（略带贬义）：点解有一朕乜嘢～嘅？（怎么有一股什么气味？）| 一臟臭～。（一股臭味。）

燶味 lɔ³mei⁶〈燶音罗第 3 声〉①烧橡胶等东西发出的特殊臭味（燶：烧焦）：唔知烧咗啲乜嘢，一朕～。（不知道烧了些什么，一股糊味。）②饭菜等的窜烟味：啲汤有～，好难饮。（这汤有窜烟味，很难喝。）

火燶嚾 fɔ²lɔ³tsʰəy⁴〈燶音罗第 3 声，嚾音随〉同“燶味”[又作“火燶味”]

二 A5　水、水泡、火、火灰

虾眼水 ha¹ŋan⁵səy² 鱼眼水（快开的水，因锅底出现的小水泡形如虾眼，故称）。

倒汗水 tou³hɔn⁶səy²〈倒音到〉【喻】凝结在锅盖上的蒸馏水。

*__㶸₁(泡)__ pʰɔk¹〈音扑第 1 声〉水泡：你睇水面咁多水～，水底係唔係有人啊？（你瞧水面那么多水泡，水底下是不是有人呀？）[重见二 C11]

泡 pʰou⁵〈音抱〉水泡；泡沫：呢啲水咁多～，邋遢到死。（这些水那么多泡泡，脏得要命。）| 番枧～（肥皂泡儿）

冇牙老虎 mou⁵ŋa⁴lou⁵fu²〈冇音无第 5 声〉【喻】火（特指火灾中的或能引起火灾的火）：～唔玩得㗎。（火玩不得。）

火尾 fɔ²mei⁵ 火舌：手面畀～撊咗一下，就起咗个大㶸。（手背让火舌扫了一下，就起了个大泡。）

火屎 fɔ²si² ①燃烧物溅出的火星：咪行咁埋个风炉度，因住畀～焫穿件衫。（别走那么近炉子，小心让火星烧穿衣服。）②柴、炭等燃烧后的残屑：啲～要淋湿至好倒啊。（余烬要浇湿了才能倒掉。）

火灰 fɔ²fui¹ 灰烬；灰：烧剩一堆～。

火燂煤 fɔ²tʰam⁴mui⁴ 厨房、房间等的墙壁、天花板及烟囱等处被长期烟熏而积悬的烟灰尘土。[又作“火燂尘”]

煤屎 mui⁴si² 同“火燂煤”。

镬黸 wɔk⁶lou¹〈镬音获，黸音卢第 1 声〉锅底的烬垢；锅黑子。

二 A6　其　他

鉎 sɛŋ³〈试赢切第 3 声〉锈：菜刀用完要抹干，搽翻啲油，唔係会起～㗎。（菜刀用完要擦干，抹上点儿油，要不会生锈的。）

裂 lit³〈读第 3 声〉裂纹；裂缝：个花樽有条～，不过唔漏水。（花瓶有条裂纹，不过不漏水。）

二B　人　体 [与动物身体部位通用的词语亦收于此]

二 B1　头颈部

头壳 tʰɐu⁴hɔk³ 头；头骨：吓到一味揽住个～。（吓得只顾抱着头。）| 吔条友仔瘦到剩低个～，梗係白粉仔嚟嘅。（这家伙瘦得只剩脑袋，一定是个吸毒的。）

二　自然物和自然现象

嘰₁ kʰek¹〈卡益切〉【俗】头：你因住坎亲个～啊！（你小心磕着头！）

头壳顶 tʰɐu⁴hɔk³tɛŋ²〈顶音底嬴切第 2 声〉头顶：杨生未到五十，～啲毛就甩清光嘞。（杨先生没到五十，头发就掉光了。）

魂精 wɐn⁴tsɛŋ¹〈精音之嬴切第 1 声〉太阳穴：佢晕咗，快啲搽啲油落佢个～度啦。（他昏倒了，赶快在他的太阳穴上擦点油吧。）

后尾枕 hɐu⁶mei⁵tsɐm² 后脑勺：一睇你就知係捞松啦，冇～嘅。（一看就知道你是北方人，没有后脑勺的嘛。北方人的后脑勺较广东人扁平）[又作"后枕"]

脑囟 nou⁵sɐn²〈囟音笋〉囟门：～未生埋。（囟门没长拢。熟语，喻幼稚无知。）

头毛 tʰɐu⁴mou⁻¹〈毛读第 1 声〉【俗】头发：细路仔，～都未出齐就学人电发。（小孩儿，头发还没长全就学人家烫发。）

髩(阴) jɐm⁴⁽⁻¹⁾〈音淫，又音阴〉额前的刘海：师傅，唔该将啲～剪短啲，髡咗落嚟会遮住对眼。（师傅，请把额前的刘海剪短点儿，长了垂下来会把眼睛挡住。）

发脚 fat³kœk³ 发际线；发际线上的头发；发根：～咁长嘅，你究竟有冇飞发喋？（发根这么长，你究竟理了发没有？）

发尾 fat³mei⁵ 发梢：你啲～开晒叉喇，要做下头发护理至得啰。（你的发梢都开叉了，要做一下头发护理才行啊。）

滴水 tek¹søy²〈滴音的〉男性的鬓角：啲～唔好留咁长，而家唔兴喋喇。（别把鬓角留那么长，现在不时兴了。）

孪毛 lyn¹mou⁻¹〈孪音乱第 1 声，毛读第 1 声〉鬈发（孪：弯曲）：成头～嗰条友係边个嚟喋？（那个满头鬈发的家伙是谁？）

***转** tsyn⁶〈读第 6 声，治愿切〉头发呈旋涡状处；旋儿：我个头有两个～。（我的头发有两个旋儿。）[重见二 A2]

面₁ min⁶ 脸：咪搵埋块～啦。（别绷着脸。）| 你个～度有啲邋遢。（你的脸有点儿脏。）

面钵 min⁶put³ 脸盘：嗰个女演员～好阔，一啲都唔靓。（那个女演员脸太宽，一点儿都不漂亮。）

面珠 min⁶tsy¹ 脸蛋（一般用于小孩）：嚟，畀爹哋锡下个～。（来，让爸爸亲亲脸蛋。）

面珠墩 min⁶tsy¹tɐn¹〈墩音低因切〉脸蛋（一般用于小孩）：呢个 BB 好得意，搣下个～至得。（这个小孩真有趣，得捏一下他的脸蛋。）

下爬 ha⁶pʰa⁴ 下巴：～有粒瘿。（下巴有颗痣。）

腮 sɔi¹ 腮帮子：鼓埋泡～。（鼓起腮帮子。形容生气的样子。）

酒凹 tsɐu²nɐp¹〈凹音粒，那邑切〉酒窝：呢个妹妹仔左边面上有个～。（这个小妹妹左边脸上有个酒窝。）

须 sou¹〈音苏〉胡子：佢啲～一路生到落颈度。（他的胡子一直长到脖子。）| 老猫烧～（老猫也给烧掉胡子。熟语，喻经验老到者也有失败的时候。）

羊咩须 jœŋ⁴mɛ¹sou¹〈须音苏〉山羊胡子（羊咩：羊）：呢个后生仔留咗执～，好肉酸啊。（这小伙子蓄了一撮山羊胡子，好难看哟。）

胡鬑须 wu⁴lim⁴sou¹〈鬑音廉，须音苏〉络腮胡子；连鬓胡子。

两撇鸡 lœŋ⁵pʰit³kɐi¹ 髭；上唇上向左右两边生长的胡子：留～啲人以为

好有型，有男人味喎。（蓄髭的人认为很威风，有男子气派。）

牙骹(铰) ŋa⁴kau³〈骹（铰）音教〉下颌骨关节（骹：关节）：鸡髀打人～软。（谚语，意思是吃了人家的嘴软。鸡髀：鸡腿。）

颈 kɛŋ² 脖子：冲凉嗰阵时捽干净条～。（洗澡时把脖子搓搓干净。）｜揸～就命。（被掐住脖子，只好就范。熟语，喻被人抓住短处而听命于人。）

独食罂 tok⁶sek⁶aŋ¹〈罂音啊坑切〉【谑】后颈窝（罂，小罐子）。

喉核 hɐu⁴wɐt⁻²〈核音壶日切第2声〉喉结：细路仔未有～㗎。（小孩子喉结还没长起来。）

喉榄 hɐu⁴lam² 喉结：大～（喉结大。俗以为喉结大便能多吃，喻贪婪。）

二 B2 五官、口腔、咽喉部

眼 ŋan⁵ 眼睛：瞌埋双～，瞓觉！（闭上眼睛，睡觉！）

眼尾 ŋan⁵mei⁵ 眼角：你真係老咗喇，～都起晒鱼尾云啰。（你真的老了，眼角都见鱼尾纹了。）｜～都唔睄下佢。（眼角都不瞟他一眼。）

眼核 ŋan⁵wɐt⁶〈核音屈第6声，壶日切〉眼珠：～光光。（眼珠发亮。）

眼公仔 ŋan⁵koŋ¹tsɐi²〈仔音子矮切〉瞳仁（公仔：小人儿。因瞳仁可反映出对面的人影）。

眼檐 ŋan⁵jim⁴〈檐音盐〉上眼皮：双～靓过单～。（双眼皮比单眼皮漂亮。）

眼肚 ŋan⁵tʰou⁵ 松弛而下垂凸出的下眼皮；眼袋：你嘅～堕晒落嚟，琴晚唔够瞓咩？（你的下眼皮都垂下来了，昨晚睡不好吗？）

眼揖毛 ŋan⁵jɐp¹mou⁻¹〈揖音衣恰切，毛读第1声〉睫毛：你以为佢嗰啲～真係咁长咩？假㗎咋！（你以为她那些睫毛真的那么长吗？那是假的！）[又作“眼毛”]

眼眉毛 ŋan⁵mei⁴mou⁴ 眉毛：而家啲女人真～都唔要，偏要纹眉。（现在的女人真眉毛都不要，偏要纹眉。）[又作“眼眉”]

鱼尾云 jy⁴mei⁵wɐn⁴ 眼角的皱纹；鱼尾纹。

耳仔 ji⁵tsɐi²〈仔音子矮切〉耳朵：啲餸好好味，睇佢食到～都郁埋。（这菜味道很好，瞧他吃得耳朵都动起来了。）

耳珠 ji⁵tsy¹ 耳垂。耳垂浑圆如珠，故称：而家有啲耳环唔使穿～就可以戴㗎嘞。（现在有些耳环不用穿耳垂就能戴的。）

耳窿 ji⁵loŋ¹〈窿读第1声〉耳孔：唔好乱咁夭～，会整穿个耳膜㗎。（别乱掏耳孔，会弄破耳膜的。）[又作“耳仔窿”]

糠耳 hoŋ¹⁽²⁾ji⁵〈糠又读第2声〉不分泌黄色黏液的耳朵，其耳垢呈干燥松散的糠状。与“油耳”相对。

油耳 jɐu⁴ji⁵ 分泌黄色黏液的耳朵，其耳垢潮湿有黏性。与“糠耳”相对。

口唇 hɐu²sɐn⁴ 嘴唇：你～咁红，使乜搽唇膏嚁？（你嘴唇那么红，哪用得着涂口红呢？）

口丫角 hɐu²a¹kɔk³ 嘴角：你～有少少烂，搽啲蓝药水就冇事㗎喇。（你的嘴角有点儿溃疡，涂点龙胆紫就没事了。）

大板牙 tai⁶pan²ŋa⁴ 很大的门牙：嗰个嘢一笑就露出棚～嚟。（那家伙一笑就露出一排大门牙来。）

大牙 tai⁶ŋa⁴ 臼齿；槽牙：个细路开始出～嘞。（这孩子开始长槽牙了。）

烟屎牙 jin¹si²ŋa⁴ 因长期抽烟而被熏黄的牙齿（烟屎：烟垢）：睇见佢啲～

我就作呕。（看见他满是烟垢的黄牙我就恶心。）

牙肉 ŋa^{4}jok^6 齿龈：呷牌热气，～都痛埋。（这段时间上火，连齿龈也疼起来了。）

脷 lei^6〈音利〉【婉】舌头：佢伸下条～，做咗个丑怪样。（她伸了伸舌头，做了个鬼脸。）｜擘大口，畀医生睇下条～。（张大嘴巴，让医生看看舌头。）［广州话“舌”与“蚀”（蚀本即亏本）同音，因避忌而改称为“利”，又造方言字作～］

脷苔 lei^{6}tʰɔi^4〈脷音利〉舌苔。

颈喉 kɛŋ^{2}hɐu^4 喉咙：～痛｜～干涸（咽喉干涩难受）

喉咙椗 hɐu^{4}loŋ^{4}teŋ^3〈椗音定第 3 声〉①悬雍垂，北方俗称“小舌”（椗：蒂）。②泛指咽喉部位：饱到上～。（饱得顶着咽喉。）

*__吊钟__ tiu^{3}tsoŋ^1 悬雍垂，北方俗称“小舌”。［重见二 E7］

鼻哥 pei^{6}kɔ^1 鼻子：中国人嘅～冇外国人咁高。（中国人的鼻子没外国人高。）

鼻哥尖 pei^{6}kɔ^{1}tsim^1 鼻尖：有只乌蝇褛咗响你个～度。（有只苍蝇爬在了你的鼻尖上。）

鼻哥窿 pei^{6}kɔ^{1}loŋ^1〈窿音龙第 1 声〉鼻孔。［又作“鼻窿”］

声喉 sɛŋ^{1}hɐu^4〈声音司赢切第 1 声〉嗓门：你把～认真大。（你的嗓门真大。）

豆沙喉 tɐu^{6}sa^{1}hɐu^4【喻】沙哑的嗓门：你嗰副～仲敢嚟卡拉 OK？（你那一副公鸭嗓子还敢来卡拉 OK？）

二 B3 躯 体

心口 sɐm^{1}hɐu^2 胸口；胸脯：兜～一捶擂埋去。（朝着胸口一拳打过去。）｜我敢拍～（我敢拍胸脯保证。）

*__𡚸__ nin^1〈音年第 1 声，那烟切〉乳房。［重见二 B5］

膊头 pɔk^{3}tʰɐu^4 肩膀；～起枕。（肩膀长了老茧。）［又作“膊”］

背脢 pui^{3}mui^4〈脢音梅〉背脊：你～出好多汗噃，件背心都湿晒嘞。（你的背脊上出了很多汗，背心都湿透了。）

髀骨 pʰɛŋ^{1}kwɐt^1〈髀音批赢切第 1 声〉胯骨：佢瘦到～好似把刀噉突出嚟。（他瘦得那胯骨像把刀似的突出来。）

小𦟌 siu^{2}jim^2〈𦟌音掩〉肋下：我～畀佢揈咗拳。（我的肋下给他打了一拳。）

腍𦟌 nɐm^{4}jim^2〈𦟌音掩〉肋下（腍：软）。

肚脐煲 tʰou^{5}tsʰi^{4}pou^1 肚脐（一般指小孩的）：唔好打出～！（别露出肚脐！）

肚脐泵 tʰou^{5}tsʰi^{4}pɐm^1〈泵音波音切〉同“肚脐煲”。

啤酒肚 pɛ^{1}tsɐu^{2}tʰou^5〈啤音不夜切第 1 声〉因发胖而凸起的肚子。据说啤酒喝多了便有此体型，故云。

肚腩 tʰou^{5}nam^5〈腩音南第 5 声，那览切〉肚皮；腹部；腹部的肥肉：睇下你个～，成个老细噉款。（瞧瞧你的肚皮，整个儿老板样儿。）

肚煲 tʰou^{5}pou^1〈煲音保第 1 声〉【喻】肚皮；腹部（煲：锅。肚圆似瓦锅）冚好被啊，因住冻亲个～。（盖好被子，小心腹部着凉。）

肚肮 tʰou^{5}tɐm^1〈肮音低阴切〉肚皮；腹部：食咁多，因住～爆啊。（吃这么多，小心撑破肚皮。）

胳肋底 kak^{3}lak^{1}tɐi^2〈胳音格，肋音拉握切〉胳肢窝：咪揦人～啦，好肉酸㗎。（别挠人家胳肢窝，很痒痒的。）

腰围 jiu^{1}wɐi^4 腰身：你肥咗噃，～都粗晒。（你胖了，腰身都粗起来了。）

腰骨 jiu^{1}kwɐt^1 腰椎骨；腰杆子：～痛注

释｜挺起条～。(挺起腰杆。)

尾龙骨 mei5loŋ4kwɐt1 尾椎骨：担唔起咪鉴硬嚟啊，因住整伤条～。(挑不起别勉强，小心把尾椎骨给弄伤了。)

屎胐(忽) si2fɐt1〈胐音忽〉屁股：呢个细路仔畀妈咪打到～开花。(这个小孩子让妈妈打得屁股开花。)

啰友(柚) lɔ1jɐu-2〈啰读第1声，友(柚)读第2声〉【喻】屁股。因屁股形似柚子，故云。

*__八月十五__ pat3jyt6sɐp6m5〈五本读ŋ5，受前字尾音同化为m5〉【喻】【谑】屁股浑圆，似八月十五的月亮，故云：洗干净你个～准备踎墩都得嘞。(把你的屁股洗干净准备坐牢吧。)［重见四A6］

PAT-PAT phɛt3phɛt3〈音婆呖切〉【谑】原是纸尿片的商标，转义指婴幼儿的屁股：唔好曳啊，曳就打～㗎。(别淘气，淘气就要打屁股啦。)

茅 mau5〈读第5声〉【俗】屁股：跂起个～。(蹶起屁股。)

屎胐(忽)窿 si2fɐt1loŋ1 屁股眼；肛门：～生疮啊，你都折堕啰。(屁股眼长疮啦，你够倒霉的。)

屎眼 si2ŋan5【俗】屁股眼；肛门。

尻 kɐu1【俗】男生殖器。

屮 tshɐt6【俗】男生殖器。

宾州 pɐn1tsɐu1【俗】男生殖器。

祠堂 tshi4thɔŋ-2〈堂读第2声〉【喻】【谑】男性生殖器。宗祠为祭祀祖先之处，以喻"传宗接代"的器官：拆～(攻击阴部)

朘朘 tsœ1tsœ1〈之靴切〉小男孩的生殖器。

咕咕 kwu4kwu1〈前一字读第4声，后一字读第1声〉同"朘朘"。

*__雀仔__ tsœk-2tsɐi2〈雀读第2声，仔音子矮切〉【喻】【谑】小男孩的生殖器。［重见二D5］

慈姑椗 tshi4kwu1teŋ3〈椗音定第3声，帝音切〉【喻】【谑】小男孩的生殖器。慈姑的外形近似小男孩的生殖器，故云。

春(蔯)袋 tshɵn1tɔi6【俗】阴囊（春：卵）。广州话把卵称为"春"，～是形象的说法。

春(蔯)子 tshɵn1tsi2【俗】睾丸（春：卵）。

閪 hɐi1【俗】女生殖器。

二 B4 四 肢

手 sɐu2 上肢：擘开两只～有米八度。(伸开两只手臂约有一米八。)［普通话"手"仅指手腕以下部分，广州话"～"则指整个上肢］

手瓜 sɐu2kwa1 上臂；上臂前部的肌肉：～起脹。(上臂肌肉发达。)｜唔多见你锻炼，之你嘅～又几粗个噃。(很少看见你锻炼，但你上臂肌肉倒挺发达的。)

老鼠仔 lou5sy2tsɐi2〈仔音子矮切〉【喻】①二头肌。上臂内侧的肌肉，其隆起如老鼠状，故称：你只～咁奀㗎。(你的二头肌怎么这么小。) ②二头肌受击后隆起的疙瘩。

踭 tsaŋ1〈之坑切〉①肘：起～（用肘部撞人）②脚跟：对鞋唔啱，磨到个～损咗。(鞋子不合脚，把脚跟磨破了。)

手踭 sɐu2tsaŋ1〈踭音之坑切〉肘：递起～。(抬起胳膊肘。)

手坳 sɐu2au3〈坳音阿孝切〉肘窝（与手肘相对的内侧凹部）。

手骨 sɐu2kwɐt1 上臂骨；上臂：打出～(露出上臂)

手眼 sɐu2ŋan5 手腕骨突：你～咁大嘅。(你手腕的骨突怎这么大。)

手面 sɐu^{2}min^{-2}〈面读第 2 声，米演切〉手背：手板係肉，～又係肉。（手心是肉，手背也是肉。熟语，喻在取舍之间左右为难。）

手板 sɐu^{2}pan^{2} 手掌：摊开～。

手板心 sɐu^{2}pan^{2}sɐm^{1} 手心：～起枕。（手掌心起了老茧。）

手板堂 sɐu^{2}pan^{2}t^{h}ɔŋ^{4} 手心：以前嘅卜卜斋，啲学生唔识背书就畀老师打～。（以前的私塾，学生不会背书就被老师打手心。）

手指罅 sɐu^{2}tsi^{2}la^{3}〈罅音厉亚切〉手指缝儿：佢就算识飞，都走唔出我嘅～。（他即使会飞，也跑不出我的手指缝儿。）

手指模 sɐu^{2}tsi^{2}mou^{4} 指模：打～（印指模）

*__篸__ ts^{h}am^{2}〈音惨〉向一边开口的指纹；箕：我咸都係～。（我的指纹全是箕。）[重见三 A9]

箩$_{1}$(脶) lɔ^{4} 封闭形的指纹。[民间不习惯写“脶”而写“箩”]

手指公 sɐu^{2}tsi^{2}koŋ^{1} 大拇指：如果赞人好嘢，就戙起～。（如果称赞别人了得，就竖起大拇指。）

手指尾 sɐu^{2}tsi^{2}mei^{-1}〈尾读第 1 声〉小指：如果话人屎，就伸出～。（如果说别人草包，就伸出小指头。）

尾指 mei^{-1}tsi^{2}〈尾读第 1 声〉小指。

手甲 sɐu^{2}kap^{3} 指甲：～咁长，好容易藏住啲污糟嘢喋，都係剪咗佢啦。（指甲这么长，很容易藏污纳垢，还是剪掉它吧。）

倒刺 tou^{3}ts^{h}i^{3}〈倒音到〉倒欠（指甲侧面或下方裂开翘起的小片尖形表皮）。

脉门 mɐk^{6}mun^{4} 寸口；掌后桡动脉搏动处。

*__脚__ kœk^{3} 下肢；特指膝盖以下部分：～毛（腿上的毛）｜一只～长一只～短（一条腿长一条腿短）[普通话“脚”仅指脚腕以下部分，广州话“～”则指整个下肢。重见一 E8]

香鸡脚 hœŋ^{1}kɐi^{1}kœk^{3} 极瘦的腿（香鸡：香棒）：你睇你条～！（你看你那香棒似的瘦腿！）

髀 pei^{2}〈髀音比〉大腿：唔知点解，今日条～有啲痟。（不知怎的，今天这大腿有点儿酸痛。）

大髀 tai^{6}pei^{2}〈髀音比〉大腿：拍～，唱山歌。（拍大腿，唱山歌。童谣）｜阿仔坐喺阿爸～度。（儿子坐在爸爸大腿上。）

髀罅 pei^{2}la^{3}〈髀音比，罅音厉亚切〉腹股沟：我～嗰度起到粒核。（我腹股沟那个地方淋巴肿大。）

膝头哥 sɐt^{1}t^{h}ɐu^{4}kɔ^{1} 膝盖：～损咗好难好。（膝盖破了很难好。）｜～对上——唔就係畀（髀）啰。（膝盖上面不就是大腿嘛。歇后语，意为：给就是了。畀：给。畀、髀音同。）[又作“膝头”]

波罗盖 pɔ^{1}lɔ^{4}kɔi^{3} 膝盖骨：一下坎正个～，痛到我死。（一下子磕在膝盖骨上，疼得我要死。）

脚坳 kœk^{3}au^{3}〈坳音阿孝切〉腘窝，位于膝盖背面：你做咩啊？猛咁挠个～嘅？（你干嘛？老要搔腘窝？）

脚瓜 kœk^{3}kwa^{1} 腿肚子：条涌好浅喋咋，～咁深水。（这条小河很浅，到腿肚子那样深的水。）

脚瓜瓤 kœk^{3}kwa^{1}nɔŋ^{1}〈瓤音囊第 1 声，那康切〉腿肚子：～冇肉。（腿肚子没肉。腿肚子一般比较丰满，连腿肚子都没有肉，那就极瘦了。）

脚瓜肱 kœk^{3}kwa^{1}tɐm^{1}〈肱音低阴切〉同“脚瓜”。

脚肚 kœk^{3}t^{h}ou^{5} 同“脚瓜”。[又作“脚肚瓤”]

脚骨 kœk^{3}kwɐt^{1} 小腿骨：打～（敲打小腿骨。熟语，喻收买路钱，引申为收好处费、敲榨勒索。）

脚眼 kœk³ŋan⁵ 脚踝：得～咁浅水。（只有到脚踝那么浅的水。）

脚踭 kœk³tsaŋ¹〈踭音之坑切〉脚后跟：呢对鞋唔係几啱，～都入唔倒。（这双鞋不大合适，脚后跟都进不去。）

脚板 kœk³pan² 脚；脚掌：个细路～零舍大。（这孩子脚特别大。）

脚板底 kœk³pan²tɐi² 脚掌：地下咁多玻璃碎，仲係着翻对鞋啦，唔係好容易刮亲～。（地上这么多碎玻璃，还是穿上鞋吧，要不很容易扎伤脚掌。）

脚面 kœk³min⁻²〈面读第2声，米演切〉脚背：～停球。（脚背停球。是足球的一种停球技巧。）

脚趾罅 kœk³tsi²la³〈罅音厉亚切〉脚趾缝：我啲～烂，唔知係唔係生癣呢？（我的脚趾缝溃烂，不知道是不是长癣？）

脚趾公 kœk³tsi²koŋ¹ 大拇趾：呢对鞋唔啱着啰，个鞋头顶实～。（这双鞋不合穿了，鞋尖顶着大拇趾。）

脚趾尾 kœk³tsi²mei⁻¹〈尾读第1声〉小拇趾：行运行到～。（走运走到小拇趾上。熟语，喻运气极好。）｜只袜穿咗个窿，走咗只～出嚟。（那袜子破了个洞，小拇趾跑了出来。）

脚甲 kœk³kap³ 脚趾甲。

二 B5 排泄物、分泌物

头皮 tʰɐu⁴pʰei⁴ 头屑：你～咁多，要洗头喇。（你头屑这么多，要洗头了。）

老泥 lou⁵nɐi⁴ 由汗液等形成的身体污垢：成身～，冲凉啦。（浑身污垢，洗澡吧。）

头泥 tʰɐu⁴nɐi⁴ 头垢。

耳屎 ji⁵si² 耳垢：用耳挖挖～。（用耳挖子掏耳垢。）

牙屎₁ ŋa⁴si² 牙垢：你冇刷牙㗎？咁多～嘅。（你没刷牙的吗？这么多牙垢。）

眼屎 ŋan⁵si² 眼眵：你咁多～，係唔係热气啊？（你眼眵这么多，是不是上火呀？）

鼻屎 pei⁶si² 鼻涕凝结物：唔好用手指挖～，好容易挖损个鼻哥窿㗎。（别用手指掏鼻垢，很容易把鼻孔弄伤的。）

鼻水 pei⁶sɵy² 清鼻涕：你仲流～，讲明感冒未好啰。（你还在流清鼻涕，说明感冒还没好。）

眼泪水 ŋan⁵lɵy⁶sɵy² 泪水：笑到～都出埋。（笑得泪水都出来了。）

茄 kʰɛ¹〈读第1声，卡些切〉【俗】粪便；屎：屙～（拉大便）。

夜来香 jɛ⁶lɔi⁴hœŋ¹【婉】粪便。

羊咩屎 jœŋ⁴mɛ¹si² 硬颗粒状的粪便。形似羊粪，故名。往往是实热症候的表现。

口水 hɐu²sɵy² 唾液；痰：唔好喺度謡～。（别在这儿吐痰。）｜～多多（唾液很多。喻话多。）

口水痰 hɐu²sɵy²tʰam⁴ 痰：喉咙痛，一日咳几多～出嚟！（咽喉疼，整天咳出多少痰来！）

口水溦 hɐu²sɵy²mei¹〈溦音微第1声〉唾沫星子（溦：小水点）：食人～。（熟语，吃别人吃过的东西。）｜跟人～。（拾人牙慧。）

口水花 hɐu²sɵy²fa¹ 唾沫星子：～喷喷。（唾沫横飞。）

*__𡥂__ nin¹〈音年第1声，那烟切〉奶汁。[重见二 B3]

二 B6 其 他

汗毛 hɔn³mou⁴ 寒毛。

毛管 mou⁴kwun² 毛孔：冲完热水凉～松，顾住冻亲嗄！（洗完热水澡毛孔开放，小心着凉啊！）

枕 tsɐm2（手足等的）老茧：手～｜膊头起～。（肩膀长了老茧。）

鸡皮 kɐi1pʰei4 鸡皮疙瘩：好核突啊！成身起～。（真恶心！浑身起了鸡皮疙瘩。）

癦 mɐk-2〈音墨第2声〉痣（一般指色黑、不凸起的）：佢口丫角有粒～。（他嘴角有颗黑痣。）

癦屎 mɐk6si2〈癦音墨〉雀斑。

黑癦屎 hak1(hɐk1)mɐk6si2〈癦音墨〉颜色较深的雀斑。

蚊饭 mɐn1fan6【俗】【旧】血。蚊子以人血为食，故名。此为旧时的隐语。

*__⿰月展__ tsin2〈音展〉腱子；结实、发达的肌肉：你睇嗰啲健美运动员一嚿嚿啲～，真係吓死你。（你看那些健美运动员一块块的腱子，真是吓死你。）［重见三 B1］

*__骹（铰）__ kau3〈音教〉骨关节：甩～。（骨关节脱臼。）［重见三 D5］

横丫肠 waŋ4a1tsʰœŋ-2〈肠读第2声，此响切〉盲肠：嗰日佢入医院割咗条～，话係盲肠炎喎。（那天他进医院切除了盲肠，听说是因为得了阑尾炎。）

长颈罂 tsʰœŋ4kɛŋ2aŋ1〈罂音啊坑切〉【喻】【谑】胃（食道有如细长的瓶颈）：我个～装唔落嘞。（我吃得很饱了。）

咸鱼 ham4jy-2【喻】【谑】尸体。

二C 生理活动、状态和现象

［生理活动与动作通用的词语参见六B、六C、六D；与动植物通用的词语亦收于此］

二 C1 生与死

*__生2__ saŋ1〈丝坑切〉①活：佢仲～㗎，快啲送去医院啦。（他还活着，赶快送医院吧。）②长（zhǎng）：～得好高。（长得很高）｜～咗好多草。（长了很多草。）［重见二 C9］

生猛 saŋ1maŋ5 生命力旺盛的样子：寻晚冇瞓觉都咁～。（昨晚没睡觉还这样生龙活虎的。）｜啲鱼几～啊，买得过嚟。（这些鱼多鲜活，值得买。）

生勾勾 saŋ1ŋɐu1ŋɐu1 活生生：人哋个老豆仲～係度㗎，你乜噉讲说话啫！（人家的父亲还活得好好的，你怎么说这种话！）

*__飚（标）__ piu1 迅速往上长；长高：啲细路十零岁嗰阵时～得好快㗎。（小孩子十来岁的时候骨架长得很快。）｜啲秧猛～。（秧苗直往上冒。）［重见六 A3、六 B2］

嗰头近 kɔ2tʰɐu4kʰɐn5〈嗰音个第2声，近音远近之近〉【婉】【俗】死期不远（嗰：那）。

三朝两日 sam1tsiu1lœŋ5jɐt6〈朝音之邀切〉【婉】去世（只用于谈论未来之事时）：而家早作安排，万一老豆有个～，都好办啲啊嘛。（现在早作安排，万一父亲有个山高水低，也好办一些嘛。）

过身 kwɔ3sɐn1【婉】去世：嗰个阿伯～成两年几喇。（那位大伯去世有两年多了。）

过世 kwɔ3sɐi3 同"过身"。

香 hœŋ1【婉】死：佢老公～咗成十年咁滞喇。（他丈夫去世将近有十年了。）

去大烟筒 hɵy3tai6jin1tʰoŋ-1〈筒音通〉【婉】【谑】死（大烟筒：火葬场）。

瓜 kwa1【俗】死：未～得，仲有一啖气。（还没死，还有一口气。）

瓜老亲（衬） kwa1lou5tsʰɐn3〈亲音衬〉同"瓜"：咁容易就～咩！（哪有那么容易就没命！）｜嗰个衰人瓜咗老亲喇。（那个坏蛋死掉了。）

直 tsek6【俗】死。人死则硬直，故称。[又作“瓜直”、“死直”]

摊直 tʰan1tsek6【谑】【俗】死。

拉柴 lai1tsʰai4【俗】死：上个月佢老豆拉咗柴喇。（上个月他父亲死了。）| 你去～啦！（你去死吧！）[又作“瓜柴”]

褛席 lɐu1tsɛk6〈褛音拉优切〉【俗】死。旧时多以草席盖尸体，故云（褛：蒙盖）。

*__早敨(唞)__ tsou2tʰɐu2〈敨(唞)音透第 2 声〉【詈】【喻】快点儿死（敨：歇息）：你啲噉嘅人仲唔去～！（你这样的人还不赶快去死！）[重见七 E25]

仆街 pʰok1kai1〈仆音批屋切〉【喻】【詈】死在马路上（仆：趴）。这是骂人不得好死。

*__收档__ sɐu1tɔŋ3〈档音上当之当〉【喻】【谑】死。[重见七 A4、七 D5]

钉 tɛŋ1〈低赢切第 1 声〉【谑】死（取义于给棺材盖上钉）：琴日仲生勾勾，今日话～就～咗嘞。（昨天还活蹦乱跳，今天说挂就挂了。）

*__翻(返)生__ fan1saŋ1〈生音丝坑切〉复活：我呢匀係死咗又～嘅。（我这回是死而复生。）[重见一 C6]

二 C2 年少、年老

细个 sɐi3kɔ3 年纪小：你仲～，识乜嘢啊！（你年纪还小，懂什么！）

细细个 sɐi3sɐi3kɔ3 年纪很小：我～就跟舅父揾食喇。（我年纪很小就跟着舅舅干活挣钱了。）

人仔细细 jɐn4tsɐi2sɐi3sɐi3〈仔音制第 2 声〉小孩子年纪小小：你咪睇刚仔～，好识氹嫲嫲欢喜㗎。（你别看刚仔小小人儿，很会哄奶奶高兴。）

嫩 nyn6（年纪）小：学揸车，你仲～啲。（学驾驶，你还小了点儿。）

*__后生__ hɐu6saŋ1 年轻：你仲～，唔知揾食艰难。（你还年轻，不知道生活的艰苦。）[重见一 B1]

大个 tai6kɔ3 长大（不是指长大的过程，是指长大了的状况）：几个月唔见～咗。（几个月不见长大了。）| 你～唔好虾人细个。（你大些，不要欺负人家小的。）

几十岁 kei2sɐp6(a6)søy3〈十又读啊第 6 声〉老，上年纪：有啲嘢～都可以从头学嘅。（有些东西上了年纪也可以从头学。）| 你都～人嘞，仲同啲后生仔女玩埋一齐嘅？（你已经是个上年纪的人了，还跟那些年轻人一起玩？）

老啨啨 lou5ŋɐt6(ŋɛt6)ŋɐt6(ŋɛt6)〈啨音饿核切，又音饿夜切加上核的音尾〉很老的样子：嗰个老坑～，都仲行得咁快。（那老头非常老了，还走得那么快。）

老禽骑 lou5kʰɐm4kʰɛ4 老态龙钟（略带贬义）。

二 C3 性交、怀孕、生育

做爱 tsou6ɔi3【外】性交。[英语 makelove 的意译。]

*__瞓(睏)觉__ fɐn3kau3〈瞓（睏）音训，觉音教〉【婉】同房；性交（本义是睡觉）。[重见二 C5]

行埋 haŋ4mai4〈行音行路之行〉【婉】同房；性交（字面意思是“走到一起”）。

屌 tiu2〈音吊第 2 声〉【俗】性交（是从男方的角度说的）。

大肚 tai6tʰou5 怀孕：佢啱结婚就大咗肚。（她刚结婚就怀上了。）

*__论尽__ lɵn6tsɵn6【婉】原义为累赘、不方便，转指怀着孩子：你而家～就唔好郁动得咁犀利喇。（你现在怀着

孕就不要活动得那么厉害了。)[重见九 B12、九 C3]

有身己 jɐu5sɐn1kei2 怀孕：家嫂～嘞，要食多啲好嘢至得㗎。(媳妇怀孕了，要多吃点好东西才行呀。)

粗身大势 tsʰou1sɐn1tai6sɐi3 怀孕：你老婆而家～，啲粗重嘢唔做得㗎喇。(你妻子现在怀孕，那些粗重活儿不能做的了。)

有咗 jɐu5tsɔ2 怀孕了；有了（咗：了）：老公，我～喇。(当家的，我有了。)

沤仔 ɐu3tsɐi2〈沤音欧第 3 声，仔音子矮切〉【喻】(孕妇）有妊娠反应；处于妊娠反应期（像沤东西一般长期慢慢变化，故称）：～好辛苦。(熬妊娠反应很难受。)

生仔 saŋ1tsɐi2〈仔音子矮切〉生小孩：你老婆几时～啊？（你妻子什么时候生小孩呀？）

臊₁(苏) sou1【婉】分娩：我太太下个月～。(我太太下个月生孩子。)

坐月 tsʰɔ5jyt-2〈月读第 2 声〉坐月子。

出世 tsʰɵt1(tsʰyt1)sɐi3 出生：我喺香港～嘅。(我在香港出生的。)

孖生 ma1saŋ1〈孖音妈，生音生熟之生〉孪生；双胞出生（孖：双）：呢两个细路係～嘅。(这两个孩子是双生的。)

二 C4 饿、饱、渴、馋

肚饿 tʰou5ŋɔ6 饿：你而家肚唔～？（你现在肚子饿不饿？）| 我仲未～。(我还没饿。)

饿过饥 ŋɔ6kwɔ3kei1 饿过了头，反而没了饥饿感：我～，而家唔想食嘢嘞。(我饿过头了，现在不想吃东西了。)

扎炮 tsat3pʰau3 挨饿：我呢度～扎咗成个礼拜喇！(我这儿饿肚子已经饿了一个星期了！)

饱到上心口 pau2tou3sœŋ5sɐm1hɐu2 极饱（心口：胸口）：我今晚食咗三碗饭，～。(我今天晚上吃了三碗饭，饱极了。)

够喉 kɐu3hɐu4 饱：食多碗先～。(多吃一碗才饱。)

落膈 lɔk6kak3〈膈音隔〉俗以为吃饱饭片刻之后，食物下降到横膈膜以下，即为～，在此之前不宜做激烈运动或脑力劳动等：啱食饱饭未曾～，又做嘢？（刚吃饱饭，东西在肚子里还没安稳，又干活儿了？）

口干 hɐu2kɔn1 渴：好～啊，去买啲饮料啰？（真渴呀，去买点饮料好吗？）

颈渴 kɛŋ2hɔt3 同"口干"：～饮茶啦。(渴就喝茶嘛。)

喉干颈涸 hɐu4kɔn1kɛŋ2kʰɔk3 非常渴：做到～，有啲嘢饮。(干得嗓子冒烟，没点儿东西喝。)

作渴 tsɔk3hɔt3 渴；因某种原因而引起渴感：食咗嗰啲嘢好～。(吃了那些东西觉得很渴。)

为食 wei6sek6 馋：～鬼（馋鬼）| 唔好咁～，望住人哋食嘢。(别那样馋，看着别人吃东西。)

开胃 hɔi1wei6 胃口好：今餐真～！(这一顿胃口真好！)[普通话指使食欲增进（一般指某些药物或食物的作用），广州话也有这个意义。]

大食 tai6sek6 吃得多；胃口大：佢好～㗎，一餐食三大碗。(他很能吃，一顿吃三大碗。)

细食 sɐi3sek6 吃得少；胃口小：点解今餐你咁～嘅？（怎么这一顿你这么没胃口？）

冇饭瘾 mou5fan6jɐn5〈冇音无第 5 声〉不爱吃饭；没胃口：我个仔～嘅，瘦蜢蜢噉。(我儿子吃饭提不起胃口，瘦猴似的。)

神仙肚 sɐn4sin1tʰou5【喻】【谑】不必

吃饭也不饿的肚子：咁晏唔食饭都顶得顺，你真係～嘞！（这么晚不吃饭也顶得住，你那真是神仙的肚子！）

二 C5 睏、睡、醉、醒

打喊路 ta^{2}ham^{3}lou^{6} 打呵欠：嗰个细路哥猛～，实係眼瞓嘞。（那个小孩老打呵欠，一定是睏了。）

眼瞓（睏） ŋan^{5}fɐn^{3}〈瞓（睏）音训〉疲乏欲睡；睏：我好～，瞓先嘞。（我很睏，先去睡了。）

瞌眼瞓（睏） hɐp^{1}ŋan^{5}fɐn^{3}〈瞌音洽，瞓（睏）音训〉打瞌睡：揸车千祈唔得～！（开车千万不能打瞌睡！）

乌眉瞌睡 wu^{1}mei^{4}hɐp^{1}sɵy^{6}〈瞌音恰〉昏昏欲睡；打瞌睡：你哋呢班嘢，一上班就～，琴晚冇瞓觉啊？（你们这帮家伙，刚上班就昏昏欲睡，昨晚没睡觉吗？）

*__瞓（睏）__ fɐn^{3}〈音训〉睡：你几时去～啊！｜我一日～六七个钟度啦。（我每天睡六七个小时吧。）［重见六 B2］

*__瞓（睏）觉__ fɐn^{3}kau^{3}〈瞓（睏）音训，觉音教〉睡觉：做晒功课先畀～。（做完功课才让睡觉。）［重见二 C3］

觉觉猪 kau^{-4}kau^{-1}tsy^{1}〈第一字音教第 4 声，第二字音教第 1 声〉【儿】睡觉：阿仔，～喇！（儿子，睡觉了！）

见周公 kin^{3}tsɐu^{1}koŋ^{1}【谑】睡觉。这是从《论语》中孔子说“吾不复梦见周公”的话中演变来的：坐响度就去～喇？（坐着就睡着觉啦？）

揾周公 wɐn^{2}tsɐu^{1}koŋ^{1} 同“见周公”（揾：找）。

*__眯__ mei^{1}〈音眉第 1 声，么嬉切〉闭目养神；小睡片刻：我响床度～下，佢嚟你就叫我。（我在床上养养神，他来你就喊我。）［重见六 C1］

*__淰__ nɐm^{6}〈怒任切〉（睡得）熟；（睡得）很死：细路仔瞓得～。（小孩子能睡得死。）［重见九 B2］

好瞓（睏） hou^{2}fɐn^{3}〈瞓（睏）音训〉睡得好；睡得死：佢咁～嘅，个收音机开到咁大声都嘈佢唔醒。（他睡得真死，收音机声音那么响也没把他吵醒。）｜琴晚好～，落雨都唔知。（昨晚睡得非常香，连下雨也不知道。）

大觉瞓（睏） tai^{6}kau^{3}fɐn^{3}〈觉音教，瞓（睏）音训〉睡大觉：你一天黑就～，怪唔之得咁肥啦。（你天一黑就睡大觉，怪不得这么胖。）

大被冚过头 tai^{6}pʰei^{51}kʰɐm^{2}kwɔ^{3}tʰɐu^{4}〈被音棉被之被，冚音启饮切〉蒙头大睡（冚：盖）：都成 10 点钟嘞，仲喺度～。（都 10 点了，还在这儿睡大觉。）

菢被窦 pou^{6}pʰei^{5}tɐu^{3}〈菢音暴；被音棉被之被，窦音斗〉【喻】长时间待在被窝里（菢窦：母鸡抱窝）：成朝～，真係冇你修。（整个上午窝在被窝里，真拿你没办法。）

烂瞓（睏） lan^{6}fɐn^{3}〈瞓（睏）音训〉①嗜睡：佢好～㗎，可以由朝瞓到晚。（他很嗜睡，可以从早上睡到夜晚。）②睡时好辗转反侧，好蹬被子等：我个仔认真～，成日都㞘被嘅。（我儿子睡觉非常不老实，老是蹬被子。）

反瞓（睏） fan^{2}fɐn^{3}〈瞓（睏）音训〉睡时好辗转反侧，好蹬被子等；睡不安稳：细路仔好少唔～嘅，唔係㞘被，就係辘嚟辘去。（小孩子睡觉很少有安稳的，不是蹬被子，就是滚来滚去。）

恶瞓（睏） ɔk^{3}fɐn^{3}〈瞓（睏）音训〉同“反瞓”。

打鼻鼾 ta²pei⁶hɔn⁴ 打鼾；打呼噜：如果我哋宿舍有人～就弊啰，实冇觉好瞓嘘。（如果我们宿舍有人打鼾就糟了，肯定睡不好觉。）

扯鼻鼾 tsʰɛ²pei⁶hɔn⁴ 打鼾；打呼噜：佢～声好大，嘈到我哋瞓唔着觉。（他打呼噜声音挺大，吵得我们睡不着觉。）

晏觉 an³kau³〈晏音阿赞切，觉音教〉午觉（晏：晏昼，即中午）：瞓～（睡午觉）

发梦 fat³moŋ⁶ 做梦：我好少～嘅。（我很少做梦。）｜琴晚发咗个梦。（昨晚上做了一个梦。）

发开口梦 fat³hɔi¹hɐu²moŋ⁶ 说梦话：～自己唔知嘅。（说梦话自己是不知道的。）

发夜游梦 fat³jɛ⁶jɐu⁴moŋ⁶ 梦游。

鬼砑 kwɐi²tsak³〈砑音责〉梦魇（砑：压）。

醉酒 tsøy³tsɐu² 喝醉：我虽然～咋，也都知㗎。（我虽然醉了，可什么都知道。）

饮大咗 jɐm²tai⁶tsɔ²〈咗音左〉喝多了；醉了（咗：了）：我～几杯，呕到乱晒龙。（我多喝了几杯，吐得一塌糊涂。）

扎醒 tsat³sɛŋ²〈醒音丝赢切第 2 声〉惊醒；突然醒来：一～，原来已经十点钟嘞。（突然醒来时，原来已经十点钟了。）｜半夜～，原来係发梦。（半夜惊醒，原来是做梦。）

醒瞓（瞓） sɛŋ²fɐn³〈醒音丝赢切第 2 声，瞓（瞓）音训〉容易醒；能按时醒来：佢个人好～㗎，有小小动静就会醒。（他这人特警醒，有一点点动静就会醒。）｜我不溜～，从来唔使校闹钟都知醒。（我一向睡得轻，从来不用调闹钟也能按时醒来。）

知醒 tsi¹sɛŋ²〈醒音丝赢切第 2 声〉潜意识知道该在什么时候醒来；能按时醒来：怕唔～就校闹钟啦。（怕不能按时醒来就调好闹钟吧。）

二 C6 呼 吸

***敨（唞）气** tʰɐu²hei³〈敨（唞）音透第 2 声〉①呼吸：揿住个鼻哥点～啊？（捏着鼻子怎么呼吸？）｜闩到实晒冇定～。（关得严严的没地方呼吸空气。）②呼气：敨啖气出嚟。（呼一口气出来。）③喘气：瘖到佢猛～。（累得他直喘气。）

敨（唞）大气 tʰɐu²tai⁶hei³〈敨（唞）音透第 2 声〉深呼吸；急促地呼吸；大声呼吸；喘气。

扯气 tsʰɛ²hei³ 急促地呼吸：佢身燓到咩嘢噉，猛咁～。（他高烧烧得非常厉害，呼吸非常急促。）

***㖞** hœ⁴〈音靴第 4 声〉哈（气）；张口呼气：～出啲气一朕酒𡂖。（哈出的气一股酒味。）[重见十一 B1]

嗍（欶）气 sɔk³hei³〈嗍（欶）音朔，细恶切〉①喘气（嗍：吸）：爬上山死咁～。（爬上山拼命喘气。）②吸气：出力～。（使劲吸气。）

***气咳** hei³kʰɐt¹ 气喘吁吁：走到～。（跑得气喘吁吁。）

气㖞气喘 hei³hœ⁴hei³tsʰyn²〈㖞音靴第 4 声〉气喘吁吁：行呢几步路都～，真係老咗啰。（走这几步也气喘吁吁，真是老了。）

隔夜风炉都吹得着 kak³jɛ⁶foŋ¹lou⁻²tou¹tsʰøy¹tɐk¹tsœk⁶〈炉读第 2 声，着音着火之着〉连熄灭后隔了一夜的炉子也吹得着。形容喘气喘得很厉害的样子：爬咗几层楼，就～，唔係几啱喇。（爬了几层楼梯，就气喘吁吁，不行了。）

*局₁ kok⁻¹〈音菊〉屏息；憋：～住啖气。（憋着气。）| 喺水底～咗三分钟。（在水下憋了三分钟。）[重见七E5、九A7]

二C7 感 觉 [对食物的感觉参见九B21、九B22]

觉 kɔk³ 感到；觉得：呢个地方～痛。（这个地方觉得疼。）| 而家唔～有乜事。（现在不觉得有什么事。）[普通话说“觉得”，广州话也可以这么说，但口语中更常说“～”。但这只限于指生理上感觉到，如果指心理上的感受，还是要说“觉得”]

见 kin³（病人）觉得：～头晕 | 你而家～点？（你现在觉得怎样？）| 呢两日～好咗好多。（这两天觉得好多了。）

自在 tsi⁶tsɔi⁶ 舒服：你瞓喺度咁～啊！（你躺在这儿这么舒服！）[普通话是自由而不受拘束之意，与此不同]

松 soŋ¹ 因伤、病情转缓而患者感觉较为舒服：食咗两剂药，今日见～咗啲嘞。（吃了两剂药，今天觉得轻松一些了。）

辛苦 sɐn¹fu² 感觉难受：背脊度扯住痛，真係～！（背脊上一扯一扯地疼，真难受！）[普通话“辛苦”是辛劳、劳苦之意，广州话也有这个意思]

*刺(赤) tsʰɛk³〈次吃切〉疼痛；刺痛：头～ | 畀火焫亲嗰度好～啊！（让火烫伤那地方好疼啊！）[重见九B1]

痕 hɐn⁴ 痒：啲风癞～到死！（这风团痒得要命！）

痹 pei³〈音臂，闭戏切〉麻；麻木：对脚～到企唔起身。（腿麻得站不起来。）| 一阵阵噉～嘅。（一阵一阵地发麻。）

㓤₁ la²〈丽哑切〉皮肤、黏膜、伤口等受强烈刺激或侵蚀而感到疼痛：搽碘酒好～啊！（涂碘酒刺激得很痛啊！）

*肉酸 jok⁶syn¹ 胳肢窝等处被搔痒或类似的感觉：唔好噉摸我啦，好～啊！（别这样摸我，弄得我直痒到心里！）[重见五A4，九A13]

骨痹 kwɐt¹pei³〈痹音臂〉同“肉酸”（痹：麻）。

痛 jyn¹〈音冤，衣圈切〉酸痛：行到对脚～到乜嘢噉。（走得两条腿酸痛得什么似的。）

痛痛 jyn¹tʰoŋ³〈痛音冤〉酸痛：做咗一日，周身～。（干了一天，全身又酸又痛。）

牙痛 ŋa⁴jyn¹〈痛音冤〉倒牙；因吃了酸东西或咬了硬东西而使牙齿酸软（痛：酸痛）：食咗一粒酸梅就～嘞。（吃了一颗梅子就倒了牙了。）

牙软 ŋa⁴jyn⁵ 同“牙痛”。

癐 kwui⁶〈忌汇切〉疲倦：做咗成日嘢，好～啊！（干了一天活，很累哟！）

癐赖赖 kwui⁶lai⁴lai⁴〈癐音忌汇切，赖音黎鞋切〉疲倦不堪：爬到上山顶，个个都～。（爬到山顶上，每个人都疲倦不堪。）

*晕浪 wɐn⁴lɔŋ⁶ 晕船（有时也可以指晕车等）：我坐唔惯船，坐亲实～。（我坐不惯船，一坐就晕船。）[重见五A1]

昏昏沌沌 fɐn¹(wɐn¹)fɐn¹(wɐn¹)tɐn⁶tɐn⁶〈昏音婚，又音温；沌音炖〉昏昏然；晕乎乎：我畀个贼佬㨃咗一棍，～乜都唔知。（我给那个贼打了一棍子，昏昏沉沉什么也不知道。）

晕酡酡 wɐn⁴tʰɔ⁴tʰɔ⁴〈酡音陀〉晕乎乎：烧咗几日，而家仲～。（烧了几天，现在还晕乎乎的。）| 饮咗两杯，～噉。（喝了两杯，醉晕晕的。）

涸 kʰɔk³〈契恶切〉鼻、喉感到干燥难受：喉咙～到死。（喉咙干得很难受。）

*__嘞__₁ lɐk¹〈拉北切〉眼睛、喉咙等处黏膜因受刺激或发炎而感到难受或疼痛：只眼入咗沙，好～。（眼睛进了沙子，很难受。）［重见九 B21］

口嗮脷素 hɐu²hai⁴lei⁶sou³ 嘴巴淡而涩（嗮：涩；脷：舌）。

口淡 hɐu²tʰam⁵ 嘴巴感到淡而无味，食欲不振。

口苦 hɐu²fu² 嘴巴感到有苦味，食欲不振。

*__矇__₁ moŋ⁴〈音蒙〉看东西看不清楚；眼睛模糊：人老眼就～。（人老眼睛就模糊。）［重见九 A10］

*__矇查查__ moŋ⁴tsʰa⁴tsʰa⁴〈矇音蒙〉同"蒙"［重见五 B11、九 A10］

神仙脚 sɐn⁴sin¹kœk³【喻】【谑】走了远路站了很久都不觉得累的腿：我瘡到死佢仲话冇事，真係～嚟嘅！（我累得要命他还说没事，真是一双神仙的腿！）

二 C8 排 泄

*__屙__ ɔ¹〈音阿胶之阿，啊呵切〉排泄（粪便、尿液）：～屎（拉屎）|～尿（拉尿）［重见二 C10］

*__拉__₁**(赖)** lai⁻⁶〈拉音赖〉遗（屎、尿）：～屎（遗屎）|～尿（遗尿，尿床或尿裤子）［普通话"拉"是正常的大小便（相当于广州话的"屙"），而广州话"～"是大小便没忍住排了出来。重见七 A11］

出恭 tsʰɵt¹(tsʰyt¹)koŋ¹【雅】大便：我惯咗朝早～。（我习惯早上大便。）［此语常见于明清小说，源自科举考试时考生中途上厕所要领取"出恭入敬"牌］

扎马 tsap³(tsat³)ma⁵〈扎音志鸭切，又音志压切〉【喻】【谑】大便。本指中国武术之站桩，因与大便姿势相似，故云：起身第一件事就係～。（起床后第一件事就是大便。）

爆口 pau³nɐn¹〈第二字音那因切〉【俗】拉尿。

屙锁链 ɔ¹sɔ²lin⁻²〈屙音啊呵切，链读第 2 声〉【俗】【谑】拉屎拉很久。

放低二两 fɔŋ³tɐi¹ji⁶lœŋ²【婉】【俗】小便。把尿液排出，即把一定重量放下，故云：你等下我，我去～先。（你等一下，我先去小便。）

放轻 fɔŋ³hɛŋ¹〈轻声哈赢切第 1 声〉【婉】【俗】大小便：边度有厕所啊？我想～啊。（哪里有厕所呀？我想方便。）［参见"放低二两"］

放水₁ fɔŋ³sɵy²【婉】【俗】小便。

急屎 kɐp¹si² 有便意（指大便）：个肚有啲唔啱，成日～。（肚子有点儿不妥，整天想大便。）［又作"屎急"］

急尿 kɐp¹niu⁶ 有便意（指小便）。［又作"尿急"］

屙风 ɔ¹foŋ¹〈屙音啊呵切〉【俗】放屁。

飚(标)汗 piu¹hɔn⁶【喻】大出汗（标：喷射）：天口㷫，猛咁～。（天气热，一个劲儿地出汗。）

二 C9 健康、力大、体弱、患病、痊愈

*__实净__ sɐt⁶tsɛŋ⁶（身体）结实：三哥身子够晒～。（三哥身子够结实的。）［重见九 B4、九 D4］

*__硬净__ ŋaŋ⁶tsɛŋ⁶(tsaŋ⁶)〈净又音治硬切〉（身体）结实（一般用于老人）：阿伯咁大年纪仲係咁～。（大伯这么大年纪还是那么硬朗。）［重见九 B4、九 D4］

精神 tsɛŋ¹sɐn⁴ 身体状况好：食咗嘢只

药，～咗好多。（吃了那种药，身体好多了。）[普通话此词有“活跃、有活力”之意，与广州话相近而有所不同]

食得瞓(瞓)得 sek⁶tɐk¹fɐn³tɐk¹〈瞓（瞓）音训〉能吃能睡（食：吃；瞓：睡；得：能够）。

食饭快，屙屎粗 sek⁶fan⁶fai³ ɔ¹si²tsʰou¹〈屙音啊呵切〉【熟】【谑】【俗】吃饭吃得快，拉屎拉得粗（屙：排泄）。消化和排泄功能好是身体好的表征，所以用来称赞人健康。

大力 tai⁶lek⁶ 力气大：阿鼎生得矮细啲，之佢好～㗎。（阿鼎长得矮小一点，可他力气很大的。）[普通话指大的力量，与此不同]

好力 hou²lek⁶ 力气大：你～啲，你嚟！（你力气大点儿，你来！）

够力 kɐu³lek⁶ 有足够的力气（干某事）：咁重，要两个人先～。（这么重，要两个人才够力气。）| 我～担起佢。（我能把它挑起来。）

孱 san⁴〈音散第 4 声，时闲切〉因病而身体孱弱：病得两病成个人～晒。（病了一场整个人全垮了。）

亏 kwʰɐi¹ 身体虚弱：身子～就更之要多啲锻炼先得喇！（身子弱就更加要多些锻炼才行了！）

虚 hœy¹ 身体虚弱：佢就算唔病，个人都係～㗎啦。（就算不病，他这人都是比较虚弱的。）[本为中医术语]

寒底 hɔn⁴tɐi² 体弱畏寒（底：身体的底子）：你着咁多衫嘅，咁～嘅？（你穿这么多衣服，这么怕冷啊？）[“寒”本指中医术语“寒症”，但在口语中有所不同]

半条命 pun³tʰiu⁴mɛŋ⁶〈命音马赢切第 6 声〉【喻】体弱多病：你睇我～噉，点学你噉去锻炼啊？（你看我只剩半条人命的样子，怎么能像你那样去锻炼呢？）

热气 jit⁶hei³ 上火：唔好食咁多油炸嘢啦，好～㗎。（别吃那么多油炸食品，很容易上火的。）[“热”本为中医术语]

打败仗 ta²pai⁶tsœŋ³【喻】【谑】生病：点啊，～啊？（怎么啦，不舒服？）

唔自然 m⁴tsi⁶jin⁴【婉】不舒服；有病（唔：不）：今朝觉得有啲～。（今天早上觉得有点不舒服。）

唔自在 m⁴tsi⁶tsɔi⁶ 同“唔自然”（自在：舒服）：如果真係～，就好去睇医生喇。（要是真的不舒服，就该去看医生了。）

唔聚财 m⁴tsøy⁶tsʰɔi⁴【谑】不舒服；有病。[广州郊区有的地方对“自在”二字的读音近于“聚财”二字]

唔精神 m⁴tseŋ¹sɐn⁴ 同“唔自然”（精神：身体状况好）。

惹 jɛ⁵ 传染：～倒感冒。（染上感冒。）| 呢种病唔会～人嘅。（这种病不会传染别人的。）

***发** fat³ 患（病）；疾病发作：～青光（患青光眼）| ～羊吊（癫痫病发作）[重见二 C11、七 A5]

***生**₂ saŋ¹〈司坑切〉长（疮、瘤等）：～疮 | ～癣 [重见二 C1]

断尾 tʰyn⁵mei⁵（疾病）彻底痊愈：医生话食呢只药就可以～嘞。（医生说吃这种药就可以彻底治好了。）

埋口 mai⁴hɐu² 伤口痊愈：听讲食多啲生鱼会快啲～㗎。（听说多吃点儿鳢鱼伤口会早点痊愈。）

收口₁ sɐu¹hɐu² 同“埋口”。

二 C10 症 状

身熨 sɐn¹heŋ³〈熨音庆〉发热；发烧：有乜头晕～，边个睇你啊！（有什么头痛发热的，谁会来看你！）

*__发冷__ fat^{3}laŋ^{5} 患病时畏寒：我一味～，冚几张被都唔啱。（我一味觉得冷，盖几张被子都还不行。）[重见二 C13]

咳 k^{h}ɐt^{1} 咳嗽：～咗成个礼拜，打咗十几支针先好。（咳嗽咳了整个星期，打了十几支针才好。）

屙肚 ɔ^{1}t^{h}ou^{5}〈屙音啊呵切〉拉肚子；腹泻：唔知食咗啲乜嘢邋遢嘢，～添。（不知吃了什么不干净的东西，拉起肚子来了。）[又作“肚屙”]

屙啡啡 ɔ^{1}fɛ^{4}fɛ^{2}〈屙音啊呵切〉【俗】拉肚子。

*__屙__ ɔ^{1}〈啊呵切〉拉肚子：又～又呕。（又拉又吐。）[重见二 C8]

呕 ɐu^{2} 呕吐：～血｜～出嚟就舒服啲。（吐出来就舒服点儿。）

*__唠__ œt^{6}〈音阿靴切第 6 声加上日字的音尾〉小量地呕吐；嗳酸（胃内酸性液体逆流到口腔）；干呕：～酸水｜一咳亲肚里头啲嘢就好似想～上嚟噉。（一咳嗽肚子里头的东西就好像要反上来似的。）[重见二 C16、十一 B2]

呕电 ɐu^{2}tin^{6}【谑】吐血：激到佢当堂～。（气得他当场吐血。）

作呕 tsɔk^{3}ɐu^{2} 恶心想吐。

*__翳__ ɐi^{3}〈音矮第 3 声〉（胸）闷：个心好～。（胸很闷。）[重见五 A2、七 E12、九 A2、九 A10、九 B1]

心翳 sɐm^{1}ɐi^{3}〈翳音矮第 3 声〉胸闷：觉得好～。（觉得胸很闷。）[参见“翳”]

乞嗤 hɐt^{1}(ɐt^{1})ts^{h}i^{1}〈乞又音啊一切，嗤音差衣切〉喷嚏：今日你打咗好多～，係唔係感冒啊？（今天你打了很多喷嚏，是不是感冒了？）

謦謦声 ɐŋ^{4}ɐŋ^{2}sɛŋ^{1}〈第一字音阿衡切，第二字音阿肯切，声音司赢切第 1 声〉呻吟：成日听你～，边度唔妥啊？（整天听见你在哼哼，哪儿不舒服？）

鼻塞 pei^{6}sɐk^{1} 鼻子不通气儿。

盟鼻 mɐŋ^{4}pei^{6} 鼻子不通气儿（盟：封闭）。

鼻腍 pei^{6}nɐm^{4}〈腍音泥淫切〉因鼻腔发炎而造成阻塞，呼吸不顺畅，说话不清楚。[又作“腍鼻”]

扤牙 ŋɐt^{6}ŋa^{4}〈扤音兀，毅日切〉磨牙；睡眠时上下牙齿相磨发出声响。一般认为这与营养不良或患肠道寄生虫病有关（扤：研磨）。

踋 k^{h}œ^{4}〈音其靴切第 4 声〉（手脚）因寒冷而僵硬，动作不便。

膇 tɵy^{3}〈音对〉浮肿。

黄泡髧熟 wɔŋ^{4}p^{h}au^{1}tɐm^{3}sok^{6}〈髧音对暗切〉皮肤发黄而浮肿。

黄熟 wɔŋ^{4}sok^{6} 同“黄泡髧熟”：佢面口咁～，係唔係去检查下啊？（他脸色这么黄，是不是去检查一下？）

二 C11　损伤、疤痕

损 syn^{2}（皮肤）损伤；较小的伤：畀玻璃㓤～手。（给玻璃划伤手。）｜整～（弄伤）

烂₁ lan^{6} 溃疡：寻日整损嗰度开始～嘞。（昨天弄伤的地方开始溃疡了。）

损手烂脚 syn^{2}sɐu^{2}lan^{6}kœk^{3} 手脚损伤或溃疡：屋企点都要有啲药，～都有得搽下啊嘛！（家里怎么也要有一些药，手破脚伤什么的也可以涂一涂嘛！）

*__瘀__ jy^{2}〈音于第 2 声〉（皮下）瘀血：～咗啲嘛，有乜大事。（只是有点儿瘀血，没什么大事。）[重见二 E1、七 C5、七 E13]

瘀黑 jy^{2}hɐk^{1}(hak^{1})〈瘀音于第 2 声〉因瘀血而使皮肤发黑。

*__发__ fat^{3} 伤口、疮疖等发炎、溃脓：唔

知食咗啲乜唔啱嘅嘢，个疮又试～嘞。（不知道吃了什么不合适的东西，那个疮又灌脓了。）[重见二 C9、七 A5]

瘑 na[1]〈音那第 1 声〉伤口痊愈后留下的疤痕：大笪～（大块的疤痕）

嗌鸡 mɐŋ[1]kɐi[1]〈嗌音妈亨切〉眼皮上的疤瘌：你睇嗰个人，又有～又有豆皮，够晒丑样嘞！（你瞧那个人，又有疤瘌，又有麻子，真丑！）[又作"嗌"]

***豆(痘)皮** tɐu[6]pei[-2]〈皮读第 2 声，婆起切〉麻子（出天花后留下的痘疤）：接种天花预防针，就唔会有～㗎喇。（接种天花预防针，就不会有麻子了。）[重见一 D2]

焦 tsiu[1] 痂：个伤口结咗～，噉就快脆好㗎喇。（伤口已经结了痂，那就快好了。）

***厣(餍)** jim[2]〈音掩〉痂：伤口上便嗰块～仲唔煎得住。（伤口上的痂还不能揭下来。）[重见二 D1]

楞 lɐŋ[3]〈音拉亨切第 3 声〉皮肉被棍棒等殴打后突起的伤痕：藤条～（藤鞭子殴打后留下的伤痕）

***臌₁(泡)** pʰɔk[1]〈音扑第 1 声〉①头部经撞击而鼓起的疙瘩：求先个头撞㗎门度，而家起咗个～。（刚才头撞在门上，现在起了个包。）②皮肤或黏膜上因烫伤、摩摸或其他原因引起的水泡、血泡：淥起咗成串～。（烫得起了一大串泡。）| 行到脚板底起～。（走得脚底起泡。）[重见二 A5]

瘤 lɐu[-2]〈读第 2 声，丽口切〉头部经撞击而起的疙瘩。

霎₁ sap[3]〈四鸭切〉（声音）沙哑：讲到声喉～都唔得。（说得嗓子都哑了也还是不行。）

***坼** tsʰak[3]〈音拆〉（声音）沙哑：佢呢两日把声都～晒。（他这两天嗓子全沙哑了。）[重见九 B10]

沙₂ sa[1]（声音）沙哑：点解你讲话咁～声嘅？（怎么你说话声音这么沙哑？）

浊 tsok[6] 呛（qiāng）；因水或食物等进入鼻腔或气管而感到难受：畀水～亲。（让水呛着了。）| ～到好辛苦。（呛得很难受。）

***哽(鲠)** kʰɐŋ[2]〈卡肯切〉噎（食物堵在食道里）：食得咁擒青，因住～亲啊！（吃得这么急，小心噎着！）[普通话是骨头等卡在食道里，广州话也有这个意思。重见六 C2]

二 C12　体表疾患

暗疮 ɐm[3]tsʰɔŋ[1] 粉刺：后生仔女都会出～㗎喇。（青年男女都会长粉刺的。）

青春痘 tsʰeŋ[1]tsʰɵn[1]tɐu[-2]〈青音差英切，痘读第 2 声〉【喻】粉刺。

酒米 tsɐu[2]mɐi[5] 粉刺。

瘌痢(鬎鬁) lat[3]lei[1]〈瘌（鬎）音辣第 3 声，痢（鬁）音利第 1 声〉秃疮；生在头上使人脱发的皮肤病：生～（长秃疮）| ～头（长秃疮的头）

生蛇 saŋ[1]sɛ[4]〈生音丝坑切〉（患）带状疱疹。病毒引起的成群水疱，沿周围神经呈带状分布，形如蛇，故名。中医学上称为"蛇丹"。

大孖疮 tai[6]ma[1]tsʰɔŋ[1]〈孖音妈〉痈。因常有多个脓头同时出现，故名（孖：并联）。[又作"孖疮"]

癞 lai[3]〈音赖第 3 声，拉隘切〉疥疮；疥虫引起的传染性皮肤病。[又作"癞疮"、"癞渣"]

香港脚 hœŋ[1]kɔŋ[2]kœk[3] 手足癣；脚气病。

饭蕊 fan[6]jɵy[5]〈蕊音锐第 5 声，以吕切〉瘊子，即寻常疣，皮肤上的一种丘疹。

风瘷 foŋ^{1}nan^{3}〈瘷音难第 3 声〉风团；荨麻疹，北方俗称“风疹块”。皮肤表面奇痒的疙瘩（瘷：疹）。

咸粒 ham^{4}nɐp^{1} 因发炎或刺激等形成的皮肤表面红色小疹粒，奇痒。

瘷 nan^{3}〈音难第 3 声〉因蚊虫叮咬或刺激等形成的皮肤表面疹块：头先畀条狗毛虫躝过，而家起咗～。（刚才让一条毛毛虫爬过，现在起了疹团。）

萝卜仔 lɔ^{4}pak^{6}tsɐi^{2}〈仔音子矮切〉【喻】冻疮：我一到冬天就生～。（我每逢冬天就长冻疮。）[又作“萝卜”]

爆皲（坼） pau^{3}ts^{h}ak^{3}〈皲（坼）音拆〉手脚皮肤皲裂（多因寒冷或沾水等）：干性皮肤特别容易～。｜我只手冻天一湿水就～。（我的手冬天一沾水就皲裂。）

热痱（疿） jit^{6}fɐi^{2}〈痱（疿）音费第 2 声，火矮切〉痱子：细路仔冲完凉最好搽番啲爽身粉，唔係好容易出～㗎。（小孩子洗澡后最好上点爽身粉，要不很容易长痱子。）

眼挑针 ŋan^{5}t^{h}iu^{1}tsɐm^{1} 麦粒肿。即“急性睑腺炎”。

发鸡盲 fat^{3}kɐi^{1}maŋ^{4}（患）夜盲症（鸡是夜盲的，故称）。

发青光 fat^{3}ts^{h}ɛŋ^{1}kwɔŋ^{1}〈青音差羸切第 1 声〉（患）青光眼。

生飞蝨 saŋ^{1}fei^{1}tsi^{1} 长口疮：你～啊？梗係热气喇。（你长口疮吗？一定是上火了。）

烂口角 lan^{6}hɐu^{2}kɔk^{3}（患）口角炎：～，搽啲蓝药水就啱㗎喇。（口角炎，涂点儿龙胆紫就会好的。）

白蚀 pak^{6}sek^{6}〈蚀音食〉白癜风、白斑病。中医称“白驳风”。

白椰菜花 pak^{6}jɛ^{4}ts^{h}ɔi^{3}fa^{1} 淋病一类的性病。因病灶形似花椰菜而得名（椰菜花：花椰菜）。

发风（疯） fat^{3}foŋ^{1} 患麻风病。[普通话的“发疯”等于广州话的“发癫”，与此不同]

油蝨 jɐu^{4}tsi^{1} 绣球风，一种阴囊皮肤病。

臭狐 ts^{h}ɐu^{3}wu^{4} 狐臭：生～。

二 C13 体内疾患（含扭伤）

烂喉痧 lan^{6}hɐu^{4}sa^{1}〈痧音沙〉猩红热。溶血性链球菌引起的急性传染病。儿童发病较多。

肺痨 fɐi^{3}lou^{4} 肺结核病：～以前好难医㗎，而家呢种病就闲事嘞。（肺结核病以前很难治疗，现在这种病就没什么大不了啦。）

大热症 tai^{6}jit^{6}tseŋ^{3} 伤寒。

CANCER k^{h}ɛn^{1}sa^{2}〈读作两个字音，前一字音溪爷切第 1 声加上恩的音尾，后一字音洒〉【外】癌症。[英语 cancer]

出痘 ts^{h}ɵt^{1}(ts^{h}yt^{1})tɐu^{-2}〈痘读第 2 声，底口切〉出花儿。中医学称“痘疮”，通称“天花”。

出麻 ts^{h}ɵt^{1}(ts^{h}yt^{1})ma^{-2}〈麻读第 2 声，摸哑切〉麻疹，俗称“痧子”、“瘄子”。由病毒引起的一种急性传染病，多见于小儿。

发羊吊 fat^{3}jœŋ^{4}tiu^{3}（患）癫痫；抽羊角疯。脑病的症状之一，突然发作的暂时性大脑功能紊乱。大发作时北方俗称“羊痫风”，最常见。

扯哈 ts^{h}ɛ^{2}ha^{1} 哮喘。发作时患者有“哈哈”的哮鸣音，且呼吸急促，如被牵扯，故称。

牵哈 hin^{1}ha^{1} 同“扯哈”。

掹哈 mɐŋ^{1}ha^{1}〈掹音妈亨切〉同“扯哈”（掹：扯）。

*__发冷__ fat^{3}laŋ^{5} 患疟疾。[重见二 C10]

甜尿 t^{h}im^{4}niu^{6} 糖尿病：～手尾好长嘅。（糖尿病治疗时间很长。）

癪(积) tsek[1]〈音积〉疳癪，小儿肠胃类疾病：呢个细蚊仔唔多想食嘢，梗係生～嘞。(这个小孩子不大吃东西，一定是患了疳积。)

癪(积)滞 tsek[1]tsɐi[6]〈癪音积〉肠胃类疾病；消化不良：啲肥腻嘢唔好食咁多，好～㗎。(太油腻的东西不能吃太多，很容易患肠胃病的。)

热癪(积) jit[6]tsek[1]〈癪音积〉消化不良、积食且内热。[又作"热滞"]

滞 tsɐi[6] 消化不良：个细路有啲～，要食啲药至得。(这孩子有点消化不良，要吃点药才行。)

湿热 sɐp[1]jit[6] 因中医所说的"湿邪"而导致的肠胃不适：个肚叽哩咕噜，梗係～嘞。(肚子叽哩咕噜，一定是肠胃不适。)

*__湿滞__ sɐp[1]tsɐi[6] 同"湿热"。[重见九 C3]

肚腍 tʰou[5]nɐm[4]〈腍音那淫切〉肚子不舒服；肠胃不适(腍：软)。

屙痢 ɔ[1]lei[6]〈屙音啊呵切〉患痢疾。

冻亲 toŋ[3]tsʰɐn[1] 着凉(亲：表示遭受的词尾)：夜晚瞓觉冚好被，因住～啊。(晚上睡觉要盖好被子，小心着凉了。)

冷亲 laŋ[5]tsʰɐn[1] 同"冻亲"。

焗亲 kok[6]tsʰɐn[1]〈焗音局〉因闷热而中暑(焗：闷。亲：表示遭受的词尾)：大热天时瞓觉使咩冚被嚙，会～㗎。(大热天睡觉哪用盖被子呀，会中暑的。)

焗伤风 kok[6]sœŋ[1]foŋ[1]〈焗音局〉因闷热受暑而伤风(焗：闷)。

感暑 kɐm[2]sy[2] 中暑；因中暑而伤风。

生虫 saŋ[1]tsʰoŋ[4]〈生音丝坑切〉患寄生虫疾病：乜你食极都唔肥嘅，梗係～喇。(怎么你吃得很多却不胖，一定是长虫子了。)

蛊胀 kwu[2]tsœŋ[3] 血吸虫类寄生虫疾病：个肚咁大嘅，生～啊？(肚子这么大，长虫子了？)

胆生石 tam[2]saŋ[1]sɛk[6]〈生音丝坑切〉胆结石：～要及早医啊，唔係痛起上嚟捞命㗎。(胆结石要及时治疗，否则疼起来要命的。)

生沙淋 saŋ[1]sa[1]lɐm[4(-2)]〈淋又读第 2 声〉患泌尿系统结石病。

大颈泡 tai[6]kɛŋ[2]pʰau[1] 甲状腺肿大：你条颈咁粗嘅，係唔係～啊？(你的脖子这么粗，是不是甲状腺肿呀？)

蛾喉 ŋɔ[4]hɐu[4] 乳蛾，即扁桃体炎。

疬 lek[6]〈疬音历〉淋巴腺肿。

*__核(榾)__ wɐt[6]〈户日切〉淋巴腺肿块。[重见二 E1]

颈疬 kɛŋ[2]lek[6]〈疬音历〉瘰疬。北方俗称"疬子颈"。颈项间结核的总称。

脑充血 nou[5]tsʰoŋ[1]hyt[3] 脑溢血：高血压好易引起～。(高血压很容易引发脑溢血。)

褪肠头 tʰøy[3]tsʰœŋ[-2]tʰɐu[-2]〈褪音替训切，头读第 2 声〉脱肛。即"直肠脱垂"。

盲肠炎 maŋ[4]tsʰœŋ[-2]jim[4]〈肠读第 2 声，此响切〉阑尾炎：啱啱食完饭唔好跑，会得～㗎。(刚吃过饭别跑，会得阑尾炎的。)

搅肠痧 kau[2]tsʰœŋ[4]sa[1]〈痧音沙〉肠梗阻：乱咁食嘢，～你就知味道。(乱吃东西，肠梗阻你就后悔莫及。)

小肠气 siu[2]tsʰœŋ[4]hei[3] 疝气：有～，最好割咗佢，唔係好麻烦㗎。(患疝气，最好手术治疗，否则很麻烦。)

时症 si[4]tseŋ[3] 流行病。

屈亲 wɐt[1]tsʰɐn[1] 扭伤(屈：扭；亲：表示遭受的词尾)：只脚～。(脚扭伤了。)｜～只手。(扭伤了手。)

瞓(瞓)戾颈 fɐn[3]lɐi[2]kɛŋ[2]〈瞓(瞓)音训，戾音丽第 2 声〉落(lào)枕；睡觉时因姿势不合适或受风寒等而致脖子或肩背部疼痛，转动不便(瞓：睡；戾：反扭；颈：脖子)。

二 C14 精神病

癫 tin^{1} 患精神病：～佬（精神病患者）｜发～（发疯）

神经 sɐn^{4}keŋ^{1} 患精神病。

黐筋 tsʰi^{1}kɐn^{1}〈黐音次第 1 声，差衣切〉【俗】精神病。

黐总制（掣） tsʰi^{1}tsoŋ^{2}tsɐi^{3}〈黐音次第 1 声，差衣切〉【喻】【俗】患精神病。大脑出问题，犹如总控制开关串线，故云（总制（掣）：总开关、总控制器；黐：黏连）。

黐线 tsʰi^{1}sin^{3}〈黐音次第 1 声，差衣切〉【喻】【俗】患精神病。以机器线路黏连为喻。［参阅“黐总制（掣）”］

搭错线 tap^{3}tsʰɔ^{3}sin^{3} 同“黐线”。

发花癫 fat^{3}fa^{1}tin^{1} 患伴随性幻觉的精神病。

***发噏疯** fat^{3}ŋɐp^{1}foŋ^{1} 患伴随多语症状的精神病。［重见七 C7］

二 C15 残疾、生理缺陷

跛 pɐi^{1}〈音闭第 1 声，巴威切〉手足残疾：～手～脚（瘸手瘸脚）｜阿～（瘸子）

盲 maŋ^{4} 瞎：～咗一只眼。（瞎了一只眼。）［与普通话意义相同，但普通话不单独使用，只用于某些词中］

盲眼 maŋ^{4}ŋan^{5} 瞎：嗰个老坑係～嘅。（那个老头是瞎的。）

哨牙 sau^{3}ŋa^{4} 门牙露出：～仔（门牙露出的人）

齙牙 pau^{6}ŋa^{4}〈齙音包第 6 声，罢校切〉门牙向前突出。

崩口 pɐŋ^{1}hɐu^{2} 豁嘴：～人忌～碗。（熟语：豁嘴的忌讳缺口子的碗。意谓有所忌讳。）

寒背 hɔn^{4}pui^{3} 轻微驼背：咁后生就～，几时到老嚡？（这么年轻就轻微驼背，怎么活到老哟？）

***斜（射）脷（喱）眼** sɛ^{6}lei^{1}ŋan^{5}〈斜音射，脷音利第 1 声〉斜视眼：BB 仔嘅～係可以矫正㗎。（婴幼儿的斜视眼是可以矫正的。）［重见一 D2］

斗鸡眼 tɐu^{3}kɐi^{1}ŋan^{5} 内斜视；斗眼儿。

到眼 tou^{3}ŋan^{5} 同“斗鸡眼”。［“到”是“斗”的变音］

黐脷根 tsʰi^{1}lei^{6}kɐn^{1}〈黐音次第 1 声，脷音利〉因舌头发育不良而发音不清晰：你～㗎？讲嘢一嗜嗜噉。（你大舌头吗？说话含糊不清。）

□牙 nɐk^{1}ŋa^{-2}〈第一字音那塞切，牙读第 2 声〉同“黐脷根”。

口窒窒 hɐu^{2}tsɐt^{6}tsɐt^{6} 口吃，结巴。

漏（溜）口 lɐu^{3}hɐu^{2}〈漏（溜）读 3 声，拉幼切〉口吃：讲话～嗰个人你识嘅咩？（说话口吃的那个人你认识的吗？）

口吃吃 hɐu^{2}kɐt^{6}kɐt^{6}〈吃音吉第 6 声，劲日切〉口吃的样子：～讲唔出嘢。（结结巴巴说不出话。）［“喫”简体亦作“吃”，但广州话此二字不同音］

吃口吃舌 kɐt^{6}hɐu^{2}kɐt^{6}sit^{6}〈吃音吉第 6 声，劲日切〉口吃；结巴。

□□吃吃 ki^{1}ki^{1}kɐt^{6}kɐt^{6}〈前二字音鸡衣切，吃音劲日切〉结结巴巴。

孖指 ma^{1}tsi^{2}〈孖音妈〉六指；歧指（孖：并联。多出的手指与正常手指相并，故称）：～可唔可以动手术切咗佢㗎？（歧指能不能动手术把它切掉呢？）

鸭㩓蹄 ap^{3}na^{2}tʰɐi^{4}〈㩓音拿第 2 声，那哑切〉扁平足。

二 C16 其 他

左挠 tsɔ^{2}jau^{1}(ŋau^{1})〈挠音衣敲切，又音勾敲切〉左利手；习惯使用左手（挠：拿）：我而家先知道佢係～嘅。

（我现在才知道他是个左撇子。）

脾胃 pʰei⁴wɐi⁶ 消化道的情况：呢一牌个～都仲算好。（这阵子消化还算好。）

行经 haŋ⁴keŋ¹ 来月经。

姑婆 kwu¹pʰɔ⁴【俗】【婉】月经。

大姨妈 tai⁶ji⁴ma¹【俗】【婉】月经。

司肊 si¹jek¹〈肊音亿〉嗝儿：食得饱过头，打～添。（吃得太饱，打起嗝儿来了。）｜猛咁打～，饮水啦。（拼命打嗝儿，喝水吧。）

***哕** œt⁶〈阿靴切第 6 声加上日字的音尾〉嗝儿：打咗个～。（打了个嗝儿。）[重见二 C10、十一 B2]

趟声 tʰɔŋ³seŋ¹〈声音司赢切第 1 声〉假咳；清嗓子。

眼尾（眉）跳（条） ŋan⁵mei⁴tiu⁴〈尾音眉，跳音条〉眼皮跳动。迷信认为不吉利，实际上是一种自然的生理现象。

摄 sip³ 受凉：头先着少件衫，～咗下，而家鼻塞嘞。（刚才少穿一件衣服，受了凉，现在鼻子不通气了。）

受得 sɐu⁶tɐk¹ 人的身体能适应药物或食物：我唔～咁热气。（我吃这么热性的东西身体受不了。）

二D 动 物

二 D1 与动物有关的名物

[与人类共通的身体部位参见二B，作食物而分解的动物部位参见三B]

***公** koŋ¹ 雄性动物：牛～（公牛）｜鸡～（公鸡）｜猪～（公猪）[注意"～"在词中的位置跟普通话正好相反。重见一 B3]

***乸** na²〈音拿第 2 声，泥哑切〉雌性动物：牛～（母牛）｜鸡～（母鸡）猪～（母猪）[重见一 C1]

***仔（崽）** tsɐi²〈音挤第 2 声，子矮切〉动物幼子：牛～（小牛）｜鸡～（小鸡）[重见一 B1、八 A8、一 C4]

春（䐁） tsʰɵn¹（禽、鱼、虾等的）卵：鸡～（鸡蛋）｜鲤鱼～（鲤鱼卵）[重见二 B1]

子 tsi² ①鱼虾等的卵（一般很小）。②动物的睾丸。

虱乸春（䐁） sɐt¹na²tsʰɵn¹〈乸音拿第 2 声，泥哑切〉虮子（虱子的卵。虱乸：虱子）。

嗉 sɵy³〈音碎〉（禽类的）嗉囊：鸡～（鸡嗉囊）

冠 kwan¹〈音关〉鸟类头上的红色的肉质突起；冠子：呢只鸡嘅～咁红嘅。（这只鸡的冠子这么红。）[此字一般读作 kwun¹〈音官〉，在此处读音则较特殊]

象拔（鼻） tsœŋ⁶pɐt⁶〈鼻音拔〉象鼻子。["鼻"读如"拔"是特殊读法]

鞭₁ pin¹【婉】动物的雄势：狗～（雄犬的生殖器官）｜鹿～（雄鹿的生殖器官）

翼 jek⁶ 翅膀：鸡～（鸡翅膀）｜蚁～（蚂蚁翅膀）

***尾** mei⁵ 尾巴：牛～｜马骝条～（猴子的尾巴）[重见三 B2、四 B5]

***衣** ji¹ 动物体内组织的膜：牛脹上便嗰朕～（牛腱子肉外面那层膜）[重见二 E1]

潺 san⁴〈音时闲切〉（鱼类、蛇等身上的）黏液。

鱼膘（泡） jy⁴pʰɔk¹〈膘（泡）音扑第 1 声〉鱼鳔。

鱼获 jy⁴wɔk²〈获读第 2 声〉雄鱼的精液；鱼白。

***厣（靥）** jim²〈音掩〉（蟹腹下的）软盖、（螺蛳等的）掩盖壳口的薄片。[重见二 C11]

刚 kɔŋ⁶〈读第 6 声，竞望切〉（蟹、虾等的）螯：食蟹至好食蟹～，肉最多。（吃螃蟹最好吃蟹螯，肉最多。）

蚬壳 hin²hɔk³〈蚬音显〉贝壳：执～（捡贝壳）

蛇脱 sɛ⁴tʰyt³ 蛇蜕（蛇蜕下的皮）。

屈头鸡 wɐt¹tʰɐu⁴kɐi¹ 在蛋内已成形、但孵不出来的鸡。

蟾蟧丝网 kʰɐm⁴lou⁴si¹mɔŋ⁻¹〈蟾音禽，蟧音劳，网读第 1 声〉蜘蛛网：（蟾蟧：蜘蛛）间屋好耐冇人住，蒙晒～。（那间房子很久没有人住了，到处布满蜘蛛网。）

窦 tɐu³〈音斗〉巢；穴；窝：雀～（鸟巢）｜蚁～（蚁穴）｜狗～（狗窝）

鸡埘 kɐi¹si⁴〈埘音时〉木制、固定的鸡窝。

猫鱼 mau¹jy⁻²〈鱼读第 2 声〉用来喂猫的小鱼虾：而家市场边有～卖㗎？求其执啲鱼鳃、鱼肠翻嚟喂只猫啦。（现在市场哪有小鱼虾卖哟？随便捡点鱼鳃、鱼肠回来喂猫吧。）

麻糖鸡□ ma⁴tʰɔŋ⁴kɐi¹nɐn¹〈最后一字音那恩切〉鸡的咖啡色稀屎。因似麻糖，故名。

蜜蜡 mɐt⁶lap⁶ 蜂蜡；黄蜡。

鱼花 jy⁴fa¹ 鱼苗（一般指人工养殖淡水鱼类的鱼苗）：～场（鱼苗养殖场）

二 D2　动物的动作和生理现象

［与人类共通的动作和生理现象参见六 B、六 C 及二 C］

𨉖（龅） pau⁶(piu⁶, pɛu⁶)〈音包第 6 声，又音表第 6 声，又音啤加上户字音尾的第 6 声〉猪用嘴巴向前拱。［重见六 B2、九 A7］

***拉₂** lai¹ 用嘴叼：畀老鼠～咗嚿猪肉去。（那块猪肉被老鼠叼走了。）［重见七 D11］

犤 tsʰau¹〈音抄〉（牛、羊等）以角触人：唔好逗啲牛啊，～你㗎。（别碰那些牛，它会用角撞你的。）

***啄** tœŋ¹〈多央切〉（禽类）啄：畀只了哥～亲。（给八哥啄了。）［此与普通话的“啄”字义一样，但读音相去甚远。此字书面语音 tœk³〈带约切〉。重见七 E5］

***褛** lɐu¹〈楼第 1 声，拉优切〉（昆虫等）伏，驻足（于）：唔好畀啲乌蝇～啲餸啊。（别让苍蝇伏在菜上。）｜畀甲由～过唔好食。（蟑螂爬过了的不要吃。）［重见三 A1、六 D7、七 B1、九 B15］

针 tsɐm¹ 叮咬；蜇：畀蚊～到成脚瘷。（让蚊子叮得满腿是疹子。）｜黄蜂～人。（马蜂蜇人。）

□ tœ³〈音帝靴切第 3 声〉（蜂类）蜇：好生畀蜜蜂～亲。（小心让蜜蜂蜇了。）

烂窦 lan⁶tɐu³〈窦音斗〉猫、狗不在固定、习惯的地方拉屎尿（窦：窝）。

生蚝 saŋ¹tsi¹ ①猫狗等长疥疮等皮肤病：～狗（癞皮狗）②猫狗等身上长虱子等寄生小虫。

起水 hei²søy²（母猪）发情。

翻草 fan¹tsʰou²（牛羊等）反刍。

***浮（蒲）头** pʰou⁴tʰɐu⁴〈浮音蒲，婆豪切〉（鱼等）游上水面（为呼吸或捕食等）。［重见九 B16］

散春（𪑇） san³tsʰøn¹〈散音散发之散〉（鱼、虾等）产卵（春：卵）。鱼虾在水中边游动边产卵，四处散布，故称。

菢 pou⁶〈音部〉孵（卵）：～蛋（孵蛋）

菢窦 pou⁶tɐu³〈菢音部，窦音斗〉抱窝（菢：孵；窦：窝）：～鸡乸（抱窝的母鸡）

二 D3 家畜、家禽、狗、猫

头牲 tʰɐu⁴saŋ¹〈牲音生熟之生〉家畜家禽的总称。

畜生(牲) tsʰok¹saŋ¹〈生（牲）音生熟之生〉牲畜；牲口。[也泛指禽兽，则与普通话相同]

猪郎 tsy¹lɔŋ⁴ 配种用的公猪：而家好少见到～嘞，咸唪呤采用人工授精喇。（现在很少看见配种用的公猪了，全采用人工授精技术了。）

乳猪 jy⁵tsy¹ 处于哺乳期的小猪。

菜牛 tsʰɔi³ŋɐu⁴ 专供屠宰的肉用牛（与"耕牛"、"奶牛"相对）。

牛牯 ŋɐu⁴kwu²〈牯音古〉阉割了的公牛。

羊咩 jœŋ⁴mɛ¹【儿】羊：～唔咬人㗎。（羊是不会咬人的。）

***羊牯** jœŋ⁴kwu²〈牯音古〉公羊。[重见一 E4]

门口狗 mun⁴hɐu²kɐu² 看家狗：农村好兴养只～嚟看门口㗎。（农村人家习惯养条看家狗看门。）

***跟尾狗** kɐn¹mei⁵kɐu² 饲养为宠物的狗（因好跟随人左右，故名）：城里而家兴养～。（城里现在时兴养宠物狗。）[重见一 G6]

番狗 fan¹kɐu² 哈巴狗。

生螆猫 saŋ¹tsi¹mau¹ 身上长虫子的猫；癞皮猫：人养猫你养猫，你养只～出嚟。（别人养猫，你也养猫，你竟养了只癞皮猫。）

猫仔 mau¹tsɐi²〈仔音挤第 2 声，子矮切〉①小猫。②小公猫。

猫女 mau¹nøy⁻²〈女读第 2 声〉小雌猫：～好烂㝔㗎。（小雌猫总到处拉屎。）

猫儿 mau¹ji⁻¹〈儿读第 1 声，音医〉小猫（只出现于儿歌中）：～担凳姑婆坐。（小猫端凳子给姑奶奶坐。）

三鸟 sam¹niu⁵ 鸡、鸭、鹅的总称：而家正係食～嘅时候，价钱平啊嘛。（现在正是吃鸡、鸭、鹅的时候，价钱便宜呀。）

***生鸡** saŋ¹kɐi¹〈生音生熟之生〉公鸡：～唔多好食。（公鸡不太好吃。）[重见一 G6]

鸡项 kɐi¹hɔŋ⁻²〈项读第 2 声〉未下蛋的小母鸡：白切鸡最好揾～嚟整。（白切鸡最好用未下过蛋的小母鸡来做。）

鸡乸婆 kɐi¹na²pʰɔ⁴〈乸音拿第 2 声，泥哑切〉老鸡婆子。[又作"鸡婆"]

童子鸡 tʰoŋ⁴tsi²kɐi¹ 笋鸡（羽毛尚未长全的小鸡）。

鸡僆 kɐi¹lɛŋ¹〈僆音拉赢切第 1 声〉比小鸡稍大的鸡。

骟(线)鸡 sin³kɐi¹〈骟音线〉阉鸡：～最啱捞嚟蒸，皮爽肉滑。（阉鸡最好是蒸煮，皮脆肉滑。）

力行鸡 lek⁶hɔŋ⁴kɐi¹〈行音银行之行〉【外】来航鸡（一种著名的卵用鸡）：呢个农场净係养～嘅。（这个农场光养来航鸡。）[英语 leghorn]

打针鸡 ta²tsɐm¹kɐi¹ 注射激素使迅速生长的肉用鸡：呷啲都唔知係唔係～嚟嘅，啲肉咁削嘅。（这些不知道是不是注射过激素的鸡，肉这么松软。）

大种鸡 tai⁶tsoŋ²kɐi¹ 洋鸡（其体形特别大）：～平好多，事关啲人唔钟意食啊嘛。（外来鸡便宜很多，因为人们不喜欢吃。）

本地鸡 pun²tei⁶kɐi¹ 广东当地产的鸡（与"大种鸡"相对）：～贵好多，一斤～可以买两斤大种鸡。（当地产的鸡贵很多，一斤当地产的鸡的价钱可以买两斤外地产的鸡。）

竹丝鸡 tsok¹si¹kɐi¹ 泰和鸡，北方俗称"乌骨鸡"。一种白毛而皮、肉、骨皆黑的鸡。广东人认为食之大补。

泥鸭 nɐi^{4}ap^{-2}〈鸭读第 2 声〉旱鸭子，圈养的鸭子：～好食啲，够肥啊嘛。(旱鸭子较好吃，够胖。)

番鸭 fan^{1}ap^{-2}〈鸭读第 2 声〉洋鸭；麝香鸭：～食得多冇益㗎，听讲有毒㗎。(洋鸭吃多了没好处，听说会引发伤口溃疡。俗以为洋鸭容易引发伤口溃疡等。)

白鸽 pak^{6}kap$^{3(-2)}$(kɐp$^{3(-2)}$)〈鸽常读第 2 声〉鸽子（不一定是白色的）：佢屋企养咗好多～。(他家里养了很多鸽子。)

乳鸽 jy^{5}kap$^{3(-2)}$(kɐp$^{3(-2)}$)〈鸽可读第 2 声〉尚在哺乳期的雏鸽：烧～（烤雏鸽）

二 D4 兽类、鼠类、野生食草动物

马骝 ma$^{5(-1)}$lɐu^{1}〈马可读第 1 声，骝音留第 1 声〉猴子：去动物公园睇～。(到动物园看猴子。)[古书中写作“马留”]

飞鼠 fei^{1}sy^{2} 蝙蝠。

蝠鼠 fok^{1}sy^{2} 蝙蝠。

山猫 san^{1}mau^{1} 小灵猫，即“香狸”。哺乳纲，灵猫科。

熊人 hoŋ^{4}jɐn^{4} 熊。熊常作人立，故名。泛指熊类，其中常见者为狗熊等。

熊人婆 hoŋ^{4}jɐn^{4}p^{h}ɔ^{4} 熊。[参见“熊人”]

大笨象 tai^{6}pɐn^{6}tsœŋ^{6} 大象：～其实一啲都唔笨，识得吹口琴、跳舞，连针都执得起。(大象其实一点儿也不笨，会吹口琴、跳舞，甚至连针也可以捡起来。)

骚鼠 sou^{1}sy^{2} 鼹。哺乳纲，鼹鼠科。体矮胖，外形似鼠，善挖土。广东的鼹为缺齿鼹。

葵鼠 kw^{h}ɐi^{4}sy^{2} 豚鼠，亦称天竺鼠：而家～都畀人当宠物养。(现在豚鼠也被人当作宠物来养。)

白老鼠 pak^{6}lou^{5}sy^{2} 小白鼠。小家鼠的一个变种，通常作实验用，现也作宠物。

坑渠老鼠 haŋ^{1}k^{h}øy^{4}lou^{5}sy^{2} 经常活动于污水渠中的老鼠（坑渠：污水渠）；家鼠：头先嗰只～几大只啊！(刚才那只污水渠里的老鼠真大啊！)

黄猄(麖) wɔŋ^{4}kɛŋ^{1}〈猄（麖）音颈第 1 声〉黄麂，一种鹿科动物。

箭猪 tsin^{3}tsy^{1} 豪猪。

山猪 san^{1}tsy^{1} 野猪。

獭 ts^{h}at^{3}〈音察〉水獭。

二 D5 鸟 类

*__雀仔__ tsœk$^{3(-2)}$tsɐi^{2}〈雀又读第 2 声，仔音子矮切〉小鸟的泛称：好多人退咗休都玩下～。(很多人退休后都养养小鸟。)[重见二 B3]

雀 tsœk^{-2}〈雀读第 2 声〉同“雀仔”：打～（打鸟）

钓鱼郎 tiu^{3}jy^{4}lɔŋ^{4} 翠鸟。因常栖水面树枝上，伺机捕鱼，故称。

白头郎 pak^{6}t^{h}ɐu^{4}lɔŋ^{4} 白头鹎，北方俗称“白头翁”。因头部有白色羽毛，故名。

沙佳 sa^{1}tsøy^{1}〈佳音追〉广东地区常见的一种鹬。

了(鹩)哥 liu^{1}kɔ^{1}〈了（鹩）读第 1 声〉八哥。

相思 sœŋ^{1}si^{1} 黄雀，亦称为“芦花黄雀”。鸟纲，雀科。

桂林相思 kwɐi^{3}lɐm^{4}sœŋ^{1}si^{1} 相思鸟，亦称“红嘴相思鸟”。鸟纲，画眉科。

山鸡 san^{1}kɐi^{1} 雉，即野鸡。泛指雉科各种类。

雉鸡 ts^{h}i^{4}kɐi^{1}〈雉音迟〉雉：～尾（雉尾羽。常用作戏剧中武将的冠饰。）

禾花雀 wɔ^{4}fa^{1}tsœk^{-2}〈雀读第 2 声〉黄

胸鵐，即"寒雀"。鸟纲，雀科。

蚬鸭 hin[2]ap[3(-2)]〈鸭多读第 2 声〉野鸭。

吱喳 tsi[1]tsa[1] 鹊，即喜鹊。

朱屎喳 tsy[1]si[2]tsa[1] 同"吱喳"。

麻甩 ma[4]lɐt[1]〈甩音拉一切〉麻雀。

麻鹰 ma[4]jeŋ[1] 鸢，亦即"老鹰"。

崖鹰 ŋai[4]jeŋ[1] 同"麻鹰"。

*__夜游鹤__ jɛ[6]jɐu[4]hɔk[-2]〈鹤读第 2 声〉池鹭。鸟纲，鹭科。常夜间活动，故名。[重见一 E8]

婆奥 pʰɔ[4]ou[1]〈奥读第 1 声〉一种夏天出现的候鸟。以其叫声作"婆奥"之音，故名。

二 D6　虫　类

虫虫蚁蚁 tsʰoŋ[4]tsʰoŋ[4]ŋɐi[5]ŋɐi[5] 昆虫的泛称：呢间屋好多～，要揾支杀虫水翻嚟喷下至得。(这间房子有很多虫子，要找瓶杀虫剂回来喷一下才行。)

蚁 ŋɐi[5] 蚂蚁。

飞翼 fei[1]jek[6] 白色有翅母蚁，常于雨夜飞入室内。

白翼 pak[6]jek[6] 同"飞翼"。

黄丝蚁 wɔŋ[4]si[1]ŋɐi[5] 一种黄赤色的蚂蚁。

织蟀 tsek[1]tsøt[1]〈蟀音卒〉蟋蟀：斗～[此实即"蟋蟀"二字的变音。又作"蟀"]

蟀子 tsøt[1]tsi[2]〈蟀音卒〉蟋蟀：白云山～——得把声。(白云山的蟋蟀——只会叫。歇后语。据说白云山产的蟋蟀光会叫，而不善斗。喻光会咋呼之徒。)

大头狗 tai[6]tʰɐu[4]kɐu[2] 油葫芦。蟋蟀的近似种，较一般蟋蟀略大。

灶虾 tsou[3]ha[1] 灶马。一种类似蟋蟀的昆虫，常在灶旁活动。

甲甴 kat[6]tsat[6(-2)]〈甲音架压切第 6 声；甴音炸压切第 6 声，又读第 2 声〉蟑螂：捞支杀虫水嚟喷下啲～啦。(拿支杀虫水来喷喷那些蟑螂。)

乌蝇 wu[1]jeŋ[-1]〈蝇音英〉苍蝇：～褛马尾——一拍两散。(苍蝇伏在马尾巴上——一拍打两下飞散。歇后语，谓一刀两断。)

屎虫 si[2]tsʰoŋ[4] 蛆。蝇类的幼虫。因常见于粪便中，故名。

蟾蝣 kʰɐm[4]lou[-2]〈蟾音禽，蝣音劳第 2 声〉蜘蛛；特指大蜘蛛。

禾虫 wɔ[4]tsʰoŋ[-2]〈虫读第 2 声〉疣吻沙蚕。广东人常食用，多采自稻田，故名。

虱乸 sɐt[1]na[2]〈乸音拿第 2 声〉虱，通称"虱子"。昆虫纲，虱目。种类甚多。寄生于人和哺乳动物的体表，吸食血液。

狗虱 kɐu[2]sɐt[1] 蚤，即"跳蚤"：呢张床实係好多～嘿，睇下我，成身都係瘰。(这张床一定有很多跳蚤，瞧我，浑身都是疹子。)

木虱 mok[6]sɐt[1] 臭虫。

狗毛虫 kɐu[2]mou[4]tsʰoŋ[4] 毛毛虫：睇下嗰条～，好核突啊。(瞧瞧那条毛毛虫，真难看。)

马螂狂 ma[5]lɔŋ[4]kʰɔŋ[4] 螳螂：～係益虫嚟㗎。(螳螂是益虫。)

舂米公 tsoŋ[1]mɐi[5]koŋ[1]〈舂音钟〉一种黑色昆虫，腰细，尾部不停上下摆动，有如舂米动作，故称。

牛屎螂 ŋɐu[4]si[2]lɔŋ[4] 蜣螂。[又作"牛屎龟"]

笨(坌)屎虫 pɐn[6]si[2]tsʰoŋ[4] 同"牛屎螂"。

黄蜂 wɔŋ[4]foŋ[1] 胡蜂；马蜂。因其体带黄色，故名。

竹蜂 tsok[1]foŋ[1] 一种野蜂，因其善于竹筒筑巢，故名。

*__崩沙(蝴蛂)__ pɐŋ[1]sa[1] 一种凤蝶。[重见三 B7]

沙蝉 sa¹sim⁴ 蝉。

呦儿 au¹ji⁻¹〈呦音啊敲切，儿音医〉【儿】蝉：～喊，荔枝熟。（知了叫，荔枝熟。谚语。）

红虫 hoŋ⁴tsʰoŋ⁻²〈虫读第2声〉①水蚤。常作金鱼、热带鱼等的饲料。②孑孓，蚊子的幼虫。

沙虫₁ sa¹tsʰoŋ⁻²〈虫读第2声〉①疥螨：斩脚趾避～。（砍掉脚趾来避免长疥癣。熟话，喻因噎废食。）②孑孓，蚊子的幼虫。

水蠀 søy²tsi¹ 水蚤等水生浮游昆虫：～干。（水蚤等水生浮游昆虫干品，多用以饲观赏鱼。）

水铰剪 søy²kau³tsin²〈铰音较〉一种水生昆虫，学名“水黾”，北方叫“水马”、“水爬虫”。足长，体形似剪刀。或谓以常在平静的水面迅速游动，似将水面剪开，故名（铰剪：剪刀）。

塘(螗)蜫 tʰɔŋ⁴mei¹〈蜫音尾第1声〉蜻蜓。

蚕虫 tsʰam⁴tsʰoŋ⁻²〈虫读第2声〉①蚕的幼虫。②蚕蛹。广东人常食用。

放光虫 fɔŋ³kwɔŋ¹tsʰoŋ⁻²〈虫读第2声〉萤火虫：鸡食～——心知肚明。（鸡吃萤火虫——肚子里明亮。歇后语，喻心里明白。）

草蜢 tsʰou²maŋ⁻²〈蜢音猛第2声〉蚱蜢。[又作“蜢”]

土狗 tʰou²kɐu² 蝼蛄。古称“杜狗”。

沙虱 sa¹sɐt¹ 甘薯象鼻虫。一种甘薯害虫，蛀食薯块，使之变黑变苦：你买翻嚟啲番薯净係生～嘅。（你买回来的番薯全是虫蛀了的。）

百足 pak³tsok¹ 蜈蚣。因其多足，故名。

谷牛 kok¹ŋɐu⁻²〈牛读第2声〉谷、米、豆类及其制成品（面粉等）中常见的褐黑色小虫，包括昆虫学上所指谷盗、谷蠹、米象等，为贮藏谷物的主要害虫。

蠀 tsi¹ 寄生在人或动物及植物体表的小虫的泛称：生～猫（长虫子的猫）

蚊 mɐn¹ 蚊子。

蚊蠀 mɐn¹tsi¹〈蠀音支〉蚊、蚋、蠓等小型吸血飞虫的泛称：你咪睇呢块草皮好似好干净，其实好多～㗎。（你别看这块草地好像挺干净，其实有很多小蚊。）

蚊公 mɐn¹koŋ¹ 大蚊子：你见过咁大只～未？成寸长㗎。（你见过这么大的蚊子没有？有一寸长哟。）

蚊虫 mɐn¹tsʰoŋ⁴ ①孑孓，蚊子的幼虫。②蚊、蚋、蠓等的泛称。

臭屁瘌 tsʰɐu³pʰei³lat³〈瘌音辣第3声〉椿象。

水甲甴 søy²kat⁶tsat⁶⁽⁻²⁾〈甲音架压切第6声；甴音治压切第6声，又多读第2声〉龙虱。种类很多，一般指黄缘龙虱。广东地区常食用。

桂花蝉 kwɐi³fa¹sim⁴ 一种田鳖，为肉食性昆虫，生活在水田或沼泽中。若进入鱼塘，则捕食鱼苗。体型可达七八厘米。广东人以为食物。

黄蟮(犬) wɔŋ⁴hyn²〈蟮音犬〉蚯蚓。

蟥蜞 wɔŋ⁴kʰei⁴⁽⁻²⁾〈蜞音其，又可读第2声〉蚂蟥；水蛭。

蜞乸 kʰei⁴(kʰɛ⁴)na²〈蜞音其，又音骑，乸音拿第2声〉同“蟥蜞”：西洋菜要洗干净啲，唔係连～都食埋落肚。（水蔊菜要洗得干净点，要不连蚂蟥也吃进肚子里去了。）

山蜞 san¹kʰei⁴ 旱蚂蟥。

二 D7 爬行类

水鱼 søy²jy⁻²〈鱼读第2声〉鳖。即“甲鱼”、“团鱼”。

脚鱼 kœk³jy⁻²〈鱼读第2声〉同“水

鱼”。因其有脚，故名。

山瑞 san¹søy⁶ 山瑞鳖。体型较普通鳖稍大。

草龟 tsʰou²kwɐi¹ 金龟。别称“山龟”、“秦龟”、“乌龟”。

金钱龟 kɐm¹tsʰin⁴kwɐi¹ 水龟。亦称“黄喉水龟”。头部绿色，有黄色带状纹；上颌橄榄绿，下颌黄色。广东人喜养为宠物。

蝻(蚺)蛇 nam⁴sɛ⁴〈蝻（蚺）音南〉蟒蛇。

青竹蛇 tsʰɛŋ¹tsok¹sɛ⁴〈青音差赢切第1声〉竹叶青。一种体色为绿色的毒蛇。

饭铲头 fan⁶tsʰan²tʰɐu⁴ 眼镜蛇。因其颈部变扁平时如饭铲，故名。

过山风 kwɔ³san¹foŋ¹ 眼镜王蛇。

过基峡 kwɔ³kei¹hap⁶(kap³)〈峡又音甲〉银环蛇。

银脚带 ŋɐn⁴kœk³tai³ 银环蛇。

金脚带 kɐm¹kœk³tai³ 金环蛇。一种毒蛇。

水律 søy²løt⁻²〈律读第2声〉乌梢蛇，一种无毒蛇。去内脏的干燥品即中药的“乌蛇”。

三索线 sam¹sɔk³sin³ 三索锦蛇。一种无毒蛇。

过树蓉 kwɔ³sy⁶joŋ⁴ 灰鼠蛇。一种无毒蛇。

四脚蛇 sei³kœk³sɛ⁴ 蜥蜴的泛称。

檐(盐)蛇 jim⁴sɛ⁻²〈檐音盐，蛇音写〉壁虎。常在屋檐活动，故称。但广州人往往误解“檐”为“盐”，遂有壁虎食盐为生的传说。

雷公蛇 løy⁴koŋ¹sɛ⁴ 鳄蜥。

草龙 tsʰou²loŋ⁻²〈龙读第2声〉草蜥。

五爪金龙 ŋ⁵tsau²kɐm¹loŋ⁴ 巨蜥。

二 D8 两栖类

蛤乸 kɐp³na²〈蛤音急第3声，乸音拿第2声〉蛙和蟾蜍的总称：边有咁大只～随街跳？（哪有这么大一只蛤蟆满街跳？熟语，喻没有这样的好事情从天而降。）

蟾蜍 kʰɐm⁴kʰøy²〈蟾音禽，蜍音渠第2声〉蟾蜍：～散（蟾酥。中药名，蟾蜍科动物大蟾蜍等耳后腺及皮肤腺分泌物的干制品。）

田鸡 tʰin⁴kɐi¹ 各种食用蛙的泛称，以青蛙为主。因美味如鸡而多生长水田中，故名：苦瓜～，正菜嚟噃。（苦瓜炒青蛙，真是好菜。）

蛤蜗 kɐp³kwai²〈蛤音急第3声，蜗音拐〉蛙类的泛称。

石蛤 sɛk⁶kɐp³〈蛤音急第3声〉石蛙：城里便边度有～喫，去到山区就有嘞。（城里哪里有石蛙呀，到了山区才有。）

*骑喱蜗 kʰɛ⁴lɛ⁴kwai²〈喱音黎爷切，蜗音拐〉雨蛙。常栖灌木上，四肢特别长。［重见一D2、一A3］

青蛘 tsʰɛŋ¹jœŋ²〈青音差赢切第1声，蛘音椅响切〉一种背部有纵向金黄色条纹的小型蛙。

二 D9 淡水鱼类

塘鱼 tʰɔŋ⁴jy⁻²〈鱼读第2声〉人工养殖的淡水鱼类的泛称。

河鲜 hɔ⁴sin¹ 淡水鱼类（多指野生）的泛称。这是食用角度的指称。

鲩鱼 wan⁵jy⁻²〈鲩音弯第5声，鱼读第2声〉草鱼。

黑鲩 hak¹(hɐk¹)wan⁵〈鲩音弯第5声〉青鱼。北方俗称“螺蛳青”。

大头鱼 tai⁶tʰɐu⁴jy⁻²〈鱼读第2声〉鳙鱼。即“胖头鱼”。

大鱼 tai^{6}jy^{-2}〈鱼读第 2 声〉同“大头鱼”。

扁鱼 pin^{2}jy^{-2}〈鱼读第 2 声〉鲢鱼。形体侧扁，故名。[此与“鳊鱼”不同。“鳊”广州话音 pin^{1}〈音边〉]

土鲮鱼 t^{h}ou^{2}lɛŋ^{4}jy^{-2}〈鲮音黎赢切，鱼读第 2 声〉鲮鱼。

生鱼 saŋ^{1}jy^{-2}〈生音先生之生，鱼读第 2 声〉鳢。即“黑鱼”、“乌鳢”。

塘虱 t^{h}ɔŋ^{4}sɐt^{1} 鲶鱼。

福寿鱼 fok^{1}sɐu^{6}jy^{-2}〈鱼读第 2 声〉罗非鱼。通称“非洲鲫鱼”、“越南鱼”。

鲗鱼 tsɐk^{1}jy^{-2}〈鲗音则〉鲫鱼。[“鲗”其实就是“鲫”的口语音（书面语音为 tsek^{1}），是专为其口语而造的方言字。不同于规范汉字表示墨鱼的“鲗”字。]

桂花鱼 kwɐi^{3}fa^{1}jy^{-2}〈鱼读第 2 声〉鳜。亦称“鯚花鱼”、“桂鱼”。

黄鳝 wɔŋ^{4}sin$^{5(-2)}$〈鳝又读第 2 声〉鳝。

长鱼 ts^{h}œŋ^{4}jy^{-2}〈鱼读第 2 声〉【俗】鳝。因其体形细长，故名。

狗尾靓 kɐu^{2}mei^{5}lɛŋ^{3}〈靓音黎赢切第 3 声〉斗鱼。一种著名观赏鱼，雄鱼善斗（靓：漂亮）。

花手巾 fa^{1}sɐu^{2}kɐn^{1}【雅】斗鱼（手巾：手帕）。因其形体美丽，故名。

二 D10 海水鱼类

海鲜 hɔi^{2}sin^{1} 海产鱼类、贝类的总称。这是食用角度的指称。

咸水鱼 ham^{4}søy^{2}jy^{-2}〈鱼读第 2 声〉海水鱼类的泛称：食～有益过塘鱼。（吃海水鱼比吃淡水养殖的鱼类有好处。）

红三(衫) hoŋ^{4}sam^{1} 金线鱼。红色，具黄色纵带多条。

金丝划 kɐm^{1}si^{1}wak^{6} 同“红三”。

大地鱼 tai^{6}tei^{6}jy^{-2}〈鱼读第 2 声〉比目鱼的一种。

左口鱼 tsɔ^{2}hɐu^{2}jy^{-2}〈鱼读第 2 声〉比目鱼的一种，两眼都在左侧，口亦偏左。

挞沙鱼 t^{h}at^{3}sa^{1}jy^{-2}〈挞音吐压切，鱼读第 2 声〉比目鱼。鲽形目鱼类的总称。包括鳒、鲆、鲽、鳎、舌鳎各科鱼类。

剥皮牛 mɔk^{1}p^{h}ei^{4}ŋɐu^{4} 绿鳍马面鲀及其近似种属。北方人俗称“马面鱼”、“象皮鱼”、“剥皮鱼”。体长椭圆形，皮厚韧，食用前须剥去，故名。

池鱼 ts^{h}i^{4}jy^{-2}〈鱼读第 2 声〉圆鲹。

沙甸鱼 sa^{1}tin^{1}jy^{-2}〈甸读第 1 声，鱼读第 2 声〉【外】沙丁鱼。[英语 sardine]

白饭鱼 pak^{6}fan^{6}jy^{-2}〈鱼读第 2 声〉银鱼。

老鼠斑 lou^{5}sy^{2}pan^{1} 一种名贵石斑鱼。因其嘴似老鼠而名。

龙趸 loŋ^{4}tɐn^{2}〈趸音打隐切〉体型巨大的石斑鱼。

吞那鱼 t^{h}ɐn^{1}na^{5}jy^{-2}〈鱼读第 2 声〉【外】金枪鱼。[英语 tuna]

青干 ts^{h}ɛŋ^{1}kɔn^{1}〈青音差赢切第 1 声〉金枪鱼。

鸡泡鱼 kɐi^{1}p^{h}ou^{5}jy^{-2}〈泡音抱，鱼读第 2 声〉河豚。肉鲜美，唯肝脏、生殖腺及血液含有剧毒。

柴鱼 ts^{h}ai^{4}jy^{4} 鳕鱼。即“明太鱼”。体长可达 1 米，蓝色。广东人常制为鱼干以煮汤或煮粥：～花生粥（用鳕鱼干和花生煮的粥）

马鲛郎 ma^{5}kau^{1}lɔŋ^{4}〈鲛音交〉马鲛。旧时广东人认为海中美味。

马伍 ma^{5}ŋ^{5} 同“马鲛郎”。

牙带鱼 ŋa^{4}tai^{3}jy^{-2}〈鱼读第 2 声〉带鱼。

白鳝 pak^{6}sin^{5} 鳗鲡，即鳗鱼。

风鳝 foŋ1sin5 同“白鳝”。

油鎚 jɐu4tsøy1 一种海鱼，学名“裸胸鳝”，通称“花鳝”。

曹白 tshou4pak6 鳓。中国北方称“鳓鱼”、“白鳞鱼”，南方又称“鲞鱼”。

黄花筒 wɔŋ4fa1thoŋ-2〈筒音桶〉小黄鱼。

狗棍 kɐu2kwɐn3 蛇鲻。

*__乌头__ wu1thɐu4 鲻。[重见一 D4]

大眼鸡$_{1}$ tai6ŋan5kɐi1 大眼鲷。眼大，故名。

白仓(鲳) pak6tshɔŋ1 鲳。[“仓”实际上是“鲳”的音变]为名贵食用鱼类。

凤尾鱼 foŋ6mei5jy-2〈鱼读第 2 声〉凤鲚。

三文鱼 sam1mɐn4jy-2〈鱼读第 2 声〉【外】鲑鱼之一种。[英语 salmon]

二 D11 虾、蟹

虾公 ha1koŋ1 大虾。

虾毛 ha1mou-1〈毛读第 1 声〉小虾：咁细嘅虾，直情係～嚟啫，点食啊？（这么小的虾，不过是小虾罢了，怎么吃呀？）

明虾 meŋ4ha1 对虾。

基围虾 kei1wɐi4ha1 一种人工养殖虾，在咸淡水交界处筑堤围养，故名（基围：堤围）。

*__拉(赖)尿虾__ lai6niu6ha1 虾蛄。因捕捉时会喷水，故名（拉尿：遗尿）。[重见一 D3]

虾春(䲣) ha1tshøn1 一种浮游甲壳动物，包括桡足类、枝角类、端足类、糠虾类等。其个体小，数量大，人们误以为虾之卵（春：卵）。

打横 ta2waŋ4【俗】蟹。以其横行，故名。

肉蟹 jok6hai5 厚肉丰膏的蟹。

膏蟹 kou1hai5 雌蟹：食蟹梗係食～喇，你识唔识拣～啊？（吃蟹肯定要吃雌蟹，你会不会挑选雌蟹？）

水蟹 søy2hai5 瘦小的蟹。

花蟹 fa1hai5 甲壳有红色花纹的海蟹。

老虎蟹 lou5fu2hai5 一种壳上有老虎纹斑的蟹。

虾痫 ha1lat3〈痫音辣第 3 声，厉压切〉一种小蟹，生活在稻田、沟边等处。

二 D12 软体动物（含贝壳类）、腔肠动物

墨鱼 mɐk6jy4 乌贼。体内墨囊发达，遇敌即放出墨汁而逃走，故名。

八爪鱼 pat3tsau2jy4 章鱼。头上生八腕，故名。

沙虫$_{2}$ sa1tshoŋ-2〈虫读第 2 声〉星虫。一种海生腔肠动物。腔中常贮沙，北方称“沙肠子”，可食用。

蚝 hou4 牡蛎。

青口 tsheŋ1hɐu2〈青音差赢切第 1 声〉贻贝。即“淡菜”。

带子 tai3tsi2 江珧贝。[参见“江瑶柱”]

象鼻(拔)蚌 tsœŋ6pɐt6phɔŋ5〈鼻音拔；蚌音旁第 5 声，抱朗切〉【喻】太平洋潜泥蛤。为著名海鲜。因其肉形似象鼻，故名。

蚬 hin2〈音显〉各种贝类的总称。[亦特指河蚬，则与普通话一样]

石螺 sɛk6lɔ-2〈螺读第 2 声〉螺蛳。田螺科若干小型种的通称。较田螺小而壳较硬。

东风螺 toŋ1foŋ1lɔ-2〈螺读第 2 声〉大蜗牛。大者达 7 至 8 厘米，可食用。

白鲊 pak6tsa2〈鲊音纸哑切〉白海蜇。

二E　植　物

［作食物或药物而经过加工的植物制品参见三B、三D10］

二 E1　与植物有关的名物和现象

秝$_1$ lɐm^{1}〈音林第 1 声，拉堪切〉蓓蕾，花蕾（含苞未放的花）：呢𠍽花出咗 3 个～。（这棵花长出了 3 个花蕾。）

花秝 fa^{1}lɐm^{1}〈秝音林第 1 声，拉堪切〉同“秝”。

梗$_3$ kwʰaŋ^{2}〈音夸横切第 2 声〉草本植物的茎、杆：菜～｜草～

*__缬__ lit^{3}〈音列第 3 声，例热切〉节。植物茎上着生叶与分枝的部分：树～｜竹～｜蔗～［重见三 C1］

鸡$_2$ kɐi^{1} 植物节上长出的芽：蔗～｜竹～

*__椗__ teŋ^{3}〈音定第 3 声，第庆切〉①蒂；花或瓜果跟枝茎相连的部分：花～（花蒂）｜苹果～（苹果蒂）②引申为与本体相连的部分：茨菰～（茨菰球茎的顶芽）［重见六 D1、九 B14］

藤 tʰɐŋ^{4} 某些作物的软茎：番薯～（甘薯秧）｜花生～

汭 jøy^{5}〈音锐第 5 声〉植物分泌的乳汁或黏液：木瓜～（番木瓜的白色分泌液）｜蕉～（芭蕉的黏液）

*__荚__ hap^{3}〈去鸭切〉枯萎了的包裹式叶子：菜～（枯萎了的菜帮子）｜蔗～［重见十 B2］

骨 kwɐt^{1} 植物的杆儿；硬茎：麻～（麻杆儿）｜青～白菜（有绿色杆茎的白菜）

软（薳） jyn^{5}〈薳音远〉植物的柔枝嫩茎：菜～（蔬菜的嫩茎）

簕 lak^{6}(lɐk^{6})〈音勒〉植物的刺。

蔃 kʰœŋ^{2}〈音强第 2 声，启响切〉①根：菜～｜树～②食用植物中的粗纤维：啲～嚟唔烂就㔂出嚟。（菜里的粗纤维嚼不烂就吐出来。）

银（仁） ŋɐn^{4} 籽；植物的种子。［普通话“仁儿”包括各种籽实，而广州话“～”只指硬粒性的］

*__核（棩）__ wɐt^{6}〈户日切〉果核；籽：冇～柑桔（无核柑桔）｜西瓜～［意义范围较普通话大些。重见二 C13］

谷 kok^{1} 稻的籽实；稻谷：一箩～｜一粒～

*__衣__ ji^{1} 植物组织的皮、膜：花生～（花生仁的薄皮）｜树皮里便仲有一浸～。（树皮里面还有一层膜。）［重见二 D1］

禾秆草 wɔ^{4}kɔn^{2}tsʰou^{2} 稻草：～冚珍珠。（稻草盖珍珠。熟语，喻外表寒碜，内里风光。）［又作“禾秆”］

藕瓜 ŋɐu^{5}kwa^{1} 藕节。

藕筒 ŋɐu^{5}tʰoŋ$^{-2}$〈筒音桶〉藕尾。因其细长而中空如筒状，故名。

松毛 tsʰoŋ^{4}mou^{4}〈松音虫〉松树的针状叶；松针。［广州话“松树”之松与“松紧”之松不同音］

松鸡 tsʰoŋ^{4}kɐi^{1}〈松音虫〉松树的球果。

榕树须 joŋ^{4}sy^{6}sou^{1}〈须音苏〉榕树尚未长入土中的气根。因形如胡须，故名。

椰衣 jɛ^{4}ji^{1} 椰子果实外包的厚纤维层：～扫把（用椰皮纤维做的扫帚）

*__树头__ sy^{6}tʰɐu^{4} ①树根接近树干的部位或露出地面的部位。②树被砍伐后剩下的树桩。［重见二 E7］

蒜子 syn^{3}tsi^{2} 蒜瓣儿。

干包 kɔn^{1}pau^{1} 木波罗之果肉较干而脆者，香而不腻，品质较佳。与“湿包”相对。

湿包 sɐp^{1}pau^{1} 木波罗之果肉水分较多而软烂者，味极浓甜，品质略逊于“干包”。

䆉瓜 lai¹kwa¹〈䆉音拉〉拉秧瓜；拉秧之前收的最后一批瓜（䆉：最后的）。

熟 sok⁶ 瓜果等因受揉压等而变软（内部组织受破坏，容易腐烂）：啲人拣嚟拣去又唔买，扸到我啲橙～晒。（那些人挑来挑去又不买，捏得我的橙子全蔫了。）

*__瘀__ jy²〈音于第 2 声〉瓜菜等因受揉压等而受损伤。[重见二 C11、七 C5、七 E13]

黄 wɔŋ⁴ 某些作物和瓜果等成熟（成熟时由青转黄）：啲禾下个月就～㗎喇。（稻子下个月就成熟了。）

倒瓤 tou²nɔŋ⁴〈瓤音囊，泥航切〉瓜类过熟，瓜瓤腐烂（北京口语叫"娄"）：买咗个～西瓜。（买了个熟烂了的西瓜。）

肦 pʰan³ 谷粒壳内空瘪或不饱满；秕：～谷（秕子）

*__燶__ nɔŋ¹〈音农第 1 声，那空切〉叶子等枯萎：咁耐冇雨，啲草～晒。（这么久没下雨，那些草全干枯了。）[重见九 B23]

飚（标）芽 piu¹ŋa⁴ 长芽（飚：窜）：嗰树仔～嘞。（这棵小树冒芽了。）｜薯仔～就唔食得㗎嘞。（马铃薯长芽就不能吃了。）

起心₁ hei²sɐm¹ 抽薹：白菜～。

烂生 lan⁶saŋ¹〈生音生熟之生〉粗生；（植物）能适应恶劣的环境：呢种花好～嘅，好易种嘅。（这种花很粗生的，很容易种的。）

二 E2　谷　物

禾 wɔ⁴ 稻。通常指水稻：种～｜收～（收割稻子）

*__禾青__ wɔ⁴tsʰɛŋ¹〈青音差赢切第 1 声〉水稻幼苗。水稻植株未转黄前颜色青绿，故名。

禾秧 wɔ⁴jœŋ¹ 水稻秧苗。

粟米 sok¹mɐi⁵〈粟音缩〉玉米。

包粟 pau¹sok¹〈粟音缩〉同"粟米"。

高粱粟 kou¹lœŋ⁴sok¹〈粟音缩〉高粱。

狗尾粟 kɐu²mei⁵sok¹〈粟音缩〉粟。北方通称"谷子"，去壳后叫"小米"。成熟时穗把粗而短毛密布，形如狗尾，故名。广州人常作鸟饲料。

鸭脚粟 ap³kœk³sok¹ 鸡爪谷。

黄粟 wɔŋ⁴sok¹〈粟音缩〉黍子。北方又俗称"黄米"。因籽实为黄色，故名。

二 E3　水果、干果

生果 saŋ¹kwɔ²〈生音生熟之生〉水果的总称。水果一般生吃，故称：买埋咁多～做乜啫，食唔晒会烂㗎。（买那么多水果干嘛，吃不完会烂掉的。）

碌柚 lok¹jɐu⁻²〈碌音录第 1 声，柚音由第 2 声，椅口切〉柚子。["碌"是壮语"果子"的意思]

沙田柚 sa¹tʰin⁴jɐu⁻²〈柚音由第 2 声，椅口切〉柚子。以广西沙田所产最优，故以泛指一般柚子。

奇异果 kʰei⁴ji⁶kwɔ² 猕猴桃。

天然白虎汤 tʰin¹jin⁴pak⁶fu²tʰɔŋ¹【喻】【谑】西瓜。白虎汤，方剂名，功能清热气、泻胃火。西瓜正有这种功效，故称。

桔 kɐt¹〈音吉〉橘子。[普通话"桔"是"橘"字的另一种写法，两字读音相同。广州话两字不同音。广州话"～"与"吉"同音，被视为吉祥之果，过年时居家、送礼必备；又盆栽灌木型桔树，亦为常见的年节观赏植物。]

大蕉 tai⁶tsiu¹ 芭蕉。在各种蕉类中果型较大，故称。

香牙蕉 hœŋ1ŋa4tsiu1 蕉的一种，果皮薄，色淡。

龙牙蕉 loŋ4ŋa4tsiu1 蕉的一种，与“香牙蕉”相似。

粉蕉 fɐn2tsiu1 粉芭蕉的简称。一种形近芭蕉，但较芭蕉味美的水果。

菩提子 phou4thɐi4tsi2 葡萄。本义是菩提树的果子，因形似葡萄，故用以转指葡萄。

提子 thɐi4tsi2 “菩提子”的简称。[进口紫葡萄，最初从广东北运，把“～”一名带到北方，致使现今北方将葡萄与提子分为两类，但广州所有葡萄均称～。]

雪梨 syt3lei4 梨子。[本指南方的一个梨子品种，后泛指各种梨子，包括北方品种，如鸭梨等。]

榄 lam2 橄榄。

鸡屎果 kɐi1si2kwɔ2 番石榴。

锥仔 jøy1tsɐi2〈锥音衣虚切，仔音子矮切〉锥栗。

风栗 foŋ1løt-2〈栗音律第 2 声〉栗子；板栗。

合桃 hɐp6thou4 胡桃；核桃。[广州话“合”，与“核”不同音。]

香瓜 hœŋ1kwa1 甜瓜。

南枣 nam4tsou2 红枣的一种，果形较大。

水柿 søy2tshi2〈柿音耻〉柿子的一种。味涩，须用石灰水浸泡后才可食用。

鸡心柿 kɐi1sɐm1tshi2〈柿音耻〉柿子的一种。果小，形如鸡心，故称。

蔗 tsɛ3 甘蔗。

山稔 san1nim1〈稔音念第1声，那阉切〉一种形似杨桃的水果。味极酸，难以生吃，通常制成果脯。

银稔 ŋɐn4nim2〈稔音念第 2 声〉人面子。一种乔木的果实。核有数个小孔，如人脸上的口鼻。

士多啤梨 si6tɔ1pɛ1lei2〈啤音波些切，梨读第 2 声〉【外】草莓。[英语 strawberry]

车厘子 tshɛ1lei4tsi2【外】樱桃。[英语 cherry]

布冧 pou3lɐm1〈冧音林第 1 声，拉音切〉【外】西洋李子。[英语 plum]

蛇果 sɛ4kwɔ2【外】原产美国的一种红苹果。[其英语名为 delicious，“蛇”是其省译。]

啤梨 pɛ1lei-2〈啤音波些切，梨读第 2 声〉【外】洋梨。又名“西洋梨”。[“啤”为英语 pear 的音译。]

***开心果** hɔi1sɐm1kwɔ2 美国产的一种坚果。经制作后，坚果外壳部分爆裂，便于剥吃，故称。[重见一 D4]

牛油果 ŋɐu4jɐu4kwɔ2 美洲产的一种坚果。果肉淡绿色或淡黄色，黏稠而香，形如牛油，故名。

二 E4 茎叶类蔬菜

青菜 tshɛŋ1tshɔi3〈青音差赢切第 1 声〉绿叶类蔬菜总称。[普通话“青菜”指小白菜，与此不同。]

郊菜 kau1tshɔi3 市郊所产蔬菜的泛称：～牛肉（蔬菜炒牛肉）

白菜 pak6tshɔi3 小白菜；菘菜。[植物学上称菘菜为～，跟广州话一致；但北京口语中“白菜”指结球白菜，即广州话的“黄芽白”。]

大白菜 tai6pak6tshɔi3 植株很大的菘菜。[北方“大白菜”指结球白菜，即广州话的“黄芽白”，与此不同。]

匙羹白 tshi4kɐŋ1pak6〈匙音迟，羹音更改之更〉一种植株很大的菘菜，叶柄肥厚，柄端弯曲，有如瓷制汤匙，故名（匙羹：汤匙）。[又作“匙羹菜”]

白菜仔 pak6tshɔi3tsɐi2〈仔音子矮切〉未充分长大即采收的菘菜。

白菜𥘊 pak6tsʰɔi3pʰɔ1〈𥘊音坡，批呵切〉同"白菜仔"（𥘊：棵）。

矮脚白菜 ɐi2kœk3pak6tsʰɔi3 塌棵菜，一种塌地而生的菘菜。

菜心 tsʰɔi3sɐm1 菜薹。菘菜的一个变种。生长迅速，容易抽薹。有绿叶菜薹和紫叶菜薹两种。广东通常所见为绿叶菜薹。因一般以其嫩薹（菜心）作蔬菜，故名。[此与普通话"菜心"指一般的蔬菜嫩薹意思不同，故近年北方称此菜为"广东菜心"。]

菜心𥘊 tsʰɔi3sɐm1pʰɔ1〈𥘊音坡，批呵切〉未充分长大即采收的菜薹（𥘊：棵）。

黄芽白 wɔŋ4ŋa4pak6 结球白菜，北方又称"大白菜"、"黄芽菜"。

绍菜 siu6tsʰɔi3 同"黄芽白"。

湿热菜 sɐp1jit6tsʰɔi3【俗】结球白菜。俗以为多食此菜会引起湿邪伤胃，故称。

芥兰 kai3lan-2〈兰读第2声〉花茎甘蓝。北方亦称"芥蓝"。[广州话"兰"与"蓝"不同音]

芥兰头 kai3lan-2tʰɐu4〈兰读第2声〉擘蓝。北方又称"苤蓝"、"球茎甘蓝"。茎部膨大成球形，可鲜食或腌制。

椰菜 jɛ4tsʰɔi3 结球甘蓝。北方俗称"卷心菜"、"包菜"、"洋白菜"、"莲花白"。甘蓝的一个变种。

椰菜花 jɛ4tsʰɔi3fa1 花椰菜。北方俗称"花菜"。[又作"菜花"]

西兰花 sɐi1lan4fa1 青花菜。北方俗称"荷兰花椰菜"。似花椰菜而花冠较小，绿色或紫色。[又作"西兰菜"]

大芥菜 tai6kai3tsʰɔi3 一种植株很大的芥菜，北方称"盖菜"。

莙荙菜 kwɐn1tat6tsʰɔi3 叶用恭菜。北方称"牛皮菜"、"厚皮菜"。

猪乸菜 tsy1na2tsʰɔi3〈乸音拿第2声〉同"莙荙菜"（猪乸：母猪）。

盐西（芫荽）葱 jim4sɐi1tsʰoŋ1 葱芫荽。北方一般称"胡荽"，俗称"香菜"。["芫荽"本读为jyn4søy1〈音元虽〉，变读如"盐西"]

玻璃生菜 pɔ1lei1saŋ1tsʰɔi3〈生音生熟之生〉泛指脆嫩的生菜。

油麦（蕒）菜 jɐu4mɐk6tsʰɔi3〈蕒音麦〉长叶莴苣。生菜之一变种。

唐蒿 tʰɔŋ4hou1 茼蒿。北方俗称"蓬蒿"、"蒿子"。["唐"是"茼"的音变]

西洋菜 sɐi1jœŋ4tsʰɔi3 豆瓣菜。学名"水蔊菜"。[简称"西菜"]

荞（藠）头 kʰiu2tʰɐu4〈荞（藠）音桥第2声，启扰切〉薤，北方俗称"莜子"。叶丛生，细长中空。鳞茎可作蔬菜，一般加工制作酱菜。鳞茎干制品可入药，称"薤白头"。

蒜心 syn3sɐm1 蒜苗；蒜薹。

韭黄 kɐu2wɔŋ4 经软化栽培的韭菜。叶细长扁平而柔软，黄白色。

芽菜 ŋa4tsʰɔi3 豆芽菜。

大豆芽菜 tai6tɐu-2ŋa4tsʰɔi3〈豆读第2声〉黄豆芽：～炒猪肠（黄豆芽炒猪肠）[简称"大豆芽"。参见"芽菜"]

银芽 ŋɐn4ŋa4【雅】绿豆芽：～肉片（绿豆芽炒猪肉片）[参见"芽菜"]

细豆芽菜 sɐi3tɐu-2ŋa4tsʰɔi3〈豆读第2声〉绿豆芽。

西芹 sɐi1kʰɐn-2〈芹读第2声〉西洋旱芹。

潺菜 san4tsʰɔi3〈潺音山第4声，时闲切〉落葵。北方俗称"胭脂菜"、"藤菜"、"滑菜"等。因煮熟后有黏液分泌出来，故名（潺：动物黏液）。

通心菜 tʰoŋ1sɐm1tsʰɔi3 蕹菜。北方俗称"空心菜"、"藤藤菜"。[又作"通菜"]

抽筋菜 tsʰɐu1kɐn1tsʰɔi3【俗】蕹菜。相传多吃会导致抽筋，故名。

二 E5 瓜类、豆类、茄果类食用植物

节瓜 tsit^{3}kwa^{1} 毛瓜。冬瓜的一个变种。果呈长筒形或扁圆形，较冬瓜小，满布短粗毛。为夏季常见蔬菜。

丝瓜 si^{1}kwa^{1} 棱角丝瓜。[丝瓜有两种：普通丝瓜，果实外形光滑，北方径称为“丝瓜”，南方则称为“水瓜”；棱角丝瓜，果实有棱角，北方少见。广州话的～专指棱角丝瓜。]

胜瓜 seŋ^{3}kwa^{1} 同“丝瓜”。[广州郊区有的地方“丝”与“输”同音，为避讳而改称“胜”。广州市区“丝”与“输”不同音，亦因“胜”字面吉利而采用此名称。]

水瓜 sɵy^{2}kwa^{1} 普通丝瓜：～打狗——唔见咗一撅。(丝瓜打狗——少了一截。歇后语)。[参见“丝瓜”]

凉瓜 lœŋ^{4}kwa^{1} 苦瓜。因“苦”字不吉，人有所避忌，又因此瓜性寒凉，故称。

芙达 fu^{4}tat^{6}〈芙音扶〉苦瓜（只用于儿歌中）：子姜辣，买～，～苦，买猪肚。

蒲达 p^{h}ou^{4}tat^{6} 同“芙达”。

白瓜 pak^{6}kwa^{1} 菜瓜。甜瓜的一个变种。茎叶与甜瓜相似，果实长筒形，皮绿白或浓绿色。常见为绿白色者，故名。

青瓜 ts^{h}ɛŋ^{1}kwa^{1}〈青音差赢切第 1 声〉黄瓜。

木瓜 mok^{6}kwa^{1} 番木瓜。其果实为水果，又作蔬菜。[此与别称“榠樝”的“木瓜”是完全不相同的种类]

木瓜公 mok^{6}kwa^{1}koŋ^{1} ①不结果实的番木瓜植株。②内瓤无籽的番木瓜果实，肉质较厚而味较佳。

番瓜 fan^{1}kwa^{1} 南瓜。

荷兰豆 hɔ^{4}lan^{1}tɐu^{-2}〈兰读第 1 声，豆读第 2 声〉荚用豌豆。其豆荚比一般豌豆薄而软，可作蔬菜。[中国自古种植豌豆，但以豌豆嫩荚为蔬菜，则是自国外传入，可能与明代末年在中国东南沿海频繁活动的荷兰人有关。简称“兰豆”。]

麦豆 mɐk^{6}tɐu^{-2}〈豆读第 2 声〉豌豆。一般指所收获的豌豆籽实。

豆角 tɐu^{6}kɔk$^{3(-2)}$〈角可读第 2 声〉豇豆。有长豇豆、普通豇豆和饭豇豆三种。广州话通常指第一种。[北方话“豆角”泛指各种荚用豆类蔬菜，与此不同。]

青豆 ts^{h}ɛŋ^{1}tɐu^{-2}〈青音差赢切第 1 声，豆读第 2 声〉豆荚为草绿色或深绿色的长豇豆。

白豆 pak^{6}tɐu^{-2}〈豆读第 2 声〉①豆荚为白绿色的长豇豆。②黄豆。色近于白，故称。

眉豆 mei^{4}tɐu^{-2}〈豆读第 2 声〉普通豇豆或饭豇豆的籽实。

红豆 hoŋ^{4}tɐu^{-2}〈豆读第 2 声〉赤豆，亦即“小豆”。

赤小豆 ts^{h}ɛk^{3}siu^{2}tɐu^{-2}〈豆读第 2 声〉同“红豆”。

绿豆公 lok^{6}tɐu^{6}koŋ^{1} 质地特别坚实、煮不烂的绿豆。

四季豆 sei^{3}kwɐi^{3}tɐu^{-2}〈豆读第 2 声〉菜豆。北方俗称“云豆”。

龙牙豆 loŋ^{4}ŋa^{4}tɐu^{-2}〈豆读第 2 声〉扁豆。北方又称“鹊豆”、“蛾眉豆”。

矮瓜 ɐi^{2}kwa^{1} 茄子。

茄瓜 k^{h}ɛ^{2}kwa^{1}〈茄读第 2 声〉同“矮瓜”。

秋茄 ts^{h}ɐu^{1}k^{h}ɛ^{2}〈茄读第 2 声〉秋天成熟收获的茄子。

灯笼椒 tɐŋ^{1}loŋ^{4}tsiu^{1} 柿子椒，一种甜椒。无辣味或辣味很淡，果实圆形或长圆形，有纵向凹沟，似灯笼，故名。

青椒 ts^{h}ɛŋ^{1}tsiu^{1} 一种果实较大的辣椒。

果实长形，辣味不浓。因通常在果实为绿色、尚未转为橙红色时即采收，故名。

尖嘴辣椒 tsim^{1}tsøy^{2}lat^{6}tsiu^{1} 果实长形、尾尖的辣椒。一般较辣。

指天椒 tsi^{2}t^{h}in^{1}tsiu^{1} 一种极辣的小辣椒。长在植株上时尖底朝天，故名。

二 E6 块茎类食用植物

薯仔 sy^{4}tsɐi^{2}〈仔音子矮切〉马铃薯。以其比甘薯小，故称（仔：表示小的词尾）。

荷兰薯 hɔ^{4}lan^{-1}sy^{4}〈兰读第1声〉同“薯仔”。[此薯从国外传入，可能与明代末年在中国东南沿海频繁活动的荷兰人有关。]

槟榔薯 pɐn^{1}lɔŋ^{4}sy^{4} 一种肉质紫色的甘薯。因色似槟榔汁，故名。

红心番薯 hoŋ^{4}sɐm^{1}fan^{1}sy$^{4(-2)}$〈薯可读第2声〉同“槟榔薯”。[人对紫色和红色有时相混。]

槟榔芋 pɐn^{1}lɔŋ^{4}wu$^{6(-2)}$〈芋音户，又读第2声〉一种肉质紫色的芋头。因色似槟榔汁，故名。

荔浦芋 lɐi^{6}p^{h}ou^{2}wu$^{6(-2)}$〈芋音户，又读第2声〉同“槟榔芋”。因以广西荔浦所产最为著名，故名。

甘笋 kɐm^{1}søn^{2} 胡萝卜。

红萝卜 hoŋ^{4}lɔ^{4}pak^{6}〈卜音白〉同“甘笋”。

爬齿萝卜 p^{h}a^{4}ts^{h}i^{2}lɔ^{4}pak^{6}〈卜音白〉一种细长的萝卜。广东人常用来煮汤。

爬子萝卜 p^{h}a^{4}tsi^{2}lɔ^{4}pak^{6}〈卜音白〉同“爬齿萝卜”。

*花心萝卜 fa^{1}sɐm^{1}lɔ^{4}pak^{6}〈卜音白〉肉质松软、断面往往带暗斑的萝卜，味道较差。[重见一G6]

子姜 tsi^{2}kœŋ^{1} 嫩姜。

姜芽 kœŋ^{1}ŋa^{4} 同“子姜”。

沙葛 sa^{1}kɔt$^{3(-2)}$〈葛多读第2声〉豆薯。亦称“凉薯”[～为广州话固有名称，后因部分天主教、基督教徒以“葛”与英语God（上帝）音近而避讳，所以“豆薯”、“凉薯”的名称也通行]

菱角 leŋ^{4}kɔk^{3} 菱的果实，因其萼片发育成硬角，故名。

茭笋 kau^{1}søn^{2}〈茭音交〉茭白。因类竹笋，故名。

马蹄 ma^{5}t^{h}ɐi^{-2}〈蹄读第2声，音体〉荸荠。

莲藕 lin^{4}ŋɐu^{5} 藕。

二 E7 花、草、竹、树

红棉 hoŋ^{4}min^{4} 木棉。红棉于1932年和1982年两度被推为广州市花。

紫荆 tsi^{2}keŋ^{1} 紫花羊蹄甲。香港市花。

白兰 pak^{6}lan^{-2}〈兰读第2声〉白兰花的简称。

含笑 hɐm^{4}siu^{3} 含笑花的简称。

莲花 lin^{4}fa^{1} 荷花。

*吊钟 tiu^{3}tsoŋ^{1} 吊钟花的简称。北方别称“铃儿花”。[重见二B2]

鸡公花 kɐi^{1}koŋ^{1}fa^{1} 鸡冠花。

圣诞花 seŋ^{3}tan^{3}fa^{1} 一品红，北方俗称“猩猩木”。花小，花下的叶子为鲜红色，形如花瓣。为著名观赏植物。因开花时间在冬季，与圣诞节相先后，故名。

霸王花 pa^{3}wɔŋ^{4}fa^{1} 令箭荷花。可供观赏用。其花之干制品亦称～，为广东人熬汤的常用配料。

剑花 kim^{3}fa^{1} 同“霸王花”。

臭花 ts^{h}ɐu^{3}fa^{1} 马樱丹。北方别称“五色梅”、“五色绣球”、“七变花”。因有强烈的气味，故名。

怕丑草 p^{h}a^{3}ts^{h}ɐu^{2}ts^{h}ou^{2} 含羞草（怕丑：害羞）。

酸味草 syn^{1}mei^{-1}ts^{h}ou^{2}〈味读第1声〉酢浆草。茎和叶含草酸，有酸味，故名。

酸味仔 syn¹mei⁻¹tsɐi²〈味读第 1 声，仔音子矮切〉雀梅藤。果实小，味酸，故名。

鸡屎藤 kɐi¹si²tʰɐŋ⁴ 一种藤本植物，有强烈气味类似鸡粪，故名。

滑蕨 wat⁶kʰyt³〈蕨音决〉蕨菜，即蕨的幼苗，可食用。因质地细嫩，故名（滑：食物嫩而可口）。

黄狗毛 wɔŋ⁴kɐu²mou⁻¹〈毛读第 1 声〉金毛狗。北方亦称“金毛狗脊”。蕨类植物，密生金黄色长茸毛，形如狗头，故名。其根状茎可入药。

黄狗头 wɔŋ⁴kɐu²tʰɐu⁴ 同“黄狗毛”。

狼萁 lɔŋ¹kei¹〈狼读第 1 声，萁音机〉芒萁。一种蕨类植物，茎细长。旧时常作燃料。

入地金牛 jɐp⁶tei⁶kɐm¹ŋɐu⁴ 紫金牛。北方亦称“老勿大”、“平地木”。

鱼腥草 jy⁴sɛŋ¹tsʰou²〈腥音思赢切第 1 声〉蕺菜。有特异气味，略似鱼腥味，故名。

瓜子菜 kwa¹tsi²tsʰɔi³ 马齿苋。肉质草本植物，叶形似瓜子，故名。

臭草 tsʰɐu³tsʰou² 茅香。北方俗称“香草”。

篙竹 kou¹tsok¹ 撑篙竹。别称“油竹”，为华南良种竹材。常作船篙，故名。

茅竹 mau⁴tsok¹ 毛竹。[广州话“毛(mou⁴)”与“茅”不同音]

观音竹 kwun¹jɐm¹tsok¹ 罗汉竹。北方亦称“龟甲竹”。毛竹的一个比较罕见而极富观赏价值的变种。其特征为竿较原种稍矮小，下部节间短缩而膨胀，诸节交互呈斜面地相连接。

佛肚竹 fɐt⁶tʰou⁵tsok¹ 同“观音竹”。以其膨胀如佛肚，故名。

金竹 kɐm¹tsok¹ 金镶玉竹。表皮金黄、间有绿色纵纹的竹子。

四方竹 sei³fɔŋ¹tsok¹ 一种方茎、皮青的竹子。原产于广东南海西樵山。

霸王树 pa³wɔŋ⁴sy⁶【俗】榕。因此树可凭气根不断扩展地盘，故称（霸王：横行霸道）。

森树 sɐm¹sy⁶ 楝树。亦称“苦楝”。

水横枝(栀) sɵy²waŋ⁴tsi¹〈栀音枝〉栀子。北方亦称“黄栀子”、“山栀”。常作盆景。

火簕秧 fɔ²lɐk⁶(lak⁶)jœŋ¹〈簕音勒〉一种肉质植物。扁者无枝无叶，圆者多枝叶。丛生成树。四棱有芒刺。

黐头婆 tsʰi¹tʰɐu⁴pʰɔ⁴〈黐音差衣切〉苍耳子。因常黏附于人头发上，故名（黐：黏）。

茶仔 tsʰa⁴tsɐi²〈仔音子矮切〉茶树籽。旧时人常取以研粉为洗头剂。

树仔头 sy⁶tsɐi²tʰɐu⁴〈仔音子矮切〉树桩盆景。将木本植物栽在盆中，经过多年修剪、绑扎、施肥等精细管理和艺术加工，使树干苍劲有力，枝叶青翠繁茂的一种盆栽植物。

*__树头__ sy⁶tʰɐu⁴ 同“树仔头”。[重见二 E1]

二 E8 其 他 [附微生物]

云耳 wɐn⁴ji⁵ 木耳。又称“黑木耳”。

雪耳 syt³ji⁵ 银耳，又名“白木耳”。

冬菇 toŋ¹kwu¹ 香菇。

花菇 fa¹kwu¹ 香菇的一种，其干制品顶盖上龟裂成花纹，质量最佳。

香信(蕈) hœŋ¹sɵn³ 香菇的一种，形体较大，质量稍次。

菌 kwʰɐn² 蕈；蘑菇：啲烂树头度生啲～出嚟。（那些腐烂树桩上长出一些蕈来。）

花旗参 fa¹kʰei⁴sɐm¹〈参音深〉西洋参。原产北美洲，故称（花旗：美国国旗）。通常指其干燥品。中医以根入药，性凉，味苦甘，功能养阴、清火、生津。

淮(怀)山 wai^{4}san^1 薯蓣。北方通称"山药"。旧时以河南沁阳县（旧属怀庆府）所产最为著名，称"怀山药"。广州话的～即"怀山药"的简称，但已不专指沁阳所产。

薏米 ji^{3}mɐi^5〈薏音意〉薏苡。北方俗称"药玉米"、"回回米"。特指薏苡的种仁。常用来煮汤，能清热利湿。

水草 sɵy^{2}ts^{h}ou^2 某些形态细长的水生植物的泛称。[普通话也把某些水生植物称为"水草"，但不一定是形态细长的。]

水浮莲 sɵy^{2}fɐu^{4}lin^4 某些大型水生漂浮或直立草本植物的泛称，包括大薸、凤眼蓝等。可作猪饲料或绿肥。[普通话"水浮莲"专指大薸，广州话的含义较宽泛一些]

浮(蒲)薸 p^{h}ou^{4}p^{h}iu^2〈浮音葡，薸音漂第2声〉某些小型、微型水生漂浮植物的泛称，有时特指浮萍。

浮(蒲)荞 p^{h}ou^{4}k^{h}iu^2〈浮音葡，荞音桥第2声〉同"浮薸"。["荞"是"薸"的音变]

鱼茜 jy^{4}sɐi^1〈茜音西〉金鱼藻。为鱼类的饵料，又可作猪的饲料。

青才 ts^{h}ɛŋ^{1}ts^{h}ɔi^4〈青音差赢切第1声〉青苔：嗰大石头上便生满～。(那大石头上长满青苔。)["才"是"苔"的音变]

微菌 mei^{4}kw^{h}ɐn^2【旧】细菌。

三、人造物

三A　生活用品和设施

三A1　衣、裤、裙

衫 sam^{1} 衣服：翻风嘞，着多件～啦。（刮风了，多穿件衣服吧。）

面衫 min^{-2}sam^{1}〈面读第2声，摸演切〉外衣：热就除低件～啦。（热就脱掉外衣吧。）

饮衫 jɐm^{2}sam^{1}【谑】赴宴礼服（饮：赴宴）：今日去饮咩？着住件～。（今天赴宴吗？穿上这么件礼服。）

䄇衫 sɵt^{1}sam^{1}〈䄇音恤〉【外】衬衣：你件～好靓噃。（你的衬衣很漂亮。）［英语 shirt］

底衫 tɐi^{2}sam^{1} 内衣：咪着住～出街啦，失礼死啊。（别穿着内衣上街，太丢人了。）

笠衫 lɐp^{1}sam^{1} ①套头衫；各种不开襟针织上衣的泛称（笠：套）。②汗衫（短袖无领的薄套头衫，一般作内衣）。

过头笠 kwɔ^{3}tʰɐu^{4}lɐp^{1} 长袖套头衫（笠：套）。

厚笠 hɐu^{5}lɐp^{1} 厚绒衣（笠：套）。

薄笠 pɔk^{6}lɐp^{1} 薄绒衣；秋衣（笠：套）。

文化衫 mɐn^{4}fa^{3}sam^{1} 汗衫（短袖无领的薄套头衫）。因较背心斯文一些，旧时常为文化人所喜爱，故名。

飞机䄇 fei^{1}kei^{1}sɵt^{1}〈䄇音恤〉【外】夹克。因其形与飞行服相近，故名。［“䄇”为英语shirt的音译。简作“机䄇”］

T䄇 tʰi^{1}sɵt^{1}〈䄇音恤〉【外】有领短袖套头衫。一般无纽扣，或领口处仅有纽扣两三枚。因整体形状像英文字母T，故名。［“䄇”为英语 shirt 的音译。］

波䄇 pɔ^{1}sɵt^{1}〈䄇音恤〉【外】①球衣；运动服：呢件～係球王比利着过㗎。（这件球衣是球王比利穿过的。）②绒衣。［英语 ball shirt］

士钵䄇 si^{6}put^{3}sɵt^{1}〈䄇音恤〉【外】运动服：着住～，就算唔係运动员都几醒㗎。（穿上运动服，就算不是运动员也挺精神的。）［英语 sport shirt］

***褛** lɐu^{1}〈音楼第1声，拉欧切〉大衣：喺香港冇乜机会着～㗎咋。（在香港，没什么机会穿大衣。）［重见二D2、六D7、七B1、九B15］

大褛 tai^{6}lɐu^{1}〈褛音拉欧切〉大衣（褛：大衣）。通常指长度及膝的大衣。

中褛 tsoŋ^{1}lɐu^{1}〈褛音拉欧切〉短大衣（褛：大衣）。其长度一般仅及臀部。

雪褛 syt^{3}lɐu^{1}〈褛音拉欧切〉毛皮大衣（褛：大衣）。于极冷天穿着，故称“雪”。

太空褛 tʰai^{3}hoŋ^{1}lɐu^{1}〈褛音拉欧切〉羽绒服（褛：大衣）。因外形似宇航服，故名。

干湿褛 kɔn^{1}sɐp^{1}lɐu^{1}〈褛音拉欧切〉晴雨衣（褛：大衣）。与羽绒服相似，只是面料使用防水布，并附有连衣帽，故可起到雨衣的作用。

雨褛 jy^{5}lɐu^{1}〈褛音拉欧切〉雨衣（褛：大衣）：外便落紧雨，着翻件～至好出门啊。（外面正在下雨，穿上雨衣才好出门。）

褛裙 lɐu^{1}kw^{h}ɐn^{4}〈褛音拉欧切〉一种大衣式连衣裙（褛：大衣），适于秋冬穿着。

对胸衫 tɵy^{3}hoŋ^{1}sam^{1} 泛指在胸前开襟的上衣，与套头衫和侧襟衫相对而言。

大襟衫 tai^{6}k^{h}ɐm^{1}sam^{1} 侧襟衫，为中式女上衣，纽扣在右侧腋下。

老西 lou^{5}sɐi^{1}【谑】西装。通常指套装：今晚去饮，梗係要着～喇。（今晚赴宴，当然要穿西装。）

单吊西 tan^{1}tiu^{3}sɐi^{1} 单件西装（只有上衣不配裤子）：呢牌好兴～。（这段时间流行穿单件西装。）[简作“单吊”]

唐装衫 t^{h}ɔŋ^{4}tsɔŋ^{1}sam^{1} 中式便服（唐：指代中国）：而家冇乜人着～㗎喇。（现在没多少人穿中式便服了。）[简作“唐装”]

裙褂 kw^{h}ɐn^{4}kwa^{3} 中式女礼服。经常是新娘在婚礼上穿的礼服。

夹衲 kap^{3}nap^{6}〈衲音纳〉夹衣。通常有夹层里子，比普通外衣要厚些，适宜在稍凉的季节穿着。

龟背 kwɐi^{1}pui^{3} 棉背心。因形同龟壳，故名。

棉衲 min^{4}nap^{6}〈衲音纳〉棉袄：丝～

直身裙 tsek^{6}sɐn^{1}kw^{h}ɐn^{4} 下摆较窄的西装连衣裙：唔係人人着～都好睇嘅。（不是人人穿西装连衣裙都好看的。）

卸肩装 sɛ^{3}kin^{1}tsɔŋ^{1} 露肩女装。

面裤 min^{-2}fu^{3}〈面读第 2 声，摸演切〉穿在外面的裤子。与“底裤”相对。

腊肠裤 lap^{6}ts^{h}œŋ$^{-2}$fu^{3}〈肠读第 2 声，此响切〉【喻】裤管很窄的裤子。

牛头裤 ŋɐu^{4}t^{h}ɐu^{4}fu^{3} 短裤。

底裤 tɐi^{2}fu^{3} 内裤；衬裤。与“面裤”相对。

***裤头** fu^{3}t^{h}ɐu^{4} 裤衩。[重见三 A3]

孖烟筒 ma^{1}jin^{1}t^{h}oŋ$^{-1}$〈孖音妈，筒音通〉【喻】【谑】裤腿稍长的短内裤。因其形似旧式轮船上两个并排的烟筒，故名（孖：并联）。

热裤 jit^{6}fu^{3} 超短内裤。

开裉裤 hɔi^{1}nɔŋ$^{-2}$fu^{3}〈裉音囊第 2 声，那讲切〉（婴儿穿的）开裆裤（裉：裤裆）。

三 A2　其他衣物、鞋、帽

屎片 si^{2}p^{h}in^{-2}〈片读第 2 声，婆演切〉尿布；婴、幼儿的臀围。其功能是承接遗屎、遗尿，故名。

尿片 niu^{6}p^{h}in^{-2}〈片读第 2 声，婆演切〉同“屎片”。

口水肩 hɐu^{2}sɵy^{2}kin^{1} 围嘴儿；婴、幼儿的围领。其功能是承接唾液或食物汁液，防止弄脏衣服，故名。

孭带 mɛ^{1}tai^{-2}〈孭音么些切，带读第 2 声〉背带。用以背负婴、幼儿的织物（孭：背）。

胸围 hoŋ^{1}wɐi^{4}【雅】乳罩；抹胸。

文胸 mɐn^{4}hoŋ^{1}【雅】乳罩。

𢆡罩 nin^{1}tsau^{3}〈𢆡音年第 1 声，那烟切〉【俗】乳罩（𢆡：乳房）。

领袪(呔) lɛŋ^{5}t^{h}ai^{1}〈领音礼赢切第 5 声，袪（呔）音太第 1 声〉【外】领带：着西装唔打～，始终唔係咁好睇。（穿西装不打领带，始终不怎么好看。）[英语 tie。简作“袪（呔）”]

颈巾 kɛŋ^{2}kɐn^{1} 围巾。

手巾仔 sɐu^{2}kɐn^{1}tsɐi^{2}〈仔音子矮切〉手帕。

面巾 min^{6}kɐn^{1} 洗脸毛巾（面：脸）。

原子袜 jyn^{4}tsi^{2}mɐt^{6}〈袜音勿〉尼龙袜子。[在 20 世纪 40 年代后期及以后一段时期，大量新产品被标榜以“原子”之名，尼龙袜子即其中之一]

手袜 sɐu^{2}mɐt^{6}〈袜音勿〉手套。

***手袖** sɐu^{2}tsɐu^{6} 袖套：戴对～嚟做嘢。（戴一副袖套来干活。）[重见三 A3]

三 人造物

水鞋 sɵy^{2}hai^4 雨鞋；雨靴：长筒～（雨靴）

懒佬鞋 lan^{5}lou^{2}hai^4 棉布便鞋。通常没有鞋带子，可为懒人省去一道系鞋带的工序，故名。

高踭鞋 kou^{1}tsaŋ^{1}hai^4〈踭音之坑切〉高跟鞋（踭：脚后跟）。

松糕鞋 soŋ^{1}kou^{1}hai^4【喻】以一种泡沫塑料做鞋底的厚底鞋，鞋底似发糕状，故称（松糕：发糕）。

波钵 pɔ^{1}put^3【外】球鞋；球靴；运动鞋：先头嗰脚踢到～都甩埋。（刚才那一脚连球靴也踢飞了。）[英语 ball boot]

鞋码 hai^{4}ma^5 鞋钉；鞋掌。打在鞋底上以保护鞋底免受磨损的器物。通常以金属制成。

鞋踭 hai^{4}tsaŋ^1〈踭音之坑切〉鞋跟（踭：脚后跟）。

鞋嘴 hai^{4}tsɵy^2 鞋尖儿：～尖过头，唔好睇。（鞋尖儿太尖了，不好看。）

鞋抽 hai^{4}ts^{h}ɐu^1 鞋拔子（抽：向上提）。

屐 k^{h}ɛk^6〈音剧〉木拖鞋；趿拉板儿。

胶拖 kau^{1}t^{h}ɔ^1 橡胶或塑料拖鞋。

喼帽 kip^1(kɛp^1)mou^{-2}〈喼音劫第1声，又音机些切加劫字的音尾；帽读第2声〉【外】鸭舌帽。[英语 cap]

巴黎帽 pa^{1}lɐi^{4}mou^{-2}〈帽读第2声〉【外】贝雷帽。[英语 barret]

三 A3　衣物各部位及有关名称

假膊 ka^{2}pɔk^3 衣服垫肩；义肩（膊：肩）。通常以海绵或质地坚挺的针织品制成。有垫肩的衣服，穿上使人感觉肩较平。

衫尾 sam^{1}mei^5 衣服后摆。

***手袖** sɐu^{2}tsɐu^6 衣袖。[重见三 A2]

鸡翼袖 kɐi^{1}jek^{6}tsɐu^6 极短的袖子（鸡翅膀比一般鸟翅短）。

企领 k^{h}ei^{5}lɛŋ^5〈领音黎赢切第5声〉竖领（企：竖）。

樽领 tsɵn^{1}lɛŋ^5〈樽音准第1声，领音黎赢切第5声〉围住脖子的竖领。形如瓶口，故名（樽：瓶）。

反领 fan^{2}lɛŋ^5〈领音黎赢切第5声〉翻领。

杏领 hɐŋ^{6}lɛŋ^5〈领音黎赢切第5声〉圆领，近胸处成浅角如杏果形，故称。

裤裆 fu^{3}nɔŋ^6〈裆音囊第6声〉裤裆：个～大得滞。（裤裆太大了。）[简作“裆”]

***裤头** fu^{3}t^{h}ɐu^4 裤腰（通常指系皮带的部分）。[重见三 A2]

裤脚 fu^{3}kœk^3 裤腿。

***裤头带** fu^{3}t^{h}ɐu^{4}tai^{-2}〈带读第2声〉束紧裤腰的带子（布带或松紧带）。[重见三 A18]

***橡筋** tsœŋ^{6}kɐn^1 松紧带。[重见三 A18]

厘士 lei^{1}si^{-2}〈厘读第1声，士读第2声〉【外】花边、饰边；网状织物。[英语 lace]

袋$_1$ tɔi^{-2}〈读第2声，底海切〉口袋；兜儿：衫～（衣兜儿）| 裤～。

纽 nɐu^2 纽扣；扣子：衫～（衣服上的纽扣）| 裤～（裤子的纽扣）

纽门 nɐu^{2}mun^4 扣眼（固定纽扣的孔）：开～。（造扣眼。）

纽公 nɐu^{2}koŋ^1 子母扣中凸出一边；中式纽扣中带圆头的一边。与“纽乸”相对。

纽乸 nɐu^{2}na^2〈乸音拿第2声，那哑切〉子母扣中凹入的一边；中式纽扣中成圈状的一边。与“纽公”相对（乸：母）。

啪纽 pak^{1}nɐu^2〈啪音伯第1声〉揿纽；子母扣儿。扣揿纽通常会发出“啪”的声响，故称。

油脂(柔姿)装 jɐu^{4}tsi^{1}tsɔŋ^1 奇装异服 [参见一 D2“油脂仔”]

三 A4 床上用品

床铺被席 tsʰɔŋ^{4}pʰou^{1}pʰei^{5}tsɛk^{6} 铺盖；床上用品的总称。

被铺 pʰei^{5}pʰou^{1} 铺盖；被褥。

垫褥 tin^{3}jok^{-2}〈褥音肉第 2 声〉褥子。

床荐 tsʰɔŋ^{4}tsin^{3} 同“垫褥”（荐：垫）。

棉胎 min^{4}tʰɔi^{1} 棉被的内胎。

经 kaŋ^{1}〈加坑切〉棉被内胎上的纵横棉线，作用在使棉花固定成形。[此字一般读 keng^{1}〈音京〉，在这个意义上则读为特别的音。]

被袋 pʰei^{5}tɔi^{-2}〈袋读第 2 声〉被罩；棉被的外套。[普通话“被袋”指装被子等的圆筒形袋子，广州话也有这个意思。]

毡 tsin^{1}〈音煎〉毯子：羊毛～（羊毛毯子）| 电热～（有电发热装置的毛毯）

毛巾毡 mou^{4}kɐn^{1}tsin^{1}〈毡音煎〉毛巾毯。

珠被 tsy^{1}pʰei^{5} 一种毛巾毯。其卷曲经纱露出较短，形如珠粒，故名。

枕头肉 tsɐm^{2}tʰɐu^{4}jok^{-2}〈肉读第 2 声〉枕头芯子（肉：内含物）。

冚床布 kʰɐm^{2}tsʰɔŋ^{4}pou^{3}〈冚音禽第 2 声〉床罩（冚：盖）。用以覆盖床上被具，以保持被具及床的清洁的织物。

罗伞帐 lɔ^{4}san^{3}tsœŋ^{3} 吊伞式蚊帐。

三 A5 饰物、化妆品

颈链 kɛŋ^{2}lin^{-2}〈链音第 2 声，黎演切〉项链：钻石～（钻石项链）| 金～（金项链）

手鈪 sɐu^{2}ak^{2}〈鈪音阿客切第 2 声〉手镯子。[简作“鈪”]

金鈪 kɐm^{1}ak^{2}〈鈪音阿客切第 2 声〉金镯子。

玉鈪 jok^{6}ak^{2}〈鈪音阿客切第 2 声〉玉镯子。

火钻 fɔ^{2}tsyn^{3} 红宝石。因其色如火，故名：呢粒～好好火嚅。（这颗红宝石挺红的。）

顶夹 tɛŋ^{2}kip^{-2}(kap^{-2})〈顶音底赢切第 2 声，夹音劫第 2 声，又音甲第 2 声〉发夹子。

口唇膏 hɐu^{2}sɵn^{4}kou^{1} 口红；唇膏：今年嘅～流行橘红色。（今年的口红流行橘红色。）

眼影 ŋan^{5}jeŋ^{2}【外】眼睑膏。一种涂抹在眼睑上的化妆品，使眼睛产生深邃而大的效果。[英语 eye shadow 的意译词]

粉底 fɐn^{2}tɐi^{2} 脂粉。正式化妆前涂抹的底层白色脂粉，以增加化妆的效果及易于卸妆。

水粉 sɵy^{2}fɐn^{2} 脂粉。因其含有一定的水分，故称。

雪蛤膏 syt^{3}kɐp^{-2}kou^{1}〈蛤音急第 2 声〉蛤蜊油。状如雪花膏，但多无香味。主要用以防止皮肤皲瘃，同时兼有化妆品的功用。旧时以蛤蜊壳盛贮，故名。

花士令 fa^{1}si^{6}leŋ^{2}〈令读第 2 声，丽影切〉【外】凡士林。本指一种白色或黄色的油脂状石油产品，现多指作化妆品原料的脂状石油产品。[英语 vaseline]

三 A6 钟表、眼镜、照相器材

时辰钟 si^{4}sɐn^{4}tsoŋ^{1}【旧】钟。

滴口钟 tek^{6}tak^{6}tsoŋ^{1}〈第二字音第额切〉【儿】钟（“滴口”为模仿钟走的声音）。

*__呤钟__ laŋ^{1}tsoŋ^{1}〈呤音冷第 1 声，拉坑切〉闹钟（呤：模仿铃声的象声词）。[重见三 A8]

佗表 tʰɔ^{4}piu^{1}〈佗音驼，表音标〉怀表；挂表（佗：负于身前）。

腕表 wun2piu1〈表音标〉【旧】手表。

表面 piu1min-2〈表音标，面读第 2 声〉①手表或怀表上有时间标度的表盘。②表盘上的透明护面。

表盖 piu1kɔi3〈表音标〉表盘上的透明护面。

表肉 piu1jok-2〈表音标，肉读第 2 声〉手表或怀表的机芯（肉：内含物）：机械～（机械表的机芯）

链 lin-2〈读第 2 声，黎演切〉①钟、表的发条：冇晒～喇，快啲上翻～啦。（发条走完了，快给它上发条吧。）②手表或怀表的表链、表带（指金属的）。

表链 piu1lin-2〈表音标，链读第 2 声〉①金属表带：镀金～。②手表或怀表的发条：上～。

眼枷 ŋan5khɑ1(ka1)〈枷音卡，又音加〉眼镜。

墨超 mɐk6tshiu1 太阳镜。

眼镜髀 ŋan5kɛŋ-2pei2（镜读第 2 声，髀音比〉眼镜腿（髀：大腿）。

失打 sɐt1ta2【外】照相机快门。照相机上控制曝光时间的重要部件。有机械或电子控制等结构。[英语 shutter]

菲林 fei1lɐm-2〈林读第 2 声〉【外】胶片；胶卷。[英语 film]

咪纸 mɐi1tsi2〈咪音米第 1 声〉【外】印相纸；放大纸。[英语 bromide paper 的半音译词]

相 sœŋ-2〈读第 2 声，洗响切〉照片：彩色～｜黑白～

三 A7 纸 类

鸡皮纸 kɐi1phei4tsi2 牛皮纸。一种包装纸，因其表面粗糙、色黄褐近鸡皮而得名。

纸皮 tsi2phei4 ①牛皮纸。②厚纸板。

咭纸 khat1tsi2【外】硬卡纸（咭：卡片）。[“咭”为英语 card 的音译]

印水纸 jɐn3sœy2tsi2 吸墨纸。纸质粗松，吸水性强。供书写时吸干墨水用。

皱纹纸 tsɐu3mɐn4tsi2 皱纸。一般是指生活用皱纸（包括卫生、餐巾及医药用纸等）。

草纸 tshou2tsi2 厕纸。因以前的厕纸多以草秆为原料，制作粗糙，纸中常残存草秆，故名。现多改用皱纸，而其名则沿用未改。

大姨妈纸 tai6ji4ma1tsi2【谑】妇女月经用纸。多以皱纸为之。[参看 2C16“大姨妈”]

过底纸 kwɔ3tɐi2tsi2 复写纸。

炭纸 than3tsi2【旧】复写纸。

三 A8 自行车及其零部件、有关用具

[与其他车类通用者均列于此]

单车 tan1tshɛ1 自行车；脚踏车。

瘦马 sɐu3ma5【喻】【谑】自行车。

***辘（碌）** lok1〈音鹿第 1 声，拉屋切〉车轮：单车～（自行车轮子）｜汽车～[重见六 A5、六 B4、十 C2]

呔（肽） thai1〈音太第 1 声〉【外】轮胎：补～｜车～有啲漏气。（轮胎有点漏气。）[英语 tire。与普通话轮胎的“胎”同，但广州话“～”与“胎”字不同音]

钢线 kɔŋ3sin-2〈线读第 2 声，音癣〉自行车及三轮车等车轮的钢质辐条。

框 kwhaŋ1 自行车及三轮车等的轮辋（套着轮胎的钢圈）：跌到～都骰埋。（摔得连车轮钢圈也扭弯了。）

狗髀架 kɐu2pei2ka-2〈髀音比，架音真假之假〉【喻】自行车及三轮车的三角形车架（髀：腿）。

喉嘴 hɐu4tsœy2 自行车轮胎上的气门（给轮胎加气的阀门）：～漏气。

沙冚 sa¹kʰɐm²〈冚音禽第 2 声〉车轮子上的挡泥板（冚：盖）：不锈钢～

链冚 lin⁻²kʰɐm²〈链读第 2 声，冚音禽第 2 声〉自行车或摩托车链条的护罩（冚：盖）：大～（全罩式自行车链罩）| 细～（半罩式自行车链罩）

***軚（軑）** tʰai⁵〈音太第 5 声，肚蟹切〉自行车、三轮车、摩托车等的车把。［重见三 D2、三 D3］

***制₁（掣）** tsɐi³ 刹车装置：你架车嘅～灵唔灵？（你的车子刹车灵不灵？）［重见三 A15、七 A10］

煞制（掣） sat³tsɐi³ 同"制（掣）"。

***呤钟** laŋ¹tsoŋ¹〈呤音冷第 1 声〉自行车、三轮车的铃铛（呤：模仿铃声的象声词）：～唔响。（车铃铛不响。）［重见三 A6］

座泄 tsɔ⁶sit⁻¹〈泄读第 1 声〉【外】自行车、三轮车、摩托车等的鞍座：单车～（自行车鞍座）［英语 seat。简作"泄"］

脚踏 kœk³tap⁶ 自行车等的脚蹬：左边～（左边的脚蹬）| 右边～（右边的脚蹬）。

后尾架 hɐu⁶mei⁵ka⁻²〈架音真假之假〉自行车或摩托车的车后架。［又作"书尾架"］

单车泵 tan¹tsʰɛ¹pɐm¹〈泵音波音切〉【外】打气筒（给自行车等轮胎加气的工具）。［"泵"为英语 pump 的音译］

三 A9　卫生和清洁用品、用具

臭丸 tsʰɐu³jyn² 萘丸；卫生球；樟脑丸。一种驱虫剂，常用来熏衣物。因散发出一种难闻的气味，故名。

枧（碱） kan²〈音间第 2 声〉肥皂。［传统上以碱（碳酸钠）为日常洗涤剂，后改用肥皂，仍沿用此名称，而另写作"枧"。］

番枧 fan¹kan²〈枧音间第 2 声〉肥皂（枧：肥皂），特指洗衣皂。因传自国外，故名"番"。

香枧 hœŋ¹kan²〈枧音间第 2 声〉香皂；具有不同香气的高级肥皂。

药枧 jœk⁶kan²〈枧音间第 2 声〉药性皂。供清洁皮肤用的一种洗涤剂。制法与普通肥皂同，但加入适量的杀菌剂，故称：硼酸～（加入硼酸的药性皂）

洗衫枧 sɐi²sam¹kan²〈枧音间第 2 声〉洗衣皂。供家庭洗涤衣物用的肥皂。

枧粉 kan²fɐn²〈枧音间第 2 声〉洗衣粉。

香波 hœŋ¹pɔ¹【外】洗发露。清洁头发的洗涤用品，通常为液态，有一定的香味。［英语 shampoo］

洗头水 sɐi²tʰɐu⁴sɵy² 液态洗发剂。

枧（碱）沙 kan²sa¹〈枧（碱）音间第 2 声〉十水合碳酸钠结晶。外形似沙，故名。有强去油污作用，现一般用作工厂工人等洗油垢的洗涤剂。

扫把 sou³ba² 扫帚。

地拖 tei⁶tʰɔ¹ 拖把。

鸡毛扫 kɐi¹mou⁴sou⁻²〈扫音嫂〉鸡毛掸子。

***篸** tsʰam²〈音惨〉簸箕：垃圾～（装垃圾的簸箕）［重见二 B4］

***枱布** tʰɔi⁻²pou³〈枱音台第 2 声〉擦桌布（枱：桌子）。［重见三 A13］

碗布 wun²pou³ 洗碗布。

三 A10　一般器皿、盛器、盛具

缸瓦 kɔŋ¹ŋa⁵ 陶瓷器皿的总称：石湾～（佛山市石湾地区所产的陶瓷器皿）

瓮 oŋ³〈阿红切第 3 声〉缸。鼓形，陶质。多用于贮物：米～（米缸）| 水～（水缸）

瓮缸 oŋ^{3}kɔŋ^{1}〈瓮音阿红切第 3 声〉同“瓮”。

埕 tsʰeŋ^{4}〈音程〉坛子。略近圆形，陶质：桐油～（装桐油的坛子）｜一～酒。

鋛 tʰap^{3}〈音塔〉一种底宽口小的坛子，陶质。

*__埕埕鋛鋛__ tsʰeŋ^{4}tsʰeŋ^{4}tʰap^{3}tʰap^{3}〈埕音程，鋛音塔〉坛坛罐罐；各种陶瓷器皿的总称。[重见五 B6]

冚盅 hɐm^{6}tsoŋ^{1}〈冚音含第 6 声〉带盖的罐子（冚：盖），多为陶质。可用以贮物，也可作烹饪器。

罂 aŋ^{1}〈啊坑切〉瓶子；罐子。多有盖，通常为陶瓷、玻璃等质地。用以贮物：盐～（盐罐子）｜糖～（糖罐子）

钱罂 tsʰin^{4}aŋ^{1}〈罂啊坑切〉储硬币的罐子。

水壶 søy^{2}wu$^{4(-2)}$〈壶常读第 2 声〉①热水瓶。②旅行水壶。

暖水壶 nyn^{5}søy^{2}wu$^{4(-2)}$〈壶常读第 2 声〉热水瓶。

樽 tsøn^{1}〈音遵，资询切〉瓶子：玻璃～｜酒～｜药～

花樽 fa^{1}tsøn^{1}〈樽音资询切〉花瓶（樽：瓶）。

*__厔__ tsɐt^{1}〈音质〉瓶塞：我头先将个～趸喺度咯，唔见咗嘅？（我刚才把塞子放这儿，怎不见了？）[重见六 D5]

唛$_{2}$ mɐk^{1}【外】空罐头盒子（一般指圆柱体的）。旧时多用作盛贮器或量器。[英语 mug]

面盆 min^{6}pʰun$^{4(-2)}$〈盆又可读第 2 声〉洗脸盆：～最好分开嚟用，唔係好易交叉传染疾病㗎。（洗脸盆最好各用各的，否则很容易造成疾病的互相传染。）

哴口盅 lɔŋ^{2}hɐu^{2}tsoŋ^{1}〈哴音浪第 2 声〉漱口缸（哴口：漱口）：咪用人哋个～啦。（别用别人的漱口缸。）

痰罐 tʰam^{4}kwun^{3} 痰盂。

屎鋛 si^{2}tʰap^{3}〈鋛音塔〉①一种陶质旧式马桶。②痰盂。

尿壶 niu^{6}wu^{-2}〈壶读第 2 声，可虎切〉夜壶。

烟灰盅 jin^{1}fui^{1}tsoŋ^{1} 烟灰缸。

烟灰罂 jin^{1}fui^{1}aŋ^{1}〈罂音啊坑切〉烟灰缸。

喼$_{1}$（箧） kip^{1}〈音劫第 1 声〉手提箱：旅行～（旅行箱）

皮喼（箧） pʰei^{4}kip^{1}〈喼（箧）音劫第 1 声〉皮革手提箱。

藤喼（箧） tʰɐŋ^{4}kip^{1}〈喼（箧）音劫第 1 声〉藤编手提箱。

公事包 koŋ^{1}si^{6}pau^{1} 公文包：唔该捞个～畀我。（请把公文包拿给我。）

水桶袋 søy^{2}tʰoŋ^{2}tɔi^{-2}〈袋读第 2 声，打海切〉背囊。多以皮革、帆布等缝制。因其形如水桶，故名。

络$_{1}$ lɔk^{-2}〈读第 2 声〉网兜。以尼龙丝、麻丝等编织而成。

线络 sin^{3}lɔk^{-2}〈络读第 2 声〉同“络”。

渔丝袋 jy^{4}si^{1}tɔi^{-2}〈袋读第 2 声，打海切〉尼龙丝网兜（渔丝：尼龙丝）。

手抽 sɐu^{2}tsʰɐu^{1} ①手提篮（指窄而深者。抽：提）。②手提袋。[简作“抽”]

箩$_{2}$ lɔ$^{-1}$〈读第 1 声，拉呵切〉①小手提篮子。②小篓子：字纸～（废纸篓）

窝篮 wɔ^{1}lam^{-1}〈篮读第 1 声〉圆而浅的小手提篮。因其形如窝，故名。

挽手 wan^{5}sɐu^{2} 篮子、箱子等的提手：弊！个～断咗添。（糟糕！提手断了。）

耳 ji^{5} 篮子、箱子及器皿等的提手：镬～（锅的提手）｜喼～（箱子的提手）

笠$_{1}$ lɐp^{1} 疏眼竹篓。常用以装载各种货物：一～荔枝｜呢种碗咁大，一个～先趸 30 只。（这种碗这么大，一只篓子才放 30 个。）

三 A11　厨具、食具、茶具

***煲** pou^{1} 深壁锅。[圆底无壁的炒锅广州话叫“镬”，平底浅壁者叫“平底镬”均不称“～”。重见七 B2、七 E15、十 F2]

瓦煲 ŋa^{5}pou^{1}〈煲音保第 1 声〉沙锅。

沙煲 sa^{1}pou^{1}〈煲音保第 1 声〉同“瓦煲”。

锑煲 t^{h}ɐi^{1}pou^{1}〈锑音梯，煲音保第 1 声〉铝锅（锑：铝）。

水煲 søy^{2}pou^{1}〈煲音保第 1 声〉水锅；烧水壶。

企身煲 k^{h}ei^{5}sɐn^{1}pou^{1}〈煲音保第 1 声〉体形较高的沙锅（企：竖立），用以熬汤、粥。

罉(铛) ts^{h}aŋ^{1}〈差坑切〉①特指斜壁平底盖锅，多为陶质，主要用来烧饭。②各种平底锅的泛称：成～饭宿晒。（整锅饭全馊了。）[烧水锅虽也是平底，但不称为“～”]

瓦罉(铛) ŋa^{5}ts^{h}aŋ^{1}〈罉（铛）音差坑切〉陶质平底盖锅（罉：平底盖锅）

镬 wɔk^{6}〈音获〉炒锅。通常为圆底，也有平底的。多用作煎、炒等。质地多为金属（铁、不锈钢、铝等）。

镬铲 wɔk^{6}ts^{h}an^{2}〈镬音获〉锅铲。

饭铲 fan^{6}ts^{h}an^{2} 锅铲（专用于铲饭者）。

炖盅 tɐn^{6}tsoŋ^{1} 隔水蒸东西用的陶瓷容器。似杯而大，无耳；双层盖，以隔水蒸汽（炖：隔水久蒸）。[参看七 B2“炖”]

糕盘 kou^{1}p^{h}un^{-2}〈盘读第 2 声，鄙碗切〉蒸糕用的盘子。通常为金属（铜、铝等）质地。

沙煲罂罉(铛) sa^{1}pou^{1}aŋ^{1}ts^{h}aŋ^{1}〈煲音保第 1 声，罂音啊坑切，罉（铛）音差坑切〉各种炊具的总称。

篱 lei^{-1}〈音离第 1 声，拉禧切〉一种带疏眼的器皿，用以洗蔬菜等，可漉去水分。为常见的厨具。过去多以竹编，今多用塑料制成。

擂浆棍 løy^{4}tsœŋ^{1}kwɐn^{3} 杵（擂：捣磨）。旧时捣磨食物时一般事先浸泡或加少许水，捣成浆状，故称“擂浆”。

砂盆 sa^{1}p^{h}un^{4} 家用小臼。为陶制品，圆形。

钵头 put^{3}t^{h}ɐu^{4} 钵。浅圆柱体的陶质器皿。多用于盛放菜肴或蒸饭。今已少用。

碟 tip$^{6(-2)}$〈常读第 2 声〉碟子；盘子。多用于盛放菜肴、调料等：菜～（菜盘子）｜豉油～（酱油碟子）[普通话大为“盘子”，小为“碟子”。广州话无此区分]

兜$_{1}$ tɐu^{1} ①金属或搪瓷碗，一般较大。在家中则一般盛汤或菜。②给猫、狗、鸡等吃食用的小碗。

鐣(鬇) p^{h}aŋ^{1}〈音彭第 1 声，批坑切〉有盖且较大的金属食器和炊器的泛称。有时也指其他金属容器，如铁桶等。

壳 hɔk^{3} 勺；瓢：饭～｜水～[旧时的勺、瓢多以老葫芦瓜外壳制成，故称]

羹 kɐŋ^{1}〈音更换之更〉汤匙；小勺儿。

匙(持)羹 ts^{h}i^{4}kɐŋ^{1}〈匙音持，羹音更换之更〉同“羹”。

碗碗碟碟 wun^{2}wun^{2}tip^{6}tip^{6} 各种食具的总称。

茶杯碟 ts^{h}a^{4}pui^{1}tip^{-2}〈碟读第 2 声〉茶具的总称：买翻套～。（买一套茶具。）

焗盅 kok^{6}tsoŋ^{1}〈焗音局〉有盖茶碗（焗：闷）。多为陶瓷质地。

三 A12　燃具、燃料

风炉 foŋ^{1}lou^{-2}〈炉读第 2 声，音佬〉燃柴或燃煤、炭的炉子。

火水炉 fɔ^{2}sɵy^{2}lou^{4} 使用煤油作燃料的炉子（火水：煤油。）

煤气罐 mui^{4}hei^{3}kun^{3} 液化石油气钢瓶（煤气：液化石油气）：～唔能够放喺温度高得滞嘅地方。（液化石油气钢瓶不能放在温度过高的地方。）

火筒 fɔ^{2}tʰoŋ^{4} 吹火竹筒。

火水灯 fɔ^{2}sɵy^{2}tɐŋ^{1} 煤油灯。使用煤油作燃料以照明的灯具（火水：煤油）。今天在城市已少见。

***大光灯** tai^{6}kwɔŋ^{1}tɐŋ^{1} 汽灯（加入压缩空气助燃的煤油灯）。较普通煤油灯亮，故名。[重见一 G3]

洋烛 jœŋ^{4}tsok^{1} 蜡烛。因是从西方传入的燃具，故称"洋"：点～。

灯筒 tɐŋ^{1}tʰoŋ$^{-2}$〈筒音桶〉煤油灯的长筒形防风玻璃罩。

火机 fɔ^{2}kei^{1} 打火机。

煤气 mui^{4}hei^{3} 液化石油气：～炉（液化石油气炉）[液化石油气与煤气本不相同，但一般人不加区分]

边炉气 pin^{1}lou^{4}hei^{3} 火锅炉具使用的钢瓶装液化石油气（边炉：火锅）。其钢瓶通常较小型，便于搬动，故适于吃火锅。一般见于火锅店。

火水 fɔ^{2}sɵy^{2} 火油（民用煤油）。旧时常用的灯具或炉具燃料。

松柴 tsʰoŋ^{4}tsʰai^{4}〈松音虫〉松木柴火，为旧时居民常用的燃料。

杂柴 tsap^{6}tsʰai^{4} 松木以外其他木质的柴火，与"松柴"相对，质较差。

三 A13　家具及有关器物

家俬 ka^{1}si^{1} 家具的总称：买～。| 间屋摆满～。（房子里摆满家具。）

大床 tai^{6}tsʰɔŋ^{4} 双人床：一个人瞓张～，打关斗都得喇。（一个人睡一张双人床，可以在上面打跟斗了。）

独睡 tok^{6}sɵy^{-2}〈睡读第 2 声，音水〉单人床：B 仔咁大嘞，都好应该买张～畀佢瞓嘞。（孩子这么大了，也很应该买张单人床给他了。）

梳化床 sɔ^{1}fa^{-2}tsʰɔŋ^{4}〈化读第 2 声〉【外】席梦思床。因其质地似"梳化"（沙发），故名。[英语 sofa]

辘架床 lok^{1}ka^{-2}tsʰɔŋ^{4}〈辘音鹿第 1 声，架音真假之假〉双层床：咁细个房，要放～至瞓得两个人。（房间这么小，只有放双层床才能睡两个人。）

杠床 kɔŋ^{3}tsʰɔŋ$^{-2}$〈杠音钢，床读第 2 声，音厂〉一种可睡可坐的长椅，通常为木或竹制品。

梳化 sɔ^{1}fa^{-2}〈化读第 2 声〉【外】沙发。[英语 sofa]

梳化椅 sɔ^{1}fa^{-2}ji^{2}〈化读第 2 声〉同"梳化"。

木梳化 mok^{6}sɔ^{1}fa^{-2}〈化读第 2 声〉一种木质坐椅。因其形制（较矮，一般带扶手）、用途（一般摆设于客厅）与"梳化"（沙发）相近，故名。

屏$_{1}$ pʰɛŋ^{1}〈音批赢切第 1 声）椅子等的靠背：椅～ | 床～。

挨屏 ai^{1}pʰɛŋ^{1}〈屏音批赢切第 1 声〉同"屏$_{1}$"（挨：倚靠）。

懒佬椅 lan^{5}lou^{2}ji^{2} 躺椅。

马札 ma^{5}tsap^{6}〈札音闸〉折叠式躺椅。

桥凳 kʰiu^{-2}tɐŋ^{3}〈桥读第 2 声，启晓切〉板凳；长条凳。

日字凳 jɐt^{6}tsi^{6}tɐŋ^{3} 凳面为长方形的单人木凳。因其长方凳面似日字形，故称。

凳仔 tɐŋ^{3}tsɐi^{2}〈仔音子矮切〉矮凳；小凳子。

枱 tʰɔi^{-2}〈音台第 2 声，体海切〉桌子：写字～（书桌）| 食饭～（饭桌）

***枱布** tʰɔi^{-2}pou^{3}〈枱音台第 2 声〉铺桌布。[重见三 A9]

枱枱凳凳 tʰɔi^{4}tʰɔi^{4}tɐŋ^{3}tɐŋ^{3}〈枱音台〉桌、

椅、凳等的总称：将啲～担翻晒翻去。(把桌椅凳子全都搬回去。)

高柜 kou1kwɐi6 大衣橱；立柜。

大柜 tai6kwɐi6 同“高柜”。

企身柜 kʰei5sɐn1kwɐi6 同“高柜”(企身：形体竖立的)。

入墙柜 jɐp6tsʰœŋ4kwɐi6 壁柜。

五筒柜 ŋ5tʰoŋ-2kwɐi6〈筒音桶〉五斗橱(有五个抽屉的柜子。筒：柜筒，即抽屉)。[又作“五斗柜”]

*__饰柜__ sek1kwɐi6 有开放式橱格或带玻璃柜门、可摆设饰物及工艺品等的柜子。[重见三 D11]

栊(笼) loŋ5〈音陇，里勇切〉衣箱(通常为木制，较大)：樟木～。

夹万 kap3man6 保险箱；保险柜。

地毡 tei6tsin1 地毯。

布障 pou3tsœŋ3 布幔。分隔房间用的帷幕式材料。

柜筒 kwɐi6tʰoŋ-2〈筒音桶〉抽屉：我张枱有三个～。(我的桌子有三个抽屉。)[不论桌子、柜子或其他家具上的抽屉都一律称为～]

箍臣 kwʰu1sɐn4【外】坐垫；靠垫：你张木梳化点解唔铺～嘅？(你那张木沙发怎么不铺上坐垫？)[英语 cushion]

三 A14 家用电器、音响设备

*__电灯胆__ tin6tɐŋ1tam2 灯泡。通常指白炽灯灯泡。因灯泡其形似胆囊，故名。[简作“灯胆”][重见一 G8]

光管 kwɔŋ1kun2 管式荧光灯；灯管儿。

火牛 fɔ2ŋɐu4【喻】镇流器。通常指用于荧光灯的镇流器。

士挞胆 si6tʰat1tam2〈挞读第 1 声〉【外】荧光灯启辉器；继电器。由装有热双金属片的氖管和小电容组成，接在荧光灯启动电路中。[英语 starter]

雪柜 syt3kwɐi6 电冰箱；大型冰柜。

焗炉 kok6lou4 烤炉。烘烤食品的电气器具(焗：闷)。

电饭煲 tin6fan6pou1〈煲音保第 1 声〉电饭锅(煲：锅)

风扇 foŋ1sin3 电扇。

鸿运扇 hoŋ4wɐn6sin3 转叶电扇，带斜向送风叶片的电扇，送出的风力柔和，接近自然风。[“鸿运”是广州最早推出这种电扇时使用的商标。]

风筒 foŋ1tʰoŋ-2〈筒音桶〉电热吹风器；电吹风。

烫斗 tʰɔŋ3tɐu2〈斗音升斗之斗〉熨斗(现一般指电熨斗)。

随身带 tsʰøy4sɐn1tai3【俗】便携式收录机。因可随身携带，故名。

卡式机 kʰa1sek1kei1【外】盒式收录机。[“卡式”为英语 cassette tape recorder 的省译]

咪$_1$ mɐi1【外】传声器；麦克风。[英语 microphone 简作 mike，普通话“麦克风”是全称的音译，广州话“～”是其简称的音译]

咪头 mɐi1tʰɐu4 同“咪$_1$”。

咪高峰 mɐi1kou1foŋ1【外】传声器。[英语 microphone。参见“咪$_1$”]

唱碟 tsʰœŋ3tip-2〈碟读第 2 声〉唱片。因其形如碟，故名：密纹～(高密度槽纹唱片)｜激光～[简作“碟”]

大碟 tai6tip-2〈碟读第 2 声〉同“唱碟”。

身历声 sɐn1lek6seŋ1〈声音星〉【外】立体声：我架电视机有～嘅。(我的电视机是有立体声的。)[英语 stereo 的音译且兼顾意译]

三 A15 用电设施、水暖设施

*__制__$_1$__(掣)__ tsɐi3 泛指电源、自来水、煤气等的开关：电灯～｜水～[重见三 A8、七 A18]

大制(掣) tai^{6}tsɐi^{3} 总开关：打～（合上电闸）｜闩～（关上自来水总开关）

鲍鱼制(掣) pau^{1}jy^{4}tsɐi^{3} 总开关电闸（制：开关）。因其形如鲍鱼，故名。

光暗制(掣) kwɔŋ^{1}ɐm^{3}tsɐi^{3} 灯具上可调节光线强弱的开关（制：开关），实际上是电流流量控制器。

拖板 t^{h}ɔ^{1}pan^{2} 活动插座。因带有较长电源线，可以拉到不同地方，所以称“拖”。

插苏 ts^{h}ap^{3}sou^{1}【外】插头：电视机～｜电烫斗～（电熨斗插头）[“苏”为英语 socket 的音译]

表士 piu^{1}si^{-2}〈士音屎〉【外】保险丝。[英语 fuse]

灰士 fui^{1}si^{-2}〈士音屎〉同“表士”。[广州用“表士”，香港用“灰士”]

火线 fɔ^{2}sin^{3} 电源正极线。

水线 sɵy^{2}sin^{3} 电源负极线；回路线。

地线 tei^{6}sin^{3} 接地线。

拖线 t^{h}ɔ^{1}sin^{3} 接地线。

电表 tin^{6}piu^{-1}〈表音标〉电度表。北方俗称“火表”。

喉管 hɐu^{4}kwun^{2} 管子，一般指水管（包括金属和塑料、橡胶等所制）。

胶喉 kau^{1}hɐu^{4} 橡胶或塑料管子，一般指水管。

水喉通 sɵy^{2}hɐu^{4}t^{h}oŋ^{1} 水管（一般指金属的）。

水喉 sɵy^{2}hɐu^{4} ①水龙头。自来水管上放水口处的小阀。②水管。

水喉制(掣) sɵy^{2}hɐu^{4}tsɐi^{3} 水龙头（制：开关）。[又作“水制（掣）”]

街喉 kai^{1}hɐu^{4} ①设在马路边或巷子里的公用水龙头。现已少见，旧城区偶有遗存。②马路上的自来水管，一般较粗。

煤气喉 mui^{4}hei^{3}hɐu^{4} 输送煤气的管道。主干线通常掩埋于地下。

电灯杉 tin^{6}tɐŋ^{1}ts^{h}am^{3}〈杉音次喊切〉电线杆。过去电线杆多以杉木等木材做成，故名。

三 A16　文具、书报

墨水笔 mɐk^{6}sɵy^{2}pɐt^{1} 钢笔。

原子笔 jyn^{4}tsi^{2}pɐt^{1} 圆珠笔。[普通话旧亦称～，广州话沿用至今。参看三 A2“原子袜”]

墨笔 mɐk^{6}pɐt^{1} 毛笔。

蟹爪笔 hai^{5}tsau^{2}pɐt^{1} 小楷毛笔。

笔嘴 pɐt^{1}tsɵy^{2}（钢笔、圆珠笔等的）笔尖儿：～倔咗。（笔尖儿秃了。）

笔錔 pɐt^{1}t^{h}ap$^{3(-2)}$〈錔音塔，又读第 2 声〉（钢笔、圆珠笔、毛笔等的）笔套：支笔冇咗～。（这支笔没了笔套。）

间尺 kan^{3}ts^{h}ɛk^{-2}〈间音间隔之间，尺读第 2 声〉文具尺；小型直尺。这是据其用途而命名（间：画直线）。

万字夹 man^{6}tsi^{6}kap^{-2}〈夹读第 2 声〉回形针。因其可用以夹住多张纸（“万字”形容纸上的字多），故称：大号～。

揿钉 kɐm^{6}tɛŋ^{1}〈钉音低赢切第 1 声〉图钉。通常用手摁，故称（揿：摁）：彩色～。

铅笔刨 jyn^{4}pɐt^{1}p^{h}au^{-2}〈刨读第 2 声〉卷笔刀。

胶擦 kau^{1}ts^{h}at^{-2}〈擦读第 2 声〉橡皮（擦铅笔迹的文具）。

粉擦 fɐn^{2}ts^{h}at^{-2}〈擦读第 2 声〉粉笔擦子；黑板擦子。

字纸箩 tsi^{6}tsi^{2}lɔ$^{-1}$〈箩读第 1 声〉废纸篓。

簿 pou^{-2}〈音补〉本子：英语～｜笔记～｜一本～。[与普通话无大不同，但普通话口语罕用，而广州话常用]

拍纸簿 p^{h}ak^{3}tsi^{2}pou^{-2}〈簿音补〉【外】

白纸本子。纸页上没有印刷格子或行距，通常用于起草、画画、笔算等。[英语 pad]

公仔书 koŋ¹tsɐi²sy¹〈仔音子矮切〉小人书；连环图（公仔：小人儿）。

通胜 tʰoŋ¹seŋ³【婉】通书；旧式历书。[广州话“书”、“输”音同，避讳改称“胜”]

新闻纸 sɐn¹mɐn⁴tsi²【旧】报纸。

马经 ma⁵keŋ¹ 有关赛马的专门报刊：刨～。（啃赛马报刊。）[此为香港专用词语]

三 A17　通邮、电讯用品

士担 si⁶tam¹〈担音担任之担〉【外】【旧】邮票。[英语 stamp]

甫士咭 pʰou²si⁶kʰɐt¹〈甫音普，咭音咳〉【外】明信片：去外地旅行，佢会买翻啲～做纪念。（到外地旅行，他会买点儿明信片作纪念。）[英语 postcard]

信咭 sɵn³kʰɐt¹〈咭音咳〉明信片。[“咭”为英语 card 的音译]

信肉 sɵn³jok⁻²〈肉读第 2 声〉信瓤儿（肉：内含物）：封信做咩冇～嘅？（这封信怎么没信瓤儿？）

*大哥大 tai⁶kɔ¹tai⁶ 早期的移动式手提无线电话机，外形较后来的手机大。[重见一 E3]

三 A18　其他日用品

电筒 tin⁶tʰoŋ⁻²〈筒音桶〉手电筒的简称。[普通话简称“手电”，广州话则简称“～”]

电芯 tin⁶sɐm¹ 电池；化学电池：大～ | 五号～

电 tin⁶ 电池（只用于数量词后面）：两嚿～（两节电池）

***塔** tʰap³⁽⁻²⁾〈常读第 2 声〉锁（一般指明锁）。[重见七 B4]

锁匙 sɔ²si⁴〈匙音时〉钥匙。

遮 tsɛ¹ 伞：洋～（洋伞）| 纸～（油纸伞）[“伞”与“散”同音相忌，改称“～”，以其作用在遮挡风雨阳光等]

缩骨遮 sok¹kwɐt¹tsɛ¹ 折叠伞（骨：伞枝；遮：伞）。

遮骨 tsɛ¹kwɐt¹ 使伞撑开的辐状伞枝。

***葵扇** kwʰɐi⁴sin³ 蒲扇。[重见三 A19]

镜架 kɛŋ³ka⁻²〈架音真假之假〉镜框。

***裤头带** fu³tʰɐu⁴tai⁻²〈带读第 2 声〉皮带。[重见三 A3]

织针 tsek¹tsɐm¹ 打毛线衣物的工具，似针而粗长。

铰剪 kau³tsin²〈铰音教〉剪刀：细～（小剪刀）| 不锈钢～（以不锈钢制造的剪刀）

须刨 sou¹pʰau⁻²〈须音苏，刨音跑〉剃须刀。修剪胡子的工具。有电动和手动两种类型：电～（电动剃须刀）

盲公竹 maŋ⁴koŋ¹tsok¹ 盲人的导向竿（其质地不一定是竹子）。

士的 si⁶tek¹【外】【旧】手杖。[英语 stick]

藤条 tʰɐŋ⁴tʰiu⁻²〈条读第 2 声，体晓切〉藤鞭子。父母体罚儿女的用具。实际上少有人家中专备此物，往往以鸡毛掸子（广州话叫“鸡毛扫”）代替。

扣针 kʰɐu³tsɐm¹ 别针。[普通话“别针”有时也指可以别在衣襟上的小型胸饰，广州话“～”无此用法]

襟章 kʰɐm¹tsœŋ¹ 胸章。

荷兰水盖 hɔ⁴lan⁻¹sɵy²kɔi³〈兰读第 1 声〉【喻】【谑】勋章。因其形似汽水瓶盖，故称（荷兰水：汽水）：畀心机做嘢，讲唔定整番个～。（用心干活，说不定能弄上一个勋章。）

胶箍 kau¹kwʰu¹ 橡皮筋圈儿。

橡筋箍 tsœŋ⁶kɐn¹kwʰu¹ 同“胶箍”。

***橡筋** tsœŋ⁶kɐn¹ 同“胶箍”[重见三 A3]

花洒 fa¹sa² ①浇花壶，一种浇花工具，通常由贮水容器和莲蓬状出水喷头构成。②淋浴喷头。因外形酷似浇花用的喷头，故名。

三 A19 娱乐品、玩具

*__啤__ pʰɛ¹〈音披爷切第 1 声〉【外】①扑克。②数字相同、可以一齐出的两张扑克；对儿：你出亲～实输。（你要是出对儿一定输。）[英语 pair][重见十 B1、十 C1]

顺 søn⁻²〈读第 2 声〉数字顺序相连、可以一齐出的 5 张扑克。

同花 tʰoŋ⁴fa¹ 花色一样，可以一齐出的 5 张扑克。

同花兼夹顺 tʰoŋ⁴fa¹kim¹kap³søn⁻²〈顺读第 2 声〉花色一样而同时数字顺序相连、可以一齐出的 5 张扑克。[又作"同花顺"]

夫佬 fu¹lou²【外】3 张数字相同捎带另两张数字相同、共 5 张可以一齐出的扑克：～6（3 张 6 加一对儿）[英语 full house]

四大天王 sei³tai⁶tʰin¹wɔŋ⁴ 4 张数字相同捎带另 1 张、共 5 张可以一齐出的扑克：～10（4 张 10 加 1 张）

花 fa¹ ①扑克的花色（黑桃、红桃等）。②同"同花"。

*__葵扇__ kwʰɐi⁴sin³ 黑桃，扑克花色之一。因其形似蒲扇而得名。[重见三 A18]

杏桃 hɐŋ⁶tʰou⁻²〈桃音土〉红桃，扑克花色之一。

*__阶砖__ kai¹tsyn¹ 方块，扑克花色之一。因其形似地板砖而得名。[重见三 D5]

烟士 jin¹si⁻²〈士音屎〉【外】扑克 A：葵扇～（黑桃 A）[英语 Ace。简称"烟"]

倾₁ kʰeŋ¹【外】扑克 K：红桃～（红桃 K）[英语 King]

*__女__₂ nøy⁻¹⁽⁻²⁾〈读第 1 声，又读第 2 声〉扑克 Q（其图像为女性，故称）：梅花～（梅花 Q）[重见一 B2、一 C4、一 E2]

积 tsek¹【外】扑克 J：阶砖～（方块 J）[英语 Jack]

D ti²〈底椅切〉【外】扑克 2。2 字似鸭子，取英语 duck（鸭子）之第一字母为称。

鬼 kwɐi² 扑克的王（小丑）。彩色者为"大鬼"，黑白者为"细鬼"。

大鬼 tai⁶kwɐi² 参见"鬼"。

细鬼 sɐi³kwɐi² 参见"鬼"（细：小）

公头 koŋ¹tʰɐu⁻²〈头读第 2 声〉中国象棋的将或帅：坐上只～（老帅往上走。）[又作"公"]

麻雀 ma⁴tsœk⁻²〈雀读第 2 声〉麻将牌：打～。（搓麻将。）

色仔 sek¹tsɐi² 骰子。[又作"色子"]

拧螺 neŋ⁶lɔ⁻²(lɔk⁻²)〈拧音拿认切，螺读第 2 声，又音罗学切第 2 声〉陀螺（拧：旋转）：玩～。

定螺 teŋ⁶lɔ⁻²(lɔk⁻²)〈定音大认切，螺读第 2 声，又音罗学切第 2 声〉同"拧螺"。因其能稳定地高速旋转，故名。

公仔 koŋ¹tsɐi²〈仔音子矮切〉小人儿，如以陶土、塑料等制作的人物塑像、图画人像等：画～。

公仔纸 koŋ¹tsɐi²tsi² 旧时小孩的一种玩具，是印有各种人物、走兽、花鸟等图案的小硬纸片（公仔：小人儿），有的还能把上面的图案反贴出来到笔盒、手臂等上。

弹叉 tan⁶tsʰa¹〈弹音但〉弹弓。通常以树桠杈或相类似的材料缠上橡皮筋而成：玩～。（玩弹弓。）

玻子 pɔ¹tsi² 玻璃珠子。小孩常作弹打游戏。

玻珠 pɔ1tsy1 同“玻子”。

噏纸 kip1tsi2〈噏音劫第1声〉纸炮。在两层纸中夹入少许火药而成，因形似火枪的火帽，故名（噏：火帽）。一般作玩具枪的弹药。

*__扯线公仔__ tsʰɛ2sin3koŋ1tsɐi2〈仔音子矮切〉提线木偶（公仔：小人儿）。木偶表演艺术的道具。[重见一 E4]

戏飞 hei3fei1【外】戏票；电影票：我有两张～，请你睇戏啰。（我有两张戏票，请你看戏。）[飞，英语 fare，原仅指车船费（票），广州话中词义有所扩大]

戏桥 hei3kʰiu-2〈桥读第2声，启晓切〉演出节目说明书；（戏剧、音乐等的）内容简介。

升气球 seŋ1hei3kʰɐu4 可以上升的气球。日常所见小型者为玩具。其中型者可携带仪器、标语等升空，大型者可作载人航空器。

纸鹞 tsi2jiu-2〈鹞音扰〉风筝：放～。[简作“鹞”]

大头佛 tai6tʰɐu4fɐt6 在舞狮（一种游艺活动）时，有一人手执蒲扇、头戴面具逗引“狮子”，其所戴面具为全套式（从上套入头中），绘笑面人像，称为“～”（其实与佛无关）。亦以此称此一角色。

三 A20　喜庆用品

金猪 kɐm1tsy1 旧俗：新婚后3天，夫妻同回女家，男家依例送给女家的烤猪。其色紫黄，故名“金”。如完整，表示新娘为处女；如被截去尾巴或剥掉皮，则表示新娘并非处女。

贺咭 hɔ6kʰɐt1〈咭音咳〉贺卡；印有祝贺套语的卡片儿（咭：卡片）：生日～｜新婚～｜新年～｜圣诞～｜结婚周年纪念～[简作“咭”。为英语 card 的音译]

红色炸弹 hoŋ4sek1tsa3tan-2〈弹音单第2声〉【喻】【谑】请帖。请帖通常为红色，而被请者免不了要花钱送礼，令人心惊，故谑为“炸弹”。

利市（是）封 lɐi6si-6foŋ1〈利音丽，市音是〉装“利市”的小红纸包或小红纸袋。[参见八 C2“利市（是）”]

舅仔鞋 kʰɐu5tsɐi2hai4〈仔音子矮切〉旧俗：男子娶妻须送给新娘的兄弟每人一双鞋，称为“～”（舅仔：小舅子）：着～。（姐妹出嫁。）

挥春 fɐi1tsʰøn1 春联。

手信（赆） sɐu2søn3 上门拜访时所带的礼物：去探未来外母，带咩～好啊？（去探望未来丈母娘，带什么礼物好呢？）

三 A21　丧葬品、祭奠品、丧葬场所

灵灰 leŋ4fui1 骨灰。迷信观念以为人死而有灵，故称。

金䍇 kɐm1tʰap3〈䍇音塔〉装骨殖的陶坛子。其外涂有金黄色釉，故名（䍇：坛子）。“二次葬”旧俗：土葬若干年后开坟，将骨殖装入坛内继续存放或改葬。

金埕 kɐm1tsʰeŋ4〈埕音程〉同“金䍇”（埕：坛子）。

四块半 sei3fai3pun3【谑】棺材。棺材由4块长木板、两块小木板制成，故称。

长生板 tsʰœŋ4saŋ1pan2〈生音生死之生〉【婉】棺材。

神主牌 sɐn4tsy2pʰai-2〈牌读第2声〉供奉祭祀的牌位；神主。

灵屋 leŋ4ok1 祭奠用纸屋。

金银纸 kɐm1ŋɐn4tsi2 纸钱。纸钱上多粘有金色或银色的箔，故称。

稽钱 kʰɐi1tsʰin4 同“金银纸”。

香鸡 hœŋ¹kɐi¹ 作为香芯儿的灯杆儿；又特指香燃剩的竹杆儿。

大烟筒 tai⁶jin¹tʰoŋ⁻¹〈筒音通〉【谑】火葬场。焚尸炉一般都有一巨型烟筒，故名。

乱葬岗 lyn⁶tsɔŋ³kɔŋ¹ 乱坟岗。今已少见。

山坟 san¹fɐn⁴ 坟墓。坟如山形，故称：近牌呢度又多翻好多～。（这段时间这里又添了许多坟墓。）[简作“山”]

家山 ka¹san¹ 祖坟（山：坟）：～发。（祖坟的风水起发家的作用。意谓托祖宗的福。）

三 A22 烟、毒品

烟仔 jin¹tsɐi²〈仔音子矮切〉卷烟；香烟：食～。

针唛 tsɐm¹mɐk¹〈唛音麦第 1 声〉【谑】自卷纸烟。用卷烟纸把烟丝卷成圆锥形的纸烟，其形如针般一头尖一头粗，故称。

大辘竹 tai⁶lok¹tsok¹〈辘音鹿第 1 声〉用粗竹竿制成的水烟筒。今城市中少见。

黑米 hak¹(hɐk¹)mɐi⁵【喻】【谑】①香烟。因烟丝色泽近黑，而香烟对于吸烟者犹如不可须臾断绝的粮食，故称。②鸦片烟。

福寿膏 fok¹sɐu⁶kou¹【谑】鸦片烟。吸食鸦片只会损福折寿，这个名称是故意说反话。

白粉 pak⁶fɐn² 海洛因；白面儿。

丸仔 jyn²tsɐi²〈仔音子矮切〉丸状毒品。

三 A23 证明文件等

派士钵 pʰa³si⁶put³【外】护照：出国要办理～个噃。（出国要办护照。）[英语 passport。广州“派”本音 pʰai³，此处译英语是用上海话音]

拉臣 lai¹sɐn⁴【外】执照；牌照（如驾驶执照等）。[英语 license]

车牌 tsʰɛ¹pʰai⁴ 驾驶执照：考～（考驾驶执照）｜揼～（取得驾驶执照）[简作“牌”]

屋契 ok¹kʰɐi³ 房契：买屋冇～唔啱手续个噃。（买房子没有房契不符合手续。）

财神咭 tsʰɔi⁴sɐn⁴kʰɐt¹〈咭音咳〉信用卡（咭：卡）：你办咗～未啊？（你办理了信用卡没有？）[“咭”是英语 card 的音译]

医生纸 ji¹sɐŋ¹tsi² 病假证明；病假单：我今日有～，所以唔使番工。（我今天有病假单，所以不用上班。）

打针纸 ta²tsɐm¹tsi² 防疫注射证明。

痘纸 tɐu⁶tsi² 预防天花接种证明。

出世纸 tsʰɵt¹(tsʰyt¹)sɐi³tsi² 出生证：登记户口要～㗎。（登记户口要凭出生证。）

纱纸 sa¹tsi² 文凭；毕业证书：我读埋呢一年就揼到～喇。（我读完这一年就可以拿文凭了。）

出水纸 tsʰɵt¹(tsʰyt¹)sɵy²tsi² 提货单。

花令 fa¹leŋ²〈令读第 2 声〉逮捕证。英语 warrant]

三 A24 货 币 [钱财参见八C2，货币单位参见十D1]

银纸 ŋɐn⁴tsi² ①钱：有～唔得，但係～多过头有时仲衰。（没钱不行，但是钱太多了有时更糟糕。）②纸币：全部係～，冇个银仔。（全是纸币，没一个硬币。）

纸 tsi² 钱（不限于纸币。用在表示钱的数量词后面）：10 缗～（10 块钱）｜1 毫～（1 毛钱）

散纸 san²tsi² 零钱（纸：钱）：拶张 50 缗去畅啲～。（拿 1 张 50 块去换一些零钱。）

碎纸 søy³tsi² 零钱（纸：钱）：冇晒～。（一点儿零钱也没有。）

湿柴 sɐp¹tsʰai⁴【喻】【谑】面值很小的零钱：赎咗一大拃～畀我。（找给我一大把零钱。）［旧指 1949 年以前流通的急剧贬值的法币、金圆券等，比喻其像烧不着的湿木柴一样没用］

银仔 ŋɐn⁻²tsɐi²〈银读第 2 声，仔音子矮切〉硬币（银：银圆；仔：表示小的词尾）：原来你呢度收埋咁多～。（原来你这儿藏起那么多钢镚儿。）

银 ŋɐn⁻²〈读第 2 声〉①【旧】银圆：大～②【俗】钱：袋度冇晒～。（口袋里一点钱也没有。）

西纸 sɐi¹tsi² 外币（纸：钞票）。

绿背 lok⁶pui³ 美钞。因其主体颜色为绿色，故称。

坡纸 pɔ¹tsi² 新加坡货币（纸：钞票）。

叻币 lek¹pɐi⁶〈叻音力第 1 声〉新加坡货币（叻：叻埠，即新加坡）。

港纸 kɔŋ²tsi² 香港货币；港币（纸：钞票）。

金牛 kɐm¹ŋɐu⁴【喻】【俗】面额 1 000 元的港币。以其价值高，主体颜色又为金黄，故称。

红底 hoŋ⁴tɐi²【俗】面额 100 元的港币。因其主体颜色为红色，故称。

红三鱼 hoŋ⁴sam¹jy⁻²〈鱼读第 2 声〉【喻】【俗】面额 100 元的港币。［参见“红底”、二 D10“红三（衫）”］

青蟹 tsʰɛŋ¹hai⁵〈青音差赢切第一声〉【喻】【俗】面额 10 元的港币。因其主体颜色为绿色，故称。

则纸 tsek¹tsi²【外】支票。［英语 cheque］

三 A25 住 宅

*__屋企__ ok¹kʰei²〈企读第 2 声，其起切〉家庭的住所：返～（回家）｜呢度就係我～。（这儿就是我家。）［重见一 C5］

企₁ kʰei²〈其起切〉同“屋企”，只用于某些特定的词组中：返～（回家）｜喺～（在家）。

归 kwɐi¹【旧】同“企₁”：返～（回家）

屋 ok¹ 房子；楼房：一间～（一所房子）｜起～（建楼房）［普通话“屋”也是房子的意思，但一般不单独使用；而普通话“屋子”则指房间，相当于广州话“房”而不同于“～”。参见“房”］

吉屋 kɐt¹ok¹【婉】空置的房子：～求租。（空房子征求租赁者。）［广州话“空”、“凶”同音，避忌改称“吉”］

丁屋 teŋ¹ok¹ 为新生的男孩子建造的房屋（丁：男丁）。

单位 tan¹wɐi⁻²〈位读第 2 声，壶矮切〉【外】套间；单元。包括起居室、会客室、厨房、洗盥室等。［英语 apartment 的意译。此与普通话“单位”意思相去较远］

棚寮 pʰaŋ⁴liu⁴ 建筑工人的临时简易住房。

茅寮 mau⁴liu⁴ 茅棚；简易竹木棚屋：而家仲有人住～嘅咩？（现在还有人住茅棚吗？）

寮屋 liu⁴ok¹ 同“茅寮”。

艇屋 tʰɛŋ⁵ok¹ 疍民或水上人家亦屋亦舟的居所。今已罕见。

白鸽笼 pak⁶kɐp⁻²(kap⁻²)loŋ⁴【喻】狭小的居屋：我住～住咗成 20 年咁滞。（我住极狭小的房子住了将近 20 年。）

三 人造物

厅 tʰɛŋ¹ 客厅：入嚟～度倾下偈。（进来客厅聊聊天。）

房 fɔŋ⁻²〈房音仿，第 2 声〉房间；内室：两～一厅（两室一厅）| 行咗入～。（走进了房间。）[普通话“房”也有房间的意思，但不单独使用；如单独使用，则指“房子”，相当于广州话“屋”。参见“屋”]

睡房 sɵy⁶fɔŋ⁻² 卧室：呢间屋有两间房，其中一间係～。（这间房子有两间内室，其中一间是卧室。）

士多房 si⁶tɔ¹fɔŋ⁻²〈房音仿〉【外】储物间：呢个单位仲有埋～。（这个套间还有杂物房。）[“士多”为英语 store 的音译]

屎坑 si²haŋ¹ ①厕坑。②【俗】厕所。

冲凉房 tsʰoŋ¹lœŋ⁴fɔŋ⁻²〈房音仿〉盥洗室；洗澡间（冲凉：洗澡）：係人屋企都有～㗎喇。（每个人家里都有盥洗室。）

尾房 mei⁵fɔŋ⁻²〈房音仿〉最靠里的房间：我喺～瞓。（我在最里间的屋子睡。）

地库 tei⁶fu³ 地下室。通常作贮物用：唔係间间屋都有～嘅。（不是每所房子都有地下室的。）

地庐 tei⁶lou⁴ 地下室：～商场（利用大型建筑物的地下室开设的商场）。[或写作“地牢”，误]

阁仔 kɔk³⁽⁻²⁾tsɐi²〈阁常读第 2 声，仔音子矮切〉在房间内架起的小阁楼，一般非常矮窄，可作贮物用，居住面积紧张时亦常作起居用：嗰阵时我瞓～瞓咗好多年。（那时候我睡小阁楼睡了好多年。）

三 A26 废弃物

潲水 sau³sɵy²〈潲音哨〉泔水；泔脚。通常用作饲料。

菜脚 tsʰɔi³kœk³ 残羹剩菜。通常用作饲料。

米水 mɐi⁵sɵy² 淘米水。

瓦渣 ŋa⁵tsa¹ 瓦砾。

纸碎 tsi²sɵy⁻²〈碎读第 2 声，音水〉纸屑；碎纸。

布碎 pou³sɵy⁻²〈碎读第 2 声，音水〉碎布。纺织品经裁剪后的废弃物。

布头布尾 pou³tʰɐu⁴pou³mei⁵ 碎布。纺织品经裁剪后的废弃物。

威士 wɐi¹si⁻²〈士音屎〉【外】棉纱屑；废棉纱。工厂中常用以擦拭油污。[英语 waste]

烟头 jin¹tʰɐu⁻²〈头读第 2 声，体口切〉烟蒂；烟屁股。

木糠 mok⁶hɔŋ¹ 锯末；木屑。因形同细糠，故名。

三B 食 物 [谷物、蔬菜瓜果等参见二E]

三 B1 畜 肉 [与其他肉类共通的名称亦列于此]

红肉 hoŋ⁴jok⁶ 猪、牛等的肉。因其色红，故称。与“白肉”相对。

杂 tsap⁶ 供食用的禽畜内脏；杂碎。

上杂 sœŋ⁶tsap⁶〈上音上面之上〉禽畜的肝、心、肾等内脏（为杂碎中较上乘的部分。杂：杂碎）：猪～。

上水(碎) sœŋ⁶sɵy²〈上音上面之上〉同“上杂”。

***下栏** ha⁶lan⁴〈下音下面之下〉禽畜肉类中品质较次的部分；下水：猪～。[重见八 C1、八 C2]

膶 jɵn²〈音润第 2 声，椅准切〉禽畜的肝脏。[广州话喜以水喻财，则“干”为不吉之语；“肝”与“干”同音相避，改称“润”（变调为第 2 声），另创方言字作"胴"]

猪横脷 tsy^{1}waŋ^{4}lei^{6}〈脷音利〉猪胰脏。因其形似舌，故称（脷：舌头）。

猪尿煲 tsy^{1}niu^{6}pou^{1}〈煲音保第 1 声〉猪膀胱；猪小肚。

肚 t^{h}ou^{5} 家畜的胃：牛草～（牛的蜂巢胃）

粉肠 fɐn^{2}ts^{h}œŋ$^{-2}$ 家畜的小肠：猪～｜牛～

膏 kou^{1} 家畜的脂肪；板油：猪～

***䐮** tsin^{2}〈音展〉猪、牛等腿部带筋的肉；腱子肉：牛～。[重见二 B6]

脢肉 mui^{4}jok^{6}〈脢音梅〉（猪）里脊（脢：背脊）：糖醋～（醋溜里脊）。

腩 nam^{5} 猪、牛、鱼等腹部的肉。

间花腩 kan^{3}fa^{1}nam^{5}〈间读第 3 声，腩音南第 5 声〉五花肉。

猪踭 tsy^{1}tsaŋ^{1}〈踭音之坑切〉猪蹄膀；猪肘子（踭：肘）。

猪手 tsy^{1}sɐu^{2} 猪前腿；猪前肢。

猪脚 tsy^{1}kœk^{3} 猪后腿；猪后肢。

猪红 tsy^{1}hoŋ^{4}【婉】猪血。["血"字不吉利，避忌改称"红"]

猪网油 tsy^{1}mɔŋ^{5}jɐu^{4} 猪网膜。

大菜 tai^{6}ts^{h}ɔi^{3}（西餐中的）牛肉。牛肉在西餐中常是主菜，故称。

牛柳 ŋɐu^{4}lɐu^{5} 牛里脊：黑椒～（黑胡椒煎牛里脊）

牛白腩 ŋɐu^{4}pak^{6}nam^{5}〈腩音南第 5 声〉牛腹部的肉。[又作"牛腩"]

坑腩 haŋ^{1}nam^{5}〈腩音南第 5 声〉牛肋骨下的肉。

牛百页（叶） ŋɐu^{4}pak^{3}jip^{6} 牛的蜂巢胃。因有多层页状物，故称。

香肉 hœŋ^{1}jok^{6} 狗肉。

三六 sam^{1}lok^{6}【谑】狗肉。["三六九"是广州人熟悉的戏剧人物；广州话"九"、"狗"音同，以"～"指"九"（狗）是隐尾谜格。或谓三加六等于九，故以"三六"指狗]

三 B2　禽肉、水产品肉类

白肉 pak^{6}jok^{6} 鸡或鱼等的肉。因其色泽呈白色，故称。与"红肉"相对。

腑胵（扶翅） fu^{4}ts^{h}i^{3}〈腑音扶，胵音翅〉鸡、鹅、鸭等禽类的内脏。

鸡球 kɐi^{1}k^{h}ɐu^{4} 鸡肉块。

尾膇 mei^{5}tsøy^{1}〈膇音追〉鸡、鸭等靠近肛门部位的肉：鸡～有乜好食噃，一朕鸡屎味。（鸡屁股有什么好吃呀，一股鸡粪味。）

***尾** mei^{5} 同"尾膇"。[重见二 D1、四 B5]

肾$_{1}$ sɐn^{-2}〈音神第 2 声，时隐切〉鸡鸭等的胃脏；肫。[与一般所说肾脏的"肾"字既不同音也不同义]

鸡忘记 kɐi^{1}mɔŋ^{4}kei^{3} 鸡的脾脏。据传吃此器官，人会健忘，故称。

鸡壳 kɐi^{1}hɔk^{3}【喻】去掉大部分肉和内脏的鸡骨架。

鸡红 kɐi^{1}hoŋ^{4} 鸡血。["血"字不吉，避忌改称"红"]

鸭扑 ap^{3}p^{h}ɔk^{3}【喻】去掉大部分肉和内脏的鸭骨架（扑：格褙）。

刺身 ts^{h}i^{3}sɐn^{1}【外】生吃用的鱼、虾肉。[来自日语]

鱼腩 jy^{4}nam^{5}〈腩音南第 5 声〉鱼腹部的肉（腩：腹肉）。

饱肠 pau^{2}ts^{h}œŋ$^{-2}$〈肠读第 2 声，此晌切〉带有未完全消化掉的食物的鱼肠。

鱼头云 jy^{4}t^{h}ɐu^{4}wɐn^{-2}〈云音稳第 2 声〉鳙鱼鱼头内的白色半透明组织，人视为美味：豉汁蒸～。

鱼生 jy^{4}saŋ^{1}〈生音生熟之生〉生鱼片。常以草鱼的里脊肉切片而成。过去常生吃，故称。

虾辘（碌） ha^{1}lok^{1}〈辘（碌）音鹿第 1 声〉去壳的虾肉段子（辘：圆柱形的一截）：～滑蛋（虾肉段子炒蛋）。

虾球 ha1kʰɐu4 虾肉块。

土魷 tʰou2jɐu-2〈魷读第 2 声〉【婉】干魷鱼。[俗以水喻钱，故避言“干”。在内地实行简化字之前很久，民间已经使用“干”字来代替笔画很多的“乾”字。在写“干魷”时，为避“干”字，遂将其倒过来写，变成“土”字，同时也照此读]

三 B3　米、素食的半制成品

占米 tsim1mɐi5〈占读第 1 声〉①非黏性籼稻米，为广东人主要食用米，品种很多。古代自占城（今越南南部）传来，故名。②泛指非黏性米，与糯米相对。

银占 ŋɐn4tsim1〈占读第 1 声〉一种非黏性米，属晚稻米，米粒细长，质量较佳。

肥仔米 fei4tsɐi2mɐi5〈仔音子矮切〉粳稻米。因其颗粒肥短，故名（肥仔：小胖子）。

火搅米 fɔ2kau2mɐi5【旧】用碾米机碾出的精米。早期机器都由火力蒸汽机驱动，故名。

米骨 mɐi5kwɐt1 米心（碾过或碓过的精米）。

粉 fɐn2 米粉；米粉条：炒～（炒米粉条）。

沙河粉 sa1hɔ4fɐn2 宽米粉条。为食用米粉条中最常见的。以广州沙河地区所产最为著名，故称。

河粉 hɔ-2fɐn2〈河读第 2 声，音可〉“沙河粉”的简称。

河 hɔ-2〈读第 2 声，音可〉“沙河粉”的简称（只用于特定词组中）：炒～（炒粉条）｜牛～（牛肉炒粉条）

猪肠粉 tsy1tsʰœŋ4fɐn2 卷状粉条。因其形如猪肠，故名。

肠粉 tsʰœŋ-2fɐn2〈肠读第 2 声，音抢〉同“猪肠粉”。

肠 tsʰœŋ-2〈音抢〉“猪肠粉”的简称（只用于特定词组中）：虾～（包裹虾肉的粉条）。

拉肠 lai1tsʰœŋ-2〈肠音抢〉一种现场蒸制的卷状粉条。过去多用布制蒸垫，在竹制蒸屉中蒸好后拉出、刮下，又称“布拉肠”。今多改用金属蒸盘，仍沿称“拉肠”。

濑粉 lai6fɐn2〈濑音赖〉圆条状粗粉条。其手工制作方法是把粉浆少量而连贯地悬空倒进沸水中，使入水即煮熟，形成条状，故名（濑：慢慢倒）。后改机械制作，仍沿用旧名。

面 min6 ①面条：蛋～（和蛋制作的面条）｜虾子～（拌有虾糜的面条）②同“面饼”。

面饼 min6pɛŋ2 绕成团状再脱水制成的干面条。其形如饼，故称：鞋底～（形状如鞋的团状干面条）｜波纹～（面条呈波浪形的团状面条）。

伊面 ji1min6 经油炸处理的面条。相传为清代书法家伊秉绶家厨所创，本称“伊府面”，后简称为～。

湿面 sɐp1min6 绕成团状的半湿面条。

炒面 tsʰau2min6 同“湿面”。因其可以炒制（干面条则不可以炒），故称。

豆腐膔 tɐu6fu6pʰɔk1〈膔音扑第 1 声〉炸豆腐。切成小方块、经油炸处理的豆腐（膔：泡）。[简作“豆膔”]

豆腐膶 tɐu6fu6jɵn2〈膶音润第 2 声〉豆腐干。切成小方片、经干燥处理的豆腐。[广州人喜以水喻财，故以“干”字不吉，避忌改称为“润”，写方言字作“膶”。简作“豆膶”]

支竹 tsi1tsok1 腐竹。

甜竹 tʰim4tsok1 一种豆制干品，片状，味甜，故称。

豆沙 tɐu6sa1 豆泥。制成泥状的豆制品。常用以作馅料：～包（豆泥馅包子）。

豆茸(蓉) tɐu^{6}joŋ^{4} 同“豆沙”。

冲菜 ts^{h}oŋ^{1}ts^{h}ɔi^{3} 一种泡菜，用球茎甘蓝等腌制而成。[外省也有叫“冲菜”的菜品，与广东的～完全不同]

梅菜 mui^{4}ts^{h}ɔi^{3} 一种蔬菜，专用于腌制。特指这种蔬菜的腌制品。

榄角 lam^{5}kɔk^{-2}〈角读第 2 声〉榄豉；腌制的乌榄。以生乌榄去核后压扁切成两半腌制而成，呈三角形，故名。

菜脯 ts^{h}ɔi^{3}p^{h}ou^{2}〈脯音普〉腌萝卜干。

莲茸(蓉) lin^{4}joŋ^{4} 莲子泥。以莲子制成的泥状馅料：～月（以莲子泥作主要馅料的月饼）。

椰茸(蓉) jɛ^{4}joŋ^{4} 椰子肉末。制成粉末状的椰子肉。通常用作馅料：～角（以椰子肉末作主要馅料的饺子状点心）。

椰丝 jɛ^{4}si^{1} 以椰子肉刨成的细丝。通常用作馅料：～角（以椰子肉细丝作主要馅料的饺子状点心）。

花生肉 fa^{1}sɐŋ^{1}jok^{6} 花生米；花生仁儿。

菜胆 ts^{h}ɔi^{3}tam^{2} 菜芯；蔬菜芯茎：蚝油～。

菜软(薳) ts^{h}ɔi^{3}jyn^{5}〈薳音软〉嫩菜薹（薳：嫩茎）：牛肉～（嫩菜薹炒牛肉）

菜干 ts^{h}ɔi^{3}kɔn^{1} 干菜。以新鲜蔬菜晒制焙制或经其他脱水工艺制成。

葱度 ts^{h}oŋ^{1}tou^{-2}〈度读第 2 声，音捣〉切成约 1 寸长的葱段。

斋卤味 tsai^{1}lou^{5}mei^{-2}〈味读第 2 声，摸起切〉素什锦。以米、面等制成的形似肉类的食品。例如“斋叉烧”、“斋烧鹅”等（斋：素）。

三 B4 荤食的半制成品

鱼滑 jy^{4}wat^{-2}〈滑读第 2 声〉鱼糜；鱼肉泥。通常以淡水鱼类制成：鲮～

鱼丸 jy^{4}jyn^{2} 鱼肉丸子。

鱼蛋 jy^{4}tan^{-2}〈蛋读第 2 声〉鱼肉丸子。因形如蛋，故称。

鱼腐 jy^{4}fu^{6} 经过油炸处理的鱼糜块。其形似豆腐，故称。

蚝豉 hou^{4}si^{-2}〈豉音屎〉牡蛎干：～发菜（牡蛎干煮发菜。因“～发菜”音近“好市发财”，俗以为这道菜吉利）。

旺菜 wɔŋ^{6}ts^{h}ɔi^{3} 淡菜。[“淡”有生意清淡之义，避忌而改称“旺”]

咸虾 ham^{4}ha^{1} 腌虾酱。

肉滑 jok^{6}wat^{-2}〈滑读第 2 声〉肉糜；肉泥。以牛、猪等的肉绞成的食品：牛～｜猪～。

风肠 foŋ^{1}ts^{h}œŋ$^{-2}$〈肠音抢〉腊肠；广式香肠。因制作过程中须经风吹，故称：～蒸饭。

红肠 hoŋ^{4}ts^{h}œŋ$^{-2}$〈肠音抢〉西式香肠。其色粉红，故称。

金银膶 kɐm^{1}ŋɐn^{4}jɵn^{2}〈膶音润第 2 声〉夹肥肉的腊猪肝。肥肉白色，猪肝紫红色，故雅称“金银”。[广州话喜以水喻财，故忌言“干”。因“肝”与“干”同音，改称“润”，又作方言字“膶”]

三 B5 饭 食

盒仔饭 hɐp^{6}tsɐi^{2}fan^{6}〈仔音子矮切〉盒饭。以泡沫塑料盒盛放，故称。

饭盒 fan^{6}hɐp^{-2}〈盒读第 2 声〉同“盒仔饭”。[也指盛饭的盒子，则与普通话相同]

碟头饭 tip^{6}t^{h}ɐu^{-2}fan^{6}〈头读第 2 声，体口切〉盖浇饭；配有菜肴的份饭，由饭店出售。以盘子盛放，故名（碟：盘子）。[又作“碟饭”]

碗头饭 wun^{2}t^{h}ɐu^{-2}fan^{6}〈头读第 2 声，体口切〉同“碟头饭”，但以大碗盛放。

三 人造物

煲仔饭 pou^{1}tsɐi^{2}fan^{6}〈煲音保第 1 声，仔音子矮切〉用小沙锅连饭带肉菜一起焖的饭（煲仔：小锅）。

生菜包 saŋ^{1}ts^{h}ɔi^{3}pau^{1}〈生读沙坑切〉用生的生菜叶子包裹的带肉炒大米饭，食用时连生菜一起吃。

烂饭 lan^{6}fan^{6} 煮得很软的饭：我个胃唔好，餐餐要食～。（我的胃不好，每一顿都要吃很软的饭。）

炒米饭 ts^{h}au^{2}mɐi^{5}fan^{6} 一种炒饭，用生米或半熟的米下锅炒，不断加水，直至炒成饭（与用煮熟再炒的“炒饭”不同）。

冷饭 laŋ^{5}fan^{6} 剩饭：炒～｜琴晚剩翻好多～。（昨晚有很多剩饭。）

[illegible][illegible] mɐm^{1}mɐm^{1}〈[illegible]音妈音切〉【儿】小孩的饭食：BB，食～喇。（宝贝儿，吃饭了。）

饭公 fan^{6}koŋ^{1} 饭团：大～。

饭焦 fan^{6}tsiu^{1} 锅巴。

米皇 mɐi^{5}wɔŋ^{4} 粥。

艇仔粥 t^{h}ɛŋ^{5}tsɐi^{2}tsok^{1}〈仔音子矮切〉一种具有地方风味的粥品，粥内有枪乌贼、海蜇、鱼肉、炒花生米等。旧时专由水上人家在小艇上售卖，故称。

及第粥 kɐp^{6}(k^{h}ɐp^{6})tɐi^{-2}tsok^{1}〈第音底〉一种有地方风味的粥品。传说最初为迎合科考士子的心理而创，内有肉丸（谐“状元”音，广州话“丸”、“元”近音）、牛膀（牛胰脏，谐“榜眼”音，后因牛胰脏味不佳而改用猪肝）、腰花（谐“探花”音）等。原称“三及第粥”，后简称“~”。

鱼生粥 jy^{4}saŋ^{1}tsok^{1}〈生音生熟之生〉鱼片粥。制作时，在碗内放入生鱼片、葱等，浇入滚粥，利用粥的热力烫熟鱼片（鱼生：生鱼片）。

烂头粥 lan^{6}t^{h}ɐu^{4}tsok^{1} 煮得非常烂而稠的粥，一般是给小儿吃的。

嚿嚿粥 kɐu^{-4}kɐu^{-2}tsok^{1}〈前一嚿字音旧第 4 声，后一嚿字读第 2 声〉面糊汤。因中有面糊团，故称（嚿：团块）。

捞面 lou^{1}min^{6} 拌面条（捞：拌）：蚝油～。

牛河 ŋɐu^{4}hɔ$^{-2}$〈河音可〉牛肉片炒宽粉条。[参看三 B3“河”]

三 B6 菜 肴

餸 soŋ^{3} 菜肴的总称（可指烹制好的，也可指未加工的原料）：好～（好菜）｜多啲食～。（多吃点儿菜。）[广州人称以菜佐餐为“送”，佐餐之菜亦为“送”，而创方言字写作“餸”]

唐餐 t^{h}ɔŋ^{4}ts^{h}an^{1} 中式菜肴（唐：指代中国）。相对“西餐”而言。

招牌菜 tsiu^{1}p^{h}ai^{4}ts^{h}ɔi^{3} 饭店、酒楼推出的具有自己特色的菜式。

蒸水蛋 tseŋ^{1}sɵy^{2}tan^{-2}〈蛋读第 2 声〉蛋羹。通常以鸡蛋为主要用料，加入适量的水，充分搅拌后，蒸煮若干时间即成。[又作“水蛋”]

□水蛋 fak^{3}sɵy^{2}tan^{-2}〈第一字音费客切，蛋读第 2 声〉同“蒸水蛋”（□：搅拌）。

三蛇羹 sam^{1}sɛ^{4}kɐŋ^{1} 以银环蛇、金环蛇和过树龙的肉为主要用料熬成的羹汤。为粤菜中的著名菜式。

五蛇羹 ŋ^{5}sɛ^{4}kɐŋ^{1} 以银环蛇、金环蛇、过树龙、三索锦蛇和白花蛇的肉为主要用料熬制的羹汤。为粤菜中的著名菜式。

汤水 t^{h}ɔŋ^{1}sɵy^{2} 汤：广州人食饭，最紧要係啖～。（广州人吃饭，最要紧的是汤。）

例汤 lɐi^{6}t^{h}ɔŋ^{1} 餐厅、酒楼日常提供的普通汤。

上汤 sœŋ^{6}t^{h}ɔŋ^{1}〈上音上面之上〉以鸡、

肉、鱼等为主要用料熬制的烹饪用汤（上：上乘）：～云吞面（配以烹饪用汤的馄饨面条）。

高汤 kou¹tʰɔŋ¹ 同“上汤”。

罗宋汤 lɔ⁴soŋ³tʰɔŋ¹【外】俄式番茄汤。［“罗宋”为英语 Russian 的音译］

炖品 tɐn⁶pɐn² 以高级滋补药物（例如人参等）和肉类（例如鸡肉、兔肉等）或鸡蛋经长时间蒸制的汤或半流质食品。［参看七 B2“炖”］

五柳鱼 ŋ⁵lɐu⁵jy⁻²〈鱼读第 2 声〉拌以五种甜味泡菜的醋溜鱼。通常以草鱼为主要用料。

酸甜 syn¹tʰim⁴⁽⁻²⁾〈甜又读第 2 声，体掩切〉糖醋食物；醋溜食物：～排骨｜～炸蛋。

卤味 lou⁵mei⁻²〈味读第 2 声，摸起切〉酱卤肉类、杂碎等的总称。

烧腊 siu¹lap⁶ 烤制肉食与腊制肉食的总称（烧：烤制）。

烧鹅 siu¹ŋɔ⁻²〈鹅读第 2 声，五可切〉烤鹅：脆皮～（外皮酥脆的烤鹅）｜～饭。

火鹅 fɔ²ŋɔ⁻²〈鹅音五可切〉同“烧鹅”。

烧鸭 siu¹ap³⁽⁻²⁾〈鸭又读第 2 声〉烧鸭：金牌～（名牌烤鸭）

*__叉烧__ tsʰa¹siu¹ ①烤肉条。以烤肉叉子叉着烧烤，故名：上肉～（肥瘦参半的烤肉条）｜脢～（烤里脊肉条）②一种味极浓的红烧肉。［烤肉条质优价贵，饭店时以红烧肉顶替，久而久之，名称相混。重见七 D10］

脆皮鸡 tsʰøy³pʰei⁻²kɐi¹〈皮读第 2 声，婆起切〉烤鸡。因其外皮酥脆，故称。

盐焗鸡 jim⁴kok⁶kɐi¹〈焗音局〉以大量热盐焖熟的鸡（焗：焖）。为客家名菜。

白切鸡 pak⁶tsʰit³kɐi¹ 整只在沸水中浸熟的鸡。其肉白嫩，食时切块，蘸用特配调味料。

白斩鸡 pak⁶tsam²kɐi¹ 同“白切鸡”。

霸王鸭 pa³wɔŋ⁴ap⁻²〈鸭读第 2 声〉以糯米等充填鸭腹而做成的菜肴。

咕噜肉 kwu¹lou¹jok⁶〈咕音姑，噜音鲁第 1 声〉醋溜炸肉块；醋溜炸里脊。［或讹写作“古老肉”］

大肉 tai⁶jok⁶ 红烧五花猪肉，一般切得块儿很大。

龙虎凤 loŋ⁴fu²foŋ⁶ 以蛇、猫、鸡的肉为主要用料烹制而成的菜肴。此以蛇、猫、鸡分别雅称为龙、虎、凤。

大马站 tai⁶ma⁵tsam⁶ 虾糕、肥肉烧豆腐。原是广州的一处地名，后因此处所制的烧豆腐以价廉物美著称，故名。

冬瓜盅 toŋ¹kwa¹tsoŋ¹ 以冬瓜、肉类做成的菜肴。用一节去掉瓤的冬瓜竖放作容器，内盛各种肉类及佐料，经充分蒸煮而成。是以冬瓜作“盅”，故名。

扒 pʰa⁻²〈音爬第 2 声，普哑切〉【外】肉排。一种西餐菜肴（在西餐中是主菜）：牛～｜猪～［法语 pièce de résistance 的省译，原义为“主菜”］

沙律 sa¹lɵt⁻²〈律读第 2 声〉【外】色拉；凉拌杂菜。一种西餐菜肴。［英语 salad］

三 B7　中式点心

茶果 tsʰa⁴kwɔ² 泛指各种点心（一般是指中式点心）。

炒米饼 tsʰau²mɐi⁵pɛŋ² 以炒熟的米粉做成的干饼，味甜。

鸡仔饼 kɐi¹tsɐi²pɛŋ²〈仔音子矮切〉一种以糖腌肉作馅的饼食。［又称“小凤饼”］

汤丸 tʰɔŋ¹jyn⁻² 汤圆。［广州话“丸”、“圆”音近］

云吞 wen^{4}t^{h}en^{1} 广式馄饨：～面（馄饨煮面条）。[馄饨是从北方传来广东，“～”即北方话“馄饨”的摹音，但风味与北方馄饨已不同]

叉烧包 ts^{h}a^{1}siu^{1}pau^{1} 以红烧肉作馅的包子。[参看三 B6“叉烧”]

生肉包 saŋ^{1}jok^{6}pau^{1}〈生音生熟之生〉以生肉糜作馅，然后蒸熟的包子。

粉果 fen^{2}kwɔ^{2} 一种用米粉或澄面作皮，配上肉、蘑菇、笋丝作馅，然后蒸熟的点心。据传创制者名叫“娥姐”，故又称“娥姐粉果”。

粉角 fen^{2}kɔk^{-2}〈角读第 2 声〉一种咸点心，形似饺子。

盲公饼 maŋ^{4}koŋ^{1}peŋ^{2} 一种以花生仁、芝麻等制成的小甜饼。据传为广东佛山一盲人所创制，故名。

糯米糍 nɔ^{6}mei^{5}ts^{h}i^{4}〈糍音慈〉一种以糯米粉作厚皮，以糖、豆泥等作馅，然后蒸熟的点心。

裹蒸粽 kwɔ^{2}tseŋ^{1}tsoŋ$^{-2}$〈粽音肿〉一种近似粽子的食品：肇庆～（肇庆：广东地名）[本名“裹蒸”，与粽子有别，因用料、制法与粽子有相近之处，遂称为“～”]

糯米鸡 nɔ^{6}mei^{5}kei^{1} 一种食品，以荷叶等包裹糯米、鸡块蒸熟。

餺鐣（铛） pɔk^{3}ts^{h}aŋ^{1}〈餺音博，鐣（铛）音差坑切〉一种薄烙饼。有咸、甜两种。多以糯米粉做成，与用面粉所制的烙饼稍有不同（鐣：平底锅）。[近年常讹为“薄餐” pɔk^{6}ts^{h}an^{1}]

油器 jeu^{4}hei^{3} 油炸米面制品的总称：～白粥（油炸米面食品和素粥。以前广州人家的标准早餐。）

油炸鬼 jeu^{4}tsa^{3}kwei^{2} 油条。一种油炸食品。[据传起源于油炸以面粉捏成的秦桧夫妇像。如此则“鬼”当是“桧”之音转]

炸面 tsa^{3}min^{6} 同“油炸鬼”。

煎堆（䭔） tsin^{1}tøy^{1}〈䭔音堆〉以米粉、芝麻、爆米花、糖浆等制成的球状或扁圆形油炸食品。是春节时的年宵食物之一。

油角 jeu^{4}kɔk^{-2}〈角读第 2 声〉形如饺子的油炸食品，有咸、甜两类。是春节时的年宵食物之一。其形如菱角，故称。

角仔 kɔk$^{3(-2)}$tsei^{2}〈角可读第 2 声，仔音子矮切〉同“油角”。

糖环 t^{h}ɔŋ^{4}wan^{4} 一种环状的油炸甜面食。为春节时的年宵食物之一。

蛋馓 tan^{6}san^{2}〈馓音丸散之散〉一种以蛋、芝麻拌入面粉中制成的片状油炸食品，通常为咸味。是春节时的年宵食物之一。

咸煎饼 ham^{4}tsin^{1}peŋ^{2} 油饼。实际上是炸而不是煎的。

***笑口枣** siu^{3}heu^{2}tsou^{2} 开口笑。一种油炸食品。熟时外形像豁裂的枣子，又豁口如人笑，故名。[重见一 D4]

开口枣 hɔi^{1}heu^{2}tsou^{2} 同“笑口枣”。

坼口枣 ts^{h}ak^{3}heu^{2}tsou^{2}〈坼音拆〉同“笑口枣”（坼：裂）。

***崩沙（䭲䬬）** peŋ^{1}sa^{1} 一种油炸食物，形如蝴蝶。[“～”本为一种风蝶。重见二 D6]

钵仔糕 put^{3}tsei^{2}kou^{1}〈仔音子矮切〉装在小钵中蒸成的发面糕，一般有虾米等用料。

松糕 soŋ^{1}kou^{1} 发糕。

三 B8　西式点心

西饼 sei^{1}peŋ^{2} 西式糕点的总称：一打～（12 块西式糕点）

曲奇 k^{h}ok^{1}k^{h}ei^{4}【外】小甜饼：奶油～[英语 cookie]

多士 tɔ^{1}si^{-2}〈士音屎〉【外】烤面包片；吐司：奶油～（涂有奶油的烤面包

片）[英语 toast]

油多 jɐu⁴tɔ¹【外】“牛油多士”的简称。[参见“多士”]

戟 kek¹【外】糕饼：蛋～[英语 cake]

班戟 pan¹kek¹【外】薄煎饼。[英语 pancake]

克力架 hak¹(hɐk¹)lek⁶ka⁻²〈架音真假之假〉【外】松脆饼：奶油～。[英语 cracker]

披莎 pʰei¹sa¹【外】意大利式薄饼；比萨饼。[意大利语 pizza]

威化 wɐi¹fa³【外】脆饼。多有夹层：椰汁～。[英语 wafer]

挞 tʰat¹〈读第 1 声〉【外】露馅饼：蛋～｜椰～。[英语 tart（来自法语 tarte、土耳其语 tartes）]

布甸 pou³tin¹【外】布丁。一种松软的甜点心。[英语 pudding]

蛋卷 tan⁶kyn² 以蛋作主要原料加入面粉中，擀薄后卷成筒形，经烘烤而成的点心。味甜，酥脆，色泽通常金黄。

三 B9 调味品、食品添加剂

黄糖 wɔŋ⁴tʰɔŋ⁴ 红糖。其色红中带黄，故称。

蜜糖 mɐt⁶tʰɔŋ⁴ 蜂蜜（一般指经过一定加工而成为食品的）。

片糖 pʰin³tʰɔŋ⁴ 一种红糖。制为片块状，故称。

冰片糖 peŋ¹pʰin³tʰɔŋ⁴ 一种优质红糖。呈半透明，如冰，故称。

生盐 saŋ¹jim⁴〈生音生熟之生〉未经细加工的粗盐。与“熟盐”相对。

熟盐 sok⁶jim⁴ 经过细加工的盐。与“生盐”相对。

幼盐 jɐu³jim⁴ 同“熟盐”（幼：细）。

生油 saŋ¹jɐu⁴〈生音生熟之生〉①花生油的简称。②未经熟加工的食用油。一般不直接食用。与“熟油”相对。

熟油 sok⁶jɐu⁴ 经过熟加工（例如炸过食品或煮沸）的食用油。可直接食用。与“生油”相对。

猪膏 tsy¹kou¹ 猪油。煎炸猪的脂肪而取得的动物性油脂，冷凝后呈乳白色膏体状。

豉油 si⁶jɐu⁴〈豉音是〉酱油：～捞饭（酱油拌饭）

抽油 tsʰɐu¹jɐu⁻²〈油读第 2 声〉酱油。[“抽”为酱油制作中的一道工艺。一说“抽”为“秋”之讹。]

生抽 saŋ¹tsʰɐu¹〈生音生熟之生〉一种色淡味浓的酱油。常作调味或蘸用。

白油 pak⁶jɐu⁻²〈油读第 2 声〉一种淡色的蘸用酱油。

老抽 lou⁵tsʰɐu¹ 一种色浓味淡的酱油。常作腌制食品或红烧食品用。[参见“抽油”]

朱油 tsy¹jɐu⁻²〈油读第 2 声〉一种色浓的酱油。

面豉 min⁶si⁻²〈豉音屎〉豆瓣酱；黄酱。因其黏稠如面浆，故称。

豉汁 si⁶tsɐp¹〈豉音是〉豆豉汁。把豆豉捣烂，加入糖、油、芡粉调和而成。

南乳 nam⁴jy⁵ 一种以芋头为主要原料制成的调味品。较腐乳大，红色，味咸。

鱼露 jy⁴lou⁶ 一种鱼肉的提取液。可用以腌制食品，也可直接食用。

沙爹 sa¹tɛ¹ 沙茶酱。[“爹”是模仿潮汕方言“茶”字之音]

蒜茸（蓉） syn³joŋ⁴ 蒜泥。蒜头的捣碎物：～豆苗（放入了蒜泥的炒豆苗）

姜茸（蓉） kœŋ¹joŋ⁴ 姜泥。姜的捣碎物。通常用作蘸料。

姜葱 kœŋ¹tsʰoŋ¹ 姜、葱的捣碎物加油、盐等，为蘸料。

三 人造物

芥辣 kai^{3}lat^{6} 芥末酱。芥菜籽的制成物，色黄或绿，味辣。

古月粉 kwu^{2}jyt^{6}fɐn^{2} 胡椒粉。［“胡”字拆为“古月”二字］

生粉 saŋ^{1}fɐn^{2}〈生音生熟的生〉芡粉。勾芡用的淀粉，如豆粉等。

酒饼 tsɐu^{2}pɛŋ^{2} 酿酒酵母。其形如小饼，故称。

包种 pau^{1}tsoŋ^{2}〈种音种子之种〉发面。含有酵母，做包子需用，故称。

泡打粉 p^{h}au^{1}ta^{2}fɐn^{2}【外】发酵粉剂。制面包等的添加剂。［英语 powder］

伊士 ji^{1}si^{-2}〈士音屎〉【外】酵母。［英语 yeast］

大菜糕 tai^{6}ts^{h}ɔi^{3}kou^{1} 琼脂。

忌廉 kei^{6}lim^{1}〈廉音拉阉切〉【外】奶油；奶酪：～饼干。［英语 cream］

果占 kwɔ^{2}tsim^{1}〈占音尖〉【外】果酱：～曲奇（果酱小甜饼）。［“占”为英语 jam 的音译］

芝士 tsi^{1}si^{-2}〈士音屎〉【外】奶酪：～焗排骨（奶酪焖排骨）。［英语 cheese］

喼汁 kip^{1}tsɐp^{1}〈喼音劫第1声〉【外】番茄汁：～猪扒（番茄汁煎猪排）。［英语 ketchup 的音译］

谷古 kok^{1}kwu^{2}【外】可可粉。［英语 cocoa］

咖喱 ka^{3}lɛ^{1}(lei^{1})〈咖音嫁，喱音拉些切，又音利第1声〉【外】咖喱粉；咖喱酱：～牛肉（咖喱粉烹牛肉）。［英语 curry］

三 B10 饮 料

双蒸 sœŋ^{1}tseŋ^{1} 经两次蒸馏的烧酒，酒精含量较低。

拔兰地 pɐt^{6}lan^{-1}tei^{-2}〈兰读第1声，地音第2声〉【外】白兰地。葡萄酿制的餐酒。［英语 brandy］

冧酒 lɐm^{1}tsɐu^{2}〈冧音林第1声，拉音切〉【外】兰姆酒。一种甜酒。［英语 rum］

钵酒 put^{-1}tsɐu^{2}〈钵读第1声〉【外】葡萄牙所产的餐酒。［英语 port］

谷爹 kok^{1}tɛ^{1}【外】鸡尾酒；调和酒。［英语 cocktail］

老番凉茶 lou^{5}fan^{1}lœŋ^{4}ts^{h}a^{4}【喻】【谑】啤酒。据说啤酒具有降火的药效，类似广东人常饮用的“凉茶”又源自外国，故称（老番：洋人）。

番鬼佬凉茶 fan^{1}kwɐi^{2}lou^{2}lœŋ^{4}ts^{h}a^{4} 同“老番凉茶”（番鬼佬：洋人）。［又作“鬼佬凉茶”］

清酒 ts^{h}eŋ^{1}tsɐu^{2}【外】日本米酒。［源自日语］

傻仔水 sɔ^{4}tsɐi^{2}søy^{2}〈仔音子矮切〉【谑】酒。酒喝多了，常导致胡言乱语，行为失常，故称（傻仔：傻瓜）。

爆头牌 pau^{3}t^{h}ɐu^{4}p^{h}ai^{4} 劣酒。

土炮 t^{h}ou^{2}p^{h}au^{3}【喻】本地产的劣质酒。

凉水 lœŋ^{4}søy^{2} 以某些带凉性的食物或药物熬成的饮料，如绿豆汤、竹蔗水等，为暑天饮料。

凉茶 lœŋ^{4}ts^{h}a^{4} 一种以药材熬煎的饮料。功能解暑、降火。为夏季常用的饮料。

七星茶 ts^{h}ɐt^{1}seŋ^{1}ts^{h}a^{4} 一种以七味中药配制而成的儿童饮料，有开胃、利尿等功用。

茶包 ts^{h}a^{4}pau^{1} 袋泡茶。耐水纸袋内装着适量茶叶，可直接置于开水中泡用。

斋啡 tsai^{1}fɛ^{1} 不加糖、奶的咖啡（斋：素）。

荷兰水 hɔ^{4}lan^{-1}søy^{2}〈兰读第1声〉【旧】汽水。因源自国外，故称（荷兰：西洋的代称）。

滚水 kwɐn^{2}søy^{2} 开水；煮开过的水（滚：沸）。

茶 tsʰa^{4} 开水。[可以指茶叶泡出的饮料（这同普通话一样），也可以指白开水]

饭汤 fan^{6}tʰɔŋ^{1} 米汤（饭煮开时舀出来的汤）。

三 B11　零食、小吃

口头立湿 hɐu^{2}tʰɐu^{4}lɐp^{6}sɐp^{1} 零食；零吃儿（立湿：零碎）：食埋咁多～，边有胃口食饭啊？（吃这么多零食，哪有食欲吃饭呀？）[又作“口立湿”]

咸酸 ham^{4}syn^{1} 醋腌瓜菜的总称。

送口果 soŋ^{3}hɐu^{2}kwɔ^{2} 用以佐服中药的果脯。

糖 tʰɔŋ$^{-2}$〈读第 2 声，体讲切〉糖果：水果～｜奶～。[此字不变调读 tʰɔŋ^{4}〈音唐〉指一般的食糖，变调读第 2 声则指糖果]

香口胶 hœŋ^{1}hɐu^{2}kau^{1} 口香糖。

爆谷 pau^{3}kok^{1} 以高温炒或烘稻谷，使其爆开，去壳后作零食，类似爆米花。

朱古力 tsy^{1}kwu^{-1}lek^{-1}〈古音姑，力读第 1 声〉【外】巧克力。[英语 chocolate]

拖肥 tʰɔ^{1}fei^{4}【外】太妃糖。[英语 toffee]

啫喱 tsɛ^{1}lei^{2}〈啫音遮，喱音裸起切〉【外】果冻。[英语 jelly]

米通 mɐi^{5}tʰoŋ^{1} 米花糕。以爆米花、糖浆为主要材料制成。

嘉应子 ka^{1}jeŋ^{3}tsi^{2} 蜜饯李子。旧以嘉应州（今广东梅州）所制最为出名，故称。[简作“应子”]

飞机榄 fei^{1}kei^{1}lam^{-2} 腌橄榄。有甜、辣两种。旧时小贩常沿街叫卖这种零食，遇有楼上顾客，小贩即施展抛物绝技，橄榄如飞机般飞至顾客手中，故称。

啄啄榄 tœŋ^{1}tœŋ^{1}lam^{-2}〈啄音低央切〉同“飞机榄”。因小贩常敲响铁板以招徕生意，发出“啄啄”之声，故称。

和味榄 wɔ^{4}mei^{6}lam^{-2} 同“飞机榄”（和味：味道好）。

摩登瓜子 mɔ^{1}tɐŋ^{1}kwa^{1}tsi^{2} 向日葵子。实际上并非瓜子，但习惯称瓜子。

南乳肉 nam^{4}jy^{5}jok^{6} 五香花生仁。制作时需以南乳调味，故称。[参见三 B9“南乳”]

咸脆花生 ham^{4}tsʰøy^{3}fa^{1}sɐŋ^{1} 同“南乳肉”。

咸柑 ham^{4}kɐm^{1} 盐腌柑皮。一般做成小颗粒。

咸姜 ham^{4}kœŋ^{1} 盐腌姜片或姜丝。一般做成红色，为常见的零食。

糖冬瓜 tʰɔŋ^{4}toŋ^{1}kwa^{1} 糖腌冬瓜条。为常见零食及普通年货。

京果 keŋ^{1}kwɔ^{2} 北方所产的干果及果脯的总称。

番薯糖 fan^{1}sy^{4}tʰɔŋ$^{-2}$〈糖读第 2 声〉甘薯块煮糖水。

蛋茶 tan^{-2}tsʰa^{4}〈蛋读第 2 声〉糖水煮鸡蛋（鸡蛋先煮熟剥壳再放入糖水中煮）。

糖水 tʰɔŋ^{4}søy^{2} 甜品的总称。通常为流质或半流质：煲～。（煮甜品。）

豆腐花 tɐu^{6}fu^{6}fa^{1} 豆腐脑。

姜醋 kœŋ^{1}tsʰou^{3} 以姜、醋为主要材料制成的食品。原供产妇食用，现已成为小吃：～猪手（以姜、醋等烩制的猪前腿）｜～蛋（以姜、醋等烩制的蛋）。

猪脚姜 tsy^{1}kœk^{3}kœŋ^{1} 以姜、醋等烩制的猪后腿。[参见“姜醋”]

冰 peŋ^{1} 冷饮：食～（吃冷饮）｜～室（冷饮店）。

雪糕 syt^{3}kou^{1} 冰淇淋。

奶昔（色） nai^{5}sek^{1}【外】牛奶加冰淇

淋的混合食品。[英语 milk shake 的半意半音译词]

新地 sɐn1tei-2〈地读第 2 声，底起切〉【外】水果、坚果杂拌冰淇淋；圣代。[英语 sundae]

雪批 syt3pʰɐi1【外】冰棍形的冰淇淋：牛奶～。[英语 ice pie 的半意半音译词。]

雪条 syt3tʰiu-2〈条读第 2 声，体晓切〉冰棍：红豆～。

三C　一般工具、原料、零件等

三 C1　一般工具

架撑 ka3tsʰaŋ1〈撑音差坑切〉工具的总称：电工～｜斗木～。[当是古汉语词“家生”的变音]

士巴拿 si6pa1na-2〈拿读第 2 声〉【外】扳手。装拆机器时用来旋紧或旋松螺栓螺帽等的一种工具。[英语 spanner]

焫鸡 nat3kɐi1 电烙铁；烙铁（焫：烫）。

电笔 tin6pɐt1 测电螺丝刀。其形似笔，故称。

螺丝批 lɔ4si1pʰɐi1 螺丝起子；螺丝刀。装拆螺钉用的手工具。

钳1 kʰim-2〈读第 2 声，其掩切〉①钳子。②镊子。

鹤嘴锄 hɔk6tsøy2tsʰɔ-2〈锄读第 2 声，此可切〉十字镐；镐。因其形似鹤的嘴巴，故称。

番啄 fan1tœŋ1〈啄音低央切〉镐。因自国外引入，故名之曰“番”。

铁笔 tʰit3pɐt1 铁制撬杠：虽然而家机械化程度好高，之仲要用到～。（虽然现在机械化程度很高，可还要使用撬杠。）

担挑 tam3tʰiu1〈担读第 3 声〉扁担。

担竿 tam3kɔn1〈担读第 3 声〉同“担挑”。

担润 tam3jøn-2〈担读第 3 声，润读第 2 声〉同“担挑”。[本作“担竿”，因广州话喜以水喻财，“干”为不吉之字，“竿”与之同音，亦避讳而改称“润”]

竹篙 tsok1kou1 长竹竿。一般以撑篙竹或青皮竹竿风干而成，可作船篙、搭架、晾衣等用。

竹升 tsok1seŋ1【婉】粗竹杠。一般用以搬运重物。[广州话“杠”、“降”音同，搬运重物避忌说“降”，故改称“升”]

軬 lip1〈音猎第 1 声〉【外】垂直电梯；电动升降机。特指装设于建筑物内的乘人电梯，也指某些工作场所（如车间、建筑工地等）的载物升降机。[英语 lift]

缆 lam6 粗绳；缆绳：拶条～嚟。（拿一根粗绳子来。）

威吔 wɐi1ja2〈吔音也第 2 声，椅哑切〉【外】钢丝绳；钢缆。[英语 wire]

铁线 tʰit3sin-2〈线读第 2 声，音癣〉铁丝。

渔丝 jy4si1 尼龙丝。因常用以织制渔网或作钓鱼线，故称。

胶丝 kau1si1 尼龙丝。

***缬** lit3〈音列第 3 声，利歇切〉结（在条状物上打的疙瘩）：打～｜打咗个死～。（打了个死结。）[重见二 E1]

通 tʰoŋ1 管子；特指金属管：铁～｜钢～。

三 C2　金属、塑料、橡胶、石油制品

钢骨 kɔŋ3kwɐt1 钢筋：～水泥。

白铁 pak6tʰit3 镀锡铁皮和镀锌铁皮的

合称。

星铁 seŋ1tʰit3 镀锌铁皮。

锑 tʰɐi1〈音梯〉铝。[铝与锑本为不同的金属，但在外观上均呈银白色，广州人相混]

飞机锑 fei1kei1tʰɐi1〈锑音梯〉【旧】铝合金。制造飞机用为原料，故名。[参见“锑”]

金砖 kɐm1tsyn1 金锭。为方便运输，金属的成品多铸成块状，形近砖块，故称。

胶 kau1 橡胶和塑料的统称。

塑胶 sou3(sɔk3)kau1〈塑又读索〉塑料。[塑料本与橡胶不同，但广州人多混淆。“塑”本音 sou3，但多讹读 sɔk3]

发泡胶 fat3pʰou5kau1〈泡音抱〉泡沫塑料。

生胶 saŋ1kau1〈生音丝坑切〉未经硫化的橡胶。

熟胶 sok6kau1 经过硫化的橡胶。

雪油 syt3jɐu-2〈油读第 2 声。椅口切〉润滑脂；黄油。稠厚的油脂状半固体或固体。

机油 kei1jɐu-2〈油音椅口切〉【外】润滑油。[英语 grease]

偈油 kɐi2jɐu-2〈偈音计第 2 声，假矮切〉【外】同“机油”。

电油 tin6jɐu4 汽油。

蜡青 lap6tsʰɛŋ1〈青音差赢切第 1 声〉沥青。

三 C3　机器及零件等

摩打 mɔ1ta2〈摩读第 1 声〉【外】马达；发动机。[英语 motor]

波子 pɔ1tsi2 滚珠。制造滚珠轴承的零件。[“波”为英语 ball 的音译]

波珠 pɔ1tsy1 同“波子”。

啤令 pɛ1leŋ2〈啤音波爹切，令读第 2 声〉【外】滚动轴承。[英语 bearing]

螺丝 lɔ4si1 螺栓。紧固件的一种，常与螺母组合使用。[普通话指螺钉，广州话则既可指螺钉，也可以指螺栓]

丝帽(母) lɔ4mou-2〈帽(母) 读第 2 声，摸好切〉螺母；螺帽。

牙 ŋa-2〈读第 2 声，鹅哑切〉①螺纹：嗰度有～，可以拧上去嘅。(那儿有螺纹，可以拧上去的。) ②齿轮的齿：崩咗两只～。(齿轮上断了两个齿。)

倒牙 tou3ŋa-2〈倒音到，牙读第 2 声〉左旋螺纹。一般的螺纹是右旋的，所以称左旋为“倒”。

揰环 tʰɔŋ5wan4〈揰音唐第 5 声，肚网切〉手轮。一种轮形的螺纹开关把手。日常所见如自来水总开关、液化石油气瓶开关等的把手。

敆口 kɐp3(kap3)hɐu2〈敆音鸽，又音计鸭切〉接口（机件之间的接合处。敆：合）。

窝钉 wɔ1tɛŋ1〈钉音低赢切第 1 声〉铆钉（窝：铆）。用以连接金属构件的零件。一般为圆柱形。

弹弓 tan6koŋ1 弹簧：～床 [普通话指发射弹丸的工具，广州话也有同样的用法]

摄铁 sip3tʰit3 磁铁（摄：磁吸）。

神农茶 sɐn4noŋ4tsʰa4【谑】本是一种药茶，因广州话称不正常为“神”，故谑称常出故障的机器为～：呢架～，整一次神一次。(这架坏机器，修一回坏一回。)

三 C4　其　他

杉 tsʰam3〈次喊切，音蚕第 3 声〉上下皆为碗口般粗的长杉木材，也泛指其他木质的类似木材。一般可用作支撑、搭设等。

青 tsʰɛŋ^{1}〈音差赢切第 1 声〉搪瓷釉：甩～（掉釉）

啤盒 pɛ^{1}hɐp^{-2}〈盒读第 2 声〉【外】用厚卡纸切型、压棱后折成的纸盒，广泛用于各种产品包装等（啤：机械压制）。[英语 press]

引 jɐn^{5} 导火索：炮仗～（爆竹导火索）｜湿水炮仗——死～（瘾）。（湿了水的鞭炮，导火索失效。歇后语。“引”、“瘾”音同“死瘾”谓瘾头大。）

生埃 saŋ^{1}ai^{1}〈生音生熟之生，埃音唉〉【外】氰化物；山萘。白色晶体，有剧毒，常用于电镀、钢的淬火、金属热处理等。[英语 cyanide]

雪 syt^{3} 人造冰。通常为半米左右的长方体，以便于运输。多用于冷藏食物等。[南方无雪，人误以冰为“～”]

生雪 saŋ^{1}syt^{3}〈生音生熟之生〉同“雪”。

雪种 syt^{3}tsoŋ^{2}〈种音种子之种〉冰箱等制冷设备的冷冻剂（一般指氟里昂。雪：冰）。

水喉水 sɵy^{2}hɐu^{4}sɵy^{2} 自来水（水喉：水管）。

镭射 lɵy^{4}sɛ^{6}【外】激光：～唱碟（激光唱片）[英语 laser]

三D 社会各业及公共设施、用品

三 D1 农副业、水利设施及用品

基 kei^{1} ①堤坝：大～口（地名）②田埂。

田基 tʰin^{4}kei^{1} 田埂；田间小道。

桑基 sɔŋ^{1}kei^{1} 鱼塘与鱼塘之间的垄。珠江三角洲的农民多于其上植桑，故名。

坜 lɛk^{6}〈音历吃切第 6 声〉畦；田垄：一～番薯｜起～（分垄）。

水塘 sɵy^{2}tʰɔŋ^{4}〈圳音进〉水库。[此为香港用法。广州说“水库”，而“水塘”指池塘]

水圳 sɵy^{2}tsɵn^{3}〈圳音进〉水渠。供灌溉、排水用。

***壆** pɔk^{3}〈音博〉①堤坝。②垄：草菇～（草菇垄）[重见三 D4]

基围 kei^{1}wɐi^{4} 堤坝。通常指防波堤。

地塘 tei^{6}tʰɔŋ^{4} 晾晒粮食等的晒场：月光光，照～。（童谣：月亮光，照晒场。）

禾塘 wɔ^{4}tʰɔŋ^{4} 同“地塘”。

牛栏 ŋɐu^{4}lan^{-1}〈栏读第 1 声〉牛圈。

猪栏 tsy^{1}lan^{-1}〈栏读第 1 声〉猪圈。

猪陆 tsy^{1}lok^{6} 猪圈。

风柜 foŋ^{1}kwɐi^{6} 手摇风车。一种将瘪谷、糠与饱满的谷粒分开的工具：而家喺珠江三角洲嘅农村都好少见到～嘞。（现在在珠江三角洲的农村很少看见手摇风车了。）

滴露 tek^{6}lou^{6} 杀虫药：而家嘅农民好倚赖～，呢个唔係好现象。（现在的农民很依赖杀虫药，这不是一个好现象。）

肥水 fei^{4}sɵy^{2} 对农田有肥效的水。

肉糠 jok^{6}hɔŋ^{1} 复碾稻谷生产出来的带有碎米的细糠，为牲畜的精饲料。

老糠 lou^{5}hɔŋ^{1} 初碾稻谷生产出来的粗糠，为牲畜的粗饲料。

竹笪 tsok^{1}tat^{3}〈笪音达第3声，帝压切〉粗竹席。用以围囤储存粮食、饲料等物。也用以垫晒、晾农产品等。[简作“笪”]

黐网 tsʰi^{1}mɔŋ^{5}〈黐音次第 1 声，妻衣切〉刺网。网上布满弹性网眼，用以卡住鱼身（黐：黏）。捕鱼时，在水下施网，然后敲击船身惊吓鱼类撞向刺网。待取下刺网上卡住的鱼

后，又可进行新一轮的捕鱼。

笭 lɛŋ^{1}〈音拉赢切第1声〉捕鱼虾用的小竹笼。

三 D2　车辆及其部件［自行车及与之通用的部件参见三A8］

巴士 pa^{1}si^{-2}〈士音屎〉【外】公共汽车：搭～（乘坐公共汽车）。［英语 bus］

直通巴士 tsek^{6}tʰoŋ^{1}pa^{1}si^{-2}〈士音屎〉【外】直达长途公共汽车：可以坐～去深圳。（可以乘坐直达长途公共汽车到深圳。）［参见“巴士”］

中巴 tsoŋ^{1}pa^{1}【外】中型公共汽车。一般可乘坐20来人。［“巴”为“巴士”之省称。参见“巴士”］

小巴 siu^{2}pa^{1}【外】小型公共汽车。一般只能乘坐20人以下。［“巴”为“巴士”之省称。参见“巴士”］

的士 tek^{1}si^{-2}〈士音屎〉【外】①计程车：打～（召计程车）②小轿车（现罕用）。［英语 taxi。简作“的”］

⿰口钵⿰口钵车 put^{1}put^{1}tsʰɛ^{1}〈⿰口钵音钵第1声〉【儿】汽车（“⿰口钵⿰口钵”是模拟喇叭声）。

市虎 si^{5}fu^{2}【喻】【谑】城市里的汽车。汽车可以伤人，故云。

VAN仔 wɛn^{1}tsɐi^{2}〈前字音乌些切加温之字尾，仔音子矮切〉【外】客货两用小汽车。［英语、法语 van 的半音译词］

泥头车 nɐi^{4}tʰɐu^{4}tsʰɛ^{1} 运送余泥、沙石的车。

三脚鸡 sam^{1}kœk^{3}kɐi^{1}【喻】小型三轮汽车。现已少见。

房车 fɔŋ^{4}tsʰɛ^{1} 小轿车：名贵～。

座驾 tsɔ^{6}ka^{3}【谑】私人小汽车：我嘅～琴日送咗入厂修理。（我的小汽车昨天送进厂里修理。）

钱七 tsʰin^{4}tsʰɐt^{1}【谑】老爷车，旧机器等。

电单车 tin^{6}tan^{1}tsʰɛ^{1} 机器脚踏车；两轮摩托车。

铁马 tʰit^{3}ma^{5}【喻】【谑】两轮摩托车。

拖头 tʰɔ^{1}tʰɐu^{4} 集装箱车的驾驶室部分。

拖卡 tʰɔ^{1}kʰa^{1}【外】拖挂车厢（卡：车厢）。［“卡”为英语 car 的音译］

后卡 hɐu^{6}kʰa^{1} 同“拖卡”。

挂接车 kwa^{3}tsip^{3}tsʰɛ^{1} 拖挂车厢。

直通车 tsek^{6}tʰoŋ^{1}tsʰɛ^{1} 直达列车（特指广州、香港之间的直达列车）。

餐卡 tsʰan^{1}kʰa^{1}【外】（火车的）餐车（卡：车厢）：不如唔食盒饭，去～点翻几个小菜啦。（倒不如别吃盒饭，到餐车点几个小菜吧。）［“卡”为英语 car 的音译］

货卡 fɔ^{3}kʰa^{1}【外】（火车的）货车皮（卡：车厢）：客车一般冇～。（客车一般不挂货车皮。）

手车 sɐu^{2}tsʰɛ^{1} 手推车：借部～畀我运啲嘢得唔得啊？（借辆手推车给我运点儿东西行不行？）

木头车 mok^{6}tʰɐu^{4}tsʰɛ^{1} 装载货物，以便沿街叫卖的手推车（今罕见）。

猪笼车 tsy^{1}loŋ^{4}tsʰɛ^{1} 木板手推车；排子车。

***舦(軚)** tʰai^{5}〈音太第5声〉汽车方向盘：右～车（方向盘位于驾驶室右部的汽车）。［重见三A8、三D3］

逼力 pek^{1}lek^{6}【外】刹车装置。［英语 brake］

脚制(掣) kœk^{3}tsɐi^{3} 脚踏刹车装置（制：刹车装置）。

手制(掣) sɐu^{2}tsɐi^{3} 手动刹车装置（制：刹车装置）：～坏咗。（手动刹车装置坏了。）

波$_{2}$ pɔ^{1}（汽车等的）变速档：呢种车有5个～。（这种车有5个档。）

自动波 tsi^{6}toŋ^{6}pɔ^{1} 自动档，（汽车等的）自动换档、自动变速装置（波：变速档）：买咗架～车。（买了一架自动换档的汽车。）

棍波 kwɐn^{3}pɔ^{1} 手动换档装置（波：变速档）：呢个～有几档㗎？（这个手动换档装置有几档呀？）

波棍 pɔ^{1}kwɐn^{3} 换档杆；变速杆（波：变速档）：～喺右手边。（换档杆在右边。）

波箱 pɔ^{1}sœŋ^{1} 变速箱。

火嘴 fɔ^{2}tsøy^{2}（内燃机的）火花塞（火花点火式内燃机中装在气缸盖上的电点火设备）。

三 D3　船只及其部件、飞机

电船 tin^{6}syn^{4}【旧】汽艇。有时亦指轮船。

电扒 tin^{6}p^{h}a^{4}〈扒音爬〉【旧】汽艇；摩托艇（扒：划船）。

火船 fɔ^{2}syn^{4}【旧】轮船；火轮。旧以燃煤蒸汽机推动，故称“火”，后改为内燃机，仍沿旧名。

座舱 tsɔ^{6}ts^{h}ɔŋ^{1} 客轮中仅设座位、不设卧铺的客舱。［普通话指飞机舱，与广州话不同］

艔 tou^{2}〈音捣〉原指接载旅客渡江的小艇，后兼指轮渡及内河客船：搭～过海。（坐轮渡过江。）［此由“渡”读变调而成］

横水艔 waŋ^{4}søy^{2}tou^{2}〈艔音捣〉接载旅客渡江的小艇，现已少见。［参见“艔”］

花尾艔 fa^{1}mei^{5}tou^{2}〈艔音捣〉一种无动力内河客船（由拖轮拖带），船尾漆有花纹，故名。现已少见。［参见“艔”］

拖艔 t^{h}ɔ^{1}tou^{2}〈艔音捣〉同“花尾艔”。

小轮 siu^{2}løn^{4} 接载旅客渡江或海峡的小型轮船。

飞翔船 fei^{1}ts^{h}œŋ^{4}syn^{4}【外】气垫船。一种利用空气的支承力开离水面的船，是速度较快的交通工具。［英语 hovercraft 的意译］

大眼鸡$_{2}$ tai^{6}ŋan^{5}kɐi^{1}【喻】【谑】一种渔船。船头锚孔如眼，故称。

***舦(轪)** t^{h}ai^{5}〈音太第 5 声〉船舵：把～。［重见三 A8、三 D2］

𢃇 lei^{5}〈音李〉船帆：有风唔好驶尽～。（有风别把帆完全张开。谚语，喻做事勿做得太尽。）

车叶 ts^{h}ɛ^{1}jip^{-2}〈叶读第 2 声〉螺旋桨：唔好游埋船尾嗰度，因住畀～打亲。（别游近船尾那儿，小心给螺旋桨打着。）

太空穿梭机 t^{h}ai^{3}hoŋ^{1}ts^{h}yn^{1}sɔ^{1}kei^{1}【外】航天飞机。［英语 space shuttle 的意译。简作“穿梭机”］

三 D4　交通设施

立交桥 lap^{6}(lɐp^{6})kau^{1}k^{h}iu^{4} 多立体交叉路。［普通话亦有此词，但与广州话不完全相同。两线相交而又各自独立的立体交叉桥梁（跨线桥）广州话称“旱桥”，多线相交、相交点一般有互通的转弯车道的才称为“～”］

旱桥 hɔn^{5}k^{h}iu^{4} 跨线桥。［参见“立交桥”］

斑马线 pan^{1}ma^{5}sin^{3} 人行横道线。通常以白色漆料在马路上涂平行条纹为标志，因形如斑马的花纹，故名。

孖站 ma^{1}tsam^{6}〈孖音妈〉两条以上不同路线的公共汽车共用的车站（孖：并联）：嗰个係 2 路同 5 路嘅～，落咗车唔使行，就企嗰度等就得嘞。（那是 2 路和 5 路共用的车站，下了车不用走，站在那儿等就行了。）

***壆** pɔk^{3}〈音博〉公路（尤指高速公路）的护墙。［重见三 D1］

径 kaŋ^{3}〈音耕第 3 声〉【旧】小路：呢度有条～过去。（这儿有条小路过去。）［“径”照字读 keŋ^{3}，此为特殊读音］

车路 tsʰɛ¹lou⁶ 铁路；铁道。[此为香港用法。广州同普通话称“铁路”]

车轨 tsʰɛ¹kwɐi² 钢轨。

埠(埗)头 pou⁶tʰɐu⁴〈埠（埗）音步〉码头。旅客上下船、货物装卸的设施。

避风塘 pei⁶foŋ¹tʰɔŋ⁴ 避风港。供船只暂避台风的港湾。

三 D5 建筑用具、材料及场所

灰匙 fui¹tsʰi⁻²〈匙音耻〉抹泥刀。作涂抹灰浆等用，使灰浆熨平地黏附在墙壁上、砖缝里。

灰斗 fui¹tɐu²〈斗音升斗之斗〉盛放灰浆的容器。旧多以木料制成，形如小木桶。今多以塑料代之。

砖刀 tsyn¹tou¹ 砌墙刀。作砌砖、劈碎砖头等用。

棚架 pʰaŋ⁴ka⁻²〈架读第 2 声，音真假之假〉建筑工程中脚手架、升降架、支撑架等的总称。[简作“棚”]

排栅 pʰai⁴san¹〈栅音山〉脚手架。

石米 sɛk⁶mɐi⁵ 建筑用石粒。常拌在灰浆里用来圬墙。其小如米粒，故名。

石屎 sɛk⁶si² ①建筑用的碎石，为捣制混凝土的原料。②混凝土：捣～ | 钢筋～ | ～楼。

红毛泥 hoŋ⁴mou⁴nɐi⁴ 水泥；洋灰（红毛：西洋人）。

白灰 pak⁶fui¹ 石灰。石灰石煅烧而成的建筑原料，其色白，故名。

灰水 fui¹sɵy² 以石灰、水等制成的刷墙用稀灰浆。

青砖 tsʰɛŋ¹tsyn¹〈青音妻赢切第 1 声〉青灰色的砌墙用砖。与红砖相对：而家谂怕都要去到西关嗰头至见到～大屋啰。（现在恐怕要到西关那里才见得到青砖建的大屋子了。西关：广州市区西部的老城区。）

红砖 hoŋ⁴tsyn¹ 红色的砖墙用砖，与青砖相对：～屋（以红砖砌成的房子）。

泥砖 nɐi⁴tsyn¹ 未经烧制的风干大块砖。旧日农村住宅建筑多用：～屋（泥砖砌的房子）。

***阶砖** kai¹tsyn¹ 地板砖：睇嚟都要换咗啲～至得，唔係跟唔上潮流啰。（看来要把地板砖换掉重铺才行，否则就跟不上潮流了。）[重见三 A19]

花阶砖 fa¹kai¹tsyn¹ 有图案花纹的地板砖。通常以陶土做成，表面附有彩釉。

光瓦 kwɔŋ¹ŋa⁵ 透明瓦。旧时多以可透光的贝壳制成，今一般为钢化玻璃。

海镜 hɔi²kɛŋ³ 本为一种海贝的名称（学名“海月”），其壳半透明，磨制为透明瓦，仍沿用此名。

蜡青纸 lap⁶tsʰɛŋ¹tsi²〈青音差赢切第 1 声〉油毡。油毡中一种主要的材料是沥青，故名（蜡青：沥青）。

桐油灰 tʰoŋ⁴jɐu⁴fui¹ 泥子；油灰。其中一种主要的原料是桐油，故名。常用以镶嵌玻璃窗等。

窗花 tsʰœŋ¹fa¹ 窗棂。因常设计成各种图案花纹，故名。

窗枝 tsʰœŋ¹tsi¹ 窗栅栏。因多以竹、木、铁质的枝状物构成，故名。

窗门 tsʰœŋ¹mun⁻²〈门读第 2 声，摸碗切〉①窗户：呢间房冇～嘅，焗到死。（这间房子没窗户，闷得要命。）②窗扇：落雨嘞，闩翻个～啦。（下雨了，把窗扇关上吧。）

***戌** sɐt¹〈音恤〉门窗的插销：个～甩咗。（这插销掉了。）[重见七 B4]

窗钩 tsʰœŋ¹ŋɐu¹ 窗钌铞。用以固定张开的窗扇，免受风等吹摇。

鎉钩 tap³ŋɐu¹〈鎉音搭〉门窗等的钌铞儿。

铁闸 tʰit³tsap⁶ 铁栅门。通常附加在里门外，以钢铁造成，推拉如闸门，故称。

三 人造物

趟栊 t^{h}ɔŋ^{3}lɔŋ^2 广州旧式房屋的杠栅式拉门。以小碗口粗木为横栅，横向推拉启闭（趟：顺着方向推拉）。

*__骹(铰)__ kau^3〈音教〉（门窗）合页。本义为关节，因合页转动自如似人的关节，故称。[重见二 B6]

门槧 mun^{4}ts^{h}am^5〈第二字音似览切〉门槛儿。

桁桷 haŋ$^{-2}$kɔk^{-2}〈桁音坑第 2 声，桷音角第 2 声〉板式椽子。安放在梁上支撑屋面和瓦片的木板条。南方地区的椽子多是板条型的。[又单作“桁”、“桷”]

泥口 nɐi^{4}hɐu^2 建筑工地。因建筑工地常堆置砂石、余泥等，故名。

地盘 tei^{6}p^{h}un^4 建筑工地。

三 D6　建筑物及其构件

唐楼 t^{h}ɔŋ^{4}lɐu^{-2}〈楼读第 2 声，罗呕切〉中式楼房。[“唐”为中国的代称]

石屎楼 sɛk^{6}si^{2}lɐu^{-2}〈楼读第 2 声〉钢筋混凝土楼房（石屎：混凝土）：而家起嘅咸都係～。（现在建的全都是钢筋混凝土楼房。）

假石屎楼 ka^{2}sɛk^{6}si^{2}lɐu^{-2}〈楼读第 2 声〉外墙用水洗石粒灰浆涂抹的砖木结构楼房，因外观近似钢筋混凝土楼房，故名（石屎：混凝土）。

骑楼 k^{h}ɛ^{4}lɐu^{-2}〈楼读第 2 声，丽呕切〉①马路两旁横跨人行道的建筑物。此为南方特有的建筑形式，因南方多雨，这种建筑可供行人避雨。②建筑物侧面的阳台。

骑楼底 k^{h}ɛ^{4}lɐu^{4}tɐi^2 上有架空建筑物的人行道：去～避雨。

天棚 t^{h}in^{1}p^{h}aŋ$^{-2}$〈棚读第 2 声〉建筑物顶部的阳台；晒台：有～几好啊，可以用嚟晒衫啊嘛。（有晒台挺好的，可以用来晾衣服呀。）

晒棚 sai^{3}p^{h}aŋ$^{-2}$〈棚读第 2 声〉同“天棚”。

露台 lou^{6}t^{h}ɔi^4 阳台（通常指建筑物侧面的阳台）。

栏(拦)河 lan^{4}hɔ^4 栏杆：天棚唔整～，好牙烟个嚯。（阳台不修栏杆，很危险呀。）

石级 sɛk^{6}k^{h}ɐp^1 台阶。广州地区的旧式建筑多以花岗岩等石料铺设台阶，今多用水泥，仍沿用此称：呢间屋嘅～真係用麻石整个嚯。（这所房子的台阶真是用花岗岩铺成的。）

步级 pou^{6}k^{h}ɐp^1 ①台阶。②梯级：电梯坏咗，行～啦。（电梯坏了，走楼梯吧。）

冷巷 laŋ^{5}hɔŋ$^{-2}$〈巷读第 2 声，许讲切〉①两座建筑物之间的狭窄通道。②建筑物内部的走廊（一般指暗廊）。

单腧墙 tan^{1}jy^{2}ts^{h}œŋ^4〈腧音俞第 2 声〉一行砖砌成的墙壁（厚度为一块砖的宽度）。

双腧墙 sœŋ^{1}jy^{2}ts^{h}œŋ^4〈腧音俞第 2 声〉两行砖砌成的墙壁（厚度为两块砖的宽度）。

板障 pan^{2}tsœŋ^3 把房屋分隔成各个单间的板墙。通常以胶合板等板材构筑。

瓦背顶 ŋa^{5}pun$^{3(-2)}$tɛŋ^2〈背可读第 2 声，顶音底赢切第 2 声〉房顶。旧式房屋的屋顶多以瓦覆盖，故名。今钢筋混凝土屋顶有时也沿用此称：只猫走咗上～。（那只猫上了房顶。）

瓦背 ŋa^{5}pun^{-2}〈背读第 2 声〉同“瓦背顶”。

瓦面 ŋa^{5}min^{-2}〈面读第 2 声，摸演切〉同“瓦背顶”。

瓦坑 ŋa^{5}haŋ^1 ①瓦垄的凹槽（坑：沟），用以排泄屋顶上的雨水等。②房顶。

瓦檐 ŋa^{5}jim^4(jɛm^4)〈檐音盐，又音吟〉屋檐：～水（屋檐滴下来的水）。

[“檐”书面语音 sim^{4}〈音禅〉]

檐口 jim^{4}(jɐm^{4})hɐu^{2}〈檐音盐，又音吟〉①屋檐。②屋檐下之处：企响～度。(站在屋檐下。)

坑渠 haŋ^{1}kʰøy^{4} 下水道；污水渠：～老鼠（出没于下水道的老鼠）。

吊渠 tiu^{3}kʰøy^{4} 沿墙垂直安装的污水渠。

沙井 sa^{1}tsɛŋ^{2} 沉沙井。污水渠中起沉淀泥沙杂物作用的井形设施。

水围基 søy^{2}wɐi^{4}kei^{1} 砌在天井、井台、洗刷台、厨房备料台四周等处作拦水之用的条状突起。

三 D7 布料、制衣用具

斜 tsʰɛ$^{-2}$〈读第 2 声，音扯〉厚斜纹布；卡其布。

的斜 tek^{1}tsʰɛ$^{-2}$〈斜读第 2 声，音扯〉【外】涤纶卡其布。[“的”为英语 dacron 的省译。参见“斜”]

竹纱 tsok^{1}sa^{1} 府绸。用小号（细支）纱线作经纬的平纹织物。

绸仔 tsʰɐu^{-2}tsɐi^{2}〈绸读第 2 声，仔音子矮切〉丝绸。

黑胶绸 hak^{1}(hɐk^{1}) kau^{1}tsʰɐu^{-2}〈绸读第 2 声，耻呕切〉香云纱。因其质地如丝绸，表面如附黑色胶状物，故称。

薄绒 pɔk^{6}joŋ$^{-2}$〈绒音拥〉薄呢子；毛料。

坚固呢 kin^{1}kwu^{3}nɐi^{-2}〈呢读泥第 2 声，那矮切〉【旧】牛仔布。

冷 laŋ$^{-1}$〈读第 1 声，拉坑切〉【外】毛绒：～衫（毛绒衣）|～裤（毛线裤子）。[法语 laine]

连仁 lin^{4}jɐn^{4}【外】亚麻、亚麻布及其制品。[英语 linen]

茄士咩 kʰɛ^{1}si^{6}mɛ^{1}〈茄读第 1 声〉【外】开司米。山羊毛绒织物。[英语 cashmere]

家机布 ka^{1}kei^{1}pou^{3} 旧时用土织布机织出的土布。

扣布 kʰɐu^{3}pou^{3} 未经漂白的粗白布。

皮草 pʰei^{4}tsʰou^{2} 毛皮。因毛皮表面有如草般的绒毛，故称：～大褛（毛皮大衣）。

猪肚绵 tsy^{1}tʰou^{5}min^{4} 加工成片状的丝绵。

鈒骨机 tsap^{6}kwɐt^{1}kei^{1}〈鈒音闸〉包边机；包缝机。把布的边缘包起来的机器（鈒骨：为衣料包边）。

衣车 ji^{1}tsʰɛ^{1} 缝纫机。[简称“车”]

线辘 sin^{3}lok^{1}〈辘音鹿第 1 声，拉屋切〉线圈；线团。通常指绕成有芯轴（木芯或硬纸芯等）的圆柱形的线圈（辘：轮子）。

三 D8 家具制造用料

夹板 kap^{3}pan^{2} 胶合板：三～（三合板）|五～（五合板）

酸枝 syn^{1}tsi^{1} 红木。热带地区所产豆科、紫檀属的木材。多产于东南亚一带，中国广东、云南有引种栽培。木材花纹美观，材质坚硬，耐久，为贵重家具及工艺美术品等用材。

***櫼** tsim^{1}〈音尖〉楔子。上粗下锐的小木橛，插进榫缝中使接榫固定。[重见六 D5]

方 fɔŋ^{1} 木方（横截面为方形的长木条）。

漆油 tsʰɐt^{1}jɐu^{-2}〈油读第 2 声，椅口切〉油漆。通常指含有干性油和颜料或兼含树脂等的黏液状涂料。

油$_{1}$ jɐu^{-2}〈读第 2 声，椅口切〉油漆。[此字读第 4 声时指食用或药用油，又作动词，指上漆，与读第 2 声的意义不同]

大油 tai^{6}jɐu^{-2}〈油读第 2 声，椅口切〉色漆。

叻嘌 lek^{1}ka^{2}〈叻音力第 1 声，嘌音真假之假〉【外】①清漆。②紫胶；虫胶漆。北方俗称“洋干漆”。[英语 lacquer]

士叻 si^{6}lek^{1}〈叻音力第 1 声〉【外】虫胶漆。[英语 slick]

天拿水 t^{h}in^{1}na^{-2}sɵy^{2}〈拿读第 2 声〉【外】香蕉水（一种甲苯、酯、酮、醚、醇等混合溶剂）。[英语 thinner]

三 D9 体育用品、乐器

波$_{1}$ pɔ^{1}【外】球：打～｜踢～。[英语 ball]

乒乓波 peŋ^{1}peŋ^{1}pɔ^{1}〈乒音兵，乓音巴亨切〉【外】乒乓球（既指这种运动，又指这种球）。[英语 ping-pong ball]

波板 pɔ^{1}pan^{2} 乒乓球拍(波：球)：有～点打波啫？（没乒乓球拍怎么打球呀？）[“波”为英语 ball 的音译]

波枱 pɔ^{1}t^{h}ɔi^{-2}〈枱音台第 2 声，体海切〉球桌(乒乓球或台球等。波：球；枱：桌)。[“波”为英语 ball 的音译]

弹子 tan^{6}tsi^{2}〈弹音但〉台球（指球，而非这项运动）。[参看七 D10“台波”]

***龙门** loŋ^{4}mun^{4}（足球、水球、手球等的）球门：个波弹嚓～条柱度。（球弹在球门的柱子上。）[重见一 F4]

鸡$_{3}$ kɐi^{1} 哨子：一声长～，比赛开始。

银鸡 ŋɐn^{4}kɐi^{1} 同“鸡$_{3}$”。

雪屐 syt^{3}k^{h}ɛk^{6}〈屐音剧〉旱冰鞋（雪：冰；屐：木拖板）：滑～（溜旱冰）

演$_{1}$ jin^{2} 毽子：踢～。

龙船 loŋ^{4}syn^{4} 龙舟：扒～。（划龙舟。）｜赛～。

水抱 sɵy^{2}p^{h}ou^{5} 救生圈；儿童游泳用的充气浮圈。

千秋 ts^{h}in^{1}ts^{h}ɐu^{1} 秋千。一种体育活动用具。

䟴䟴板 ŋɐn^{3}ŋɐn^{3}pan^{2}〈䟴音银第 3 声〉跷跷板。一种儿童体育用具。用木架支持住一块长木板的中心，两人对坐两端，轮流用脚蹬地，使身体随木板上下起落（䟴：上下弹动）。

色士风 sek^{1}si^{6}foŋ^{1}【外】萨克斯管，一种管乐器。[英语 saxophone]

啲打 ti^{1}ta^{2}〈啲音低衣切〉唢呐。一种簧管乐器。[来自此乐器的鸣声]

企身琴 k^{h}ei^{5}sɐn^{1}k^{h}ɐm^{4} 立式钢琴（企：竖立）。

鑔鑔 ts^{h}a^{4}ts^{h}a^{2}〈前一字音查，后一字音查第 2 声〉钹。[又单作“鑔”，读第 2 声。普通话“鑔”为小钹，广州话不分大小同为此称]

三 D10 医疗设施、场所、药物

红十字车 hoŋ^{4}sɐp^{6}tsi^{6}ts^{h}ɛ^{1} 救护车。因车身通常漆有红十字标志，故名：佢晕低咗，睇嚟都係叫架～啦。（他昏倒了，看来还是叫辆救护车来吧。）[简作“十字车”]

救伤车 kɐu^{3}sœŋ^{1}ts^{h}ɛ^{1} 救护车。

白车 pak^{6}ts^{h}ɛ^{1} 救护车：因车身通常为白色。故名。[此为香港用法]

探热针 t^{h}am^{3}jit^{6}tsɐm^{1} 体温表；体温计：先捞～探下热。（先用体温表量一下体温。）

听筒 t^{h}ɛŋ^{1}t^{h}oŋ$^{-2}$〈听音厅，筒音桶〉听诊器。

针筒 tsɐm^{1}t^{h}oŋ$^{-2}$〈筒音桶〉注射器；针管儿。

蓝药水 lam^{4}jœk^{6}sɵy^{2} 甲基紫溶液；紫药水。

红汞水 hoŋ^{4}hoŋ^{3}sɵy^{2}〈汞音红第 3 声〉汞溴红(亦称“红汞”)溶液；红药水。

宝塔饼 pou^{2}t^{h}ap^{3}pɛŋ^{2} 小儿用驱虫药。因其呈塔状，故名。今罕见。

药饼 jœk^{6}pɛŋ^{2}【旧】【喻】药片。制成片剂的西药的总称。形如小饼，故名：～一日两粒。（药片一天两片。）

火酒 fɔ2tsɐu2 酒精。即"乙醇"。一般用作消毒。因其亦可作燃料，故名。

拉苏 lai1sou1【外】煤酚皂溶液。即含50%煤酚的肥皂溶液，其1%～2%溶液用于手部等的消毒。[英语lysol。普通话或译作"来苏儿"]

吸火罐 kʰɐp1fɔ2kwun3 拔火罐。一种利用热力排出罐内空气，形成负压，使罐紧吸在施治部位，造成充血现象，从而产生治疗作用的方法。

*__汤药__ tʰɔŋ1jœk6 中药水剂：煲～（熬中药）。[重见八C2]

生草药 saŋ1tsʰou2jœk6〈生音生熟之生〉中草药。通常指未经炮制的草药，故称"生"。

清补凉 tsʰeŋ1pou2lœŋ-2〈凉读第2声，裸晌切〉一种熬汤用的配套中成药，具有清热滋补的功效：～煲猪肉。

鸡肾衣 kɐi1sɐn5ji1〈肾读第5声〉鸡内金（肾：禽胃）。

百子柜 pak3tsi2kwɐi6 中草药店用的多抽屉药柜。

研船 ŋan4syn4〈研音颜〉中药房用以捣碎药材的船状药碾。

厘戥 lei4tɐŋ2〈戥音等〉小型杆秤，为中药房常用的衡具。

癫狂院 tin1kwʰɔŋ4(kʰɔŋ4)jyn-2〈院音丸〉精神病院（癫狂：神经病）。

三 D11　商店、交易场所、商业用品

铺头 pʰou3tʰɐu-2〈铺音破耗切，头读第2声〉商店的泛称：成条街都係～。（整条路都是商店。）

士多 si6tɔ1【外】杂货店；小商店。[英语store]

便利店 pin6lei6tim3 昼夜营业（24小时营业）的杂货店。

精品店 tseŋ1pɐn2tim3 专营中小型高级商品的商店。通常较为小型：听讲你嗰度开咗间～嚅。（听说你那里开了一间专营高级商品的商店。）

档口 tɔŋ3hɐu2〈档音上当之当〉货摊：佢喺街尾开咗个～。（他在街尽头设了个货摊。）[又作"档"]

档摊 tɔŋ3tʰan1〈档音上当之当〉同"档口"。

菜栏 tsʰɔi3lan-1〈栏音第1声〉菜栈；蔬菜批发店：我楼下係～，日日晨早流流就嘈到死。（我楼下是个蔬菜批发市场，每天大清早就吵翻了天。）

果栏 kwɔ2lan-1〈栏音第1声〉水果批发店：你喺～做嘢，咪大把生果食？（你在水果批发市场干活，岂不是有很多水果吃？）

海味铺 hɔi2mei-2pʰou-2〈味音摸起切，铺音普〉专营海产干货的商店：去～买斤土魷。（到海产店买一斤枪乌贼干。）

鱼栏 jy4lan-1〈栏读第1声〉水产店（兼营零售与批发者）。

南北行 nam4pɐk1hɔŋ-2〈行音海港切〉经营转口贸易的商行：去～买埋啲参茸海味。（到经营转口贸易的商行买点儿人参鹿茸海产。）

大金鱼缸 tai6kɐm1jy4kɔŋ1【喻】【谑】股票交易所：今日又去～蒲啊？（今天又到股票交易所蹓跶了？）

写字楼 sɛ2tsi6lɐu4 办公楼（特指商用办公楼）。

票房 pʰiu3fɔŋ4 剧院、车站、运动场等的售票处：去～买飞。（到售票处买票。）

圩（墟） hɵy1〈音虚〉①农村集市：～日（赶集的日子）｜趁～（赶集）②地名用字。

三 人造物

圩(墟)场 hɵy^{1}ts^{h}œŋ^{4}〈圩（墟）音虚〉农村集市。

街市 kai^{1}si^{5} 菜市场（旧时利用原有街巷，在路旁设摊而形成的，一般为露天的。现已有专门的室内菜市场，有时仍沿用旧称）：落～买餸。（到菜市场买菜。）

柜面 kwɐi^{6}min^{-2}〈面读第 2 声，摸演切〉柜台：唔该去嗰便～畀钱。（请到那边的柜台交钱。）

***饰柜** sek^{1}kwɐi^{6} ①橱窗：～入便嗰款衫有冇得卖㗎？（橱窗里的那种衣服有卖的吗？）②售货柜：唔该畀～嗰种笔我睇下吖。（请把橱柜里的那种笔拿给我看看好吗？）[重见三 A13]

米尺 mɐi^{1}ts^{h}ɛk^{3} 一米长、公制刻度的尺子。一般用于商店、工场等。

鞔 jyn^{2}〈音远第 2 声，椅犬切〉秤盘；称重时的载具（如箩筐、桶、瓶等，扣除其重量即为所称物的净重）：将要称嘅嘢放落个～度。（把要称的东西放进秤盘里。）| 呢个重量未除～㗎。（这个重量没扣除载具的。）

胶纸袋 kau^{1}tsi^{2}tɔi^{-2}〈袋读第 2 声〉塑料薄膜包装袋。

纸角 tsi^{2}kok^{-2}〈角读第 2 声〉以旧报纸、书纸等粘成的三角形包装袋。以前杂货店等常用，今多被塑料包装袋所取代。

咸水草 ham^{4}sɵy^{2}ts^{h}ou^{2} 茳芏干制品。多用作捆绑商品。今除菜场外，多被塑料带子所取代。

告白 kou^{3}pak^{6} 广告：卖～。（做广告。）

街招 kai^{1}tsiu^{1} 张贴在街头的海报或广告：四围都係～。（到处都是街头广告。）

招纸 tsiu^{1}tsi^{2} ①海报；广告：黐～。（贴海报。）②贴在商品上、印有商标等的纸。

仿单 fɔŋ^{2}tan^{1}【旧】产品说明书。

三 D12 饮食、服务、娱乐场所及用品

食肆 sek^{6}si^{3}〈肆音四意切〉酒楼、餐厅、饭馆的总称：你睇下广州几多～，就知点解话"食在广州"嘞。（你看看广州多少酒楼饭馆，就知道为什么说"吃在广州"了。）

茶楼 ts^{h}a^{4}lɐu^{4} 酒楼；饭馆：四周围都係～，请人食饭认真方便。（到处都是酒楼，请人吃饭真方便。）[不仅卖茶水，更主要的是卖酒食]

茶居 ts^{h}a^{4}kɵy^{1} 同"茶楼"：去～开饭。（到酒楼吃饭。）

茶寮 ts^{h}a^{4}liu^{4}【雅】酒楼；饭馆。

饼家 pɛŋ^{2}ka^{1} 专门经销米、面制点心的店铺：羊城～。

冰室 peŋ^{1}sɐt^{1} 专门提供冷饮的店铺（冰：冷饮）：四季～。

吧厅 pa^{1}t^{h}ɛŋ^{1}〈吧音巴〉【外】原指旅馆、饭店的就餐间，今多指供喝酒、就餐的西餐厅。[英语 bar]

大牌(排)档 tai^{6}p^{h}ai^{4}tɔŋ^{3}〈档音上当之当〉占用马路边营业、较低档的饮食店（档：摊子）：去～食饭可以悭翻啲。（到马路旁营业的饮食店吃饭可以省点儿。）[占用马路边营业须有特批的营业证，为备检查，店主往往将营业证放大挂出，人称"大牌"，故名，后即作此类饮食店的通称]

熟食档 sok^{6}sek^{6}tɔŋ^{3}〈档音上当之当〉出售烧烤、卤味食品的专门店（档：摊子）：去～斩翻斤烧鹅。（到烧烤店买斤烤鹅。）

楼面 lɐu^{4}min^{-2}〈面读第 2 声，摸演切〉餐厅、酒楼的营业大厅：～冇位，唔该入细房啦。（大厅没有位子了，请

到小房间去吧。）

卡位 $k^ha^1wei^{-2}$〈位读第 2 声，壶矮切〉餐厅、酒楼中的一种座位，因形似火车车厢中的座椅，故名（卡：火车车厢）。[“卡”为英语 car 的译音]

菜牌 $ts^hɔi^3p^hai^{-2}$〈牌读第 2 声〉饭馆中的菜单，一般做成硬卡式或硬簿式。

饼印 $peŋ^2jen^3$ 饼模子（做点心的一种用具）。

飞发铺 $fei^1fat^3p^hou^{-2}$〈铺音普〉理发店（飞发：理发）：去～飞翻个发至得。（得到理发店剃个头。）

发廊 $fat^3lɔŋ^4$ 理发店。

影相铺 $jeŋ^2sœŋ^{-2}p^hou^{-2}$〈相音想，铺音普〉照相馆（影相：照相）：呢度有冇～啊？（这里有没有照相馆呀？）

黑房 $hak^1(hek^1)fɔŋ^{-2}$〈房音仿〉用以冲洗底片、照片的工作间；暗室。

板（办） pan^2 照相馆为顾客照相，先洗一样张让顾客看，认为满意后才正式洗印，此样张称为“～”：两日后嚟睇～。（两天后来看照片样张。）

泡水馆 $p^hau^3søy^2kwun^2$〈泡音炮〉出售开水兼营澡堂的店铺。今已罕见。

波楼 $pɔ^1leu^4$ 弹子房。打弹子（即台球）的场所（波：球）。

马场 $ma^5ts^hœŋ^4$ 赛马场的简称：去～睇赛马。（到赛马场看赛马。）

三 D13　军警装备及设施、民用枪械

短火 $tyn^2fɔ^2$ 手枪：孭～嗰个实係个军官。（背短枪那个一定是个军官。）

狗仔 keu^2tsei^2〈仔音子矮切〉【俗】【喻】【谑】手枪。

曲尺 $k^hok^1ts^hek^3$【喻】曲尺手枪。因其形似曲尺，故名。又因旧时多为飞行员佩带，也称“航空曲”。

航空曲 $hɔŋ^4hoŋ^1k^hok^1$ 参见“曲尺”。

大头六火 $tai^6t^heu^4lok^6fɔ^2$ 一种土制手枪。

漏底 leu^6tei^2 一种老式步枪，即“汉阳造”。其弹槽下方有缝隙，故名。

快掣 fai^3tsei^3〈掣音制〉连发的枪：～驳壳（连发驳壳枪）。

炮 p^hau^3【俗】【谑】枪：孭住支～。（背着一根枪。）

鸡₄ kei^1 扳机：揿～（扣扳机）。[此实为对北方话“机”的不正确类推读音]

菠萝弹 $pɔ^1lɔ^4tan^{-2}$〈弹音单第 2 声〉【喻】菠萝形手榴弹。

喼₂ kip^1〈音劫第 1 声〉旧指旧式火枪的发火帽，后指子弹或炮弹底部的发火装置；底火。

锁镣 $sɔ^2liu^4$ 手铐。拘手的刑具：用～塔实佢。（用手铐铐着他。）

手扣 $seu^2k^heu^3$ 手铐。

火烛车 $fɔ^2tsok^1ts^hɛ^1$ 消防车；救火车（火烛：火灾）。

水炮 $søy^2p^hau^3$ 消防车上的高压水龙头。因其状如炮，故名。

灭火喉 $mit^6fɔ^2heu^4$ 消防水带（喉：水管）。

消防喉 $siu^1fɔŋ^4heu^4$ 消防水龙头；消防栓（喉：水龙头）。

风枪 $foŋ^1ts^hœŋ^1$ 汽枪。

粉枪 $fen^2ts^hœŋ^1$ 霰弹猎枪。旧以铁屑、火药等混合物作弹药的一种猎枪。

砂枪 $sa^1ts^hœŋ^1$ 同“粉枪”。

差馆 $ts^hai^1kwun^2$〈差音出差之差〉警署：呢条友仔抢嘢，拉佢去～！（这个家伙抢东西，把他抓到警署去！）[此词流行于香港，近年广州也有用于指派出所或公安局的]

监仓 $kam^1ts^hɔŋ^1$ 监狱。监禁犯人的场所：佢喺～踎咗十年。（他在监狱里蹲了十年。）

三 人造物

花厅 fa^{1}t^{h}ɛŋ^{1}【谑】监狱。逮捕证为“花令”，监狱称～即由此而来。[参看三 A23“花令”]

三 D14　其他生产用品与产品

字粒 tsi^{6}nɐp^{1} 印刷用铅字：执～。(排字。)

线路板 sin^{3}lou^{6}pan^{2} 印刷电路板。收音机、电视机等电器的重要构件：收音机～。(收音机的印刷电路板。)

原子粒 jyn^{4}tsi^{2}nɐp^{1} 晶体管。[参看三 A2“原子袜”]

漆皮线 ts^{h}ɐt^{1}p^{h}ei^{-2}sin^{3}〈皮读第 2 声，婆起切〉漆包线。

褡膊 tap^{3}pɔk^{3}〈褡音答〉搬运工人的垫肩布。

风炮 foŋ^{1}p^{h}au^{3} 风镐。一种轻型采掘工具。

行货$_{1}$ hɔŋ^{4}fɔ^{3}〈行音银行之行〉普通产品（与精品或专门订造的产品相对而言）：呢的係～嚟嘅啫，边度都买倒啦。(这些只是大路货，在哪儿都买得到。)

行货$_{2}$ hɔŋ$^{-2}$fɔ^{3}〈行读第 2 声，口讲切〉正规工厂的产品（与伪劣产品相对而言）。

水货 søy^{2}fɔ^{3} ①仿冒、伪劣产品：地摊有咩好嘢啊，咸唪呤都係～。(地摊上有啥好东西，全都是仿冒、伪劣产品。) ②走私货。

老鼠货 lou^{5}sy^{2}fɔ^{3}【喻】【贬】贼赃：呢间铺头专卖～，琴日畀人封咗嘞。(这间商店专门出售贼赃，昨天给查封了。)

三 D15　其他器物及场所

筹 ts^{h}ɐu^{-2}〈读第 2 声，此口切〉号儿；牌儿（一般是用作某种凭证的物品；可以是纸质，也可以是其他）：派～(发号儿) | 掹～ (挂号儿) | 喺呢度买咗～去嗰度掹。(在这儿买了号儿到那儿去拿。)

飞 fei^{1}【外】票（包括车船票、戏票及其他门票等）：买～ | 冇～唔畀入。(没票不让进。) [英语 fare]

窦口 tɐu^{-3}hɐu^{2}〈窦音斗争之斗〉【喻】【谑】本义是窝，指特定的人经常逗留、活动的地方，如住处、工作场所、商业机构的本部、某些团体的会址、不良团伙的聚集点等：呢度係我哋嘅～。(这儿是我们的窝儿。)

律师楼 lɵt^{6}si^{1}lɐu^{4} 律师事务所。提供法律咨询、诉讼等服务的机构。

卜卜斋 pɔk^{1}pɔk^{1}tsai^{1}〈卜音薄第 1 声〉【旧】私塾：旧时老豆喺～读书㗎咋。(过去爸爸只是在私塾读书。)

安老院 ɔn^{1}lou^{5}jyn^{-2}〈院读第 2 声，音丸〉养老院：有咗～，啲孤寡老人就唔使蔽翳啰。(有了养老院，那些孤寡老人就不用忧愁了。)

斋堂 tsai^{1}t^{h}ɔŋ^{4} 佛寺的食堂(斋：素食)；又指佛寺：去～食斋。(到佛寺吃素。)

山寨厂 san^{1}tsai^{6}ts^{h}ɔŋ^{2} 原指作坊式小工厂。近年指仿造他人产品的工厂。

垃圾岗 lap^{6}sap^{3}kɔŋ^{1} 垃圾堆置场：个屋企好似个～噉。(家里像个垃圾堆置场。)

泥尾 nɐi^{4}mei^{5} 公共清卸余泥区。

四、时间与空间

四A 时 间 [时间的计量单位见十EI]

四 A1 以前、现在、以后

旧底 keu^{6}tei^{2} 过去；以前：～珠江好阔㗎！（以前珠江很宽的啊！）

旧时 keu^{6}si$^{4(-2)}$〈时又读第 2 声，音屎〉过去；以前。

旧阵时 keu^{6}tsen^{6}si$^{4(-2)}$〈时又读第 2 声，音屎〉过去；以前。

往时 wɔŋ^{5}si$^{4(-2)}$〈时又读第 2 声，音屎〉过去；以前。

往阵 wɔŋ^{5}tsen$^{6(-2)}$〈阵又读第 2 声，子很切〉过去；以前。

往阵时 wɔŋ^{5}tsen^{6}si$^{4(-2)}$〈时又读第 2 声，音屎〉过去；以前。

往年时 wɔŋ^{5}nin$^{4(-2)}$si^{4}〈年常读第 2 声，泥演切〉往年。

***大早** tai^{6}tsou^{2} 很早以前；较早时：我～就听闻你捉棋好叻。（我早就听说你下棋很行。）｜～你去咗边啊？而家嚟放马后炮！（早你上哪儿去了？现在来放马后炮！）[重见四 A2、四 A3]

咸丰嗰年 ham^{4}foŋ^{1}kɔ^{2}nin^{4}〈嗰音个第 2 声〉【谑】很久以前（咸丰：清朝的一个年号）：～嘅事你仲讲佢做乜嘢？（那么久以前的事你还提它做什么？）

细时 sei^{3}si^{-2}〈时读第 2 声；音屎〉小时候：你～好肥嘅。（你小的时候很胖的。）

而家 ji$^{4(-1)}$ka^{1}〈而又读第 1 声，音衣〉现在：～好过旧时好多喇。（现在比从前好多了。）

家下 ka^{1}ha^{5} 现在。

家阵 ka^{1}tsen^{-2}〈阵读第 2 声，子很切〉现在。

家阵时 ka^{1}tsen^{6}si^{-2}〈时读第 2 声，洗椅切〉现在。

现今 jin^{6}kem^{1} 现在。

现时 jin^{6}si^{4} 现在。

第日 tei^{6}jet^{6} ①以后；将来（第：第二）：呢件事～先讲。（这件事以后再说。）②第二天。

第时 tei^{6}si^{4} 以后；将来：～你大咗，自然就识㗎嘞。（将来你长大了，自然就懂了。）

第世 tei^{6}sei^{3} 下一辈子。

四 A2 最初、刚才、后来

初时 tsʰɔ^{1}si^{4} 早先；最初。

初初 tsʰɔ^{1}tsʰɔ^{1} 早先；最初：呢件事～係佢提起先嘅。（这件事最初是他先提起的。）

初不初 tsʰɔ^{1}pet^{1}tsʰɔ^{1} 同“初初”。

开初 hɔi^{1}tsʰɔ^{1} 同“初初”。

起头 hei^{2}tʰeu^{4} 早先；最初。[又作“起先”]

***先** sin^{1} ①早先；最初：阿何仔～唔制嘅，后尾仲係应承咗。（小何起初不肯的，后来还是答应了。）②刚才：我～行开咗，冇听倒。（我刚才走开了，没听到。）[重见九 B19、九 D20、九 D24、九 D26]

先先 sin^{1}sin^{1} ①早先；最初。②刚才。[又作“先不先”]

四 时间与空间

先时 sin^{1}si^{4} ①早先；最初。②刚才。

头头 t^{h}ɐu^{4}t^{h}ɐu^{-2}〈后一字读第 2 声，体口切〉①早先；最初。②刚才。

早时 tsou^{2}si^{4} ①早先；最初。②刚才。

***大早** tai^{6}tsou^{2} 刚才：～唔见你嘅？（刚才怎么没看见你？）[重见四 A1、四 A3]

在早 tsɔi^{6}tsou^{2} 早些时；刚才。

先头 sin^{1}t^{h}ɐu^{4} 刚才。

头先 t^{h}ɐu^{4}sin^{1} 刚才：～入嚟嗰个人係边个？（刚才进来的那个人是谁？）

求先 k^{h}ɐu^{4}sin^{1} 刚才。

***啱啱** ŋam^{1}ŋam^{1}〈啱音岩第 1 声〉刚才：你～唔喺度，有电话揾你。（你刚才不在，有电话找你。）[重见九 D23]

啱先 ŋam^{1}sin^{1}〈啱音岩第 1 声〉刚才。

***正话** tseŋ^{3}wa^{6}〈正音正确之正〉刚才：就係～嘅事之嘛。（就是发生在刚才的事嘛。）[重见九 D22、九 D23]

后嚟 hɐu^{6}lɐi^{4}〈嚟音黎〉后来。

后尾 hɐu^{6}mei^{-1}〈尾读第 1 声〉后来：啲人～都冇再嚟嘞。（那些人后来也没再来了。）

***尾后** mei^{5}hɐu^{6} 后来：～点啫？（后来怎么样呢？）[重见四 B5]

收尾 sɐu^{1}mei^{-1}〈尾读第 1 声〉后来。

蚊尾 mɐn^{1}mei^{-1}〈尾读第 1 声〉后来。[年轻女子多用]

***尾尾** mei^{-1}mei^{-1}〈两字均读第 1 声〉后来。[年轻女子多用。重见四 B5]

***䁏尾** lai^{1}mei^{-1}〈䁏音拉，尾读第 1 声〉后来。[年轻女子多用。重见四 B5]

***最尾** tsɵy^{3}mei^{-1}〈尾读第 1 声〉时间上的最后：～都係佢嚟先搞得啱。（最后还是他来才能弄妥。）[重见四 B5]

四 A3　白天、晚上

***日头** jɐt^{6}t^{h}ɐu^{-2}〈头读第 2 声，体口切〉白天：今日～唔得闲。（今天白天没空。）[重见二 A1]

***大早** tai^{6}tsou^{2} 清早：嗰日～，天未光齐，就见佢出门嘞。（那天大清早，天蒙蒙亮，就看见他出门了。）[重见四 A1、四 A2]

朝 tsiu^{1}〈音焦，知邀切〉早上；上午：我～～都跑步。（我每天早上都跑步。）｜我喺度等咗你成～。（我在这儿等了你整个上午。）

朝头早 tsiu^{1}t^{h}ɐu^{4}tsou^{2}〈朝音焦，知邀切〉早上；上午：晚头夜早瞓，～早起。（晚上早睡，早上早起。）[又作"朝早"]

上昼 sœŋ^{6}tsɐu^{3}〈上音是让切〉上午：听日～我嚟揾你。（明天上午我来找你。）

晏昼 an^{3}tsɐu^{3}〈晏音阿闲切第 3 声〉①中午：瞓～觉（睡午觉）。②下午：～落班嗰阵时（下午下班的时候）。

下昼 ha^{6}tsɐu^{3}〈下音厦〉下午。

下晏 ha^{6}an^{3}〈下音厦，晏音阿闲切第 3 声〉下午。

挨晚 ai^{1}man^{-1}〈晚读第 1 声〉傍晚：嗰日～先返到呢度。（那天傍晚才回到这儿。）

踹光黑 nam^{3}kwɔŋ^{1}hak^{1}(hɐk^{1})〈踹音南第 3 声，怒喊切〉从天还亮到天黑这段时间；傍晚（踹：跨）。

齐黑 ts^{h}ɐi^{4}hak^{1}(hɐk^{1}) 天刚黑的时候。

晚黑 man^{5}hak^{1}(hɐk^{1}) 晚上：～我会响屋企。（晚上我会在家。）

晚头黑 man^{5}t^{h}ɐu^{4}hak^{1}(hɐk^{1}) 晚上。

晚头夜 man^{5}t^{h}ɐu^{4}jɛ$^{-2}$〈夜读第 2 声〉晚上。

夜晚黑 jɛ^{6}man^{5}hak^{1}(hɐk^{1}) 晚上：日头唔做，留到～嚟做。（白天不做，留到晚上来做。）

四 A4　昨天、今天、明天

寻日 tsʰɐm^{4}jɐt^{6}(mɐt^{6})〈日字受前一字影响，有时变读为物〉昨天：～朝早你去咗边？（昨天早上你到哪儿去了？）

琴日 kʰɐm^{4}jɐt^{6}(mɐt^{6})〈日字受前一字影响，有时变读为物〉昨天。

寻晚 tsʰɐm^{4}man^{5} 昨晚上：我～好夜先瞓。(昨晚我很晚才睡。)

寻晚黑 tsʰɐm^{4}man^{5}hak^{1}(hɐk^{1}) 昨晚上。

寻晚夜 tsʰɐm^{4}man^{5}jɛ^{6} 昨晚上。

琴晚 kʰɐm^{4}man^{5} 昨晚上。[又作“琴晚黑”、“琴晚夜”]

前日 tsʰin^{4}jɐt^{6} 前天。

前晚 tsʰin^{4}man^{5} 前天晚上。[又作“前晚黑”、“前晚夜”]

大前日 tai^{6}tsʰin^{4}jɐt^{6} 大前天。

大前晚 tai^{6}tsʰin^{4}man^{5} 大前天晚上。[又作“大前日晚”]

今日 kɐm^{1}jɐt^{6}(mɐt^{6})〈日字受前一字影响，有时变读为物〉今天。[普通话也用此词，但限于书面语；广州话则是口语常用词]

今朝 kɐm^{1}tsiu^{1} 今天早上；今天上午：我～冇返工。(我今天上午没上班。)[又作“今朝早”]

今晚 kɐm^{1}man^{5} 今天晚上。[普通话也用此词，但多见于书面语；广州话则是口语常用词。又作“今晚黑”、“今晚夜”]

听日 tʰeŋ^{1}jɐt^{6}〈听音他英切〉明天：噉就～下昼啦！(那就明天下午吧！)

听朝 tʰeŋ^{1}tsiu^{1}〈听音他英切〉明天早上；明天上午：～9点集中。[又作“听朝早”]

听晚 tʰeŋ^{1}man^{5}〈听音他英切〉明天晚上。[又作“听晚黑”、“听晚夜”]

后日 hɐu^{6}jɐt^{6} 后天：仲係定喺～晚黑好啲。(还是定在后天晚上好些。)

后朝 hɐu^{6}tsiu^{1} 后天早上；后天上午。[又作“后朝早”]

后晚 hɐu^{6}man^{5} 后天晚上。

大后日 tai^{6}hɐu^{6}jɐt^{6} 大后天：～朝早(大后天早上。)

大后日晚 tai^{6}hɐu^{6}jɐt^{6}man^{5} 大后天晚上。

四 A5　去年、今年、明年

旧年 kɐu^{6}nin$^{4(-2)}$〈年可读第2声，泥演切〉去年。

旧年时 kɐu^{6}nin$^{4(-2)}$si^{4}〈年可读第2声，泥演切〉去年。

今年时 kɐm^{1}nin$^{4(-2)}$si^{4}〈年可读第2声，泥演切〉今年。

出年 tsʰɵt^{1}(tsʰyt^{1})nin$^{4(-2)}$〈年可读第2声，泥演切〉明年。

出年时 tsʰɵt^{1}(tsʰyt^{1})nin$^{4(-2)}$si^{4}〈年读第2声，泥演切〉明年。

四 A6　时节、时令

新历年 sɐn^{1}lek^{6}nin^{4} 公历元旦。

旧历年 kɐu^{6}lek^{6}nin^{4} 春节。

人日 jɐn^{4}jɐt^{-2}〈日读第2声〉正月初七。

新年头 sɐn^{1}nin^{4}tʰɐu^{4} 正月初一至元宵节的日子。

新正头 sɐn^{1}tseŋ^{1}tʰɐu^{4}〈正读第1声〉正月期间。

五月节 ŋ^{5}jyt^{6}tsit^{3} 端午节。

龙舟节 loŋ^{4}tsɐu^{1}tsit^{3} 端午节。

***八月十五** pat^{3}jyt^{6}sɐp^{6}m^{5}(ŋ)^{5}〈五字受前一字影响而闭唇，音唔(不)第5声〉中秋：旧年我冇喺香港过～。(去年我没在香港过中秋。)[重见二B3]

冬 toŋ^{1} 冬至：过～(欢度冬至)｜“～大过年”(民谚：冬至比春节更重要)｜再过两日就係～嘞。(再过两天就是冬至了。)[以前人非常看重冬至]

冬节 toŋ^{1}tsit^{6} 冬至。

年晚 nin^{4}man^{5} 接近除夕的日子（一般是指农历）：～啰嚼，仲畀咁多嘢我做？（离过年没几天了，还给我那么多活儿？）｜都～嘞，我乜都未买。（都要过年了，我还什么都没买。）

挨年近晚 ai^{1}nin^{4}kɐn^{6}man^{5}〈近音紧第 6 声，技纫切〉接近除夕。

年卅晚 nin^{4}sa^{1}man^{5}〈卅音沙，斯虾切〉农历除夕（是指除夕这一天，不仅仅指这天晚上）。[有时农历十二月只有 29 天，但也习惯把除夕称为～]

热天 jit^{6}t^{h}in^{1} 天气热的时节；夏天。

大热天时 tai^{6}jit^{6}t^{h}in^{1}si^{4} 极度炎热的日子：～，冇晒胃口。（大热天儿，一点儿胃口也没有。）

冷天 laŋ^{5}t^{h}in^{1} 天气冷的时节；冬天。

冻天 toŋ^{3}t^{h}in^{1} 同“冷天”。

年头 nin^{4}t^{h}ɐu^{4} 年初。

年尾 nin^{4}mei^{5} 年底。

*__月头__ jyt^{6}t^{h}ɐu^{4} 月初。[重见十 E1]

月尾 jyt^{6}mei^{5} 月底。

四 A7　时刻、时段

半昼 pun^{3}tsɐu^{3} 半天时间（上午或下午）；半晌：呢啲工夫～就做得完。（这些活儿半晌就能干完。）

*__钟__ tsoŋ^{1} 特定的时间；时刻：而家係几多～喇？（现在是多少钟点了？）｜仲未够～。（还没到点。）｜已经过～喇！（已经过了时辰了！）[重见十 E1]

钟数 tsoŋ^{1}sou^{3} 特定的时间；时刻：够～未？（到钟点了吗？）｜睇住～（看着时间）

沓正 tap^{6}tsɛŋ^{3}〈沓音踏，正音郑第 3 声〉正好到某一时点：我係～5 点到嘅。（我是正好 5 点到的。）｜～3 点半我哋就走。（整 3 点半我们就走。）

*__沓__ tap^{6}〈音踏〉钟表的长针指在某个数字上：6 点～5（6 点 25 分）｜两点～2（两点 10 分）[重见六 D5、十 C3]

一阵 jɐt^{1}tsɐn$^{6(-2)}$〈阵又读第 2 声，子很切〉一会儿：我喺度坐～。（我在这儿坐一会儿。）

*__一阵间__ jɐt^{1}tsɐn$^{6(-2)}$kan^{1}〈阵又读第 2 声，子很切〉一会儿。[常快读为“因间” jɐn^{1}kan^{1}。重见九 D23]

一牌（排） jɐt^{1}p^{h}ai$^{4(-2)}$〈牌（排）又读第 2 声〉一段时间，可以是一会儿，也可以是若干日子；从说话者的口气，是要表示时间不短（但也不会非常长）：我喺度等咗～喋喇。（我在这儿等了好一阵子了。）｜王生有～冇嚟打拳嘞，唔知做乜呢。（王先生有些日子没来打拳了，不知道有什么事呢。）

一轮 jɐt^{1}lɵn^{4} 一段时间（一般是若干日子）：我喺佢间店度做过～。（我在他那间店里干过一段时间。）

几时 kei^{2}si$^{4(-2)}$〈时又读第 2 声，洗椅切〉①什么时候。②无论什么时候：你～嚟都得。（你什么时候来都行。）

好日 hou^{2}jɐt^{-2}〈日读第 2 声〉好些日子：我～唔见六叔嘞。（我好些日子没看见六叔了。）

一日到黑 jɐt^{1}jɐt^{6}tou^{3}hak^{1}(hɐk^{1}) 一天到晚：～冇得闲过，做到冇晒表情。（一天到晚没空闲过，干得人也蔫了。）

*__成日__ sɛŋ^{4}jɐt^{6}〈成音时赢切〉一整天：今日～我都冇出过门。（今天一整天我都没出过门。）[重见四 A7]

分分钟 fɐn^{1}fɐn^{1}tsoŋ^{1} 所有时间，每时每刻：我而家～都注意住喋。（我现在每时每刻都在注意着。）

不时 pɐt¹si⁴ 每时每刻：你要～谂实呢件事。（你要时刻想着这件事。）［也表示“时常”、“随时”之意，则同于普通话］

头尾 tʰɐu⁴mei⁵ 连头带尾；前后两头的时间都算上：呢次～去咗6日。（这次连头带尾去了6天。）

一头半个月 jɐt¹tʰɐu⁴pun³kɔ³jyt⁶ 一个月、半个月的时间；不多的日子：我～就去睇佢一次。（我一个月、半个月的就去看他一次。）

一时三刻 jɐt¹si⁴sam¹hak¹(hɐk¹) 很短的时间：咁多嘢～点揾得齐啊？（这么多东西一时间哪找得齐呢？）

眨下眼 tsam²ha⁵ŋan⁵〈眨音斩，下音厚也切〉极短的时间（眨：眨）；瞬间：～唔见咗。（一眨眼不见了。）｜～就到嘞。（眨眼工夫就到了。）

四 A8 这时、那时、早些时

呢个时候 nei¹(ni¹)kɔ³si⁴hɐu⁶〈呢音你第1声，又音你衣切〉这个时候（呢：这）。

咿个时候 ji¹kɔ³si⁴hɐu⁶〈咿音衣〉这时候（咿：这）。

嗰时 kɔ²si⁴⁽⁻²⁾〈嗰音个第2声，时可读第2声〉①那时候（嗰：那）。②当时：～我紧张到死，边谂得咁多嘢！（当时我紧张得要死，哪想到那么多呢！）

嗰阵 kɔ²tsɐn⁶⁽⁻²⁾〈嗰音个第2声，阵可读第2声〉①那时候。②当时。

嗰阵时 kɔ²tsɐn⁶si⁴⁽⁻²⁾〈嗰音个第2声，时可读第2声〉①那时候：我哋细个～（我们小的时候）。②当时。

呢牌(排) nei¹(ni¹)pʰai⁴⁽⁻²⁾〈呢音你第1声，又音你衣切；牌（排）可读第2声〉最近这些日子：你～好忙啊？（你这段时间很忙吗？）

呢轮 nei¹(ni¹)lɵn⁴〈呢音你第1声，又音你衣切〉同“呢牌（排）”。

咿牌(排) ji¹pʰai⁴⁽⁻²⁾〈咿音衣；牌（排）可读第2声〉同“呢牌”。［又作“咿轮”］

嗰牌(排) kɔ²pʰai⁴⁽⁻²⁾〈嗰音个第2声，牌（排）可读第2声〉那一段日子：～我成日响图书馆见到佢。（那些日子我老是在图书馆见到他。）［又作“嗰轮”］

先牌(排) sin¹pʰai⁴⁽⁻²⁾〈牌（排）可读第2声〉前些日子：～佢病咗一轮，而家好翻啲喇。（前些时候他病了一些天，现在好些了。）［又作“先一牌（排）”、“先嗰牌（排）”、“先一轮”、“先嗰轮”］

早牌(排) tsou²pʰai⁴⁽⁻²⁾〈牌（排）可读第2声〉同“先牌（排）”。［又作“早一牌（排）”、“早嗰牌（排）”、“早一轮”、“早嗰轮”］

上牌(排) sœŋ⁶pʰai⁴⁽⁻²⁾〈上音是让切，牌（排）可读第2声〉同“先牌（排）”：～热到死。（前一阵子热得要死。）［又作“上一牌（排）”、“上嗰牌（排）”、“上一轮”、“上嗰轮”］

前嗰牌(排) tsʰin⁴kɔ²pʰai⁴⁽⁻²⁾〈嗰音个第2声，牌(排）可读第2声〉同“先牌（排）”：听讲你～去咗天津？（听说你前一段时间到天津去了？）［又作“前一牌（排）”、“前嗰轮”、“前一轮”］

四 A9 其 他

大日子 tai⁶jɐt⁶tsi² 重要的、喜庆的日子，指大的节日等，对个人来说特指寿辰，有时也指结婚日：凡亲～就忙到我死。（每逢大节日就忙得我要死。）｜阿妈，今日係你嘅～，你敨下啦！（妈，今天您是寿星，您歇着吧！）

牛一 ŋɐu⁴jɐt¹【谑】生日（“生”字拆为“牛”、“一”二字）。

圩（墟）日 høy¹jɐt⁻²〈日读第2声〉赶集的日子。

闲日 han⁴jɐt⁻²〈日读第2声〉①不赶集的日子。②泛指平日或有空闲的日子：住得咁近，～多嚟行下啦！（住得这么近，平时多来走动走动吧！）

今个 kɐm¹kɔ³ 用于“月、星期、礼拜”，表示当前的：～月（这个月）|～礼拜六（这个周六）。

流流 lɐu⁴lɐu⁴ 正当……的时候（一般是表示正当好时候，后面所接的句子往往是要阻止不好的事情）：新年～，唔好讲啲咁作呕嘅嘢！（过新年的时候，别说这些这么恶心的东西！）

四B 空 间［空间、面积、位置的计量单位见十E2］

四B1 地方、处所、位置、方位

定₁ tɛŋ⁶〈音地赢切第6声〉方位；地方：我知～㗎嘞。（我知道方位。）|揾笪～坐下。（找个地方坐一下。）

定方 tɛŋ⁶fɔŋ¹〈定音地赢切第6声〉地方：呢度冇～洗手嘅。（这儿没地方洗手。）

***度₁（道）** tou⁶ 表示不定指的处所、位置；这里，那里：王经理而家就喺～。（王经理现在就在这儿。）|本书喺佢～，唔喺我～。（那本书在他那儿，不在我这儿。）［广州话“呢度（道）”是近指，相当于普通话“这里”；“嗰度（道）”是远指，相当于普通话“那里”；而“度（道）”则含糊地不近指也不远指，在普通话里没有相应的词。重见十E2］

呢度（道） nei¹(ni¹)tou⁶〈呢音你第1声，又音你衣切〉这里：我喺～住咗十几年。（我在这儿住了十几年。）

呢处 nei¹(ni¹)sy³〈呢音你第1声，也可读你衣切；处音书第3声〉这里。

咿度（道） ji¹tou⁶〈咿音衣〉这里。［又作“咿处”］

嗰度（道） kɔ²tou⁶〈嗰音个第2声，假可切〉那里：～係趸架撑嘅定方。（那儿是放工具的地方。）［又作“嗰处”］

第度（道） tɐi¹tou⁶ 别的地方：你去～睇下啦。（你到别处看看吧。）［又作“第处”］

***边** pin¹ 哪里：而家去～？（现在上哪儿去？）［重见八“A8”］

边度（道） pin¹tou⁶ 哪里：你知唔知～有呢只洗头水卖？（你知道哪儿有这种洗发露卖吗？）［又作“边处”］

呢凼 nei¹(ni¹)tɐt¹〈呢音你第1声，又音你衣切；凼音低一切〉【俗】这里。

咿凼 ji¹tɐt¹〈咿音衣，凼音低一切〉【俗】这里。

嗰凼 kɔ²tɐt¹〈嗰音个第2声，凼音低一切〉【俗】那里。

边凼 pin¹tɐt¹〈凼音突第1声，低一切〉【俗】哪里。

位 wɐi⁻²〈读第2声，壶矮切〉①位置：斜～（斜的位置）|唔啱～（位置不对）|度下个～（量一下位置）②座位：你嘅～喺嗰度。（你的位子在那儿。）

呢便 nei¹(ni¹)pin⁶〈呢音你第1声，又音你衣切〉这边；这面（呢：这）：～大过嗰便。（这边比那边大。）［又作“呢边”、“呢头”］

咿便 ji¹pin⁶〈咿音衣〉这边；这面（咿：这）。［又作“咿边”、“咿头”］

嗰便 kɔ²pin⁶〈嗰音个第2声，假可切〉

那边；那一面：我嚟呢便揾佢，佢又走咗去～。（我到这边来找他，他又跑到那边去了。）［又作“嗰边”、“嗰头”］

第便 tɐi^{6}pin^{6} 另一边；另一面。

边便 pin^{1}pin^{6} 哪一边：唔知～係 A 座呢？（不知道哪一边是 A 座呢？）

边边$_{1}$ pin^{1}pin^{1} 哪一边：你头先话～仲未搞啱？（你刚才说哪一边还没弄好？）

四 B2　上下、底面

上高 sœŋ^{6}kou^{1}〈上音是让切〉上边，上面：就趸喺～啦！（就放在上边吧！）

***上便** sœŋ^{6}pin^{6}〈上音是让切〉上边，上面：叫佢上嚟～。（叫他到上面来。）［重见四 B9］

面$_{2}$ min^{-2}〈面读第 2 声，摸演切〉同“面头”。

面头 min^{-2}tʰɐu^{4}〈面读第 2 声，摸演切〉物体最上层的表面：嗰沓书～嗰本就係嘞。（那叠书上面那一本就是了。）｜喺蛋糕嘅～濑一浸奶油。（在蛋糕的上面倒上一层奶油。）

最面 tsøy^{3}min^{-2}〈面读第 2 声，摸演切〉同“面头”。［又作“最面头”］

下低 ha^{6}tɐi^{1}〈下音厦〉下边，下面：～唔够大。（下边小了点儿。）

***下便** ha^{6}pin^{6}〈下音厦〉下边，下面：～係个花园。（下面是个花园。）［重见四 B9］

落便 lɔk^{6}pin^{6} 下边，下面。［又作“落边”、“落低”］

下底 ha^{6}tɐi^{2}〈下音厦〉（物体的）下面，底下：床～（床底下）｜桥～（桥底下）。

底$_{1}$ tɐi^{2} ①物体的下面：席摄～（席子底下）②容器等内部的最底下：收埋笼～。（收藏在木箱底里。）

豚(启) tok^{1}〈音督，多哭切〉①容器等内部的最底下；长条空间的最里端（不与外部空间相通）：个桶～剩得啲渣喺度。（桶底下只剩了些渣子在那儿。）｜巷～嗰度有裔树。（死胡同的尽头那儿有一棵树。）②物体的底部：个煲个～座正火头就会熄。（锅底正正放在火头上，火就会熄灭。）［又作“豚豚”。重见十 B3］

豚底 tok^{1}tɐi^{2}〈豚音督，多哭切〉①容器等内部的最底下：最尾喺柜筒～揾倒出嚟。（最后在抽屉最底下找了出来。）②物体的底部。

四 B3　前后左右、旁边、中间、附近

前便 tsʰin^{4}pin^{6} 前边，前面：我哋行去～捞啦！（我们到前边儿去取吧！）

后便 hɐu^{6}pin^{6} 后边，后面：佢就企喺我～。（他就站在我后面。）

后底 hɐu^{6}tɐi^{2} 后边，后面。

后背 hɐu^{6}pui^{3} ①后边，后面。②背后的一面：前便咁靓，～好邋遢。（前面那么漂亮，背后好脏。）［又作“后背底”］

背底 pui^{3}tɐi^{2} 同“后背”。

边跟 pin^{1}kɐn^{1} 旁边；近旁：坐喺新郎哥～嗰个係边个啊？（坐在新郎边上的那个人是谁？）

侧跟 tsɐk^{1}kɐn^{1} 同“边跟”。

侧便 tsɐk^{1}pin^{6} 旁边：佢哋公司就喺广场～。（他们公司就在广场旁边。）［又作“侧边”］

边边$_{2}$ pin^{1}pin^{1} 旁边；靠边儿的地方：匿埋～（躲在边儿上）。

横边 waŋ^{4}pin^{1} 旁边；侧面：个波出咗～界外。（球出了边线。）

身跟 sɐn^{1}kɐn^{1} ①身边。②旁边。

右便 jɐu^{6}pin^{6} 右边。

右手便 jɐu^{6}sɐu^{2}pin^{6} 右边。［又作“右

四　時间与空间

手边”]

左便 tsɔ²pin⁶ 左边。

左手便 tsɔ²sɐu²pin⁶ 左边。[又作“左手边”]

一便 jɐt¹pin⁶（物体或地方的）一边，一面：～高～低｜行埋～（走到一边去）。

两便 lœŋ⁵pin⁶（物体或地方的）两边，两面：～要对称｜～啲墙好高。（两面的墙很高。）

四便 sei³pin⁶ 四面，四周：嗰度～係水，得一道桥过得去。（那里四面是水，只有一座桥能过去。）

中心 tsoŋ¹sɐm¹ 中央；中间：呢便三、四年级，嗰便二年级同埋五、六年级，畀新生企～。（这边三、四年级，那边二年级和五、六年级，让新生站中间。）[普通话“中心”指与四周距离相等的位置，广州话则可以是指较宽泛、范围较大的中央或中间的位置]

正中 tsɛŋ³tsoŋ¹〈正音郑第3声〉正中央；中心：个亭喺草地～。（亭子在草地正中央。）

***半槢口** pun³lɛŋ¹kʰɛŋ¹〈槢音拉亨切，后一字音卡亨切〉半中腰：行到～又行返转头。（走到一半又往回走。）[重见八A1]

***埋便** mai⁴pin⁶ 靠得很近的地方：我行到去～先认出佢嚟。（我走到跟前才把他认出来。）[重见四B4]

***开便** hɔi¹pin⁶ 离开稍远（但又不太远）的地方：车站就喺公园门口～。（车站就在公园门口外面不远处。）[重见四B4]

对开 tøy³hɔi¹ 离开不远的地方；对面：佢哋间店就喺中央公园～。（他们的店铺就在离中央公园不远处。）｜我哋屋企门口～就係海皮。（我们家门口对面就是江边。）

对出 tøy³tsʰøt¹(tsʰyt¹) 同“对开”。

隔篱 kak³lei⁴〈篱音离〉隔壁：杨伯住喺我～。（杨大伯住在我家隔壁。）

四 B4 内　外

入便 jɐp⁶pin⁶ 里边；里面：呢～几阔落㗎。（这里头挺宽敞的。）[又作“入边”]

里便 løy⁵pin⁶〈里音吕〉里边；里面。[又作“里底”]

***埋便** mai⁴pin⁶ 靠里边的位置（埋：靠里边）：佢坐咗去～。（他坐到靠里头的地方去了。）[注意与“入便”的区别：“冰箱入便”指冰箱里的任何地方，“冰箱埋便”指冰箱里靠里的位置。又作“埋底”。参见“开便”。重见四B3]

出便 tsʰøt¹(tsʰyt¹)pin⁶ 外边；外面：你响～等下我。（你在外面等我一下。）[又作“出边”]

外便 ŋɔi⁶pin⁶ 外边；外面。[又作“外底”]

外出 ŋɔi⁶tsʰøt¹(tsʰyt¹) 外边；外面：～好冻下。（外边挺冷的。）

***开便** hɔi¹pin⁶ 靠外边的位置（开：靠外边）：你喺枱面～嗰沓嘢度搵下睇见唔见？（你在桌面上靠外边的那一叠东西那儿找一找看有没有？）[注意与“出便”的区别：“柜筒嘅出便”是指抽屉的外面，“柜筒嘅开便”是指抽屉里靠外边的位置。参见“埋便”。重见四B3]

外皮 ŋɔi⁶pʰei⁻²〈皮读第2声，婆起切〉物体的表皮；表面：时间咁长，～点都会有啲花嘅，唔紧要嘅。（时间那么长，表面怎么也会有点磨花的，不要紧的。）

内笼 nɔi⁶loŋ⁻²〈笼读第2声，裸孔切〉物体的内部空间：度佢个～有成米二咁滞。（量它的内部差不多有一米二。）

四 B5 排列位置

头位 tʰɐu⁴wɐi⁻²〈位读第 2 声，壶矮切〉最前头的位置：边个排～？（谁排在最前头？）

*__头₂__ tʰɐu⁴ 最前头的位置。［重见十 F1］

*__尾后__ mei⁵hɐu⁶ 排列上在后面的位置：佢将我排咗喺～。（他把我排在了后边儿。）［重见四 A2］

*__䃶尾__ lai¹mei⁻¹〈䃶音拉，尾读第 1 声〉最后的位置（䃶：最后）。［年轻女子多用。重见四 A2］

*__尾尾__ mei⁻¹mei⁻¹〈两字均读第 1 声〉最后的位置：𢫏咗喺～嗰度。（放在了最后那儿。）［年轻女子多用。重见四 A2］

*__尾尾屎__ mei⁻¹mei⁻¹si²〈两个尾字均读第 1 声〉【儿】【贬】倒数第一，最后。［重见 D2］

尾 mei⁻¹〈尾读第 1 声〉最后的位置：小林喺头，我喺中间，小方排～。（小林在头里，我在中间，小方排在最后。）［重见二 D1、三 B2］

*__最尾__ tsøy³mei⁻¹〈尾读第 1 声〉最后的位置：～嗰笪位先至最靓啊！（最后那个位置才是最好的呢！）［重见四 A2］

尾二 mei⁻¹ji⁻²〈尾读第 1 声，二音椅〉倒数第二。

四 B6 到 处

周围 tsɐu¹wɐi⁴ 到处：搞到～邋邋遢遢！（弄得到处脏不拉几！）［普通话"周围"指环绕在外围的部分，与此不同］

四周 sei³tsɐu¹ 到处：喺间屋度～揾下啦。（在屋子里到处找一找吧。）［与普通话的"四周"意思不同。参见"周围"］

四周围 sei³tsɐu¹wɐi⁴ 到处。

四围 sei³wɐi⁴ 到处。

度度（道道） tou⁶⁽⁻²⁾tou⁶〈前一字又读为堵，朵好切〉所有的地方；处处：～去过晒嘞，都冇得卖。（每一处全去过了，都没卖的。）

通处 tʰoŋ¹sy³ 所有的地方；处处。

四 B7 边角孔缝

㡳角 sak³kɔk³〈㡳音细客切〉边角；角上的位置：我就要呢～定方够嘞。（我就要这个角的地方够了。）

角落头 kɔk³lɔk⁻¹tʰɐu⁻²〈落读第 1 声，头读第 2 声〉角落。

一字角 jɐt¹tsi⁶kɔk³ 角落：戾手掉埋～。（一甩手扔到角落里去。这是一句惯用语，表示不屑一顾）｜缩喺～做乜嘢？（躲在角落里干什么？）［又作"一二角"］

旮旯角 kʰa³la¹kɔk³〈旮音契亚切，旯音拉哈切〉角落。

*__旮旯__ kʰa³la¹〈旮音契亚切，旯音拉哈切〉①角落。②两物之间的间隙；缝儿：响条门～度望入去。（从门缝里望进去。）［重见九 D10］

罅 la³〈音赖亚切〉两物之间的间隙；缝儿：手指～｜门～。

窿 loŋ¹〈读第 1 声，拉空切〉窟窿；孔洞：呢度穿咗个大～。（这里穿了个大窟窿。）

窿窿罅罅 loŋ¹loŋ¹la³la³〈窿读第 1 声，罅音赖亚切〉不平整的角落；旮旮旯旯的地方：连～都扫得干干净净。

凹位 nɐp¹wɐi⁻²〈凹音粒，位读第 2 声〉凹下去的位置：嗰个～啱好𢫏得落。（那个凹下去的位置正好放得下。）

界 kai³ 界线；边界：喺度画条～。（在这儿画一条界线。）｜唔界过～！（不许超过界线！）

四 B8 地 段

地头 tei[6]tʰɐu[4] ①地段（从地方的好或差的角度而言）：呢处开间店几好，个～几旺下。（这里开个店子不错，这地段挺旺的。）②【俗】势力范围；管辖下的地方；地盘：呢度係大只李嘅～。（这儿是李大块头的地盘。）

马路面 ma[5]lou[6]min[-2]〈面读第 2 声，摸演切〉马路边（指房子）：入巷嘅铺位梗係平过～好多啦！（巷子里的铺子租金当然比马路边上的要便宜得多了！）

铺位 pʰou[3]wɐi[-2]〈铺读第 3 声，位读第 2 声〉店铺所占用的地方：呢个～一个月两千银。（这个铺子一个月租金两千块。）

档位 tɔŋ[3]wɐi[-2]〈档音上当之当，位读第 2 声〉店铺或售货摊子所占用的地方（档：摊子）。

车位 tsʰɛ[1]wɐi[-2]〈位读第 2 声，壶矮切〉①可供车子（一般是汽车）停放的位子：晏啲就有～喋喇。（晚点儿就没有停车的位子了。）②能让车子通过的位置：啱好有一架～咁阔。（刚好有能过一辆汽车那么宽的地方。）

*__地下__ tei[6]ha[-2]〈下读第 2 声，起哑切〉楼房的底层；一楼：我住～。｜金都大厦嘅～係餐厅。（金都大厦的底层是餐厅。）[重见四 B10]

转角 tsyn[3]kɔk[3]〈转音钻，志怨切〉拐角处：佢去到～度唔见咗。（他走到拐角那儿不见了。）

转弯位 tsyn[3]wan[1]wɐi[-2]〈转音钻，著怨切〉拐弯的地方：喺前便个～趸低我。（在前面那个拐弯处让我下车。）

四 B9 地 区

省 saŋ[2]“省城”的简称，指广州；有时又指广东（常常“省港”连用）：～港航线（广州到香港航线）｜～港杯赛（广东足球队与香港足球队一年一度的杯赛）。

西关地 sɐi[1]kwan[1]tei[-2]〈地读第 2 声，底起切〉对广州西关地区（人民路以西、陈家祠以南的商业区）略带感情色彩的称呼：过多几年～就变晒喋啦！（再过几年西关地区就会全变样了！）

香港地 hœŋ[1]kɔŋ[2]tei[-2]〈地读第 2 声，底起切〉对香港略带感情色彩的称呼：喺～揾食都唔係咁轻松喋！（在香港这地方混饭吃也不是那么轻松的！）

*__上便__ sœŋ[6]pin[6]〈上音是让切〉港澳人指称内地，特指广东或广州：而家啲香港人都知道喺～置产有利可图。（现在香港人都知道在内地购置物业有利可图。）[原来专指广州。广州和香港为岭南主要城市，并称“省港”，地理上一南一北，所以分称“上便”、“下便”。又作“上边”。参见七 B5“上嚟”。重见四 B2]

*__下便__ ha[6]pin[6] 广东人指港澳。[又作“下边”。重见四 B2]

四邑 sei[3]jɐp[1]〈邑音入第 1 声，衣恰切〉广东省的新会、台山、开平、恩平四县（今改设市）的统称。[此四县（市）语言接近（属粤方言之四邑片，与广州话有较多不同之处）、民俗相似，其本地人及广东其他地方的人一向把这四县（市）视为特殊于周边各县市的地区。]

五邑 ŋ[5]jɐp[1]〈邑音入第 1 声，衣恰切〉江门原属新会县，后独立设市，与“四邑”合称“五邑”：～大学（设在江门市的一所大学）。

南路 nam[4]lou[6] 指旧时高、廉、雷、琼四州之地，包括今广东西南部、广西东南一部分和海南省。

南洋 nam⁴jœŋ⁻²〈洋读第 2 声，椅响切〉指亚洲东南部的半岛和群岛，也泛指东南亚地区。[旧时广东人出国谋生，到东南亚的极多；目前东南亚的华侨和已入本地籍的华人亦以广东人居多。]

星加坡 seŋ¹ka³pɔ¹〈加音嫁，坡音波〉【外】新加坡。[与“新加坡”同为 Singapore 的音译]

星马 seŋ¹ma⁵【外】新加坡和马来西亚的合称（星：星加坡，即新加坡）。

金山 kɐm¹san¹ 本指美国旧金山（三藩市），泛指北美洲。[20 世纪有无数中国劳工被强迫或诱骗到北美洲（最初主要是在金矿工作），为今北美华人的主要源头，其中以广东人居多。]

荷里活 hɔ⁴lei⁵wut⁶【外】好莱坞，美国地名，为美国电影业集中地。[英语 Holly-wood]

乡下 hœŋ¹ha⁻²〈下读第 2 声，起哑切〉老家；原籍：我～响番禺。（我老家在番禺。）

四 B10 其 他

***地下** tei⁶ha⁻²〈下读第 2 声，起哑切〉地上，地面；地板：呢度～真邋遢！（这儿地上真脏！）｜阿仔，唔好坐～！（儿子，别坐在地上！）[重见四 B8]

地 tei⁻²〈读第 2 声〉地上：跌咗顶帽落～。（把帽子掉地上了。）

***身位** sɐn¹wɐi⁻²〈位读第 2 声，壶矮切〉①身体所在、所占的位置：对方后卫已经捞咗～。（对方后卫已经占了位置。）②如身体的长度或宽度：8 号选手足足快对手一个～。（8 号选手足足比对手快一个身体长度。）

水路 sɵy²lou⁶ 路程：广州去长沙有几远～？（广州到长沙有多远路程？）[广州附近多水网，出门多从水路，所以习惯以～称路程，包括陆路在内]

对₁ tɵy³ 放在表方位的词语前，表示相对的位置：楼梯～上有个天窗。（楼梯上面有个天窗。）｜你鼻哥～落冇嘴咩？（你鼻子下面没嘴巴吗？）｜马路～埋有个邮筒。（马路边上有个邮筒。）

五、心理与才能

五A　心　情

五 A1　高兴、兴奋、安心

欢喜乐笑 fun¹hei²lɔk⁶siu³ 高高兴兴。

*__心爽__ sɐm¹sɔŋ² 心里舒服；愉快：今日玩得好～。［重见五 C1］

精神爽利 tseŋ¹sɐn⁴sɔŋ²lei⁶ 心情舒畅；精神饱满：一觉瞓醒，～。（一觉睡醒，心清神爽。）

快乐不知时日过 fai³lɔk⁶pɐt¹tsi¹si⁴jɐt⁶kwɔ³【熟】心情高兴的时候日子过得特别快。

*__熒__ heŋ³〈音庆〉【喻】【俗】本义是热，比喻兴奋：一讲到呢样佢就～嘞。（一说到这个他就来劲了。）［重见五 A3、七 B5、九 B1］

*__晕浪__ wɐn⁴lɔŋ⁶【喻】【贬】因得意、兴奋等而忘乎所以：赞你几句就晕晒浪啦？（夸你几句就飘飘然了？）［重见二 C7］

得戚 tɐk¹tsʰek¹【贬】得意洋洋：一次半次叻咗之嘛，使乜咁～嗰！（不过是偶然占了先，何必那么得意忘形！）

松毛松翼 sɔŋ¹mou⁴sɔŋ¹jek⁶【喻】【贬】显出得意的样子：唔好有些少成绩就～。（不要有一点点成绩就得意忘形。）

心适 sɐm¹sek¹ ①安心：睇见啲仔女个个都过得几好，我都～咯！（看见儿女们个个都过得挺好，我也安心了！）②【贬】用于说反话，指要把事情弄糟为止：搞到噉，你～啦！（弄成这个样子，你该如愿了吧！）｜你个烂赌二，唔输埋老婆唔～！（你这赌鬼，不把老婆输掉不安心！）

安乐 ɔn¹lɔk⁶ 安心：听讲阿嫲嘅病好好多嘞，我先～啲。（听说奶奶的病好很多了，我才安心点儿。）

气顺 hei³sɵn⁶ 心情舒畅；没不顺心的事：做嘢最紧要～，条气一顺，乜都啱。（做事情最要紧的是心情舒畅，心情舒畅了，什么都好办。）

五A2　忧愁、憋气、头痛、操心

*__忧__ jɐu¹ 为……而发愁：唔～食唔～着，仲想点？（不愁吃不愁穿，还想怎样？［重见五 A6］

蔽翳 pɐi³ɐi³〈翳音矮第 3 声〉发愁；忧闷：我一日为呢单嘢～。（我整天为这件事发愁。）｜你使乜～成噉嗰！（你何必愁成这个样子呢！）

*__屈__₁ wɐt¹ 把气憋在心里：有乜你就讲啦，唔好～实响个心度啊！（有什么你就说吧，别憋在心里啊！）［重见七 A14］

屈气 wɐt¹hei³ 憋气。

扽气 tɐn³hei³〈扽音趸第 3 声〉心里生气；憋气。

闷 mun⁶ 心情烦闷；幽闷：谂起就～。（想起来心就烦。）

心揞 sɐm¹ɐp¹〈揞音啊邑切〉心情幽闷（揞：捂；闷）。

*__翳__ ɐi³〈音矮第 3 声〉心情烦闷；憋气：呢排个心好～。（这些日子心里很烦闷。）［重见二 C10、七 E12、九 A2、九 A10、九 B1］

翳气 ɐi^{3}hei^{3}〈翳音矮第 3 声〉因受了气而心情烦躁或抑郁；憋气：无厘头畀佢闹一餐，真係～！（无端被他骂一顿，真是憋气！）

揸颈 tsa^{1}kɛŋ^{2}〈揸音渣，之啊切〉受气而不能发泄；憋气；生闷气（揸：用力抓；捏）：喺噉嘅人手下做嘢好～啊！（在这样的人手下做事很憋气啊！）

局气 kok^{-1}hei^{3}〈局读第 1 声，公屋切〉憋气；生闷气（局：憋闷）：噉又畀人话，噉又畀人话，真～！（这样也被人说，那样也被人说，真憋气！）

肙气 jyn^{1}hei^{3}〈肙音冤，衣圈切〉心里不痛快；反感（肙：酸痛）。

条气唔顺 t^{h}iu^{4}hei^{3}m^{4}søn^{6} 心情不舒畅；不顺心（唔：不）：我唔係志在银纸多少，係～！（我不是在乎钱多少，是心里有气！）[参见五 A1“气顺”]

顶心顶肺 teŋ^{2}sɐm^{1}teŋ^{2}fɐi^{3}【喻】窝心；因某事耿耿于怀，感到极为难受：我谂起呢件事就～。（我想起这事心里就堵得慌。）

梗心梗肺 ŋɐŋ^{2}sɐm^{1}ŋɐŋ^{2}fɐi^{3}〈梗音我肯切〉【喻】同“顶心顶肺”（梗：硌）。

唔安乐 m^{4}ɔn^{1}lɔk^{6} 心里不安（多指因抱歉或内疚等而感到不安）：要你等咁耐，我真係好～。（要你等那么久，我真是很不安。）

头刺（赤） t^{h}ɐu^{4}ts^{h}ɛk^{3}〈刺音赤，赐吃切〉【喻】感到为难或讨厌（刺：痛）：呢单嘢真～！（这件事真令人头痛！）

头大 t^{h}ɐu^{4}tai^{6}【喻】因事情难办而费心思：我应付呢便都经已～嘞，嗰便又嚟！（我应付这头已经够伤脑筋了，那一头又来了！）

头赔 t^{h}ɐu^{4}p^{h}ɐu^{3}〈赔音派沤切〉同“头大”（赔：虚而松软）。

*__霎气__ sap^{3}hei^{3}〈霎音细鸭切〉操心；费心思（可能伴随费口舌）；因事情难办而生气：做小学老师好～㗎！（当小学老师很操心！）[重见七 E14]

*__冇心机__ mou^{5}sɐm^{1}kei^{1}〈冇音舞〉心情不好；没情绪（冇：没有）：我今日～。[重见五 B8]

五 A3　生气、烦躁

[发脾气参见七E22]

*__嬲__ nɐu^{1}〈呢欧切〉生气；发火：唔好搞到你老豆～啦！（别弄得你父亲发火吧！）[重见五 B6]

嬲爆爆 nɐu^{1}pau^{3}pau^{3} 很生气：做乜～嘅？（干嘛气呼呼的？）

火滚 fɔ^{2}kwɐn^{2}【喻】恼火；生气：呢种事唔到你唔～。（这种事不由人不生气。）

火起 fɔ^{2}hei^{2}【喻】冒火儿；生气：佢越讲越～。（他越说越气。）

一把火 jɐt^{1}pa^{2}fɔ^{2}【喻】生气：听佢噉讲我真係～。（听他这么说我真恼火。）

撞火 tsɔŋ^{6}fɔ^{2}【喻】生气。

火红火绿 fɔ^{2}hoŋ^{4}fɔ^{2}lok^{6}【喻】怒气大：呢件事自有四叔作主，你使乜～啫？（这事有四叔作主，你何必怒火冲天呢？）

火遮眼 fɔ^{2}tsɛ^{1}ŋan^{5}【喻】因愤怒而失去判断力或自制力：佢一时～，讲咗啲唔等使嘅嘢。（他一时火气上来，说了些无益的话。）

眼火爆 ŋan^{5}fɔ^{2}pau^{3}【喻】对眼前的事物感到气愤：噉搞法，边个睇倒都～啦！（这样搞，谁见了都会气愤的！）

*__激__ kek^{1} 生气：嗰日佢听倒呢件事好～啊！（那天他听到这件事好气啊！）[重见七 E12]

激气 kek^{1}hei^{3} 生气：乜嘢事咁～啊？（什么事那么生气？）

激奀 kek^{1}ŋen^1〈奀音银第 1 声，我因切〉十分生气（含有虽恼怒而又无奈之意。奀：瘦小。这里以因生气而消瘦来形容生气的程度）：撞着呢种事真係～。（碰上这种事情真气人。）

*__劳气__ lou^{4}hei^3 生气；发火：球证要个 8 号仔同对方龙门握下手，叫佢哋咪咁～。（裁判要 8 号跟对方的守门员握一下手，叫他们不要那么动气。）[重见七 C6]

*__熒__ heŋ^3〈音庆〉【喻】【俗】本义是热，比喻生气：你咪搞得我～起上嚟嘎！（你可别弄得我生起气来啊！）[重见五 A1、七 B5、九 B1]

*__吹胀__ tsʰøy^{1}tsœŋ^3【喻】因无可奈何而生气；生气而无可发泄：点都搞佢唔啱，真係～！（怎么也弄不好，真是气死人！）[重见七 E15]

吹爆 tsʰøy^{1}pau^3【喻】被激怒。

*__躁__ tsʰou^3 ①烦躁：呢两日有啲～，坐唔落嚟做嘢。（这两天有点烦躁，坐不下来做事情。）②暴躁；因生气而显得粗暴：一啲小事，使乜咁～啊！（一点小事，何必那么暴躁呢！）[重见五 C3]

*__䁪__ meŋ^2〈摸肯切〉烦躁；暴躁：未话得佢两句，佢就～起上嚟。（没说他几句，他就烦躁起来。）[重见五 C3]

*__䁪䁪__ meŋ^{2}tseŋ^2〈䁪音摸肯切，䁪音子肯切〉同“䁪”。[重见五 C3]

五 A4 害怕、害羞

*__惊__ keŋ^1〈哥赢切第 1 声〉害怕；惊慌：我先唔～佢。（我才不怕他。）| 咁～做乜嘢！（干嘛这么惊慌！）[重见五 A6]

惊青 keŋ^{1}tsʰeŋ^1〈惊音哥赢切第 1 声，青音车赢切第 1 声〉惊慌；慌张：佢惊惊青青噉走落嚟。（他慌慌张张地跑下来。）

慌失失 fɔŋ^{1}set^{1}set^1 慌张：乜嘢事咁～啊？（什么事那么慌张？）[又作“失失慌”]

寒 hɔn^4【喻】害怕：谂起嗰日，我而家都仲～。（想起那天，我现在还在怕。）

*__窒__ tset^6 对某人或事害怕：你～咗佢啊？（你怕了他吗？）[重见六 D12]

失惊无神 set^{1}keŋ^{1}mou^{4}sen^4〈惊音加赢切第 1 声〉受到突然的惊吓而恐惧慌张：嘭一声，吓到佢～，面都青晒。（嘭的一声，他吃了一惊，脸都吓青了。）

打突兀 ta^{2}tet^{6}ŋet^6 吃惊（一般指吃惊而不露声色）：我一听，心里头打个突兀。（我听了心里吃了一惊。）

魂魄唔齐 wen^{4}pʰak^{3}m^{4}tsʰei^4【喻】极为惊惧（唔：不）：嗰次算係执翻条命仔，真係～！（那一回算是拣回了小命一条，真是魂儿都丢了一半儿！）

*__失魂__ set^{1}wen^4【喻】惊惧。[重见五 B5]

*__揗揗震__ tʰen^{4}tʰen^{-2}tsen^3〈前一揗音蹄痕切，第二字音体很切〉【喻】本指颤抖，比喻极害怕：佢又唔咬你，你使乜～啫？（它又没咬你，你干嘛吓得直抖？）[重见六 B4]

*__震揗揗__ tsen^{3}tʰen^{4}tʰen^4〈揗音蹄痕切〉同“揗揗震”。[重见六 B4]

揗鸡 tʰen^{4}kei^1〈揗音蹄痕切〉【喻】害怕；慌张（揗：发抖）：唔使～，有大佬喺度。（别害怕，有哥哥在这儿。）

手揗脚震 seu^{2}tʰen^{4}kœk^{3}tsen^3【喻】手足颤抖，比喻害怕：一听讲话祥哥要嚟，佢就净识得～嘞。（一听说祥哥要来，他就光会发抖了。）

有得震冇得瞓 jeu^{5}tek^{1}tsen^{3}mou^{5}tek^{1}fen^3【喻】以睡不着觉比喻极为害怕（震：发抖；冇：没有；瞓：睡觉）。

［“震”同“瞓”押韵］

惊到啰柚冇肉 kɛŋ¹tou³lɔ¹jɐu²mou⁵jok⁶〈罗音罗第1声，冇音无第5声〉【熟】【喻】【谑】吓得连屁股上的肉也没了（啰柚：屁股；冇：没有），是极言受惊之甚。

惊到鼻哥窿冇肉 kɛŋ¹tou³pei⁶kɔ¹loŋ¹mou⁵jok⁶〈冇音无第5声〉同“惊到啰柚冇肉”。以本来就没有肉的鼻孔来说（鼻哥窿：鼻孔），更带玩笑口吻。

*__发矛__ fat³mau⁴ 害怕。［此与普通话“发毛”基本一样，不过广州话“矛”与“毛”不同音；此外，～有别的意思为“发毛”所没有。重见五 A7］

知死 tsi¹sei² 知道情势不好；懂得害怕：今匀～哩？（这回知道厉害了吧？）｜你仲出声！都唔～嘅！（你还说话！不知死活！）

*__丑__ tsʰɐu² ①羞；难为情：大家一笑，佢就～到面都红晒。（大家一笑，她就羞得满脸通红。）②羞耻：你个人真係唔知～嘞！（你这人真是不知羞耻！）［重见七 C5］

*__丑怪__ tsʰɐu²kwai³ 羞；难为情：我唔敢去，好～啊！（我不敢去，好难为情啊！）［重见九 A13］

*__丑死怪__ tsʰɐu²sei²kwai³ 同“丑怪”。［重见九 A13］

怕丑 pʰa³tsʰɐu² 怕羞，害臊：呢个细路女好～嘅。（这个小女孩很害羞。）

羞家 sɐu¹ka¹ 感到害羞：男仔着女仔衫，～啰！（男孩子穿女孩子衣服，羞啊！）

扭扭拧拧 nɐu²nɐu²neŋ⁶neŋ⁶ 害羞的样子（略带贬义）：～做乜啫，咪咁啦！（扭扭捏捏干嘛呢，别这样嘛！）

*__肉酸__ jok⁶syn¹【喻】难为情：咁多人，好～嘅。（那么多人，很难为情的。）［重见二 C7、九 A13］

五 A5　镇定、紧张、着急

*__定__$_2$ teŋ⁶〈敌认切〉镇定；镇静：大家～啲嘞！（大家镇静点儿！）｜啲头都咁～，你紧乜嘢！（头儿们都那么若无其事，你着什么急！）［重见五 A6、五 C5、九 B8］

倓定 tam⁶teŋ⁶〈倓音冷淡之淡，定音敌认切〉镇定；心境从容：到咁紧张嘅时候佢两个仲～到乜嘢噉。（到这么紧张的时候他俩仍非常镇定。）

*__定过抬油__ teŋ⁶kwɔ³tʰɔi⁴jɐu⁴【喻】极为从容镇定。［重见九 B8］

紧$_1$ kɐn² 着急；紧张：我睇佢好似好～噉。（我看他好像很着急的样子。）

着紧 tsœk⁶kɐn²〈着读第6声，治药切〉着急；紧张：唔使咁～。（不用这么着急。）

肉紧 jok⁶kɐn²【喻】①紧张；着急；特指旁观者的干着急：我哋仲～过佢自己。（我们比他自己更紧张。）②因疼惜而紧张：我个仔我梗係～啦！（我的儿子我当然紧张了！）③性格急躁。

抽筋 tsʰɐu¹kɐn¹【喻】①紧张；着急：你使乜咁～啊！（你何必那么紧张呢！）②对某事极其热衷（常常指突然爆发出热衷）：佢抽起条筋，饭都唔食就走咗去。（他兴头起来，饭也不吃就跑去了。）③性子急。

情急 tsʰeŋ⁴kɐp¹ 心急：你唔使咁～嘅。（你不必那么着急。）［与普通话略有不同］

*__猴（喉）急__ hɐu⁴kɐp¹【喻】性急；心急：你睇～到佢！（你看他性急的！）［重见九 C8］

一额汗 jɐt¹ŋak⁶hɔn⁶ 心情紧张：你都唔知，嗰阵我～啊！（你不知道，当时我紧张得汗都出来了！）

五 A6 挂念、担心、放心

挂住 kwa³tsy⁶ 挂念；牵挂：唔使～我。(不用挂念我。)［又作“挂”］

挂望 kwa³mɔŋ⁶ 同“挂住”。

记挂 kei³kwa³ 同“挂住”。

心挂挂 sɐm¹kwa³kwa³ 心中挂念：一头开会一头～厂里头啲事。(一边开会一边挂念着厂里的事。)

*__顾住__ kwu³tsy⁶ 惦念：呢度有人照管，你唔使成日～嘅。(这儿有人照料，你不必总记挂着。)［重见五 B4］

慌住 fɔŋ¹tsy⁶ 担心：我～阿良唔认得路。(我怕阿良认不得路。)｜你上咗士，就唔使～佢只马。(你撑了士，就不必担心他的马。)［又作“慌”］

慌怕 fɔŋ¹pʰa³ 同“慌住”。

*__惊__ kɛŋ¹〈哥赢切第 1 声〉担心：我～唔记得，仲係写住好。(我怕忘了，还是写下来的好。)［重见五 A4］

惊住 kɛŋ¹tsy⁶〈惊音哥赢切第 1 声〉担心。

心怕 sɐm¹pʰa³ 担心：我仲～佢唔知添！(我还怕他不知道呢！)

*__忧__ jɐu¹ 担心：有地址，～佢揾唔倒嚟？（有地址，怕他找不到这儿来？)［重见五 A2］

*__定₂__ teŋ⁶〈敌认切〉不必担心（常用于表示不以为然或讥讽的场合)：你～啲啦，有你份！（你放心，有你的一份！)［重见五 A5、五 C5、九 B8］

大安指拟 tai⁶ɔn¹tsi²ji⁵ 过分放心而放任不管：呢度唔係好稳阵嘿，你唔好～嚅。(这儿不是很稳当的，你别太放心了。)

大安主义 tai⁶ɔn¹tsy²ji⁶ 同“大安指拟”。

五 A7 其 他

戥 tɐŋ⁶ 心里为别人感到（高兴、难过等)：你有个咁好嘅心抱，我真係～你欢喜！(你有这么好的儿媳，我真替你高兴！)｜讲啲噉嘅嘢，做佢朋友都～佢面红！(说这样的话，做他的朋友都替他脸红！)

*__发矛__ fat³mau⁴ 因愤怒、紧张或惊慌等而心情极为冲动：输到发晒矛。(输得红了眼。)［重见五 A4］

*__冇瘾__ mou⁵jɐn⁵〈冇音无第 5 声〉无聊；没意思（冇：没有)：玩亲都输，真～！(玩起来总是输，真没劲！)［重见五 B5］

五B 思想活动与状态

五 B1 思考、回忆

谂 nɐm²〈泥饮切〉思索；考虑；想：要～条计至得。(要想个法子才行。)｜我～你唔会制。(我想你不会答应。)

谂落 nɐm²lɔk⁶〈谂音泥饮切〉细想之后有所感（谂：想。有时带有重新下结论的意思)：呢单嘢～都係有啲唔对路。(这件事细想还是有点不对劲。)

*__度₂__ tɔk⁶〈音铎，毒学切〉【喻】本义是量长度，比喻仔细考虑；反复衡量：我～咗好耐，觉得都係唔得。(我细想了很久，觉得还是不行。)［重见七 A17］

谂嚟度去 nɐm²lɐi⁴tɔk⁶hɵy³〈谂音泥饮切，嚟音黎，度音荡学切〉反复思考（谂：想；嚟：来；度：细想)：三叔～，成晚冇瞓。(三叔思来想去，整夜没睡。)

谂计 nɐm²kei⁻²〈谂音泥饮切，计读第 2 声〉想办法：你谂个计睇点搞啱佢。(你想个办法看怎样把它弄妥当。)

度窍 tɔk^{6}kʰiu^{-2}〈度音毒学切，窍音启晓切〉【喻】想主意：三个人一齐嚟～。（三个人一齐来想窍门。）

谂翻转头 nɐm^{2}fan^{1}tsyn$^{3(2)}$tʰɐu^{4}〈谂音泥饮切，转可读第 3 声或第 2 声〉①重新思考（谂：想；翻转头：回过头）：而家～，家英係啱嘅。（现在回过头看，家英是对的。）②回忆。

谂翻 nɐm^{2}fan^{1}〈谂音泥饮切〉回想；回忆（谂：想；翻：回）：～嗰阵时，真係好笑。（回想起当时，真是好笑。）

五 B2 猜想、估计

*__估__ kwu^{2} ①猜想：你～下边个嚟咗？（你猜一下谁来了？）｜～唔倒係你！（想不到是你！）②以为：我～你唔嚟啦！（我当你不来了！）［重见八 C3］

仲(重)估 tsoŋ^{6}kwu^{2}〈重音重要之重，治用切〉以为；还以为：我哋～落雨添。（我们还以为下雨呢。）

即估 tsek^{1}kwu^{2} 以为：我～呢件衫係你嘅。（我以为这件衣服是你的。）

断估 tyn^{3}kwu^{2}〈断音段第 3 声，到怨切〉猜想（断：凭）：呢啲事靠～唔得嘅。（这些事靠瞎猜是不行的。）｜我～佢都唔会嚟㗎喇！（我猜他是不会来的了！）

*__撞__ tsɔŋ^{6} 胡乱猜测；蒙（mēng）：唔识靠～边处～得倒嘅啫！（不懂靠蒙哪能蒙得到呢！）［重见七 A5、七 A15、七 D8］

思疑 si^{1}ji^{4} 猜疑：我硬係～呢里头有乜景轰。（我总是怀疑这里头有什么蹊跷。）｜你唔係～我啊吗？（你不是疑心我吧？）

捉用神 tsok$^{1(3)}$joŋ^{6}sɐn^{4} 着意揣度别人的想法和用意：你有心思去捉人用神，不如搞啱你自己先啦！（你有心思去揣度别人想什么，不如先把你自己弄妥当了再说吧！）

*__谂住__ nɐm^{2}tsy^{6}〈谂音泥饮切〉估计（谂：想）：我～佢都到咁滞嘞。（我思量着他也快到了。）［重见五 B7］

*__谂怕__ nɐm^{2}pʰa^{3}〈谂音尼饮切〉恐怕（表示一种估计。谂：想）：咁晏咯，～佢都唔嚟㗎嘞。（这么晚了，恐怕他不来了。）｜个天～要落雨。（这天恐怕要下雨。）［重见九 D31］

睇白 tʰɐi^{2}pak^{6}〈睇音体，土矮切〉估计；眼看（表示对事情的判断，而实际结果则可能是另一个样子。睇：看）：我～实过钟嘞，卒之都赶倒。（我估摸着准过时间了，最后还是赶得上。）｜佢～要跌落嚟，好在又企翻稳。（他眼看要掉下来了，幸好又站稳了。）

批中 pʰɐi^{1}tsoŋ^{3} 准确地估计到：次次都畀我～。（每一次都让我估计得很准。）

*__一箸夹中__ jɐt^{1}tsy^{6}kap^{3}tsoŋ^{3}〈箸音住〉【熟】【喻】一下子就猜中；准确地估计到（箸：筷子）：嗱，畀我～喇係咪？（喏，让我一下猜个准，对不对？）［重见七 A5］

*__睇死__ tʰɐi^{2}sei^{2}〈睇音体，土矮切〉预先断定（睇：看）：我～佢实要行呢一步。（我断定他一定会走这一步。）［重见五 B3］

五 B3 低估、轻视、误会、想不到

*__睇死__ tʰɐi^{2}sei^{2}〈睇音体，土矮切〉把人看得很差，而且好不了（睇：看）：佢觉得畀人～咗，嘛就拚烂啰。（他觉得人家把他看死了，那不就破罐破摔啦。）［重见五 B2］

睇衰 tʰɐi^{2}sɵy^{1}〈睇音体，土矮切〉把人看得很差（睇：看）：你自己做好嚟，

就冇人～你㗎嘞。（你自己干好了，就没人把你看扁了。）

睇小 t^{h}ɐi^{2}siu^{2}〈睇音体，土矮切〉小看，低估（睇：看）：你千祈咪～佢啊！（你千万别小看他呀！）

睇低 t^{h}ɐi^{2}tɐi^{1}〈睇音体，土矮切〉小看；低估（睇：看）。

当冇嚟 tɔŋ^{3}mou^{5}lɐi^{4}〈当音上当之当，冇音无第 5 声，嚟音黎〉【熟】【俗】只当某人没来，意思是不放在眼内，极端轻视（轻视的对象如出现，则放在“当”字之后。不一定限于对人，也可以对事物）：再加 20 斤我都一样当佢冇嚟！（再加 20 斤我也照样不当一回事！）｜到佢哋嘅冠军出场，就唔能够～个啰噃。（到他们的冠军出场，就不能太掉以轻心了。）

会错意 wui^{6}ts^{h}ɔ^{3}ji^{3} 领会错别人的意思；误会：你～喇，我唔係呢个意思。（你误会了，我不是这个意思。）

表错情 piu^{2}ts^{h}ɔ^{3}ts^{h}eŋ^{4} 因误会别人的意思而作出不合适的热情反应；自作多情：人哋同你讲多两句话你就即估人钟意你啦？你～之嘛？（人家跟你多说两句话你就以为人家喜欢你了吗？只是你自作多情吧？）

捉错用神 tsok$^{1(3)}$ts^{h}ɔ^{3}joŋ^{6}sɐn^{4} 揣摸别人的用意揣摸错了；误会别人的用意：你估佢真係想要咩？你～喇！（你以为他真的想要吗？你猜错他的心思了！）［参见五 B2“捉用神”］

谂唔到 nɐm^{2}m^{4}tou^{3}〈谂音那饮切〉想不到（谂：想；唔：不）：～你咁快返到嚟。（想不到你这么快回来了。）

谁不知 sɵy^{4}pɐt^{1}tsi^{1} 谁知：我谂住好快，～整咗足足 3 日。（我估计很快，谁知弄了整整 3 天。）

势 sɐi^{3} 无论如何；怎么也……（后接否定词语，用于估测的句子，表示事情出乎意外）：～估唔到呢场波噉样输咗。（怎么也想不到这场球这样输了。）｜三哥～冇谂倒会喺度见到阿娣。（三哥无论如何没想到会在这儿见到阿娣。）

五 B4　专心、留意、小心

畀心机 pei^{2}sɐm^{1}kei^{1}〈畀音比〉用心；认真（畀：给）：～做好佢。（认认真真把它做好。）［参见“心机”］

叠埋心水 tip^{6}mai^{4}sɐm^{1}sɵy^{2}【喻】专心致志；心无旁骛（埋：合拢）：我打算呢个月～搞啱呢一单先讲。（我打算这个月集中精力弄妥这一件事再说。）

沓埋心水 tap^{6}mai^{4}sɐm^{1}sɵy^{2}【喻】同“叠埋心水”（沓：迭）。

埋头埋脑 mai^{4}t^{h}ɐu^{4}mai^{4}nou^{5} 埋头（做某事）：一日～睇书。（整天埋头看书。）

迷头迷脑 mɐi^{4}t^{h}ɐu^{4}mɐi^{4}nou^{5} 同“埋头埋脑”。

上心 sœŋ^{5}sɐm^{1}〈上音上去之上〉放在心上；对要做的事情留心：佢对你呢件事好～㗎。（他很把你这件事放在心上。）

打醒精神 ta^{2}sɛŋ^{2}tseŋ^{1}sɐn^{4}〈醒音洗赢切第 2 声〉提起精神；集中注意力：关键时候要～！

打醒十二个精神 ta^{2}sɛŋ^{2}sɐp^{6}ji^{6}kɔ^{3}tseŋ^{1}sɐn^{4}〈醒音洗赢切第 2 声〉提起十二分精神；高度集中注意力。

睺（候） hɐu^{-1}〈读第 1 声，哈欧切〉（对某些情况或人等）注意；留意：我～咗佢好耐㗎喇。（我注意他很久了。）｜～住畀人打荷包！（小心让人掏钱包！）［重见五 B7、六 C1、七 E6］

因住 jɐn^{1}tsy^{6} 当心：～嗰度有个石级！

（当心那儿有个台阶！）

好生（声） hou²sɛŋ¹〈生（声）音施赢切第 1 声〉小心；当心：～啲行。（小心点走路。）

*__顾住__ kwu³tsy⁶ 当心：～个头！（小心脑袋！）[重见五 A6]

*__睇__ tʰɐi²〈音体〉留意；当心（常后连“住”）：～上便！（留意上面！）｜你要～住啊！（你要小心哪！）[重见六 C1、七 E6]

醒定 seŋ²teŋ⁶〈醒音洗影切〉当心；小心：嗱，～啲嚟，错亲唔得啯㗎！（喏，当心点儿，一错了可不得了！）

*__醒神__ seŋ²sɐn⁴〈醒音洗影切〉①当心；小心：我会～㗎喇。（我会小心的了。）②警觉；特指睡觉时很警觉：我好～嘅，啲啲都会醒。（我很警觉的，一点动静都会醒。）[重见五 B10、五 E1]

小心驶得万年船 siu²sɐm¹sɐi²tɐk¹man⁶nin⁴syn⁴【熟】【喻】小心行事可保长久无虞。

五 B5 分心、不留意、无心

*__失魂__ sɐt¹wɐn⁴【喻】神不守舍：点解今日你失咗魂噉，同你讲乜都听唔见嘅？（怎么你今天丢了魂似的，跟你说什么都听不见？）[重见五 A4]

有心冇神 jɐu⁵sɐm¹mou⁵sɐn⁴ 心不在焉；精神不集中（冇：没有）。

*__心肝唔㔾肺__ sɐm¹kɔn¹m⁴na¹fɐi³〈㔾音拿第 1 声，呢哈切〉【贬】神不守舍；心不在焉（唔：不；㔾：黏）：佢坐喺度，一副～嘅样。（他坐在那儿，一副魂不守舍的样子。）[重见五 D3]

唔觉眼 m⁴kɔk³ŋan⁵ 没注意；没看见（唔：不）：～有着红衫嘅人嚟过。（没在意有穿红衣服的人来过。）

冇觉眼 mou⁵kɔk³ŋan⁵〈冇音毛第 5 声〉同“唔觉眼”（冇：没有）。

唔觉意 m⁴kɔk³ji³ 不留神；不小心（唔：不）：～踩亲人只脚。（不留神踩了别人的脚。）｜对唔住，我係～嘅。（对不起，我不是有意的。）

唔经唔觉 m⁴keŋ¹m⁴kɔk³ 不知不觉（唔：不。一般用于指对时间的流逝）：～又差唔多到龙舟节嘞。（不知不觉又快到端午节了。）

无（冇）心装载 mou⁴⁽⁵⁾sɐm¹tsɔŋ¹tsɔi³【喻】对某些事情没心思加以考虑：你唔好同我讲呢啲，我而家～啊。（你别跟我说这些，我现在没心思想它。）

冇心装 mou⁵sɐm¹tsɔŋ¹〈冇音无第 5 声〉【喻】同“无心装载”（冇：没有）：佢都～嘅，梗係唔记得啦！（他都没有这份心思，当然会忘记了！）

*__冇心__ mou⁵sɐm¹〈冇音无第 5 声〉无心；不想（做某事。冇：没有）：我原本～买嘅。（我原来没想着要买的。）｜都～做，点做得好呢？（都不想干，怎么干得好呢？）[重见五 B6]

*__费事__ fɐi³si⁶ 不想做某事：由佢啦，～整嚟整去。（由它去吧，懒得弄来弄去。）｜唔好喇，～喇。（不要了，算了。）[重见九 D28]

*__冇瘾__ mou⁵jɐn⁵〈冇音无第 5 声〉没瘾头；没兴趣做某事（冇：没有）：玩麻雀我～嘅。（对玩麻将我是没兴趣的。）[重见五 A7]

五 B6 喜欢、心疼、憎恶、忌讳

[可参见九 C13]

欢喜 fun¹hei² 喜欢；喜爱：王小话佢～晓莹。（王小说他喜欢晓莹。）[普通话和广州话都使用“喜欢”和“欢

喜”，但普通话更多用“喜欢”，广州话更多用“欢喜”］

钟（中）意 tsoŋ1ji3 喜欢；爱：我～你！｜明仔好～食生果。（小明很爱吃水果。）

乐 ŋau6〈音咬第 6 声〉【旧】喜欢（现极罕用）：你咁曳，我唔～你！（你这么淘气，我不喜欢你！）

生蜐猫——入眼 saŋ1tsi1mau1jɐp6ŋan5〈蜐音之〉【歇】猫长癞疮会长进眼睛。谓看见一个人就喜欢上了（多指男女之间。略含贬义。生蜐：动物长癞疮）：你就～嘞，人哋钟意你先得喎！（你癞蛤蟆看上天鹅了，可要人家喜欢你才行啊！）

乡下兴 hœŋ1ha-2heŋ1〈下读第 2 声，起哑切〉【谑】本意是自己家乡时兴（乡下：老家），用于对某样东西别人说不好，自己却喜欢时，开玩笑地说“虽然此地不时兴这个，我们家乡却时兴”：你理得我咁多啦，我～呃。（你管我干嘛呢，我自己喜欢嘛。）

*__惜__ sɛk3〈音锡，四吃切〉疼爱：边有老豆老母唔～仔女嘅啫！（哪有父母不疼儿女的呢！）［重见六 C2］

*__痛（疼）__ tʰoŋ3 疼爱：阿婆好～个孙。（阿婆很疼孙子。）［实即“疼”，用法与普通话一样，但广州话习惯读成“痛”的音。重见六 C2］

痛（疼）惜 tʰoŋ3sɛk3〈惜音锡〉疼爱：外孙内孙一样～［与普通话的“痛惜”意思不同。］

*__蔫韧__ jin1jɐn6(ŋin1ŋɐn6)〈蔫音烟，又音我烟切；韧音刃，又音饿刃切。两字的声母要保持一致〉【喻】【谑】男女之间感情亲密：佢两个出双入对，～到鬼噉。（他俩到哪儿都形影不离，亲密得不得了。）［重见九 B4］

*__埕埕塔塔__ tsʰeŋ4tsʰeŋ4tʰap3tʰap3〈埕音程，㙮音塔〉【谑】男女之间感情好。本指坛坛罐罐（埕、㙮：坛子），以“埕”与“情”同音双关。［重见三 A10］

长情 tsʰœŋ4tsʰeŋ4〈长读长短之长〉感情深长：阿良对三妹好～嘅。（阿良对三妹用情很深。）

烂₂ lan6 酷嗜；癖好极深（略含贬义）：～赌｜～瞓（爱睡懒觉）｜～打（打架很凶）。

烂瘾 lan6jɐn5 瘾头大；嗜好深（略含贬义）：佢好～捉棋嘅。（他非常嗜好下棋。）｜呢只仔打机最～。（这孩子玩游戏机最上瘾。）

有瘾 jɐu5jɐn5 有瘾头；有癖好。

大瘾 tai6jɐn5 瘾头大；癖好深：阿伯好～捉棋。（老伯下棋的瘾头很大。）

肉刺（赤） jok6tsʰɛk3〈刺音赤，赐吃切〉【喻】心疼（包括对人和财物等。刺：痛）：我～个孙啊！（我心疼孙子啊！）｜3 000 缗一下就冇咗，～到佢死。（3 000 块钱一下子就没了，他心疼得要命。）

肉痛 jok6tʰoŋ3【喻】心疼（一般限于对财物）。

*__冇心__ mou5sɐm1〈冇音无第 5 声〉对人没感情（冇：没有）：我知到佢对我～㗎嘞！（我知道他对我没有那份心了！）［重见五 B5］

*__嬲__ nɐu1〈呢欧切〉憎恨；怨恨：我已经唔～你喇。（我已经不怨你了。）｜大伦好～阿伟达。（大伦对伟达意见很大。）［重见五 A3］

憎 tsɐŋ1 憎恨；讨厌：我而家～死佢喇。（我现在恨死他了。）｜垃圾虫人见人～。（乱扔垃圾的人，人人见了都讨厌。）

眼痯 ŋan5jyn1〈痯音冤，衣圈切〉【喻】对眼前的事物感到反感、讨厌（痯：酸痛）：一班友喺度整蛊做怪，你唔～我都～啊！（一帮家伙在那儿玩鬼花样，你不讨厌我都讨厌！）

饱 pau² 【喻】感到厌恶；令人厌恶（取喻于饱则没胃口，有如厌恶令人倒胃）：我睇见佢个猫样就～喇！（我看见他那副嘴脸就恶心！）

饱死 pau²sei² 同“饱”：呢啲话都讲得出口，真係～！（这些话也说得出口，真是讨厌！）

睇唔过眼 tʰɐi²m⁴kwɔ³ŋan⁵（对不好的事情）看不过去，往往带有要加以干涉的意思：呢件事我就～嘞，要话下佢先得。（这事我就看不过去，要说他一下才行。）

避忌 pei⁶kei⁶ 忌讳：呢个阿婆好～人哋话佢老。（这个老太太很忌讳别人说她老。）

***棹忌** tsau⁶kei⁶〈棹音治效切〉忌讳：你唔好讲呢啲，佢～㗎。（你不要说这些，他忌讳的。）[重见九 C3]

崩口人忌崩口碗 pɐŋ¹hɐu²jɐn⁴kei⁶pɐŋ¹hɐu²wun² 【熟】人总是忌讳自己的痛处（崩口：兔唇；缺口）。

五 B7 愿意、盼望、羡慕、妒忌、打算、故意

制₂ tsɐi³ 愿意：一个月 2 000 人工，你～唔～？（一个月工资 2 000 块，你干不干？）| 咁好喎，梗～啦！（这么好哇，当然愿意啦！）

恨 hɐn⁶ ①巴望；盼望（得到）：大家都～你嚟。（大家都盼你来。）| 阿婆话佢～食皮蛋粥。（外婆说她很想吃松花蛋煮粥。）| 呢啲嘢冇人～。（这些东西没人想要。）②羡慕：睇咗你嗰间一厅三房，真係～到我死！（看了你那一套三室一厅，真把我羡慕死了！）

宜得 ji⁴tɐk¹ 巴不得：底下啲人～佢快啲讲完散会。（下面的人巴不得他快点讲完散会。）| 人哋～你搞唔啱，你就要搞啱畀佢哋睇！（别人希望你弄不好，你就要弄好了给他们看！）

望 mɔŋ⁶ 巴望；盼望；指望：我都唔～你养我咯，就～你对我呢个老豆好啲啫。（我也不指望你养我，只想你对我这老父亲好点就是了。）

日望夜望 jɐt⁶mɔŋ⁶jɛ⁶mɔŋ⁶ 日夜盼望：我～望乜嘢？望你有出息咋！（我日盼夜盼盼什么？就是盼你有出息啊！）

呷醋 hap³tsʰou³【喻】妒忌（多指男女感情方面的）；吃醋。

眼热 ŋan⁵jit⁶【喻】妒忌；羡慕：睇见人哋好你就～。（看见人家好你就眼红。）

眼紧 ŋan⁵kɐn² 对别人得到利益感到妒忌和不满：唔係我～你哋，实在係噉样分配唔公平啊嘛！（不是我眼红你们，实在是这样分配不公平嘛！）

眼见心谋 ŋan⁵kin³sɐm¹mɐu⁴【贬】看见了就想得到（有贪心的意思）。

起心₂ hei²sɐm¹ 生出想得到某种东西的念头（多指不好的念头）：佢见倒嗰个女仔就起咗心。（他见到那个女孩子就动了念头。）[又作“起意”]

起痰 hei²tʰam⁴【喻】【贬】生出想得到某种东西的坏念头。

***睺（候）** hɐu¹〈读第 1 声，哈欧切〉希望得到；想要（常用于否定）：我真係懒得～呢啲噉嘅嘢。（我才懒得要这样的东西。）[重见五 B4、六 C1、七 E6]

***睺（候）斗** hɐu¹tɐu²〈候音哈欧切，斗音底口切〉希望得到；想要；感兴趣（常用于否定）：个个都唔～。（人人都不感兴趣。）[重见七 D5]

啱心水 ŋam¹sɐm¹søy²〈啱音岩第 1 声〉合心意（啱：合适）：呢件衫实啱佢心水。（这衣服肯定合她心意。）

合心水 hɐp^{6}sɐm^{1}søy^2 同“啱心水”。

心思思 sɐm^{1}si^{1}si^1 惦念着；老是想着或盼着（某事）：见倒人去玩，佢又～。（看见别人去玩，他也想去。）｜林仔成日～谂住点储钱自己开间铺。（小林整天想着怎样攒钱自己开个铺子。）

心嘟嘟 sɐm^{1}jok^{1}jok^1〈嘟音旭，衣哭切〉动了心想做某事（嘟：动）：讲到人人都～。（说得大家都动了心。）

想话 sœŋ^{2}wa^6 打算；想（做某事）：琴日我～嚟都嚟唔倒。（昨天我打算来却来不了。）｜经理～叫你嚟做呢个科长，点啊？（经理想让你来当这个科长，怎么样？）

***谂住** nɐm^{2}tsy^6 同“想话”（谂：想）。［重见五 B2］

志在 tsi^{3}tsɔi^6 ①在乎：你唔～，我好～㗎。（你不在乎，我可是很在乎。）②心目中的目标在于（有表示“没有其他目的”的意思）：我呢匀嚟～睇下呢度嘅投资环境。（我这次来是想要看看这里的投资环境。）｜佢哋虽然意见唔同，之都係～搞啲生意。（他们虽然意见不同，但都是为了做好生意。）

特登 tɐk^{6}tɐŋ^1 故意；特意：我係～嚟睇你㗎。（我是特地来看你的。）

专登 tsyn^{1}tɐŋ^1 故意；特意：佢唔係失手，係～嘅。（他不是失手，是故意的。）

***翻（返）** fan^1 表示要做某事（用于表示动作行为的词语后面，口吻比较轻微）：有啲眼瞓，瞓～觉先。（有点睏，先睡上一觉。）｜你要去就着～件企理啲嘅衫啦。（你要去就穿上件像样点儿的衣服嘛。）｜佢见人哋买，佢又买～一个。（他看见别人买，他也买上一个。）｜朝朝茶楼，整～两件，胜过神仙啦！（每天早上在茶楼，吃上两个点心，比神仙还快活！）｜我都嚟讲～两句啦。（我也来说上两句吧。）［重见六 A2、九 D18］

五 B8　有耐心、下决心、没耐心、犹豫

有心机 jɐu^{5}sɐm^{1}kei^1 有耐心：～就做得好。

好心机 hou^{2}sɐm^{1}kei^1 很有耐心：做呢样嘢要好～先得㗎。（干这个要很有耐心才行。）

立实心肠 lɐp^6(lap^6)sɐt^{6}sɐm^{1}ts^{h}œŋ^4 下定决心：～冇话做唔啱嘅。（只要下定决心，就没有干不好的。）

立定心水 lɐp^6(lap^6)teŋ^{6}sɐm^{1}søy^2 下定决心。

的起心肝 tek^{1}hei^{2}sɐm^{1}kɔn^1【喻】下定决心；决心为达到目的而准备付出较大的代价（的：向上提起）：就算悭啲，都要～帮个仔买部电脑。（就算省俭一点，也要下决心给儿子买一台电脑。）

***神心** sɐn^{4}sɐm^1【喻】做事情有恒心：嗰个人好～㗎，日日都嚟练个零钟头嘅。（那个人挺有恒心的，天天都来练个把小时。）［原指迷信的人对神灵很虔诚。重见五 D1］

***冇心机** mou^{5}sɐm^{1}kei^1〈冇音舞〉没有那么大的耐性（冇：没有）：做做下～。（干着干着失去耐性。）［重见五 A2］

冇咁好气 mou^{5}kɐm^{3}hou^{2}hei^3〈冇音舞，咁音甘第 3 声〉没有那么大的耐性；没心思（冇：没有；咁：这样）。

心大心细 sɐm^{1}tai^{6}sɐm^{1}sɐi^3 犹豫不决：我～，唔知去唔去好。（我拿不定主意，不知道去还是不去好。）

心多多 sɐm^{1}tɔ^{1}tɔ^1 不专心一意；面临多种选择而游移不定；做事情兴趣

容易转移：如果～，乜都想做下，实係乜都唔得。（如果三心二意，什么都想干一下，一定什么都干不成。）

花心$_1$ fa^{1}sɐm^1 ①同"心多多"。②男子在感情上不专一：我见过啲咁钟意扮靓嘅男人冇几个係唔～嘅！（我见过的这么爱打扮的男人没几个是感情专一的！）

五 B9 服气、不服气、后悔、无悔

忿气 fɐn^{6}hei^3 服气：係噉我都仲～啲。（这样子我还比较服气。）[又作"忿"。比较常用于否定形式。参见"唔忿气"、"唔忿"]

唔忿气 m^{4}fɐn^{6}hei^3 不服气；忍不下气：输咗～（输了不服气）｜咁唔公平，我～！（这么不公平，我吞不下这口气！）

唔忿 m^{4}fɐn^6 ①同"唔忿气"。②对某人不服气（后面紧接不服的对象）：周仔最～阿胜。

唔□ m^{4}kœ^4〈后一字音哥靴切第 4 声〉觉得吃亏而不服气；不甘心（唔：不）：畀佢哋噉样就攞咗去，真係～嘞！（让他们这样就拿走了，真是不甘心！）

唔抵得颈 m^{4}tɐi^{2}tɐk^{1}kɛŋ^2 ①气不过（唔：不；抵：忍；颈：性子）：我～，就话咗佢两句。（我气不过，就说了他两句。）②不服气：佢～，仲想嚟多次。（他不服输，还想再来一次。）

唔抵得 m^{4}tɐi^{2}tɐk^1 ①心里忍不住（唔：不；抵：忍）：睇开本书，就～要一直睇落去。（那书看开了头，就忍不住要一直看下去。）②气不过。

唔忿巢 m^{4}fɐn^{6}tsʰau^4【贬】①上年纪的妇女不甘于韶华逝去（因而加意妆扮。唔忿：不服；巢：皱，这里指脸上出现皱纹）。②【喻】想做力不能及的事；能力不及却不甘人后：唔得嘛咪去啰，何必～呢！（不行就别去了嘛，何必不甘下风呢！）

抌心口 tɐm^{2}sɐm^{1}hɐu^2〈抌音底饮切〉【喻】极为懊悔（抌：捶；心口：胸口）：而家先嚟～有乜用？（现在捶胸顿足吃后悔药有什么用？）

死唔眼闭 sei^{2}m^{4}ŋan^{5}pɐi^3【喻】死不瞑目（唔：不），比喻：①留下遗憾；心有不甘（有时不跟临死的心情有关，则带夸张口吻）：做极都做唔倒，真係～！（怎么做也做不好，真遗憾！）②【谑】死心：唔输埋最尾一分钱你都～！（不把最后一分钱输掉你都不死心！）

死得眼闭 sei^{2}tɐk^{1}ŋan^{5}pɐi^3【喻】死而瞑目，比喻：①没有遗憾（有时不跟临死的心情有关，则带开玩笑口吻）：个孙都娶埋心抱，我都～咯。（孙子也娶了媳妇，我死也瞑目了。）｜你要将啲手尾执清，佢先～嘅。（你要把收尾工作全搞好，他才心安。）②【谑】死心：你扫埋佢嗰只卒，佢就～。（你把他那个卒子也吃掉，他就死心了。）

五 B10 知道、明白、懂得、领悟

知 tsi^1 知道：我～佢今日走，不过唔～几点钟。（我知道他今天走，不过不知道几点钟。）[意思和普通话一样，但普通话习惯说"知道"]

知到 tsi^{1}tou^3 知道。[同普通话的"知道"完全一样，但广州话"到"与"道"不同音]

明 meŋ$^{4(-2)}$〈又读第 2 声〉懂；明白：一讲就～｜噉都唔～？（这还不明白？）

晓 hiu^{2} 懂；会：讲极佢都唔～。（怎么说他都不懂。）｜你～做啦嘛？（你会做了吧？）

识 sek^{1} 懂；会：我～英语。｜佢乜都唔～。（他什么也不会。）

心水清 sɐm^{1}søy^{2}ts^{h}eŋ^{1}【褒】头脑清醒；思路清晰：佢咁～嘅人边会畀你呃得倒？（他头脑那么清醒的人怎么会让你骗得了？）｜佢病咁耐心水仲係好清。（他病了那么久头脑还是很清楚。）

心知肚明 sɐm^{1}tsi^{1}t^{h}ou^{5}meŋ^{4} 心里明白：大家～，唔讲嘛。（大家心里有数，不说罢了。）

*__醒__ seŋ^{2}〈音洗影切〉领悟；醒悟：一点就～｜你到而家先～咩！（你到现在才明白过来吗！）[重见五 E1]

醒起 seŋ^{2}hei^{2}〈醒音洗影切〉①醒悟；明白过来：等到佢～都迟喇。（等他明白过来已经晚了。）②想起来：后尾我～条锁匙冚咗喺褛袋度。（后来我想起来那钥匙放在了大衣口袋里。）

*__醒神__ seŋ^{2}sɐn^{4}〈醒音洗影切〉领悟暗示：我䁪咗下眼，佢即刻～。（我眨了眨眼，他立即领悟了。）[重见五 B4、五 E1]

醒水 seŋ^{2}søy^{2}〈醒音洗影切〉①领悟，醒悟。②警觉：条友鬼咁～，一睇唔係路就松咗人。（那家伙非常警觉，一看不对头就跑了。）

又话 jɐu^{6}wa^{6} 字面意思是“也说”，实际上表示“曾经说过有某种打算”：阿宝～今个月中旬去旅游，唔见佢去嘅？（阿宝曾说这个月中旬去旅游，没见他去呢？）｜～食药又唔食。（说吃药也不吃。）

又知 jɐu^{6}tsi^{1} 字面意思是“也知道”，用于疑问（多有反问的意味），表示“怎么知道”：你～係佢？（你怎么知道是他？）｜人仔细细，～咁多！（小小人儿，哪来知道那么多！）

睇化 t^{h}ɐi^{2}fa^{3} 看透（世事等）；因看透而不再执着（略有解嘲的意味）：我而家都～喇，唔理咁多事喇！（我现在都看破了，不管那么多事了！）

化 fa^{3} 对世事等看得透；因看得透而思想开通：事到如今，乜都～喇！（事到如今，什么都看透了！）

五 B11 不知道、糊涂、闭塞

呃晒 ak^{1}sai^{3}〈呃音啊黑切〉完全不知道（呃：骗；晒：全部）：你问我啊？～！（你问我吗？我不知道！）

一头雾水 jɐt^{1}t^{h}ɐu^{4}mou^{6}søy^{2}【喻】不明白怎么回事（雾水：露水）：唔係珍姐话我知，我都～。（要不是珍姐告诉我，我也摸不着头脑。）

*__曚查查__ moŋ^{4}ts^{h}a^{4}ts^{h}a^{4} ①不了解；不知道：呢件事我～。（这事儿我不清楚。）②【贬】糊里糊涂：点解你咁～㗎？（你怎么这么糊涂？）[重见二 C7、九 A10]

*__霞霞雾雾__ ha^{4}ha^{4}mou^{6}mou^{6}【喻】①不知道；不清楚。②糊涂。[本义是因烟雾遮挡而看不清楚。重见九 A10]

懵 moŋ^{2}【贬】糊涂：你都～嘅！（你真糊涂！）

大懵 tai^{6}moŋ^{2}【贬】非常糊涂。

懵闭闭 moŋ^{2}pɐi^{3}pɐi^{3}【贬】懵懵懂懂；糊里糊涂：畀人呃晒啲钱都仲～。（让人把钱全骗走了还懵懵懂懂。）[又作“懵懵闭”]

懵盛盛 moŋ^{2}seŋ^{6}seŋ^{6}【贬】同“懵闭闭”。

面懵懵 min^{6}moŋ^{2}moŋ^{2}【贬】糊涂。

懵上心口 moŋ^{2}sœŋ^{5}sɐm^{1}hɐu^{2} 非常糊涂（心口：胸口）：咁简单道题都计错，你认真係～喇！（这么简单的题目都算错，你真是糊涂透顶了！）

*老懵懂 lou⁵moŋ²toŋ² 老糊涂。[重见一 G4]

迷迷懵懵 mɐi⁴mɐi⁴moŋ²moŋ²【贬】糊糊涂涂。

乌龙 wu¹loŋ⁻²〈龙读第 2 声〉糊涂：呢条数越整越～。(这笔账越搞越糊涂。)

乌啄啄 wu¹tœŋ¹tœŋ¹〈啄音低央切〉①糊涂：你做到经理都仲～嘅！(你当了经理也还稀里糊涂的！)②不知道；不清楚。

乌□□ wu¹sœ⁴⁽⁻²⁾sœ⁴〈后二字音时靴切第 4 声，第二字又可读第 2 声〉同"乌啄啄"。

盲摸摸 maŋ⁴mɔ²mɔ²【喻】对情况不了解；糊里糊涂：～噉就话做㖞，点做啫？(什么也不知道就说干，怎么干啊？)

早知灯係火，唔使盲摸摸 tsou²tsi¹tɐŋ¹hɐi⁶fɔ², m⁴sɐi²maŋ⁴mɔ²mɔ²【熟】【喻】早知道情况，就用不着糊里糊涂地瞎碰了(係：是；唔：不；盲摸摸：不了解情况)。[这句话一般是在碰了钉子或走了弯路，了解情况之后才说的。"火"与"摸"押韵]

唔化 m⁴fa³【贬】不开通；不明事理；固执(多指执着于旧有的思维方式)：杨伯咁老都仲係～。(杨伯这么老了还是看不开。)｜你都～嘅，噉点捞得落嚟嗰！(你真是没脑筋，这怎么拿得下来呢！)[参见五 B10"化"]

*盟塞 mɐŋ⁴sɐk¹【喻】【贬】本义是闭塞不通(盟：封闭)，比喻不开通；思想闭塞、落后：你噉讲，啲后生就话你～㗎喇。(你这么说，那些年轻人就说你思想落后了。)[重见九 B5]

五 B12　胆大、胆小

好胆 hou²tam² 胆子大：要揾个～啲嘅嚟至得。(要找一个大胆点儿的来才行。)

粗胆 tsʰou¹tam² 大胆(略带鲁莽的意思)：你咁～嘅噉都够胆做！(你那么大胆，这都敢做！)

够胆 kɐu³tam² 胆子大；有足够的胆量(去做某事)：佢个人真係～。(他这人胆子真大。)｜如果你唔～去就畀我去，我～。(如果你不敢去就让我去，我不怕。)

够胆死 kɐu³tam²sei² 胆子大(略带贬义)。

够膼 kɐu³pʰɔk¹〈膼音扑第 1 声〉胆子大(膼：泡，指胆子)：若果唔係真係～，边敢做呢啲事啊！(要不是真的有胆量，哪敢做这样的事！)

沙胆 sa¹tam²【贬】大胆；斗胆：居然去犯佢，你都算～喇！(居然去招惹他，你也算是胆大包天了！)

胆生毛 tam²saŋ¹mou⁴〈生音西坑切〉【喻】【贬】大胆(生：长)。

水煲咁大只胆 søy²pou¹kɐm³tai⁶tsɛk³tam²〈煲音保第 1 声，咁音甘第 3 声，只音脊〉【喻】【谑】大胆(水煲：煮水壶；咁：那么)。

放胆 fɔŋ³tam² 放开胆子(去做某事)：你即管～去做。(你尽管放开胆子去做。)

冇有怕 mou⁵jɐu⁵pʰa³〈冇音无第 5 声〉【谑】①不怕：我先至～啊！(我才不怕呢！)②不用怕：有我响度，～！(有我在这儿，别怕！)[广州话以"唔"为不，这里以"冇有"为不，是模仿外乡的说法，所以带玩笑口气]

细胆 sɐi³tam² 胆小(细：小)。

冇胆 mou⁵tam²〈冇音无第 5 声〉没胆量；胆小(冇：没有)：我呢个人好～嘅。(我这人胆子很小的。)

生人唔生胆 saŋ¹jɐn⁴m⁴saŋ¹tam²〈生音

西坑切〉【贬】胆小（生：长；唔：不）：嗰条衰仔～，冇啲用！（那个孬种没点儿胆子，一点儿用也没有！）

五 B13 其 他

认(形)住 jeŋ⁴tsy⁶〈认音形〉①一种心理现象，近于幻觉，心中想着一件事，就总觉得这是真的存在似的；或者经历过的事总觉得还没过去（多是指不好的事）：佢话佢成日～间屋里头有人。（她说她老是感到房子里有人。）｜琴日睇咗个现场，返嚟就一直～。（昨天看了那现场，回来后心里就一直拨不开。）②凭直觉感到（多是指不好的事）：我～今日要出事。

吊瘾 tiu³jɐn⁵【喻】瘾头得不到满足时的感觉：有得睇冇得食，真係～。（看得到吃不到，真不好受。）

以心为心 ji⁵sɐm¹wɐi⁴sɐm¹ 将心比心。

心淡 sɐm¹tʰam⁵〈淡音咸淡之淡〉①心灰意冷：咁多次都唔得，乜都～啦！（这么多次都不行，怎么说也灰心了！）②对某人感到灰心失望；特指感情上得不到回报而失望（但一般不用于男女感情上）：你整到老母～就唔好啦！（你弄得母亲对你失望就不好啦！）｜遇着噉嘅朋友真係～嘞！（摊上这样的朋友真是令人灰心！）

负气 fu⁻³hei⁻³〈负音库〉心中因不满而产生抗拒心理：话得啱你就要听得㗎嘛，咁～点得嘅呢！（说得对你就得听嘛，这样一肚子不满怎么行呢！）[与普通话表示赌气不同]

计带 kɐi³tai³ 介意；计较：佢唔係特登嘅，你何必～？（他不是故意的，你何必介意？）｜揾对象最紧要人好，第啲都唔好～咁多。（找对象最要紧是人要好，别的都不要计较那么多。）

烂₃ lan⁻²〈读第 2 声〉【贬】自以为很……。放在其他词语前面，表现说话者对别人的行为或心理的一种评价，认为是令人厌恶的：～叻（自以为能干）｜你就～大方，係我出钱㗎！（你就大方了，可是我出的钱！）｜佢～热情噉，我先唔睬佢。（他假惺惺地表示热情，我才不理睬他。）｜使乜～正经啊！（何必假正经呢！）

烂个唔 lan⁻²kɔ³m⁴〈烂读第 2 声〉同"烂₃"。[又作"烂个"]

五C 性 格

五 C1 和善、爽朗

好颈 hou²kɛŋ²【褒】脾气好：我老豆好～嘅，对我哋从来大声都冇句。（我父亲脾气很好，从来没大声对我们说过话。）

腍善 nɐm⁴sin⁶〈腍音泥淫切〉性格和善（略带软弱的意味。腍：软）：你咪睇佢平日咁～，发起恶嚟不得了。（你别看他平时那么和善，发起火来不得了。）

疏爽 sɔ¹sɔŋ²【褒】性格豪放爽朗：为人～。

*__爽脆__ sɔŋ²tsʰɵy³ 豪爽；做事干脆爽快：佢份人几～㗎。（他那人挺豪爽的。）｜～啲啦，成个女人噉！（干脆点儿嘛，整个儿像女人似的！）[重见九 B4]

*__心爽__ sɐm¹sɔŋ²【褒】性格爽快；爽朗。[重见五 A1]

直肠直肚 tsek⁶tsʰœŋ⁴tsek⁶tʰou⁵【褒】性格爽直；心直口快：佢係噉～嘅，你唔好怪啊。（他是这样心直口快的，你别介意。）

*大快活 tai⁶fai³wut⁶【褒】性格开朗、乐观：我个人一向～，就算听日拉柴我今日都要笑。（我这人一向乐观，哪怕明天见阎王我今天也要笑。）[重见一 G3]

开气 hɔi¹hei³ 性格开朗、乐观。

大癫大废 tai⁶tin¹tai⁶fɐi³【谑】性格开朗、乐观、爱笑闹，略带傻气，大大咧咧（废：傻）。

五 C2 软弱、小气、慢性子

*脍 nɐm⁴〈泥淫切〉【喻】本义为软，比喻和善而软弱；不容易发脾气：见倒人哋脾气～就虾人哋，噉都得嘅！（看人家脾气好就欺负人家，这怎么行！）[重见九 B4]

*软脍脍 jyn⁵nɐm⁴nɐm⁴〈脍音泥淫〉【喻】性格软弱。[重见九 B4]

*脍啤啤 nɐm⁴pɛ⁴pɛ⁴〈脍音泥淫切，啤音部爷切〉【喻】①性格软弱，不喜与人争锋（脍：软）：阿富个人～，扶唔起嘅，想帮都帮唔倒佢啦！（阿富这人蔫呼呼的，扶不起来，想帮他都帮不了。）②慢性子：我做嘢要快手嘅，同佢噉个～嘅人唔啱嘅。（我做事要快，跟他这个慢性子的人合不来。）[重见九 B4]

*粈糯 nɐp⁶nɔ⁶〈粈音粒第 6 声，那入切〉慢性子：佢个人好～嘅。（他这人性子很慢。）[重见九 C8]

薄皮 pɔk⁶pʰei⁻²〈皮读第 2 声，普起切〉因心理脆弱而受人指责时受不了（一般用于小孩或女青年）：呢个细路真係～，一话就喊。（这孩子脸皮儿真薄，一说就哭。）

眼坑浅 ŋan⁵haŋ¹tsʰin² ①容易哭：呢个细路眼坑咁浅嘅！（这个孩子那么容易哭！）②心眼小：你哋啲女人就係～，咁啲事都睇唔开。（你们女人就是心眼小，这么些事情也想不开。）[又作“眼浅”]

小气（器）siu²hei³ 气量小：话咪由人话啰，使乜咁～嚟！（说就让人说去嘛，干嘛气量那么小呢！）

五 C3 脾气坏、倔强、固执、淘气

丑颈 tsʰɐu²kɛŋ²【贬】脾气不好：你咁～，第日点同人相处啊？（你脾气那么坏，将来怎么跟人相处呢？）

火颈 fɔ²kɛŋ²【贬】脾气暴躁。

*艴 mɐŋ²〈摸肯切〉脾气大；容易烦躁。[重见五 A3]

*艴艴 mɐŋ²tsɐŋ²〈艴音摸肯切，艴音子肯切〉同“艴”。[重见五 A3]

*躁 tsʰou³ 性格暴烈；容易发火。[重见五 A3]

*牛皋 ŋɐu⁴kou¹【喻】【贬】脾气粗鲁。[原为说岳故事中的人物，脾气粗鲁。重见五 D7]

牛 ŋɐu⁴【喻】【贬】①脾气粗鲁。②脾气倔强：话佢唔听嘅，～到死。（说他不听的，倔得要命。）

硬颈 ŋaŋ⁶kɛŋ²【喻】【贬】①脾气倔强：呢个细路好～嘅。（这孩子很倔。）②固执：听下人讲，唔好咁～啦！（听一下别人的话，别那么固执吧！）

牛颈 ŋɐu⁴kɛŋ²【喻】【贬】同“硬颈”。

死牛一便颈 sei²ŋɐu⁴jɐt¹pin⁶kɛŋ²【喻】【贬】固执（一便：一边儿）：佢～，我都冇佢计。（他固执得很，我也拿他没办法。）

要颈唔要命 jiu³kɛŋ²m⁴jiu³mɛŋ⁶〈命音磨赢切第 6 声〉【喻】脾气倔；为闹意气不惜一切（唔：不）。

*曳 jɐi⁵⁽⁴⁾〈音以蚁切，又音疑危切〉【贬】小孩调皮，难调教：嗰班细路～到啊，睇见你就头大！（那群孩

子调皮得不得了，看见你就头疼！）［重见九 D2］

扭纹 nɐu^{2}mɐn^{4}【喻】【贬】小孩难调教或难侍候；淘气：咁～嘅细路我凑唔啱。（这么淘气的孩子我带不了。）

百厌 pak^{3}jim^{3}【贬】字面意思是人人都讨厌，指小孩淘气；顽皮：我个仔好～嘅，喺学校成日打交。（我儿子很淘气的，在学校老是打架。）

反斗 fan^{2}tɐu^{-2}〈斗音升斗之斗〉【贬】小孩好动；淘气：男孩～啲唔怕嘅。（男孩子淘气一点儿不要紧。）

韧皮 ŋɐn^{-1}p^{h}ei^{4}〈韧音银第1声，勾因切〉①【贬】小孩不听话；顽皮；淘气：个细路～，话极佢都係噉。（这孩子顽皮，怎么说他也还是这样。）②小孩不怕疼：佢好～嘅，打针都唔喊。（他不怕疼的，打针都不哭。）

跳皮 t^{h}iu^{3}p^{h}ei^{4} 调皮；顽皮。

刁乔扭拧 tiu^{1}k^{h}iu^{4}nɐu^{2}nɐŋ^{6}〈拧读第6声〉【贬】刁钻古怪：一阵要噉一阵要噉，真係～。（一会儿要这样一会儿要那样，真是又刁钻又古怪。）

烂喊 lan^{6}ham^{3}【贬】（小孩）爱哭（烂：嗜）：～嘅细路冇用嘅！（爱哭的小孩是没用的！）

五 C4 爱多事、唠叨、挑剔

八卦 pat^{3}kwa^{3}【喻】【贬】①爱管闲事；喜打探人隐私；喜道人长短（一般用于女人）：三婶最～㗎嘞，边家两公婆嗌交佢实知嘅。（三婶最好管闲事了，哪家两夫妇吵架她一定知道的。）②讲究迷信禁忌或旧礼仪：佢哋屋企啲～嘢零舍多嘅。（他们家那一套旧的讲究特别多。）［又作"八"］

诸事 tsy^{1}si^{6}【贬】爱管闲事。

噆 ts^{h}ɐm^{3}〈寻第3声，砌勘切〉【贬】爱唠叨：你个人咁～嘅！（你这人这么爱唠叨！）

噆气 ts^{h}ɐm^{3}hei^{3}〈噆音寻第3声，次暗切〉同"噆"：我好憎人～嘅。（我很讨厌人唠叨个没完。）

噆赘 ts^{h}ɐm^{3}tsøy^{6}〈噆音次暗切，赘音治锐切〉同"噆"。

噆噍 ts^{h}ɐm^{3}tsiu^{6}〈噆音次暗切，噍音赵〉同"噆"（噍：咀嚼）。

***吟噆** ŋɐm$^{4(3)}$ts^{h}ɐm$^{4(3)}$〈吟音牙含切，又音饿暗切；噆音沉，又音次暗切〉同"噆"。［重见七 C7］

***长气** ts^{h}œŋ^{4}hei^{3} 爱唠叨；健谈。

***巴喳** pa^{1}tsa^{1}〈喳音渣〉【贬】爱咋呼：女仔之家咁～，唔惊嫁唔出去啊？（女孩子家那么爱咋呼，不怕嫁不出去吗？）［重见七 C8］

口疏 hɐu^{2}sɔ^{1} 心里留不住话，有什么都要说出来：你唔想畀人知就咪话三姨知，佢个人～到死嘅。（你不想让人知道就别告诉三姨，她这人嘴巴没岗哨的。）

***拣择** kan^{2}tsak^{6} 爱挑剔：你就咪咁～啦。（你就别那么挑剔了吧。）［重见七 A10］

㤿憸(淹尖) jim^{1}tsim^{1}〈㤿音阉，憸音尖〉【贬】爱挑剔：买样嘢拣嚟拣去，男人老狗仲～过啲师奶！（买一样东西挑来挑去，大男人比女人还挑剔！）

㤿憸腥(声)闷 jim^{1}tsim^{1}sɛŋ^{1}mun^{6}〈㤿音阉，憸音尖，腥（声）音司赢切第1声〉【贬】极为挑剔。

五 C5 文静、内向

***定**$_{2}$ teŋ^{6}〈敌认切〉性格文静；稳重：个仔大啲就～啲嘞。（这孩子大点儿就文静一些了。）［重见五 A5、五 A6、九 B8］

定性 teŋ^{6}seŋ^3〈定音敌认切〉性格文静；稳重：呢个细路几～。（这个孩子挺文静。）｜佢好在係读书～。（他的好处是读书能静得下心来。）

静 tseŋ^6 文静：我钟意～啲嘅女仔。（我喜欢文静一些的姑娘。）

口密 heu^{2}met^6 ①不爱说话；性格内向。②嘴严；不乱说话：阿二好～嘅，唔怕。（老二嘴巴很严的，不怕。）

***密实** met^{6}set^6 同“口密”：呢个女仔真係～嘅啫，坐咁耐唔见佢讲一句话。（这女孩子真是不爱说话，坐那么久没见她说过一句话。）［重见九 B5］

古缩 kwu^{2}sok^1【贬】性格内向，不善交际：阿全仔初嚟嗰阵时好～嘅，而家好好多喇。（小全子刚来的时候蔫头蔫脑的，现在好多了。）

五 C6 其 他

疑心多病症 ji^{4}sem^{1}tɔ^{1}peŋ^{6}tseŋ^3 多疑：你使乜咁～啫！（你何必那么疑心呢！）

神神化化 sen^{4}sen^{4}fa^{3}fa^3【贬】性情古怪、行为乖戾：佢係咁～㗎嘞，你咪理佢。（他是这样古古怪怪的了，你别管他。）

转性 tsyn$^{3(2)}$seŋ^3〈转读第 3 声或第 2 声，志怨切或子丸切〉性情改变：个女大大下转咗性，而家定好多喇。（这闺女长大了就改了性情，现在安分多了。）｜佢都会～？我唔信！（他的脾性也会变？我不信！）

五D 品 行

五 D1 善良、忠厚、讲信用、高贵

好心 hou^{2}sem^1【褒】心肠好：我知到你～。（我知道你的心地好。）

***好人** hou^{2}jen^4 为人好；心肠好：先生，你真係～嘅啫！（先生，你真是好心肠！）［重见一 G8］

好人士（事） hou^{2}jen^{4}si^{-2}〈士（事）音屎〉同“好人”：阿王婆不溜好～㗎。（王婆婆的为人一向很好的。）

***好仔** hou^{2}tsei^2〈仔音子矮切〉品质、行为好（专指男青年）：你个孙认真～噃，对你好孝义。（你的孙子真好，对你很孝顺。）［重见一 G1］

***有心** jeu^{5}sem^1【褒】对人关心；有感情：呢个女婿对外母几～，成日嚟睇佢。（这个女婿对岳母多关心，整天来看她。）［重见七 E25］

***神心** sen^{4}sem^1【喻】有诚意：佢对我有咁～？哼！（他能对我那么好？哼！）［原指迷信的人对神灵很虔诚。重见五 B8］

淳善 søn^{4}sin^6【褒】善良淳厚：呢度啲人都好～。（这儿的人都很厚道。）

淳品 søn^{4}pen^2【褒】品性淳和：佢个男朋友望上去几～下嘅。（她的男朋友看上去挺淳朴的。）

抵谂 tei^{2}nem^2〈谂音泥饮切〉【褒】能忍让，不怕吃亏，不计较自身利益（谂：想）：我知你不溜都好～嘅。（我知道你一向都是很不计较的。）｜你哋攞多啲啦，我～啲嗪嘞。（你们多拿点儿吧，我亏点儿就是了。）［又作“抵得谂”］

为得人 wei^{6}tek^{1}jen^4【褒】乐于帮助别人；肯为别人着想：我哋个同屋住唔话得，好～。（我们的邻居没说的，很能替人着想。）｜你～，人哋又会为你嘛。（你肯帮助别人，别人也会帮助你呀。）

好相与 hou^{2}sœŋ^{1}jy^5【褒】好相处；与人为善（相与：相处）：陈姨个人好～嘅。（陈姨这人对人很好的。）

***恰恰啱** t^{h}ep^{1}t^{h}ep^{1}tim^6〈恰音他恰切，

啮音第艷切〉【喻】原指非常妥帖，比喻驯服听话（一般指由不驯服变得驯服）：你真本事，治到班友～。（你真有本事，治得那帮家伙服服帖帖。）[重见九 C1]

忠直 tsoŋ1tsek6【褒】忠厚而正直：七叔教我做人要～。

忠心 tsoŋ1sɐm1【褒】（对某人）忠诚：诸葛亮对刘备好～。（诸葛亮对刘备很忠诚。）

君真 kwɐn1tsɐn1【褒】讲信义：我做生意好～㗎。（我做生意很讲君子信义的。）

牙齿当金使 ŋa4tsʰi2tɔŋ3kɐm1sɐi2〈当音当作之当〉【喻】【褒】字面意思是牙齿可以当作金子来使用，比喻讲信用；说话算数：你即管问下人，我几时唔係～嘅？（你尽管问一下人，我什么时候不是一诺千金？）

贵格 kwɐi3kak3【褒】气质高贵。

五 D2　勤奋、懂事、老成

勤力 kʰɐn4lek6 勤奋：佢读书嗰时咁～，后尾做嘢又係咁～。（他念书那个时候那么勤奋，后来工作也是那么勤奋。）

生性 saŋ1seŋ3〈生音生长之生〉【褒】懂事：咁大个嘞，好～喇！（这么大了，该懂事了。）

老积（渍） lou5tsek1 老成；老气横秋的：王仔个女细细个，之讲起话嚟～到死。（小王的女儿年纪小小，可说起话来老成得不得了。）

老水 lou5sɵy2 同"老积（渍）"：佢而家～过嗰阵时好多喇。（他现在比那时候老成多了。）

人细鬼大 jɐn4sɐi3kwɐi2tai6【谑】年纪虽小却很老成或很精明（细：小）。

鸭细扶翅大 ap3sɐi3fu4tsʰi3tai6【熟】【喻】【谑】比喻年纪虽小却很老成或很精明（细：小；扶翅：鸟类的肫肝），常与"人细鬼大"连用：呢个细路真係人细鬼大，～。（这孩子人虽小，点子可真不少。）

五 D3　不懂事、健忘、粗心

脑囟未生埋 nou5sɵn2mei6saŋ1mai4〈囟音笋，生音生长之生〉【熟】【喻】囟门还没长合，比喻幼稚或没脑筋：咁大个人都唔识用脑，～噉。（这么大的人还不会动脑筋，像囟门还没长合似的。）

大唔透 tai6m4tʰɐu3【贬】字面意思是没完全长大（唔：不），指大人性格等像小孩一样：老豆都做咗嘞，仲同细蚊仔玩埋一堆，真係～！（父亲都当了，还跟小孩子玩到一块，真是长不大！）

未大透 mei6tai6tʰɐu3 同"大唔透"。

***唔臭米气** m4tsʰɐu3mɐi5hei6【喻】【贬】幼稚；不懂事（唔：不；臭：带某种气味）：二十岁咁滞㗎喇，仲係～！（快二十岁了，还是不懂事！）[重见五 D6]

冇性 mou5seŋ3〈冇音无第 5 声〉①不懂事：佢咁细，～㗎嘛，打佢做乜？（他那么小，不懂事嘛，打他干嘛？）②【贬】没有人性：呷条友仔～嘅，你话佢因住佢捞刀斩你！（这家伙没人性的，你数落他，小心他拿刀劈你！）

***心肝唔黐肺** sɐm1kɔn1m4na1fɐi3〈黐音拿第 1 声，呢哈切〉【贬】不懂感情（唔：不；黐：黏）。[重见五 B5]

冇耳性 mou5ji5seŋ3〈冇音无第 5 声〉【贬】对别人说的话总是忘记；健忘：交带亲你都唔记得，真係～！（每次交代你都忘记，真是健忘！）

冇记性 mou⁵kei³seŋ³〈冇音无第 5 声〉【贬】健忘；记性差：年纪大咗就～，你有怪莫怪啊！(年纪大了记性就差了，你多多包涵！)

***大头虾** tai⁶tʰɐu⁴ha¹【喻】【谑】【贬】粗心大意；马大哈：你咁～㗎，戴住副眼镜都会唔见咗嘅。(你够马大哈的，戴着的眼镜也会丢了。)[重见一 G4]

五 D4　高傲、轻浮 [夸口参看七C4]

高窦 kou¹tɐu⁻³〈窦音斗争之斗〉高傲：睬下人都得啩，使乜咁～嚩！(对人搭理一下总可以吧，干嘛那么高傲呢！)

大资爷 tai⁶tsi¹jɛ⁻²〈爷读第 2 声〉高傲；傲慢：先做个噉嘅官仔就咁～？有冇搞错啊！(才当个这样的小官儿就这么傲慢？怎么回事嘛！)

大枝嘢 tai⁶tsi¹jɛ⁵〈嘢音野〉同"大资爷"(嘢：东西)。

大卖 tai⁶mai⁻²〈卖读第 2 声〉【喻】【贬】高傲；架子大（卖：客饭的一份）：条友咁鬼～，我费事睬佢！(这家伙这么傲慢，我懒得理他！)

大嘢 tai⁶jɛ⁵〈嘢音野〉同"大卖"(嘢：东西)。

大款 tai⁶fun²【喻】【贬】高傲；架子大（款：架子）：佢呢勺～得滞，得失人多喇。(他这一次太过摆谱，得罪的人多了)。[与普通话"大款"意思不同]

焦即 tsiu¹tsek¹【贬】有傲视他人之意；轻浮地在人前显示自己的长处：先叻咗一匀，就～成噉！(才显了一回能，就这么轻飘飘了！)

沙尘₂ sa¹tsʰɐn⁴ 骄傲而轻浮；好炫耀或夸夸其谈：呢个后生仔真～！(这年轻人真轻浮！)

白霍 pak⁶fɔk³ 同"沙尘"。

沙尘白霍 sa¹tsʰɐn⁴pak⁶fɔk³ 同"沙尘"。

烂叻 lan⁻²lɛk¹〈烂读第 2 声，叻音拉吃切第 1 声〉【贬】自以为能干；想表现自己的能干（烂：自以为是；叻：能干）：人哋咁老卓嘅都唔得，你仲～？(人家那么老到的也不行，你还想显能？)

烂醒 lan⁻²seŋ²〈烂读第 2 声，醒音星第 2 声〉同"烂叻"(醒：精明能干)。

五 D5　自私、吝啬、贪心、懒惰

缩骨 sok¹kwɐt¹【喻】【贬】自私；吝啬；善于打个人小算盘：饮茶有份，睇数就行埋便，条友认真～嘞！(喝茶吃东西有他一份，付账时就躲一边儿去，这家伙真是只铁公鸡！)

孤寒 kwu¹hɔn⁴【贬】吝啬：咁～嘅人，想同佢借钱，好难喇！(这么吝啬的人，想跟他借钱，难哪！)

***铎(度)叔** tɔk⁶sok¹〈铎（度）音地落切〉【贬】吝啬。[重见一 G6]

算死草 syn³sei²tsʰou²【贬】精打细算，形容非常吝啬：条友～，费事同佢讲。(那家伙抠门得很，懒得跟他说。)

知微麻利 tsi¹mei⁴ma⁴lei⁶【贬】心眼小；爱斤斤计较：同啲咁～嘅人打交道都几麻烦。(跟这么计较的人打交道真是麻烦。)

知微 tsi¹mei⁴ 同"知微麻利"。

谂缩数 nɐm²sok¹sou³〈谂音尼饮切〉【贬】为自己打算；打小算盘（谂：想）：噉就想捞多啲，你都几识～嚩！(这样就想多拿点儿，你也挺会打小算盘的！)

大王眼 tai⁶wɔŋ⁴ŋan⁵【喻】贪心或胃口大（贬义不明显）：你真係～嘞，咁多仲话未够喉！(你真贪心，这么多还说不够！)

大喉榄 tai^{6}hɐu^{4}lam^{-2} 同“大王眼”（喉榄：喉结）。

发钱寒 fat^{3}tsin^{-2}hɔn^{4}【喻】【谑】整天想着钱；财迷心窍（贬义不十分明显。一般不用于非常富裕的人。发寒：因身体虚弱而畏寒）。

*__蛇__ sɛ^{4}【喻】【贬】懒惰：做嘢咪咁～先得喏！（干活不能那么懒！）[参见一 G6“懒蛇”]

*__蛇王__ sɛ^{4}wɔŋ^{4}【喻】【贬】非常懒惰：嗰个嘢够晒～嘞，成半昼都未曾见佢郁过手。（那个家伙真是懒透了，整整半天儿没见他动手干过一下。）[重见一 G6。参见一 G6“懒蛇”]

好食懒飞 hou^{3}sek^{6}lan^{5}fei^{1}〈好音爱好之好〉【喻】【贬】好吃懒做。

五 D6 奸诈、缺德、负义、下贱、淫荡

阴湿 jɐm^{1}sɐp^{1}【贬】阴险：嗰只契弟～到死！（那个兔崽子阴险得很！）

奸 kan^{1}【贬】奸诈；狡猾。

奸狡 kan^{1}kau^{2}【贬】奸诈；狡猾：同啲咁～嘅人打交道，真係要顾住啲先得。（跟这么奸诈狡猾的人打交道，得小心着点儿才行。）

*__奸诡__ kan^{1}kwɐi^{2}【贬】奸诈；狡猾。[重见九 D11]

*__鬼(诡)马__ kwɐi^{2}ma^{5}【贬】奸诈；狡猾。[重见九 D11]

*__折堕__ tsit^{3}tɔ^{6}【贬】缺德；没良心：边个咁～，喺度倒垃圾。（谁那么造孽，在这儿倒垃圾。）[重见九 C3]

*__抵死__ tɐi^{2}sei^{2}【贬】该死：嗰条友好～嘅！（那个家伙真该死！）[重见九 C3]

*__衰__ sɵy^{1}【贬】品格不好；坏（在实际用法上，口气可重可轻，有时则转化为亲昵的骂人话）：嗰个嘢好～嘅，成日做埋晒啲乞人憎嘅嘢。（那家伙很坏的，整天干些讨人厌的事情。）｜你真係～嘅啫，我唔睬你！（你真坏，我不理你！）[重见九 C2、九 C3、九 D2]

反骨 fan^{2}kwɐt^{1}【喻】【贬】负心；忘恩负义的：我对佢咁好，佢居然咁～！（我对他这么好，他居然这么负心！）[《三国演义》里说诸葛亮看出魏延“脑后有反骨”，广州话此语殆源于此]

纸扎下爬 tsi^{2}tsat^{3}ha^{6}p^{h}a^{4}【喻】【贬】说话不算数；不讲信用（下爬：下巴）：你有名～嘅，信你都几难。（你不讲信用是出了名的，谁相信你。）

誓愿当食生菜 sɐi^{6}jyn^{6}tɔŋ^{3}sek^{6}saŋ^{1}ts^{h}ɔi^{3}〈当音当作之当〉【熟】【贬】说话从不算数；全无信义（誓愿：发誓；当食生菜：极为轻易）。

绝情 tsyt^{6}ts^{h}eŋ^{4}【贬】不讲情义：咁～嘅事你都做得出？（这么无情无义的事你也干得出来？）

*__唔臭米气__ m^{4}ts^{h}ɐu^{3}mɐi^{5}hei^{3}【喻】【贬】没人情味（唔：不；臭：带某种气味）：你个人点解咁～嘅，大佬求到都唔畀面！（你这人怎么这样不近人情，哥哥求上门来也不给面子！）[重见五 D3]

贱格 tsin^{6}kak^{3}【贬】下贱：托呢种人嘅大脚？我先冇咁～啊！（拍这种人的马屁？我才没那么贱呢！）

*__生鸡__ saŋ^{1}kɐi^{1}〈生音生熟之生〉【喻】【贬】（男人）好色。[重见一 G6]

咸湿 ham^{4}sɐp^{1}【贬】好色；下流：佢个波士好～嘅，成日对啲女仔郮手郮脚。（她的老板很下流的，整天对女孩子动手动脚。）[又作“咸”]

姣 hau^{4}〈音效第 4 声〉【贬】（女子）轻佻；放荡：发～（女子发情）。

姣尸扽督 hau^{4}si^{1}tɐn^{3}tok^{1}〈姣音效第 4

五 心理与才能

声，扽音帝训切〉【贬】（女子）轻佻；放荡。

*烂笪笪 lan⁶tat³tat³〈笪音达第 3 声，帝压切〉【喻】【贬】不知羞耻；人格卑下（尤指女性在性关系方面）：个傿妹～，係男人就黐埋去。（那女孩全无羞耻，是男人就黏上去。）[重见九 B10]

五 D7 蛮横、粗野 [霸道参见七 E20；凶狠参见九C13]

牛精 ŋɐu⁴tseŋ¹〈精音之英切〉【喻】【贬】蛮不讲理；不驯服：你再～，我都搞得你啱。（你再蛮横，我也能治得了你。）

牛王 ŋɐu⁴wɔŋ⁴ 同"牛精"。

*牛皋 ŋɐu⁴kou¹【喻】【贬】粗野；粗鲁。[原为说岳故事中的人物，脾气粗鲁。重见五 C2]

刁蛮 tiu¹man⁴【贬】任性而刁钻，不讲理（一般用于女性）：个女畀你纵到～到死。（女儿让你惯得极为任性、不讲理。）

伧鸡 tsʰaŋ⁴kɐi¹〈伧音橙第 4 声，瓷盲切〉【贬】（女人）蛮不讲理；泼辣：姐姐仔唔好咁～，好难嫁得出去㗎！（小姐别那么泼辣，这样很难嫁出去的！）

番蛮 fan¹man⁴【贬】蛮横；野蛮：撞亲人仲闹人，真係～到冇晒谱！（撞着人还骂人，真是蛮横得没边儿了！）

蛮班办 man⁴pan¹pan⁶【贬】蛮不讲理：你个人～嘅，我费事睬你啊！（你这人蛮不讲理，我懒得理睬你！）

横□□ waŋ⁴paŋ¹paŋ⁶〈第二字音波坑切，第三字读第二字的第 6 声〉同"蛮班办"。

狼戾 lɔŋ⁻¹lɐi²〈狼读第 1 声；戾音丽第 2 声，裸矮切〉【贬】蛮横；大发脾气的样子：～到佢！（他蛮横成这样子！）

五E 才 智

五 E1 有文化、聪明、能干、狡猾、滑头

知书识墨 tsi¹sy¹sek¹mɐk⁶ 有文化：你係个～嘅人。（你是个有文化的人。）

*醒 seŋ²〈洗影切〉【褒】聪明；机灵：呢个傿仔认真～。（这个小伙子确实聪明伶俐。）[重见五 B10]

醒目 seŋ²mok⁶〈醒音洗影切〉【褒】聪明；机灵：揾几个～啲嘅嚟畀我。（找几个机灵点儿的来给我。）

*醒神 seŋ²sɐn⁴〈醒音洗影切〉【褒】聪明；机灵。[重见五 B4、五 B10]

卓 tsʰœk³ 精明；机灵（略带贬义）。

老卓 lou⁵tsʰœk³ 做事老到、精明（卓：精明）：先升炮再退士，呢一着都算～喇。（先进炮再退士，这一招也算老到了。）

精 tsɛŋ¹〈音郑第 1 声〉①【褒】聪明；机灵：你个细路一望落就知係～嗰停嘅。（你的小孩一看就知道是属于聪明那一类的。）②精明，有时含过分为自己打算或取巧的意思（略带贬义）：你够晒～嘞，我先唔制啊！（你可够精明的，我才不干哪！）

精叻 tsɛŋ¹lɛk¹〈精音郑第 1 声，叻音拉吃切第 1 声〉【褒】精明能干：呢个仔而家～咗好多喇。（这孩子现在精明能干多了。）

精乖 tsɛŋ¹kwai¹〈精音郑第 1 声〉精明乖巧。

面懵心精 min⁶moŋ²sɐm¹tsɛŋ¹〈精音郑第 1 声〉表面装糊涂，心里精明得很。

精灵 tseŋ^{1}leŋ$^{-1}$〈精音之英切，灵读第 1 声〉【褒】聪明；机灵。

眉精眼企 mei^{4}tseŋ^{1}ŋan^{5}kʰei^{5}〈精音之英切〉精明，有时含滑头的意思（略带贬义。企：竖）：好似佢噉～嘅人会做啲咁傻嘅事咩？（像他这样精明的人会做出这么傻的事吗？）

话头醒尾 wa^{6}tʰɐu^{4}seŋ^{2}mei^{5}【褒】字面意思是说了开头就能明白后面（话：说；醒：明白），指人聪明、领悟力强：个𠍼仔～，我都少嘥好多口水。（这小伙子说一知二，我也省了许多口舌。）

有谂头 jɐu^{5}nɐm^{2}tʰɐu^{4}〈谂音泥饮切〉【褒】有头脑；善于思考（谂：想）：阿清係个～嘅人。（阿清是个很有头脑的人。）

高张 kou^{1}tsœŋ^{1} 原指打牌技术高明（张：指麻将或扑克牌），泛指高明：谂唔到佢咁～。（没想到他有这么高明的一手。）

叻（呖） lɛk^{1}〈拉吃切第 1 声〉【褒】能干；有能耐；有本事：杨仔好～嘅，乜都识。（小杨能干得很，什么都会。）｜冇人学得佢咁～。（没人能像他这么能干。）

*__叻仔__ lɛk^{1}tsɐi^{2}〈叻音拉吃切第 1 声，仔音子矮切〉【褒】能干；有能耐（用于男孩子）：你而家～喇。（你现在能耐了。）[重见一 G2]

*__叻女__ lɛk^{1}nøy^{-2}〈叻音拉吃切第 1 声，女读第 2 声〉【褒】能干；有能耐（用于女孩子）。[重见一 G2]

麻叻 ma^{4}lɛk^{1}〈叻音拉吃切第 1 声〉同“叻（呖）”。

麻利 ma^{4}lei^{6} 同“叻（呖）”：佢学嘢好～，一学就识。（他学东西很有本事，一学就会。）[与普通话意思不同]

本事 pun^{2}si^{6}【褒】能干；有能耐：今匀你咁～嚹！（这回你这么显本事！）

*__使得__ sɐi^{2}tɐk^{1} 能干；有能耐：你呢个业余后镬都几～个噃，九大簋都整倒出嚟。（你这个业余厨师还挺有能耐的，一大桌菜也能做出来。）[重见九 D4]

*__巴闭__ pa^{1}pɐi^{3} 有能耐；有本事（略带贬义）：你好～咩？又唔见你做畀我睇下？（你就那么有能耐？怎么没见你做给我看看？）[重见七 C8、九 D1]

*__掯__ kʰɐŋ^{3}【俗】【喻】本义是烟、酒味道浓烈，比喻人本事大：嗰个嘢好～㗎，你咪睇小佢啊！（那家伙很厉害的，你别小看他呀！）[重见九 B22]

手硬 sɐu^{2}ŋaŋ^{6}【喻】有本事；有办法（常指专为自己谋利。略含贬义）：你～你唔係揾倒啰。（你有手段你不就能赚到钱了吗。）

抵手 tɐi^{2}sɐu^{2} 能干；手巧。

多计 tɔ^{1}kɐi^{-2}〈计读第 2 声〉计谋多：矮仔～。（谚语：矮人点子多。）

识精 sek^{1}tseŋ^{1}〈精音郑第 1 声〉【贬】精明；滑头；会取巧：咁～咊，摎咗人哋嘅落嚟，趸自己嘅上去。（这么滑头，拿别人的下来，放自己的上去。）

精埋一便 tseŋ^{1}mai^{4}jɐt^{1}pin^{6}〈精音郑第 1 声〉【贬】把聪明用在不好的方面（精：聪明，精明；埋：靠近；一便：一边）。

精出骨 tseŋ^{1}tsʰɵt^{1}(tsʰyt^{1})kwɐt^{1}〈精音郑第 1 声〉【贬】过于精明（一般是指精于为自己打算。出骨：露骨）。

鬼（诡）揖 kwɐi^{2}wɐt^{6}〈揖音屈第 6 声，互核切〉【贬】狡猾；诡计多端：条嘢～到死。（那家伙狡猾得很。）

蛊惑 kwu^{2}wak^{6}〈蛊音古〉同“鬼揖”。

五 E2　愚笨、无能、见识少

戇 ŋɔŋ^{6}〈音昂第 6 声，饿项切〉【贬】

傻；笨；呆：做嘢冇样啱，咁～嘅！（做事没一样做得好，真笨！）

戇居 ŋɔŋ6kɵy1〈戇音昂第6声，饿项切〉【贬】同“戇”：够晒～（够傻的）。

戇居居 ŋɔŋ6kɵy1kɵy1〈戇音昂第6声，饿项切〉【贬】同“戇居”。

霎戇 sap3ŋɔŋ6〈霎音细鸭切，戇音饿项切〉【贬】傻（用于指责人行为不合常理）：嗰个唔要要呢个，你真係～嘅！（那个不要要这个，你真是傻瓜！）

丧 sɔŋ3 同“霎戇”。

傻戇戇 sɔ4ŋɔŋ6(kaŋ1)ŋɔŋ6(kaŋ)1〈戇音饿项切，又音耕〉【贬】傻头傻脑。[又作“傻傻戇戇”。“戇”字有两种读法，后一种读法又写作“傻耕耕”、“傻更更”。]

傻捞捞 sɔ4lau-3lau-3〈捞音老孝切〉【贬】傻头傻脑。[又作“傻傻捞捞”]

黐孖筋 tsʰi1ma1kɐn1〈黐音痴，孖音妈〉【詈】（脑里）两根并排的筋黏在一起（黐：黏；孖：并排），指痴傻。常作骂人话：～！噉都畀人呃。（真傻！这样也让人骗。）

废1 fɐi3 傻；蠢：你真係～嘅，噉点攞得上嚟啫！（你真傻，这样怎么能拿上来呢？）

癫癫废废 tin1tin1fɐi3fɐi3 疯疯癫癫；傻里傻气。

唔谂嘢 m4nɐm2jɛ5（谂音泥饮切，嘢音野）【贬】不会想；没头脑（唔：不；谂：想；嘢：东西）：係～嘅人先至讲啲噉嘅说话嘅嘛！（只有没头脑的人才会说这样的话。）

冇脑 mou5nou5〈冇音无第5声〉【贬】没头脑；傻（冇：没有）。

人头猪脑 jɐn4tʰɐu4tsy1nou5【喻】【贬】蠢笨。

食塞米 sek6sɐk1mɐi5【喻】【贬】只会吃饭而不会做事：一啲咁多嘢都要问人，话你～真係冇屈你！（一丁点儿事也要问别人，说你白吃饭真的没冤枉你！）

食枉米 sek6wɔŋ2mɐi5 同“食塞米”。

十只手指孖埋 sɐp6tsɛk3sɐu2tsi2ma1mai4〈孖音妈〉【喻】【贬】手指头黏在一起（孖：并联；埋：合拢），比喻什么也不会做：娶个心抱返嚟係～嘅，仲要我服侍佢，真係激死人！（娶个媳妇回来是什么也不会干的，还要我服侍她，真是气死人！）[又作“十指孖埋”]

薯 sy4【喻】【贬】笨：你咪话佢～，佢有时叻过你。（你别说他笨，有时他比你能干。）

***薯头** sy4tʰɐu4【喻】【贬】笨头笨脑。[重见一G4、九C6]

钝 tɵn6【贬】钝拙；笨：呢个细路都係～啲，学嘢慢。（这孩子是笨些，学东西慢。）[普通话“钝”也有笨的意思，但一般不单独使用]

蠢钝 tsʰɵn2tɵn6【贬】愚蠢；钝拙。

滞鸡 tsɐi6kɐi1【贬】迟钝；笨拙。

***吽哣** ŋɐu6tɐu6〈吽音饿后切，哣音弟后切〉【贬】迟钝；呆。[又作“吽”。重见九A15]

***木独** mok6tok6【贬】木讷；迟钝：个人咁～，好难教个嚅。（这人这么迟钝，很难教的呀。）[重见九A15、九B22]

低张 tɐi1tsœŋ1 原指打牌技术拙劣（张：指麻将或扑克牌），泛指想法、计谋拙劣：呢条计～得滞。（这条计策太拙劣。）

***死咕咕** sei2kwu4kwu4〈咕读第4声〉【贬】（做事等）呆板；不灵活：你噉～噉，点做生意啊？（你这样呆呆板板的，怎么做生意呢？）[重见九C14]

少块膶 siu2fai3jɵn2〈膶音润第2声〉

五 心理与才能

【喻】【贬】笨；傻乎乎（膶：动物的肝。此以肝脏不全喻笨，又把人比作动物）。

***大泡禾** tai^{6}p^{h}au^{1}wɔ^{4}【喻】【贬】无能：边有咁～嘅啫，噉都搞唔啱！（哪有这么没用的，连这都搞不好！）[重见一 G4]

***兜踎** tɐu$^{1(6)}$mɐu^{1}〈兜又音豆，踎音摩欧切〉【贬】无能；窝囊。[重见九 C6]

未见过大蛇屙屎 mei^{6}kin^{3}kwɔ^{3}tai^{6}sɛ^{4}ɔ^{1}si^{2}【熟】【喻】【谑】见识不多。

五 E3　会说不会做

会弹唔会唱 wui^{5}t^{h}an^{4}m^{4}wui^{5}ts^{h}œŋ^{3}〈弹音弹琴之弹〉【熟】字面意思是只会弹琴不会唱歌（唔：不），因“弹”有指责之意，所以成为双关语，意指只会说别人，自己不会做：我讲你即管听啦，我都係～嘅 。（我说你听就是了，我也不过是会说不会做的。）

识弹唔识唱 sek^{1}t^{h}an^{4}m^{4}sek^{1}ts^{h}œŋ^{3}〈弹音弹琴之弹〉同“会弹唔会唱”。

得把口 tɐk^{1}pa^{2}hɐu^{2}【喻】【贬】字面意思是只有嘴巴，指人只会说，不会做：你～，你识做咩？（你就会说，你会做吗？）

得把牙 tɐk^{1}pa^{2}ŋa^{4} 同“得把口”：唔好～啦，一唔係做嚟睇下。（别只是说吧，要不做来看看。）

得把声 tɐk^{1}pa^{2}sɛŋ^{1}〈声音司赢切第 1 声〉同“得把口”。

声大大，冇嘢卖 sɛŋ^{1}tai^{6}tai^{6}, mou^{5}jɛ^{5}mai^{6}〈声音司赢切第 1 声，冇音无第 5 声，嘢音野〉【熟】【喻】【贬】叫卖的声音很大，而实际上没有东西可卖，比喻只会说，不会做。[“大”与“卖”押韵]

五 E4　其　他

半桶水 pun^{3}t^{h}oŋ^{2}sɵy^{2}【贬】半懂不懂；懂得不多：我都係～嚟咋。（我也不过是半瓶醋。）

***三板斧** sam^{1}pan^{2}fu^{2}【谑】【贬】能耐有限：佢亦就係～，你唔靠得晒佢嚟。（他也就那么点儿能耐，你不能全靠他。）[来自旧时说书谓唐朝程咬金的武艺只在三板斧。重见八 B2]

周身刀，冇把利 tsɐu^{1}sɐn^{1}tou^{1} mou^{5}pa^{2}lei^{6}【熟】【喻】【贬】全身都是刀，可没有一把是锋利的（周身：全身；冇：没有），比喻样样都懂一点，但没一样精通。

除咗笨仲有精 ts^{h}ɵy^{4}tsɔ^{2}pɐn^{6}tsoŋ^{6}jɐu^{5}tsɛŋ^{1}〈精音之赢切第 1 声〉【熟】【谑】意思是多少还有聪明之处（咗：了；仲：还；精：精明），往往用于开玩笑地说人不笨：你都～，识得问佢攞翻张收条。（你还没笨到家，懂得向他要收条。）[简作“除笨有精”]

六、运动与动作

［包括人与动物共通的动作。动物特有的动作参见二D2］

六A　运　动

六A1　泛指的运动

*㖶 jok^{1}〈音郁，衣屋切〉动：你唔好～。（你别动。）｜一个人攞得～咁多咩？（一个人拿得动那么多吗？）｜只狗仔识～嘞。（那小狗会动了。）｜一啲风都冇，连树叶都～都唔～。（一点儿风也没有，连树叶也一动不动。）［重见七E23］

㖶动 jok^{1}toŋ^{6}〈㖶音衣屋切〉动（㖶：动）：食饱饭～得太犀利唔好。（吃饱饭动得太厉害不好。）｜係风吹到窗帘～。（是风吹得窗帘动。）［使用范围比“㖶”要小］

㖶㖶贡 jok^{1}jok^{1}koŋ^{3}〈㖶音及屋切〉动个不停（㖶：动；贡：钻动）：你点解成日～嘅？（你怎么老是动来动去？）｜条虫仔喺度～。（那小虫在动来动去。）

㖶嚟㖶去 jok^{1}lɐi^{4}jok^{1}høy^{3}〈㖶音衣屋切，嚟音黎〉动来动去（㖶：动；嚟：来）：咪～！（别动来动去！）

咿咿㖶㖶 ji^{1}ji^{1}jok^{1}jok^{1}〈咿音衣，㖶音衣屋切〉动来动去：个袋里头乜嘢东东响度～啊？（那袋子里什么东西在动来动去？）

㖶下㖶下 jok^{1}ha^{5}jok^{1}ha^{5}〈㖶音衣屋切，下读第5声〉一动一动：嗰度点解～嘅？（那个地方怎么一动一动的？）｜佢瞓着觉手指都仲～。（他睡着觉手指也还一动一动的。）

㖶㖶下 jok^{1}jok^{1}ha^{-2}〈㖶音衣屋切，下读第2声〉一动一动（一般指动的时间较短）：个公仔对眼仲识～嘅。（那洋娃娃的眼睛还会一动一动的。）

六A2　趋向运动

*嚟 lɐi^{4}〈音黎〉来：你几时～？｜架车～紧嘞。（车子正来呢。）｜攞支笔～。（拿一支笔来。）［“嚟”其实就是“来”的口语音（书面语音lɔi^{4}），这是专为其口语音而造的方言字。重见九D22、九D31、十一A1］

上 sœŋ^{5}〈读第5声〉由低处到高处；上：～楼｜行～山顶。（走上山顶。）［此与普通话“上”一样。但广州话“上”字有两种读法：高处的意思（“上面”）读第6声，由低到高的意思（“上去”）读第5声，这种区别是普通话所没有的］

*上嚟 sœŋ^{5}lɐi^{4}〈上读第5声，嚟音黎〉上来（嚟：来）：～二楼倾啊。（上来二楼谈吧。）｜将份文件攞～畀我。（把那份文件拿上来给我。）［重见七B6］

起嚟 hei^{2}lɐi^{4}〈嚟音黎〉表示向上；起来（用在表示动作的词后面）：爬～｜企～（站起来）。

起上嚟 hei^{2}sœŋ^{5}lɐi^{4}〈上读第5声，嚟音黎〉同“起嚟”：将支竹戙～。（把那竹竿竖起来。）

*起身 hei^{2}sɐn^{1} 同“起嚟”：将个煲称～。（把锅提起来。）［重见七B1、九D22］

起身嚟 hei^{2}sɐn^{1}lɐi^{4}〈嚟音黎〉同“起嚟”：张纸飞～。（那张纸飞起来。）

落 lɔk^{6} 由高处到低处；下：～楼梯（下楼梯）｜跌～底下。（掉到下面去。）｜跳～河里头。（跳下河里。）

落嚟 lɔk^{6}lɐi^{4}〈嚟音黎〉下来（嚟：来）：～底下。（到下面来。）｜叫晒大家都～。（叫大家全下来。）｜因住跌～啊！（小心摔下来！）

***落去** lɔk^{6}høy^{3} 下去：～楼下坐啦。（到楼下坐一坐。）｜将张凳搬～。（把凳子搬下去。）[重见七 B6、九 D22]

低 tɐi^{1} 由高处到低处；下（用在表示动作的词后面）：趸～（放下）｜瞓～（躺下）｜跌～（踤倒）｜大家坐～倾。（大家坐下谈。）

***入** jɐp^{6} 进入：～咗道门里便。（进了那扇门里面。）｜装～个樽度。（装进瓶子里。）[重见六 D7]

入嚟 jɐp^{6}lɐi^{4}〈嚟音黎〉进来（嚟：来）：请～！（请进来！）｜佢行咗～嘞。（他走进来了。）

入去 jɐp^{6}høy^{3} 进去：唔好随便～。（不要随便进去。）｜出力逼～。（使劲挤进去。）

出嚟 ts^{h}øt^{1}(ts^{h}yt^{1})lɐi^{4}〈嚟音黎〉出来：你即刻～！（你马上出来！）｜一啲都倒晒～。（全部都倒出来。）

***埋** mai^{4} ①向……靠近；靠：架船～岸嘞。（船靠岸了。）｜车～站（车靠站。）②用在表示动作的词语后面，表示向内合拢、收拢、靠近、靠里等意思：收～（收起来）｜缩～一嚿（缩作一团）｜行～便。（走到一边去。）｜闩～窗。（关上窗子。）[重见九 B17、九 D21]

埋嚟 mai^{4}lɐi^{4}〈嚟音黎〉靠过来；过来：大家都～睇下。（大家都过来看看。）｜你哋哄～做乜嘢？（你们凑过来干什么？）｜行～啦！（走过来吧！）

过嚟 kwɔ^{3}lɐi^{4}〈嚟音黎〉过来：唔该你～下。（劳驾你过来一下。）｜摞啲嘢～。（把东西拿过来。）

埋去 mai^{4}høy^{3} 靠过去；过去：～埋便。（到靠里边儿去。）｜你咪～。（你别靠过去。）｜将啲布碎扫～角落头。（把碎布扫到角落里去。）

开嚟 hɔi^{1}lɐi^{4}〈嚟音黎〉由与某物靠近到与之离开（从说话者的角度说则从远到近）：佢而家～嘞。（他现在过来了。指离开某个地方而过来）｜你仲係行～好啲。（你还是离开那边，走过这边来好一些。）

开去 hɔi^{1}høy^{3} 由与某物靠近到与之离开（从说话者的角度说则从近到远）：我哋最好～嗰度倾。（我们最好到那边去谈。指离开此处而到彼处。）｜将呢几样嘢搬～。（把这几样东西搬开移走。）

***褪** t^{h}ɐn^{3}〈音吞第 3 声，替训切〉倒退：唔好再～喇，后面係水塘嚟㗎。（别再往后退了，后面是个池塘。）[重见六 A7]

倒褪 tou^{3}t^{h}ɐn^{3}〈倒音到，褪音吞第 3 声〉倒退：冇顶到上去，反为～咗十几公分。（没顶上去，反而倒退了十几厘米。）

褪后 t^{h}ɐn^{3}hɐu^{6}〈褪音吞第 3 声〉往后退：企第一排嘅人～啲！（站第一排的人往后退一点儿！）

***翻（返）** fan^{1} 回：～屋企（回家）｜～上楼。（折回楼上去。）｜行～呢便嚟。（走回这边来。）｜～入去（回到里头去）｜你～落嚟。（你回到下面来。）[重见五 B7、九 D18]

翻嚟 fan^{1}lɐi^{4}〈嚟音黎〉回来：而家先～。（现在才回来。）｜掉咗又执～。（扔了又捡回来。）

翻去 fan^{1}høy^{3} 回去：我哋架车 10 点钟～。（我们的车子 10 点钟回去。）｜

你唔好落～喇。（你别回到下面去了。）| 咸嗱唥趸～。（全部放回去。）

翻转头 fan^{1}tsyn^{3}tʰɐu^{4}〈转读第 3 声，志算切〉往回；掉头：唔记得拶锁匙，又试～去拶。（忘了拿钥匙，又回头去拿。）

掉转头 tiu^{6}tsyn^{3}tʰɐu^{4}〈转读第 3 声，志算切〉转过相反的方向；掉头；倒过来：～行翻翻去。（掉头走回去。）

屈尾十 wɐt^{1}mei^{5}sɐp^{6} 掉头；转向相反方向（屈：弯曲）：佢嚟企咗下，一个～又走咗。（他来站了一下，一个 360 度又走了。）

六 A3　液体的运动

*__揞__ tɐp^{6}〈弟入切〉（液体）大滴地滴下；（雨点）淋：嗰度成日有水～落嚟嘅。（那儿老是有水珠滴下来。）| 唔带遮就～湿身嘞。（不带伞就淋湿身子了。）[重见六 A6、六 D4]

*__撇__ pʰit^{3}（雨水等）斜着洒落；潲：窗口～雨，～湿咗张枱。（窗户潲雨，把桌子都潲湿了。）[重见六 D8、十 D1]

渧 tɐi^{3}〈音帝〉滴：张被喺度～下水先晾出去，唔係楼下有意见㗎。（这被子在这儿把水滴干点儿再晾出去，不然楼下有意见。）

嗲嗲渧 tɛ^{4}(tœ^{4})tɛ^{2}(tœ^{2})tɐi^{3}〈前一嗲字音爹第 4 声，又音弟靴切第 4 声；后一字读前一字的第 2 声；渧音帝〉不断地往下滴：外母见女婿，口水～。（谚语，谓岳母总是比较喜欢女婿的。）

嗲 tɛ^{4}(tœ^{4})〈音爹第 4 声，又音弟靴切第 4 声〉（液体）不断线地悬空而下（形成细小的水柱，比滴的分量大）：呢度漏雨到直程係～落嚟嘅。（这里漏雨漏得简直是不断线地下来的。）

溜 lɐu^{6}〈音漏，赖后切〉（液体）沿垂直面或陡坡流下（一般不是很大量的）：噉样冲滚水，冲一半～一半。（这样灌开水，灌一半儿流掉一半儿。）

泻 sɛ^{2}〈音写〉不该倒而倒出；溢出：睇住啊，啲油～喇。（看好了，油要溢出来了。）| 倒～箩蟹。（熟语：倒出了一箩筐的螃蟹。喻乱了套。）| 啲沙～晒出嚟。（沙子全洒出来了。）[此词一般用于液体，也可用于某些颗粒状、在某种情况下可以“流动”的物体]

荡 tʰɔŋ^{5}〈音唐第 5 声〉①（液体）摇晃：佢担住嗰两桶水～下～下。（他挑着的两桶水晃荡晃荡的。）②因摇晃而溢出：因住碗粥～出嚟渌亲啊。（小心碗里的粥晃出来烫着。）[此字书面语音 tɔŋ^{6}〈当第 6 声〉]

弹$_{1}$ tan^{6}〈音但，弟限切〉（水珠）飞溅：你噉就～到埲墙污糟晒喇。（你这样就把墙壁全溅脏了。）

灒$_{1}$ tsan^{3}〈音赞〉溅：～咗成身水。（溅了一身水。）

*__潪（唧）__ tsit^{1}〈音节第 1 声〉溅；喷：佢踏咗落氹水度，～到成身水。（他一脚踩到水洼里，水溅了一身。）| 消防员拶住支水炮对住啲火係噉～。（消防员手持消防水龙朝着大火一个劲儿地喷。）[重见六 D9]

*__飚（标）__ piu^{1} 喷射：水喉爆咗，啲水～晒出嚟。（水管破裂了，水喷射出来。）[重见二 B6、六 B2]

咇 pit^{1} 喷射；溅：啲水～到四围都係。（水喷得到处都是。）

六 A4　摇摆、晃动、抖动

*撽 ŋou⁴〈音傲第 4 声，娥豪切〉摇晃；摇摆：地震震到成栋楼～下～下。（地震震得整座楼一摇一晃。）［重见六 D3］

撽撽岌 ŋou⁴ŋou⁴ŋɐp⁶〈撽音蛾豪切，岌音毅入切〉摇摇晃晃（撽：摇；岌：晃动）：嗰张凳～嘅，边个敢坐？（那张凳子摇摇晃晃的，谁敢坐？）［又作"撽撽岌岌"］

摇摇岌岌 jiu⁴jiu⁴ŋɐp⁶⁽⁻²⁾ ŋɐp⁶〈岌音毅入切〉摇摇晃晃（岌：晃动）：天线畀风一吹就～，电视图像咪唔真啰。（天线让风一吹就摇摇晃晃，电视图像就不清晰了嘛。）

岌 ŋɐp⁶〈毅入切〉摇晃；晃动：～得咁犀利，唔啱嚁！（晃得这么厉害，这不行啊！）

岌岌贡 ŋɐp⁶ŋɐp⁶⁽⁻²⁾koŋ³〈岌音毅入切，第二字又读第 2 声〉晃来晃去（岌：晃动；贡：钻动）：个柜只脚长只脚短，梗係～啦。（这柜子一条腿长一条腿短的，当然摇摇晃晃了。）

*揁 wɐt⁶〈音屈第 6 声，户核切〉晃动：左摇右～。［重见六 D3］

翕 jɐp⁶(jap⁶)〈音入，又音二鸭切第 6 声〉摇摆；左右或上下摆动：见嗰面旗仔呢头～下，嗰头～下，好似係个乜嘢信号。（只见那面旗子向这头摆几下，向那头摇几下，好像是个什么信号。）

*筛 sɐi¹〈音西〉水平方向猛地摆动；晃动：架车一～，争几回趴屎。（车子一晃，差点儿扑倒。）［重见六 A5］

*擢 tsʰɔk³〈次恶切〉前后方向猛地摇晃；向前一冲又突然停住：架车～下～下噉行。（车子一冲一刹地走。）［重见六 D2、七 C11］

*掮₁ feŋ⁶〈付认切〉甩动；摆动：条绳～嚟～去，我揸唔倒。（那绳子甩来甩去，我抓不到。）｜吹到连支旗杆都两头～。（吹得连旗杆也左右摇摆。）［重见六 D3］

*□ fek⁶(fɐk⁶)〈付亦切，又音付麦切〉甩动；摆动。［重见六 D3］

*□ fak³〈费客切〉（枝状物）猛地摆动或倒下（尤指有可能造成伤害或破坏的）：嗰边拆紧棚，因住畀竹枝～亲啊。（那边正在拆脚手架，小心让竹竿打着。）［重见六 D4、七 A17］

扤₁ ŋɐt⁶〈音兀，毅日切〉摇晃着挪动：个柜冇办法托得起，唯有～过去。（那柜子没办法抬得起来，只有摇晃着挪过去。）

*踬 ŋɐn³〈音银第 3 声，毅训切〉上下弹动；抖动：支竹～下～下。（那竹子上下抖动着。）［重见六 B2、六 D11］

震 tsɐn³ 震动；颤抖：连墙壁都～埋。（连墙壁也颤动了。）｜佢只手有啲～。（他的手有点抖。）［普通话也有相近的意思，但使用范围比广州话小得多］

六 A5　转动、滚动

拧 neŋ⁶〈读第 6 声〉转动：啲风吹到个风铃～下～下。（风把风铃吹得一转一转的。）

拧转 neŋ⁶tsyn³〈拧读第 6 声，转读第 3 声〉扭转；掉转方向：～身行开。（转身走开。）｜点解个路牌成个～咗嘅？（怎么那路标整个转了个向？）

车转 tsʰɛ¹tsyn³〈转读第 3 声〉转过来；掉转方向（一般用于较大的东西）：将张枱～佢。（把桌子转过来。）

黐车噉转 tsʰi¹tsʰɛ¹kɐm²tsyn³〈黐音差衣切，噉音敢，转读第 3 声〉飞快地转：部机一开，个电表就～。（这机子一开，那电表就转得飞快。）

陀陀拧 t^{h}ɔ^{4}t^{h}ɔ$^{-2}$neŋ^{6}〈后一陀字读第 2 声，拧读第 6 声〉团团转：嗰张树叶喺水度～，好得意啊。（那片树叶在水中团团转，真有趣。）

捻捻转 t^{h}ɐm^{4}(tɐm^{4})t^{h}ɐm^{2}(tɐm^{2})tsyn^{3}〈前一捻字音提淫切，后一字音体饮切；或者前字音弟淫切，后字音底饮切；转读第 3 声〉团团转：啲风吹到啲树叶～。（风把树叶吹得团团转。）

*__筛__ sɐi^{1}〈音西〉（球形物）旋转：呢个波係～嘅，龙门好难接。（这个球是旋转的，守门员很难接。）[重见六 A4]

*__辘（碌）__ lok^{1}〈音鹿第 1 声，拉屋切〉①滚：嚿石头～落山啰！（那石头滚到山下去啦！）| 我玩保龄球係乱～嘢咋。（我玩保龄球是乱滚一气的。）②滚压：畀石头～亲只脚。（让石头滚下来压了脚。）[重见三 A8、六 B4、十 C2]

六 A6　掉下、滑下、塌下

跌 tit^{3} 从高处落下：个花樽～咗落嚟，～到烂晒。（那花瓶掉了下来，摔得粉碎。）[普通话“跌”也有落下的意思，但使用范围非常狭窄]

*__揼__ tɐp^{6}〈第入切〉从高处落下：支笔～落地，当堂断开两撅。（那支笔掉到地上，当场断成两截。）[重见六 A3、六 D4]

*__□__ sœ^{4}〈音时靴切第 4 声〉①往下滑：～滑梯（滑滑梯）| 嗰度笪得滞，𧗠上去都～翻落嚟。（那儿太陡了，放上去都滑下来。）②（高耸的东西）斜着崩塌：嗰揪砖～咗成边落嚟。（那摞砖头整半边塌了下来。）[重见十一 B1]

冧$_{2}$ lɐm^{3}〈音林第 3 声，勒暗切〉倒塌：～楼（楼房倒塌）| 成埲墙～咗。（整堵墙塌了。）

漏 lɐu^{6}（飞机）下坠：打～咗两架敌机。（打下了两架敌机。）

*__凵__$_{1}$ k^{h}ɐm^{2}〈音禽第 2 声，启饮切〉沉重的、成堵的物体向一个方向迅速倾倒：成埲墙～落嚟。（整堵墙倒下来。）| 一个大浪～埋嚟（一个大浪打过来。）[重见六 D4、六 D7]

六 A7　其　他

*__褪__ tɐn^{3}〈音吞第 3 声，太训切〉移动；挪：呢排枱～过嗰便半公尺度。（这排桌子向那边移大约半米。）[重见六 A2]

*__行__$_{1}$ haŋ^{4}〈何盲切〉前进；移动；走：呢度好多车～嘅。（这儿很多车子过的。）| 个钟唔～嘞。（那钟不走了。）[重见六 D11、七 B9、七 B11、七 E24]

*__揩__ hai^{1}（在边角部位轻轻地）刮撞；蹭擦（有可能造成损害的）：嗰架巴士～低咗架单车。（那辆公共汽车把那辆自行车刮倒了。）| 两架的士～咗下。（两辆计程车蹭了一下。）[重见六 D10]

*__趷__ kɐt^{6}〈巨日切〉向上翘：呢头一揿，嗰头就～起。（这头一按，那头就翘起来。）[重见六 D11]

*__㨶__ p^{h}oŋ^{1}〈批空切〉（尘土）扬起：扫到灰尘～起晒。（扫得尘土飞扬。）[重见九 B15]

嘟不得其正 jok^{1}pɐt^{1}tɐk^{1}k^{h}ei^{4}tseŋ^{3}〈嘟音衣屋切〉动弹不得（嘟：动）：前后左右顶死晒，～。（前后左右全顶死了，没法儿动弹。）

六B 躯体动作

六 B1 躯干部位动作

挨1 ai[1]〈读第 1 声〉靠：～喺张凳屏度。（靠在椅背上。）｜去床度～下。（到床上靠一靠。）

*** 伏** pok[6]〈部肉切〉趴；伏：你～喺度唔好郁。（你趴在这儿别动。）[与普通话“伏”的一个义项差不多，但读音不很相应。另有书面语音 fok[6]〈父肉切〉。重见七 E6]

*** 仆** pʰok[1]〈披屋切〉趴：佢～喺嗰度做乜？（他趴在那儿干什么？）[重见六 B4]

鴗 wu[3]〈音乌第 3 声〉俯：～低身（俯下身子）｜～低头（俯下脑袋。指连上身一起俯下，不是一般的低头。）

軀(偃) jin[2]〈音演〉挺（胸、腹）：～胸凸肚（腆胸挺腹。是说姿态丑陋。）

戾 lɐi[2]〈罗矮切〉扭转（身体等）：～身就走。（转身就跑。）｜～转个头。（把头扭过去。）[“戾”字书面语音 løy[6]〈音泪〉]

筛身筛势 sɐi[1]sɐn[1]sɐi[1]sɐi[3]〈筛音西〉左右扭动身体（筛：摇晃）。一般用于小孩撒娇：唔好～啊，我唔钟意㗎！（别扭来扭去地撒娇，我不喜欢这样！）[又作“筛身”]

*** 孭** mɛ[1]〈摸夜切第 1 声〉背负：～仔婆（背小孩的妇人）｜～柴落山。（把柴火背下山。）[重见七 A3]

佗 tʰɔ[4]〈音驼〉扛负；特指负于身前：佢将个书包～喺前面。（他把书包挂在胸前。）｜佢心口～住个襟章。（他胸前挂了一枚胸章。）

*** 托** tʰɔk[3]（用肩）扛：～米｜～杉（扛木头）。[普通话“托”是手部动作，广州话是肩部动作]

起担 hei[2]tam[3]〈担读第 3 声，帝喊切〉挑东西上肩（弯腰担着扁担直起身，使担子离地）。

起膊 hei[2]pɔk[3] 扛东西上肩（膊：肩膀）。

转膊 tsyn[3]pɔk[3]〈转读第 3 声，志劝切〉挑、扛东西换肩（膊：肩膀）。

拗腰 au[2]jiu[1]〈拗音哑考切〉向后弯腰。

*** 吣** tɐt[1]〈音突第 1 声，低一切〉【贬】坐：未做得两下嘢就又～响度嘞。（还没干几下就又坐在那儿了。）[重见六 D5、七 A12]

六 B2 全身动作

抻 tin[2]〈音典〉打滚；翻滚：～得几～就唔郁嘞。（打了几个滚就不动了。）

抻床抻席 tin[2]tsʰɔŋ[4]tin[2]tsɛk[6]〈抻音典，席音治石切〉在床上打滚（抻：打滚。一般用以形容痛苦）：痛到佢～。（痛得他满床打滚。）

抻地 tin[2]tei[-2]〈抻音典，地读第 2 声〉在地上打滚（抻：打滚）：个细路一扭计就～。（这孩子一撒娇就在地上打滚。）

辘(碌)地 lok[1]tei[-2]〈辘(碌)音拉屋切，地读第 2 声〉在地上打滚（辘：滚）：畀人打到～。（被人打得直打滚。）

辘(碌)地沙 lok[1]tei[6]sa[1]〈辘（碌）音鹿第 1 声，拉屋切〉在地上打滚（指在地上玩耍。辘：滚）：咁大个仲～嘅？（这么大了还满地滚？）

□地 lœ[2]tei[-2]〈第一字音罗靴切第 2 声，地读第 2 声〉（用身体）在地上揩擦；滚爬：唔好～！（别拿身体在地上蹭！）

嘟身嘟势 jok[1]sɐn[1]jok[1]sɐi[3]〈嘟音旭〉身子动来动去（嘟：动）：乖乖哋坐响处，咪～。（乖乖地坐在这儿，别动来动去。）

震震贡 tsɐn³tsɐn³koŋ³ 身子动来动去（震：抖动；贡：钻动）：个细路～，我冇法子睇书。（那小孩动来动去，我没办法看书。）

啰啰挛 lɔ¹lɔ¹lyn¹〈罗读第 1 声〉身子不停地动（一般是因不安或不舒服等）：个仔有啲烧，成晚～。（儿子有点发烧，整晚翻来覆去。）

*__躝__ lan¹〈音兰第 1 声〉爬行：咁大个仔仲喺地下～嚟～去。（这么大的孩子还在地上爬来爬去。）| 只蚁～咗上蛋糕喇。（蚂蚁爬上蛋糕了。）[重见七 A15]

擒 kʰɐm⁴ 攀爬：～树（爬树）| ～上嗰大石头上便。（爬上大石头上面。）

擒高摭低 kʰɐm⁴kou¹wa²tɐi¹（摭音娃第 2 声）攀上爬下（擒：攀；摭：攀抓）：佢喺棚架度～，做到成头汗。（他在脚手架上爬上爬下，干得满头大汗。）

四脚爬爬 sei³kœk³pʰa⁴pʰa⁻²〈后一爬字读第 2 声〉【谑】爬在地上；手脚并用地爬：吓到佢当堂～。（吓得他当场趴在地上。）

*__飚（标）__ piu¹ 蹿；迅疾奔跑：一见倒佢就～埋去。（一看见他就冲过去。）| 成个人喺窗口～出去。（整个人从窗口飞出去。）| 条鱼一～唔知～咗去边。（那条鱼一蹿不知道蹿哪儿去了。）[重见二 B6、六 A3]

*__踩__ løy¹〈音雷第 1 声，拉虚切〉（头向前或向下）钻：死咁～埋去。（拼命钻进去。）[重见六 B4]

*__蜎__ kyn¹〈音捐〉爬着钻；蠕动：你～落床下底做咩啊？（你钻到床底下干嘛？）| 条虫仔～下～下。（那小虫不断地蠕动着。）[重见七 A15]

*__贡__ koŋ³ 爬着钻；蠕动：你～落枱底执翻只筷子啦。（你钻进桌子底下捡回那只筷子。）| 好似条屎虫噉～嚟～去。（好像蛆一般动来动去。）[重见七 A15]

*__瞓（睏）__ fɐn³ 躺：～上张床，等我检查下。（躺到床上去，让我检查一下。）[重见二 C5]

*__踬__ ŋɐn³〈音银第 3 声，毅训切〉利用弹力向高处跳；弹跳：一～就上咗瓦背顶。（一跳就上了房顶。）[重见六 A4、六 D11]

*__扎__ tsat³ 猛然跳起；向高处跳起：听倒呤钟声，佢即刻～起身。（听到闹钟响，他马上跳起来。）| 吓到我成个～起。（吓得我整个人跳起来。）[重见七 A5]

*__扎扎跳__ tsat³tsat³tʰiu³ 不断地跳（扎：向高处跳）：啲虾买翻嚟仲係～嘅。（这些虾买回来还是活蹦乱跳的。）[重见七 E22]

生虾噉跳 saŋ¹ha¹kɐm²tʰiu³〈生音生死之生，噉音敢〉【喻】【贬】像活虾似的乱跳：嗰啲係乜嘢舞啊，～！（那是什么舞哇，乱跳一气！）

*__打关斗__ ta²kwan¹tɐu²〈斗音升斗之斗〉翻筋斗；打空翻：孙悟空好叻㗎，打个关斗十万八千里。（孙悟空好厉害，翻个筋斗十万八千里。）[重见六 B4]

打大翻 ta²tai⁶fan¹ 打空翻。

*__䞘（跑）__ pau⁶(piu⁶ pɛu⁶)〈音包第 6 声，又音表第 6 声，又音啤加上户字音尾的第 6 声〉用身体（包括肘部等）把别人挤开：你嗰度又唔係冇定，猛～过嚟做乜嘢？（你那儿又不是没地方，拼命挨过来干什么？）[重见二 D2、九 A7]

*__逼（偪）__ pek¹ 推挤：将佢～埋一便。（把他挤到一旁。）| 死～死～先～咗出嚟。（拼命挤才挤了出来。）[重见九 A3、九 B6]

借 tsɛ³ 让开；闪开：好在我快啲～开，

一唔係实渌亲嘞。（幸好我赶快闪开，不然肯定烫着了。）

骑膊马 kʰɛ^{4}pɔk^{3}ma^{5}【喻】（小孩）骑在大人的肩膀上（膊：肩）。

竖葱 sy^{6}tsʰoŋ^{1}【喻】倒立；拿大顶。

***倒掟头** tou^{3}teŋ^{3}tʰɐu^{4}〈倒音到，掟音帝赢切第3声〉倒立；拿大顶。[重见九B13]

六B3　头部动作

觇（担） tam^{1}〈音担任之担〉抬（头）：～高头睇下。（抬起头看一看。）|～头～脑（不断抬头张望）。

頟 ŋɔk^{6}〈音岳〉仰（头）：～高个头。（仰起头。）

岌头 ŋɐp^{6}tʰɐu^{-2}〈岌音饿入切，头读第2声〉点头：你问佢得唔得，佢实～嘅。（你问他行不行，他肯定点头。）

拧头 neŋ^{6}tʰɐu$^{4(-2)}$〈拧音耐认切，头可以读第2声〉摇头：佢猛咁～，实係唔啱喇。（他一个劲儿地摇头，肯定不行了。）

扨头 weŋ^{6}tʰɐu$^{4(-2)}$〈扨音户认切，头可以读第2声〉摇头。

耷头 tɐp^{1}tʰɐu^{4}〈耷音低邑切〉低头；垂下脑袋：佢耷低头，一粒声都唔出。（他低下头，一句话也不说。）|唔好～！挺胸！（别低头！挺胸！）

六B4　被动性动作、发抖

揼跤 tɐp^{6}kau^{1}（揼音第入切）蹿倒；跌交（揼：蹿）：咁大个仔仲会～喫！（怎么这么大的人了还会蹿倒！）

***打关斗** ta^{2}kwan^{1}tɐu^{2}〈斗音斗升之斗〉跌倒；蹿跟头：条路好蹦，佢成个～。（这条路很滑，他整个人跌倒了。）|呢度好难行，因住～啊。（这里不好走，小心跌倒。）[重见六B2]

***仆** pʰok^{1}〈批屋切〉摔；朝前摔倒：～低响地下。（扑倒在地上。）[重见六B1]

***辘（碌）** lok^{1}〈音六第1声，拉屋切〉蹿；翻滚着蹿倒：未行得两步就～低咗。（没走几步就倒下了。）[重见三A8、六A5、十C2]

一仆二辘（碌） jɐt^{1}pʰok^{1}ji^{6}lok^{1}〈仆音批屋切，辘（碌）音拉屋切〉连滚带爬：佢哋～噉行咗半个钟先到。（他们连滚带爬地走了半个小时才到。）[又作“一仆一辘（碌）”]

趴屎 pʰa^{1}si^{2}【俗】【谑】扑倒；朝前摔倒：一踏冇踏正，成个～。（一踩没踩正，整个人摔了个嘴啃泥。）

***跦** løy^{1}〈音雷第1声，拉虚切〉（头朝下）倒下；栽：佢～咗喺度，晕咗。（他栽倒在那儿，昏了过去。）[重见六B2]

***舂** tsoŋ^{1}〈音忠〉（头朝下）蹿倒；栽：佢喺只船度～咗落水。（他从船上栽进水里。）|敌机～落嚟。（敌机栽下来。这是把飞机比作人。）

***撻** tat^{3}〈音笪，帝压切〉（横着）蹿倒；从高处摔下来：成个～低响地。（整个人摔倒在地上。）|喺三楼～落嚟，仲有命嘅！（从三楼摔下来，还有命吗！）[重见六D3]

撻生鱼噉撻 tat^{3}saŋ^{1}jy^{-2}kɐm^{2}tat^{3}〈撻音帝压切，生音生死之生，鱼读第2声，噉音敢〉【喻】像摔鳢鱼那样摔，比喻摔得很重。[参见六D3“撻”]

蹪 kwan^{3}〈音惯〉摔倒：佢㩒咗下，就～低咗。（他绊了一下，就摔倒了。）

***蹁** sin^{3}〈音扇〉滑倒：地下湿，因住～亲。（地上湿，小心滑倒。）[重见九A7]

扻(磕) $k^hɐm^2$〈可饮切〉碰撞（往往指会对身体造成损害的）：～亲个膝头哥。（碰伤了膝盖。）｜～头埋墙。（把头往墙上撞。熟语，形容愚不可及或极度后悔时的表现。“～”本是被动性动作，此处用为主动性动作，表示反常行为。）

浸$_1$ $tsɐm^6$〈读第 6 声，治任切〉溺水：一个人去水库游水，～死都冇人知啊！（独自到水库游泳，淹死也没人知道！）

*__畀__ pei^2〈音比〉在表示被动的句子里，引出做出动作的人或物；被；让；给：佢～人揞咗一身。（他被人打了一顿。）｜你谂唔倒～我撚哩！（你想不到让我耍了吧！）｜条鱼～猫担走咗。（鱼被猫叼走了。）｜～眼钉刮亲。（被钉子刺伤。）[重见七 A10、七 E7]

亲$_1$ $ts^hɐn^1$ 放在表动作等的词语后面，表示身体或心理遭受（不好的或可能造成损害的）：屈～只手。（扭伤了手。）｜扻～个头。（撞伤了头。）｜畀你吓～。（让你吓着。）｜琴日冻～嘞。（昨天受了凉。）

打冷震 $ta^2laŋ^5tsɐn^3$ 发抖；哆嗦（不一定是由于寒冷）：佢冻到～。（他冷得发抖。）｜佢惊到猛～。（他害怕得直哆嗦。）[又作“打震”]

啲啲震 $ti^4ti^2tsɐn^3$〈第一个啲字音第移切，第二个字音底椅切〉不停地颤抖：你做咩～啊？冻定係惊啊？（你干嘛不停地颤抖？是冷还是害怕？）

*__揗揗震__ $t^hɐn^4t^hɐn^{-2}tsɐn^3$〈第一个字音提人切，第二个字音体隐切〉颤抖：我坐喺佢身跟，都觉得佢猛咁～。（我坐在他身旁，都感觉到他抖得厉害。）[重见五 A4]

*__震揗揗__ $tsɐn^3t^hɐn^4t^hɐn^4$〈揗音吞第 4 声，蹄人切〉颤抖：常伯点都係老喇，行路～。（常大伯怎么说也是老了，走路颤颤巍巍。）[重见五 A4]

*__揗__ $t^hɐn^4$〈音吞第 4 声，蹄人切〉颤抖：佢而家写字只手都猛咁～嘅。（他现在写字那手也不断地发抖。）[重见七 A2、七 A15]

六C 五官动作

六 C1 眼部动作

*__擘__ mak^3〈马客切〉睁：～开对眼。（睁开眼睛。）｜对眼～咁大做乜啊？（眼睛睁那么大干什么？）[重见六 C2、六 D6、六 D12]

瞠$_1$ $ts^haŋ^3$〈音撑第 3 声〉～唔开眼。（睁不开眼睛。）

睩 lok^1〈音录第 1 声，拉屋切〉①用力睁大（眼）：对眼～到灯笼咁大。（眼睛瞪得像灯笼那么大。）②睁大眼睛注视（往往表示不满、愤怒等）：～咗佢一眼。（瞪了他一眼。）

*__睇__ $t^hɐi^2$〈音体〉看：～电影｜～书｜你头先～见乜嘢？（你刚才看见什么？）｜叫佢快啲嚟～下。（叫他快点儿来看一看。）[重见五 B4、七 E6]

眈 tam^1〈音担任之担〉望；注意地看：你去～～佢喺度做乜？（你去望一望他在干什么？）

眈天望地 $tam^1t^hin^1moŋ^6tei^6$〈眈音担任之担〉东张西望：～噉，冇啲体统！（东张西望的，没点儿体统！）

*__睺(候)__ $hɐu^1$〈音后第 1 声，虾欧切〉注意地看：你响度～乜嘢啫？（你在这儿看什么？）[重见五 B4、五 B7、七 E6]

瞍 $tsoŋ^1$（音装）窥视：～下妈咪喺厨房整乜餸。（偷偷看一看妈妈在厨房做什么菜。）

瞄 miu² 〈音妙第 2 声，摸晓切〉 瞥视：～下嗰度卖乜东东。（瞥一眼那里卖什么东西。）

***攞**₁ lap³ 〈音蜡第 3 声，赖甲切〉扫视：我～咗佢一眼，好似好熟口面嘅。（我扫了他一眼，好像很面熟。）[重见六 D1、六 D10、七 A10]

睄 sau⁴ 〈音哨第 4 声，时矛切〉 睨视：佢双眼～嚟～去，好鬼鼠啊。（他那双眼睛左扫右扫，鬼鬼祟祟的。）｜摎眼尾嚟～。（用眼角的余光来看。）

覼 lɐi⁶ 〈音丽〉 严厉地看：你妈妈～实你啊，你仲嘟嚟嘟去。（你妈妈瞪着你呀，你还动来动去的。）

掘 kwɐt⁶ 盯；瞪；严厉地看：我去亲嗰度，嗰个人都摎对眼～实我。（我每次去那儿，那个人都拿眼睛紧紧盯着我。）

***㖒** kʰɐp⁶ 〈音级第 6 声，确入切〉 盯；目不转睛地看：你噉都有嘅，一路摎对眼嚟～实嗰个女仔！（你怎么能这样，一直用眼睛死盯着那个女孩子看！）[重见六 C2、七 E6]

单₁ tan¹ ①闭一只眼睁一只眼：我～唔倒眼嘅。（我没法儿只睁开一只眼睛。）②用一只眼睛（闭上另一只）来看：～下条方直唔直。（闭上一只眼睛来瞄一瞄那木方直不直。）③【俗】看：等我埋去～一～先。（让我过去先看一看。）

偷眼屎 tʰɐu¹ŋan⁵si² 偷看：要睇就大大方方睇，使乜～啫！（要看就大大方方看，何必偷看呢！）

***瞌** hɐp¹ 〈音合第 1 声〉 闭（眼）：～埋双眼诈谛瞓着。（闭上眼睛假装睡着。）

***眯** mei¹ 〈音微第 1 声，么禧切〉 闭（眼）：～埋眼梗係睇唔倒啦！（闭上眼睛当然看不见了！）[普通"眯"话指眼皮微微合上，与广州话"～"有所不同。重见二 C5]

瞸 hip³ 〈音协〉 闭（眼）。

蒙₂ moŋ¹ 〈音蒙第 1 声，么空切〉 眯缝：畀热头劖到～起眼。（让太阳晃得眯起眼睛。）

眨 tsam² 〈音斩〉 眨：睇到眼都唔～下。（看得眼睛也不眨。）｜你点解猛～眼嘅？入咗沙咩？（你干吗老眨眼睛？进沙子了吗？）

霎₂ sap³(jap³) 〈音细鸭切，又音意鸭切〉 眨：～下眼（眨眨眼睛）。

睞 sip³ 〈音摄〉 眨。

眨眉眨眼 tsam²mei⁴tsam²ŋan⁵ 〈眨音斩〉 挤眉弄眼：你两个～，有乜鬼怪嘢呢！（你们俩挤眉弄眼的，有什么作怪的事吧！）

丢眼角 tiu¹ŋan⁵kɔk³ ①使眼色：你唔使～，有嘢就打明嚟讲。（你不用使眼色，有什么就明说。）②以眼神传递感情；送秋波。

六 C2 嘴部（含牙、舌）动作、鼻部动作 [说话参见七C]

***食**₁ sek⁶ 吃：～饭｜～嘢（吃东西）[重见七 B13]

刷 tsʰat³【俗】大吃：呢只香蕉你～埋佢啦。（这只香蕉你把它吃了吧。）｜出咗粮，去边度～番餐啊？（发了工资，到哪儿大吃一顿呀？）

***碌（㖡）** tsaŋ⁶ 〈自硬切〉【喻】拼命地吃：一嘢～咗六碗饭。（一下子塞了六碗饭。）｜条友真～得。（这家伙真能吃。）[重见六 D5]

□ tsʰu² 〈似虎切〉【俗】【谑】吃：而家呢个年头有得～就～，点知听日仲有冇命叹嚟。（现在这个年头有吃的就吃，谁知道明天还有没有命享受呢。）[这是对北方话"吃"字音的模仿]

喫 jak^{3}〈意客切〉【俗】【谑】吃。[“喫”读书音 hɛk^{3}，口语不用（一般说“食”），而“喫”的口语音 jak^{3}，目前只见于郊县，在市区则用于较俗或开玩笑的场合。]

噍 tsiu^{6}〈音赵〉①咀嚼：～香口胶。（嚼口香糖。）|～骨头。〈啃骨头。〉②【谑】吃：呢碟菜冇人食，等我～咗佢。（这碟菜没有人吃，让我吃了它。）

噒 lɵn^{1}〈音轮第1声，拉津切〉细细地啃：～骨（啃骨头）

梅 mui^{-2}〈读第2声〉（没牙齿的人用牙龈）嚼：我老喇，冇牙噍喇，唯有～下～下咋。（我老了，没牙齿嚼了，只能用牙龈磨。）

***⿰口⿸厂缶** k^{h}ɐp^{6}〈音级第6声，契合切〉大口咬；迅速地咬：一啖～咗半只饼。（一口咬了半个饼。）[重见六 C1、七 E6]

噬 sɐi$^{4(6)}$〈音西第4声，又读第6声〉大口咬：咪畀只狗～你一啖嘎！（别让那狗咬你一口啊！）

啗（担） tam^{1}〈音担任之担〉叼：～住口烟。（叼着一根烟卷儿。）| 麻鹰～鸡仔。（老鹰叼小鸡。）

***骾** k^{h}ɐŋ^{2}〈卡肯切〉勉强下咽：难食都要死～，唔係肚饿喋嘛。（难吃也要拼命往下咽，不然肚子饿呀。）[重见二 C11]

***饮** jɐm^{2} 喝：～水（喝水）|～酒（喝酒）。[重见七 B3]

啜（歠、嘬） tsyt^{3}〈音绝第3声，志乙切〉①吸（食）：～奶（吸奶；吃奶）|～田螺（把田螺的肉从壳中吸出吃之）| 用吸管～汽水。（用吸管吸饮汽水。）②吻：～面珠（吻脸蛋）。

嗒$_{1}$ tap^{1}〈音答第1声〉含咂：～糖（把糖果含在嘴中细咂）|～真啲味。（咂出真滋味。）

嗒$_{2}$ tɛp^{1}〈音爹加上答的音尾〉小口地吸（饮料等）：～一啖酒食一粒南乳肉。（咂一口酒吃一颗五香花生米。）

呷 hap^{3}〈何鸭切〉大口喝；吸饮：再～多啖。（再喝一大口。）

***嗍（欶）** sɔk^{3}〈音索，细恶切〉①吸饮：出力～一啖。（使劲吸一口。）②深吸气。③深吸着气闻：你～下係乜嘢味。（你嗅嗅这是什么气味。）

*□ p^{h}u^{4}〈葡湖切〉用力吐；用强烈气流往外吐；用嘴喷：我啱啱饮一啖就～咗出嚟。（我刚喝一口就一下吐了出来。）[重见十一 B2]

⿰足累 lœ^{1}〈拉靴切〉慢慢地用舌头顶着往外吐；将啖痰～嚓手巾仔度。（把痰吐在手绢上。）| 食人唔～骨。（吃人连骨头也不吐。喻杀人不眨眼。）

⿰舌賴 lai^{2}〈音赖第2声，了解切〉舔：食完饭，仲～干净啲汁。（吃完饭，还把菜汁舔干净。）

敛 lim$^{5(-2)}$(lɛm$^{5(-2)}$)〈可读第2声；又音例野切加上敛的音尾，也可读第2声〉舔、舐：佢用条脷～下个嘴唇，又试讲落去。（他用舌头舔一下嘴唇，又继续讲下去。）| 连汁都～埋。（连汁也舔干净。）

***痛（疼）** t^{h}oŋ^{3}〈疼音痛〉亲吻：～佢一啖。（吻他一下。）[重见五 B6]

***惜** sɛk^{3}〈惜音锡〉吻：等爹哋～下先。（先让爸爸亲一下。）[重见五 B6]

嘴 tsøy^{2}【俗】吻：你有冇～过女朋友啊？（你吻过女朋友没有？）

***擘** mak^{3}〈磨客切〉张（嘴）：～大嘴（张大嘴巴）。[重见六 C1、六 D6、六 D12]

噫 ji^{1}〈音医〉龇：～开棚牙（龇牙）。

***噫牙唪哨** ji^{1}ŋa^{4}paŋ^{6}sau^{3}〈噫音医，唪音步横切第6声〉龇牙咧嘴：嗰个嘢～，好鬼难睇啊。（那个人龇牙咧嘴的，真难看。）[重见七 C1]

夺 tyt[1]〈读第 1 声〉噘：～长条嘴。（噘起嘴巴。）

***□** kœ[1]〈哥靴切〉噘：～起个嘴。（噘起嘴巴。）[重见六 D6]

扁嘴 pin[2]tsøy[2] 撇嘴（表示不以为然或小孩要哭）：佢听咗，一便～一便拧头。（他听了，一边撇嘴一边摇头。）| 佢一～，啲眼泪水就揞落嚟。（他一撇嘴，眼泪就往下掉。）

吵 miu[2]〈音妙第 2 声，摸晓切〉努嘴；抿嘴：～嘴。

***哄**₂ hoŋ[6]〈读第 6 声〉嗅；凑近去闻。[重见七 A14]

壅₁ oŋ[1]〈啊空切〉耸（鼻子）：～起个鼻。（耸起鼻子。）

六D　四肢动作

六 D1　拿、抓、提等

***拎** neŋ[1]〈音宁第 1 声，那英切〉①拿：帮我～樽墨水过嚟啊。（帮我拿瓶墨水过来。）②提：你～住咁大抽生果去边啊？（你提这么大一袋水果上哪？）[重见七 A10]

***搦** nek[1]〈那益切〉拿：～碗汤畀隔篱阿婆饮啦。（拿碗汤给隔壁的老奶奶喝吧。）[重见七 A10、七 E15]

***攞** lɔ[2]〈音罗第 2 声，拉可切〉①拿：你～住咁多嘢行唔快，畀啲我～啦。（你拿那么多东西走不快，给点我拿吧。）②伸出（手）：～只手出来，睇下拎咗啲乜。（把手伸出来，看看拿了些什么东西。）[重见七 A10、七 E15]

***揸** tsa[1]〈音渣〉拿；抓；掐；～住辘竹。（拿着根竹子。）| 出力～到实。（用力抓紧。）| 畀人～住颈，郁都唔郁得。（被人掐住脖子，动弹不得。）[重见七 D4]

钳₂ kʰim[4] 以两个手指探取。

***擸**₁ lap[3]〈音蜡第 3 声，拉鸭切〉（用手掌或手臂向自己方向）拨拢；揽取：一伸手咸唪呤～过嚟。（一伸手全部揽过来。）[重见六 C1、六 D10、七 A10]

***揦**₂ la[2]〈音喇第 2 声，拉哑切〉张开五指抓：一手～落去，至攞得几粒花生。（一手抓下去，才拿到几颗花生。）[重见十 C3]

撏 tsʰɐm[4](tsʰim[4])〈音寻，又音潜〉抽取；拔出：～筹（抓阄；抽签）| 求其～一张出嚟。（随便抽一张出来。）| ～毛（拔毛）。

撢 ŋɐm[4](jɐm[4])〈牙淫切，又音淫〉掏：～条锁匙出嚟开门。（掏钥匙出来开门。）

***擙** ou[1]〈音澳第 1 声，啊蒿切〉（往高处、远处）取物：个波放到咁高，我点～嚡？（那个球放得这么高，我怎么够得着啊？）

插 tsʰap[3] 掖扶：要两个人响两便～住佢先企得起身。（要两个人在两边掖着他才站得起来。）

摸₁ mɔ[2]〈读第 2 声〉（用手在水中）捞捕：去涌仔度～鱼～虾。（到小河沟里捉小鱼虾。）

***搲** wa[2](wɛ[2])〈音话第 2 声，又音壶野切第 2 声）①抓紧；攀牢：～住唔好松手，唔係就跌落去㗎喇。（抓紧别松手，要不就掉下去了。）②靠手和臂向上攀：夹硬～上去。（硬是用手抓着爬上去。）[重见六 D10]

***揻(扳)** man[1]〈音慢第 1 声，咪班切〉抓牢：你～住个扶手就唔惊啦。（你抓住那扶手就不怕了。）[重见六 D6、七 A4]

拖 tʰɔ[1] 挽（手）；拉（手）：过马路要～住妈咪。（过马路要拉着妈妈的手。）

*抽(搊) tsʰɐu¹ 提：你～住咁多嘢，好唔方便个嗜。(你提着这么多东西，很不方便的。)［重见十 C3］

掅 tsʰeŋ³〈音秤，次庆切〉①提起：佢好大力，成百斤嘢都～得起。(他力气很大，一百斤的东西也可以提起来。) ②揪住（人）：～佢去派出所。(把他揪去派出所。)

摵 tsʰek¹〈音戚，妻益切〉①提起；往上提：你仲趴喺地下度，我就～你起身。(你还趴在地下，我就把你提起来。) ②揪住（人）。

的 tek¹ 提（向上提）；揪：～起个箱。(提起箱子。)｜～佢翻差馆。(把他揪回警察局。)

挽 wan⁵⁽²⁾〈可读第5声，也可读第2声〉提着（某物）：～住个旅行篋。(提着一个旅行箱。)｜若然我跑你唔过，就同你～鞋。(要是我跑不赢你，就给你提鞋子。)

*椗 teŋ³〈音定第3声，帝庆切〉提(手下垂着提)：你见我两只手都～住咁多嘢都唔嚟帮下手。(你看见我两只手都提着那么多东西也不来帮一下忙。)［重见二 E1、九 B14］

优 jɐu¹（把裤子、袜子、鞋帮子等往上）提：～裤（把裤子往上提）｜～鞋（把鞋帮子拉上）

担 tam¹〈音担任之担〉①搬（凳子、梯子等）：～张椅嚟！(搬一张椅子来！)｜唔～梯嚟点上啊？（不搬梯子来怎么上去？）②举（伞、旗等）：落雨要～遮。(下雨要打伞。) ③挑；扛：～水（挑水）｜～锄头（扛锄头）。［普通话也有“肩挑”的意思，但一般多用“挑”，少用“担”，广州话则完全不用“挑”］

六 D2 推、拉、按、托、捏、摸等

挐 oŋ²〈哑恐切〉推：～门（推门）｜～佢出门口。(推他出门口。)

趟 tʰɔŋ³ 朝某一方向顺着推或拉：～开铁闸。(拉开铁闸门。通常指有方向性导轨的铁闸门。)

掹 mɐŋ¹⁽³⁾〈音萌第1声，又读第3声〉拉；扯；抽；拔：～断条绳。(把绳子拉断。)｜～条竹出嚟。(抽一根竹子出来。)｜～草（拔草）

*擢 tsʰɔk³〈次恶切〉猛然拉动：～下条绳，睇下够唔够实净。(使劲扯一下绳子，看看够不够牢靠。)［重见六 A4、七 C11］

*绷 maŋ¹〈音盲第1声，么坑切〉拉紧；绷紧：你出力～就～得紧嘿嘞。(你使劲拉就能绷紧。)［此与普通话“绷”用法相近，但读音不很相应。此字书面语音 pɐŋ¹］

*兜₂ tɐu¹ ①从底下托：我～起佢，你嚟挐。(我把它托起，你来推。) ②用手掌掬：～啲水洗下面。(掬水洗把脸。)［重见六 D4、六 D9］

揾₁ tɐu⁶〈音豆，大后切〉(轻轻地)托：～起个柜。(把柜子托起来。)｜～住下就得嘞。(稍微托住一下就行了。)

揿 kɐm⁶〈音金第6声，旧任切〉按、摁：～门钟。(按门铃。)｜牛唔饮水～唔得牛头低。(牛不喝水按不低牛头。喻不能勉强。)

*扤₂ ŋɐt¹〈牙一切〉使劲摁：你咁大力，梗係会将个樽枳～咗入樽啦。(你这么使劲，当然会把瓶塞摁进瓶子里啰。)［重见六 D8、七 E5］

撚₁ nin²〈音年第2声，那演切〉捏；掐：你若唔係买，就唔好将啲橙～嚟～去。(你如果不买，就别把橙子捏来捏去的。)｜唔好～人条颈，～

死人㗎。（别掐人家的脖子，会把人掐死的。）

揞 ɐm^{2}〈音暗第2声，哑饮切〉（用手）捂：～住嘴偷笑。（捂着嘴巴偷偷地笑。）

掂 tim^{3}〈音店〉碰；触摸：咪～我架电脑。（别碰我的电脑。）｜唔好攞只手～个镜头。（别用手触摸相机的镜头。）

逗 tɐu^{3}〈读第3声，帝沤切〉触摸：呢啲嘢唔～得㗎。（这些东西不能摸的。）｜你唔识就咪乱～。（你不懂就别乱动。）

擸$_{2}$ lip^{3}〈音猎第3声，厉协切〉顺着方向抚摸（一般指对狗、猫等顺毛抚摸）：一路～住只猫就眯埋眼唔嘟㗎嘞。（一直顺着毛抚摸，那猫就闭上眼睛不动的了。）

六 D3 扔、摇、翻开、抖开等

掟 tɛŋ^{3}〈帝赢切第3声〉扔：～石头（扔石头）｜～落水（扔进水里）。

掉 tiu^{6} 扔：嗰张报纸我～咗喇。（那张报纸我扔了。）

擗 p^{h}ɛk^{6}〈音劈第6声，赔石切〉（使劲地）扔：～咗落坑渠。（扔进污水渠里。）

抎 weŋ$^{6(1)}$〈音泳，又读第1声〉（使劲地）扔；甩：～上半天空。（扔到半空中。）

揼$_{1}$ tɐm^{2}〈底饮切〉【外】①扔：你将我本书～到去边啊？（你把我那本书扔到哪儿了？）②倾倒：～垃圾。[英语 dump]

*__撻__ tat^{3}〈音笪，帝压切〉使劲地向下摔（软的物体）：～生鱼（把鳢鱼摔死。据传鳢鱼有别类名"化骨龙"，吃之使人化为肉汁。加以区别唯有"摔"一法，摔之有脚现者即为"化骨龙"。此说并无科学根据。）[重见六 B4]

掼 kwan^{3}〈音惯〉向下摔：一～就～成两边。（一摔就摔裂成两块。）

*__揈__$_{1}$ feŋ^{6}〈吠认切〉①甩；抡：佢～下条竹嗰啲水。（他抡动竹竿甩掉上面的水。）②扔：一～唔知～咗去边。（一扔不知扔到哪里去了。）[重见六 A4]

*□ fek^{6}(fɐk^{6})〈付亦切又音付麦切〉甩；抡：～下支笔。（把笔甩一甩。）[重见六 A4]

*__车__ ts^{h}ɛ^{1} 使劲抡动（重物）；抡着向横里扔：阿长仔火滚起上嚟，揦起张凳就～过去。（小长子恼火起来，抓起一张凳子就抡过去。）[重见七 B4、七 D4]

糁 sɐm^{2}〈音审〉撒；把颗粒状的东西分散着扔出去：～啲芝麻喺面。（撒一些芝麻在上面。）｜一个坑～几粒种。（每个坑撒几颗种子。）

搋(搓) ts^{h}ai^{1}〈音猜〉推击（球）：～排球｜你哋净係喺度～，点解唔扣嘅？（你们只是托球，怎么不扣呢？）

*__搰__ wɐt^{6}〈音屈第6声，户核切〉晃；轻轻地甩：～熄支蜡烛。（把蜡烛晃灭。）[重见六 A4]

*__擙__ ŋou^{4}〈音傲第4声，娥豪切〉摇：～下条柱，睇下～唔～得嘟。（摇一摇那根柱子，看看摇不摇得动。）[重见六 A4]

抄 ts^{h}au^{-3}〈读第3声，次孝切〉乱翻；翻找：你～我个柜筒做咩嚁？（你乱翻我的抽屉干嘛？）｜～翻本书出嚟未？（书找到没有？）

啡 fɛ$^{-3}$(hɛ^{3})〈音咖啡之啡第3声，又音去夜切第3声〉翻开；扒开：将啲嘢～到乱晒。（把东西都翻乱了。）｜将拃生草药～开嚟晾干佢。（把那把草药扒开来晾干。）

氽 t^hɐn[2]〈体很切〉把内层翻转到外面来：猪肠梗要～转嚟先洗得干净喀。（猪肠当然要翻转过来才能洗得干净。）

***敨(哊)** t^hɐu[2]〈音透第2声，体口切〉展开；抖开：～开块布。[重见七 B1]

抰 jœŋ[2]〈音央第2声，椅响切〉抖开：～被（把被子抖开）｜你唔～开嚟点睇得真呢？（你不把它抖开来怎么看得清楚呢？）

***扽** tɐn[3]〈帝训切〉抓着容器或口袋底部抖动或蹾，使其中的东西尽数倒出：将袋里头啲嘢～晒出嚟。（把口袋里的东西全抖出来。）[重见六 D4、六 D5、九 B8]

六 D4 捶、敲、抽打等

抌 tɐm[2]〈底饮切〉捶击：一捶～埋去。（一拳打过去。）｜唔垂意～烂咗块玻璃。（不小心把玻璃打碎了。）

***揞** tɐp[6]〈第入切〉捶击：～石仔。（把大块的石头捶成小块。）｜～咗佢一餐。（揍了他一顿。）[重见六 A3、六 A6]

揈₂ fɐŋ[4]〈逢衡切〉（用拳头）打：你咁大力，畀你～一拳点得啩！（你力气那么大，让你打一拳怎么得了！）

摷 tsiu[6]〈音赵〉（用拳头）打：兜心口～埋去。（照着胸口捶过去。）

***擂** ləy[4]〈音雷〉【俗】（用拳头）打。[重见六 D8、七 D1、七 E23]

搉(毃) k^hɔk[1]〈音确第1声〉（用指节）敲击：～门（敲门）｜～头（敲脑袋）。

凿 tsɔk[6]（用指节）敲击：～咗佢个头一下。（敲了一下他的头。）

打包踭 ta[2]pau[1]tsaŋ[1]〈踭音之坑切〉用胳膊肘撞击人（踭：肘）。

起踭 hei[2]tsaŋ[1]〈踭音之坑切〉同“打包踭”。

***扽** tɐn[3]〈帝训切〉撞击：一掌将嗰个嘢～开一便。（一掌把那家伙打到一旁。）[重见六 D3、六 D5、九 B8]

掴 kwak[3]〈架划切第3声〉打耳光：～佢一巴。（打他个耳光。）[此词普通话也有，但较少用]

升₁ seŋ[1] 掴：一巴～过去。（一巴掌扇过去。）

***冚**₁ k^hɐm[2]〈音禽第2声，卡饮切〉掴：我～你啊喇！（看我不掌你的嘴！）[重见六 A6、六 D7]

殴 ɐu[1(3)]〈音欧，又读第3声〉用力打（用拳头或器械）：一嘢～落去。（一下打下去。）

擽₁ pɔk[1]〈音驳第1声〉（用棍棒等）敲、打：佢畀人～到成头血。（他被人打得满头是血。）

扮 pan[3]〈读第3声，布盼切〉（用棍棒使劲地）打：你再百厌就～跛你只脚！（你再调皮就打断你的脚！）

揯(铿) hɐŋ[1]〈时肯第1声〉（用棍棒）敲击：你试～下条水喉通，睇下係唔係有嘢塞住咗。（你试试敲一下水管，看看是不是有什么东西堵住了。）｜畀人～穿个头。（让人给打破了头。）

***拍**₁ p^hak[3]（用棍棒）打：你咁衰，～你啊嗱！（你这么坏，打你啊！）[重见七 E15]

揇₁ nam[3]〈音南第3声，那喊切〉（用长棍子）扫击：一条竹篙～埋嚟。（一根竹竿打过来。）

摵(箣) sɔk[1]〈音索第1声〉（用细棍子）打：净係夹餸唔食饭，用筷子～喫。（光吃菜不吃饭，就用筷子打了。）

*□ fak[3]〈费客切〉（用软而韧的枝状物）抽打：呢个爸爸打细路都唔锡住嘅，～到个仔成身起晒楞。（这个

爸爸打小孩一点儿也不留情，打得他儿子浑身鞭子痕。）［重见六 A4、七 A17］

□ fit[1]〈飞热切第 1 声〉（用细软的条状物）轻轻地抽打：佢～只牛，赶佢行。（他轻轻地抽打牛，赶它走。）

鞭2 pin[1] 用力抽打：兜头兜面噉嚟～。（劈头盖脸地抽打。）

*__兜__2 tɐu[1] ①朝着（人体部位。一般用于有伤害性的动作等）：一壳水～头淋落嚟。（一瓢水当头淋下来。）｜风沙～口～面噉吹。（风沙扑面而来。）｜～心口一捶。（朝着胸口一拳。）②使用（肢体击打别人）：～捶抌过嚟。（抡拳打过来。）｜～巴闭佢。（挥巴掌掴他。）｜～踭撞人。（甩起胳膊肘撞人。）［重见六 D2、六 D9］

六 D5 放、垒、垫、塞等

㪐（囤） tɐn[2]〈音炖第 2 声，底很切〉放：～响处，我等阵会攞嚟喇。（放在这儿，我待会儿会拿的。）｜～入柜筒。（放进抽屉里。）

挤 tsɐi[1] 放：～低啦，佢翻嚟我讲畀佢听係你攞嚟嘅。（放下吧，他回来我会告诉他是你送来的。）

*__凸__ tɐt[1]〈音突第 1 声，多一切〉【贬】（随便）放：你啲嘢唔好乱咁～啦。（你的东西别乱放。）［重见六 B1、七 A12］

座 tsɔ[6] 放（较大、较重的东西）：个钢琴～喺处啦。（钢琴就放在这儿吧。）

*__执__ tsɐp[1] 捡：喺地下～倒支笔。（在地上捡到一支笔。）｜～翻本书。（把书捡起来。）［重见七 A11、十 C3］

*__㨋__ lɐm[6]〈音林第 6 声，例任切〉堆砌：～堆（把物件垒成堆）｜将啲砖～起佢。（把这些砖头摞起来。）［重见十 C3］

*__沓__ tap[6]〈音踏〉叠；垒：～好啲书。（把书叠好。）［重见四 A7、十 C3］

戙 tɔŋ[6]〈音洞〉把成叠的东西（书、纸等）竖起在平面上顿，使之整齐：将收嚟嘅作业簿～齐，挤喺老师枱面。（把收来的作业本顿整齐，放在老师桌面上。）［重见九 A5］

*__扽__ tɐn[3]〈帝训切〉①用力猛放；蹾：将个樽～一～，装多啲都仲得。（把瓶子蹾一蹾，还可以多装一些。）｜轻轻㪐，唔好～，会烂㗎。（轻轻放，别用力放，会打破的。）②同"戙"：～齐沓纸。（把那叠纸顿齐）。［重见六 D3、六 D4、九 B8］

啷1 lɔŋ[3]〈音郎第 3 声，例钢切〉（以物体）垫高、架起：～起张枱。（把桌子垫高。）｜有得～脚先够高。（有东西垫脚才够高。）

荐 tsin[3]〈音箭〉垫；铺在底下：要～多张被先够暖。（要多垫一张被子才够暖和。）

㨗（揳、摄） sip[3]〈音摄〉（在缝中）塞入（薄物）：～枱脚。（在桌子脚下塞进薄物使平衡。）

*__櫼__ tsim[1]〈音尖〉（在缝中）打入（薄物）：呢条罅要～实佢先至得。（这条缝要揳紧才行。）［重见三 D8］

*__㗘__ tsɐt[1]〈音质〉塞：你将件衫～咗去边啊？（你把衣服塞到哪儿了？）｜～住条罅。（把缝填上。）［重见三 A10］

*__碽__ tsaŋ[6]〈治硬切〉硬塞：～爆。（硬塞以致爆裂。）［重见六 C2］

六 D6 揭、折、撕、揉、挖等

煎1 tsin[1]（沿表层）揭剥：～皮拆骨。（剥皮抽骨。）｜成浸～起。（整一层揭起来。）

烟 jin[1] 同"煎"。

剥 mɔk¹〈音莫第 1 声〉剥：～蛋壳。[与普通话意思一样，但语音上不十分对应]

搴 kʰin²〈启演切〉掀、揭（开）：～开张被。（掀开被子。）| ～开盖摊冻啲水。（揭开盖子把水晾凉。）

拗 au²〈哑考切〉①弄弯；折：～成几橛。（折成几段。）②扳：～手瓜（扳手腕）| ～过嚟呢便。（扳过这边来。）

*__揼（扳）__ man¹〈音慢第 1 声，咪班切〉扳：将条铁窗枝都～弯咗。（把那条铁窗格子都扳弯了。）[重见六 D1、七 A4]

屈₃ wɐt¹ 扭；弄弯；弄弯使断：拶铁线～几个钩仔。（拿铁丝弯成几个小钩子。）

剁 lɔk¹〈音洛第 1 声〉用钳子等拔：～眼钉出嚟。（把钉子拔出来。）

搣 mit¹〈音灭第 1 声〉①撕：～张纸畀我。（撕一张纸给我。）②用力捏皮肉使疼痛；拧：～到人鬼死咁痛。（把人拧得疼死了。）

扯 tsʰi²〈音此〉撕扯：你咪係噉～张被啦，烂嚟。（你别这样撕扯被子，会破的。）

*__擘（掰）__ mak³〈磨客切〉掰；撕：将呢块饼～开两份。（把这块饼掰成两份。）| 佢睇都唔睇就将封信～咗。（她看也不看就把信撕了。）[重见六 C1、六 C2、六 D12]

*□ kœ¹(kʰœ¹)〈哥靴切，又音卡靴切〉揉搓成团：未写得两只字就～咗掉落字纸箩。（没写两个字就抓成一团扔进废纸篓。）[重见六 C2]

捽 tsøt¹〈音卒〉①揉（使皱）：～巢啲纸。（把纸揉皱。）②搓；使互相摩擦：～葵双手。（把手搓热。）| 衫唔出力～点洗得干净嚟。（衣服不使劲搓怎么洗得干净呢。）

□ jøt¹〈音衣术切第 1 声〉揉（使皱）：呢只布一～就巢。（这种布一揉就皱。）

夭 jiu¹〈衣器切〉往深处小块地挖；抠：～耳屎(挖耳屎)。| ～一嚿出嚟。（抠一块出来。）

*__拼__ pʰɛŋ¹〈音批赢切第 1 声〉打掉；拆掉：将埲墙～咗去。（把这堵墙拆掉。）[重见七 E23]

六 D7 装、盖、绑、联结等

*__入__ jɐp⁶ 把物品装进容器内：～银仔落钱罂。（把硬币装进储钱罐子。）[重见六 A2]

袋₂ tɔi⁶ 装入袋内：你啲银纸～好啲。（你的钱放好点儿。专指放在口袋里）| 拶个胶袋～住。（用塑料袋装着。）

*__撁__ pɐt¹(pʰɐt¹)〈音毕，又音匹〉用簸箕装起：～垃圾 | ～一篸泥。（撮一簸箕土。）[重见六 D9]

*__笠₂__ lɐp¹（自上而下地）罩；套；扣：畀人拶麻包袋～住个头。（被人用麻袋套住脑袋。）| 顶帽～到落眼眉。（帽子压到眉毛处。）[重见七 D10、七 E9]

*__冚₁__ kʰɐm²〈音禽第 2 声，启饮切〉盖：大被～过头。（用被子盖着头。谓酣然而睡。）| 拶个盖～住啲餸，咪畀乌蝇褛。（拿盖子盖住菜，别让苍蝇爬了。）| 用边只油嚟油至～得住原先嗰只色啊？（刷哪种油漆才能盖住原先的颜色处？）[重见六 A6、六 D4]

扱 kʰɐp¹〈音级〉（用盖子等）倒扣；盖：蒸嘢至紧要～实个盖。（蒸东西最重要的是盖严盖子。）| ～转个盆。（把盆子倒扣。）

*__褛__ lɐu¹〈音楼第 1 声，拉欧切〉（用布等）蒙盖：拶块湿布～住嚿面。（用

湿布把面团盖住。)[重见二 D2、三 A1、七 B1、九 B15]

*揞(罯) ɐp[1]〈啊 邑 切〉 封盖; 捂; 敷: ～膏药 | 㨃胶布～实。(用塑料布捂紧。)[重见七 D8]

络₂ lɔk[6]〈音落〉 ①用网或网络状容器罩或装: 揾个线络～住就稳阵嘞。(用个网兜装着就稳妥了。) ②用绳索等兜住: 咪畀条带～倒颈。(别让带子勒着脖子。)

绑 pɔŋ[2] 绑; 打结: ～鞋带(系鞋带) | ～到实一实。(捆得结结实实。)[意义与普通话相去不远, 但使用范围比普通话广得多]

绹 tʰou[4]〈音淘〉(用绳索) 捆绑; 拴紧: ～实只猫。(把那只猫拴好。)

找(抓) tsau[2] (用铁丝等) 捆扎: ～好个围栏。(把栏杆捆扎好。)

索 sɔk[3] (用绳子) 勒紧: ～实个袋, 就唔怕佢甩落嚟。(用绳子勒紧那个袋子, 就不怕它掉下来。)

揽₁ lam[-6]〈音滥〉① (用绳、带等) 围; (不是很紧地) 绕: ～颈巾 (围围巾) | ～皮带 (束皮带) | 喺中间～两道。(在中间绕两道。) ②佩戴 (徽章): ～起个襟章。(佩着个胸章。) | 佢～住上尉肩章。(他戴着上尉肩章。)

*绕(繑) kʰiu[5]〈音桥第 5 声, 舅了切〉 缠绕: ～线 | ～两～就绑个颟。(绕两下就打个结。)[与普通话"绕"的用法基本一样, 但语音不很对应。重见九 B14]

*驳₁ pɔk[3] (把两件以上长条物体) 首尾连接起来: ～水喉。(接水管。) | ～长条绳。(把绳子接长。)[重见七 B7]

擯 pɐn[3]〈音宾第 3 声〉 编 (辫子): 喺头壳顶～条辫。(在头顶上编一根辫子。)

织 tsɐk[1] 编织: ～席 (编席子) | ～冷衫 (打毛线衣)

黏 nim[4]〈音念第 4 声〉 粘贴: ～邮票至寄得信。(贴上邮票才能发信。) | 两张纸～埋一齐。(两张纸粘在一块。)

*黐 tsʰi[1]〈音痴, 妻衣切〉 粘贴: 㨃啲胶水～翻本书。(用胶水把书糊好。) [重见七 A6、七 A15、九 B3]

扣 kʰɐu[3] 用别针等把物体固定在纸、布等上; 别: 㨃扣针～实。(用别针别紧。) | ～住个襟章。(别着个胸章。)

码 ma[5] 用蚂蟥钉把两样东西钉在一起: 揾码钉将两嚿枕木～实。(用蚂蟥钉把两块枕木钉紧。)

六 D8 砍、削、戳、碾等

剫 pʰɐi[1](pʰei[1])〈音批, 又音披〉 削: ～皮 (削皮) | ～苹果 (削苹果)。

*斩 tsam[2] 砍: ～柴 (劈柴) | 点～都～唔断。(怎么砍也砍不断。)[重见七 A6、七 B2]

斫 tœk[3]〈音琢, 帝约切〉 剁: ～开一嚿嚿。(剁成一块一块。) | ～猪肉。

㓦(锴) kai[3]〈音界〉 裁割; 锯开: ～纸 (裁纸) | ～玻璃 (裁玻璃板) | ～木 (锯木头)。

*劏 tʰɔŋ[1]〈音汤〉 切 (一般指切开比较大的口子): 喺中间～开。(从中间切开。)[重见七 B2]

杀₁ sat[3] 切 (一般指把物体切得分离开来): 将呢边西瓜～开几嚿。(把这半边西瓜切开几块。)

*撇 pʰit[3] 薄薄地切: 肉片～得越薄越好。[重见六 A3、十 D1]

*片 pʰin[-2]〈读第 2 声, 婆演切〉 切成片状: 将啲红萝卜～成一片片。(把胡萝卜切成一片片。)

𠜴(咪) mɐi[1]〈音米第1声〉用指甲掐；用小刀等刻：你买就买，唔好攞手指甲～我啲菜先得㗎！（你要买就买，别用指甲掐我的菜嘛！）| 张枱畀细路～到花晒。（那桌子让孩子刻得斑斑驳驳。）

钉 tɛŋ[1]〈音低嬴切第1声〉用指甲掐：～狗虱（掐跳蚤）。

吉刂 kɐt[1]〈音吉〉刺；扎：喺箱上便～个窿。（在箱子上扎个洞。）| 畀玻璃～亲。（被玻璃片扎伤。）

*__锥__ jøy[1]〈音锐第1声，衣虚切〉（用锥子等）扎：～穿张枱。（把桌子扎穿。）

*__豖(督)__ tok[1]〈音督，得屋切〉扎；捅：～窿（扎个洞）| ～背脊。（捅脊梁背。喻背后咒骂。）[重见七 B9]

签 tsʰim[1]（用尖的东西）捅；刺：一～一个窿。（一捅一个洞。）| ～牙（剔牙）。

揰 tsʰoŋ[3]〈音冲第3声，次控切〉捅；戳：攞条竹嚟～个黄蜂窦落嚟。（拿根竹子来把那马蜂窝杵下来。）

*__对__₂ tøy[-2]〈读第2声，打许切〉捅；戳：用条棍～下佢，睇下只老鼠死咗未。（用根棍子捅捅它，看看这只老鼠死了没有。）| 畀人攞支枪～住，唔敢郁。（被人用枪顶着，不敢动。）[重见七 E5、七 E11]

抳(泥) nɐi[4]〈音泥〉碾（使成泥状）：煠熟啲薯仔，跟住～烂佢，噉就係鬼佬啲“土豆泥”啰。（把马铃薯煮熟了，然后碾烂，这就是洋人的“土豆泥”。）

研 ŋan[4]〈音颜〉①研磨；滚轧：～成粉（碾成粉末）| ～面（用擀面杖擀面）。②用刀在棍形物外圈滚动着用力切：将条蔗～开一橛橛。（把甘蔗切成一截截。）[此字书面音 jin[4]〈音言〉]

*__擂__ løy[4]（用杵臼）磨；研：将啲川贝～幼佢。（把川贝研成细末。）[重见六 D4、七 D1、七 E23]

扤₂ ŋɐt[6]〈饿瞎切第6声〉反复移动着摩擦：条绳差唔多～断咗。（绳子差不多磨断了。）[重见六 D2、七 E5]

*__铲__ tsʰan[2] 从物体表面刮去一层；抢 qiang[5]：～刀磨铰剪。（抢刀磨剪子。）| ～咗啲镬黸去。（把锅黑子刮掉。）[重见七 D6]

喝₁ hɔt[3] 把刀在石头或缸沿等处用力摩擦，以使其锋利；钢（gàng）；鐾：～一～把菜刀。（把菜刀钢一钢。）

六 D9 洗、舀、倒、拌等

哴 lɔŋ[2]〈音浪第2声，罗挡切〉涮洗（器皿等）：～痰罐（涮痰盂）| 攞滚水～下个碗。（用开水把碗涮一涮。）

*__揹__ saŋ[2]〈音省〉用力刷洗（器具等）：～下个煲。（把锅刷洗一下。）| 攞沙嚟～。（用沙子擦洗。）[重见七 C6]

挼(挼) nɔ[4](nœ[4])〈音挪，又音泥靴切第4声〉粗粗地搓洗：唔使点捽嘅，就噉～下得喇。（不用怎么用力搓，就这么粗粗搓洗一下就行了。）

*__搉__ pɐt[1](pʰɐt[1])〈音毕，又音批一切〉舀：～水 | ～汤 | ～饭 [一般用于液体或糊状物，也用于粉状或颗粒状物体。重见六 D7]

*__兜__₂ tɐu[1]（用手掌）掬：冇手巾，就噉～啲水嚟洗面啦。（没有毛巾，就这样掬水来洗脸吧。）[一般用于液体，也用于粉状或颗粒状物体。重见六 D2、六 D4]

*__滗(泌)__ pei[3]〈音秘，闭戏切〉①把器皿中的液体倒出：～半碗汤过嚟。（把汤倒半碗过来。）②把器皿中的液体慢慢倒出，使沉积物留下。

濑(酹) lai[6]〈音赖〉把液体或糊状物

控制着份量，少量地、慢慢地向下倒：～啲麻油。（下一点儿麻油。）

斟 tsɐm¹〈音针〉少量地倒（液体）：～啲豉油落只碟仔度。（往小碟子里倒一点酱油。）[普通话“斟”主要用于茶和酒，广州活使用范围较宽]

露 lou⁶ 用两个器皿把热水倒来倒去使之凉；折（zhē）：啲水好热，～下至好饮。（这些水很热，折一下才能喝。）

*__㘉(唧)__ tsit¹〈音节第 1 声〉①按住出水口（如水龙头等），借水的压力使其喷射或溅射：撳住个胶喉，～到鬼死咁远。（捏住那橡胶水管，把水喷得非常远。）②隔着软的容器把液体或膏状物挤出来：～牙膏（挤牙膏）。[重见六 A3]

淋 lɐm⁴ 浇：～花。[普通话也用此词，但少见于口语中]

㕮 fu³〈音裤〉用手舀水向远处或高处浇：噉～先～得嗰几滴水，成盆淋啊嘛！（这样用手撩水才浇那么几滴水，整盆地浇嘛！）

抠 kʰɐu¹〈音球第 1 声，卡欧切〉拌和；掺和：～颜色。（调颜料。）｜～啲水落汤度。（兑些水在汤里。）

*__捞__₁ lou¹〈音劳第 1 声，拉高切〉（用搅拌器具把物料）搅拌：水～油点～得埋嗜。（水掺油怎么能搅拌在一块呢。喻水火不容。）｜豉油～饭。（酱油拌饭。）[重见七 A13]

挭 kaŋ³〈嫁硬切第 3 声〉①插到底搅拌（一般用于较稠的液体）：～下啲粥，咪畀佢黐底。（把粥搅一搅，别叫粘锅底了。）②捞（沉淀物）：～渣。

*__撩__ liu²〈读第 2 声，罗扰切〉粗粗地搅拌：落啲糖，～两下。（放点糖，搅两下。）[重见六 D10]

林 lɐm⁻⁵〈读第 5 声〉在粉状或酱状物中沾一下就拿出来（一般用于食物）：炸鱼要先～下面粉。（炸鱼要先蘸一下面粉。）

㴔 tʰim⁵〈妥染切〉在液体中蘸：～墨水｜～豉油（蘸酱油）。

六 D10 其他手部动作

翕手 jap⁶(jɐp⁶)sɐu²〈翕音义鸭切第 6 声，又音义合切〉招手：～打部的士过嚟。（招手叫计程车过来。）

耍手 sa²sɐu² 摆手（表不同意等）：佢猛咁～话：“咪搞！”（他拼命摇手说：“别！”）

打手影 ta²sɐu²jeŋ² 打手势：佢同你～。（他和你打手势。）

*__挠__ ŋau¹〈勾敲切〉用手指抓爬（一般指在皮肤上）：～痕（挠痒）｜～损咗。（把皮肤抓破了。）[此与普通话“挠”的一个义项相同，但语音不很对应。重见七 A10]

*__搲__ wa²(wɛ²)〈音娃第 2 声，又音壶写切〉挠；抓爬：～到块面一条条手指痕。（把脸抓得一条条手指印。）[重见六 D1]

嘁 tsit¹(kit¹)〈音节第 1 声，又音结第 1 声〉挠痒痒；胳肢（抓人腋下等处，使人发痒）：咪～人啦，鬼死咁肉酸。（别胳肢我，痒死了。）

押 ap³(jap³,jip³)〈音鸭，又音意鸭切、意协切〉①（把物件）掖（在裤腰等地方）：～个荷包喺裤头。（把钱包掖在裤腰。）②卷（起衣袖或裤腿）：～衫袖（卷起袖子）。

*__擸__₁ lap³〈音腊第 3 声〉捋（衣袖、裤腿等）：～高裤脚湎过去。（捋起裤腿趟水过去。）[重见六 C1、六 D1、七 A10]

*__指手督(乭)脚__ tsi²sɐu²tok¹kœk³ 指手划脚（督：戳），用手比划、指点（实际上不涉及脚）。[重见七 E5]

摺 tsip³〈音接〉摺叠：～被（叠被子）｜～衫（叠衣服）｜将张纸～埋。（把那张纸摺起来。）［普通话此字简化为“折”，但广州话此二字不同音］

登₁ tɐŋ¹ 撑开（布、袋口等）：～起窟布睇下究竟有几大。（把这块布撑开看到底有多大。）｜～衡个麻包袋口。（把麻袋口儿尽量撑开。）

*__揇₂__ nam³〈音南第3声，那喊切〉用手掌测量（长度）：～下睇有几长。（用手掌拃一下，看看有多长。）［重见十一 E2］

拂（拨） pʰut³〈音泼〉搧：～扇｜～蚊（用扇子把蚊子从蚊帐里赶出去）｜细火一～就熄，大火越～就越衡。（小火一搧就灭，大火越搧就越旺。）［“拂”字另有书面语音 fɐt¹〈音忽〉］

揽₂ lam⁻²〈读第2声〉搂抱：个细路要～住个公仔瞓觉。（那小孩要搂着洋娃娃睡觉。）

揽头揽颈 lam⁻²tʰɐu⁴lam⁻²kɛŋ²〈揽读第2声〉【贬】搂搂抱抱；搂着头肩部（有不庄重的含意）。

揽身揽势 lam⁻²sɐn¹lam⁻²sɐi³〈揽读第2声〉【贬】搂搂抱抱；搂着腰身（有不庄重的含意）。

*__撩__ liu²〈读第2声，罗扰切〉用长竿子往高、远处拨：个羽毛球打咗上瓦面，搵支竹嚟～至得。（羽毛球打上房顶了，找根竹子来拨才行。）［重见六 D9］

减 kam² 从器皿中往外拨（一般用于饭菜等）：将啲餸～晒落碗。（把盘子里的菜全拨到碗里。）

钢 kɔŋ⁻⁶〈读第6声〉以两硬物相撞击（往往是比比看哪一方坚硬）：攞我把刀同你把刀～下啊嗱！（拿我的刀跟你的刀碰一碰看谁的硬！）

壅₂ oŋ¹〈啊空切〉（以泥土）埋：只死老鼠咁鹘突！～咗佢啦。（那只死老鼠这么难看！埋掉吧。）

抆₁ mɐn²〈音文第2声，摸很切〉。①（以纸张等）揩拭：～屎（擦屁股）。②（以灰浆等）抹墙壁等，使之平整：～墙。

挢 kiu²〈音娇第2声，几晓切〉拭擦：～汗｜～眼泪｜偷食唔～嘴。（熟语：偷吃不擦嘴。喻占了便宜不懂得掩盖。）

*__揩__ hai¹ 使两物相揩擦，并使一物上的液体或糊状物、粉状物沾到另一物上；抹（mǒ）：啲鼻涕唔好～落埲墙度！（鼻涕别抹在墙上！）｜～到成身邋邋遢遢！（蹭得满身脏不拉叽。）［重见六 A5］

*□ lœ²〈音黎靴切第2声〉反复揩擦；辗转揩擦；使软、硬物相揩擦，并使软物沾上液体或糊状物、粉状物：攞啲菜～干净个碟啲汁。（用菜抹干净盘子上的汁。）［重见七 E5］

六 D11 腿部动作

*__行₁__ haŋ⁴〈音坑第4声，何彭切〉步行；走：好近嘅，唔使搭车喇，～罢啦。（很近的，不用坐车了，步行算了吧。）［重见六 A7、七 B9、七 B10、七 E24］

*__走__ tsɐu² 跑：足球有咩好睇啫，咪就係啲人喺度～嚟～去？（足球有啥好看的，不就是一些人在那跑来跑去？）［重见七 B6］

走起 tsɐu²hei² 跑起来：睇白落大雨喇，～啰！（眼看要下大雨了，快跑吧！）

*__趯__ tɛk³〈音笛第3声，帝锡切〉跑：先头你哋～咗去边啫？（刚才你们跑哪儿去了？）｜～嚟～去（跑来跑去）。［重见七 E15］

操 tsʰou¹【俗】步行：由呢度～去戏院要几耐度？（从这里步行到剧院大约要多长时间？）[意义来自做步操]

***踹** nam³〈音南第 3 声，那喊切〉①跨：条坑渠咁窄，～都～得过去啦。（这沟渠这么窄，就跨也能跨过去。）②用脚步测量长度：～下呢度有几长。（用脚步量一下这里有多长。）[重见十 E2]

纳 nap⁻³〈读第 3 声，那鸭切〉跨：三步～埋两步走过去。（三步并作两步跑过去。）

***企₂（徛）** kʰei⁵ 站立：你戇居居～响道做咩啊？（你愣愣地站在这干嘛？）｜～咗一日，坐下啦。（站了一天，坐一坐吧。）[重见九 A5]

踎 mɐu¹〈音谋第 1 声，么欧切〉蹲：～低，唔准企起身！（蹲下，不许站起来！）｜～响墙角落。（蹲在墙角。）

***踬** ŋɐn³〈音银第 3 声，毅训切〉抖（腿）：佢只脚～下～下。（他的腿一抖一抖的。）｜～～脚（抖着腿。形容悠然自在的样子。）[重见六 A4、六 B2]

***趷** kɐt⁶〈音吉第 6 声，巨日切〉①跛行：佢寻日屈亲只脚，而家行路都要～下～下。（他昨日扭伤脚，现在走路一瘸一拐的。）②踮（起脚尖）：～高脚睇真啲。（踮起脚尖看清楚点儿。）[重见六 A7]

踮 nim¹〈音念第 1 声〉踮：～起脚踭。（踮起脚跟。）[与普通话意思没有不同，但语音上不十分对应]

踬高 ŋɐn³kou³〈踬音银第 3 声〉踮起（脚跟）。

打倒褪 ta²tou³tʰɐn³〈倒读第 3 声，褪音替训切〉倒行（褪：倒退）：佢见个巨无霸埋嚟，惊到～。（他见那庞然大物过来，吓得直往后退。）

浭 kaŋ³〈个硬切第 3 声〉涉水：水唔係好深，～过去啦。（水不是很深，趟过去吧。）

踩 jai²〈椅挨切第 2 声〉踩：只脚～落地。（脚踩在地上。）[意思同普通话一样，但语音上不十分对应。此字又读 tsʰai²〈此挨切第 2 声〉，则与普通话语音相对应]

蹅 tsʰa¹〈音叉〉误踏；乱踩（到水或烂泥等之中）：因住咪～落氹水度。（小心别踩到那滩水里去。）[普通话是一般的踩，与广州话稍有不同]

蹅错脚 tsʰa¹tsʰɔ³kœk³〈蹅音叉〉（走路时）失脚；踩错了步子（有可能造成摔跤的）：落楼梯嗰阵时一下～，几乎辘落去。（下楼梯的时候踏了个空，几乎滚下去。）

蹾 tɐm⁶〈大任切〉跺：～下只脚，将鞋上便的泥揼落嚟。（跺一下脚，把鞋上的泥抖掉。）

蹭 jaŋ³(tsʰaŋ³)〈音撑第 3 声，又音衣坑切第 3 声〉①蹬：庭仔好烂瞓喋，成日都～被嘅。（小庭睡觉很不老实，老是把被子蹬掉。）②【俗】走：田鸡过河——各有各～。（青蛙过河——各蹬各的腿。歇后语，谓各走各的路。这是取"～"有蹬和走的两义相关。）[义项②一般只读 jaŋ³]

省 saŋ² 使劲踢：畀佢～咗一脚，痛到辘地。（被他用劲踢了一脚，疼得直打滚。）

擘一字 mak³jɐt¹tsi⁶〈擘音马客切〉劈叉（两腿向相反方向分开成"一"字形。擘：肢体分开）。

六 D12　其　他

递 tɐi⁶ 抬起（肢体）：～高只手。（把手抬起来。）｜唔该～～只脚。（劳驾把脚抬一抬。）

登$_2$ tɐŋ[1] 翘起；抬起（肢体）：～起手指公。（翘起大拇指。）｜～起只脚。（抬起脚。）

***擘** mak[3]〈马客切〉张开（肢体）：～开手掌｜～开大髀（叉开大腿）[重见六 C1、六 C2、六 D6]

***朒** ŋa[6]〈音牙第 6 声，饿厦切〉叉开（肢体）：～开两只脚。（叉开两条腿。）[重见七 A12]

***噭**$_2$ kʰek[1]〈卡益切〉①绊别人的脚：5 号～低咗对方嘅边锋，畀球证红牌罚咗落场。（5 号绊倒了对方的边锋，被裁判红牌罚下了场。）②被绊：～亲嚿石头。（绊到了一块石头。）[重见七 E14、九 B12]

㕾被 fu[3]pʰei[5]〈㕾音裤，被音棉被之被〉（小孩睡着后）把被子掀开、蹬开：细路哥～好易冻亲。（小孩子蹬被子很容易着凉。）

***窒** tsɐt[6] 动作突然停止：行行下一下～住。（走着走着一下子突然停下。）｜写大字一笔过，中间唔～得嘅。（写毛笔字一笔写过，中间不能停的。）[重见五 A4]

七、人类活动

［思想活动参见五B；生理活动参见二C］

七A 一般活动

七A1 过日子

*叹 tʰan^{3} 享受：老豆剩低大把钱，佢有排～啦。（父亲给他留下很多钱，够他享受好一阵子了。）［重见九C5］

叹世界 tʰan^{3}sɐi^{3}kai^{3} 享福：梁婆退咗休，喺屋企～啰。（梁婆退休了，在家里享福呢。）

辛苦揾嚟自在食 sɐn^{1}fu^{2}wɐn^{2}lɐi^{4}tsi^{6}tsɔi^{6}sek^{6}〈揾音稳，嚟音黎〉【熟】辛辛苦苦地赚了钱，就该舒舒服服地吃（揾：赚钱；嚟：来；食：吃）。［一般用于要吃好东西或好好享受一下的时候］

挨$_{2}$（捱）ŋai^{4}〈牙鞋切〉①苦熬日子：～番薯（靠吃番薯度日）②辛苦抚养（子女等）：阿妈辛辛苦苦～大你。（妈妈千辛万苦把你养大。）［第①个意义普通话也有，但用法不完全相同］

捱生捱死 ŋai^{4}saŋ^{1}ŋai^{4}sei^{2}〈捱音牙鞋切，生音生死之生〉苦熬日子；千辛万苦地工作、生活。

捱世界 ŋai^{4}sɐi^{3}kai^{3}〈捱音牙鞋切〉（消极地）捱日子：陈仔喺呷处都係～嘅嗻，佢都就快出国喇。（小陈在这儿只不过是捱日子罢了，他都快出国了。）

捞世界 lou^{1}sɐi^{3}kai^{3}〈捞音劳第1声〉（积极地）混日子：近牌又喺边处～啊？（最近又在哪儿混呀？）

*捞$_{2}$ lou^{1}（积极地）混日子：三哥呢两年～得唔错。（三哥这两年混得不错。）［重见七D1］

七A2 做事、摆弄、料理、安排

*整 tseŋ^{2} 做；干（事情）；搞（东西）：你成个上昼喺度～乜啫？（你整个上午在搞什么？）｜呢啲事情好难～得啱嘅。（这些事情很难弄得好的。）［重见七D2］

杀$_{2}$ sat^{3} 干（活）；完成（工作）：连呢啲都～埋佢啦。（把这些也干了吧。）

郁手 jok^{1}sɐu^{2}〈郁音郁，衣屋切〉动手干（郁：动）：要做即刻就～啦。（要干立刻就动手吧。）

搞作 kau^{2}tsɔk^{3} 搞；弄（指某种做法）：噉～好牙烟个嚅！（这样弄很危险的。）｜你哋谂下点～好啲。（你们想一下怎么搞好点儿。）

*揗 tʰɐn^{4}〈音吞第4声，蹄人切〉忙碌地干（往往指做琐碎的事）：～咗成朝，先做好两只。（忙了整个上午，才做好两个。）［重见六B4、七A15］

舞 mou^{-2}（读第2声）忙碌地干；弄：咁多家务，有牌～啊。（这么多家务，够忙上一阵子的了。）｜～咗成日先～啱。（弄了一整天才弄好。）

*撚$_{2}$ nɐn^{2}〈那隐切〉精心地摆弄：～花（摆弄花儿）｜～翻几味。（做上几味小菜。）［重见七E17］

顶档 teŋ^{2}tɔŋ^{3}〈档音上当之当〉【喻】原指临时顶别人的位子看管摊子（档：贩摊），比喻临时顶替做事：经理有嚟，副经理照样～得嘛。（经理没来，副经理照样可以代替他嘛。）

***轮** lən^{4} 轮流；挨个儿排着（做某事）：放假值班就係由我哋 5 个人嚟～。（放假值班就是由我们 5 个人轮流。）[重见七 A14、十 E1、十 F2]

埋手 mai^{4}sɐu^{2} 入手；下手(埋：靠近)：呢件事唔係几好～。（这件事不大好下手。）| 由边度～？（从哪儿入手？）

落手 lɔk^{6}sɐu^{2} 同“埋手”（落：下）。

洗湿个头 sɐi^{2}sɐp^{1}kɔ^{3}t^{h}ɐu^{4}【喻】事情干开了头，就不能不干到底（一般指不好的事或有风险的事）：而家经已～咯，点收倒手啊？（现在已经干起来了，怎么罢得了手？）

三扒两拨 sam^{1}p^{h}a^{4}lœŋ^{5}put^{6}〈扒音爬〉动作简单、麻利地做事：洪师傅～就搞啱咗。（洪师傅三下两下就弄好了。）

执豆噉执 tsɐp^{1}t^{h}ɐu^{-2}kɐm^{2}tsɐp^{1}〈豆读第 2 声，噉音敢〉【喻】像捡豆子一般地捡（执：捡，收拾；噉：那样），比喻轻而易举地对付某人或做好某事等：上半场就三比零嘞，真係～！（上半场就三比零了，赢得真轻松！）| 呢啲噉嘅工夫，～啦！（这种活儿，易如反掌！）

实食冇黐牙 sɐt^{6}sek^{6}mou^{5}ts^{h}i^{1}ŋa^{4}〈冇音无第 5 声，黐音痴〉【熟】【喻】一定吃掉而不会黏牙（黐：黏），比喻有绝对把握做某事：如果畀着我嚟～。（要是让我来就十拿九稳。）

一眼关七 jɐt^{1}ŋan^{5}kwan^{1}ts^{h}ɐt^{1} 同时注意着、照顾到多方面的情况（七：指前、后、左、右、上、下、中）：佢坐喺度要～，唔係咁易做㗎。（他坐在那儿要同时关照几个方面，不是那么容易干的。）

***搏命** pɔk^{3}mɛŋ^{6}〈命音磨赢切第 6 声〉【喻】拼命干活；尽全力工作：唔使为嗰啲奖金～啩？（用不着为那点奖金把命拼上吧？）[重见七 E14、九 D19]

搏到尽 pɔk^{3}tou^{3}tsøn^{-6} 尽全力（工作）：你唔后生喇，～唔得㗎。（你不年轻了，豁尽全力地干是不行的。）

抌抌拆 tɐm^{4}tɐm^{4}ts^{h}ak^{1}〈抌音第淫切，拆读第 1 声〉不卖力地干；不正经地干：噉样～，几时先做得完啊？（这样三天打鱼两天晒网的，什么时候干得完哪？）

尽人事 tsøn^{6}jɐn^{4}si^{-2}〈事音屎〉尽能力来办事（但结果如何不能预料。取“谋事在人，成事在天”的意思）：係唔係都要～嘅，唔得就冇计啦。（不管怎样都要尽力而为，不行就没办法了。）

尽地一煲 tsøn^{2}tei^{-2}jɐt^{1}pou^{1}〈尽读第 2 声，地音底起切〉【喻】孤注一掷地：我今匀係～，冇退路㗎喇。（我这回是孤注一掷，没有退路了。）

瞓晒身落去 fɐn^{3}sai^{3}sɐn^{1}lɔk^{6}høy^{3}〈瞓音训〉【喻】字面意思是把整个身子躺下去（瞓：躺；晒：完全），比喻全力投入去干某事：～就冇得褪軚㗎喇。（全力投入就不能退缩了。）[又作“瞓身落去”]

顶硬上 teŋ^{2}ŋaŋ^{6}sœŋ$^{-3}$〈上读第 3 声，音相貌之相〉克服巨大困难艰苦，硬顶着干：我今匀谂住～，搞到底为止。（我这次准备硬着头皮干下去，干到底为止。）[此本为搬运工人的号子]

落手落脚 lɔk^{6}sɐu^{2}lɔk^{6}kœk^{3} 亲自动手（做事）：你指点下得嘞，使乜～啊！（你指点一下行了，何必亲自动手呢！）

亲力亲为 ts^{h}ɐn^{1}lek^{6}ts^{h}ɐn^{1}wɐi^{4} 亲自干：做乜嘢都要～，唔好指意人哋。（做

什么事情都要亲自干，别指望别人。）

一脚踢 jɐt1kœk3tʰɛk3【喻】包干；包揽：佢嗰份工係～嘅。（他那份工作是包干的。）| 买菜、籴米、煮饭～。（包揽买菜、买米、煮饭所有的活儿。）

照板煮糊 tsiu3pan2tsy2wu-2〈糊读第 2 声〉【喻】照着样子做；依样画葫芦（板：样板）：呢啲嘢眼见工夫嚟嘅，～得喋喇。（这些活儿只不过一看就会做，依样画葫芦得了。）

照板煮碗 tsiu3pan2tsy2wun2 同“照板煮糊”。

支支整整 tsi1tsi1tseŋ2tseŋ2 琐琐碎碎地弄来弄去：～又半日时间冇咗。（左弄一点右弄一点又是半天时间没有了。）

打理1 ta2lei5 料理；管理：成头家都靠家嫂～。（整个家都靠儿媳料理。）

校正 kau3tseŋ3〈校音教，正音志赢切第 3 声〉把事情、程序安排得正好（一般是指时间上的）：能唔能够～赵部长嚟嗰两日，大家都唔使出差呢？（能不能安排得赵部长来的那两天，大家都不用出差呢？）

预 jy6 预计；事先作出计划和安排：呢啲～咗要使 3 000 蚊。（这预计要花 3 000 块钱。）| ～埋你份喋喇。（把你也算在内了。）| 已经～得好松喇。（计划中已经留有很大余地了。）

*__打__ ta2 预计；估算：将各种因素～埋喋喇。（把各种因素估计进去了。）［重见七 A17、九 B15、九 D25］

走趱 tsɐu2tsan2〈趱音盏〉（办事的）回旋、进退；（小范围内的）重新安排或商量：啲资金几回冇得～咁滞。（资金几乎没有调配的余地。）| 谂办法～一下。（想办法回旋一下。）

见步行步 kin3pou6haŋ4pou6〈行音何盲切〉【喻】看一步走一步，比喻无法作长远打算，只能就目前情况来行事：～，第日先算。（看一步走一步，以后再说。）

睇嚟凑 tʰɐi2lɐi4tsʰɐu3〈睇音体，嚟音黎〉看着情况来行事（含有消极的口气。睇：看；嚟：来）：而家唯有～啦。（现在只能看着办吧。）

骑牛揾马 kʰɛ4ŋɐu4wɐn2ma5〈揾音稳〉【喻】暂且依靠一件（个）尚能差强人意的事物（人），同时去寻找更好的（揾：找）：喺度做住先，～，揾倒好工嘛跳啰！（暂且在这儿干着，骑驴找马，找到好的工作就跳槽嘛！）

*__两睇__ lœŋ5tʰɐi2〈睇音体〉注意事情有两种可能的发展而做两手准备（睇：看）：我建议你仲係要～嚡。（我建议你还是要有两手准备。）［重见九 D31］

马死落地行 ma5sei2lɔk6tei6haŋ4〈行音何盲切〉【熟】【喻】事情不顺利、原来的做法行不通时，改用另一方法（比原来的较差，但也勉强可行）来继续做（落：下；行：走）。

打定输数 ta2teŋ6sy1sou3 预先考虑好事情不顺利时的对策；做好不成功的准备（定：预先）：呢件嘢我係～喋喇。（这件事我做好不成功的准备了。）［又作“打输数”］

点算 tim2syn3 怎么办（点：怎样）：唔见咗车票睇你～！（不见了车票看你怎么办！）

点办 tim2pan6 同“点算”；冇锁匙开唔倒门，～呢？（没有钥匙开不了门，怎么办呢？）

点算好 tim2syn3hou2 该怎么办（点：怎样）：你话～？（你说该怎么办？）［又作“点办好”］

七 A3　领头、主管、负责

打头锣 ta^{2}t^{h}ɐu^{4}lɔ^{4}【喻】原指演戏时打开场锣，比喻领头（干某事）：好啦，我嚟～啦。（好吧，我来开个头吧。）

扯头缆 ts^{h}ɛ^{2}t^{h}ɐu^{4}lam^{6}【喻】原指领头拉纤，比喻领头（干某事）：同老板讲数，不如揾陈仔～。（和老板谈判，不如找小陈领头。）

顶头阵 teŋ^{2}t^{h}ɐu^{4}tsɐn^{6}【喻】打头阵；领头（干某事）。

话事 wa^{6}si^{6} 说了算；作主：嚟到我度就係我～。（来到我这儿就是我说了算。）｜你哋呢度边个～？（你们这儿谁说了算？）

揸手 tsa^{1}sɐu^{2} 掌管：全部账目都係佢～。（全部账目都是他掌管。）

揸庄 tsa^{1}tsɔŋ^{1}〈揸音渣〉【喻】本指打牌时做庄家，比喻掌握控制权；主管：我哋经理住咗院，而家係副经理～。（我们经理住了医院，现在是副经理管事。）

揸□ tsa^{1}fit^{1}〈后字非必切〉主管：你～，你话点嘞。（你管事，你说怎样吧。）

担纲 tam^{1}kɔŋ^{1}【喻】原指抬着网的总纲，比喻负总责：有佢～，乜都啱啦！（有他挑这担子，没有不行的！）

*__擸网顶__ lap^{3}mɔŋ^{5}teŋ^{2}〈擸音拉鸭切，顶音底赢切第2声〉【喻】抓住网的总纲（擸：揽取），比喻掌握最高制约权：佢响呢个公司係～嘅人物。（他在这个公司是最有权的人物。）［重见九D1］

担戴 tam^{1}tai^{3} 承担责任：呢件事我～唔起。（这件事我担待不起。）［此为普通话“担待”的摹音。广州话“戴”、“待”不同音］

自把自为 tsi^{6}pa^{2}tsi^{6}wɐi^{4}〈为读行为之为〉自作主张；自行其是：做嘢咪咁～至得㗎。（做事情别那么自行其是才行啊。）

*__睇数__ t^{h}ɐi^{2}sou^{3}〈睇音体〉【喻】原指结账、付账，比喻承担责任：出亲事好大镬个嚡，边个～先？（一旦出事娄子挺大的，先得说清楚谁来负这个责任？）［重见七B7、七D6］

*__孭__ mɛ^{1}〈音咩，么些切〉【喻】本义是背起，比喻承担责任：有我～起，你哋即管放手做。（责任有我背着，你们尽管放手干。）［重见六D1］

七 A4　完成、收尾

杀起 sat^{3}hei^{2} 完成：呢度听日可以～。（这里明天可以完成。）

杀摊 sat^{3}t^{h}an^{1} 完成；结束：嗰单工程经已～嘞。（那项工程已经做完了。）

*__捞鸡__ lou^{1}kɐi^{1}〈捞音劳第1声〉【俗】完成：今日落班之前～得。（今天下班之前能完成。）［又作“捞”，重见七A5、七A6］

搞啱 kau^{2}tim^{6}〈啱音店第6声，第艳切〉完成（啱：妥当）：快快脆脆～去消夜。（快手快脚弄完了去吃夜宵。）

*__大吉利市（是）__ tai^{6}kɐt^{1}lɐi^{6}si^{6}〈利音丽〉【谑】完成：做埋呢啲咁多就～嘞。（干完这一点点就大功告成了。）［重见九C1］

*__收科__ sɐu^{1}fɔ^{1}【喻】【贬】原指戏剧中人物动作的结束（科：旧戏曲用语，指人物动作），比喻收场：呢单嘢实冇好～。（这件事一定没有好收场。）｜死嘞，点～呢？（糟了，怎么收场呢？）［重见八A1］

*__收档__ sɐu^{1}tɔŋ^{3}〈档音上当之当〉【喻】【谑】（工作等）结束；停止：食饭喇，仲唔～？（吃饭了，还不停下来？）｜你哋咁茬嘅嘢，快啲～！

（你这么差的东西，快收摊吧！）[重见二 C1、七 D5]

***收山** sɐu1san1 同"收档"。[重见七 D1]

***係噉先** hɐi6kɐm2sin1（噉音敢）字面意思是"暂且这样"（係：是；噉：这样；先：暂且），表示事情告一段落：呢件事大家都咪计较嘞，～啦。（这件事大家都别计较了，就这样吧。）[重见七 E25]

散档 san3tɔŋ3〈散音散布之散，档音上当之当〉（活动等）结束：嗰个展会前日都～喇。（那个展会前天就已经散了。）[重见七 E3]

埋尾 mai4mei5 收尾；做收尾的工作：你哋走啦，我～得喇。（你们走吧，我煞尾行了。）

执手尾 tsɐp1sɐu2mei5 ①做收尾工作：你嚟做先，等我嚟～。（你先干，让我来做收尾工作。）②做别人遗留下来的麻烦事：啲公司挖完路，就由道路公司嚟～。（那些公司挖完路，就由道路公司重新把路铺好。）

跟手尾 kɐn1sɐu2mei5 同"执手尾"。[又作"跟手"]

执苏州屎 tsɐp1sou1tsɐu1si2【喻】为别人遗留下的麻烦事做善后工作：我好怕帮人～嘅。（我很怕替别人做善后工作。）

屈钉尾 wɐt1tɛŋ1mei5〈钉音低赢切第 1 声〉【喻】把木板上露出的钉尖儿弄弯（屈：弄弯），以免伤人，比喻对惹出麻烦的事情作出妥善处理：嗰日嗰件事唔係我同你～，睇你点收科！（那天那件事如果不是我替你善后，看你怎么收场！）

***擟(扳)** man1〈音慢第 1 声〉挽回；扭转（不利的局面）：咿单嘢睇嚟都係冇得～㗎嘞。（这件事看来是无可挽回的了。）｜～得翻几多係几多啦。（能挽回多少算多少吧。）[重见六 D1、六 D6]

好头好尾 hou2tʰɐu4hou2mei5 善始善终：执埋啲手尾啦，～啊嘛。（把最后的这点儿活干完吧，善始善终嘛。）

有头有尾 jɐu5tʰɐu4jɐu5mei5 有始有终：老细至钟意嗰啲做嘢～嘅伙记。（老板最喜欢那些干活有始有终的伙计。）

有头冇尾 jɐu5tʰɐu4mou5mei5〈冇音无第 5 声〉有始无终（冇：没有）：我个仔做咩都係～嘅。（我的儿子干什么事都是虎头蛇尾。）

有头威冇尾阵 jɐu5tʰɐu4wɐi1mou5mei5 tsɐn6〈冇音无第 5 声〉【熟】【喻】有始无终；虎头蛇尾：咪睇佢而家成日对住副围棋，卒之实係～。（别看他现在整天对着那副围棋，可最终一定是半途而废。）

耷尾 tɐp1mei5〈耷音低恰切〉【喻】有始无终；做事缺乏后劲（耷：下垂）：佢个人～嘅，你咪指意佢。（他这人虎头蛇尾的，你别指望他。）

跟 kɐn1 ①对已完成的工作进行复查（一般是检查工作质量）；监督：啲工仔做啲嘢我都要～一～先至发货㗎。（工人们做的活儿我都要复查一下才发货的。）②一直做或关注某一件事：呢单畸士我～开我熟。（这宗案子我一直盯着，我熟悉）

跟眼 kɐn1ŋan5 同"跟"（主要是用眼睛看）：你唔使做，跟下眼得嘞。（你不用干，看着别让出错就行了。）

七 A5 成功、走运、碰运气

***搞啱** kau2tim6〈啱音店第 6 声〉弄妥；成功（啱：妥当）：我早就话你实搞得啱嘅。（我早就说你一定能成。）

***捞鸡** lou1kɐi1【俗】成功：谂住唔得㗎嘞，卒之都仲係～。（原以为是不行的了，最后还是成了。）[重见七

A4，七 A6]

得米 tɐk^{1}mɐi^{5}【喻】得手：呢匀～嘞。(这回得手了。)

得记 tɐk^{1}kei^{3}【俗】成功；得手。

执赢 tsɐp^{1}jɛŋ^{4} 在比赛或竞争中占上风。

***扎** tsat^{3}【喻】本义是向上跳，比喻事业迅速发展、地位上升等：佢间公司办咗好多年喇，係近牌～起。(他的公司办了好多年了，是最近发展得快。)[重见六 B2]

***一箸夹中** jɐt^{1}tsy^{6}kap^{3}tsoŋ^{3}〈箸音住，中音打中之中〉【喻】事情一下就做成功；碰巧地一下碰上成功（箸：筷子）：佢居然～，得咗个头彩。(他居然一下子碰上，得了个头彩。)[重见五 B2]

***发** fat^{3} 发迹；(事业) 等变得兴盛；趋于兴旺；飞黄腾达；特指获得大量钱财，发财：阿发呢两年真係～咗。(阿发这两年真的发了迹。)[重见二 C9、二 C11]

发达 fat^{3}tat^{6} 同“发”：呢匀畀我中咗奖就～啰。(这回要让我中了奖就发财了。)｜我就唔信你成世冇～嗰日。(我就不相信你一辈子没有飞黄腾达的一天。)[与普通话意思不很相同]

捞起 lou^{1}hei^{2}〈捞音劳第 1 声〉发迹 (捞：混日子)：佢旧时同我哋一齐捞嘅之嘛，而家就～喇。(他以前不过是跟我们一起混的，现在就发迹了。)

龙穿凤 loŋ^{4}tsʰyn^{1}foŋ$^{6(-2)}$〈凤又读第 2 声〉【喻】发迹；飞黄腾达；变得富裕：你唔好睇死人，佢可能有朝一日～㗎。(你别把人看扁了，他可能有朝一日飞黄腾达的。)

行运 haŋ^{4}wɐn^{6}〈行音何盲切〉走运 (行：走)：你今匀认真係～嘞！(你这次真是走运了！)

行运行到脚趾公 haŋ^{4}wɐn^{6}haŋ^{4}tou^{3}kœk^{3}tsi^{2}koŋ^{1}〈行音何盲切〉【熟】【喻】非常走运（行：走；脚趾公：大拇趾）。意为运气来到大拇趾，要想不走运也不行。

跛脚鹩哥自有飞来蜢 pɐi^{1}kœk^{3}liu^{1}kɔ^{1}tsi^{6}jɐu^{5}fei^{1}lɔi^{4}maŋ$^{-2}$〈跛音闭第 1 声，了读第 1 声，蜢读第 2 声〉【熟】【喻】跛脚的八哥鸟也会碰上送上门来的蚱蜢（鹩哥：八哥），比喻不济的人有好运气。

执倒 tsɐp^{1}tou^{2}【喻】捡来的（执：捡；倒：得到），喻走运；有福气：娶倒噉嘅太太，你直情～啦。(娶了这么一位太太，你实在是捡来的福气。)

***博** pɔk^{3} ①碰运气：得唔得都去～下啦。(行不行都去碰碰运气吧。) ②利用机会，加以努力，以期取得成果（但能否取得成果难以预知）：为人一世，得有几回～啊！(人生一世，能有几次可施以努力的机会呢！)[重见七 A6]

博彩 pɔk^{3}tsʰɔi^{2}【喻】碰运气（彩：彩票）：我不过係嚟～嘅嗻。(我不过是来碰运气的。)

撞彩 tsɔŋ^{6}tsʰɔi^{2}【喻】碰运气；走运（彩：彩票）：呢次畀佢搞得啱，完全係～。(这一次让他把事情弄妥，完全是碰上运气。)

***撞** tsɔŋ^{6} 碰（运气）：係咪都～下，～唔倒一回事。(不管怎么样都碰碰运气，碰不到是另一回事。)[重见五 B2，七 A15、七 D8]

撞手神 tsɔŋ^{6}sɐu^{2}sɐn^{4} (在抓阄、打牌等活动中) 碰手气：玩呢啲嘢一半靠够胆，一半靠～。(玩这些东西一半靠大胆，一半靠碰手气。)

食屎食着豆 sek^{6}si^{2}sek^{6}tsœk^{6}tɐu^{-2}〈着音着火之着，豆读第 2 声〉【熟】【俗】【喻】【贬】吃屎吃到了豆子，比喻：①碰巧得到好处：畀佢～，执倒条好筹。(让他碰上运气，拈到好阄。)

②没本事的人碰巧成事：咁水皮都攞倒高分，係～嘛！（这么差也拿到高分，是瞎猫捉到死老鼠罢了！）

七 A6　得益、渔利

*揸（扳）车边 man1tsʰɛ1pin1〈揸（扳）音慢第 1 声〉沾光：有笋嘢呀？畀我哋～得唔得先？（有好东西吗？让我们沾点儿光行不行？［重见七 B6］

*黐 tsʰi1〈音痴，妻衣切〉【喻】沾光；揩油水：你发咗达，都畀旧日老朋～下啩？（你发财了，也让旧日老朋友沾点光吧？）［重见六 D7、七 A15、九 B3］

*托赖 tʰɔk3lai6 有赖于：我今次升职加薪，都係～大家。（我这次升职加薪，全仗大伙儿。）｜～各位，我哋公司至有噉嘅业绩。（有赖于各位，我们公司才有这样的成绩。）［重见七 E25］

冷手执个热煎堆 laŋ5sɐu2tsɐp1kɔ3jit6tsin1tøy1【喻】【熟】不需努力而意外地得到好处（执：捡；煎堆：一种油炸食品）：我哋舞嚟舞去得个吉，倒转畀阿卓～。（我们忙来忙去一场空，反而让阿卓白捡了好处。）

*捞鸡 lou1kɐi1〈捞音劳第 1 声〉【俗】得到好处；获益（往往指不十分正当的）：你唔做就想～，有冇搞错！（你不干就想得益，你弄错了吧！）［重见七 A4、七 A5］

捞静水 lou1tseŋ6søy2〈捞音劳第 1 声〉【喻】从别人不注意的地方或在别人不注意的时候获得较大好处。

*执死鸡仔 tsɐp1sei2kɐi1tsɐi2〈仔音子矮切〉【喻】得到意外的好处；买到便宜的东西：冇谂到先蚀咗一笔，呢度又执翻死鸡仔。（没想到先亏了一笔，这里又意外赚回一笔。）［又作"执死鸡"。重见七 B13］

有便宜唔使颈 jɐu5pʰin4ji4m4sɐi2kɛŋ2〈便音婆然切〉由于于己有利，对原来不高兴的事也就不再计较（唔：不；使颈：使性子）。

饮头啖汤 jɐm2tʰɐu4tam6tʰɔŋ1【喻】喝第一口汤（啖：口），比喻在他人之先获取最早的利益：做生意最紧要～，一落后就冇戏睇喇。（做生意最要紧是抢在头里赚到钱，一落后就没戏了。）［参看八 A4"头啖汤"］

*博 pɔk3【贬】伺机渔利：你条契弟鬼鬼鼠鼠噉跟住晒，～乜嘢啊？（你这兔崽子鬼鬼祟祟地老是跟着，想要候着什么呢？）［重见七 A5］

博乱 pɔk3lyn6【贬】趁乱渔利；乘人不注意搞鬼（博：伺机取利）：攞我手抽做乜啊？想～啊！（拿我手提袋干嘛？想浑水摸鱼吗！）

博懵 pɔk3moŋ2【贬】趁人不注意或一时糊涂之机取利（博：伺机取利）：好多对眼掘实㗎，你咪～啊！（好多双眼睛盯住的，你别浑水摸鱼哪！）

博傻 pɔk3sɔ4【贬】假装糊涂，伺机取利（博：伺机取利）：讲明每人三个你仲攞多个，～咩！（讲明每人三个你还多拿一个，装疯卖傻呀！）

扭 nɐu2【喻】用曲折的计谋取得（好处等）：佢残棋工夫好嘢，噉样～咗只士。（他的残棋工夫了得，这样弄了一个士。）｜睇住嚟啦，佢噉样卒之会畀人～晒啲钱走。（看着吧，他这样最后会被人把钱全骗走。）

扭六壬 nɐu2lok6jɐm4〈壬音淫〉【喻】【贬】处心积虑，用各种计谋来达到某种不良目的。

食水$_1$ sek6søy2【喻】【贬】不正当地谋利（往往指在过往钱款中进行克扣）：畀佢经经手就～食到两成，好㨢脷

啊！（让他经一下手就克扣两成，好心疼啊！）｜食咗水都冇人知。（吞了钱款也没人知道。）［广州人喜以水喻钱。］

刮削 kwat³sœk³【喻】【贬】剥刮钱财：加班费梗要照发，唔通仲～咗去咩！（加班费当然要照发，难道还能克扣掉吗！）

刮龙 kwat³loŋ⁻²〈龙读第2声〉【喻】【贬】以不正当手段剥刮钱财：呢间店好～嘅，第日唔好嚟。（这家店子敲得好厉害，以后别来。）

刮粗龙 kwat³tsʰou¹loŋ⁻²〈龙读第2声〉【喻】【贬】以不正当手段剥刮大笔钱财。

*__斩__ tsam²【喻】【贬】商店等要价高，剥刮顾客：去过几家，畀人～到怕。（到过几家，被敲怕了。）［重见六D8、七B2］

铲地皮 tsʰan²tei⁶pʰei⁴【喻】贪官污吏搜刮民财。

七 A7　失败、出错、失机、触霉头

铃铃都掉埋 leŋ¹leŋ¹tou¹tiu⁶mai⁴〈铃读第1声〉【熟】【喻】连铃铛也扔掉了（铃铃：铃铛，此指道士的法铃；掉：扔；埋：连同），是形容道士作法失败，比喻失败得很惨，极其狼狈：输埋呢一盘就～嘞。（连这盘也输掉就是一败涂地了。）

老猫烧须 lou⁵mau¹siu¹sou¹〈须音苏〉【喻】经验很老到的人失了手（须：胡须）。

沉 tsʰɐm⁴ 失势；因失势而销声匿迹：佢～咗啰噃，听讲冇做经理好耐嘞。（他失势了，听说没当经理有很长一段时间了。）

临天光赖尿 lɐm⁴tʰin¹kwɔŋ¹lai⁶niu⁶【喻】【熟】接近成功时出了问题；功亏一篑（天光：天亮；赖尿：尿床）。

衰收尾 søy¹sɐu¹mei⁵ 事情到后段出问题；先成功后失败（衰：弄糟）：呢件事开头几顺下嘅，谁不知～。（这件事开始挺顺的，谁知后来弄糟了。）

*__甩底__ lɐt¹tɐi²〈甩音拉一切〉【喻】事情弄糟；失败（甩：脱落）：一唔垂意就会～。（一不小心就会弄糟。）［重见七E13、七E18］

撞板 tsɔŋ⁶pan²【喻】出娄子；砸锅；失败：未准备就嘟手，实～啦！（没准备好就动手，肯定砸锅！）

床下底破柴——撞板 tsʰɔŋ⁴ha⁶tɐi²pʰɔ³tsʰai⁴—tsɔŋ⁶pan²【歇】出娄子；砸锅（破柴：劈柴）。

撞板多过食饭 tsɔŋ⁶pan²tɔ¹kwɔ³sek⁶fan⁶【熟】出娄子比吃饭还多，指经常砸锅，或极容易砸锅：你噉样～啊！（你这样非砸锅不可！）

倒灶 tou²tsou³【喻】事情弄糟；失败；砸锅。

倒米 tou²mɐi⁵【喻】把事情搞坏；捅娄子：你嚟亲冇好嘢嘅，净识得～！（你一来就没好事，光会砸锅捅娄子！）

扠㨃 tsʰa⁵wɔ⁵〈扠音叉第5声，㨃音窝第5声〉弄糟；使失败（扠：涂；㨃：不成功）：畀你～晒！（全让你弄糟了！）

硬晒軚 ŋaŋ⁶sai³tʰai⁵〈軚音太第5声〉【喻】字面意思是船舵完全转不动（晒：完全；軚：舵），比喻事情完全弄糟，毫无办法，没有回旋余地：佢唔嚟好地地，佢一嚟就～嘞。（他不来好好的，他一来就全黄了。）

*__骹晒框__ ŋau⁴sai³kwʰaŋ¹〈骹音咬第4声〉【喻】原指自行车的轮辋变形（骹：扭曲；晒：完全；框：自行车轮辋），

比喻事情变得很糟，难以挽回。[重见 9A8]

顾得优鞋又甩髻 ku3tɐk1jɐu1hai4jɐu6lɐt1kɐi3〈甩音拉一切，髻音计〉【熟】【喻】首尾难顾，捉襟见肘（优：提；甩：脱）。

死鸡撑硬脚 sei2kɐi1tshaŋ3ŋaŋ6kœk3〈撑读第 3 声〉【熟】【喻】【贬】已遭失败等而死撑到底：两只车都冇晒仲唔认输，仲～做乜嘢？（两个车都没了还不认输，还死撑着干什么？）｜明明做错咗仲～！（明明做错了还嘴硬！）

死鸡撑饭盖 sei2kɐi1tshaŋ3fan6kɔi3〈撑读第 3 声〉同“死鸡撑硬脚”（饭盖：锅盖）。

蚀底 sit6tɐi2〈蚀音誓热切〉吃亏：做人唔使怕～，帮下人冇坏嘅。（做人不要怕吃亏，帮帮别人没坏处。）

执输 tsɐp1sy1 在比赛或竞争等中占下风；吃亏；比别人差：你同着辉哥就点都～喋嘞。（你跟辉哥比是怎么都占不了上风的了。）｜佢零舍～过人嘅。（他总是比人略逊一筹。）

跌低揦翻拃沙 tit3tɐi1la2fan1tsa6sa1〈揦音丽哑切，拃音治夏切〉【熟】【喻】摔倒了在地上抓回一把沙子（揦：抓；拃：把），比喻：①遭到失败或受损等之后自我解嘲：明明错咗，又～，话错有错着。（明明错了，又自我解嘲，说错有错的好。）②遭到失败或受损等之后挽回一点损失：输只车，食翻只过河兵，点都係～啦。（丢了个车，杀掉对方一个过河兵，总算是挽回一点损失吧。）

上得山多终遇虎 sœŋ5tɐk1san1tɔ1tsoŋ1jy6fu2【熟】【喻】冒险的事情做得多了，总有一天会出事。

诈和（糊） tsa3wu2〈和（糊）音胡第 2 声〉【喻】搞错（和：麻将赢局）：我即估啱咗添，谁不知～咻！（我还以为行了呢，谁知弄错了！）

埋手打三更 mai4sɐu2ta2sam1kaŋ1〈更音加坑切〉【熟】【喻】一下手就打三更（埋手：下手），喻一开始就出错（打更应从一更打起）。

落手打三更 lɔk6sɐu2ta2sam1kaŋ1〈更音加坑切〉同“埋手打三更”（落：下）。

错有错着 tshɔ3jɐu5tshɔ3tsœk6〈着音着急之着〉【熟】错有错的好；将错就错；歪打正着（着：合算）。

*__走鸡__ tsɐu2kɐi1 失去机会：呢匀再～第日就冇得喋喇。（这一次再错过以后就没有机会了。）[重见七 A9、七 A15]

*__走甩鸡__ tsɐu2lɐt1kɐi1（甩音拉一切）失去了机会（甩：脱）。[重见七 A9、七 A15]

*__漏鸡__ lɐu6kɐi1 失去机会：上次～，今次补翻。（上次失去机会，这次补回来。）[重见七 A11]

苏州过后冇艇搭 sou1tsɐu1kwɔ3hɐu6mou5thɛŋ5tap3〈冇音无第 5 声〉【熟】机会失去不可复得；时不再来（冇：没有）：你谂真啊，～喋！（你想清楚，过了这村可没那店了！）

失运 sɐt1wɐn6 不走运；倒霉。

*__撞鬼__ tsɔŋ-2kwɐi2〈撞读第 2 声〉【喻】碰上倒霉事：我今日～嘞，唔见咗几样嘢。（我今天倒了霉了，丢了几样东西。）[重见七 E20]

行步路都打倒褪 haŋ4pou6lou6tou1ta2tou3thɐn3〈行音何盲切，倒读第 3 声，褪音吞第 3 声〉【熟】【喻】字面意思是连走一步路也会往后退（打倒褪：后退），比喻诸事不顺：一个人霉起上嚟～。（一个人倒霉起来喝口水也会噎着。）

衰开嚟有头有路 sɵy1hɔi1lɐi4jɐu5thɐu4jɐu5lou6〈嚟音黎〉【熟】倒霉起来

就总是倒霉；祸不单行（衰：倒霉；嚟：开了头）。

头头点着黑 t^{h}ɐu^{4}t^{h}ɐu^{4}tim^{2}tsœk^{6}hak^{1} (hɐk^{1})〈着音着急之着〉【熟】【俗】样样都倒霉；老是倒霉。

好衰唔衰 hou^{2}søy^{1}m^{4}søy^{1}【熟】字面意思是该倒霉的时候不倒霉（好：该；衰：倒霉；唔：不），意思是正好这时候碰上倒霉事：真係～，差唔多到先至跌烂。（真是赶上倒霉，差不多到了才摔碎。）

死人兼冧屋 sei^{2}jɐn^{4}kim^{1}lɐm^{3}ok^{1}〈冧音林第 3 声〉【熟】【喻】死了人加上塌了房子（冧：塌），喻连翻倒霉：佢不特只畀老细炒咗，仲病埋添。呢勻真係～嘞。（他不但被老板解雇了，还病倒了。这回真是祸不单行啊。）

当灾 tɔŋ^{1}tsɔi^{1} 遭殃；碰上倒霉事：我入咗电梯，忽然间话停电，真係～嘞。（我进了电梯，忽然停电，真是触了霉头了。）| 白狗享福，黑狗～。（熟语：白狗享福，黑狗遭殃。据说黑狗血可以禳灾，故此黑狗常遭宰杀以取血。谓有人享福，有人遭殃。）

当衰 tɔŋ^{1}søy^{1}〈当音相当之当〉正碰上倒霉（衰：倒霉）：买着呢只股就～喇，跳楼噉跌！（买这个股票就倒霉了，跳楼似的往下跌！）

当黑 tɔŋ^{1}hɐk^{1}(hak^{1})〈当音相当之当〉同“当衰”：嚿砖头跌落嚟嗰阵时我啱啱行过，都係～喇。（那砖头掉下来的时候我正好走过，也是该当倒霉了。）

当口 tɔŋ^{1}tɐm^{3}〈当音相当之当，后一字音帝暗切〉【俗】正碰上倒霉。

揽埋死 lam^{-2}mai^{4}sei^{2}〈揽读第 2 声〉【喻】一块儿倒霉（揽：搂；埋：拢）：你将你嘅股金抽走啦，费事同我～。（你把你的股金抽走吧，省得跟我一起倒霉。）

七 A8　白费劲、自找麻烦、没办法

***嘥气** sai^{1}hei^{3}〈嘥音晒第 1 声〉白费劲；做无效的事（嘥：浪费）：捞咁细个锤想揼开嚿石？～啦！（拿这么小的锤子想敲开这块石头？这是白费力气！）[重见七 C6]

嘥心机，捱眼瞓 sai^{1}sɐm^{1}kei^{1}ŋai^{4}ŋan^{5}fɐn^{3}〈嘥音晒第 1 声，捱音牙鞋切，瞓音训〉【熟】白费心思；白费力气（嘥：浪费；心机：心思；捱眼瞓：熬夜）：搞嚟冇用到，真係～。（搞出来没用上，真是白费了心力。）[又作“嘥心机”]

得个吉 tɐk^{1}kɔ^{3}kɐt^{1} 只落得一场空（得：只有。广州话“空”、“凶”同音，忌讳而称“吉”）：搞嚟搞去最尾～。（弄来弄去最后只有一场空。）

赚(盏) tsan^{-2}〈赚音盏〉白白地；徒然；只落得：噉整嚟整去～嘥时间。（这样弄来弄去只会浪费时间。）| 乱噏嘢～畀人笑。（乱说话只会被人笑话。）| 做唔係～做！（干不也是白干吗！）

赚(盏)得个 tsan^{-2}tɐk^{1}kɔ^{3}〈赚音盏〉只落得；只能得到（某种不好的结果）：辛辛苦苦～畀人话。（辛辛苦苦只落得个让人指责。）

担沙塞海 tam^{1}sa^{1}sɐk^{1}hɔi^{2}〈担音担任之担〉【熟】【喻】做收效甚微的事；费力而无济于事：而家争成万银，你捞嗰啲嚟唔係～！（现在差整整一万块，你拿那么一点来不是杯水车薪吗！）

煲冇米粥 pou^{1}mou^{5}mɐi^{5}tsok^{1}〈冇音无第 5 声〉【熟】【喻】煮没有米的粥（冇：没有），也就是只煮白开水，喻干不

切实际或未有眉目的事：你实际啲得唔得，专嚟度～！（你实际点行不行，专门弄无米之炊！）[参看八 A1 “冇米粥”]

隔山买牛 kak³san¹mai⁵ŋɐu⁴【熟】【喻】对情况未作亲身接触、不甚了解而作出决定或办事（牛为旧时重要生产资料，未经过验看不会轻易买下）：通咗半年信，面都未见过，就讲话结婚嘞，噉唔係～？（通了半年信，没见过一面，就说结婚了，这岂非闭着眼睛瞎碰吗？）

混吉 wɐn⁶kɐt¹【贬】瞎忙；徒劳无功：做咗两日，原来係～咋！（干了两天，原来是劳而无功啊！）[“吉”即空，参见“得个吉”]

见屎胐唧唔见米白 kin³si²fɐt¹jok¹m⁴kin³mɐi⁵pak⁶〈胐音忽，唧音衣屋切〉【熟】【喻】只见屁股动不见米变白（屎胐：屁股；唧：动；唔：不），是说用碓子碓米时，不停地做却捣不出精米来（碓子是用脚踏的，所以说屁股动），比喻白费工夫；花费很多力气而不见成效。

唔衰攞嚟衰 m⁴sɵy¹lɔ²lɐi⁴sɵy¹〈攞音裸，嚟音黎〉【熟】【贬】没事找事；自找麻烦；自讨苦吃（攞：拿；嚟：来；衰：糟糕）：唔识嵌就咪拆啦，真係～！（不会装上就别拆吧，真是自找麻烦！）[又作“攞嚟衰”]

攞嚟贱 lɔ²lɐi⁴tsin⁶〈攞音裸，嚟音黎〉同“唔衰攞嚟衰”。

唔衰揾嚟衰 m⁴sɵy¹wɐn²lɐi⁴sɵy¹〈揾音稳，嚟音黎〉同“唔衰攞嚟衰”（揾：找）。[又作“揾嚟衰”、“揾嚟贱”]

攞嚟搞 lɔ²lɐi⁴kau²〈攞音裸，嚟音黎〉【熟】【贬】自找麻烦；为自己增添无谓的工作。[又作“揾嚟搞”]

揾嚟辛苦 wɐn²lɐi⁴sɐn¹fu²〈揾音稳，嚟音黎〉【贬】自找辛苦（揾：找；嚟：来）：噉嘛几好，何必～？（这不挺好吗，何必自找辛苦？）[又作“揾苦嚟辛”]

攞嚟辛苦 lɔ²lɐi⁴sɐn¹fu²〈攞音罗第2声，嚟音黎〉同“揾嚟辛苦”（攞：拿）。[又作“攞苦嚟辛”]

捉虫入屎胐（忽） tsok¹⁽³⁾tsʰoŋ⁴jɐp⁶si²fɐt¹〈捉音足，又读第3声；胐音忽〉【喻】【贬】自找麻烦（屎胐：屁股）。

捉蛇入屎胐（忽） tsok¹⁽³⁾sɛ⁴jɐp⁶si²fɐt¹〈捉音足，又读第3声；胐音忽〉同“捉虫入屎胐（忽）”。

揦屎上身 la²si²sœŋ⁵sɐn¹〈揦音喇第2声，上音上去之上〉【熟】【喻】【贬】自找麻烦（揦：抓）。

贴钱买难受 tʰip³tsʰin⁻²mai⁵nan⁶sɐu⁶〈钱音浅，难读第6声〉【熟】倒贴金钱买个苦难回来忍受。一般用于指买了伪劣商品或其他付出金钱反而添了麻烦的事情。

冇计₁ mou⁵kɐi⁻²〈冇音无第5声，计读第2声〉没办法（冇：没有）：～喇，唯有噉啦。（没法了，只好这样吧。）

冇符 mou⁵⁽⁻²⁾fu⁴〈冇音无第5声，又读第2声〉【喻】没办法（冇：没有；符：符咒）：畀呢只马骝仔搞到我冇晒符。（我对这淘气蛋真是一点办法也没有。）

***冇修** mou⁵⁽⁻²⁾sɐu¹〈冇音无第5声，又读第2声〉【喻】没办法（冇：没有；修：指前世的修行）：搞极都搞唔好，～！（怎么弄也弄不好，没办法！）[重见九 C4、九 C12]

冇术 mou⁵sɵt⁻²〈冇音无第5声〉没办法：呢匀～喇。（这回没办法了。）

一戙都冇 jɐt¹toŋ⁶tou¹mou⁵〈戙音洞，冇音无第5声〉【喻】连一垛也没有了（戙：垛，指赌博用的筹码垛子；都：也；冇：没有），指全部输光，比喻毫无办法：样样试过都唔得，而家係～嘞。(各种办法尝试过都不行，现在是完全束手无策了。)

七 A9 退缩、转向、躲懒、过关

褪軚 tʰɐn³tʰai⁵〈褪音吞第 3 声，軚音太第 5 声〉【喻】原义是船向后退，比喻退缩（褪：退；軚：舵）：一睇见唔啱，个个都～。(一看见不妙，人人都退缩。)

转軚 tsyn³tʰai⁵〈转读第 3 声，軚音第 5 声〉【喻】转向；退缩（軚：舵）。

缩沙 sok¹sa¹ 退缩：先头讲得好地地，到而家～点得㗎！(开头说得好好的，到现在退缩怎么行！)

见风使悝 kin³foŋ¹sɐi²lei⁵〈悝音理〉【熟】【喻】见风使舵（悝：帆）：陈仔份人最识～，所以几时都捞得啱。(小陈这人最会看风使舵，所以什么时候都能吃得开。)［不一定含贬义］

跟风 kɐn¹foŋ¹【喻】看风头，跟潮流。

偷鸡 tʰɐu¹kɐi¹ 偷闲；躲懒：等阵我～去买餸，你帮我顶住档。(待会儿我偷空去买菜，你替我一会儿。)｜两个售货员喺处～打牙较，话之你哋顾客喺处等啊。(两个售货员在那儿躲懒聊天，管你们顾客在等着呢。)

放蛇 foŋ³sɛ⁴ 偷懒（蛇：懒）：我一行开你就～嘞！(我一走开你就偷懒了！)

甩身 lɐt¹sɐn¹〈甩音拉一切〉脱身：想话～都唔係咁容易。(想脱身还不是那么容易。)

过骨 kwɔ³kwɐt¹ 过关：我争啲过唔倒骨。(我差点儿过不了关。)

*__走鸡__ tsɐu²kɐi¹ 躲过（某个关口）：点解㗎都畀佢走咗鸡呢？(怎么这样还让他过了关呢？)［重见七 A7、七 A15］

*__走甩鸡__ tsɐu²lɐt¹kɐi¹〈甩音拉一切〉躲过了关口（甩：脱）。［重见七 A7、七 A15］

七 A10 给予、取要、挑选、使用、处置

畀 pei²〈音比〉给予：～本书我。(给我一本书。)｜我听日就交～芳姐。(我明天就交给芳姐。)｜你唔～，自有人～。(你不给，自有人给。)［重见六 B4、七 E7］

弹₁ tan⁶〈音但〉【俗】【喻】给予（好东西或有好处的事等）：你哋生意做唔晒就～啲嚟我做啊。(你的生意做不完就给点儿我做吧。)

派 pʰai³ 散发；分发；分送：～传单｜见人就～。｜咸都～晒嘞。(全都分发光了。)

制₁ tsɐi³ 限制地给予（只给予很小的数量）：～水（限量供水）｜～电（限量用电）｜～瘾（癖好受限制）［重见三 A8、三 A15］

攘 jœŋ⁻²〈音央第 2 声，椅响切〉推让：你搦起啦，响马路度～嚟～去几唔好睇。(你收下吧，在马路上推来让去的多不好看。)

*__过__ kwɔ³ 在表示给予的句子里，引出接受者：畀件衫～我。(把那件衣服给我。)｜借啲钱～佢使啦。(借一些钱给他用吧。)［重见七 B4，九 D1、九 D18、十 F2］

问 mɐn⁶ 在表示向人取要东西的句子里，引出被索取的人：我唯有～你借嘞。(我只好向你借了。)｜啲说明书～边度捰呢？(这说明书到哪儿取呢？)

*__捰__ lɔ²〈音裸〉①取；拿：一个月～900 缗。(一个月拿 900 块。)｜开部车去～货。(开一辆车子去取货。)｜你～晒我啲人，我呢度点办？(你

把我的人全要走了，我这里怎么办？）②表示所用的工具、材料等。拿；用：～窟布冚住。（拿一块布盖住。）｜～啲胶水嚟黏住佢。（用些胶水粘住它。）［重见六 D1、七 E15］

*拎 neŋ¹〈音宁第 1 声，那英切〉同“捞”：你要写张收条先～得走喎。（你要写张收条才能拿走的呀。）｜～支竹嚟顶实。（用一根竹子来顶住。）［重见六 D1］

*搦 nek¹〈那益切〉同“捞”：喺度～一半出嚟。（从这里拿一半出来。）｜木板唔得嘅，要～铁皮。（木板不行的，要用铁皮。）［重见六 D1］

*扠₂ tɐu⁶〈音豆，第又切〉【俗】取；拿：有就照～可也。（有就照拿吧。）［重见七 D1］

爱 ɔi³ ①占有（从未占有而达到占有）；要：你～咁多做乜？（你要那么多干什么？）｜我～晒蓝色嗰啲。（蓝色的我全要。）②为要占有而提出请求；向人要：你问灵姐～啦。（你向灵姐要嘛。）

捎 sau⁴〈音哨第 4 声，时茅切〉【贬】偷拿：弊！畀个贼仔～咗荷包添。（糟了！让小贼扒去钱包了。）

鼠 sy²【贬】【谑】偷偷地拿走：梗係何仔个契弟～咗去。（肯定是小何那家伙拿走了。）

*挠 ŋau¹(jau¹)〈音我敲切，又音衣敲切〉【俗】取；拿：而家啲贼仔连衫都～。（现在的小偷连衣服也偷。）｜见倒就照～。（看到就照拿。）［重见六 D10］

*作 tsɔk³⁽⁶⁾（又音昨）【贬】【谑】偷；强取；敲竹杠：我捞三本挂历嚟，半路畀志雄～噉一本去。（我拿三本挂历来，半路被志雄拿了一本走。）｜～佢一餐饭。（敲他请吃一顿饭。）［重见七 C10、七 E15］

*擸₁ lap³〈音蜡第 3 声，拉鸭切〉大量地拿：条友仔将啲报纸～走晒。（那家伙把报纸全拿走了。）［重见六 C1、六 D1、六 D10］

拣 kan² 挑选：～嚟～去冇样啱心水。（挑来挑去没一样合心意。）｜我～咗个绿色嘅。（我挑了个绿色的。）

*拣择 kan²tsak⁶ 挑选：喺嗰度～咗好耐先至买咗一件。（在那儿挑拣了很久才买了一件。）［重见五 C4］

千拣万拣，拣着个烂灯盏 tsʰin¹kan² man⁶kan² kan²tsœk⁶kɔ³lan⁶tɐŋ¹tsan²〈着音着急之着〉【熟】【喻】【贬】千挑万拣，到最后还是挑了个不好的。这是说人过于挑剔，反而不好：阿梅行咗六七个，正式係～，而家嫁个噉嘅！（阿梅谈了六七个，真正是千挑万看，抱个破罐，现在嫁一个这样的！）［“拣”与“盏”押韵］

*揾 wɐn²〈音稳〉表示所使用的工具、材料等。拿；用：～个纸箱装实。（拿个纸箱装好。）［重见七 A11、七 B10、七 D1、七 E15］

揩 kʰai³〈读第 3 声，契隘切〉同“揾”：～条实净啲嘅绳嚟绑。（用一条结实点儿的绳子来捆。）

*使 sɐi² ①使用：呢把钳好好～。（这把钳子很好用。）｜睇住说明书就识～喋嘞。（看着说明书就会使用了。）｜借把间尺我～下。（借一把尺子给我用一下。）②表示所使用的工具、材料或手段等。用；拿：～两条木嚟上下夹实。（用两根木头来一上一下夹紧。）｜～啲噉嘅法子得唔得㗎？（用这样的办法行不行啊？）［重见七 B7、七 E5］

将 tsœŋ¹〈音张〉表示处置的对象；把：～道门闩实。（把门关严。）［普通话也用此词，但较少，一般是用

"把"，而广州话则从不用"把"]

将嚟 tsœŋ¹lɐi⁴〈将音张，嚟音黎〉表示处置（嚟：来，用在要处置的物品之后、处置方式之前）：咁大碗饭～倒咗去，真係大嘥！（这么大一碗饭拿去倒掉，真是太浪费了！）

楷嚟 kʰai³lɐi⁴〈楷音契隘切，嚟音黎〉同"将嚟"：买啲嘢返嚟係～用嘅嘛，～趸嘅咩？（买了东西回来是使用的嘛，是买来存放的吗？）

***佢** kʰøy⁵〈音距〉放在句末，加强处置口气：拧实个水喉～。（把水龙头拧紧。）｜呢单嘢你嚟搞啱～。（这件事你来弄妥。）｜将道门打开～。（把门打开。）[重见一 A1]

七 A11 收存、收拾、遗失、寻找

屏₂ pɛŋ³〈音饼第 3 声〉收藏：～埋唔畀人知。（藏起来不让人知道。）｜～得实过龙，自己都揾唔倒添。（藏得太严实，连自己也找不到。）

收 sɐu¹ 收藏：你将嗰两千缗～咗去边？（你把那两千块钱藏哪儿啦？）

***雪藏** syt³tsʰɔŋ⁴〈藏音床〉【喻】【谑】收藏不用；暂时闲置（等待一定时机才拿出来用）：仓库度～住一批钢材。（仓库里收藏着一批钢材。）｜个教练将 15 号左边锋～起上嚟。（那教练把 15 号左边锋藏起来不用。）[重见七 B2]

***地藏** tei⁶tsɔŋ⁶〈藏音撞〉收藏起来，不让别人知道：原来佢～咗好多喺屋企。（原来他悄悄收藏了很多在家里。）[原为佛教一个菩萨的名字，佛经中说他"安忍如大地，静虑如秘藏"。重见八 A8、八 C2]

积 tsek¹ 积攒：各种火花我～埋有成千张喇。（各种火花我攒起来有上千张了。）

储 tsʰou⁵〈音草第 5 声，似老切〉积存：～钱（存钱）｜～埋～埋咁多胶绳做乜啊？（积存这么多尼龙绳干嘛？）[此字书面语音 tsʰy⁵〈音处第 5 声，似雨切〉]

***执** tsɐp¹ 收拾（东西）：听日一早就走，今晚仲唔～嘢？（明天一早就走，今晚上还不收拾东西？）[重见六 D5、十 C3]

执拾 tsɐp¹sɐp⁶ 收拾：间房咁乱，～下啦！（房间这么乱，收拾一下吧！）｜～架撑准备落班。（收拾工具准备下班。）

摙 lin²〈音连第 2 声，拉演切〉①收拾（东西）；整齐地放置好：将枱面啲嘢～好佢。（把桌面上的东西放整齐。）②把物件从一处一件件地移到另一处放好：将出便嗰啲纸盒～入嚟，咪畀雨揞湿咗。（把外面那垛纸盒子移进来，别让雨淋湿了。）

***拉₁（赖）** lai⁶〈拉音赖〉丢失；遗漏；落（là）：～低把遮喺会展中心。（把伞落在会展中心。）｜呢句读唔通，係咪～咗只字？（这一句读不通，是不是落了一个字？）[重见二 C8]

漏 lɐu⁶ 丢失；遗漏（物品）：个手表～响洗手间唔记得攞。（手表落在洗手间忘了拿。）[普通话"漏"也有遗漏的意思，但一般不用为丢失物品之义]

***漏鸡** lɐu⁶kɐi¹【喻】遗漏；漏掉：我话点解少咗，原来有一个～冇数到。（我说怎么少了，原来有一个漏了没数。）[重见七 A7]

跌 tit³ 丢失；遗失：我～咗抽锁匙。（我丢了一串钥匙。）

***揾** wɐn²〈音稳〉找；寻觅：～人｜唔知趸咗去边，～极都～唔倒。（不知放哪儿去了，怎么找也找不着。）[重见七 A10、七 B10、七 D1、七 E15]

打锣噉揾 ta²lɔ⁻²kɐm²wɐn²〈锣读第 2 声，噉音敢，揾音稳〉【熟】【喻】到处找；兴师动众地找（指找人。噉：那样；揾：找）：头先～你。（刚才到处找你。）

*__蜎窿蜎罅__ kyn¹loŋ¹kyn¹la³〈蜎音捐，罅音赖亚切〉【熟】【喻】到旮旯角去找（蜎：钻；罅：缝儿）：～揾倒二三十支出嚟。（翻遍角落找出二三十根来。）[重见七 E9]

七 A12　阻碍、占据、分隔

*__阻__ tsɔ² 阻挡；碍着地方：原来係架车死咗火～正个路口。（原来是一辆车子抛锚了，正好挡在路口上。）| 冚响度咪～住行路啰！（放在这儿不是会挡着路吗！）[重见七 E20]

*__痖__ ŋa⁶〈音牙第 6 声，毅夏切〉占据；因占据而造成阻碍：你估架车係你嘅咩，一个人～住两个位。（你以为这辆车是你的吗，一个人占了两个座位。）[重见六 D12]

膪 tsa⁶〈音炸第 6 声，治夏切〉同"痖"：隔篱嗰个嘢搲晒啲杂物出嚟～实晒个楼梯。（隔壁那家伙把杂物全丢出来，堵死了楼梯。）

*__凸__ tɐt¹〈音突第 1 声，低一切〉同"痖"：你啲嘢喺度～住晒。（你的东西在这碍着地方。）[重见六 B1、六 D5]

*__嚡__₁ kwʰak³〈音卡划切第 3 声〉（用线、绳等）圈围：你将捞红笔～住嗰一段抄落嚟。（你把用红笔圈起来的那一段抄下来。）| 大门口嗰笪有铁链～住，唔畀人埋去。（大门口那片地方有铁链围着，不让人走近去。）[重见七 A15]

*__间__₁ kan³〈读第 3 声，嫁旦切〉隔开；分开：一间房～成两间。（一个房间隔成两个。）[重见七 A18]

七 A13　凑聚、并合、掺和

*__敆（夾）__ kɐp³(kap³)〈音计入切第 3 声，又音计鸭切〉①凑聚；聚集：几个人～嘛够钱啰。（几个人凑一凑不就够钱了吗。）②拼合：就噉捞啲零件～起之嘛。（不过是就这样拿一些零件拼起来。）[重见七 E3、九 C10]

凑埋 tsʰɐu³mai⁴ 凑起来（埋：合拢）：咸唪呤～得咁多。（全部凑起来也只有这么多。）

斗₁ tɐu³〈音斗争之斗〉拼合；组装：将张床～起佢。（把床拼装起来。）| 我部电脑係自己～嘅。（我这台电脑是自己组装的。）[普通话"斗"有往一块儿凑的意思，广州话也有，而广州话的用法更广一些]

嵌 hɐm³〈气暗切〉同"斗"：成间屋捞预制件嚟～成。（整间屋子用预制件拼装而成。）| 拆咗又～翻。（拆了又装起来。）

砌 tsʰɐi³ 拼合：唔觉意摵烂咗封信，不过～翻都睇得倒。（不小心把信撕了，不过拼起来还能看。）

*__拍__₂ pʰak³ ①并在一起；使并排：两架船～住行。（两条船并排着走。）| 将啲枱～埋。（把桌子并在一块。）②靠近；使靠近：啲凳都～埋墙佢。（凳子都靠到墙边。）| 唔好～实拦河。（不要紧挨着栏杆。）[重见七 B10]

抠 kʰɐu¹〈音球第 1 声，卡欧切〉混合；掺和：呢两样～埋得唔得㗎？（这两样混在一块儿可以吗？）| ～啲呢种，再～啲嗰种。（掺点儿这一种，再掺点儿那一种。）

对抠 tøy³kʰɐu¹〈抠音卡欧切〉一半对一半地掺和起来（抠：搅拌）：沙同黄泥～。（沙和黄泥对半儿掺和。）

*捞$_1$ lou^1〈音劳第 1 声〉混合；掺和：衰嘞，畀佢～乱咗添！（糟了，让他弄混了！）｜我哋两公婆啲银纸都係～埋使嘅。（我们两夫妻的钱都是合在一起用的。）[重见六 D9]

开$_1$ hɔi^1 ①调配（液体或糊状物）：～颜料｜先摎少少冻水嚟～好啲米粉，再摎滚水冲。（先用一点冷水来把米粉调好，再用开水冲。）②稀释：几滴就～得成碗水㗎喇。（几滴就可以稀释成整碗水的了。）

七 A14　排队、插队、围拢、躲藏

*轮 lɵn^4 排队；排队等候：我～咗成个钟先买倒。（我排了整整一个小时队才买到。）[重见七 A2，十 E1、十 F2]

轮筹 lɵn^{4}tsʰɐu^{-2}〈筹音此口切〉（看病等）排队挂号儿；按号儿排队（轮：排队；筹：号儿）：睇病要～等候。（看病要挂号排队等候。）

*扒头 pʰa^{4}tʰɐu^4〈扒音爬〉（在排队中超越到前头：排住队，唔好～。（排好队，别插到前面去。）[重见七 D4]

*櫼队 tsim^{1}tɵy^{-2}〈櫼音尖，队读第 2 声〉【喻】插队（櫼：打楔子）：呢啲保安都唔知点做嘢嘅，咁多人～都唔理。（这些保安人员也不知道怎么干活的，这么多人插队也不管。）

兼队 kim^{1}tɵy^{-2}〈队读第 2 声〉插队：～嗰啲人好冇公德心嘅。（插队那些人一点公德心也没有。）

打櫼 ta^{2}tsim^1〈櫼音尖〉【喻】原指打楔子（櫼：楔子），喻插队：嗰个人次次都～嘅。（那个人每一次都加塞儿。）

*哄$_2$ hoŋ$^{6(3)}$〈音洪第 6 声，又读第 3 声〉（人）围拢（一般指围观）：十几个人～住睇佢哋捉棋。（十几个人围着看他们下棋。）[重见六 C2]

匿 nei^1〈音你第 1 声，那禧切〉躲藏：呢个百厌星唔知～咗去边，唔好揾佢喇。（这个捣蛋鬼不知道躲哪儿去了，别找他了。）｜呷个贼仔实係～埋喺度，要抄佢出嚟先得！（这个小偷一定藏在这里，非把他搜出来不可！）[书面语音 nek^1（那益切）]

缩埋一字角 sok^{1}mai^{4}jɐt^{1}tsi^{6}kɔk^3 缩在角落里（埋：靠近；一字角：角落），一般指在人多的场合里，躲在一旁不与人交往：成晚～，粒声唔出。（整个晚上躲在角落里，一声不吭。）

缩埋一二角 sok^{1}mai^{4}jɐt^{1}ji^{6}kɔk^3 同“缩埋一字角”。

*屈$_2$ wɐt^1 待在一个地方，不到别处去；闷（mēn）：唔好成日～喺屋企。（不要整天闷在家里。）[重见五 A2]

七 A15　走动、离开、跟随

[走的动作参见六D11]

行路 haŋ^{4}lou^6〈行音何盲切〉走路；步行：我～仲快过你踩车。（我步行比你骑车还快。）

打白鸽转 ta^{2}pak^{6}kap^3(kɐp^3) tsyn^3〈转读第 3 声〉【喻】走一转又回来（像鸽子那样飞一转又回来。白鸽：鸽子）：我去打个白鸽转就翻嚟。（我去打个转就回来。）

行大运 haŋ^{4}tai^{6}wɐn^6〈行音行路之行〉转大圈；走很远的弯路：睇错路牌，行咗大运咊！（看错了路牌，走了个大弯路。）

*蜎 kyn^1〈音捐〉【喻】【贬】乱走：个衰仔一霎眼就唔知～咗去边。（那小子眨眼就不知道跑哪儿去了。）[重见六 B2]

*贡 koŋ^3【喻】【贬】原意是爬动着钻，

比喻乱走、乱跑：打锣噉揾你唔倒，原来～喺呢度叹世界！（满世界找你不到，原来钻到这儿享受来了！）[重见六 B2]

驳脚 pɔk³kœk³ ①多人接力向前走（驳：接）：搬咁多嘢，仲係～快啲。（搬那么多东西，还是接力快一些。）②把腿接长，是夸张地表示要快些走：点解唔去啊？～去啊！（怎么不去？恨不得把腿接长了跑去！）

巡 tsʰøn⁴〈迟闰切第 4 声〉来回走动；巡视：你喺度～嚟～去做乜嘢？（你在这儿转来转去干什么？）| 不时去～下。（不时走去看一下。）

𨃩₁ kwʰak³〈音亏划切第 3 声〉①逛：～街（逛街）| 两头～（逛来逛去）。②绕（路）：～咗个大运。（绕了个大弯。）[重见七 A12]

***荡** tɔŋ⁶ 逛：两条友～下～下唔知～咗去边。（两个家伙逛着逛着不知逛到哪儿去了。）[重见七 A18]

流离朗荡 lɐu⁴lei⁴lɔŋ⁵tɔŋ⁶ 无目的地到处乱走；流离失所：你唔返屋企，係个街度嚟～噉做乜啊？（你不回家，在街上到处逛荡干什么？）

过庙 kwɔ³miu⁻²〈庙读第 2 声，摸晓切〉【喻】走过头：过晒庙都唔知。（走过头很远了也不知道。）

过龙 kwɔ³⁽⁻²⁾ lɔŋ⁴〈过又读第 2 声〉走过头：搭车搭～。（坐车坐过头。）

运 wɐn⁶ ①从（某一路线走）：～呢头行近啲。（从这头走近些。）| ～红磡好定係～九龙塘好呢？（从红磡走好还是从九龙塘走好呢？）②绕（路）：呢度塞车，～公司嗰便行仲快。（这儿交通阻塞，绕公司那边走快些。）| ～路行。（绕路走。）

扑 pʰɔk³ 匆匆忙忙地奔波：～嚟～去（跑来跑去）| 今朝我～咗三处都买唔倒。（今天上午我跑了三个地方也买不到。）| ～票（为买票奔波）。

走趯 tsɐu²tɛk³〈趯音笛第 3 声〉奔波；（为做事而）来往：佢呻牌喺上海、香港两地～。（他这段时间在上海、香港两地来回奔波。）

***揗** tʰɐn⁴〈音吞第 4 声，提人切〉忙碌奔波：佢一阵间～上北京，一阵间～去南京，都唔知做乜。（他一会儿忙着上北京，一会儿又忙着去南京，也不知在干啥。）[重见六 B4、七 A2]

扯 tsʰɛ² 走；离开：戏都做完嘞，仲唔～？（戏都演完了，还不走？）

松人 soŋ¹jɐn⁴【俗】溜走；偷偷离开：而家～唔係几好嘅。（现在溜掉不太好。）[又作“松”]

走投 tsɐu²tʰɐu⁴【俗】溜走；离开：横掂都冇人喺度，不如～啦。（反正都没人在，倒不如走人吧。）

走路 tsɐu²lou⁻²〈路音佬〉【俗】溜走；跑掉：咁就想～喇？（这就想跑了？）

***走鸡** tsɐu²kɐi¹ 溜走：佢冇得～嘅！（他跑不了！）[重见七 A7、七 A9]

***走甩鸡** tsɐu²lɐt¹kɐi¹〈甩音拉一切〉跑掉了（甩：脱）：死嘞，畀佢～添！（糟了，竟让他跑掉了！）[重见七 A7、七 A9]

趯更 tɛk³kaŋ¹〈趯音笛第 3 声，更音加坑切〉逃跑；溜走；开小差：声都唔声就～啰啝！（也不说一声就跑掉了呀！）[又作“趯鸡”]

较脚 kau³kœk³【俗】溜走：睇下差唔多够钟就～嘞。（看看差不多到点就开溜了。）[又作“较”]

走白地 tsɐu²pak⁶tei⁶ 奔逃：都未曾乜嘢，班友仔就～嘞。（还不曾怎么样，那帮家伙就逃命般地跑了。）

走夹唔敨（唞） tsɐu²kap³m⁴tʰɐu²〈敨（唞）音透第 2 声〉【熟】拼命跑；赶紧逃（走：跑；夹：并且；唔：不；敨：

歇）：噉嘅架步，阿谁都～啦。（这样的形势，是谁都赶紧跑了。）

行得快，好世界 haŋ⁴tɐk¹fai³hou²sɐi³kai³【熟】【谑】走得快才是好（行：走）。多用于指要赶快离开，有时也用于指要赶快上前：呢匀真係～喇！（这回可是谁腿长谁有福了！）［“快”与“界”押韵］

冇鞋挽屐走 mou⁵hai⁴wan⁻²kʰɛk⁶tsɐu²〈冇音无第 5 声，屐音剧〉【熟】有鞋的穿着鞋跑，没鞋的用手提着木拖板跑（因为穿木拖板跑不快。冇：没有；挽：提；屐：木拖板；走：跑）。意思是说赶紧离开，唯恐避之不及：睇白大雨响嗰便过嚟，啲人个个～。（眼看大雨从那边过来，人们全都能有多快就跑多快。）

鸡噉脚 kɐi¹kɐm²kœk³〈噉音敢〉【喻】字面意思是像鸡的脚那样（噉：那样）。鸡脚走动极快，用来比喻走得快（赶紧离开或赶紧上前）：一唔对路就～。（一不对劲就赶紧走。）｜有笋嘢啲人就～嚟嘞。（有好东西那些人就来得快了。）

***躝** lan¹〈音兰第 1 声〉【喻】本义是爬，比喻：①【贬】走：未够钟就～咗喇？（没到时间就走了？）②【詈】滚蛋；滚开：你同我～！（你给我滚！）［重见六 B2］

躝尸趷路 lan¹si¹kɐt⁶lou⁶〈躝音兰第 1 声〉【熟】【贬】离开；滚蛋：佢睇下冇人骚佢，卒之唯有～。（他看看没人理睬他，最后只好滚蛋了。）［又作“躝尸”］

过路 kwɔ³lou⁶【詈】滚蛋：快啲～啦！（快滚吧！）

***撞** tsɔŋ⁶ 沿着一定的路线、迎着某人来的方向走（目的是要在路上碰上来人）：我拶遮去～佢。（我带上伞去迎他。）｜佢行咗第条路，～唔倒。（他走了另一条路，没能碰上。）［重见五 B2、七 A5、七 D8］

跟尾 kɐn¹mei⁵ 跟在后面：我行前便，你～。（我走前面，你随后。）

吊尾 tiu³mei⁵ 跟踪：佢都唔知畀人吊住尾。（他不知道被人盯上了。）

***黐** tsʰi¹〈音痴，妻衣切〉紧紧地跟随，不肯离开：有个细路～住，好唔方便。（带着个小孩，很不方便。）［重见六 D7、七 A6、九 B3］

七 A16　节约、浪费、时兴、过时

悭 han¹〈音闲第 1 声〉节约；节俭；节省：噉样就～翻三百几缗。（这样就省下三百多块。）｜后生仔要学得～啲。（年轻人要学得节俭一点儿。）

悭俭 han¹kim⁶〈悭音闲第 1 声〉节约；节俭。

悭皮 han¹pei⁻²〈皮读第 2 声，音鄙〉省钱（皮：钱款）：盒仔饭都唔舍得食，你真係～咯！（盒饭也舍不得吃，你真省啊！）

死悭死抵 sei²han¹sei²tɐi²〈悭音闲第 1 声〉拼命节省（悭：节省；抵：苦熬）：我～，至储到五万缗。（我拼命节省，才攒了五万块钱。）

悭头悭尾 han¹tʰɐu⁴han¹mei⁵〈悭音闲第 1 声〉在小处节省（悭：节省）：而家啲嘢咁贵，钱就得咁多，唔～点顶得顺啊？（现在东西这么贵，钱也就那么多，不这儿省点儿那儿省点儿怎么过呀？）

知悭识俭 tsi¹han¹sek¹kim⁶〈悭音闲第 1 声〉懂得节俭；会精打细算过日子（悭：节省）：你真係～啰，穿咗窿嘅鞋仲补翻嚟着。（你真懂得节俭呀，穿了窟窿的鞋还补好来穿。）

儆住 kɛŋ⁶ tsy⁶〈儆音镜第 6 声〉对器

物等小心、爱惜地处置、使用；因爱惜而顾忌：你都唔～嘅，打烂点办！（你都不小心些，打破了怎么办！）｜～只花樽之嘛，畀只老鼠走咗。（只因顾忌那花瓶，让那只老鼠跑了。）

***儆惜** kɐŋ⁶sɛk³〈儆音镜第 6 声，惜音锡〉小心、爱惜地处置、使用器物：阿嫲好～呢张酸枝台嘅。（奶奶非常爱惜这张酸枝木桌子。）[重见七 E8]

嘥₁ sai¹〈音晒第 1 声〉浪费：咁好窟布唔好～咗佢。（这么好一块布别浪费了。）｜买啲噉嘅嘢嘛係赚～钱？（买这样的东西不是白浪费钱？）

嘥挞 sai¹tʰat³〈嘥音晒第 1 声，挞音替压切〉浪费：噉样～米饭真係阴功咯！（这样糟蹋米饭真是作孽啊！）

大嘥 tai⁶sai¹〈嘥音晒第 1 声〉非常浪费。

糟质 tsou¹tsɐt¹ 糟蹋：咁好嘅嘢噉样～！（这么好的东西这样糟蹋！）

大使 tai⁶sɐi² 花钱花得很厉害；出手阔绰（使：花钱）：呢啲人～惯嘞，银纸少啲就唔啱嘞。（这些人习惯了大手大脚，钱少了点儿就不行了。）

大揈₁ tai⁶fɐŋ³〈揈音费凳切〉同“大使”（揈：甩）。

潮流兴 tsʰiu⁴lɐu⁴hɐŋ¹〈兴音时兴之兴〉时兴：而家～纹眉（现在时兴纹眉）｜乜你唔知～着短裙嘅咩？（难道你不知道时兴穿短裙吗？）

行₂ hɐŋ⁴〈行音流行之行〉兴；时髦：呢款衫以前好～㗎。（这种款式的衣服以前很时髦的。）

过气 kwɔ³hei³ 过时；过去流行而现在不流行的：～明星（过时的明星）｜呢种裤而家过咗气喇。（这种裤子现在过了时了。）

七 A17　称、量、计算

磅 pɔŋ⁶ 过磅：我好耐冇～过有几重嘞。（我好久没量过体重了。）｜呢两箩都～咗嘞。（这两筐都过了磅了。）

度₂ tɔk⁶〈第落切〉测量（长度）：～下幅布有几阔。（量量那块布有多宽。）｜～下埲墙有几高。（量量那堵墙有多高。）[重见五 B1]

因 jɐn¹ 估量（长度、重量等，一般是为了办事时不出误差）：你～下呢度，架车过唔过倒？（你估量一下这里，那车子过不过得了？）｜如果懒得称就～住畀够佢得嘞。（如果懒得称就估量着给够他就行了。）

校 kau³〈音教〉调对（钟表、机器等）：～钟｜～到五点半嘅闹链。（把闹钟调到五点半闹。）｜～下部电视。（把电视调一调。）

***打** ta² 加：125 ～ 67 係 192。（125 加 67 是 192。）｜八个二～五个一，几钱？（八块二加五块一，多少钱？）[从“打算盘”引申而来。重见七 A2、七 D2、九 B15、九 D25]

打起 ta²hei² 加起来：咸唪呤～都唔够 3 000。（全部加起来也不足 3 000。）

计 kɐi³ 计算；算：呢条数係噉～嘅。（这条算式是这样算的。）｜你嚟～一下。（你来算一下。）

***□** fak³〈费客切〉计算（多用于钱款）：听我翻去慢慢～过就知为唔为得过嘞。（等我回去慢慢算过就知道划算不划算了。）[原指用力拨动算盘珠的动作。重见六 A4、六 D4]

复 fok¹〈音福〉对计算过的数目、账目等进行重新计算、复查：呢两沓单仲要～一～。（这两叠单子还要重新算一下。）

为 wɐi⁴〈音行为之为〉计算（成本、花费等)：呢单生意～得住。(这宗生意算起来能赚钱。)｜我哋一家三口一个月～埋 20 000 缗度啦。(我们一家三口一个月算起来 20 000 块左右吧。)

七 A18 写、涂

改 kɔi² 写字时重复地描画：写字唔好噉样～，越～越肉酸。(写字不要这样描，越描越难看。)

*__剔__ tʰek¹【外】打勾：你睇呢张货单，见啱就～起佢。(你看这张货单，见合适的就打勾。)[英语 tick。重见八 A5]

*__间__₁ kan³〈读第 3 声，嫁旦切〉依着尺子画直线：～格(画格子)｜喺度～一条线。(在这儿画一条直线。)[重见七 A12]

扠 tsʰa⁵〈音叉第 5 声，似瓦切〉(用笔)乱涂：写完又～咗。(写完又涂掉了。)｜乱咁～噉又係一幅画嘞。(乱涂一气又是一幅画了。)

油₂ jɐu⁴ 平涂；漆：将幅画啲边角都～满佢。(把这画的边角全涂满。)｜道门～成黄色。(门漆成黄色。)

*__荡__ tɔŋ⁶ 平涂：先～一朕浅色嘅嚟打底。(先涂一层浅色的垫底。)[重见七 A15]

七 A19 笑、开玩笑、哭、叹息

[笑、哭等的表情参见九A15]

口口咔咔 kʰi¹kʰi¹kʰa¹kʰa¹〈前二字音溪衣切〉大声地笑；毫无顾忌地笑：远远就听倒你哋喺度～。(远远地就听见你们在这儿哈哈大笑。)｜喺呢个地方～，似乜嘢！(在这种地方放肆地嘻嘻哈哈，像什么样子！)[本为对笑声的模仿]

笑甩棚牙 siu³lɐt¹pʰaŋ⁴ŋa⁴〈甩音拉一切〉【谑】夸张地形容笑得非常厉害(甩：脱；棚：排)：佢行冇几远就打咗几个大关斗，我哋睇住个个都～。(他没走多远就摔了几个大跟头，我们看了个个都笑得不得了。)

笑到肠都挛 siu³tou³tsʰœŋ⁻²tou¹lyn¹【熟】笑得很厉害(挛：痉挛)：嗰只古仔听到我哋～。(那个故事听得我们笑得直不起腰。)

笑到肚都挛 siu³tou³tʰou⁵tou¹lyn¹ 同"笑到肠都挛"。

微微嘴笑 mei⁻¹mei⁻¹tsøy²siu³〈微读第 1 声〉微笑；抿着嘴笑。

阴阴笑 jɐm¹jɐm¹siu³ 微笑；偷笑：霞姐一听，拧转面～。(霞姐一听，转过脸偷偷微笑。)

讲笑 kɔŋ²siu⁻²〈笑读第 2 声，音小〉说笑话；开玩笑：我同你～嘛。(我不过是跟你开玩笑。)｜呢件事唔讲得笑。(这事不能开玩笑。)

*__搅(搞)笑__ kau²siu³ 开玩笑；故意闹笑话：嗰出电影一味～，啲情节乱咁作嘅。(那出电影一味逗人发笑，那些情节是乱编的。)[重见九 D11]

贪得意 tʰam¹tɐk¹ji³ 闹着玩儿；凑趣儿(得意：有趣)：你咪喺度～啦，我急到死喇！(你别在这儿闹了，我都急死了！)

柴哇哇 tsʰai⁴wa¹wa¹ 闹着玩儿：～之嘛，使乜嬲啫！(闹着玩儿罢了，何必生气？)

食冻柑 sek⁶tɔŋ³kɐm¹【喻】冬天里把冷的东西(如手掌)贴在别人脸上或伸进别人衣服里，使人感觉冰凉，以取闹嘻笑，称为让人"～"。因其感觉类似冬天吃冰冷的柑橘，故称(食：吃)。

喊 ham³ 哭：咁大个仲～。(这么大了还哭。)｜睇个女仔～得好惨情。(看

那女孩子哭得很凄惨。）[与普通话的“喊”意思相去甚远]

喊到一句句 ham³tou³jɐt¹køy⁻²køy³〈前一句字读第 2 声，音举〉嗷嗷地哭。

嗌生嗌死 ai³saŋ¹ai³sei²〈嗌音隘，生音生死之生〉哭喊着要死要活（嗌：叫喊）。

嗨嗨声 hai⁴hai²sɛŋ¹〈前一嗨音鞋，后一嗨读第 2 声，声音司赢切第 1 声〉叹息；叹气（这是模拟叹气的声音）：你做咩～啊？老细要炒你啊？（你干嘛叹气？老板要解雇你吗？）

七 A20 其 他

闸住 tsap⁶tsy⁶【喻】停止；打住：呢件事先～先，再研究下。（这件事先停下来，再研究一下。）

押后 at³hɐu⁶ 推迟；延期：会议～。（会议延期。）｜售票日期～。（售票日期推迟。）

拖后 tʰɔ¹hɐu⁶ 拖延；延迟：董事局会议要～。（董事局会议要延迟。）

*__听__ tʰeŋ³〈音亭第 3 声，替庆切〉等候：我哋～紧王生。（我们正在等王先生。）[用耳朵听的“听”读 tʰɛŋ¹〈音厅〉。重见七 E1]

摆 pai² 摆设；装点：神台上便啲水果唔食得㗎，爱嚟～㗎咋。（神案上的水果不能吃，用来作摆设的。）｜呢款鞋～就有，卖就冇。（这种款式的鞋只有作摆设的样品，没有货。）

*__乃__ nai⁻³〈读第 3 声，那隘切〉连带；拖带：一个大人可以～一个细路入场。（一个大人可以带一个小孩入场。）｜买好嘢要～曳嘢，噉都得嘅！（买好货要搭配劣货，这怎么行！）[重见九 B14]

打孖 ta²ma¹〈孖音妈〉把两物（一般是长条物）并联放置或使用（一般是为了使其较为结实。孖：双；并联）：两条方～至够力。（两根木方并排才承受得住压力。）｜捞麻绳～绑。（用麻绳作双股捆。）

巡行 tsʰøn⁴hɐŋ⁴【旧】游行：国庆大～。

七B 日常生活

七 B1 起卧、洗漱、穿着、脱衣

*__起身__ hei²sɐn¹ 起床：好～喇，唔係就迟到㗎喇。（该起床了，要不就迟到了。）[重见六 A2、九 D22]

*__敨（唞）__ tʰɐu²〈音透第 2 声，体口切〉休息；歇息：你唔舒服，就～下啦。（你不舒服，就休息一下吧。）[重见六 D3]

敨（唞）凉 tʰɐu²lœŋ⁴〈敨（唞）音他口切〉乘凉（敨：歇息）：天口好熒，我哋去公园～啰。（天气好热，我们到公园乘凉吧。）

晒命 sai³mɛŋ⁶〈命音未赢切第 6 声〉【俗】【谑】躺着休息：四围揾佢唔倒，原来喺度～！（到处找他不着，原来在这儿摊尸！）

孖铺 ma¹pʰou¹〈孖音妈，铺音床铺之铺〉两人同睡一床（专指平时不在一起睡觉的人而言。孖：并联）：今晚我哋两个～啦。（今天晚上我们俩睡一张床吧。）

打地铺 ta²tei⁶pʰou¹〈铺音床铺之铺〉在地上铺上被铺睡觉。

做厅长 tsou⁶tʰɛŋ¹tsœŋ²【谑】在客厅睡觉（因住房狭窄之故）：冇办法，今晚唯有请你～。（没办法，今天晚上只好请你睡在客厅。）

捱更抵夜 ŋai⁴kaŋ¹tai²jɛ⁶〈捱音崖，更音加坑切〉【熟】熬夜：你噉～好伤身㗎！（你这样熬夜很伤身子的。）

捱夜 ŋai4jɛ-2（捱音崖，夜读第2声）熬夜：琴晚又～喇？（昨晚又熬夜啦？）｜细路仔唔捱得夜。（小孩子熬不得夜。）

戙起床板 toŋ6hei2tsʰɔŋ4pan2〈戙音洞〉字面意思是把床板竖起来（戙：竖），即不睡觉、熬夜：今晚～都做唔完。（今天晚上不睡觉也干不完。）

啷口 lɔŋ2hɐu2〈啷音浪第2声，丽讲切〉漱口（啷：涮洗）：食完糖～，唔係好易烂牙㗎。（吃完糖果要漱口，要不很容易蛀牙。）

洗面 sɐi2min6 洗脸：够钟起身～喇。（到时间起床洗脸了。）

冲凉 tsʰoŋ1lœŋ4 洗澡：你有冇～㗎？个身咁污糟嘅！（你洗澡了没有？身上这么脏！）［夏季炎热，人们洗澡以取凉，故称。泛指一般的洗澡，包括冬天用热水洗澡也称为～］

洗身 sɐi2sɐn1 洗澡：呢啲天时，一日洗两次身都唔啱！（这样的天气，一天洗两次澡都还不行！）

洗白白 sɐi2pak6pak6【儿】洗澡：乖乖仔，快啲嚟～！（小乖乖，快点来洗澡！）

搽脂荡粉 tsʰa4tsi1tɔŋ6fɐn2【熟】【贬】涂脂抹粉：嗰个女人啱死咗老公，就～四围去。（那个女人刚死了丈夫，就涂脂抹粉到处跑。）

剃须 tʰɐi3sou1〈须音苏〉刮胡子：仲唔～，啲胡须长过辫喇。（还不刮胡子，胡子比辫子还长了。）

剃面 tʰɐi3min6 刮脸：我剃咗面就出门。（我刮了脸就出门。）

着$_1$ tsœk3〈读第3声，志约切〉穿（衣、鞋、袜等）：天口冻，～多件衫返学。（天气冷，多穿件衣服上学。）

***褛** lɐu1〈音楼第1声，拉欧切〉披上（衣服等）：～翻件皮褛至好出去啊，出便好冻㗎。（披上一件皮夹克才好出去，外面很冷啊。）［重见二D2、三A1、六D7、九B15］

除 tsʰøy4 脱（衣、鞋、袜等）；摘（帽、眼镜等）：～衫（脱衣服）｜～帽｜日本人习惯～鞋入屋。（日本人习惯脱鞋子进屋。）

除脚 tsʰøy4kœk3 脱鞋袜：～上床瞓觉。（脱下鞋袜上床睡觉。）

除大赤脚 tsʰøy4tai6tsʰɛk3kœk3 把鞋、袜脱掉，光脚：～行落地。（光着脚走到地上。）

打大赤脚 ta2tai6tsʰɛk3kœk3 同“除大赤脚”。［又作“打赤脚”］

除大赤肋 tsʰøy4tai6tsʰɛk3lak3〈肋音丽客切〉赤裸着上身：～喺度晒热头。（光着膀子在晒太阳。）

打大赤肋 ta2tai6tsʰɛk3lak3〈肋音丽客切〉同“除大赤肋”。［又作“打赤肋”］

***剥光猪** mɔk1kwɔŋ1tsy1【喻】【谑】把衣服全脱光：班细路～喺度游水。（那群小孩脱得一丝不挂在那儿游泳。）［重见七B9］

七 B2 烹调、购买食品

***煲** pou1〈音保第1声〉①煮：～饭（煮饭）②长时间地煮；熬：～粥（熬粥）｜～猪骨汤（熬猪骨头汤）［重见三A11、七E15、十F2］

煠 sap6〈音霎第6声，士腊切〉用清水煮：～熟啲菜，之后再落镬炒下。（用清水把菜煮熟，然后再放锅里炒一下。）［普通话“煠”是“油炸”的炸字的异体字，与广州话有区别］

灼(焯) tsʰœk3〈音卓〉短时间地煮；涮：～熟啲菜。（涮熟那些菜。）｜白～基围虾（涮基围虾）［普通话“焯”意思相同，但语音稍不对应］

焗 kok6〈音局〉焖（一般时间不长）：黄鳝～饭。（鳝鱼焖饭。）

炆(焖) mɐn^{1}〈音蚊〉盖紧锅盖，用文火长时间地煮（多用于肉类）：～猪手（焖猪肘子）。[此与普通话“焖”意思基本相同，但广州人习惯写作“炆”]

*__煀__ wɐt^{1}〈音屈〉红烧：～鲤鱼。[重见七 B5]

沤 ɐu^{3}〈音欧第 3 声〉长时间地熬煮：～猪潲噉～。（像熬猪食那样熬。）

炖 tɐn^{6}〈大韧切〉隔水蒸（把食物加水放在器皿中盖严，把器皿放在蒸笼或锅里长时间地蒸，热量通过器皿传至食物，使食物烂熟）：～鸡 | ～西洋参。[普通话“炖”有文火焖煮和蒸热两个意义，广州话跟后一个意义有点近似而不同，没有前一个意义]

飞水 fei^{1}søy^{2} 把蔬菜、肉类等放进开水中稍微煮一下即捞起（以便作进一步的烹调）。

出水 tsʰøt^{1}(tsʰyt^{1})søy^{2} 把瓜菜等放进开水中稍微煮一下即捞起（为了除去其中的苦涩味）。

滚(涫)$_{1}$ kwɐn^{2}（在开水中）煮（一般指时间不长的）：～汤（用短时间煮汤，与“煲汤”相对）| 狗肉～三～，神仙企唔稳。（熟语：狗肉煮几下，神仙站不稳。谓狗肉味道极香。）[广州话“滚”同普通话一样，也表示水沸腾，而意思比普通话多。]

熇 hɔk^{3}〈音壳〉把食物放在锅中煎烤，使之变干：～鱼。

烧 siu^{1} 烤制（食物）：～鹅（烤鹅）| ～鸭（烤鸭）。

起镬 hei^{2}wɔk^{6}（镬音获）①炝锅（镬：炒菜锅）：用油～，爆下啲姜葱。（用油炝锅，爆炒一下碎姜葱。）②把炒好的菜从锅里盛到盘、碗等中。

罩 tsau^{3} 油炸：～到炨炨哋几香下。（炸得有点焦，挺香的。）| ～油角（炸油角。一种油炸食物）

炼 lin^{6} 把板油或肥肉放在热锅中，使之出油：～猪膏（用猪板油出油）

煎$_{2}$ tsin^{-3}〈读第 3 声，音箭〉把生的油煮熟：～啲油嚟捞面。（煮熟一些油来拌面条。）

走油 tsɐu^{2}jɐu$^{4(-2)}$〈油常读第 2 声，椅口切〉（用滚油）略炸一下：炒之前～，啲餸至好食㗎。（这些菜炒之前用油炸一下才好吃。）

拉油 lai^{1}jɐu$^{4(-2)}$〈油常读第 2 声，椅口切〉同“走油”。

打芡 ta^{2}hin^{3}〈芡音献，气燕切〉勾芡：其实唔係粤菜至～，其他菜系都～㗎。（其实不是粤菜才勾芡，其他菜系也都勾芡。）

吊味 tiu^{3}mei^{6} 调味（指只用少量调味料）：味精係～之嘛，要落好多嘅咩？（味精只是调一调味，要放很多吗？）

辟腥 pʰɛk^{3}sɛŋ^{1}〈辟音劈，腥音司嬴切第 1 声〉用姜、蒜等调味，以驱除食物中的腥味。

座 tsɔ^{6} 把锅放在炉子上，使锅内食物变热：将啲餸攞去～一～。（把菜拿去热一热。）

洗米 sɐi^{2}mɐi^{5} 淘米：～水。（淘过米的水。）

*__劏__ tʰɔŋ^{1}〈音汤〉宰杀：～鸡 | ～猪。[重见六 D8]

起骨 hei^{2}kwɐt^{1} 把骨头从肉里剔出来。

酿 jœŋ^{6}〈音让〉一种菜肴制作法。把馅料包进掏空的鱼、瓜、豆腐等作料中，然后再作烹调。

发水 fat^{3}søy^{2} 把未煮的食物等浸于水中让其吸足水而膨胀：发菜、蚝豉煮之前都要先～。（发菜、蚝豉煮前要先浸透。）

*斩 tsam² 买（烧烤熟食）：～一斤烧鹅。（买一斤烤鹅。）[参见“斩料”。重见六 D8、七 A6]

斩料 tsam²liu⁻²〈料读第 2 声，黎晓切〉买熟食（一般是指烧烤肉类）。因一般售货员在切割烧烤等肉类时习惯使用砍的动作，故称“斩”：唔够馎就去～。（不够菜就去买烧烤熟食。）

籴 tɛk⁶〈音笛〉买（米）：～ 10 斤米翻嚟。（买 10 斤米回来。）

买馎 mai⁵soŋ³〈馎音送〉买菜（馎：菜肴）：呢个阿婆日日嚟～都要买半条鱼嘅。（这个阿婆天天来买菜都要买半条鱼。）

整馎 tseŋ²soŋ³〈馎音送〉做菜（馎：菜肴）：我阿嫂～整得好好喫。（我嫂嫂做菜做得很好。）

*煲茶 pou¹tsʰa⁴ 煮开水：水壶空晒，快啲～！（水瓶全空了，快点儿煮开水！）[广州话“茶”可指茶水，也可指白开水][重见七 D8]

熬水胶 ŋau⁴søy²kau¹〈熬音咬第 4 声〉【喻】【谑】让水一直开着，像要从水里熬出胶来似的（一般指因忘记等原因而没关炉子）。

冲茶 tsʰoŋ¹tsʰa⁴ ①沏茶：快啲～畀客人。（快点沏茶给客人。）②灌开水。

焗茶 kok⁶tsʰa⁴〈焗音局〉泡茶：～要有耐性，咪指意一冲就饮得。（泡茶要有耐性，别指望一沏下就能喝。）

冲滚水 tsʰoŋ¹kwɐn²søy² 灌开水（滚水：开水）：水滚喇，～啦。（水开了，灌开水吧。）

*雪藏 syt³tsʰɔŋ⁴〈藏音收藏之藏〉冰镇：～啤酒。（冰镇啤酒。）[重见七 A11]

七 B3 饮 食 [饮食的动作参见六 C2]

食饭 sek⁶fan⁶ 吃饭：日日都要～。｜请人～。

祭五脏庙 tsɐi³ŋ⁵tsɔŋ⁶miu⁻²【谑】吃东西：都够钟去～嘞。（到时间去填填肚子了。）

饮茶 jɐm²tsʰa⁴ ①喝茶；喝开水（“茶”有时指白开水）：天时咁燥，要多啲～至得喫。（天气这么干燥，要多喝水才行。）②到茶楼喝茶、吃点心。生活习惯之一，往往在茶楼坐较长时间，除进食外，主要是与朋友聊天。有时一些商务或其他活动也借此形式进行。时间一般在早上，也称“饮早茶”；现也有在下午的，则称“饮下午茶”。

饮早茶 jɐm²tsou²tsʰa⁴ 参见“饮茶②”。

下午茶 ha⁶ŋ⁵tsʰa⁴ 参见“饮茶②”。

*打皮 ta²pʰei⁻²〈皮读第 2 声，普起切〉吃东西（通常指早餐）。

食晏 sek⁶an³〈晏音阿闲切第 3 声〉吃午饭（晏：中午）：去婆婆度～。（到外婆那儿吃午饭。）

消（宵）夜 siu¹jɛ⁻²〈夜读第 2 声〉吃夜宵：一齐去～啰！（一块儿去吃夜宵吧！）

捱斋 ŋai⁴tsai¹〈捱音蛾鞋切〉【谑】没荤食，只靠素食度日（斋：素食）：我哋嗰阵时落乡，日日～喫咋！（我们下乡那时，天天吃素捱日子！）

打斋 ta²tsai¹【谑】吃素；不吃荤食（斋：素食）：买唔倒猪肉，唯有～啦。（买不到猪肉，只有吃素了。）

开斋 hɔi¹tsai¹【谑】大吃一顿（一般指有荤食的）：今日～嘞！（今天可吃个够了！）

顶肚饿 teŋ²tʰou⁵ŋɔ⁶ 充饥：苹果都顶得肚饿嘞。（苹果也可以充饥嘛。）｜要揾啲嘢嚟～先得。（得找些东西来充饥。）[又作“顶肚”]

*开₂ hɔi¹ 摆（饭桌、酒席）：～枱食饭（摆桌子吃饭。）｜去酒家～两围。（到酒家办两桌酒席。）

整碗整筷 tseŋ²wun²tseŋ²fai³ 准备餐具：快啲嚟帮手～啦！（快点来帮忙准备碗筷吧！）

装饭 tsɔŋ¹fan⁶ 盛饭。

摆酒 pai²tsɐu² 置办酒席请客（一般是有喜庆事）：黄伯个孙满月～。（黄老伯孙子满月请客吃饭庆贺。）

AA制 ei¹ei¹tsɐi³ 多人一起吃饭（一般是在饭店），各人分摊费用。

田鸡东 tʰin⁴kɐi¹toŋ¹ 几个人凑钱吃东西。

*饮 jɐm² ①喝酒：琴晚又～咗好多。（昨晚又喝了很多酒。）②赴宴：乜日日都见你去～嘅？（怎么天天都看见你去赴宴？）[重见六 C2]

埋席 mai⁴tsek⁶〈席音席位之席〉入席（埋：走近）：请大家～啦！（请大家入席吧！）

埋位 mai⁴wɐi⁻²〈位读第 2 声〉同“埋席”。

饮胜 jɐm²seŋ³ 干杯：嚟，～佢！（来，干了它！）[本应说“饮干”，但广州人喜以水比喻钱财，所以“干”不吉利，改用“胜”字]

胜 seŋ³ 干（杯）：敬你一杯，～咗佢！（敬你一杯，干了它！）

打边炉 ta²pin¹lou⁴ 围炉；吃火锅：天口咁冻，最好就係～喇。（天气这么冷，最适合吃火锅。）

烧烤 siu¹hau¹〈烤音敲〉带食物到野外烤着吃：上个礼拜我哋去东郊公园～。（上个星期天我们到东郊公园野餐，烤东西吃。）

空肚 hoŋ¹tʰou⁵ 空腹：～饮酒好容易醉㗎。（空腹喝酒很容易醉的。）

空口 hoŋ¹hɐu² 不就着饭（吃菜）；不就着菜（喝酒）；不就着饭菜（吃调味料）等：～食晒啲餸。（不吃饭就把菜吃光了。）｜～饮酒都有瘾嘅？（没菜喝酒有什么意思？）

送 soŋ³ 佐餐；佐食：攞餸～饭。（用菜下饭。）｜咸鱼～粥。｜冇嘢～酒。（没东西下酒。）｜攞嘉应子～药。（用李子脯就着吃药。）

捞汁 lou¹tsɐp¹〈捞音劳第 1 声〉用菜汁拌饭（捞：拌）：啲猪肉汁几香，你捞唔～？（这肉汁挺香的，你要拌饭吗？）

淘 tʰou⁴ 用汤、水等泡饭：～汤（用汤泡饭）｜～饭有益嘅！（泡饭吃没好处！）

干骾 kɔn¹kʰɐŋ²〈干音干旱之干，骾音卡肯切〉在没有水喝的情况下吃干的食物（骾：勉强下咽）：有茶噉样～，我情愿唔食嘞。（没有水这样吃干的，我宁愿不吃了。）

摊冻 tʰan¹toŋ³ 放凉：～啲饭至食。（把饭放凉了才吃。）｜～啲水嚟饮。（把水放凉了才喝。）

包台 pau¹tʰɔi⁻²（台音台第 2 声）【谑】原意是把整桌饭菜包下来，转指最后把吃剩的饭菜吃光：好喇，剩低你嚟～喇！（好了，剩下的你全包了吧！）

噍烂布 tsiu⁶lan⁶pou³【喻】吃没味道的东西（噍：嚼）：呢啲係乜嘢嚟啫，直程係～！（这些是什么东西，真是味如嚼蜡！）

开膳 hɔi¹sin⁶〈膳音善〉开伙；办伙食；供应伙食（一般指机构、团体的）：两间公司敆份～。（两家公司合伙为职工开伙食。）

搭食 tap³sek⁶ 加入别人的伙食组织；搭伙：附近几间厂都嚟我哋店度长期～。（附近几家工厂都来我们店里长期搭伙。）

*敆(夹)伙 kɐp³(kap³)fɔ²〈敆音架合切

第 3 声，又音架鸭切〉合伙自办伙食。[重见七 E3]

黐餐 $ts^hi^1ts^han^1$〈黐音痴，妻衣切〉别人开饭时，也凑进去吃（黐：沾）：今日嚟黐一餐，畀唔畀？（今天来蹭一顿，行不行？）

独食 tok^6sek^6 吃东西不分给别人；吃独食。

撩嘴 $liu^1tsøy^2$〈撩读第 1 声，拉嚣切〉挑食：咁～嘅人点服侍啊！（嘴巴这么刁的人怎么侍候呢！）

择食 $tsak^6sek^6$〈择音泽〉偏食；挑食：细路仔唔好惯晒～！（小孩子不要习惯挑食。）

拣饮择食 $kan^2jɐm^2tsak^6sek^6$〈择音泽〉同"择食"。

粗食粗大 $ts^hou^1sek^6ts^hou^1tai^6$【熟】饮食不太讲究，身体长得好（适应能力强）：我个仔～嘅。（我儿子什么都吃，粗生粗长。）

戒口 $kai^3hɐu^2$ 忌口（因患病等原因不吃某些食物）。

牛噍牡丹 $ŋɐu^4tsiu^6mau^5tan^1$〈噍音赵〉【熟】【喻】【谑】不懂品尝美味（噍：嚼）：畀我食都係～嘛。（让我吃我也品不出味道来。）

大餸 $tai^6soŋ^3$〈餸音送〉吃饭时吃菜多（餸：菜）：我知你～，特登整多啲餸。（我知道你吃菜吃得多，特意多做点菜。）

细餸 $sɐi^3soŋ^3$〈餸音送〉吃饭时吃菜少（餸：菜）。

七 B4　带孩子、刷洗缝补、室内事务 [洗的动作参见六D9]

凑 $ts^hɐu^3$ 带（小孩）：～个仔翻幼稚园。（带儿子回幼儿园。）| 我个仔好恶～嘅。（我的儿子很难带的。）

暗 $ɐm^3$ 陪小孩睡觉：要～个仔瞓咗先起身做嘢。（要陪孩子睡着了才起来做事。）

蔼 $ɔi^2$ 哄婴儿（一般是在摇晃或轻拍婴儿的同时，大人嘴里柔和地发出"～"或"～啊"的声音。用于哄小孩不哭或睡觉）：你～下个细路啦。（你哄哄孩子吧。）

尿 $søy^1$〈音衰〉（给小孩）把尿：～个仔屙尿。（给儿子把尿。）[与一般的"尿"字读音 niu^6 相去甚远，对应普通话 suī]

***过** $kwɔ^3$（用清水）漂洗（衣物等）：用枧粉洗衫，好难～干净嘅。（用洗衣粉洗衣服，很难漂洗干净。）[重见七 A10、九 D1、九 D18、十 F2]

晾 $lɔŋ^6$ ①晾挂；晾晒（衣物等）：啲衫唔好～出去嘞，睇个天都快落雨嘞。（那些衣服别晾挂出去，看天色快要下雨了。）②挂（蚊帐）：咁多蚊，唔～蚊帐点瞓啊？（这么多蚊子，不挂蚊帐怎么睡觉？）

***琼** $k^heŋ^4$ 晾放着让水滴干：捞起嚟搭响度～干啲水先至收埋。（捞起来搭在这儿把水晾干再收起来。）[重见七 B13、九 B16]

抹地 mat^3tei^6〈抹音马压切〉擦地板：好耐冇～，啯地下好邋遢。（很久没擦地板，地板很脏。）

补瘀 pou^2na^1〈瘀音那第 1 声〉打补丁（瘀：补丁）：而家好少人着～衫出街喇。（现在很少人穿打补丁的衣服上街了。）

补靥 pou^2jim^2〈靥音掩〉同"补瘀"。

***车** $ts^hɛ^1$ 用缝纫机缝：～衫（用缝纫机做衣服）| 呢度甩咗线步，攞衣车～下啦。（这儿脱了线脚，用缝纫机轧一轧吧。）[重见六 D3、七 D4]

鈒骨 $tsap^6kwɐt^1$〈鈒音习〉用包缝机为布料包边。

行床 $hɔŋ^4ts^hɔŋ^4$〈行音银行之行〉①架

床；把可拆卸式的床装拼起来：两张桥凳两块床板嘛可以～啰。（两张条凳两块床板不就可以架起床来了么。）②铺床：攞被嚟～。（拿被子来铺床。）

摺床 tsip³tsʰɔŋ⁴〈摺音接〉叠被子、整理床铺（摺：折叠）：一起身就～。（一起床就叠被子。）

朝行晚拆 tsiu¹hɔŋ⁴man⁵tsʰak³〈朝音之烧切，行音银行之行〉晚上铺床睡觉，早上拆掉（往往是居住地方狭窄所采取的措施）。[本当说“晚行朝拆”（行：架床；朝：早上），但习惯上说颠倒了。]

*__闩__ san¹〈音山〉关（门窗等）：你出去嗰阵时顺手～翻道门。（你出去的时候顺手关上门。）｜落雨喇，～窗啦。（下雨了，关窗吧。）[普通话“闩”指把门窗从里面插上，广州话则是一般的关，可以是从里面也可以是从外面，可以是插上也可以是不插。重见七 D10]

*__戌__ sɵt¹〈音恤〉闩（门窗等）：咁大风，扇窗口闩咗要～住先得嚟。（风这么大，窗户关上后要闩上才行。）｜～实道门。（把门插上。）[重见三 D5]

*__塔__ tʰap³ 锁上（一般指用明锁来锁）：我个信箱冇～到。（我的信箱没锁上。）｜道门～实咗。（那门锁上了。）[重见三 A18]

七 B5　生火、烤、熏、淬火

透火 tʰɐu³⁽⁵⁾fɔ²〈透又读第 5 声，土厚切〉生火（常特指为炉灶生火）。

透炉 tʰɐu³⁽⁵⁾lou⁴〈透又读第 5 声，土厚切〉为炉灶生火。

*__驳火__ pɔk³fɔ² 引火（驳：接）：去煤气炉度～。（从煤气炉上引火。）｜攞支烟仔嚟驳个火。（拿根香烟来接个火。）[重见七 E14]

除 tsʰɵy⁴ 退（柴火）：加水～柴。

焙 pui⁶〈音背诵之背〉烘烤使干或使暖：～火（烤火）｜～下件衫。（把衣服烤一烤。）[普通话也用此词，但只限于烤干药材、食品、烟叶、茶叶等]

*__㷫__ hɛŋ³〈音庆〉烘烤使干或使暖、热：～干条裤（把裤烤烤干）。[重见五 A1、五 A3、九 B1]

炕 hɔŋ³〈音杭第 3 声，去钢切〉①烘；烤：～面包｜将件衫～干佢。（把衣服烤干。）②晾放；摊开来放：攞个筛将啲菜叶～开。（用筛子把菜叶子摊开晾着。）

燂 tʰam⁴〈音潭〉略烧一下；短时间地烤：～猪毛（把猪肉皮上的毛烧掉）｜响火度～下，就拗得孪嘞。（在火上烤一下，就能扳弯了。）

收水 sɐu¹sɵy² 用烤、晾等方法使物品（多指食物、药材等）变干。

*__煀__ wɐt¹〈音屈，乌吉切〉熏：点蚊香嚟～下啲蚊。（点蚊香来熏一下蚊子。）｜啲湖南腊肉係～过嘅。（湖南腊肉是熏过的。）[重见七 B2]

攻 koŋ¹ 熏（特指以浓烟熏）：点枝树枝嚟～个黄蜂窦。（点根树枝来熏那马蜂窝。）

*__焗__ kok⁶〈音局〉熏（尤指闷着熏）：～老鼠。｜攞硫磺嚟～。（用硫磺来熏。）[重见七 B2、九 B1]

濽₂ tsan³〈音赞〉把滚烫的东西放进水中，或往滚烫的东西上放水；淬火；蘸火：～刀｜～锅。

*__嚓₁__ jɛ⁴〈音蔗第 4 声，治爷切〉同“濽”（本是象淬火的声音）。[重见十一 B1、十一 B3]

七 B6 上街、迷路、迁徙、旅行

出街 tsʰɵt^1(tsʰyt^1)kai^1 上街：礼拜日～，人多到死！（星期天上街，人可多了！）

*__行街__ haŋ^{4}kai^1〈行音行路之行，何盲切〉逛街：我出街买啲嘢之嘛，边係～啊！（我不过是上街买点儿东西，哪是逛街呢！）[重见七 B10]

行公司 haŋ^{4}koŋ^{1}si^1〈行音行路之行，何盲切〉逛百货公司：陪老婆～最冇瘾嘞，净睇唔买嘅！（陪老婆逛商店最没意思了，光看不买！）

荡失 tɔŋ^{6}sɐt^1 ①迷路（荡：逛）：你乱咁行，顾住～啊！（你乱走一气，小心迷路！）②走失：～咗一个细路。（走失了一个小孩。）

荡失路 tɔŋ^{6}sɐt^{1}lou^6 迷路：呢度两年冇嚟就变晒，我几回～添！（这儿两年没来就全变了，我几乎迷路了！）

唔知定 m^{4}tsi^{1}tɛŋ^6〈定音第赢切第 6 声〉迷路；迷失方向（唔：不；定：地方）：转得两转，我都～嘞。（转了几圈，我也分不清方向了。）

丟卒 tok^{1}tsɵt^1〈丟音督〉【喻】本义为象棋中的拱卒，比喻为偷渡（因象棋中有“丟卒过河”之说）。[20 世纪六七十年代专指偷渡到香港。]

*__走__ tsɐu^2 逃难（后接所逃避的对象）：～日本仔（日军侵华时期老百姓为逃避日军而逃难）｜～西水（为逃避洪水而离开家园）[重见六 D11]

走难 tsɐu^{2}nan^6〈难读第 6 声〉逃难。

搬屋 pun^{1}ok^1 搬家：听讲你要～嘅嘞。（听说你要搬家了。）

过埠 kwɔ^{3}fɐu^6〈埠音否第 6 声，份后切〉出国（埠：指外埠，即外国）：你嘅～申请搞咗好耐啰嘞。（你的出国申请办了很久了。）

食咸水 sek^{6}ham^{4}sɵy^2【喻】【谑】出洋；到国外去（食：吃；咸水：指海水）。

探家 tʰam^{3}ka^1 探亲（从一地到另一地去探望父母或配偶）。

搭顺风车 tap^{3}sɵn^{6}foŋ^{1}tsʰɛ^1 免费搭乘顺路车；搭脚儿。

*__摱(扳)车边__ man^{1}tsʰɛ^{1}pin^1〈摱（扳）音慢第 1 声〉同“搭顺风车”（摱：抓攀）：～去省城。[重见七 A6]

开身 hɔi^{1}sɐn^1 起程：你又话去北京，几时～啊？（你不是说去北京吗，什么时候起程？）[重见七 D4]

七 B7 钱款进出

代代平安 tɔi^{6}tɔi^{6}pʰeŋ^{4}ɔn^1【谑】“代”与“袋”（放入口袋中）谐音，意为高高兴兴把钱收下：有银纸即管揾嚟，保证～。（有钱尽管拿来，绝对是高高兴兴地放进口袋。）

帮补 pɔŋ^{1}pou^2 获得小额收入以支持家庭或事业等的费用：若果唔炒下更嚟～下，净靠两份人工边得啊？（如果不做点业余职业，弄点收入来补贴一下，光靠两份工资怎么行呢？）

矺袋 tsak^{3}tɔi^{-2}〈矺音责，袋读第 2 声〉身上带一些钱，以备不时之需（矺：压；袋：衣兜）：行出去有啲银纸～点得嘅啫？（身上没带点钱出门怎么行呢？）

*__使__ sɐi^2 花（钱）：呢个春节都冇～好多嘛。（这个春节也没花很多。）｜银纸揾翻嚟都係捞嚟～嘅。（钱赚回来也是拿来花的。）[重见七 A10、七 E5]

*__睇数__ tʰɐi^{2}sou^3〈睇音体〉原指会账，转指付账：呢笔开支我嚟～。（这笔开支我来付。）[重见七 A3、七 D6]

度水 tɔk^{6}sɵy^2〈度音踱，独学切〉【俗】【喻】【谑】交钱；拿钱出来；付账

（度：测量；水：钱）：又要～嘞。（又该交钱了。）｜个仔问老豆～。（儿子向父亲拿钱。）

磅水 pɔŋ⁶søy² 同“度水”（磅：过磅）：边个有银边个～啦。（谁有钱谁付账吧。）

扽虾笼 tɐn³ha¹loŋ⁴〈扽音炖第3声〉【喻】【谑】把装虾的笼子倒光（扽：抖出来），比喻把钱全掏光（把钱全交出来或被掏了钱包）：扽清虾笼都唔够钱。（把身上的钱全掏出来也还不够。）

填 tʰin⁴ 赔偿：蚀咗呢五十缗大家嚟～啦。（亏了的这五十块钱窟窿大家来补吧。）［损坏物品赔偿只说“赔”，损失了钱的赔偿才说“～”］

迁 tsʰin¹ 从银行取现钱；旧时从粮油店取粮票、油票等：～米票（取粮票）｜～两千缗出嚟。（取两千块钱出来。）

***驳**₁ pɔk³ 黑市套汇。［重见六 D7］

畅 tsʰœŋ³ 把大面额钞票兑换为零钞：～散纸（兑换零钞）｜将呢张十缗纸～开。（把这张十块钱破开。）

赎（续） tsok⁶〈音族〉找（钱）：收你十缗，～翻两缗畀你。（收你十块钱，找你两块。）

找赎（续） tsau²tsok⁶〈赎音族〉找钱：有散纸～。（找不出零钱。）

找数 tsau²sou³ ①找钱：你仲未～噃。（你还没找钱哪。）②付账。

***争**₁ tsaŋ¹〈之坑切〉欠（钱、物等）：我上匀～你十缗而家还翻。（我上次欠你十块现在还。）｜～住五十个先。（暂且欠着五十个。）［重见九 D6］

长命债长命还 tsʰœŋ⁴mɛŋ⁶tsai³tsʰœŋ⁴mɛŋ⁶wan⁴〈命音未赢切第6声〉【熟】慢慢儿还债。

揼金龟 tɐp⁶kɐm¹kwɐi¹〈揼音弟合切〉【喻】向妻子要钱（揼：捶打）。

打斧头 ta²fu²tʰɐu⁴【喻】【贬】经手买东西时暗中克扣钱款为己有（一般是少量的）：买啲咁多嘢佢都要～嘅。（买一丁点儿东西他也要揩油。）

托水龙 tʰɔk³søy²loŋ⁴⁽⁻²⁾〈龙又读第2声〉【喻】【贬】代人付款不把钱付出、代人收款不把钱交还，私自吞没。

打赏 ta²sœŋ² 赏小钱儿；付小费。

七 B8 游戏、娱乐

打游戏机 ta²jɐu⁴hei³kei¹ 玩电子游戏机：个细路放咗假，一日挂住～。（孩子放了假，整天只顾玩电子游戏机。）［简作“打机”］

扒艇仔 pʰa⁴tʰɛŋ⁵tsɐi²〈扒音爬，仔音子矮切〉划小船：今日去烈士陵园～。

反 fan² 玩儿：两个细路～到唔记得翻屋企食饭。（两个孩子玩得忘了回家吃饭。）

侵₁ tsʰɐm¹【儿】让……参加一块儿玩：～埋阿江玩啦。（让阿江也来一起玩儿吧。）｜我哋唔～佢！（我们不让他参加进来玩儿。）［此本为少儿用语，大人偶尔也用，表示让某人参加一起做某事，则带开玩笑的口气］

打水片 ta²søy²pʰin⁻²〈片读第2声〉打水漂儿（把瓦片或石片等贴着水面用力扔出，使其在水面连续跳跃）。

打水撇 ta²søy²pʰit³ 同“打水片”。

打仗仔 ta²tsœŋ³tsɐi²〈仗读第3声，仔音子矮切〉小孩子玩打仗：有班细路喺度～。（有一群小孩在那儿玩打仗。）

趷跛跛 kɐt⁶pɐi¹pɐi¹〈趷音巨日切，跛音闭第1声〉一种少儿游戏，主要形式是以单脚跳跃走动（趷：瘸行）。

摸盲盲 mɔ^{2}maŋ^{4}maŋ$^{-1}$〈摸音无可切，第二个盲字读第1声〉一人蒙眼，捉其他在身边来回躲避的人。

伏匿匿 pok^{6}nei^{1}nei^{1}〈伏音笨肉切，匿音那禧切〉捉迷藏（一种儿童游戏。一人伏身闭眼，让其他人藏匿好后，再去把他们找出来）。

伏儿人 pok^{6}ji^{-1}jɐn^{-1}〈伏音笨肉切，儿音衣，人音因〉同“伏匿匿”。

捉儿人 tsok$^{1(3)}$ji^{-1}jɐn^{-1}〈捉音足，又读第3声；儿音衣，人音因〉同“伏匿匿”。

搲子 wa^{2}tsi^{2}〈搲音娃第2声，壶哑切〉一种少儿游戏，以若干小石子等在地上抛、抓，玩法很多（搲：抓）。

执子 tsɐp^{1}tsi^{2} 同“搲子”（执：捡）。

打玻子 ta^{2}pɔ^{1}tsi^{2} 一种少儿游戏，用玻璃珠（或替代品，如钢珠）握于手中，以拇指弹射，击中对方的珠子为胜。[参见三A19“玻子”]

打棋子 ta^{2}kʰei^{4}tsi^{2} 一种少儿游戏，玩法同“打玻子”，但所用为棋子。[参见“打玻子”]

点指兵兵 tim^{2}tsi^{2}peŋ^{1}peŋ^{1} 一种少儿游戏。多人围坐，念一儿歌，依其节奏顺序指点各人，待儿歌念完时，所指的人要表演节目或作另一游戏的某个角色等。[简作“点兵”]

呈寻切 tsʰeŋ^{4}tsʰɐm^{4}tsʰit^{-4}(tseŋ^{4}tsɐm^{4}tsit^{-4})〈呈又音志迎切，寻又音志淫切，切读第4声，又音节第4声〉一种猜拳游戏，以伸掌为“包”（胜“揼”而输于“剪”）、出食指和中指为“剪”（胜“包”而输于“揼”）、出拳为“揼”（意为捶，胜“剪”而输于“包”）。北方称为 céi，又称“石头剪子布”。

猜呈寻 tsʰai^{1}tsʰeŋ^{4}(tseŋ^{4})tsʰɐm^{4}(tsɐm^{4})〈呈又音志迎切，寻又音志淫切〉同“呈寻切”。

包剪揼 pau^{1}tsin^{2}tɐp^{6}〈揼音第入切〉同“呈寻切”。

猜枚 tsʰai^{1}mui^{4} 划拳。[此与普通话的“猜枚”不同]

打估 ta^{2}kwu^{2}〈估音古〉①出谜语让人猜（估：谜语）：我打个估畀你估下。（我出个谜语让你猜猜。）②猜谜语：我最唔识～嘞。（我最不会猜谜了。）

开估 hɔi^{1}kwu^{2}〈估音古〉公开谜底：仲估唔倒，我就～喇。（还猜不出，我就说出谜底了。）

讲古仔 kɔŋ^{2}kwu^{2}tsɐi^{2}〈仔音子矮切〉讲故事。[又作“讲古”。参见八C3“古仔”]

***念口簧** nim^{6}hɐu^{2}wɔŋ$^{-2}$〈簧读第2声〉念顺口溜。[重见七D9。参见八C3“口簧”]

***读口簧** tok^{6}hɐu^{2}wɔŋ$^{-2}$〈簧读第2声〉同“念口簧”。[重见七D9]

***数白榄** sou^{2}pak^{6}lam^{-2}【喻】【谑】本为一种曲艺，节奏均匀而无旋律。喻唱歌唱得节奏死板、旋律枯燥：我唔听你～！（我不听你这唱快板似的歌！）[重见八C3]

世艺 sɐi^{3}ŋɐi^{6} 供消遣的活动（具有娱乐性质的）：退咗休，一个打麻雀，一个捻花，就係我嘅～嘞。（退了休，一是打麻将，一是摆弄花儿，就是我的消遣了。）

七 B9　下棋、打牌

捉棋 tsok$^{1(3)}$kʰei^{-2}〈捉音足，又读第3声；棋音卡起切〉下棋：～好嘥精神嘅。（下棋挺费神的。）

斗棋 tɐu^{3}kʰei^{-2}〈棋读第2声，卡起切〉兑子：我唔想～。（我不想兑子。）

***斗$_{2}$** tɐu^{3} 兑（子）：～车｜一只马～一只炮。[重见七E14]

搏棋 $pɔk^{3}k^{h}ei^{-2}$〈棋读第2声，卡起切〉兑子。

***搏** $pɔk^{3}$ 兑（子）：一车～双马。[重见七E14]

***行**₁ $haŋ^{4}$〈何盲切〉移动棋子；走(棋)：到你～喇。(轮到你走子了。)｜梗係～炮啦。(当然是走炮了。)[重见六A7、六D11、七B10、七E24]

***踩** $ts^{h}ai^{2}$(jai^{2})〈又读椅鞋切第2声〉马吃或准备吃对方的棋子：攞马～车(用马踏车)。[重见六D11、七D4、七E15]

坐 $ts^{h}ɔ^{5}$ 将（帅）移动：～出（将帅离开士象的环卫，从中线走至四或六线）｜～上｜～落(往底线方向走)。

***厾(督)** tok^{1}〈音督〉（棋子）向前走：～卒（拱卒）｜只车～到落底。(那车一直进到底线。)[重见六D8]

升₂ $seŋ^{1}$ 中国象棋的车、炮从己方底线附近前进至接近棋盘中央的位置：～车｜～炮

⿰口戟马脚 $k^{h}ek^{1}ma^{5}kœk^{3}$〈⿰口戟音卡益切〉中国象棋中棋子挡在“马”的前面，使之不能前进(⿰口戟：绊)。

花心₂ $fa^{1}sɐm^{1}$ 中国象棋九宫的中心。因其米字形线有如花蕊，故称：～马(走入九宫中心的马)。

归心 $kwei^{1}sɐm^{1}$ 中国象棋中除将（帅）、士（仕）以外的棋子走入本方九宫的中心：马～好湿滞个嚅！(马进九宫中心好麻烦哪！)[参见“花心”]

象田 $tsœŋ^{6}t^{h}in^{4}$ 中国象棋中象（相）所走路线的中间点：塞住～。(堵住象眼。)

河头 $hɔ^{4}t^{h}ɐu^{4}$ 中国象棋棋盘中界河边上己方一侧的横线。

巡河 $ts^{h}ɵn^{4}hɔ^{4}$ 中国象棋中车、炮等子占据“河头”位置：～车[参见“河头”]

飞宫(公) $fei^{1}koŋ^{1}$ 中国象棋规定双方将（帅）不能在中间无其他子隔阻的情况下同线相对。俗谓在此情况下将（帅）可飞向对面吃对方的将(帅)，称为“～”(宫：象棋的将帅)。

兜底将 $tɐu^{1}tɐi^{2}tsœŋ^{1}$〈将音将军之将〉从对方的将（帅）的后面将军（一般指用车）。

兜㞘将 $tɐu^{1}tok^{1}tsœŋ^{1}$〈将音将军之将〉同“兜底将”(㞘：底)。

***剥光猪** $mɔk^{1}kwɔŋ^{1}tsy^{1}$〈剥音莫第1声〉【喻】【谑】象棋中把对方吃得只剩一个将（帅）或王：输都唔好输到畀人～啊！(输也不要输得让人吃剩个光杆司令吧！)[重见七B1]

劏光猪 $t^{h}ɔŋ^{1}kwɔŋ^{1}tsy^{1}$〈劏音汤〉同“剥光猪”(劏：宰)。

回子 $wui^{4}tsi^{2}$ 悔棋：唔畀～嘅！(不许悔棋！)

盲棋 $maŋ^{4}k^{h}ei^{-2}$〈棋读第2声，启起切〉①明显的错着；因没看清楚而走错的棋：行咗步～畀佢白食咗只车。(走了一步睁眼瞎的棋，让他白白吃了个车。)②不看棋盘、凭记忆下的棋；闭目棋。③中国象棋的一种儿童玩法，把棋子反扣随意摆在棋盘上，逐个翻开来走动互吃。

斗⿰口披 $tɐu^{3}p^{h}ɛ^{1}$〈⿰口披音披爷切第1声〉打扑克（⿰口披：扑克）。[⿰口披为英语pair的音译]

赌⿰口披 $tou^{2}p^{h}ɛ^{1}$〈⿰口披音披爷切第1声〉同“斗⿰口披”。

斗大 $tɐu^{3}tai^{6}$ 一种扑克游戏，以牌大为胜(斗：比)。

锄大D $ts^{h}ɔ^{4}tai^{6}ti^{2}$〈D读第2声，底椅切〉一种4人扑克游戏，其规则以2为最大。因2字形似鸭子，D为英语duck(鸭子)首字母，故称2为D。此种游戏的名称由此而来。

交粮 $kau^{1}lœŋ^{4}$ 在扑克游戏中，上一轮

的输方在下一轮向赢方交自己手中最大的牌。赢方收取此牌称“收粮”，再把自己手中无用的牌还给输方，称“还粮”（粮：本指田租）。

收粮 sɐu^{1}lœŋ^{4} 参见“交粮”。

还粮 wan^{4}lœŋ^{4} 参见“交粮”。

打麻雀 ta^{2}ma^{4}tsœk^{-2}〈雀读第 2 声〉搓麻将牌：～要 4 个人嚟㗎，仲差 1 个人，点打嗰？（搓麻将牌需要 4 个人，还差 1 个人，怎么打呀？）

竹战 tsok^{1}tsin^{3}【雅】搓麻将牌。旧时麻将牌多以竹制，故称。

食和（糊） sek^{6}wu^{-2}〈和音胡第 2 声，壶虎切〉打麻将时某一家的牌合乎规定的要求，取得胜利；和（hú）。

七 B10　恋爱、恋爱失败

揾老婆 wɐn^{2}lou^{5}pʰɔ^{4}【俗】找老婆；娶媳妇（揾：找）。

***揾** wɐn^{2}〈音稳〉原意为找，指找对象：佢话佢过两年先～喎。（他说他过两年才找对象。）[重见七 A10、七 A11、七 D1、七 E15]

睇老婆 tʰɐi^{2}lou^{5}pʰɔ^{4}【旧】相亲（从男方的角度说。睇：看）。

相睇 sœŋ^{1}tʰɐi^{2}〈相音互相之相，睇音体〉相亲（睇：看）：去～就执四正啲啦。（去相亲就要穿得整齐点儿。）

媾 kʰɐu^{1}〈音沟〉【俗】追求（异性）。是个略带贬义、不大正经的说法：～女（泡妞）。

拍拖 pʰak^{3}tʰɔ^{1}【喻】谈恋爱（拍：并排；拖：拉手）：我个仔成 30 岁人都仲未～，之佢又唔紧嗰。（我的儿子都 30 岁了，还没谈恋爱，可他又不紧不慢的。）[本指拖轮并排拖带船只，以喻恋人并肩而行。广州话“拖”又有拉手之意，更有双关作用]

***拍**$_{2}$ pʰak^{3}“拍拖”之省称：佢～紧喇。（他正谈恋爱呢。）[重见七 A13]

拖手仔 tʰɔ^{1}sɐu^{2}tsɐi^{2}〈仔音子矮切〉谈恋爱（拖：拉手）：咁大个仔嘞，好揾翻个女仔～喇。（都这么大了，该找个女孩子谈恋爱了。）[因恋人喜手拉手，故称]

***拖** tʰɔ^{1} 谈恋爱：畀个衰仔执倒福，～倒个咁靓嘅女仔。（让那小子捡到福气，谈上个这么漂亮的女孩。）[参见“拖手仔”]

***行街** haŋ^{4}kai^{1}〈行音行路之行，何盲切〉谈恋爱。本义是逛街。因恋人必一同逛街，故称：一日挂住同女仔～。（整天顾着跟女孩子谈情说爱。）[重见七 B6]

***行**$_{1}$ haŋ^{4}〈音行路之行，何盲切〉谈恋爱：小杨而家～呢个淳品过旧时嗰个。（小杨现在谈的这个比以前那个淳厚。）[参见“行街”。重见六 A7、六 D11、七 B9、七 E24]

掹草 mɐŋ$^{1(3)}$tsʰou^{2}〈掹音妈亨切，又读第 3 声〉【谑】恋人一同到野外去（谈情说爱）。坐在草地上总会不由自主地拔地上的草，故称（掹：拔）：老夫老妻仲学啲后生仔女去～？（老夫老妻还跟年轻人一样去坐草地？）

晒月光 sai^{3}jyt^{6}kwɔŋ^{1}【谑】恋人夜间一同外出（谈情说爱）：琴晚又同女仔～晒到好晏嘞，係咪？（昨晚又跟姑娘一块儿出去很晚才回家，对不对？）

蹲枱脚 jaŋ^{3}(tsʰaŋ^{3})tʰɔi^{-2}kœk^{3}〈蹲音意坑切第 3 声，又音次坑切第 3 声；台音体海切〉【谑】恋人面对面坐在桌前（谈情说爱）。双方喜同时俯身向前，有如两边蹬撑着桌子，故称（蹲：蹬；枱：桌子）：人哋要～，我哋仲係咪做电灯胆嘞。（人家要谈情说爱，我们还是不要妨碍人家吧。）

掟煲 tɛŋ^{3}pou^{1}〈掟帝赢切第 3 声，煲音保第 1 声〉【喻】恋爱或婚姻关系破裂（掟：摔；煲：锅）：佢同雯雯～，你知唔知啊？（他和雯雯吹了，你知道吗？）[锅是共同生活的象征物，摔锅就意味着分手]

箍煲 kʰu^{1}pou^{1}〈箍音卡乌切，煲音保第 1 声〉【喻】挽回破裂的恋爱或婚姻关系。

甩拖 lɐt^{1}tʰɔ^{1}〈甩音拉一切〉【喻】恋爱关系破裂（甩：脱；拖：拍拖，即谈恋爱）。[参见“拍拖”]

斩缆 tsam^{2}lam^{6}【喻】与恋人决绝；断然分手。并排拖带的船只砍断缆绳则分开，所以为喻。[参见“拍拖”]

七 B11　婚嫁、其他喜事

拉埋天窗 lai^{1}mai^{4}tʰin^{1}tsʰœŋ^{1} 字面意思是把天窗拉上（埋：闭拢），指结婚或同居（拉上天窗以防窥视）：佢哋今日先派糖，其实～成两个月嘑喇。（他们今天才分送喜糖，其实已经结婚有两个月了。）

出门 tsʰɵt^{1}(tsʰyt^{1})mun^{4} 出嫁：佢个女出咗门喇。（他女儿出嫁了。）[也有外出的意思，则同于普通话]

派糖 pʰai^{3}tʰɔŋ$^{-2}$〈糖读第 2 声，体讲切〉①结婚后向亲友分送喜糖（派：分发；糖：糖果）。②指结婚。

请食糖 tsʰɛŋ^{2}sek^{6}tʰɔŋ$^{-2}$〈请音此赢切第 2 声，糖音体讲切〉①请吃喜糖。②结婚：张生，几时～啊？（张先生，什么时候结婚哪？）

请饮 tsʰɛŋ^{2}jɐm^{2}〈请音始赢切第 2 声〉请喝喜酒：结婚～，有冇我份啊？（结婚请喝喜酒，有我的份吗？）

玩新人 wan^{2}sɐn^{1}jɐn^{4} 闹洞房（新人：新娘）。

招郎入舍 tsiu^{1}lɔŋ^{4}jɐp^{6}sɛ^{5} 招赘；入赘：而家～好闲嘅啫，事关屋嘅问题嘛。（现在入赘女家很平常，这跟房子问题有关。）

三朝回门 sam^{1}tsiu^{1}wui^{4}mun^{4}〈朝音之烧切〉结婚 3 天后回娘家（广东的婚俗）。[简作“回门”]

翻头嫁 fan^{1}tʰɐu^{4}ka^{3}（女子）再嫁（略带贬义色彩）。

梳起 sɔ^{1}hei^{2} 终生不嫁。旧时有“自梳女”[参见一 E5]，梳髻以示不嫁，称为～。今指女子独身：咁大个女仲唔行，唔通你要～？（这么大的闺女还不谈恋爱，难道你准备独身一辈子？）

摆姜酌 pai^{2}kœŋ^{1}tsœk^{3}〈酌音雀，志约切〉为孩子弥月设宴：陈生成 40 岁至生咿粒仔，梗会～嘅。（陈先生到了 40 岁才生了这个儿子，孩子满月肯定会宴客的。）[坐月子期间习惯吃“姜醋”（醋煮姜），满月时也请客人（主要是女客）吃，故称。又作“摆姜酒”]

开枝散叶 hɔi^{1}tsi^{1}san^{3}jip^{6}【喻】生儿育女，儿孙满堂；宗族人丁旺盛。

上契 sœŋ^{5}kʰɐi^{3}〈上音上去之上〉认干亲：你两个好似两仔爷噉，不如～啦！（你们俩好像父子一般，不如认个干亲吧！）

砟年 tsak^{3}nin^{4}〈砟音责，志客切〉压岁（砟：压）。阴历过年时长辈给小辈一些钱，称为～：嗱，呢啲利市係舅公畀你～嘅。（喏，这是舅爷爷给你的压岁钱。）[压岁的钱普通话称“压岁钱”，但广州话不叫“砟年钱”而称“利市”]

开年 hɔi^{1}nin^{4} 旧俗正月初一吃素，初二吃荤，称为～。

采青 tsʰɔi^{2}tsʰɛŋ^{1}〈青音车腥切〉每逢喜庆日子，多有民间舞狮队助兴，沿路逐户门前舞狮，大户人家和商铺等在门前高处悬挂生菜，其中藏有红包，让狮子攀高衔去（实际上是舞狮人从狮头的口中伸手取去），很能显现舞狮人的技艺，称为“～”。

七 B12 丧俗、旧俗、迷信活动、寻死

出山 tsʰɐt¹(tsʰyt¹)san¹ 出殡（专用于土葬者。山：坟场）。

担幡 tam¹fan¹〈幡音翻〉旧俗，父母去世，孝子持招魂幡走在出殡队伍前面（担：持旗等）。

买水 mai⁵søy² 旧俗：父母去世，儿子到河边打水，为尸体净身（实际上只是象征性地滴一些在尸身或棺材上），称为～。

*__拜山__ pai³san¹ 扫墓：佢年年清明都翻乡下～。（他每年清明节都回乡下扫墓。）[重见七 D11]

行青 haŋ⁴tsʰɛŋ¹〈行音行路之行，青音差赢切第 1 声〉扫墓。

装香 tsɔŋ¹hœŋ¹ 供香（把香插在香炉等中以作供奉）：帮阿爷～。（向爷爷的灵台供香。）

撞口卦 tsɔŋ⁶hɐu²kwa⁻²〈卦读第 2 声〉【旧】旧时迷信认为不懂事的小孩说话很灵，故民间有一种预卜吉凶等的方法，向孩子提问题，根据其回答来对事情作出判断，称为～（撞：碰）。[参看八 C5“童子口”]

占卦木鱼赢 tsim¹kwa³mok⁶jy⁴jɛŋ⁴【旧】一种民间占卦方式，从一大叠木鱼书（广东说唱艺术）脚本中抽出一本，根据其内容揣测吉凶。由于“书”与“输”同音，故改称“赢”。[参见八 C3“木鱼书”]

还神 wan⁴sɐn⁴ 旧时迷信的做法：当受到神灵保佑后，向神灵供拜以表谢。现是表达一种感慨，实际上并不一定真的供拜神灵：你头先争啲冇命啊，翻去真係要～先得嘞！（你刚才差点儿没命了，回去真的要拜谢神灵了！）

禳 jœŋ²〈音央第 2 声，椅响切〉迷信认为可把不吉利的事驱走或推到别人身上的做法，做推开或拨开的手势，同时口中说“～”或“～过你”。常用于别人说了不吉利的话之后。

啋过你 tsʰɔi¹kwɔ³nei⁵【熟】在听到别人对自己说不吉利的或令人厌恶的话后，说“～”，表示把不吉利推到对方身上。[参见十一 A3“啋”]

治邪 tsi⁶tsʰɛ⁴ 祛邪；辟邪。

喊惊 ham³kɛŋ¹〈惊音机赢切第 1 声〉旧时迷信的风俗，小孩得了重病，大人到野外呼唤病孩的名字，以为这样可以招回其失落的魂魄。

卖懒 mai⁶lan⁵ 旧俗：于除夕夜由小孩（或大人代替）到街上高呼“～”，据说可把孩子的懒惰“卖”出，来年变得勤快。

卖风 mai⁶foŋ¹ 女麻风病人引诱男人与之发生性关系，把麻风病传给他。传说这样可使女患者自己病愈或病情减轻，实际上并无科学根据，而这种行为也是极其丑恶和不道德的。

吊颈 tiu³kɛŋ² 上吊：为呢啲事使乜～啊！（为这些事用得着上吊吗！）

吊腊鸭 tiu³lap⁶ap³【喻】【谑】上吊。

挂腊鸭 kwa³lap⁶ap³ 同“吊腊鸭”。

吞枪 tʰɐn¹tsʰœŋ¹ 用枪自杀。

七 B13 其 他

安名 ɔn¹mɛŋ⁻²〈名音摸赢切第 2 声〉起名儿：帮我哋公司安乜名好呢？（给我们公司起啥名儿好呢？）

改名 kɔi²mɛŋ⁻²〈名音摸赢切第 2 声〉起名儿：谂嚟谂去，最尾帮个仔～

做“富泉”。（想来想去，最后替儿子起名儿叫“富泉”。）[此虽用“改”字，但并不是指原已有名字而改取另一个名字]

*食₁ sek^6 抽（烟）：～烟对身体冇好处。（抽烟对身体没有好处。）| ～支烟啦！（抽根烟吧！）[重见六 C2]

煲烟 pou^{1}jin^1〈煲音保第 1 声〉【谑】抽烟（煲：煮）：佢皱埋眉头猛～。（他皱起眉头拼命抽烟。）

吹 ts^{h}øy^1 抽大烟。

趁圩（墟）ts^{h}ɐn^{3}høy^1 赶集：几时係墟日啊？我哋一齐去～啰。（什么时候是赶集日呀？我们一块儿去赶集吧。）

扑飞 p^{h}ɔk^{3}fei^1 到处找票；四处奔波买票（扑：奔波；飞：票）：嗰场波仲有成个月先打，佢而家就已经喺度～嘞。（那场球还有整整一个月才打，他现在就已经在奔波着买票了。）

*执死鸡仔 tsɐp^{1}sei^{2}kɐi^{1}tsɐi^2〈仔音子矮切〉【喻】买退票：去火车站～ | 而家去体育场门口～可能都仲执倒嘅。（现在到体育场门口看看可能还买得到退票。）[又作“执死鸡”。重见七 A6]

打地气 ta^{2}tei^{6}hei^3 把东西放在地面，使受潮气：将盆花搬出去打下地气。（把那盆花搬出去，让它受一些地上的潮气。）

打雾水 ta^{2}mou^{6}søy^2 把东西放在露天里过夜，使受露水潮润（雾水：露水）：喺天棚瞓，㖏咗蚊帐就唔怕～嘞。（在阳台睡觉，挂了蚊帐就不怕着露水了。）[又作“打雾”]

*琼 k^{h}eŋ^4〈其迎切〉使液体中的杂质沉下去；澄（dèng）：呢啲水要～下先用得。（这些水要澄一澄才能用。）[重见七 B3、九 B16]

泵 pɐm^1〈巴音切〉（用水泵）抽水；（用打气筒）打气：～水 | 帮单车～气。（给自行车打气。）

*装 tsɔŋ^1 设置机关、陷阱等捕捉（兽类等）：～老鼠 | 挖个坎嚟～山猪。（挖个坑来捕野猪。）[重见七 E18]

毒 tou^6〈音杜〉毒杀（老鼠、害虫等）：～老鼠（以药饵毒杀老鼠）| ～塘虱（以药物，例如茶籽水，逼迫鲶鱼从安装了捕笼的洞口出来的一种捕鱼法）。[此词意义不很特殊而读法特殊]

七 C　言语活动

七 C1　说话、谈话

*话 wa^6 说（一般用于引出所说的内容）：我～好，佢～唔好。（我说好，他说不好。）| 佢～佢就嚟。（他说他就来。）[普通话“说”在广州话用“讲”和“话”。大致上说，普通话能用“讲”的广州话一般用“讲”，普通话不能用“讲”的广州话一般用“话”。重见七 C6]

讲话 kɔŋ^{2}wa^6 ①说话：点解唔～啫。（怎么不说话？）②同“话”：我听霞姐～佢个仔考倒大学。（我听霞姐说他儿子考上了大学。）③谈论；谈到（表示某事已提到议事日程上）：佢哋～结婚㗎喇。（他们在谈结婚的事了。）[与普通话的“讲话”有所不同]

讲 kɔŋ^2 同“讲话③”：过咗冬又～过新历年，过咗新历年又～过旧历年。（过了冬至又说怎么过新历年，过了新历年又说怎么过旧历年。）[此词有“说”的意思，同于普通话。与“话”有分工，参见“话”]

***讲嘢** kɔŋ²jɛ⁵〈嘢音野〉说话；说事情：上紧课唔好～！（正上课别说话！）| 校长同刘老师讲紧嘢。（校长跟刘老师正说事。）[重见七 C5]

倾₂ kʰeŋ¹ 谈：你有冇时间啊？我哋～下哩。（你有没有时间？咱们聊聊。）

倾偈(计) kʰeŋ¹kɐi²〈偈(计) 音假矮切〉谈话；聊天：得闲去我屋企～啊。（有空到我家聊天呀。）

打牙骹(铰) ta²ŋa⁴kau³〈骹(铰) 音教〉【喻】闲聊（骹：颌关节）：你哋呢班嘢喺处～，唔使做啊？（你们这帮家伙在这儿闲聊，不用干活啦？）

出声 tsʰɵt¹(tsʰyt¹)sɛŋ¹〈声音司赢切第 1 声〉说话；吭声：到时候佢会～嘅。（到时候他会说话的。）

吹水 tsʰɵy¹sɵy² 闲聊；高谈阔论：咪净係顾住～喇，做嘢啦！（别光顾吹牛了，干活吧！）

开声 hɔi¹sɛŋ¹ 说话；吭声：你哋几个都开句声啦。（你们几个也说几句吧。）

声 sɛŋ¹〈音司赢切第 1 声〉说话；吭声（一般用于否定）：冇人敢～。（没人敢吭声。）

噏 ŋɐp¹〈毅恰切〉说（稍带贬义）：都唔知你喺度～乜。（也不知道你在说啥。）| 咪乱咁～嘢。（不要乱说话。）

噏三噏四 ŋɐp¹sam¹ŋɐp¹sei³〈噏音毅恰切〉【贬】说三道四：人哋嘅事你何必～呢？（别人的事你何必说长道短呢？）

讲三讲四 kɔŋ²sam¹kɔŋ²sei³ 同"噏三噏四"。

口水花喷喷 hɐu²sɵy²fa¹pʰɐn³pʰɐn³ 拼命地说话；大声说话（口水花：唾沫星子。略含贬义）：佢响度～，其实冇人听佢。（他在那儿唾沫横飞，其实没人听他。）

***嚼牙嗱哨** ji¹ŋa⁴paŋ⁶sau³〈嚼音医，嗱音步横切第 6 声〉【贬】本义为呲牙咧嘴，引申为说话：喺度唔到你嚟～！（这里轮不到你来卖嘴皮子！）[重见六 C2]

七 C2 告诉、留话、吩咐、听说

话畀 wa⁶pei²〈畀音比〉告诉（话：说；畀：给。在告诉的对象后面还常加上"知"或"听"）：我～你知啦。（我告诉你吧。）| 有人将乜嘢都～我听喇。（有人把什么都告诉我了。）

讲畀 kɔŋ²pei²〈畀音比〉同"话畀"：呢件事要即刻～刘经理知。（这件事要立即告诉刘经理。）

话低 wa⁶tɐi¹ 留下话：佢走个阵时有冇～乜嘢？（他走的时候有没有留下什么话？）

话落 wa⁶lɔk⁶ 留下话：经理～，呢批货唔发住。（经理留下话，这批货暂时不发。）

***嗌** ŋai³〈音捱第 3 声，饿隘切〉①招呼；呼唤：去～陈仔翻来，就话我有嘢揾佢。（去叫小陈回来，就说我有事找他。）②吩咐；命令：你～佢做嘢？咪嘥气啦。（你吩咐他干活？别白费劲了。）[重见七 C8]

***交带** kau¹tai³ 吩咐；交代：董事长～落啲乜嘢？（董事长交代了些什么？）[此为普通话"交代（交待）"的摹音。广州话"带"与"代"及"待"不同音。重见七 E26]

听讲 tʰɛŋ¹kɔŋ²〈听音厅〉听说：～你个仔学习成绩好好。（听说你儿子学习成绩很好。）

听闻 tʰɛŋ¹mɐn⁴〈听音厅〉听说：我～阿婶话你呢轮好忙。（我听婶婶说你近期很忙。）

承闻 seŋ4mɐn4【雅】听说：～黄婆添咗个孙，恭喜恭喜！（听说黄婆婆添了个孙子，恭喜恭喜！）

七 C3　不说话、支吾、私语

收口2 sɐu1hɐu2 停止说话；住嘴：你好～啰噃！（你该住口了！）

收声 sɐu1sɛŋ1〈声音司赢切第1声〉同“收口”：佢一见我入嚟就～嘞。（他一见我进来就住了嘴。）

粒声唔出 nɐp1sɛŋ1m4tsʰɵt1(tsʰyt1)〈声音司赢切第1声〉一声不吭：佢由头至尾都～。（他自始至终一句话也没说。）

唔声 m4sɛŋ1〈声音司赢切第1声〉不吭声：我嗌你你点解～嘅？（我喊你你怎么不出声？）

唔声唔气 m4sɛŋ1m4hei3 不声不响，不说话：你咪睇谢生～，好有谂头㗎。（你别看谢先生不声不响，可有头脑呢。）

口哑哑 hɐu2a2a2 哑口无言；无话可说：畀人问到～。（让人问得张口结舌。）

擘大口得个窿 mak3tai6hɐu2tɐk1kɔ3loŋ1〈擘音马客切〉【熟】哑口无言；张口结舌（擘：张；得：剩下）。

□□牙牙 ŋi4ŋi4(1)ŋa4ŋa4〈第一字音危疑切，第二字可读危疑切，又读毅衣切〉支支吾吾：问亲佢佢都～唔肯讲。（每次问他他都支支吾吾不肯说。）

□□哦哦 ŋi4ŋi4(1)ŋɔ4ŋɔ4〈第一字音危疑切，第二字可读危疑切，又读毅衣切；哦音娥〉支支吾吾。

吱吱浸浸 tsi-4tsi-4(1)tsɐm-4tsɐm-4〈前一吱字读第4声，后一吱字读第4声或第1声，浸读第4声〉本象小声说话的声音，指窃窃私语：要讲乜就大声讲，唔好～。（要说什么就大声说，别窃窃私语。）

整整浸浸 tseŋ-4tseŋ-4(1)tsɐm-4tsɐm-4〈前一整字读第4声，后一整字读第4声或第1声，浸读第4声〉同“吱吱浸浸”。

七 C4　能说会道、夸口、学舌

[口畫] wak1〈音划第1声〉嘴巴厉害；能说会道（略带贬义）：呢兜𠸏仔把嘴好～嘅。（这个小青年嘴巴很厉害的。）

[口畫][口畫]声 wak1wak1sɛŋ1〈[口畫]音划第1声，声音司赢切第1声〉同“[口畫]”：～嘅人唔一定有料。（能说会道的人不一定有能耐。）

口[口畫][口畫] hɐu2wak1wak1〈[口畫]音划第1声〉【贬】呱啦呱啦地高谈阔论：一日到黑～。（一天到晚呱啦呱啦。）

口响 hɐu2hœŋ2 说得好听；嘴硬：讲得咁～，做嚟睇下？（说得好听，做来看看？）｜佢既然咁～，多少有啲把炮嘅。（他既然这么嘴硬，多少都有点把握的。）

咯咯声 lɔk1lɔk1sɛŋ1〈咯音落第1声，声音司赢切第1声〉能说会道；能言善辩：佢把嘴真係～㗎。（他那张嘴真是能言善辩。）

鬼舐口 kwei2lai2hɐu2【喻】花言巧语；能说会道。据说被鬼舔过嘴巴的人特别会说话（舐：舔）：佢嗰把正一～嚟嘅。（他那张嘴啊，就会花言巧语。）

卖口乖 mai6hɐu2kwai1【贬】①说好听的话：你唔使喺处～，又想滚老豆做咩呢？（你别净说好听的，又想求爸爸做什么事呢？）｜净係识得～，做啲实际啲嘅嘢得唔得？（光会说好听的，做点实际一点儿的事情行不行？）②耍嘴皮：有人听你～啊，收下把嘴啦。（没人听你耍嘴皮子，闭上你的嘴巴吧。）

好口 hou2hɐu2 话说得好听（略带贬义）：而家就讲得～，唔知第日点呢？（现在就说得挺好，不知道以后怎样呢？）

牙尖嘴利 ŋa4tsim1tsøy2lei6【喻】口齿伶俐；善辩；嘴巴子厉害：咁～，我讲唔过你。（你的嘴巴刀子似的，我说不过你。）

牙擦（刷） ŋa4tsʰat3【贬】言谈自负；夸口；嘴巴要强：佢嗰个人好～嘿，乜都话係一哥。（他那个人很自负，什么都说自己最棒。）｜佢嗰个人好～嘿，乜都同你拗餐死。（他那个人嘴巴要强，什么事情都和别人争个天翻地覆。）［典出“梁苏记牙刷”，据说梁苏记制的牙刷异常耐用，号称“一毛不拔”，时人称为“牙刷苏”，由此有夸口的意思］

牙屎$_2$ ŋa4si2 同“牙刷（擦）”：先学咗几耐啫，就咁～？（才学了多久啊，就那么自以为了不起？）

牙斩斩 ŋa4tsam2tsam2【贬】①嘴巴要强：你都几～个嚁，未见过你认衰仔。（你嘴挺硬的，从来没见你认过输。）②强辞夺理；争辩不休：你净係识得～，你识做咩？（你就会强辞夺理，你干得来吗？）

牙谵谵 ŋa4tsap3tsap3〈谵音闸第3声，志鸭切〉同“牙斩斩”。

牙蹭蹭 ŋa4jaŋ3jaŋ3〈蹭音意坑切第3声〉同“牙斩斩”。

下爬轻轻 ha6pʰa4hɛŋ1hɛŋ1〈下音夏，轻音哈赢切第1声〉【喻】【贬】随便说话；不切实际地夸口（下爬：下巴）：你而家就～，做唔倒点办？（你现在夸口夸得轻松，办不到怎么办？）

学 hɔk6 模仿别人说话；学舌：人哋讲乜，你又～乜，成只了哥噉。（人家说什么，你也跟着说什么，活像只八哥。）｜等我～翻你听。（让我给你学一学。）

学口学舌 hɔk6hɐu2hɔk6sit6【熟】①把别人的话到处传播；作传声筒：隔篱二叔婆最识～嘿嘞，阵间佢实会话畀你知陈仔讲乜。（隔壁的二婶最会做传声筒了，待会儿她肯定会告诉你小陈说了啥。）②模仿别人说话；学舌：哈，识得～驳嘴添。（哟，居然会学舌顶嘴哪！）

学人口水溦 hɔk6jɐn4hɐu2søy2mei1〈溦音微第1声，么禧切〉【熟】【贬】学舌；拾人余唾（口水溦：唾沫）：你要讲自己嘅嘢，唔好～。（你要说自己的东西，不要拾人牙慧。）［又作“学口水溦”］

跟人口水溦 kɐn1jɐn4hɐu2søy2mei1〈溦音微第1声，么禧切〉同“学人口水溦”：唔知丑，～！（不知羞，鹦鹉学舌！）［又作“跟口水溦”］

执人口水溦 tsɐp1jɐn4hɐu2søy2mei1〈溦音微第1声，么禧切〉同“学人口水溦”。［又作“执口水溦”］

七 C5　称赞、贬损、挖苦、戏弄

赞 tsan3 称赞；赞扬：佢哋个老师成日～佢嘿。（他们的老师经常称赞他。）｜咪畀人～两句就晕晒浪嘎！（别让人赞扬了几句就昏头转向啊！）

嗺$_2$ sai1〈音晒第1声〉贬损；挖苦：～到一钱唔值。（贬得一钱不值。）｜畀人当面～。（被人当面挖苦。）

唱 tsʰœŋ3 贬损；到处说某人的坏话：四围～佢。（到处说他坏话。）｜你～衰你老公对你有乜好处？（你毁了你丈夫的名声对你有什么好处？）

*瘀 jy^{2}〈音于第 2 声〉指责；说坏话：成班人一齐嚟～佢。（成群人一起来说他坏话。）[重见二 C11、二 E1、七 E13]

*讲嘢 kɔŋ^{2}jɛ^{5}〈嘢音野〉【贬】说不该说的话、陈述虚假的信息等（嘢：东西）：唔好～啦！（别胡说！）｜你～！边係噉啊！（你乱讲！哪是这样呢！）[“嘢”一般要读得比较重。重见七 C1]

噏得就噏 ŋɐp^{1}tɐk^{1}tsɐu^{6}ŋɐp^{1}〈噏音簃恰切〉【熟】【贬】字面意思是能说得出口就说（噏：说），指说不负责任的话，一般是没根据地指责人或说令人生气的话：你又係嘅，～，谂真先好讲啊嘛！（你也是的，说些不牢不靠的话，想清楚才说嘛！）

口臭 hɐu^{2}ts^{h}ɐu^{3}【喻】说话不得体；说了不该说的话：你～，唔同你讲！（你这人乱说话，我不跟你说！）

谛 tɐi^{3}〈音帝〉讽刺；挖苦：佢好翳㗎喇，你仲～佢。（他已经很苦闷了，你还挖苦他。）

弹₂ t^{h}an^{4}〈音弹琴之弹〉指责；批评：你噉做赚畀人～嘅嗻。（你这样做只会招人指责。）

嫽 liu^{4}〈音僚〉（用言语）戏弄；逗弄：～女仔。（戏弄女孩子。）｜改个花名～下佢。（起个绰号嘲弄他。）

*丑 ts^{h}ɐu^{2} 使人难为情（一般是使用言语）；羞：大家一齐～佢。（大家一起羞他。）[重见五 A4]

七 C6　斥责、争吵、争论、费口舌

闹 nau^{6} 骂：佢～咗个仔一餐。（他把儿子骂了一顿。）

询 sɵn^{1}〈音顺第 1 声〉训斥：你哋唔交作业，赚畀老师～嘅啫。（你们不交作业，定会被老师训斥。）[这是对北方话“训”字的摹音]

喝₂ hɔt^{3} 喝斥：咪咁大声～个细路啦，吓坏佢㗎。（别这么大声喝斥小孩，会把他吓坏的。）

*揗 saŋ^{2}〈音省〉训斥：畀老细～咗一餐。（给老板训斥了一顿。）｜～猫面（当面训斥）[重见六 D9]

喝神喝鬼 hɔt^{3}sɐn^{4}hɔt^{3}kwɐi^{2}【喻】【贬】骂人；大声地喝斥人：一嚟到就～，食咗火药噉。（一来到就呼幺喝六地骂人，像吃了枪药似的。）

质 tsɐt^{1} 质问；逼责：畀我～到佢口哑哑。（他被我责问得哑口无言。）

诛 tsœ^{1}〈之靴切〉逼责；质问：成班人一齐～住佢，好似要食咗佢噉。（一群人一起七嘴八舌地逼住他，好像要把他活吞了似的。）[此字一般读作 tsy^{1}〈音朱〉]

[口靴]（嘘）hœ^{1}(œ^{1})〈音靴，又音屙靴切〉对人起哄、喝倒彩；以嘘声来制止或驱逐人：未讲得几句就畀人～咗落台。（没说上几句就被人轰了下台。）

*话 wa^{6} 责备：～下佢好喇，唔使噉闹佢。（说他一下行了，不要这样骂他。）[重见七 C1]

*嘈 ts^{h}ou^{4} 争吵；吵架：你哋两个唔好～喇，两个都唔啱！（你们俩甭吵了，两人都不对！）[重见七 C8、九 D12]

嘈交 ts^{h}ou^{4}kau^{1} 吵架：佢哋两个撞埋就～，唔通前世捞乱骨头？（他们俩碰在一起就吵架，难道是上辈子结了仇？捞乱骨头：迷信说法，把分属两人的骨骸混在一块儿，那么这两人转世后便成冤家。）

嗌交 ŋai^{3}kau^{1}〈嗌音捱第 3 声〉吵架：呢两公婆～嗌到咁大声，嘈住晒隔篱邻居瞓觉。（这夫妻俩吵架这么大声，吵得左邻右舍没法睡觉。）

嗌霎 ŋai³sap³〈嗌音捱第 3 声，霎音细鸭切〉吵架并怄气：呢两兄弟成日都～，好似前世有仇噉。(这两兄弟整天吵架，好像上辈子结下仇一样。)

闹交 nau⁶kau¹ 吵架：嗰家人成日～嘅。(那家人整天吵架。)

詏交 au³kau¹〈詏音阿孝切〉吵架：～有乜谓嘛？不如大家坐低倾下喇。(吵架有什么用？还不如大家坐下来谈一下。)｜咪～喇，鬼咁嘈。(别吵啦，吵死人了。)

詏颈 au³kɛŋ²〈詏音阿孝切〉吵架：你哋唔好～喇，边个去都係噉话啫。(你们别吵了，谁去还不是一样。)

争交 tsaŋ¹kau¹〈争音之坑切〉吵架：为咗小小事就～，值得咩？(为了一丁点儿事就吵架，值得吗？)

驳₂ pɔk³ 反驳；顶嘴：话佢一句，佢～一句，激死你！(说他一句，他顶一句，气死人！)

驳嘴 pɔk³tsøy² 顶嘴：阿妈闹你，你就唔好～啦！(妈妈骂你，你就别顶嘴了！)

喹 tɐt¹〈音突第 1 声，低一切〉顶撞；抢白：一句～到佢冇声出。(一句话顶得他无话可说。)｜讲说话噉～人嘅！(说起话来这样抢白人！)

顶颈 tɛŋ²kɛŋ² 抬杠：你揾次唔～得唔得？(你少抬杠一次行不行？)

掹嚟讲 lɔ²lɐi⁴kɔŋ²〈掹音裸，嚟音黎〉【贬】①勉强找事来说：件事都经已过咗咁耐嘞，阿山而家係～嘛。(那件事也已经过了那么久了，阿山现在是要找个由头来说事罢了。)②依据不可靠的证据或理由来说话或为自己辩解（掹：拿；嚟：来）：～啦，点可能嚉！(也就一说，怎么可能呢！)

詏 au³〈阿孝切〉争论：你哋～咩啫？～巴西赢定係意大利赢啊？(你们争论什么？争论巴西赢还是意大利赢吗？)

***劳气** lou⁴hei³ 费神；耗费言词：你再～都冇用，我係按章办事。(你再多说也没用，我是照章办事。)[重见五 A3]

***嘥气** sai¹hei³〈嘥音晒第 1 声〉白费口舌（嘥：浪费）：同佢讲咁多都係～嘛。(跟他讲那么多全是白费口舌。)[重见七 A8]

嘥声坏气 sai¹sɛŋ¹wai⁶hei³〈嘥音晒第 1 声，声音司赢切第 1 声〉同“嘥气”。

鸡同鸭讲 kɐi¹tʰoŋ⁴ap³kɔŋ²【熟】【喻】鸡跟鸭说话，比喻双方没有共同语言，因而说不通，白费口舌。

七 C7　唠叨、多嘴

吟 ŋɐm⁴〈危淫切〉①絮叨：唔好成日～住啦！(不要整天絮絮叨叨的！)②念叨：佢～咗好多匀，话要去睇你嚟喇。(他念叨了好多回说要去看你的了。)[书面语音 jɐm⁴〈音淫〉]

***吟噚** ŋɐm⁴tsʰɐm⁴〈吟音危淫切，噚音沉〉嘀咕；絮叨：你～咩啊？大声啲讲嚟听下。(你嘀咕什么呀？大点声说来听听。)[“吟”书面语音 jɐm⁴〈音淫〉。重见五 C4]

口噏噏 hɐu²ŋɐp¹ŋɐp¹〈噏音牙合切第 1 声〉有点唠叨的样子（略带贬义）：嗰日杨伯～话，仲係想退休算啰喎。(那天杨伯叨叨说，还是想退休算了。)

口水多过茶 hɐu²søy²tɔ¹kwɔ³tsʰa⁴【熟】唾沫比喝下去的茶（开水）还多，这是夸张地形容人话多；啰唆：你唔好～喇，简单啲讲啦。(你别那么啰唆了，简单点儿说吧。)

阿吱阿咗 a³tsi¹a³tsɔ¹〈咗音左第 1 声〉【贬】唠叨，而且说话内容令人厌烦：听二姑～成朝，做唔倒嘢。(听二姑絮絮叨叨了整个上午，干不成事情。）

鸡啄唔断 kɐi[1]tœŋ[1]m[4]tʰyn[5]〈啄音低央切〉【熟】【喻】字面意思是连鸡也啄不断，比喻话多，老是说不完：佢～，讲咗两个钟。（他滔滔不绝说了两个小时。）

啲朵 ti[1]tœ[1]〈啲音低衣切，朵音低靴切〉话多；多嘴：点解我入亲嚟都听见你喺度啲啲朵朵嘅？（怎么我每次进来总听见你不停地说话呢？）

牙痕 ŋa[4]hɐn[4]【喻】【贬】话多；老是要东拉西扯地聊天（痕：痒）。

口痕 hɐu[2]hɐn[4] 同"牙痕"。

口多多 hɐu[2]tɔ[1]tɔ[1] 话多；多嘴：人哋嘅事，使乜你～？（别人的事情，用得着你多嘴？）

口花花 hɐu[2]fa[1]fa[1] 多嘴；乱说话：成日～嘅人唔去得嗰种部门做嘢嘅。（总是乱说话的人是不能去那种部门工作的。）

七 C8 发牢骚、吵闹、叫喊

咕咕声 kwu[4]kwu[2]sɛŋ[1]〈前一咕字读第4声，第二字读第2声，声音司赢切第1声〉因不满而发牢骚：做咗捞唔倒钱，怪唔得人哋～嘅。（做了拿不到钱，怪不得人家发牢骚的。）

罂罂声 ɐŋ[4]ɐŋ[2]sɛŋ[1]〈第一字音亚衡切，第二字音哑肯切，声音司赢切第1声〉发牢骚：佢成日～，梗係畀人扣咗奖金定嘞。（他整天牢骚满腹，肯定是给扣了奖金。）

猫刮噉声 mau[1]kwat[3]kɐm[2]sɛŋ[1]〈噉音敢，声音司赢切第1声〉【贬】【喻】①大声吵闹（刮：交尾）：嗰啲人～做乜啫？（那些人吵吵嚷嚷的干什么？）②高声抗议；大发牢骚：要佢做多啲就～。（要他多干一点就哇哇叫。）［又作"猫刮噉嘈"］

咩₂ ŋɛ[1](ɛ[1])〈毅爷切第1声，又音啊爷切第1声〉【喻】本指羊叫声，比喻为表示不满、软弱的抗议：佢咁恶，第个边敢～啊？（他那么凶，别人怎敢作声？）［重见十一 B1、十一 B2］

呻 sɐn[3]〈读第3声〉诉苦；发牢骚：你同我～都冇用㗎。（你向我诉苦也没用啊。）

喊苦喊忽 ham[3]fu[2]ham[3]fɐt[1] 诉苦；发牢骚：做到几辛苦都从来唔听佢～嘅。（干得多辛苦也从来没听见他诉一声苦。）

哭 hok[1] 诉苦；发牢骚：见亲我就～。（每次见到我都诉苦。）

牙痛噉声 ŋa[4]tʰoŋ[3]kɐm[2]sɛŋ[1]〈噉音敢，声音司赢切第1声〉【喻】发牢骚。

鬼杀咁嘈 kwɐi[2]sat[3]kɐm[3]tsʰou[4]〈咁音甘低3声〉【贬】【喻】①吵吵闹闹：点解出便～嘅？（为什么外面吵得那么厉害？）②发牢骚；抗议：佢仲未讲完，底下啲人就～嘞。（他话没说完，底下的人就哇啦啦叫开了。）

鬼杀噉声 kwɐi[2]sat[3]kɐm[2]sɛŋ[1]〈噉音敢，声音司赢切第1声〉同"鬼杀咁嘈"。

□哇（呱）鬼叫 wi[1]wa[1](kwi[1]kwa[1])kwɐi[2]kiu[3]〈第一字乌衣切（此时第二字读哇），又读姑衣切（此时第二字读呱）〉【贬】【喻】喧哗吵闹：四周围～，我点安得落心嚟睇书嚅？（到处吵吵闹闹，我怎么安得下心来看书呢？）

□哇（呱）鬼震 wi[1]wa[1](kwi[1]kwa[1])kwɐi[2]tsɐn[3]〈第一字乌衣切（此时第二字读哇），又读姑衣切（此时第二字读呱）〉同"□哇（呱）鬼叫"。

***嘈** tsʰou[4] 吵闹：你哋唔好喺度～住嫲嫲瞓觉。（你们不要在这儿吵，奶奶正睡觉。）［重见七 C6、九 D12］

嘈生晒 tsʰou[4]saŋ[1]sai[3]〈生音生熟之生〉吵吵嚷嚷；吵闹：班细路～，嗌佢哋行远啲！（这群小孩吵吵嚷嚷的，叫他们走远点儿！）

吱喳 tsi¹tsa¹〈喳音渣〉吵闹；吱吱喳喳地大声说话：隔住两间房都听倒佢哋嗓度大声～。（隔着两间屋子都能听到他们大声嚷嚷。）

*__巴闭__ pa¹pɐi³【外】咋呼；吵嚷：一日到黑就听见你两个响度巴巴闭闭！（一天到晚都听见你们俩在咋咋呼呼！）［英语 babble。重见五 E1、九 D1］

*__嘈喧巴闭__ tsʰou⁴hyn¹pa¹pɐi³〈喧音圈〉吵吵闹闹（巴闭：咋呼；吵嚷）：你哋静啲，唔好～得唔得？（你们安静点儿，别吵吵嚷嚷的行不行？）［又作"嘈吱巴闭"。重见九 D12］

嘈嘈闭 tsʰou⁴tsʰou⁴pɐi³ 吵闹不停。

*__巴喳__ pa¹tsa¹〈喳音渣〉咋呼：呢度就係你最钟意～！（这儿就数你最喜欢咋呼！）［重见五 C4］

墟巴嘈闭 hɵy¹pa¹tsʰou⁴pɐi³ 吵吵闹闹；像在集市上那样吵闹（墟：集市；巴闭：咋呼；嘈：吵）：嗰班友仔～，拗咗成昼。（那帮家伙吵吵嚷嚷，争了半天。）

墟巴冚闭 hɵy¹pa¹hɐm⁶pɐi³〈冚音贺任切〉同"墟巴嘈闭"（冚：形容人声）。

*__嗌__ ŋai³〈音捱第3声，饿隘切〉喊叫；吼叫：大声～｜放尽声喉～佢都听唔倒。（尽最大声音喊他也没听见。）［重见七 C2］

呱呱叫 kwa¹kwa¹kiu³ 大声叫喊：嘟啲就～。（动不动就哇哇大叫。）［普通话"呱呱叫"是形容极好，广州话没有这个意思］

七 C9 说粗话

讲粗口 kɔŋ²tsʰou¹hɐu² 说粗话：你咪喺我面前～！（你别在我跟前说粗话！）

*__粗口__ tsʰou¹hɐu² 爱说粗话；嘴巴不干净：点解你咁～㗎！（你的嘴巴怎么那么不干净！）［重见八 C5］

粗口烂舌 tsʰou¹hɐu²lan⁶sit⁶ 同"粗口"：细路仔唔准～！（小孩子不许说粗话！）

*__烂口__ lan⁶hɐu² 同"粗口"。［重见八 C5］

妈妈声 ma¹ma¹sɛŋ¹〈声音司嬴切第1声〉满嘴粗话：你仲係～我就摵烂你张嘴！（你再这样粗言烂语我就撕破你的嘴！）

炒虾拆蟹 tsʰau²ha¹tsʰak³hai⁵ 说粗话（骂人）：嗰个嘢着得咁斯文，谁不知一开声就～！（那家伙穿着那么斯文，谁知道一开口就是粗话！）

七 C10 说谎、捏造

放葫芦 fɔŋ³wu⁴lou⁻²〈芦读第2声〉【喻】吹牛皮：咩话？白云山上便有只怪兽？你～之嘛？（什么？白云山上有只怪兽？你吹牛皮吧？）［参见八 C5"葫芦"］

掟葫芦 tɛŋ³wu⁴lou⁻²〈掟音帝嬴切第3声，芦读第2声〉同"放葫芦"。

车大炮 tsʰɛ¹tai⁶pʰau³【喻】吹牛皮；撒谎：陈仔至兴～㗎嘞，佢讲叮嗰啲嘢，信佢三成都有多。（小陈最喜欢吹牛皮，他说的那些东西，充其量可信十分之三。）｜细路仔唔准～㗎。（小孩子不许撒谎。）［参见八 C5"大炮"］

讲大话 kɔŋ²tai⁶wa⁶ 撒谎：你成日～，以后揾鬼信你。（你老是撒谎，以后鬼才相信你。）［参见八 C5"大话"］

*__作__ tsɔk³ 编造：～只古仔嚟氹细路。（编个故事来哄小孩。）｜～啲嘢出嚟呃人。（编造些东西来蒙人。）［重见七 A10、七 E15］

安 ɔn¹ 以不实之词强加于人；诬赖；诬陷：你讲阿余仔嗰啲，係～个啩？

（你说小余的那些话，是扣给他的吧？）

生安白造 saŋ^{1}ɔn^{1}pak^{6}tsou^{6}〈生音生熟之生〉凭空捏造事实；无中生有：你话人偷嘢，有冇证据啊？咪～噃！（你说别人偷东西，有没有证据？可不要凭空捏造哟！）

滚（訡）红滚（訡）绿$_{1}$ kwɐn^{2}hoŋ^{4}kwɐn^{2}lok^{6} 胡说；乱吹（滚：欺骗）：你咪听佢～，冇句正经嘅！（你别听他胡说八道，没有一句是正经的！）

发噏疯 fat^{3}ŋɐp^{1}foŋ^{1}〈噏音牙合切第1声〉【贬】胡说；说疯话：佢～，唔好理佢！（他说疯话，别理他！）［重见二 C14］

禀神都冇句真 pɐn^{2}sɐn^{4}tou^{1}mou^{5}køy^{3}tsɐn^{1}〈冇音无第5声〉【熟】连向神灵禀告也没有一句话是真的，极言说话句句是假（都：也；冇：没有）：你只契弟～嘅，我信你？！（你这兔崽子从来没有一句真话，我能信你？！）

***凿大** tsɔk^{6}tai^{6} 有意夸大：梁姨讲亲嘢都係～嘅。（梁姨凡说什么都是夸大的。）［重见二 C14］

七 C11 其 他

称呼 tsʰeŋ^{1}fu^{1}（友好地）打招呼：见倒面点都有句～啩？（见了面总得打个招呼吧？）｜佢个人好高窦，唔兴～人嘅。（他这人很高傲，不喜欢跟人打招呼。）

***应** jeŋ^{3}〈意庆切〉应声回答：嗌咗几声都冇人～。（喊了几声都有没人应。）｜我大声～佢。（我大声回答他。）［重见七 E7］

***擢** tsʰɔk^{3}〈次恶切〉【喻】本义是猛然拉出来，比喻用出其不意的问话使对方在仓促间说出真情。［重见六 A4、六 D2］

顶证 teŋ^{2}tseŋ^{3} 作证；对质：呢件事我可以～。（这事儿我可以作证。）｜同佢当面～。（跟他当面对质。）

对证 tøy^{3}tseŋ^{3} 同“顶证”。

有碗话碗，有碟话碟 jɐu^{5}wun^{2}wa^{6}wun^{2} jɐu^{5}tip^{6}wa^{6}tip^{6} 照实说：～，咪凿大！（有什么说什么，别夸大！）

反口 fan^{2}hɐu^{2} 改口；反悔：头先啱啱应承过，而家又试～。（刚刚才答应过，现在又反悔了。）

***誓愿** sɐi^{6}jyn^{6} 发誓：冇人唔信你呃，使乜～啫。（没有人不相信你，何必发誓呢。）［重见八 C5］

开口嗑着脷 hɔi^{1}hɐu^{2}kʰɐp^{6}tsœk^{6}lei^{6}〈嗑音其入切，着音着急之着，脷音利〉【熟】【喻】字面意思是一开口就咬着舌头（嗑：咬；脷：舌），比喻说错话或说不合适的话，又比喻说话自相矛盾，自打嘴巴。

捉字虱 tsok^{1}tsi^{6}sɐt^{1}【喻】抠字眼（一般是指从别人的话语中挑毛病）。

七D 职业活动

七 D1 工作、挣钱、辞退

打工 ta^{2}koŋ^{1} 做工；受雇工作：帮老细～。（替老板干活。）｜落香港～。（到香港工作。）

***揾** wɐn^{2}〈音稳〉【喻】挣（钱）：一个月～得八百缗。（一个月挣八百块。）［参见“揾食”。重见七 A10、七 A11、七 B10、七 E15］

***揾食** wɐn^{2}sek^{6}〈揾音稳〉【喻】原指动物寻找食物（揾：找），比喻挣钱糊口：出嚟～艰难啊！（到社会上挣钱糊口不容易啊！）［重见七 E24］

揾米路 wɐn^{2}mɐi^{5}lou^{6}〈揾音稳〉【喻】找路子挣钱（广东人以大米为主食，

故以“米路”比喻财路）。

做嘢 tsou^{6}jɛ^{5}〈嘢音野〉【喻】干活：工作（嘢：事）：我个仔都～喇。（我儿子已经参加工作了。）

高就 kou^{1}tsɐu^{6}【雅】工作（一般用于询问别人的工作）：陈生喺边处～啊？（陈先生在哪儿工作？）

发财 fat^{3}ts^{h}ɔi^{4}【敬】工作；挣钱（一般用于询问别人的工作）：罗生喺边度～？（罗先生在哪儿做事？）

搲银 wɛ^{2}ŋɐn^{-2}〈搲音壶野切第 2 声，银读第 2 声〉【俗】挣钱；捞钱（搲：抓）：人除咗～，仲有好多嘢谂嘅。（人除了挣钱，还有很多事情想的。）

***𢭃**$_{2}$ tɐu^{6}〈音豆，第又切〉【俗】挣钱：你估呢啲银纸咁易～㗎？好辛苦㗎！（你以为这些钱那么容易挣吗？很辛苦的呀！）[重见七 A10]

***捞**$_{2}$ lou^{1}〈音劳第 1 声〉【俗】工作；做事：我而家唔响嗰家公司～喇。（我现在不在那家公司干了。）[重见七 A1]

打皇家工 ta^{2}wɔŋ^{4}ka^{1}koŋ^{1} 在香港政府部门工作（打工：干活）。因 1997 年以前港英政府为英皇所辖。

翻（返）工 fan^{1}koŋ^{1}〈返音翻〉到工作地点区（准备工作）：够钟起身～喇。（到时间起床上班了。）

落班 lɔk^{6}pan^{1} 下班：你哋而家几点钟～啊？（你们现在几点钟下班？）

放工 fɔŋ^{3}koŋ^{1} 下班。

***擂** løy^{4} 拼命地干活：骡仔命梗係要～㗎喇。（属骡子的当然要拼命干活的啦。广州话“骡”与“擂”同音）[重见六 D4、六 D8、七 E23]

炒更 ts^{h}au^{2}kaŋ^{1}〈更音加坑切〉工余时间另找工作干（以增加收入）：而家啲工人好少有唔～嘅。（现在的工人很少有不干业余活的。）[“更”指晚上，但实际上此词所指工余时间并不限于晚上]

秘捞 pei^{3}lou^{1}〈秘音闭戏切，捞音劳第 1 声〉【谑】业余兼职（捞：赚钱）：啲～一族唔会畀老细知道喺度～嘅。（那些兼职人员不会让老板知道正在兼职。）[兼职者向老板保密，故言“秘”。此与南美洲国名“秘鲁”同音，所以带幽默色彩]

赶工 kɔn^{2}koŋ^{1} 加班赶任务：年前啲嘢特别紧，日日都要～。（年前的活儿特别紧，天天都要加班。）

揾工 wɐn^{2}koŋ^{1}〈揾音稳〉找工作（揾：找）：想～就嚟我哋职业介绍所啦。（想找工作就到我们职业介绍所来吧。）

揾嘢做 wɐn^{2}jɛ^{5}tsou^{6}〈揾音稳，嘢音野〉找工作；找活干（揾：找；嘢：事情）。

出粮 ts^{h}øt^{1}(ts^{h}yt^{1})lœŋ^{4} 发工资，领工资（粮：旧指军饷）：打工仔最开心就係～嗰日。（做工的人最开心的就是发工资那天。）

扎职 tsat^{3}tsek^{1} 晋职（扎：向上跳）：你呢匀～，全靠你自己嘛。（你这回晋升，是全靠你自己。）

执包袱 tsɐp^{1}pau^{1}fok^{6} 收拾铺盖打包袱（执：收拾），指被解雇或辞工。

炒鱿鱼 ts^{h}au^{2}jɐu^{4}jy^{-2}〈鱼读第 2 声〉【喻】【谑】解雇：佢寻日畀老细～。（他昨天被老板解雇了。）[粤菜做鱿鱼喜在一面切道道，炒熟后卷成圆筒形，铺盖卷起的形状与之相似。旧时工人一般在雇主家居住，被解雇后即卷起铺盖离开，故以为喻]

炒老细鱿鱼 ts^{h}au^{2}lou^{5}sɐi^{3}jɐu^{4}jy^{-2}〈鱼读第 2 声〉【喻】【谑】向老板辞职（老细：老板）。老板辞退工人称“炒鱿鱼”，而～则由于逆反心理，称工人主动辞工为“把老板炒鱿鱼”。[又作“炒老细“。参见“炒鱿鱼”)

吊砂煲 tiu³sa¹pou¹〈煲音保第1声〉【喻】把饭锅吊起来，不煮饭（砂煲：砂锅），比喻因失业而生活来源断绝。

踎墩 mɐu¹tɐn¹〈踎音么欧切，墩音低因切〉【喻】失业（踎：蹲）。

*__收山__ sɐu¹san¹【喻】【谑】原指法师结束作法生涯、武师结束武术生涯等，比喻退休或结束某种生涯：我出年就～喇。（我明年就退休了。）｜赚咗咁多嘞，好～喇。（赚了那么多了，该洗手不干了。）[重见七 A4]

捞过界 lou¹kwɔ³kai³〈捞音劳第1声〉【喻】干别人的工作范围之内的事；赚该由别人赚的钱；到别人的势力范围内去捞取好处。

七 D2 工业、建筑、木工

*__整__ tseŋ² ①制造；生产：佢间工厂係～单车嘅。（他那间工厂是生产自行车的。）②修理：眼灯唔着嘞，～下佢喇。（那盏灯不亮了，修理一下吧。）[重见七 A2]

修整 sɐu¹tseŋ² 修理：～钟表｜～各种电器。

起货 hei²fɔ³（工程或产品）完工：呢栋楼要喺12月之前～。（这栋大楼要在12月以前完工。）｜你呢几件家俬好快可以～。（你这几件家具很快可以完工。）[又作"起"]

收工 sɐu¹koŋ¹ 完工：下个礼拜～。（下个星期完工。）[另一个意思是下班，则与普通话相同]

翻(返)抄 fan¹tsʰau¹ 再生：～橡胶｜～纸。

着₂ tsœk⁶〈音雀第6声，治药切〉开（灯、机器等）：～灯｜呢部机要～咗过两个字先至用得嘅。（这台机子要开了过10分钟才能用。）

熄 sek¹ 关（灯、机器等）：顺手～咗部收音机佢。（顺手把收音机关了。）｜～咗部机先啦。（先把机器关了吧。）[普通话"熄"也用于灯，但不用于机器等]

挞 tʰat¹〈音他压切第1声〉【外】发动（机器）：将部机～着佢。（把这台机子发动起来。）[英语 start]

窝 wɔ¹ 铆：呢度～一排钉。（这里铆一排钉子。）

啤 pɛ¹〈波爷切第1声〉焊接：上便係～实嘅。（上面是焊紧的。）

倒(捣)模 tou²mou⁻²〈模读第2声，摸好切〉用模子铸。

*__打__ ta² 拉下或合上（电闸）：将个掣～落嚟。（把电闸拉下来。）｜～个掣上去。（合上电闸。）[重见七 A2、七 A11、九 B15、九 D25]

打制(掣) ta²tsɐi³〈掣音制〉把电闸合上（制：电闸）。

起屋 hei²ok¹ 建房子：你哋支施工队下个月去边度～啊？（你们的施工队下个月到哪儿建房子呀？）

扫灰水 sou³fui¹søy² 粉刷墙壁：而家～好少用石灰嘞，咸唪呤用啲涂料。（现在粉刷墙壁很少使用石灰浆了，全都使用涂料。）

批荡 pʰɐi¹tɔŋ⁶（以灰浆）圬墙：用水泥沙～。（用水泥灰浆圬墙。）

批石米 pʰɐi¹sɛk⁶mɐi⁵ 用石粒调灰浆圬墙（一般是圬外墙。石米：米状石粒）。

执漏 tsɐp¹lɐu⁶ 为屋顶补漏（执：收拾）。

捣石屎 tou²sɛk⁶si² 捣制混凝土（石屎：混凝土）。

搭棚 tap³pʰaŋ⁴ 搭设脚手架（棚：脚手架）。

装顶 tsɔŋ¹teŋ² 为危房等加支撑（以防倒塌）。

三行 sam¹hɔŋ⁻²〈行音行业之行第 2 声，起讲切〉建筑行业。旧以泥瓦工、粗木工、架子工（或油漆工）为建筑三行当，后泛指建筑业：我哋係做～嘅。（我们是搞建筑的。）

斗木 tɐu³mok⁶〈斗音斗争之斗〉干木工活（斗：拼合）：你识唔识～啊？（你会干木工活吗？）

做木 tsou⁶mok⁶ 同“斗木”。

斗家俬 tɐu³ka¹si¹〈斗音斗争之斗〉做家具（斗：拼合；家俬：家具）。

油油 jɐu⁴jɐu⁻²〈后一字读第 2 声〉上漆（前一“油”字指上漆的动作，后一“油”字指油漆）。

焗漆 kok⁶tsʰɐt¹〈焗音局〉烤漆。一种为家具等上漆的工艺，把涂漆后的器具放进烤房烘干（焗：闷住加热）。

七 D3　农副业

耕田 kaŋ¹tʰin⁴ 种地；务农：～仔（庄稼汉）｜而家啲农民唔净止～，仲开工厂添。（现在的农民不仅种地，还开工厂。）

揸7 tsa¹tsʰɐt¹〈揸音渣〉【谑】务农。锄头形似阿拉伯数字 7，拿锄头即务农（揸：拿）。[这是 20 世纪七八十年代“上山下乡”青年的发明]

驶田 sɐi²tʰin⁴ 犁田：而家～好少用牛喇，有拖拉机啦嘛。（现在犁田很少用牛了，有拖拉机了嘛。）

驶牛 sɐi²ŋɐu⁴ 用牛犁田。

莳田 si⁶⁽⁴⁾tʰin⁴〈莳音是，又音时〉插秧：有咗插秧机，～就自在得多喇。（有了插秧机，插秧就舒服多了。）

莳禾 si⁶⁽⁴⁾wɔ⁴〈莳音是，又音时〉插秧。

赶水 kɔn²sɵy² 利用水渠引水（进行灌溉）。

睇水 tʰɐi²sɵy² 巡视水渠及灌溉情况。在以水稻耕作为主的南方农村，这是一项重要而带技术性的农活。

渗田 jɐm³tʰin⁴〈渗音阴第 3 声，意暗切〉灌溉田地；让土壤充分吸收水分：赶水～（引水灌田）[“渗”字一般读 sɐm³〈心第 3 声，细暗切〉]

下₁ ha⁵〈读第 5 声，何瓦切〉收摘（树上的果实）：～荔枝｜呢片橙都～得㗎喇。（这一片橙子都可以摘了。）

割禾 kɔt³wɔ⁴ 割稻子。

省 saŋ² ①间苗。②把作物植株上多余的叶子等摘掉。

短软 tyn²jyn⁵ 打尖儿（掐去农作物的顶尖，以利其结果或分枝等）。

***圂** wɐn³〈音混第 3 声，喂震切〉圈（juān）；把禽畜等关起来：～起啲鸡。（把鸡圈起来。）[重见七 E26]

***饩** hei³〈音气〉喂（禽畜）：～鸡｜～猪。

睇牛 tʰɐi²ŋɐu⁴ 放牛（睇：看）。

***行₃** hɔŋ⁴〈音银行之行〉拦赶禽畜等：～鸡｜～啲猪入栏。（把猪拦进猪圈。）[重见七 D10]

槽 tsʰou⁴ 把准备宰杀或出售的禽畜关起来，加料喂养，以使其肥壮：～鸡｜～肥嗰只鹅。（把那只鹅关起来催肥。）

打种 ta²tsoŋ²（为禽畜）配种。

干塘 kɔn¹tʰɔŋ⁴ 把鱼塘水抽干：～捉鱼。

刮塘 kwat³tʰɔŋ⁴ 清塘。定期清理鱼塘，挖走过多的淤泥，撒放药物等。又指清塘前把鱼塘里所有的鱼（不论长大与否）全部加以捕捞。

七 D4　交通、电讯

***踩** tsʰai²(jai²)〈又音椅挨切第 2 声〉蹬（车）；骑（非机动车）：～车上班。｜～三轮车。[重见六 D11、七 B9、七 E15]

*揸 tsa[1] 驾驶（机动车）：～车（驾驶汽车）｜～摩托（骑摩托车）。[重见六 D1]

驶 sɐi[2] 驾驶（机动车）：～拖拉机。

*搭 tap[3] 乘坐（交通工具）：～车｜～飞机[重见七 E4]

搭客 tap[3]hak[3] 载客：要办好手续先畀～。（要办好手续才许载客营运。）

*车 tsʰɛ[1] 用车运送：将呢啲货～去火车站。（把这些货用车子运到火车站去。）｜一车就～得晒走。（一辆车就能全部运走。）[重见六 D3、七 B4]

塞车 sɐk[1]tsʰɛ[1] 交通堵塞：转角嗰度～，塞咗成个钟咁滞。（拐角那儿堵车，堵了将近一个小时。）

打晒缬 ta[2]sai[3]lit[3]〈缬音列第 3 声〉【喻】字面意思是全打上了结（晒：全部；缬：绳结），比喻马路交通堵塞非常严重：落班时候，几条马路都～。（下班时间，几条马路都堵得死死的。）

*扒头 pʰa[4]tʰɐu[4]〈扒音爬〉超车：呢度咁窄条路都仲想～？（这儿那么窄的路也想超车？）[重见七 A14]

煞制(掣) sat[3]tsɐi[3] 煞车（制：制动装置）：一个急～，架车停住咗。（一个急煞车，车子停住了。）

*慢₁ man[6]【婉】公共汽车停站：呢架车一连三个站都唔～。（这辆车子一连三个站都不停。）[停与"停尸"之停同，不吉利，故改称～][重见九 B23]

有站慢 jɐu[5]tsam[6]man[6]【婉】请靠站（公共汽车上乘客对司乘人员或乘务员对司机说的话，意思是这个站有人要下车）：唔该，～！（劳驾，这个站请停一下！）[又作"有慢"。参见"慢"]

埋站 mai[4]tsam[6]（车）靠站（埋：靠近）：睇住车～！（小心了，车靠站了！）

游车河 jɐu[4]tsʰɛ[1]hɔ[-2]〈河读第 2 声〉【喻】乘车兜风：走去机场人接唔倒，又啦啦声赶翻嚟，变咗～添！（跑到机场接人接不到，又匆匆赶回来，成了搭车兜风了！）

打的 ta[2]tek[1] ①伸手招呼计程车：呢度～好难打。（这地方很难拦到计程车。）②乘坐计程车：～快啲。（坐计程车快一些。）["的"为英语 taxi（计程车）的省译。"打"本指打手势招呼]

拍₃(泊) pʰak[3]【外】（车船）停放：呢度唔畀～车。（这里不许停车。）｜唔该将架车～埋啲。（请把车子停得靠里一点儿。）｜架船～喺岸边。（那船停靠在岸边。）[英语 park。此词停车义来自英译。由于"泊"有船舶停靠义，故两词有交集。"泊"读书音 pɔk[3]〈音博〉]

*骰框 ŋau[4]kwʰaŋ[1]〈骰音咬第 4 声〉自行车、三轮车等的轮辋变形（骰：扭曲；框：轮辋）。[重见九 A4]

爆呔 pau[3]tʰai[1]〈呔音太第 1 声〉轮胎破裂（呔：轮胎）。

冇制(掣) mou[5]tsɐi[3] 刹车失灵；刹不住（制：刹车装置）：呢架车～嘅，好牙烟。（这辆车子刹车不行，很危险。）

死火 sei[2]fɔ[2] 汽车等因机器故障而熄火。

打风₂ ta[2]foŋ[1]（为汽车轮胎等）打气。

加风 ka[1]foŋ[1] 同"打风₂"。

行船 haŋ[4]syn[4(-2)]〈行音何盲切，船又可读第 2 声，洗犬切〉①驾船航行。②在船上工作；当水手：我係～嘅。（我是在船上做事的。）

把舦 pa[2]tʰai[5]〈舦音太第 5 声〉掌舵（舦：舵）。

拉缆 lai^{1}lam^{6} 拉纤。

扯缆 tsʰɛ^{2}lam^{6} 同“拉缆”。

扒 pʰa^{4}〈音爬〉划（船）：～艇仔。

棹 tsau^{6}〈音罩第 6 声，治校切〉划（船）：将条船～埋岸边。（把船划到岸边。）

划 wa^{1}〈音蛙〉划（船）：～艇。［和普通话的“划”（huá）是一样的。“劃”简化作“划”，但在广州话中“划”与“劃”读音相去很远］

落船 lɔk^{6}syn^{4} 上船（从岸上到船上去）：今晚～，听朝就上得岸嘞。（今天晚上上船，明天早上就可以上岸了。）［广州人的习惯思维是岸为高处，船为低处，所以普通话“上船”广州话说成“～”］

单行 tan^{1}haŋ^{4}〈行音何盲切〉拖轮不拖带木筏或无机动船等，单独航行。

炕沙 hɔŋ^{3}sa^{1}（船只）搁浅（炕：摊晾）。

食水$_{2}$ sek^{6}søy^{2} 吃水（船身入水的深度）：架船～好深。（这船吃水很深。）

***开身** hɔi^{1}sɐn^{1}（船）离开码头启航：我睇住架船～，硬係就赶唔切。（我眼看着船开了，硬就是赶不上。）［重见七 B6］

到埠 tou^{3}pou^{6}〈埠（埗）音部〉字面意思是到达码头（埠：码头），泛指到达目的地（一般是城市），不限于乘船到达：黄总坐飞机嚟，晏昼～。（黄总乘飞机来，下午到达。）

埋头 mai^{4}tʰɐu^{4}（船）靠岸（埋：靠边）：架船慢慢～。（船慢慢靠岸。）

听电话 tʰɛŋ^{1}tin^{6}wa^{-2}〈听音梯赢切第 1 声，话读第 2 声〉接电话：个电话响咗好多声喇，快啲去～啦。（那电话铃响了好多下了，快点儿去接吧。）［接电话和一个人接了电话之后、另一个人接过去去听，在广州话都叫“～”，两者不加区别］

讲电话 kɔŋ^{2}tin^{6}wa^{-2}〈话读第 2 声〉用电话谈话：妈咪，婆婆要你～。（妈妈，外婆要你来听电话。）

倾电话 kʰeŋ^{1}tin^{6}wa^{-2}〈话读第 2 声〉用电话谈话（倾：谈。指时间略长的）：佢而家喺度～，（他现在正在打电话。）

煲电话粥 pou^{1}tin^{6}wa^{-2}tsok^{1}〈煲音保第 1 声，话读第 2 声〉【喻】用电话长时间地聊天：唔好～喇，电话费好贵㗎。（别用电话聊大天，电话费很贵呀。）

收线 sɐu^{1}sin^{3} 挂断电话：未讲完就～。（没讲完就挂断。）

复机 fok^{1}kei^{1}〈复音福〉回电话：我去～，都冇人听电话嘅。（我去回了电话，都没人接。）

FAX fɛk^{1}si^{4}〈读成两个音，第一个音飞锡切第 1 声，第二个音时〉【外】电传：我～过去畀你。（我用电传传过去给你。）［英语 facsimile telegraph，简作 fax。广州话有时简化至只读第一个音 fɛk^{1}］

七 D5 商 业

开档 hɔi^{1}tɔŋ^{3}〈档音上当之当〉①开始营业；开摊儿：9 点钟～。②（企业）开张：乜都搞啱，再过 3 日就～。（什么都弄好了，再过 3 天就开张。）

发市 fat^{3}si^{5} ①第一次成交：一开档就～，真係好意头。（一开张就成交一笔，真是好兆头。）｜今日冇～。（今天没人光顾。）②生意好；赚得多：今日～喇！（今天生意可真好！）

写单 sɛ^{2}tan^{1} 售货员为顾客开售货票；服务员为客人写菜（把客人点的菜名写在点菜单上）。

帮衬 pɔŋ^{1}tsʰɐn^{3} 光顾；买：多谢～！（谢谢您光顾！）｜搵阿谁～你咩？

你啲嘢卖咁贵。(谁会买你的东西？你的货卖这么贵。)

*睺(候)斗 hɐu¹tɐu²〈睺(候)音侯第1声，斗音升斗之斗〉【俗】前来买东西：呢啲嘢都好多人～。(这些东西也挺多人来买。)｜冇人～。(没人光顾。)[重见五B7]

收档 sɐu¹tɔŋ³〈档音上当之当〉收摊；打烊。[重见二C1、七A5]

执笠 tsɐp¹lɐp¹ ①收摊；打烊(执：收拾)：好夜喇，仲唔～？(很晚了，还不收摊？) ②(企业等)倒闭：嗰间工厂～咗好耐喇。(那家工厂关门很久了。)

冚斗 kʰɐm²tɐu²〈冚音启砍切，斗音升斗之斗〉倒闭(冚：盖住)。

冚档 kʰɐm²tɔŋ³〈冚音启砍切，档音上当之当〉同"冚斗"。

顶 tɛŋ² ①出盘(企业、店铺等全盘转让与他人)：我想将呢间店～出去。(我想将这爿店铺盘出手。) ②受盘(企业、店铺等全盘买下，继续经营)：成间厂连机器带人～咗落嚟。(整家工厂连机器带人盘了下来。)

顶手 tɛŋ²sɐu² 受盘；顶盘：呢下嘢要谂真啲先好～。(这个局子要想清楚了才好盘下。)

□₁ paŋ⁴【俗】卖；转卖：嗰种款嘅衫咸唪呤～晒喇。(那种款式的衣服全卖光了。)｜～畀人。(转让给别人。)

判(拚) pʰun³ 粗略地估价出售：费事着件计，成堆500缗～畀你啦。(不费工夫逐件算了，整堆500块卖给你吧。)

散卖 san²mai⁶〈散音丸散之散〉零售：呢啲货唔～嘅，批发就有。(这些货物不零售，批发就可以。)

卖头卖尾 mai⁶tʰɐu⁴mai⁶mei⁵ 出售剩余货物。

平沽 pʰɛŋ⁴kwu¹〈平音婆赢切〉降价出售(平：便宜)：大～！(大贱卖！)

大出血 tai⁶tsʰɵt¹(tsʰyt¹)hyt³【喻】大降价出售。谓大亏血本，如同出血。这是商家哗众取宠的说法。

卖大包 mai⁶tai⁶pau¹ 廉价倾销；大贱卖：好啦，咸唪呤十缗包，实行～。(好吧，全部货物十块钱一包，来个廉价倾销。)[20世纪20年代广州有酒楼为招揽顾客，在包子内藏银元，顾客们戏谑为"～"，后引申为廉价倾销]

起价 hei²ka³ 涨价：你坐地～点得嚟！(你坐地涨价怎么行！)

埋柜 mai⁴kwɐi⁶ 店铺到晚上结算一天的营业金额(埋：收拢，指合计；柜：柜台)。

入数 jɐp⁶sou³ 登账；入账：呢批货未曾～。(这批货还没入账。)

扎 tsap³〈音杂第3声，志鸭切〉登记(账目)：～数(上账)。

揸数 tsa¹sou³〈揸音渣〉主管钱财：当会计(揸：拿，掌握)。

卖告白 mai⁶kou³pak⁶ 做广告(告白：广告)：而家啲商家舍得捞大嚿银纸去～。(现在的商家舍得拿大把的钞票去做广告。)

落定 lɔk⁶tɛŋ⁶〈定音第赢切第6声〉付定金：买楼一般都要～嘅喇。(买房子一般都要付定金。)

赊数 sɛ¹sou³ 赊账：我哋呢度唔～嘅。(我们这儿不赊账。)

***讲数口** kɔŋ²sou³hɐu² 讨价还价：呢啲嘢都够晒靓嘅啦，仲～？(这些货物够好的了，还讨价还价？)[又作"讲数"。重见七E2]

***詏数口** au³sou³hɐu²〈詏音阿孝切〉同"讲数口"(詏：争论)。[又作"詏数"。重见七E2]

断 tyn³〈音短第3声，帝算切〉按照某种单位出售或买入；论：呢啲菜～

把卖。（这些菜论捆儿卖。）｜人参～斤买？有冇搞错啊？（人参论斤买？有没弄错啊？）

抛水 pʰau¹søy² 买卖用作屠宰的家养动物（最常见是生猪）时，过秤后把所估计的肚里食物粪便等的重量减去。

摆档口 pai²tɔŋ³hɐu²〈档音上当之当〉摆摊子。［又作"摆档"］

摆街边 pai²kai¹pin¹ 在马路边摆摊。

走鬼 tsɐu²kwɐi² 无牌摊贩在见到执法人员来巡查时仓惶躲避。字面意思是"逃避鬼"（走：因……而逃跑）。此词出自香港。早年香港警员由外国人担任（警官是英国人，警员是印度人），故称为"鬼"。

七 D6 服务行业［与商业相通的活动参见七D5］

埋（买）单 mai⁴tan¹ 字面意思是把账单交到柜台，指会账、结账（埋：靠近）。旧时茶楼饭铺在空中架设铁丝，会合于收银柜，服务员把账单夹在夹子上沿铁丝滑到柜上，即为"埋单"：小姐，唔该～。（小姐，请结账。）［此词传到北方，北方人不明"埋"字何意，因其音与普通话"买"相近，故误为"买单"］

埋数 mai⁴sou³ 会账；结账。［参见"埋单"］

*__睇数__ tʰɐi²sou³〈睇音体，数音数字之数〉会账；结账（睇：看。旧时茶楼由服务员看着顾客吃完的碗碟来计算价钱）：叫个小姐埋嚟～。（叫那小姐过来结账。）［重见七 A3、七 B7］

叫数 kiu³sou³ 饮食店里结账后的顾客准备到柜台付款时，服务员将钱款数高声向掌柜（收款员）报告。这种形式现已少见。

外卖 ŋɔi⁶mai⁶ 饭馆把食物卖给不在饭馆吃饭的顾客，装好让他们带走。

*__例牌__ lɐi⁶pʰai⁻²〈牌读第 2 声〉在饭店叫菜，可按需要而要加大的或减少用料的，如无特别需要则按常例做，称为"～"。［重见八 C1］

飞发 fei¹fat³ 理发：头发咁长，仲唔去～？（头发这么长，还不去理发？）

做头 tsou⁶tʰɐu⁴ 做发型：我细妹喺发廊同人～，都赚得下嘅。（我妹妹在发廊替人做头发，都有些赚头的。）

电发 tin⁶fat³ 烫发：有啲人～好睇，之有啲人～就唔好睇。（有些人烫发好看，但有些人烫发就不好看。）

恤发 søt¹fat³〈恤音率领之率〉【外】头发造型：～要睇各人嘅面相喋。（头发造型要看各人的脸型来决定。）［英语 shape］

起发脚 hei²fat³kœk³ 用发剪在发际线推剪（发脚：发际线）。

偷 tʰɐu¹ 用剪刀（一般是梳形剪）把头发均匀地剪疏、剪薄：～薄啲头发。（把头发剪薄。）

*__铲__ tsʰan²（用理发剪）推剪：呢度～一～。（这里用理发剪推一推。）｜～个大光头。［重见六 D8］

影相 jeŋ²sœŋ⁻²〈相读第 2 声，洗响切〉照相：几时去～啊？就嚟要攞毕业证啰嘛。（什么时候去照相？快要领毕业证了。）

晒相 sai³sœŋ⁻²〈相读第 2 声，洗响切〉洗照片：呻啲相底係畀你攞去～喋。（这些底片是给你拿去洗照片的。）

睇板（办） tʰɐi²pan²〈办音板〉照相后，先看样品，顾客满意才正式洗照片（板：样品）。［参看三 D12"板"］

七 D7　与商业、服务等行业有关的现象

平$_{1}$ p^{h}ɛŋ^{4}〈皮赢切〉便宜：呢啲苹果好～。（这些苹果很便宜。）｜～夹靓。（又便宜又好。）

相宜 sœŋ^{1}ji^{4}〈相读第1声〉便宜：噉嘅价钱算～喇。（这样的价格不算贵了。）

烂贱 lan^{6}tsin^{6} 极为便宜：而家啲白菜～到死，5分钱斤都冇人买。（现在白菜便宜得很，5分钱一斤也没人买。）

贵价 kwɐi^{3}ka^{3} 高价的；贵的：我好少买啲咁～嘅嘢。（我很少买这么贵的东西。）

时价 si^{4}ka^{3} 饭店里有些菜式不标价，而依其原料的市场价格浮动，称为"～"。

跳楼价 t^{h}iu^{3}lɐu^{-2}ka^{3}〈楼读第2声，丽口切〉【喻】降得很厉害的价格。

起 hei^{2}（价格等）上涨：上昼仲係3毫子只，下昼就～咗喇？（上午还是3毛钱1只，下午就涨价啦？）｜～租（增加租金。一般指房租）。

为皮 wɐi^{4}p^{h}ei^{-2}〈为音唯，皮读第2声〉①算成本（为：计算；皮：钱）：做一个平均～几多呢？（做一个平均算起来是多少成本呢？）②成本高：唔得啊，好～㗎！（不行啊，成本很高的！）

抢手 ts^{h}œŋ^{2}sɐu^{2} 畅销：呢只机而家好～。（这种机子现在很畅销。）

旺市 wɔŋ^{6}si^{5} 畅销；生意好。

好市 hou^{2}si^{5} 畅销：卖呢种衫～啊。（卖这种衣服畅销啊。）

渴市 hɔt^{3}si^{5} 供不应求；缺货：呢只货前一牌～，而家多翻啲喇。（这种货前些时市面上很缺，现在多些了。）

断市 t^{h}yn^{5}si^{5} 脱销。

滞市 tsɐi^{6}si^{5} 滞销：天时唔冻，服装就～啲。（天气不冷，服装销路就差些。）

腬市 nɐu^{6}si^{5}〈腬音尼又切〉滞销（腬：腻）。

烂市 lan^{6}si^{5} 极为滞销；卖得非常贱：死啦，咁～，我本都收唔翻。（真糟，这么滞销，我连本钱也收不回来。）

走单 tsɐu^{2}tan^{1} 顾客吃完东西没付账就走了（单：账单）：哎呀，呢张台走咗单添！（哎呀，这一桌的客人没付账就走掉了！）

手震 sɐu^{2}tsɐn^{3} 付小费。

旺 wɔŋ^{6} 生意好：你哋呢牌好～下嘑。（你们这一段时间生意很兴隆啊！）

拍乌蝇 p^{h}ak^{3}wu^{1}jeŋ$^{-1}$ 指店铺生意冷淡，店员无事可做，只有拍苍蝇（乌蝇：苍蝇）：喺啲咁背嘅地头开档，唔係赚得个～！（在这么偏僻的地方开店，岂非落个门可罗雀！）

七 D8　医　疗

睇病 t^{h}ɐi^{2}pɛŋ^{6}〈睇音体〉①找医生看病：去医院～。②医生给病人看病：杨医生喺度睇紧病。（杨医生正在看病。）

睇医生 t^{h}ɐi^{2}ji^{1}sɐŋ^{1}〈睇音体，生音司亨切〉看医生（病人找医生看病）：有病要～至得㗎！（有病要看医生才行！）

睇症 t^{h}ɐi^{2}tsɐŋ^{3}〈睇音体〉医生给病人看病：～要好细心先得㗎。（给人看病要很细心才行。）

睇脉 t^{h}ɐi^{2}mɐk^{6}〈睇音体〉①诊脉。②特指看中医：上咗年纪啲人病咗中意～。（上了年纪的人病了还是宁愿看中医。）

把脉 pa^{2}mɐk^{6} 诊脉：畀我同你把下脉。（让我给你诊一下脉。）

执药 tsɐp^{1}jœk^{6} 抓中药：而家好少人去

药材铺～嘞。（现在很少人到中药店抓药了。）

执茶 tsɐp^{1}ts^{h}a^{4} 同“执药”。

煲药 pou^{1}jœk^{6} 熬药，煎药：唔好睇中医喇，～好鬼麻烦嘅。（别看中医了，熬药非常麻烦。）

***煲茶** pou^{1}ts^{h}a^{4} 同“煲药”。[重见七 B2]

***撞** tsɔŋ^{6} ①一种服药法，先把粉剂药置于碗中，再把煮开的药液冲下，搅匀而服。②某些药物之间药性相克，不能配伍，同时服用含有副作用，称为～。[重见五 B2、七 A5、七 A15]

翻（返）渣 fan^{1}tsa^{1} 把药渣子重煮一遍（以尽量利用其药效）：～药（煮第二遍的药液）｜呢剂药最好～。（这剂药最好重煮一遍。）

食药 sek^{6}jœk^{6} 吃药：按时～。[即使是液体的药也说“食”而不说“饮”（喝）]

搽药 ts^{h}a^{4}jœk^{6} 涂药：你呢个病唔使食药，～就得嘞。（你这个病不用服药，涂药就行了。）

***揞** ɐp^{1}〈啊邑切〉敷（草药或药膏等）：～生草药（敷草药）｜～条湿毛巾落个头度。（敷一条湿毛巾在额头上。）[重见六 D7]

焗汗 kok^{6}hɔn^{6}〈焗音局〉发汗（焗：闷）：食完药～，出一身汗，感冒就好喋喇。（吃过药发汗，出一身汗，感冒就会好的。）

毒虫 tou^{6}ts^{h}oŋ^{4}〈毒音杜〉打虫（毒：毒杀）：医生话要食啲药～喎。（医生说要吃点儿药打虫。）

探热 t^{h}am^{3}jit^{6} 量体温：你先～，睇下有冇发烧。（你先量体温，看看有没有发烧。）

留医 lɐu^{4}ji^{1} 住院：医生一睇，就话要～。（医生一看，就说要住院。）

吊命 tiu^{3}mɛŋ^{6}〈命音未赢切第 6 声〉以药物为垂危病人暂时延长生命：而家都係～嘛，好难喇！（现在也只是暂时维持，很难了！）

剢牙 lɔk^{1}ŋa^{4}〈剢音落第 1 声〉拔牙（剢：钳拔）。

脱牙 t^{h}yt^{3}ŋa^{4} 拔牙。

***松骨** soŋ^{1}kwɐt^{1} 一种按摩方法，以掌侧或拳头击打身体各部位，以达舒筋活络之效。[重见七 E23]

验身 jim^{6}sɐn^{1} 检查身体；体检：入大学之前，要～合格至得。（进大学以前，要检查身体合格才行。）

七 D9 教育、文化、新闻

翻（返）学 fan^{1}hɔk^{6}〈返音翻〉到学校去（准备学习）：你今日发烧，就咪～喇。（你今天发烧，就别上学了。）

走学 tsɐu^{2}hɔk^{6} 走读。

上堂 sœŋ^{5}t^{h}ɔŋ^{4} 上课（堂：课堂）：～钟（上课铃）｜下午几时～啊？（下午几点钟上课？）

落堂 lɔk^{6}t^{h}ɔŋ^{4} 下课（堂：课堂）：仲未够钟～咩？好肚饿啊。（还没到时间下课呀？肚子好饿哟。）

贴堂 t^{h}ip^{3}t^{h}ɔŋ^{4} 把学生的优秀作业或考卷等贴在课室墙壁上让同学们观摹，以作示范（堂：课堂）。

留堂 lɐu^{4}t^{h}ɔŋ^{4} 给予犯有过失的学生放学后暂时留校的一种惩戒（堂：课堂）：～唔係一种好嘅教育手段。（让学生放学后留校的惩罚不是一种好的教育手段。）

罚企 fɐt^{6}k^{h}ei^{5} 让犯有过失的学生站着以作惩罚（企：站）：佢成日都畀老师～嘅。（他老是被老师罚站。）

打手板 ta^{2}sɐu^{2}pan^{2} 打手掌心。旧时私塾先生对功课不好或不听话的学生的一种体罚（手板：手掌）。

温功课 wen¹koŋ¹fɔ³ 复习功课：放学去阿大嗜度～。（放学后到大个头家复习功课。）[又作“温书”]

*** 剁(咪)** mɐi¹〈音米第1声〉【喻】本义为刻，比喻刻苦攻读：～书（啃书本）｜唔好～得太犀利啊，要注意身子先得㗎！（别太用功了，要注意身体才行啊！）[重见六 D8]

刨 pʰau⁴〈音炮第4声，婆茅切〉【喻】钻研书本知识：一日就见佢喺度～书。（整天就看见他在啃书本。）

唛₃ mɐk¹【外】给学生打分：唔净只係～个分，仲要一句句帮学生改㗎。（不光是打个分，还要一句句替学生改。）[英语 mark]

***念口簧** nim⁶hɐu²wɔŋ⁻²〈簧读第2声，壶讲切〉【喻】本指念顺口溜，比喻死板地背诵；流利而无感情地念：你读书係～嘅，知唔知讲啲乜啫？（你念书就像是念顺口溜，知道不知道说的是啥？）[重见七 B8]

***读口簧** tok⁶hɐu²wɔŋ⁻²〈簧读第2声〉同“念口簧”。[重见七 B8]

读破字胆 tok⁶pʰɔ³tsi⁶tam²【谑】读别字。本应说“读破字”，而说使字破胆，有错误惊人的意思，带幽默色彩。

做戏 tsou⁶hei³ 演戏。

做大戏 tsou⁶tai⁶hei³ 演出传统的戏剧（特指粤剧）：好耐冇睇～嘞。（好久没看粤剧演出了。）

唱大戏 tsʰœŋ³tai⁶hei³ 同“做大戏”。

踩台 tsʰai²tʰɔi⁴ 演员在正式演出前到舞台实地试着走位，并试音响效果、灯光等。

提水 tʰɐi⁴sɵy² 提词（戏剧演出时为防忘词而给演员提示台词、唱词等）。

爆肚 pau³tʰou⁵【喻】戏剧演员临时在舞台上编台词或唱词（多是因为忘了词）。

映电影 jeŋ²tin⁶jeŋ² 放电影：逢星期六～。

睇戏 tʰɐi²hei³〈睇音体〉①看电影：我哋去边度～啊？（我们到哪儿看电影呀？）②观赏戏剧。

睇大戏 tʰɐi²tai⁶hei³〈睇音体〉观赏传统戏剧（特指粤剧）：而家啲后生仔唔多～㗎嘞。（现在的年青人不大看粤剧了。）

卖₁ mai⁶（报纸）登载；报道：呢条消息呢两日报纸～到衡晒啦。（这条消息这两天报纸老是报道。）

落画 lɔk⁶wa⁻²〈画音娃第2声，壶哑切〉电影在市面上结束放映：你仲未睇过呢部戏啊？早就～嘞。（你还没看过这部影片吗？早就不放映了。）

七 D10 体 育 [棋、牌参见七B9]

游水 jɐu⁴sɵy² 游泳：你识唔识～㗎，唔识唔好去深水池嘧。（你会不会游泳？不会别去深水池。）

踩水影 tsʰai²(jai²)sɵy²jeŋ²〈踩又音椅挨切第2声〉踩水：游水游耐咗，～好过瘾㗎。（游泳游久了，踩水就很有趣。）

韵律泳 wen⁵lɵt⁻²weŋ⁶〈律读第2声〉花样游泳；水上舞蹈：下一个表演项目係～。（下一个表演节目是花样游泳。）

韵律操 wen⁵lɵt⁻²tsʰou¹〈律读第2声〉花样体操；轻器械体操。

步操 pou⁶tsʰou¹ 队列操练：听日我哋要进行～。（明天我们要进行队列操练。）

掌上压 tsœŋ²sœŋ⁶at³〈上音上面之上〉俯卧撑：～係一项随时随地都做得嘅运动。（俯卧撑是一项随时随地都可以进行的运动。）

听尼士 t^{h}eŋ^{1}ni^{1}si^6〈听音他应切，尼音那衣切〉【外】网球（一般是指这项运动，而非指球）。［若指这种球，则称“网球”。英语 tennis］

枱波 t^{h}ɔi^{-2}pɔ^1〈枱音台第 2 声，体海切〉台球（枱：桌；波：球。一般是指这项运动，而非指球）。［若指这种球，则称“弹子”。“波”为英语 ball 的音译。参见三 D9“弹子”］

开波 hɔi^{1}pɔ^1 发球（波：球）：而家轮到嗰便～。（现在轮到那边发球。）［“波”为英语 ball 的音译］

NET波 nɛp^{1}pɔ$^{-4}$〈前字音那爷切第 1 声加上邑字的音尾，波音部何切〉【外】擦网球。［来自英语 netball，但读音在广州话中稍有变化］

丢时 tiu^{1}si^4【外】（乒乓球或网球等）必须由一方连赢两球才能取胜的平分局面：一连三铺都打到～。（一连三局都打到要连赢两分才见胜负。）［英语 deuce］

*__GAME__ kɛm^1〈音家爷切第 1 声加今字的音尾〉【外】（乒乓球等）打输；输掉一局：咁快就～咗。（这么快就输了。）［不用于较正式的场合。重见十 F1］

筛波 sɐi^{1}pɔ^1（乒乓球等）带强烈旋转的球（筛：旋转；波：球）：开咗个～。（发了个旋转球。）［“波”是英语 ball 的音译］

食筛 sek^{6}sɐi^1（打乒乓球时）因不适应对方的旋转球而失误（食：吃；筛：旋转）。

恤 sɵt^1〈音术第 1 声〉【外】（篮球）投篮：猛～都唔入。（投篮老投不进。）［英语 shoot］

喂 wɐi^3【外】供应（球）；把球传给有得分机会的队友（多用于足球中）：8 号入两粒波都係 10 号～畀佢嘅。（8 号进两个球都是 10 号传给他的。）［英语 feed 的意译］

唛$_4$ mɐk^1〈音麦第 1 声〉【外】盯人（球类运动中的一种防守战术）：对方中锋畀我哋嘅后卫～死咗。（对方中锋被我们的后卫盯死了。）［英语 mark］

*__行__$_3$ hɔŋ^4〈音银行之行〉①拦截；盯（对方的队员）：个波一到佢脚下，就有几个人埋去～咗。（那球一到他脚下，就有几个人过去拦截他。）②拦挡（球）。［重见七 D3］

*__閂__ san^1〈音山〉拦挡（球）：将个波一～，出咗横边界外。（把球一挡，出了边线。）［重见七 B4］

偷甩 t^{h}ɐu^{1}lɐt^1〈甩音拉一切〉从对方队员控制下拦截而取得（球）：～咗个波，即刻打反击。（把球拦截下来，立刻打反击。）

*__笠__$_2$ lɐp^1（足球等）吊射；吊传：～入一粒。（吊进一球。）｜～对方后卫身后。［重见六 D7、七 E9］

出界 ts^{h}ɵt^1(ts^{h}yt^1)kai^3（球）出线外（边线或底线）：个波经已～。（球已经出了线外了。）

沓界 tap^{6}kai^3（球）压线：呢个係～球。（这是个压线球。）

*__叉烧__ ts^{h}a^{1}siu^1【喻】（排球）探头球：李生呢个～真係靓。（李先生这个探头球打得真漂亮。）［重见三 B6］

头锤 t^{h}ɐu^{4}ts^{h}ɵy^4（足球中的）头球：一个～顶入龙门。（一个头球顶进球门。）

辘（碌）地波 lok^{1}tei^{6}pɔ^1〈辘（碌）音拉屋切〉地滚球（辘：滚；波：球）：呢个～冇乜力，畀龙门扑倒。（这个地滚球没什么力量，被守门员扑住。）

弹地波 tan^{6}tei^{6}pɔ^1〈弹音第限切〉打在地上弹起来的球（波：球）：呢个～好难判断。（这个从地上弹起来的球很难判断。）

界外球 kai³ŋɔi⁶kʰɐu⁴ 边线球：掟～（掷边线球）。

自由球 tsi⁶jɐu⁴kʰɐu⁴【外】（足球等）任意球：一脚～（直接任意球）｜两脚～（间接任意球）。[“～”和“任意球”是对英语 freekick（足球）或 freethrow（手球）的不同译法]

十二码 sɐp⁶ji⁶ma⁵ 足球的点球。因罚球点距球门 12 码（约 11 米）而得名：球证畀咗个～。（裁判给了个点球。）

中界球 tsoŋ¹kai³kʰɐu⁴ 中圈球（足球中用于球赛开始及进球后重新开始比赛）。

针球 tsɐm¹kʰɐu⁴【外】篮球的跳球（裁判将球抛起，双方队员跳起争夺）。[此为英语 jumpball 的半音半意译词]

领前 leŋ⁵tsʰin⁴（比分）领先：而家係 2 比 1，国家队～。（现在是 2 比 1，国家队领先。）

打功夫 ta²koŋ¹fu¹ 演练中国武术：卓叔识～㗎。（卓叔会武术的。）

打国技 ta²kwɔk³kei⁶【旧】同“打功夫”。

食夜粥 sek⁶jɛ⁶tsok¹【谑】练武术。据说练武须于夜间进食补充，故称：佢食过几晚夜粥嘅。（他练过一下武术的。）

摸虾 mɔ²ha¹【喻】【谑】打太极拳。其动作似捞捕，故称（摸：捞捕）：朝朝去～。（每天早上去打太极拳。）

散手 san²sɐu² 武术散打；武术招数：你咪嘟佢啊，佢有几度～㗎。（你别碰他，他有几下武术招数的。）

点脉 tim²mɐk⁶ 点穴：中国功夫有一种～招数。（中国武术中有一门点穴招数。）

打卜成 ta²pɔk¹seŋ⁴〈卜音驳第 1 声〉【外】拳击运动。[英语 boxing]

拗手瓜 au²sɐu²kwa¹〈拗音哑考切〉扳手腕（拗：扳；手瓜：上臂）。

扯大缆 tsʰɛ²tai⁶lam⁶ 拔河：我哋而家～，睇下红队赢定蓝队赢。（我们现在拔河，看看是红队赢还是蓝队赢。）

踩雪屐 jai²(tsʰai²)syt³kʰɛk⁶〈踩音椅挨切第 2 声，又音此挨切第 2 声；屐音剧〉溜旱冰；滚轴溜冰（雪屐：旱冰鞋）：广东冇雪落，冇得溜冰，唔係～啦。（广东不下雪，没冰可溜，不就溜旱冰啰。）

滑雪屐 wat⁶syt³kʰɛk⁶〈屐音剧〉同“踩雪屐”。

缓步跑 wun⁶pou⁶pʰau² 慢跑：～最啱上咗年纪嘅人攞嚟做锻炼。（慢跑最合适上了年纪的人作为锻炼手段。）

准决赛 tsɵn²kʰyt³tsʰɔi³ 半决赛：听日就要进行～嘞。（明天就要进行半决赛了。）

偷步 tʰɐu¹pou⁶（跑步比赛起跑时）抢跑：～算犯规。（抢跑算犯规。）

七 D11 治安、执法

*__拉__₂ lai¹ 逮捕：～人兼封屋。（抓人并查封房子。）｜条友贪污公款，～咗喇。（那家伙贪污公款，被抓起来了。[重见二 D2]

钉 tɛŋ¹〈音低赢切第 1 声〉【俗】逮捕：嗰班贼仔卒之都被警察～晒。（那伙小贼终于全被警察抓住了。）

佗铁 tʰɔ⁴tʰit³〈佗音驼〉【谑】带着手枪（佗：负于身前。一般用于警察）：嗰班差人个个都～㗎。（那群警察个个都背着手枪。）

执私 tsɐp¹si¹ 缉私；收缴走私货物。

坐监 tsʰɔ⁵kam¹ 坐牢：呢啲噉嘅事，你唔怕～咪做喇。（这种事情，你要不怕坐牢就干吧。）

踎监 mɐu¹kam¹〈踎音摩欧切〉蹲监狱（踎：蹲）佢踎咗 10 年监，啱啱至放出嚟。（他蹲监狱蹲了 10 年，刚刚才放出来。）

踎格仔 mɐu1kak3tsɐi2〈踎音摩欧切，仔音子矮切〉【喻】【俗】蹲监狱。（踎：蹲；格仔：小格子）：～你估係住宾馆咩，好难捱㗎。（你以为蹲监狱是住宾馆吗，很难熬的。）[监狱通常分隔成一个一个的小间，所以说“格仔”]

扽监 tɐn3kam1〈扽音炖第 3 声〉蹲监狱。[“扽”是对北方话“蹲”音的模仿]

坐花厅 tsʰɔ5fa1tʰɛŋ1【喻】【谑】坐牢。[参见 3D13“花厅”]

食三两 sek6sam1lœŋ2〈两音斤两之两〉【俗】坐牢。据说狱中伙食每顿供应三两饭。

*__拜山__ pai3san1【喻】【谑】本指扫墓，比喻探监。[重见七 B12]

填命 tʰin4mɛŋ6〈命音务赢切第 6 声〉偿命（填：赔偿）：杀人～。

打靶 ta2pa2 枪毙：今早又有一班贼佬拉去～。（今天早上又有一伙大盗给拉去枪毙了。）

*□₂ paŋ4 枪毙：爆格杀人实听畀人～喇。（入屋盗窃还杀人，等着给枪崩吧。）[本是对枪声的模仿。重见十一 B3]

食莲子羹 sek6lin4tsi2kɐŋ1【喻】【谑】被枪毙（莲子：喻子弹）：好在佢早啲坦白，一唔係实～嘞。（幸好他早些坦白，要不然一定吃花生米了。）

七 D12　其　他

炒股票 tsʰau2kwu2pʰiu3【喻】作投机性的股票交易。[又作“炒股”]

炒燶 tsʰau2noŋ1〈燶音农第 1 声，那空切〉【喻】在投机性股票交易中失败，股金遭受损失（燶：烧焦，糊）。

打住家工 ta2tsy6ka1koŋ1 做保姆（打工：做工）：～嘅都係女嘅。（当保姆的都是女的。）

看更 hɔn1kaŋ1〈看读第 1 声，更音加坑切〉看夜；打更。[现在已无这一职业]

倒屎 tou2si2 掏粪。

执地 tsɐp1tei-2〈地读第 2 声〉捡破烂儿。

执尸 tsɐp1si1 收拾、处理尸体。

七E　其他社会活动

七 E1　相处、交好

相与 sœŋ1jy5 相处：同你～咁耐，仲唔知你脾性咩？（和你相处了这么久，还不知道你的脾气？）

同煲同捞 tʰoŋ4pou1tʰoŋ4lou1〈煲音保第 1 声，捞音劳第 1 声〉【喻】一起混；一起生活（煲：煮饭；捞：挣钱）：你而家捞起咗，仲记唔记得当年～嘅兄弟啊？（你现在飞黄腾达了，还记得当年一起混的兄弟吗？）

埋堆 mai4tɵy1（人）凑集到一处；单独的人凑到成群的人中去（埋：靠拢）：你唔～呢，有事冇人帮你。（你要是不跟人扎堆，有事没人帮你。）

群埋 kwʰɐn4mai4 结交；与某些人为伴（一般指较多的人。略含贬义）：一日～啲唔识字墨嘅人。（整天跟没文化的人在一起。）

出双入对 tsʰɵt1(tsʰyt1)sœŋ1jɐp6tɵy3　两人总是走在一起：我见阿欧仔同霞妹～嘞，佢两个拍拖咩？（我看见小欧跟霞妹总在一块儿，他们俩谈上了吗？）

撞口撞面 tsɔŋ6hɐu2tsɔŋ6min6 经常碰见（往往指见面的人之间心存芥蒂的）：

嘈过几句嘛算啰，大家街坊～㗎。(吵过几句就算了吧，大家街坊低头不见抬头见的。)

界面 pei^{2}min^{-2}〈界音比，面读第 2 声〉赏脸；给面子：乜咁～嚟坐下啊。(怎这么赏脸来坐坐。)

探 t^{h}am^{3} 探访；看望：过两日再嚟～你。(过两天再来看你。)｜外母病咗，去～下佢。(岳母病了，去探望一下她。)

摸门钉 mɔ^{2}mun^{4}tɛŋ^{1}〈摸读第 2 声，钉音低赢切第 1 声〉到别人家去访人不遇（家中无人）：我嗰日去揾你，点知～。(我那天去找你，谁知道吃了个闭门羹。)［以前的门上有装饰性乳突钉状物，称为“门钉”］

拘执 k^{h}øy^{1}tsɐp^{1} 拘于礼节；客气：咁熟咯，仲使乜～啊？（这么熟了，还用得着客套？)［又作“拘”］

*__同__ t^{h}oŋ^{4} ①引进动作的对象。跟；和：我有嘢～你讲。(我有事跟你说。) ②引进动作的服务对象：唔啱我去～你问下啦。(要不我去替你问一下吧。)［其中①为普通话所用，只是普通话口语中用得稍少］

*__䊢__ na^{1}〈音拿第 1 声〉同“同”：想要就～佢攞。(想要就向他要。)｜～阿嫲添饭啦。(替奶奶盛饭吧。)［重见九 D25］

*__孖__ ma^{1}〈音妈〉同“同②”：你估你係～我做㗎？～阿爷做㗎咋！(你当你是替我干吗？是替公家干的！)［重见九 B14、九 D25、十 A1、十 C1］

*__帮__ pɔŋ^{1} 同“同②”：我嚟～你影张相。(我来给你照一张相。)［重见九 D25］

*__听__ t^{h}eŋ^{3}〈音停第 3 声，替庆切〉引进发出动作的人；让：你唔得就～第个嚟啦。(你不行就让别人来吧。)｜～我同你搓下条颈。(让我替你揉揉脖子。)［重见七 A20］

等 tɐŋ^{2} 同“听”：一唔係～小何嚟帮下你。(要不让小何来帮你一把。)

七 E2 商量、邀约

斟 tsɐm^{1}〈音针〉商量：呢件事有得～。(这件事可以商量。)

密斟 mɐt^{6}tsɐm^{1}〈斟音针〉屏开旁人来商量（斟：商量）：你哋两个喺度～啲乜嘢啊？（你们俩在这儿背着人商量什么？）

斟盘 tsɐm^{1}p^{h}un^{-2}〈盘读第 2 声，婆碗切〉谈判；商量（多指作交易。斟：商量；盘：商品行情）：一便饮茶一便～。(在茶楼边吃边商议。)

*__讲数口__ kɔŋ^{2}sou^{3}hɐu^{2} 谈判；谈条件：同佢讲下数口，佢会应承嘅。(跟他谈谈条件，他会答应的。)［又作“讲数”。重见七 D5］

*__詏数口__ au^{3}sou^{3}hɐu^{2}〈詏音阿孝切〉同“讲数口”。(詏：争论)。［又作“詏数”。重见七 D2］

讲实 kɔŋ^{2}sɐt^{6} 说定：嗱，呢件事就～嘞。(喏，这事儿就说定了。)｜～礼拜三交货。

敆(夹)计 kɐp^{3}(kap^{3})kɐi^{-2}〈敆音计入切第 3 声，又音计鸭切；计读第 2 声〉共同商量进行某种活动；合谋（敆：凑聚）：大家一齐嚟～。(大家一起来商量。)

喽 lɐu^{3}〈音楼第 3 声，赖沤切〉邀约；动员别人与自己一同做某一活动（比较随便地）：～埋贞姐一齐去玩。(邀上贞姐一块去玩。)｜嗰条嘢攞住个手表猛～我买。(那家伙拿着个手表老是叫我买下。)

喽当 lɐu^{3}tɔŋ^{3}〈喽音楼第 3 声，当音上当之当〉【贬】主动邀约别人（显得降低身份）。当铺总是坐等顾客上门，如果拉客来当物，自然是降低身份了。

七 E3　合作、拉线、散伙

*攰(夹) kɐp³(kap³)〈攰音计入切第 3 声，又音计鸭切〉合作：我嚟同你～啦。(我来跟你合作吧。)［重见七 A13、九 C10］

攰(夹)手 kɐp³(kap³)sɐu²〈攰音计入切第 3 声，又音计鸭切〉合作；互相配合（攰：凑聚）：～做好呢件嘢。(互相配合做好这件事。)

*攰(夹)档 kɐp³(kap³)tɔŋ³〈攰音计入切第 3 声，又音计鸭切；档音上当之当〉合作（攰：凑聚）：我哋两个～攰咗有成年喇。(我们俩合作有一年了。)［重见一 E2、九 C10］

*拍档 pʰak³tɔŋ³〈档音上当之当〉合作：边个同我～做嘢啊？（谁和我合作干活呀？)［重见一 E2、九 C10］

拍硬档 pʰak³ŋaŋ⁶tɔŋ³〈档音上当之当〉通力合作：我哋两兄弟～搞好间公司。(我们兄弟俩通力合作把公司搞好。)

攰(夹)份 kɐp³(kap³)fɐn⁻²〈攰音计入切第 3 声，又音计鸭切；份读第 2 声〉合伙；凑份子（攰：凑聚）：～做生意。(合伙做生意。)

*攰(夹)伙 kɐp³(kap³)fɔ²〈攰音计入切第 3 声，又音计鸭切〉同“攰（夹）份”：多啲人～好定唔好呢？（多些人合伙好还是不好？)［重见七 B3］

扯线 tsʰɛ²sin³【喻】为人从中撮合或做联络；拉线：呢次斟得成全靠何老总～。(这一次谈得成全靠何老总在中间拉线。)

搭通 tap³tʰoŋ¹ 搭上（关系等）：呢单工程我经已～晒天地线，冇话唔啱嘅。(这项工程我已经搭上了各种关系，不可能不行的。)

搭路 tap³lou⁶ 搭关系：想做成呢单生意，要揾人～嚟。(想做成这宗买卖，要找人拉关系呀。)

*散档 san³tɔŋ³〈散音散布之散，档音上当之当〉散伙；合作关系结束：啱偈就攰落去，唔啱就～啰（合得来就合作下去，合不来就散伙吧。)［重见七 A4］

七 E4　帮忙、施惠

帮手 pɔŋ¹sɐu² 帮忙：使唔使我～啊？(要不要我帮忙？)｜你有咩搞唔啱，陈仔会～嘅。(你有什么弄不过来，小陈会帮忙的。)

搭手 tap³sɐu² 顺便帮忙；不费力地帮忙：唔使唔该，我都是～嗻。(不用谢，我也是趁便罢了。)

帮眼 pɔŋ¹ŋan⁵ 帮着看：你唔嚟帮下眼，我实乱晒龙嗻。(你不来帮忙看着，我一定会全乱套的。)

偏帮 pʰin¹pɔŋ¹ 偏袒：阿妈成日～阿哥嘅。(妈妈老是偏袒哥哥。)

*搭 tap³ 委托（别人办事)：～人买嘢。(托人买东西。)｜～张姨捞嚟畀你。(托张姨捎给你。)［重见七 D4］

搭上搭 tap³sœŋ⁶tap³〈上音上面之上〉委托某人办事，此人又委托另一个人办（搭：委托)。

托上托 tʰɔk³sœŋ⁶tʰɔk³〈上音上面之上〉同“搭上搭”。

班兵 pan¹peŋ¹【喻】找人帮忙；搬援兵：我而家即刻翻公司～。(我现在立刻回公司找救兵。)［20 世纪初以前，广东粤剧以官话演唱，后改用广州话，一些舞台上常用语仍沿用官话，“搬兵”即其一，进入日常口语时即为“～”。广州话“搬”与“班”不同音］

打救 ta²kɐu³ 搭救：你若果有办法，就～下佢啦。（你要是有办法，就搭救他一下吧。）［此即官话“搭救”之摹音］

做好心 tsou⁶hou²sɐm¹ 出于好心办事；做善事：我谂住～啦，就畀咗两件衫佢。（我想着做做好事吧，就给了他两件衣服。）

积阴功 tsek¹jɐm¹koŋ¹ 积阴德（阴功：阴德）：做人要～先得嘅。（做人要积点阴德才是。）

益 jek¹ 使受惠；使得益：我呢度有两张戏飞，～你喇。（我这儿有两张电影票，送给你啦。）｜～街坊，大平卖！（施惠邻居，大贱卖！这是商号的广告。）

放水₂ fɔŋ³sɵy² 暗中给予不正当的利益：你今次考试合格，分明係主考官～嘸。（你这一次考试及格，分明是主考官做了人情。）｜红星队喺联赛攞冠军，全靠蓝箭队～畀佢攞多3分。（红星队在联赛中拿冠军，全靠蓝箭队让球给他们多拿了3分。）

替枪 tʰɐi³tsʰœŋ¹ 枪替：而家考研究生都有人揾～㗎。（现在连考研究生都有人找捉刀的。）

带挈 tai³hit³〈挈音歇〉提携；使人沾光：你搞啱咗，就～埋我哋。（你弄好了，对我们也有好处。）｜第日发咗达了，记得～细佬啊（以后飞黄腾达了，记着提携小弟呀！）

赠兴 tsɐŋ⁶heŋ³〈兴读高兴之兴〉助兴：咁开心嘅事梗係要揾个戏班嚟～啦。（这么开心的事儿当然得找个剧团来助兴了。）

七 E5 请求、督促、逼迫、支使

嗡 ŋɐi¹〈音危第1声〉恳求；哀求：～契爷噉～。（像求干爹般地恳求。）｜我呢个人最怕～㗎嘞。（我这个人最怕别人哀求。）

嗡求 ŋɐi¹kʰɐu⁴〈嗡音危第1声〉同“嗡”。

打蛇随棍上 ta²sɛ⁴tsʰɵy⁴kwɐn³sœŋ⁵〈上音上落之上〉【熟】【喻】字面意思是用棍子打蛇，蛇却沿着棍子爬上来咬人，比喻沿着别人的话头，提出自己的要求或看法：我啱话大家辛苦嘞，佢就～，话要发奖金咏。（我刚说大家辛苦了，他就沿着话头上来，说希望发奖金。）

擘大狮子口 mak³tai⁶si¹tsi²hɐu²〈擘音磨客切〉【熟】【喻】提出很高的要求（一般指在钱财方面）；向人要很多钱（擘：张开）：你一下就～，你估我呢度係金库咩？（你一开口就要那么多钱，你当我这儿是金库吗？）

*□ lœ²〈音吕靴切第2声〉纠缠着提出请求（多指小孩对大人）：～佢妈咪买雪条。（缠着要他妈妈买冰棍。）［重见六D10］

监 kam¹ 紧紧督促；逼迫：唔好～细路哥食饭。（别逼着孩子吃饭。）｜～人食死猫。（逼迫别人背黑锅。）

*__局₁__ kok⁻¹〈读第1声，音谷〉（向某人）施加压力，迫使（做某事）：成班友～住杨主任唱咗支歌。（一帮家伙逼着杨主任唱了一首歌。）｜～佢去。（逼着他去。）［重见二C6、九A7］

督 tok¹ 督促；监督：唔～住佢就唔好好做功课。（不督促着他就不好好做功课。）

*__啄__ tœŋ¹〈低央切〉督逼；紧紧钉着（某人追问或要其做某事）：唔关我事，咪～住我。（不干我的事，别钉着我。）［重见二D2］

*__扤₂__ ŋɐt¹〈毅一切〉强迫；强使：噉样～住做实做唔好嘅。（这样强迫着干肯定干不好的。）［重见六D2、六D8］

拉牛上树 lai^{1}ŋɐu^{4}sœŋ^{5}sy^{6}〈上音上去之上〉【熟】【喻】迫使做力不能及的事情：要我做部门经理唔係～？（要我当部门经理，还不是赶鸭子上架？）

催命 ts^{h}ɵy^{1}mɛŋ^{6}〈命音未赢切第 6 声〉【喻】【贬】原指迷信传说中鬼魂催逼索命，比喻紧紧催逼、催促：一日到黑嚟～，烦到你死！（一天到晚来催，烦死人了！）

刮 kwat^{3}【喻】催促（人起床）：朝朝早都要人～佢先起身。（每天早上都要人催逼他才起床。）

怂 soŋ^{2}【贬】怂恿：你唔好～佢啦！（你别怂恿他！）

*__对$_{2}$__ tɵy^{-2}〈读第 2 声，底许切〉①【贬】支使；怂恿（别人去干某事）：梗係有人～佢去做嘅。（肯定是有人支使他去干的。）②督促：唔时时～下佢，就做得好慢。（不时时督促他，就做得很慢。）［重见六 D8、七 E11］

*__对鬼__ tɵy^{-2}kwɐi^{2}〈对读第 2 声，底许切〉【贬】怂恿；支使（对：捅）：佢自己唔出面，～人哋去做。（他自己不出面，怂恿别人去干。）［重见七 E11］

唆摆 sɔ^{1}pai^{2}【贬】唆使；怂恿：你都冇脑嘅，净识听人～。（你也是没脑子的，光会听人唆使。）

*__指手厾(督)脚__ tsi^{2}sɐu^{2}tok^{1}kœk^{3}【贬】指手划脚（厾：戳）。形容轻率地指点、批评别人，或放肆地指挥别人。［重见六 D10］

*__使__ sɐi^{2} 支使；使唤：你自己唔做，净识得～人。（你自己不干，光会使唤别人。）［重见七 A10、七 B7］

大懒使二懒 tai^{6}lan^{5}sɐi^{2}ji^{6}lan^{5}【熟】【谑】【贬】大懒虫支使二懒虫，是说一个懒人不想干活，支使另一个懒人去干。

七 E6 守护、监视、查验

*__睇__ t^{h}ɐi^{2}〈音体〉看（kān）；守护；监视：～好个细佬。（看好弟弟。）｜呢个路口就由你嚟～。（这个路口就由你来看守。）［重见五 B4、六 C1］

*__睺(候)__ hɐu^{1}〈音后第 1 声，哈欧切〉侦伺；监视；看守：揾个人～实佢。（找个人监视他。）｜～人唔垂意，将个手抽捎咗走。（伺人不注意，把手提包扒走了。）［重见五 B4，五 B7、六 C1］

*__啃__ kɐp^{6}(k^{h}ɐp^{6})〈忌入切，又音其入切〉盯住；控制住：你～实佢，咪畀佢走甩鸡。（你盯住他，别让他跑了。）｜嗰便有豪哥～住，唔出得事嘅。（那边有豪哥在把着，不会出事的。）［重见六 C1、六 C2］

望 mɔŋ^{6} 监视；望风：你喺度～住，有乜咿嘟就嚟话我知。（你在这儿看着，有什么动静就来告诉我。）

*__睇水__ t^{h}ɐi^{2}sɵy^{2}【喻】把风：啲贼佬爆格，出便实有人～嘅。（小偷进屋盗窃，外面一定有人望风。）［重见七 D3］

*__伏__ pok^{6}〈部六切〉埋伏着侦伺或准备偷袭某人：我哋喺度～咗三晚，今晚畀我哋～倒佢。（我们在这儿埋伏了三个晚上，今晚让我们把他候着了。）［重见六 B1］

CHECK ts^{h}ɛk^{1}〈音尺第一声〉【外】①查验；覆查：阿文打过啲数我都要由头～一次。（阿文算过的数我都要从头覆查一遍。）②稽查：你噉样畀人～倒，罚到你死啊！（你这样让人查出来，罚得你受不了！）

七 E7 过问、听任、容许、同意

打理₂ ta²lei⁵ 过问；理睬：随得佢啦，你～咁多！（由他去吧，你管那么多！）［此是官话“搭理”的摹音］

骚 sou¹【俗】理睬：摆咗成朝都冇人～下。（摆了整个上午也没人理睬一下。）

阔佬懒理 fut³lou²lan⁵lei⁵ 不闻不问；懒得过问：呢啲嘢我～。（这些事我懒得管。）｜人人都～，嘅点得啊？（人人都不闻不问，那怎么行？）

懒理 lan⁵lei⁵ 同“阔佬懒理”。

睬佢都傻 tsʰɔi²kʰøy⁵tou¹sɔ⁴〈佢音拒〉【熟】表示对某人或某事不屑于理睬（佢：他；她；它）：人哋讲乜嘢你～啦！（别人说什么你管他呢！）

眼屎干净盲 ŋan⁵si²kɔn¹tsɛŋ⁶maŋ⁴【喻】据说盲人多眼眵，如果“眼屎干净”（眼屎：眼眵），则不是真盲，而是装瞎，比喻对某些事情只当作看不见，是不想过问的意思：佢哋嘅事，我係～。（他们的事，我都只当没看见。）

冇眼睇 mou⁵ŋan⁵tʰɐi²〈冇音无第 5 声，睇音体〉【喻】没眼睛看，比喻不过问、不管（有灰心的意思）：人哋点搞我～。（别人怎么搞我懒得管。）

好少理 hou²siu²lei⁵ 字面意思是很少管或很少理睬（好：很），实际上是说不管或不理睬。

话之 wa⁶tsi¹ 不管（后面带人称代词）：～佢咁多！（管他那么多！）｜～你乱穿个天啦，咪惹我就得嘞。（就是把天捅穿了我也不管你，别招惹我就行了。）

随得 tsʰøy⁴tɐk¹ 任由；随便：～你锺意点就点。（随你喜欢怎么样就怎么样。）

随由 tsʰøy⁴jɐu⁴ 任由；随便：摆喺度～啲人睇。（摆在那儿任由人们看。）

由 jɐu⁻²〈读第 2 声，椅口切〉任由：唔係～佢啰，理佢咁多啊！（随他去吧，管他那么多呢！）

由得 jɐu⁴⁽⁻²⁾tɐk¹〈由又读第 2 声〉任由：乜嘢都～个细路点得嘅啫！（什么都任由小孩子怎么行呢！）

任……唔嬲 jɐm⁶m⁴nɐu¹〈嬲音那欧切〉字面意思是“任……也不生气”，表示任由、随便：五缗两只，任拣唔嬲！（五块钱两个，随便挑！）｜摆响度任睇唔嬲。（摆在那儿任人看。）｜畀二十缗就任食唔嬲嘞。（交二十块就任你吃了。）

*__畀__ pei² 允许；容许；听任：有证件唔～入。（没证件不许进。）｜呢种情况下主管实～嘅。（这种情况下主管一定批准的。）｜你搞得啱就～你去。（你能弄好就让你去。）［重见六 B4、七 A10］

应承 jeŋ¹seŋ⁴〈应音英〉①允许；容许：你噉样对阿妈我唔～你㗎！（我不会容许你这样对待妈妈的！）②应允；同意：要谂真先好～。（要想清楚才好答应。）

*__应__ jeŋ³〈读第 3 声，意庆切〉应允；同意：既然係噉就～佢啦。（既然是这样就答应他吧。）｜我帮你～咗落嚟喇。（我替你答应下来了。）［重见七 E7］

拍心口 pʰak³sɐm¹hɐu² 向人承诺保证做到某事或证实某事；拍胸脯（心口：胸口）：呢件事我够胆～。（这事我敢拍胸脯保证。）

七 E8 宠爱、迁就、抚慰

纵 tsoŋ³（对小孩）溺爱并纵容；宠：啲细路～得犀利过龙冇乜好处嘅。（小孩子宠得太过分了没什么好处。）

***僜惜** kɐŋ^{6}sɛk^{3}〈僜音镜第 6 声，惜音锡〉以爱护、忍让的态度对待（小孩）：佢好～个细佬㗎。（他很让着弟弟的。）［重见七 A16］

就 tsɐu^{6} 迁就：个老豆好～佢嘅。（当爸爸的很迁就他。）｜你係哥哥，～下个细佬啦。（你是哥哥，迁就一下弟弟吧。）

就惯姿势 tsɐu^{6}kwan^{3}tsi^{1}sɐi^{3}【喻】习惯了某一姿势，比喻因迁就而养成某种不良习惯：食亲饭就睇电视，～！（一吃饭就看电视，养成这种习惯！）

***争**$_{2}$ tsaŋ^{1}〈之坑切〉偏袒；袒护；在争执的双方之间向着一方：你都要有道理我先～得你㗎。（你也要有道理我才能向着你呀。）｜你点解要～住佢？（你为什么要偏袒他？）［重见七 E23］

呵 hɔ^{1}〈哈哥切〉向小孩的痛处哈气，以表安慰；引申为一般的哄小孩：撞倒边度啊？等嫲嫲～翻。（磕到哪儿了？让奶奶哈口气不疼了。）｜爸爸闹你呀？妈妈～翻你啦。（爸爸骂你吗？妈妈来哄你吧。）

谍 tʰɐm^{3}〈替暗切〉哄（用于小孩等）：个仔喊成噉，仲唔～翻佢？（儿子哭成这个样子，还不哄哄他？）｜你都唔识～老婆嘅。（你都不会哄老婆。）

码 ma^{5} 拢络；（以抚慰等手段）控制住（人心）：佢～住老板，搏升官嗻。（他拢络老板，为博取升官罢了。）｜要靠班工友做嘢，梗係要～实佢哋啦。（要依靠这群工人干活，当然得拢络他们。）

七 E9 讨好、得罪、走门路

做好人 tsou^{6}hou^{2}jɐn^{4} 做讨人高兴的事；当好人：最多我做丑人，你～係啦。（顶多我去得罪人，你来当好人就是了。）

***笠**$_{2}$ lɐp^{1} 哄；说好话或做某些事使人高兴（以便实行控制）：你估噉几件电器就～得住佢㗎喇？（你以为这么几件电器就能让他听你的了？）［重见六 D7、七 D10］

笠高帽 lɐp^{1}kou^{1}mou^{-2}〈帽读第 2 声，摸好切〉夸大其辞地恭维人；戴高帽（笠：套，罩）。

卖面光 mai^{6}min^{6}kwɔŋ^{1}【喻】【贬】用虚伪的言行来讨人高兴。

刀切豆腐——两便光 tou^{1}tsʰit^{3}tɐu^{6}fu^{6}lœŋ^{5}pin^{6}kwɔŋ^{1}【歇】【喻】【贬】两面讨好（两便：两面）。

托大脚 tʰɔk^{3}tai^{6}kœk^{3}【喻】【贬】拍马屁；抬轿子：新嚟嗰条友仔好兴～㗎，咪黐佢咁埋。（新来的那家伙很喜欢拍马屁，别跟他那么热乎。）［又简作“托”］

有耳藤喼——靠托 mou^{5}ji^{5}tʰɐŋ^{4}kip^{1} kʰau^{3}tʰɔk^{3}〈冇音无第 5 声，喼音基叶切第 1 声〉【歇】没提手的藤箱子——全靠抬。意为抬轿子（冇：没有；耳：提手；喼：箱子；托：拍马屁）。［参看一 G6“冇耳藤喼”］

擦鞋 tsʰat^{3}hai^{4}【喻】【贬】拍马屁；阿谀奉承。［简作“擦”］

恃 tsʰi^{5}〈音似〉倚仗（略含贬义）：你～住你老豆大粒咩！（你仗着你父亲官儿大吗！）｜咪净係～一身牛力！（别老仗着一身牛力气！）

恃倚 tsʰi^{5}ji^{-5}〈恃音似，倚音以〉同“恃”：佢而家有得～喇。（他现在有可倚仗的了。）

靠……食和（糊） kʰau^{3}sek^{6}wu^{-2}〈和音胡第 2 声〉【喻】字面意思是打麻将时全靠某一张牌造成和牌（食和，麻将和了），比喻全靠某人成事：我哋靠你食和㗎喇！（我们全靠你了！）

揾路 wɐn^{2}lou^{6}〈揾音稳〉【喻】走门路；找关系（办事）：你～就快啲，唔係就唔知耽到边年边月。（你找门路就快点儿，不然就不知道拖到哪年哪月。）

***蜎窿蜎罅** kyn^{1}loŋ^{1}kyn^{1}la^{3}〈蜎音捐，罅音赖亚切〉【喻】千方百计找各种关系；走各种门路（蜎：钻；罅：缝儿）：畀佢～领倒个牌。（让他走门路领到了牌子。）[重见七 A11]

得失 tɐk^{1}sɐt^{1} 得罪：呢度咁多人一个都唔可以～㗎，～一个我哋嘅事都办唔成。（这里这么多人一个都不能得罪，得罪一个我们的事都办不成。）

得失人多，称呼人少 tɐk^{1}sɐt^{1}jɐn^{4}tɔ^{1} ts^{h}eŋ^{1}fu^{1}jɐn^{4}siu^{2}【熟】经常得罪人，而很少好言好语地跟人说话（称呼：友好地打招呼）。

做丑人 tsou^{6}ts^{h}ɐu^{2}jɐn^{4} 做得罪人的事：我唔怕～。（我不怕得罪人。）

七 E10 炫耀、摆架子、谦逊、拜下风

演₂ jin^{2} 炫耀：你睇佢，戴住只金表～畀人睇。（你瞧他，戴了个金表向人炫耀。）

演嘢 jin^{2}jɛ^{5}〈嘢音野〉自我炫耀：你个同事成日～，一阵间又话炒股赚咗几万，一阵间又话识得边个富豪。（你那个同事老是自我炫耀，一会儿说炒股票赚了几万，一会儿又说认识哪个富豪。）

充大头鬼 ts^{h}oŋ^{1}tai^{6}t^{h}ɐu^{4}kwɐi^{2}【喻】打肿脸充胖子：你咪睇佢西装领呔，其实嗰度～㗎咋。（你别瞧他穿西装打领带的，其实他是打肿脸充胖子。）[又作“充大头”、“充”]

凿大屎眼 tsɔk^{6}tai^{6}si^{2}ŋan^{5}【俗】【喻】硬充好汉；打肿脸充胖子（屎眼：屁眼）：明明做唔倒都要～，睇佢点收科！（明明做不到也要硬充好汉，看他怎么收场！）[又作“凿大”]

认叻 jeŋ^{6}lɛk^{1}〈叻音拉吃切第 1 声〉【贬】自炫有能耐（叻：能干）：喺老行专面前你仲敢～？（在老行家面前你还敢班门弄斧？）

认掯 jeŋ^{6}k^{h}ɐŋ^{3}〈掯音契衡切第 3 声〉同“认叻”（掯：本事大）：佢个人乜嘢都～。（他这人在什么事情上都自夸有本事。）

认屎认屁 jeŋ^{6}si^{2}jeŋ^{6}p^{h}ei^{3}【贬】自炫有能耐；自以为是；妄自尊大：呢条友仔成日钟意～，其实冇料嘅。（这个家伙老是喜欢自夸，其实没本事。）

攞彩 lɔ^{2}ts^{h}ɔi^{2}〈攞音罗第 2 声〉【喻】原义是领取中了彩的彩票奖金（攞：取），比喻炫耀、表现自己。

***攞景** lɔ^{2}keŋ^{2}〈攞音罗第 2 声〉【喻】在不适当的场合炫耀。[重见七 E12]

摆款 pai^{2}fun^{2} 摆架子：你就算做咗总统啊，都唔使噉样～啩？（你就算当了总统，也用不着这样摆架子吧？）

谦 him^{1} 谦逊；表现出谦虚：你唔使咁～嘅，大家都知你醒㗎喇。（你别这么谦虚，大家都知道你是行的。）

认低威 jeŋ^{6}tɐi^{1}wɐi^{1} 甘拜下风：今匀佢唔～都唔得喇。（这一回他不甘拜下风都不行了。）

认衰仔 jeŋ^{6}sɵy^{1}tsɐi^{2}【贬】甘拜下风；自认无能（衰仔：孬种）：未曾嘅过就～，有冇搞错啊？（还没较量过就自认孬种，怎么搞的啊？）

认细佬 jeŋ^{6}sɐi^{3}lou^{2}【喻】同“认衰仔”（细佬：弟弟）。

七 E11 揭露、通消息

***爆** pau³【喻】揭穿；泄露：你再逼我，我就～晒你啲嘢出嚟。(你要是再逼我，我就把你的那些事全抖出来。)［重见九 B10］

爆煲 pau³pou¹〈煲音保第 1 声〉【喻】字面意思是锅破裂了。比喻泄露、败露或使败露：你做嗰单嘢想唔～都几难。(你做的那件事想要不败露都挺难的。)｜等我嚟爆佢煲。(让我来揭穿他。)

爆料 pau³liu⁻²〈料读第 2 声〉将情况或消息公开；泄漏：先头阿八卦陈又同你～啊？(刚才陈饶舌又向你泄露秘闻了？)

穿煲 tsʰyn¹pou¹〈煲音保第 1 声〉【喻】泄露（秘密等）：我琴日冇翻学，係唔係你～嘅呢？唔係点解我阿妈会知道嘅？(我昨天没上学，是不是你捅出来的？要不为什么我妈妈会知道？)｜你借钱帮阿山仔件事，係我～嘅。(你借钱帮小山的那件事，是我公开的。)

爆大镬 pau³tai⁶wɔk⁶〈镬音获〉【喻】把重大的事情内幕公之于众；揭露（镬：铁锅）：求先陈仔～，话我哋咸唪呤冇得捞。(刚才小陈把一个大秘密公布了，说我们全都被解雇了。)

***对鬼** tøy⁻²kwɐi²〈对读第 2 声，底许切〉有意泄露：呢啲嘢若果冇人～，第啲人边处会知啫？(这些东西要没人故意泄露，别人哪会知道呢？)［重见七 E5］

***对₂** tøy⁻²〈读第 2 声，底许切〉揭露；把秘密公开：一下子将成班人～晒出嚟。(一下子把整群人捅了出来。)［重见六 D8、七 E5］

戥爆 tok¹pau³〈戥音督〉揭穿秘密或谎言（戥：戳）：魔术摆明係假嘅啦，～咪冇晒瘾啰（魔术都知道是假的，揭穿了就没什么意思了。）｜讲大话畀人～咗。(说谎让人戳穿了。)

放声气 fɔŋ³sɛŋ¹hei³〈声音司赢切第 1 声〉放风声：老细～话加我人工喎。(老板放风声说要给我加工资。)

打同通 ta²tʰoŋ⁴tʰoŋ¹【贬】串通；互通信息（做不好的事）：呢两个学生份试卷答得一模一样嘅，都唔知係咪～嘅。(这两个学生的试卷答得一模一样，也不知道是不是互相抄袭的。)｜佢哋两个～嚟呃你喋咋。(他们俩串通好了来骗你。)｜嘶眉嘶眼～（使眼色通消息）

通水 tʰoŋ¹søy² 暗通消息；通风报信：你快啲～畀王仔，话老细要嚟揾佢喇。(你快点给小王报个信儿，说老板要来找他。)

七 E12 责怪、激怒、翻脸

怪责 kwai³tsak³ 责怪：呢件事唔好～佢。(这事别责怪他。)

怪意 kwai³ji³ 责怪：佢係噉嘅脾性，请你咪～。(他是这样的脾气，请你别责怪。)

执怪 tsɐp¹kwai³ 责怪：要～就～我啦。(要责怪就责怪我吧。)

怪错 kwai³tsʰɔ³ 错怪：你～咗阿英喇！(你错怪了阿英了！)

揿心口 ŋou⁴sɐm¹hɐu²〈揿音娥豪切〉抓住衣襟用力摇晃（揿：摇；心口：胸口），指怒气冲冲地责骂、威胁等：佢够胆？佢唔怕我揿佢心口啊？(他敢？他不怕我抓住他胸口凶他吗？)

***激** kek¹ 使人生气；激人生气：我就係要特登～下佢。(我就是要故意气气他。)［重见五 A3］

***翳** ɐi^{3}〈音矮第 3 声〉故意使人生气（尤指以调戏的方法激怒人，又使其无法发作）：将佢撚咗一次又一次，～到佢死。（把他捉弄了一回又一回，气得他要死。）［重见二 C10、五 A2、九 A2、九 A10、九 B1］

***攞景** lɔ^{2}keŋ^{2}〈攞音罗第 2 声〉【喻】在别人失意时故意使之难堪或气恼（攞：取）。［重见七 E10］

犯众憎 fan^{6}tsoŋ^{3}tsɐŋ^{1} 令众人憎恶；犯众怒：你半夜三更喺处卡拉 OK，直情～啦。（你半夜三更在那儿唱卡拉 OK，实在是惹大家憎恶。）｜噉样～冇好处嘅。（这样犯众怒没好处的。）

反面 fan^{2}min^{-2}〈面读第 2 声，摸演切〉翻脸：倾得两倾唔啱就～嘈起上嚟。（谈了几句没谈拢就翻脸吵了起来。）

反转猪肚就係屎 fan^{2}tsyn^{3}tsy^{1}tʰou^{5}tsɐu^{6}hɐi^{6}si^{2}〈转读第 3 声〉【熟】【喻】【贬】一下子就翻脸不认人（係：是）。

七 E13　做错事、受责、丢脸

行差踏错 haŋ^{4}tsʰa^{1}tap^{6}tsʰɔ^{3}〈行音何盲切〉做错事；做得不对：个侄有乜嘢～，你个阿叔要教佢先係嘅。（侄子有什么过错，你这叔叔要教他才是。）

食猫面 sek^{6}mau^{1}min^{6} ① 捱骂；遭训斥：做错事唔係等住～啰。（做了错事就等着挨训吧。）②受冷遇；遭刁难：第一次去女朋友屋企就～，真係冇瘾！（第一次上女朋友家就受到冷遇，真没意思！）［参见“识貌面”］

识貌面 sek^{1}mau^{6}min^{6} 同“食猫面”。板起脸孔给人看，谓之让对方“～”，后音讹而为“食猫面”。

虱乸担枷 sɐt^{1}na^{2}tam^{1}ka^{1}kʰa^{1}〈乸音拿第 2 声，枷音加，又音卡〉【喻】受到极严厉的惩处（虱乸：虱子；担枷：戴木枷）。

***甩底** lɐt^{1}tɐi^{2}〈甩音拉一切〉丢脸：当住咁多人面，你话係唔係～啊！（当着那么多人，你说丢脸不丢脸！）［重见七 A7、七 E18］

甩须 lɐt^{1}sou^{1}〈甩音拉一切，须音苏〉【喻】胡子掉了（甩：脱落；须：胡须），本指在戏台上演员脱落髯口，比喻有一定经验的智者也会出错；丢脸；出丑：佢今次够晒～啰。（他这次够丢脸的。）

丢架（假） tiu^{1}ka^{-2}〈架音真假之假〉丢脸：大姑娘讲粗口，够晒～啰。（姑娘家说粗话，真够丢人的。）

***失礼** sɐt^{1}lɐi^{5} 丢脸；替……丢脸：你噉做好～喋！（你这样做很丢人啊！）｜我～咗你咩？！（我给你丢脸了吗？！）［此与普通话不很相同。重见七 E25］

失礼人 sɐt^{1}lɐi^{5}jɐn^{4} 丢脸；在人前丢脸：着到烂身烂势，真係～！（穿得破破烂烂的，真是丢人现眼！）

***瘀** jy^{2}〈音于第 2 声〉丢脸：人人做倒我做唔倒，好～喋！（人人都做得到我做不到，脸上无光啊！）［重见二 C11、二 E1、七 C5］

七 E14　争斗、较量

***搏** pɔk^{3} 拼命：你唔畀翻我，我同你～过！（你不还给我，我跟你拚了！）［重见七 B9］

***搏命** pɔk^{3}meŋ^{6}〈命音磨赢切第 6 声〉拼命：佢眼都红晒，好似要揾人～噉。（他眼睛红红的，像要找人拼命似的。）［重见七 A2、九 D19］

拚命 pʰun^{2}meŋ^{6}〈拚音盘第 2 声，命音马赢切第 6 声〉拚命：一开局就全线出击，係～嘅势。（一开局就全线出击，是拼命的势头。）［与普通话“拼命”同，但普通话多写作“拚命”，而广州话“拚”和“拼”（pʰeŋ³〈平第3声〉不同音）］

拚死 pʰun²sei²〈拚音盘第2声〉同“拚命”。

拚死无大害 pʰun²sei²mou⁴tai⁶hɔi⁶【熟】既已拼一死，则世上已无比死更大的害事，所以也就无所畏惧、无所顾惜了。在实际用法上并不一定涉及死亡，只是表示一切都豁出去：佢开除又好，乜嘢都好，我而家横啮係～㗎嘞！（他开除也好，什么也好，我现在反正是豁出去了！）

死缠烂打 sei²tsʰin⁴lan⁶ta² 豁出去与对方争斗、纠缠：呢支球队技术上麻麻，但係一味～，对手都惊㗎。（这支球队技术上马马虎虎，但总是拼着劲儿打，对手也会怕的。）

犯 fan⁶ 招惹：好地地你去～人做乜嘢！（好好的你去招惹别人做什么！）

斗气 tɐu³hei³〈斗音斗争之斗〉怄气；闹别扭：你哋两个～，我就两头唔受中间受嘞。（你们俩闹别扭，我就夹在当中受气。）

斗负气 tɐu³fu⁻³hei³〈斗音斗争之斗，负音库〉同“斗气”。

侵₂ tsʰɐm¹【儿】侵占别人的地盘：我哋日日喺度踢波，边个敢～！（我们天天在这儿踢球，谁敢侵占！）

***霎气** sap³hei³〈霎音细鸭切〉怄气；闹别扭：你何必同呢种人～呢！（你何必跟这种人怄气呢！）［重见五A2］

***驳火** pɔk³fɔ² 交火；发生枪战。［重见七B5］

鬼打鬼 kwɐi²ta²kwɐi²【喻】【贬】狗咬狗；坏人之间互相攻击。

狗咬狗骨 kɐu²ŋau⁵kɐu²kwɐt¹ 同“鬼打鬼”。

***斗₂** tɐu³〈音斗争之斗〉比；较量：我同你～快。（我跟你比比谁快。）｜～下睇边个叻啲。（比一比看谁更有能耐。）［重见七B9］

***㩧₂** kʰek¹〈卡益切〉较量：揾佢～过。（找他较量较量。）｜你估我够唔够佢～？（你估计我能斗过他吗？）［重见六D12、九B12］

七 E15　打击、揭短、吓唬、驱赶

顶冧 teŋ²lɐm³〈冧音林第3声，厉禁切〉使垮台（冧：塌）：嗰家酒店开咗一年，就将左近两家酒店～咗。（那家酒店开了一年，就把附近两家酒店挤垮了。）

拼沉 pʰeŋ¹tsʰɐm⁴〈拼音批赢切第1声〉【俗】打垮（拼：打）：行未够20步棋就将佢～咗。（走了不到20步棋就把他赢了。）

揿沉 kɐm⁶tsʰɐm⁴〈揿音今第6声，忌任切〉【俗】打垮；压垮（揿：按）：～对手。

柴台 tsʰai⁴tʰɔi⁴ 喝倒彩；拆台。［又作“柴”。“柴”是对官话“拆”音的模仿］

撬墙脚 kiu⁶tsʰœŋ⁴kœk³〈撬音叫第6声〉【喻】把人挖走：嗰家公司畀人～，二十几个技术人员走清光。（那家公司被人挖墙脚，二十几个技术人员全走光了。）｜佢个男朋友係撬佢家姐墙脚嘅。（她的男朋友是从她姐姐那儿挖来的。）［简作“撬”］

***踩** tsʰai²(jai²)〈又音椅解切〉【贬】对别人施以打击（一般是指用不正当的手段）：你擦老板鞋即管擦，做乜仲要～人哋啫！（你拍老板马屁尽管拍，干嘛还要诋毁别人呢！）［重见六D11、七B9、七D4］

***作** tsɔk3(6)〈又音昨〉干掉；消灭：真係要～佢好易嘅！（真要干掉他很容易！）｜将白方嘅6只子～晒。（把白方的6个子全吃掉。）［重见七A10、七C10］

***煲** pou1〈音保第1声〉【俗】算计；用计谋施以打击：谂计～佢。（想办法算计他。）［重见三A11、七B2、十F2］

阉 jim1〈音盐第1声〉【俗】暗中算计：顾住畀人～嗄！（小心让人算计！）｜要谂计～咗佢只象先赢得倒。（要想办法谋了他一个象才能赢。）

炮制 phau3tsɐi3【喻】整治（人。多用于对小孩）：等返屋企先至～你！（等回家再治你！）

治 tsi6 制伏：畀我嚟实～得住佢。（让我来一定能镇住他。）

出横手 tshøt1(tshyt1)waŋ4sɐu2【贬】使出不光彩的手段（以达到目的）：佢实係～啫，唔係点到佢话事噃。（他一定用了不光彩的手段，要不怎么轮到他说了算。）

使横手 sɐi2waŋ4sɐu2 同"出横手"。

出术 tshøt1(tshyt1)søt-2〈术读第2声〉【贬】使出诡计；使出见不得人的手段：我唔惊你～㗎！（我不怕你要诡计！）

***吹胀** tshøy1tsœŋ3【喻】奈何（多用于否定句或问句中）：吹佢唔胀。（奈何不了他。）｜你～我啊？（你能奈何我吗？）［简作"吹"。重见五A3］

咬 ŋau5【俗】【喻】奈何（多用于否定句或问句中）：冇办法～得佢入。（奈何不了他。）｜噉你～得倒佢咩？（那你能奈何得了他吗？）

炒埋一碟 tshau2mai4jɐt1tip6【喻】字面意思是把各种菜炒成一碟（埋：聚拢），喻把各种罪名合在一起或新账旧账一齐算：呢度一啲，嗰度一啲，～就好大碟喇。（这儿一点，那儿一点，罗织起来就很严重了。）

捉痛脚 tsok1thoŋ3kœk3【喻】①揭痛处；揭短：咁耐嘅事嘞，何必去捉人痛脚啊！（这么久的事了，何必去揭人的痛处呢！）②攻击别人的薄弱之点：你点出佢嘅方案冇考虑投资环境，确係捉倒痛脚嘞。（你点出他的方案没考虑投资环境，确是打中要害了。）

捉鸡脚 tsok1kɐi1kœk3【喻】挑毛病；抓小辫子：最讨厌呢种人，～就识，自己又唔做。（最讨厌这种人，挑毛病就会，自己又不干。）

执鸡脚 tsɐp1kɐi1kœk3 同"捉鸡脚"：千祈唔好畀人执倒鸡脚。（千万别让人抓到小辫子。）

一竹篙揇沉一船人 jɐt1tsok1kou1nam3tshɐm4jɐt1syn4jɐn4〈揇音南第3声〉【喻】不分青红皂白，把有关的人全都加以贬斥或打击（揇：打）：你唔见咗银包都唔能够～，话我哋个个都係贼㗎。（你不见了钱包也不能不分青红皂白，说我们每个人都是小偷嘛。）

一竹篙打死一船人 jɐt1tsok1kou1ta2sei2jɐt1syn4jɐn4 同"一竹篙揇沉一船人"。

吓鸡 hak3kɐi1【喻】【贬】吓唬胆小的人：你呢手～就得，我先唔惊你。（你这一手只能吓唬胆小鬼，我才不怕你。）

吓鬼 hak3kwɐi2 同"吓鸡"。

喊打喊杀 ham3ta2ham3sat3 以武力威吓；扬言要打人：呢度係乜嘢地方，到你喺度～嘅咩！（这里是什么地方，能让你在这儿叫喊打人杀人的吗！）

抛 phau1 即"抛浪头"之简略语：我～得佢两～，佢即估我都知到晒嘞，就死死地坦白咗。（我虚晃几枪唬了他一下，他以为我全都知道了，就只好无可奈何地坦白了。）

抛浪头 pʰau¹lɔŋ⁶tʰɐu⁴【喻】用虚张声势的方法来吓唬对方或使对方过高估计己方：佢～之嘛，你使乜惊啫！（他不过是虚张声势，你哪用得着怕呢！）

嘭 pʰaŋ¹〈音彭第1声，批坑切〉撵；驱逐：嗰条衰仔，你仲畀佢入嚟，～佢扯！（那个孬种，你还让他进来，撵他走！）

***拍**₁ pʰak³ 撵；驱逐：嬲得滞咸唪呤～晒走。（一气之下全部赶走。）［重见六 D4］

***趯** tɛk³〈音笛第3声，帝锡切〉驱逐；驱赶。［重见六 D11］

***攞** lɔ²〈音裸〉引进动作的对象（多是使之遭受不好的境遇）。拿：～佢开刀。（拿他开刀。）［重见六 D1、七 A10］

***搵** wɐn²〈音稳〉同"攞"：～个仔嚟出气都有嘅！（居然拿孩子来出气！）［重见七 A10、七 A11、七 B10、七 D1］

七 E16 欺负、霸道

恰 hɐp¹ 欺负：大人～细路，唔知丑！（大人欺负小孩，不害羞！）

虾 ha¹ 欺负：你做哥哥嘅唔好～妹妹啦。（你当哥哥的不要欺负妹妹。）

明剃眼眉 meŋ⁴tʰɐi³ŋan⁵mei⁴【喻】公然欺负（以眉喻脸面）：佢噉样做，直程係～啦！（他这样做，简直是公然扒人脸皮！）［又作"剃眼眉"］

虾霸 ha¹pa³ ①欺负；恃势凌人：恃住佢大力嚟～人哋。（仗着他力气大来可以欺负人家。）②霸道：你估你有后台就可以虾虾霸霸嚟喇？（你以为你有后台就可以横行霸道了吗？）

***霸王** pa³wɔŋ⁴ 霸道：你咁～都有嘅，一个人㧬两个位。（你怎能这么霸道，一个人占两个位子。）［重见七 E24］

霸㧬 pa³ŋa⁶〈㧬音瓦第6声，饿夏切〉霸道：～得滞终须有日唔啱。（太霸道了总有一天要遭殃。）

***㧬膪** ŋa⁶tsa⁶〈㧬音饿夏切，膪音治夏切〉霸道：呢度唔到你嚟～！（这儿轮不到你来横行霸道！）［重见九 B12］

***恶**₁ ɔk³ 势力大而霸道：呢家公司喺呢一行～到死。（这家公司在这一行横行无忌。）［重见九 C13、九 D1］

恶爷 ɔk³jɛ⁻¹〈爷读第1声〉同"恶"：佢喺呢一带係好～嘅。（他在这一带是很霸道的。）

七 E17 为难、捉弄、薄待

***扭计** nɐu²kɐi⁻²〈计读第2声〉故意与人为难；提出高条件来讨价还价：你～都係想搵啲着数嘛。（你故意为难还不是想捞点儿好处。）［重见七 E22］

托手踭 tʰɔk³sɐu²tsaŋ¹〈踭音之坑切〉【喻】①故意为难；制肘（手踭：肘）：呢单嘢我赶住嚟，咪～啦。（这件事我得赶紧完成，别故意为难了。）②不肯帮忙：你叫亲我，我都未托过手踭嚹。（每次你叫我，我都没有不帮忙的呀。）

挞罗柚 tɐu⁶lɔ¹jɐu²〈挞音豆，罗读罗第1声，柚读由第2声〉同"托手踭"（挞：托；罗柚：屁股）。

吊起嚟卖 tiu³hei²lɐi⁴mai⁶〈嚟音黎〉【喻】字面意思是吊得高高地卖（嚟：来），即提高价钱，比喻故意表示为难或不在乎等，以抬高自己的身价（以期换取更大利益等）：到呢个时候佢就～嘞。（到这个时候他就吊起来卖了。）

整蛊 tseŋ2kwu2〈蛊音古〉捉弄：呢班学生都够晒调皮嘞，老师都～。（这帮学生也够调皮的，连老师也捉弄。）

*__撚__2 nɐn2〈那很切〉捉弄：～到佢氹氹转。（把他捉弄得团团转。）[重见七 A2]

撚化 nɐn2fa3〈拈音那很切〉捉弄：嗰条友仔够晒牙擦，～下佢。（那家伙够狂妄的，捉弄他一下。）

糟质 tsou1tsɐt1 刻薄地对待（人）；糟蹋：将个细路～到噉嘅样。（把孩子糟践成这个样子。）

待薄 tɔi6pɔk6 刻薄地对待，你喺度三年，我未曾～过你啩？（你在这儿三年，我没薄待过你吧？）

待慢 tɔi6man6 简慢地对待；怠慢：我边敢～佢噃！（我哪敢怠慢他呢！）[广州话"待"与"怠"不同音]

七 E18　出卖、使上当、陷害

卖甩 mai6lɐt1〈甩音拉一切〉甩掉（人）；撇开（不管）：呢匀我哋咸唪呤畀陈仔～嘞，做咗老衬都唔知。（这回我们全给小陈甩了，当了笨蛋也不知道。）

卖猪仔 mai6tsy1tsɐi2〈仔音子矮切〉出卖（人）；耍弄：都係查清楚呢单嘢真定流先，咪畀人～添。（还是先查清楚这件事是真是假，别给耍了。）[19 世纪末 20 世纪初，许多广东居民被哄骗到海外当劳工，因一签合同即失去人身自由，如同被买卖的畜生，故称为～。现代意义略变]

过桥抽板 kwɔ3khiu4tshɐu1pan2【熟】【喻】【贬】过河拆桥：我噉做，赚畀人话～嘛。（我这样做，只会被人说过河拆桥。）

食碗面反碗底 sek6wun2min-2fan2wun2tɐi2〈面读第 2 声，摸演切〉【熟】【喻】【贬】吃完了碗里的东西就把碗反扣起来，比喻忘恩负义。

手指拗出唔拗入 sɐu2tsi2au2tshɵt1(tshyt1)m4au2jɐp6〈拗音哑考切〉【熟】【喻】【贬】手指向外弯（拗：弯；出：外面；入：里面），比喻不帮自己人而帮外人；胳膊肘向外扭。

*__甩底__ lɐt1tɐi2〈甩音拉一切〉爽约；不守承诺：7 点钟喺戏院门口见，唔见唔散，咪～啊。（7 点钟在戏院门口见，不见不散，别放鸽子哟。）[重见七 A7、七 E13]

揾笨 wɐn2pɐn6〈揾音温第 2 声，壶很切〉使上当受骗；愚弄；糊弄（揾：找）：你～咩，咁冻仲叫人落水游水。（你想让人当傻蛋吗，这么冷还叫人下水游泳。）｜陈仔好识～嘅，咪信佢。（小陈很会糊弄人的，别信他。）

揾老亲（衬） wɐn2lou5tshɐn3〈揾音稳，亲音衬〉使上当受骗；愚弄；糊弄（揾：找；老亲：傻蛋）：街边啲小贩成日～㗎，唔好帮衬佢哋。（街头的小贩老是让人上当受骗，别光顾他们。）｜我唔知你係咪～，总之信你唔过。（我不知道你是不是愚弄人，总之信不过你。）[参见一 E4"老亲（衬）"]

靠害 khau3hɔi6 害人（不一定是有意陷害）；误事：你～啊，捞走咗我把梯。（你要害死我呀，把我的梯子搬走了。）

煮 tsy2【喻】设法陷害：畀人～咗都唔知。（让人陷害了也还不知道。）

砌生猪肉 tshɐi3saŋ1tsy1jok6〈生音生熟之生〉【喻】捏造罪名陷害：你哋噉係

砌我生猪肉！（你们这是陷害我！）

屈₂ wɐt¹ 冤枉：我明明冇做过，而家你即係明～嘅啫。（我明明没干过，现在你明摆着冤枉人嘛。）

冤戾 jyn¹lɐi²〈戾音丽第 2 声，丽矮切〉冤枉（别人）：你有证据唔好立乱～好人啊。（你没有证据别胡乱冤枉好人呀。）［“戾”字另有书面语音 løy⁶〈音泪〉］

装弹弓 tsɔŋ¹tan⁶koŋ¹〈弹音但〉【喻】本指安置捕兽夹（弹弓：弹簧。捕兽夹上有弹簧）。比喻设圈套：竟然～嚟害我，好在我冇领当。（竟然设圈套来害我，幸好我没上当。）

***装** tsɔŋ¹【喻】设圈套使人上当：一唔小心就会畀佢～倒。（一不小心就会上他的当。）｜唔好～人。（不要设圈套害人。）［参见“装弹弓”。重见七B13］

蹁西瓜皮 sin³sɐi¹kwa¹pʰei⁴〈蹁音扇〉【喻】放西瓜皮给人踩，使人滑倒（蹁：滑），比喻暗中设置困难等来害人（往往指由受害人意料不到的人来施行）：我呢次若果唔係畀人～就唔会执输。（我这一次如果不是让人背后放冷箭就不会落败。）

七 E19 瞒骗、假装、借口

呃 ak¹(ɐk¹)〈音扼〉骗：佢～咗人一大嚿钱。（他骗了别人一大笔钱。）｜你话百货公司有嘢送，～边个啊！（你说百货商店有东西送，骗谁呀！）｜甘仔唔会～我。（小甘不会骗我。）

謴(滚) kwɐn²⁽³⁾〈音滚，又音棍〉骗：佢都够狼喇，想～晒公司啲钱就趯更。（他真够狠的，想骗光公司的钱就溜。）｜你净係识～细路仔。（你光会骗小孩。）

呃神骗鬼 ak¹(ɐk¹)sɐn⁴pʰin³kwɐi²【喻】【贬】骗人：明明阿爷度报账，又话自己揼荷包，～之嘛！（明明公家报账，又说自己掏腰包，不过是骗人罢了！）

呃鬼食豆腐 ak¹(ɐk¹)kwɐi²sek⁶tɐu⁶fu⁶【熟】【喻】【贬】骗人：佢话冇捞嗬，～咩！（他说他没拿，骗鬼吗！）［又作“呃鬼”］

白撞 pak⁶tsɔŋ⁶ 诈骗：呢度边有姓张嘅啫，你～啊？（这里哪儿有姓张的，你蒙的吧？）［重见一 F6］

搣猫尾 mɐŋ³mau¹mei⁵〈搣音盟第 3 声〉【喻】【贬】暗中串通好，互相呼应着来蒙骗人。

扯猫尾 tsʰɛ²mau¹mei⁵ 同“搣猫尾”。

出猫仔 tsʰøt¹(tsʰyt¹)mau¹tsɐi²〈仔音子矮切〉【喻】【贬】（考试等）作弊；做手脚（猫仔：小猫）：响账簿度～好容易嘸。（在账本上做手脚是很容易的。）

出鹩哥 tsʰot¹(tsʰyt¹)liu¹kɔ¹〈鹩读料第 1 声，拉器切〉同“出猫仔”。（鹩哥：八哥鸟）。

遮瞒 tsɛ¹mun⁴ 隐瞒：你梗係有乜嘢～我，唔係唔会日日都咁夜翻嘅。（你一定有什么东西瞒着我，要不不会天天都这么晚才回来。）

诈 tsa³ 假装：噉～下～下噉，点呃倒我先得嘞！（这样装模作样的，怎能骗得了我呢！）

诈谛 tsa³tɐi³〈谛音帝〉假装：你～嘅嘸，想博同情啊？（你假装的罢了，想博取同情吗？）

诈假意 tsa³ka⁻¹ji⁻¹〈假、意都读第 1 声〉假装：呢个细路～喊，又唔知想点。（这个小孩假装哭，不知道又想怎么着。）

扮嘢 pan⁶jɛ⁵〈嘢音野〉假装；作假：6 号仔最识～，未掂到佢就蹁喺度，博十二码之嘛。（6号球员最会作假，没碰到他就栽在地下，不过想蒙一个点球罢了。）

装假笱 tsɔŋ1ka2kɐu2〈笱音狗〉【喻】【贬】作假；装蒜（笱：捕鱼篓）：你咪响度～喇，我乜都知。（你别在这儿装蒜了，我什么都知道。）

整色整水 tseŋ2sek1tseŋ2søy2【喻】装模作样；做表面功夫：又冇料，又要～。（又没能耐，又要装模作样。）| 呢啲都係～畀老细睇嘅嗻。（这些都不过是做表面功夫给老板看的。）［又作“整色水”］

诈癫扮傻 tsa3tin1pan6sɔ4 装疯卖傻：假装糊涂：咪～喇，快啲攞出嚟啦！（别装疯卖傻了，快点儿拿出来吧！）

诈傻 tsa3sɔ4 同“诈癫扮傻”。

诈聋扮哑 tsa3loŋ4pan6a2 装聋作哑：问亲佢乜嘢，佢都～。（问他什么，他都装聋作哑。）

诈耳聋 tsa3ji5loŋ4 同“诈聋扮哑”。

扮猪食老虎 pan6tsy1sek6lou5fu2【熟】【喻】装扮成猪，却能吃老虎（食：吃），比喻表面愚钝，而实际上非常精明：你估佢咁懵咩？～之嘛。（你以为他这么懵懂吗？装傻罢了。）

神又係佢，鬼又係佢 sɐn4jɐu6hɐi6kʰøy5 kwɐi2jɐu6hɐi6kʰøy5〈佢音拒〉【熟】【喻】神也是他，鬼也是他（係：是；佢：他），救人的神和害人的鬼都是同一个人，比喻以两张面孔欺骗人，以骗取利益或博取感激等：明知～喋嚟，之仲係要又送礼又千多谢万多谢。（明知道红脸是他白脸也是他，可还是得又送礼又千恩万谢。）［简作“神又佢，鬼又佢”］

顶包 teŋ2pau1 冒名顶替；以假充真：自己唔嚟，揾个细佬～。（自己不来，找弟弟来顶替。）

请枪 tsʰɛŋ2tsʰœŋ1〈请音此赢切第2声〉请人捉刀；考试或作文章等请人冒名代作（枪：枪手）：佢噉嘅水准居然得到征文第一名，都唔知係咪～嘅。（他那样的水平居然获征文第一名，也不知道是不是请了枪手的。）

借头借路 tsɛ3tʰɐu4tsɛ3lou6〈借音借〉找借口：～嚟想揾交嗌。（找借口想来吵架。）

借意 tsɛ3ji3 找借口：揩损下只手就～休咗成个礼拜。（擦伤一下手臂就借口休息了整个星期。）

七 E20 拖累、妨害、胡闹、搬弄是非

害死 hɔi6sei2【贬】误；拖累：我呢次畀你～喇，白白唔见咗五百缗。（我这次让你给拖累死了，白白没了五百块。）

佗累 tʰɔ4løy6〈佗音驼〉拖累：～埋你，真係唔过意嘞！（连你也被拖累，心里真是过意不去！）

佗衰 tʰɔ4søy1〈佗音驼〉【贬】拖累；给……带来厄运或坏名声：～家（殃及家庭）| 你噉做，一个人～晒成个班组。（你这样做，一个人拉上整个班组倒霉。）

累人累物 løy6jɐn4løy6mɐt6【贬】拖累别人：你真係～喇！（你真是拖累大家了！）

害人害物 hɔi6jɐn4hɔi6mɐt6 同“累人累物”。

生累街坊，死累朋友 saŋ1løy6kai1fɔŋ1 sei2løy6pʰɐŋ4jɐu5【熟】【贬】拖累别人。

□ ŋɛ6〈饿夜切〉迟延；磨蹭；拖（时间）：你噉样～下～下，啲时间就～晒过去喋嘞！（你这样磨来蹭去，时间就全磨过去了！）

耽 tɐm1〈低音切〉延误；拖（时间）；

耗（时间）：你仲要～几耐㗎？（你还要拖多长时间？）｜做家俬好～时间个嚅。（做家具很耗时间的呀。）［此字书面语音 tam¹〈音担心之担〉］

*阻 tsɔ² 妨碍：～住你做嘢，真唔好意思！（妨碍你做事，真不好意思！）｜噉样好～时间㗎！（这样很费时的！）［重见七 A12］

阻头阻势 tsɔ²tʰɐu⁴tsɔ²sɐi³【贬】妨碍别人做事（阻：妨碍；势：身）：你行开啲，咪喺度～！（你走开点儿，别在这儿碍手碍脚！）

阻头阻路 tsɔ²tʰɐu⁴tsɔ²lou⁶ 同"阻头阻势"。

阻手阻脚 tsɔ²sɐu²tsɔ²kœk³ 同"阻头阻势"。

佗手揺脚 tʰɔ⁴sɐu²nɐŋ³kœk³〈佗音驼，揺音能第 3 声〉碍手碍脚（佗：背负；揺：连着）：屋企有几只屐仔，～，乜都做唔倒。（家里有几个小孩，碍手碍脚的，什么事都做不成。）

滚搅 kwɐn²kau² 打搅；打扰：咁夜嘞，仲去～人？（这么晚了，还去打搅人家？）

骚扰 sou¹jiu² 打搅；打扰：爸爸唔得闲，你咪～佢。（爸爸没空，你别打扰他。）［与普通话的"骚扰"意义上有距离］

滚红滚绿₂ kwɐn²hoŋ⁴kwɐn²lok⁶【贬】胡闹；捣乱：你再喺处～，我拍你走！（你还在这儿胡来，我撵你走！）

胡天胡帝 wu⁴tʰin¹wu⁴tɐi³ 胡闹；乱来一气：老师一行开，班百厌仔就喺度～嘞。（老师一走开，这群调皮鬼就闹个天翻地覆。）

*撞鬼 tsɔŋ⁻²kwɐi²〈撞读第 2 声〉【喻】【詈】胡闹（多用于骂人）：你～啊，搞到乱晒坑！（你活见鬼了，弄得乱七八糟！）［重见七 A7］

搞搞震 kau²kau²tsɐn³【贬】搞来搞去（多指对别人造成损害或妨碍）：你仲係～，我唔同你讲笑嘎！（你还是这样乱来，我不跟你开玩笑啊！）

*□趷 ki¹kɐt⁶〈第一字音基衣切，趷音巨日切〉做有碍或有害于人的事：成日喺度□□趷趷。（整天在兴风作浪。）｜佢再係噉就～佢！（他还是那样就干他！）［重见八 A2］

整蛊做怪 tseŋ²kwu²tsou⁶kwai³〈蛊音古〉【喻】装神弄鬼；搞小动作；故意出洋相：边个喺课堂上～我就扣啲分。（谁在课堂上搞小动作，我就扣他的分。）［又作"整蛊整怪"］

整蛊作怪 tseŋ²kwu²tsɔk³kwai³〈蛊音古〉同"整蛊做怪"。

整蛊弄怪 tseŋ²kwu²noŋ⁶kwai³〈蛊音古〉同"整蛊做怪"。

搅是搅非 kau²si⁶kau²fei¹ 搬弄是非。

嫽是逗非 liu⁴si⁶tɐu³fei¹【贬】拨弄是非：啯个女人最兴～，十足八卦婆。（那个女人最喜欢拨弄是非，是个十足的长舌妇。）

学是学非 hɔk⁶si⁶hɔk⁶fei¹【贬】把所知的是非之事向别人传播（学：模仿）：咁细个就识得～，大咗仲得啩？（这么小就会搬弄是非，长大了还得了？）

七 E21　蒙冤、上当、受气、被迫

食死猫 sek⁶sei²mau¹【喻】背黑锅。广东人一般不吃已死的猫，此以死猫喻冤枉之事（食：吃）：我係冇做过啊嘛，你係都话我有做，即係监人～嗻！（我是没干过嘛，你硬是说我干过，不就是强迫人家背黑锅吗！）

孭飞 mɛ¹fei¹〈孭音么些切〉承担罪责（一般是指无辜的。孭：背）：你扠捐

档我～？你想嘞！（你捅娄子我担罪名？你当然想了！）

入笭 jɐp^{6}lɛŋ^{1}〈笭音拉赢切第1声〉【喻】上当；中计（笭：鱼篓）：精精都～。（熟语：再聪明也会上当。）| 装人～（使人进圈套）

领当 lɛŋ^{5}tɔŋ^{3}〈领音里赢切第5声，当音上当之当〉上当：今匀仲唔～？（这回还不上当？）

领嘢 lɛŋ$^{5(-2)}$jɛ^{5}〈领音里赢切第5声，又读第2声；嘢音野〉①上当。②遭受某种不好的境况；受损失：佢啱好行过，就～嘞。（他刚好走过，就遭了罪。）

做磨心 tsou^{6}mɔ^{6}sɐm^{1}〈磨读第6声，冒饿切〉【喻】夹在相互矛盾的各方之间受折腾（磨心：石磨的轴心）：董事长同总经理唔啱窍，我哋呢啲秘书就～嘞。（董事长跟总经理不和，我们这些秘书就两头受气了。）[参见一E4“磨心”]

捱夹棍 ŋai^{4}kap^{3}kwɐn^{3}〈捱音牙鞋切〉【喻】遭受两面打击；两面受气。

食夹棍 sek^{6}kap^{3}kwɐn^{3} 同“捱夹棍”。

两头唔受中间受 lœŋ^{5}tʰɐu^{4}m^{4}sɐu^{6}tsoŋ^{1}kan^{1}sɐu^{6}【熟】夹在中间受气。

揸颈就命 tsa^{1}kɛŋ^{2}tsɐu^{6}mɛŋ^{6}〈揸音渣，命音磨赢切第6声〉忍气吞声地顺从不好的境况（揸：掐；命：命运）。

局住 kok^{6}tsy^{6} 被迫（做某事）：～将间店顶咗出去。（被迫把店子盘了出去。）|～行呢步棋。（不得不走这一步棋。）

迫(逼)住 pek^{1}tsy^{6}〈迫音逼〉被迫：我都係～先噉做嘅。（我也是迫于无奈才这样做的。）

想唔……都几难 sœŋ^{2}m^{4}tou^{1}kei^{2}nan^{4}【熟】非……不可；不得不（唔：不；几：很）：呢铺棋噉样捉落去，想唔输都几难。（这盘棋这样下下去，非输不可。）| 到咗而家你想唔跟住佢做都几难。（到了现在你是不能不跟着他干了。）

七 E22 发脾气、撒野、撒娇、耍赖

爆火 pau^{3}fɔ^{2} 发脾气：你今日做乜啫，嘟啲就～。（你今天怎么啦，动不动就发火。）

发恶 fat^{3}ɔk^{3} 非常凶狠地发脾气：我唔～你都唔惊。（我不大发雷霆你都不害怕。）

使颈 sɐi^{2}kɛŋ^{2} 使性子：嚟到呢度就唔得～㗎喇！（来到这儿就不能耍性子了！）

吹须睩眼 tsʰøy^{1}sou^{1}lok^{1}ŋan^{5}〈须音苏，睩音录第1声〉吹胡子瞪眼（须：胡须；睩：瞪），极生气的样子。[此本戏剧舞台上表示生气的动作程式]

踩亲条尾噉 tsʰai^{2}tsʰɐn^{1}tʰiu^{4}mei^{5}kɐm^{2}〈噉音敢〉【喻】【贬】像被人踩了尾巴似的（亲：遭受；噉：那样），比喻被触怒而大为光火、暴怒：就算係真嘅，你都唔使～喎！（就算是真的，你也用不着暴跳如雷嘛！）

*__扎扎跳__ tsat^{3}tsat^{3}tʰiu^{3} 不停地跳脚；暴跳如雷（扎：向上跳）：听倒呢个消息，金叔当堂～。（听到这个消息，金叔当场跳脚。）[重见六B2]

𢯊𢯊跳 nɐŋ^{3}nɐŋ^{3}tʰiu^{3}〈𢯊音能第3声〉同“扎扎跳”。

发烂笮 fat^{3}lan^{6}tsa^{2}〈笮音止哑切〉【贬】撒野；蛮不讲理地吵闹：第处就话嗻，嚟到法院你仲想～？（别处还可以，来到法院你还想撒野？）

发狼戾 fat^{3}lɔŋ$^{-1}$lɐi^{-2}〈狼读第1声，戾音厉矮切〉【贬】放肆地、神经质地大发脾气：唔讲得两句就响度～。（没说上两句就在这儿大发脾气。）[“戾”

读书音 $l\text{ø}y^6$〈音泪〉]

拚彼 $p^hun^2p^h\varepsilon^5$〈拚音普碗切，彼音抱野切〉①撒野（拚：豁出去；彼：歪斜）：我唔怕你～㗎！（我不怕你撒野！）②破罐破摔：佢谂住人哋都睇佢唔起咯，于是乎就～啰。（他想着人家都看不起他了，于是就破罐破摔了。）

阿跛托蔗——拚彼 $a^3p\text{ɐ}i^1t^h\text{ɔ}k^3ts\varepsilon^3p^hun^2p^h\varepsilon^5$〈跛音闭第1声，拚音普碗切，彼音抱野切〉【歇】撒野；破罐破摔。字面意思是瘸子扛长条甘蔗，豁着让它歪来斜去。

放彼 $f\text{ɔ}\eta^3p^h\varepsilon^5$〈彼音抱野切〉同“拚彼”。

打横嚟 $ta^2wa\eta^4l\text{ɐ}i^4$〈嚟音黎〉【喻】字面意思是横着来（嚟：来），比喻蛮横无理地行事；霸道：你如果～，我都可以同你～㗎！（你要是不讲理，我也可以跟你横着干！）

诈娇 tsa^3kiu^1 撒娇：咁大个女仲～，都唔乖嘅。（这么大女孩子家还撒娇，一点儿也不乖。）

诈嗲 $tsa^3t\varepsilon^2$ 同“诈娇”。

*__扭计__ $n\text{ɐ}u^2k\text{ɐ}i^{-2}$〈计读第2声〉（小孩）不听话；为实现某种要求而哭闹：你再～就打㗎喇。（你再不听话就打了。）｜佢～想买嗰个公仔之嘛。（他闹别扭，只不过想买那个洋娃娃罢了。）[重见七 E17]

奸赖 kan^1lai^{-3}〈赖读第3声〉耍赖皮：边个～就罚佢！（谁要赖就罚他！）

奸猫 kan^1mau^1 同“奸赖”。

赖猫 $lai^{-3}mau^1$〈赖读第3声〉同“奸赖”。

诈奸 tsa^3kan^1 耍赖皮：输咗就认输啦，～都得嘅！（输了就认输吧，怎么能耍赖呢！）

矛 mau^4 耍赖皮；在竞赛或游戏等中不按规则，以不正当手段谋取优势：你咁～嘅，回子嘅！（你这么耍赖皮，悔子！）｜佢哋输咗粒波就开始～嘞，搣衫踢人乜都出齐。（他们输了一个球就开始出坏水，拉衣服踢人什么都来了。）

矛赖 $mau^4lai^{-2(-1)}$〈赖读第2声，又读第1声〉同“矛”。

七 E23　打架、打人、劝架

[打人的动作参见六 D4]

打交 ta^2kau^1 打架：细路仔唔好～！（小孩别打架！）

砌 $ts^h\text{ɐ}i^3$〈音齐第3声〉【俗】揍：畀人～咗一餐。（让人揍了一顿。）

揙 p^hin^2〈音骗第2声，撇演切〉【俗】揍：一齐上去～佢！（一起上去打他！）

*__拼__ $p^h\varepsilon\eta^1$〈音批赢切第1声〉【俗】揍：一下将佢～低。（一下把他打倒。）[重见六 D6]

做 $tsou^6$【俗】揍。[此为对北方话“揍”的摹音]

*__㖠__ jok^1〈音郁，衣屋切〉【俗】本义是动，引申为揍。[此为黑社会之隐语。重见六 A1]

*__擂__ $l\text{ø}y^4$【喻】揍：畀人～餐死嘅。（被人好一顿狠揍。）[重见六 D4、六 D8、七 D1]

拍姜噉拍 $p^hak^3k\text{œ}\eta^1k\text{ɐ}m^2p^hak^3$〈噉音敢〉【喻】像拍姜那样打（噉：这样，那样）。做菜用姜，惯于用菜刀侧面在砧板上把姜块使劲拍裂，谓之“拍姜”。此处取双关语意，比喻狠狠地揍：唔走快两步，畀人～㗎喇！（再不快走几步，要让人狠揍一顿了！）[参见六 D4“拍”]

藤条炆猪肉 $t^h\text{ɐ}\eta^4t^hiu^{-2}m\text{ɐ}n^1tsy^1jok^6$〈炆音蚊〉【喻】【谑】抽打（一般指打小孩屁股。藤条：体罚工具，例如鸡毛掸柄；炆：焖）：仲唔听话，就～㗎喇！（还不听话，就要挨鸡毛掸子啦！）

***松骨** soŋ1kwɐt1【喻】【谑】揍：係唔係想我帮你～啊？（是不是想我修理你一顿？）[重见七 D8]

劝交 hyn3kau1 劝架。

***争**2 tsaŋ1〈音之坑切〉劝（架）：快啲去将佢哋～开。（快点去把他们劝开。）｜人哋打交你去～，顾住打埋你啊！（人家打架你去劝，小心连你也打了！）[重见七 E8]

七 E24　不良行为、犯罪活动

打荷包 ta2hɔ4pau1 偷钱包（荷包：钱包）：嗰条契弟～畀人捉倒，揿住打一餐死。（那个兔崽子掏钱包让人捉住，被按着狠打了一顿。）

高买 kou1mai5【婉】在开架自选商场中偷拿商品而不付款。这种行为被发现后往往要依所盗商品价格数倍至10倍罚款，有如高价购买，故称。

***霸王** pa3wɔŋ4 享受某种消费而拒绝付钱：坐～车（坐车不付钱。）｜食～饭（吃饭不付钱。）｜睇～戏（看戏或电影不付钱。）[重见七 E16]

爆夹 pau3kap3 入屋偷窃（夹：夹万，即保险柜）：佢琴日被人～，唔见咗啲银纸同首饰。（他家昨天被人入屋偷窃，不见了一些钱和首饰。）[又作"爆"]

爆格 pau3kak3 同"爆夹"。

爆窃 pau3sit3〈窃音细歇切〉同"爆夹"。

穿柜筒底 tsʰyn1kwɐi6tʰuŋ-2tɐi2〈筒音桶〉在雇主的店铺或熟人、自己家里盗窃钱财（柜筒：抽屉）：今日收入少咗咁多，实係有人～。（今天的收入少了那么多，肯定有内部的人偷钱了。）

劏死牛 tʰɔŋ1sei2ŋɐu4〈劏音汤〉拦路抢劫：嗰个地方好多时有贼～，有乜事唔好行去嗰度。（那个地方经常有贼拦路抢劫，没什么事不要走到那儿去。）

打脚骨 ta2kœk3kwɐk1 ①收买路钱；拦路抢劫：以前嗰啲走南闯北经商嘅商人要请保镖喋，唔係就畀贼～。（以前那些走南闯北经商的商人要请保镖，要不就给拦路抢劫。）②勒索钱物：而家有啲烂仔专喺学校门口揾学生嚟～。（现在有的小流氓专在学校门口敲学生的竹杠。）

揼脚骨 tɐp6kœk3kwɐt1〈揼音第入切〉同"打脚骨"。

㨘牛王 saŋ2ŋɐu4wɔŋ4〈㨘音省〉强取或霸占别人的东西；勒索。

箍颈 kwʰu1kɛŋ2 抢劫：你落夜班揾埋工友一齐行啊，因住被人～啊。（你下了夜班和同事一块走，小心被人抢劫。）[盗贼行劫，多从后面以手臂勒紧事主颈项，以防反抗，故称]

标参 piu1sɐm1〈参音人参之参〉【喻】绑票。[此原为黑社会的隐语]

放白鸽 fɔŋ3pak6kɐp3(kap3)【喻】串通行骗；唱双簧进行诈骗活动。

***揾食** wɐn2sek6【喻】进行盗窃、抢劫或诈骗等攫取他人财物的犯罪活动（揾：找；食：食物）。[此原为黑社会隐语。重见七 D1]

***行**1 haŋ4〈何盲切〉进行街头盗窃活动；扒窃。[此为黑社会隐语。重见六 A7、六 D11、七 B9、七 B10]

偷呃拐骗 tʰɐu1ak1(ɐk1)kwai2pʰin3〈呃音扼〉盗窃、诈骗、拐卖等犯罪活动的统称（呃：骗）：嗰啲～嘅衰神个个都抵打靶！（那些偷盗拐骗的坏家伙全都该枪毙！）

博拉 pɔk3lai1【贬】字面意思是想被人抓（博：博取；拉：逮捕），实际指做违法的事或可能导致严重后果的事：日光日白咿咿邑邑，～啊？（光天化日之下耍流氓，想进警局吗？）

班₂ pan¹【贬】（流氓团伙）纠集同伙；拉队伍：～咗好多人嚟呢度。（拉了很多人到这儿来。）[参见七 E4“班兵”]

班马 pan¹ma⁵【俗】（流氓团伙）召集党徒、羽翼（来助威、打架等。马：马仔，喽啰、打手）：大佬，佢地好似嚟咗好多人嚅，不如～啰。（大哥，他们好像来了很多人，不如再叫些人来。）[参见七 E4“班兵”]

开揙 hɔi¹pʰin²〈揙音片第 2 声，普演切〉【俗】打架；群殴：啲烂仔～成班上㗎。（那些流氓打架都是成群上的。）

摆场 pai²tsʰœŋ⁴【俗】选定群斗的场所：大佬，喺边度～同黑豹嗰班揵仔撚过啊？（大哥，在哪儿选个地方和黑豹那伙人较量啊？）

打大交 ta²tai⁶kau¹ 打群架（打交：打架）：若果唔係个警察嚟咗，实～定嘞。（要不是那个警察来了，一定打起群架来。）

㩧湿 pɔk¹sɐp¹〈㩧音薄第 1 声〉【俗】打得头破血流；殴伤（㩧：棒击；湿：指出血）：你够胆再嚟就～你！（你敢再来就打破你的脑袋！）

做世界 tsou⁶sɐi³kai³【俗】①狠揍；狠命地殴打（指能致伤或致命的，且往往是有预谋的）：畀人～。（被人打。）| 做佢世界。（揍他一顿。）②进行犯罪活动（本为黑社会隐语）：晚晚出去～。（每天晚上出去闯荡。）

寻仇 tsʰɐm⁴sɐu⁴ 寻找仇家进行报复（不经法律手段，且多采取极端行动）。

滚₂ kwɐn² 在外浪荡，往往包含不正当的异性交往：个衰佬实係去咗～嘞。（那杀千刀的肯定去拈花惹草了。）

揩油 hai¹jɐu⁻²〈油读第 2 声，椅口切〉【喻】【贬】占女人便宜；调戏妇女（指以身体接触的方式）。[普通话指占公家或别人便宜，意思近而不同]

非礼 fei¹lɐi⁵【婉】【贬】调戏（妇女）：佢～我！（他调戏我！）

串 tsʰyn³【俗】【贬】男女青年进行团伙性的暧昧活动：～仔～女。（进行团伙性的暧昧活动的男女青年。）

咿邑 ji¹jɐp¹〈咿音衣，邑音衣恰切〉【俗】【贬】①不正当的男女关系：嗰个姣婆成日同啲男人～。（那个荡妇老是和男人鬼混。）②调戏妇女的行为：你个麻甩佬喺度～乜嘢！（你这色鬼在这儿耍什么流氓！）

食鸡 sek⁶kɐi¹【俗】【喻】嫖娼（食：吃；鸡：暗娼）。

发姣 fat³hau⁴〈姣音何淆切〉【贬】（女人）卖俏（姣：淫荡）；发情。

放电 fɔŋ³tin⁶【喻】【谑】女人向男人卖弄风情，使之意乱情迷，有如令人触电。

卖生藕 mai⁶saŋ¹ŋɐu⁵〈生音生熟之生〉【喻】【贬】（女人）主动地向男人卖弄风情。

抛生藕 pʰau¹saŋ¹ŋɐu⁵〈生音生熟之生〉同“卖生藕”。

勾佬 ŋɐu¹lou²【贬】（女人）勾引男人。

烂赌 lan⁶tou² 嗜赌；沉迷于赌博（烂：嗜好）：你噉～法，终须有日卖埋老婆。（你这样沉迷赌博，总有一天连老婆也卖了。）

七 E25　礼貌用语、客套用语、祝愿用语

*__早辰（晨）__ tsou²sɐn⁴【敬】早上好；您早：～，陈老师！[本义是早，原是恭维人起得早，后用作问候语。与普通话“早晨”的意思不同。重见九 D14]

*__早敨（唞）__ tsou²tʰɐu²〈敨（唞）音透第 2 声，体口切〉【敬】晚安：～，

妈咪！我去瞓嘞。（晚安，妈妈！我去睡了。）[此词又有咒人早死的意思，但只要使用时运用合适的语气，就不会混淆。重见二 C1]

拜拜 pai^{1}pai^3〈前一字读第 1 声〉【外】再见：妈咪～！（妈妈再见！）｜我哋过两日再联络。～！（我们过两天再联系。再见！）[英语 byebye。这原本是儿童用语，但现在成年人也经常使用]

***係噉先** hɐi^{6}kɐm^{2}sin^1〈噉音敢〉字面意思是“先这样吧”，表示打住话头（係：是；噉：这样；先：暂且）。往往用于告别或准备告别时，略带一点歉意，有要告别而中断话题的意思：我仲有啲事。～！（我还有点事。回头见！）｜～，我走嘞。（那先这样，我走了。）[重见七 A4]

唔该 m^{4}kɔi^1【敬】①谢谢（多用于劳烦别人）：你帮我攞行李，真係～晒。（你帮我拿行李，真是太谢谢了。）｜我帮你叫的士哩？——哦，～！（我替你叫出租车吧？——噢，谢谢！）②请；劳驾（用于请人办事）：～你打咗呢份文件。（请你把这份文件打好。）｜～畀嗰件衫我睇下。（劳驾把那件衣服拿给我看看。）[表示非常感谢时说“唔该晒”（晒：表示程度深）。一般来说，劳烦了别人时说“～”，接受赠礼或金钱等时说“多谢”，对别人的关心表示感谢时说“有心”]

唔使唔该 m^{4}sɐi^{2}m^{4}kɔi^1 不用谢；甭客气（用于对别人的道谢作回应）：唔该！——～！（谢谢！——不用谢！）[口语中常省略作“唔使”]

***有心** jɐu^{5}sɐm^1【敬】谢谢（对别人的关心表示感谢时用）：你阿妈身子几好吗？——几好。～！（你母亲身体挺好吧？——挺好。谢谢！）｜廖伯话问候你。——～～！（廖伯伯说向您问候。——谢谢谢谢！）[重见五 D1]

多得晒 tɔ^{1}tɐk^{1}sai^6【敬】多有承惠（对别人的帮忙表示感谢时用。多得：多亏；晒：表示程度深）：呢匀冇你搞唔啱，真係～！（这一回没有你可玩不转，真是太谢谢了！）

承惠 seŋ^{4}wɐi^6【敬】多承惠顾：先生，～一百蚊啊！（先生，谢谢光顾！一百块。）｜咁多位，～！（诸位，多承惠顾！[用于售货员或服务员向顾客收钱时，说“～”之后不停顿，接着报出所应收的款数。可用于告知顾客该付多少钱的时候，也可用于收到顾客所付钱的时候。也可以单独用，则多是送顾客离去的时候说]

盛惠 seŋ^{6}wɐi^6 同“承惠”。

滚搅晒 kwɐn^{2}kau^{2}sai^3 打扰了（用于道扰。滚搅：打扰；晒：表示程度深）：我哋喺咗咁耐，～！我们在这儿住了这么久，打扰了！）

劳烦晒 lou^{4}fan^{4}sai^3【敬】劳烦了（用于劳烦别人之后）：～咁多位！（劳烦诸位了！）

***失礼** sɐt^{1}lɐi^5 不像样（用于送礼或自我展示时）：一啲小意思，～晒！（一点小意思，不成敬意！）｜我都係啱啱学嘅嘛，～喇！（我也是刚学的，献丑了！）[重见七 E13]

唔好意思 m^{4}hou^{2}ji^{3}si^3〈思音试〉不好意思（表示轻微的道歉）：～，我嘅咭片啱啱用晒，一阵先畀你。（不好意思，我的名片刚用完，回头再给你。）[“思”字如读第 1 声，则为害羞之意]

有怪莫怪 jɐu^{5}kwai^{3}mɔk^{6}kwai^3 请别见怪：我有少少感冒，所以戴住个口罩，～！（我有一点感冒，所以戴着口罩，请别见怪！）

对唔住 tɵy3m4tsy6 对不起：～，我撞到你添。（对不起，我撞了你了。）

失觉 sɐt1kɔk3 字面意思是“没感觉到”。因自己一时大意（如不小心碰到别人，或对熟人没打招呼等）而道歉的用语：哎呀！～～！

冇所谓 mou5sɔ2wɐi6〈冇音无第 5 声，摸好切〉没关系（用于对别人的道歉作回应）：对唔住！——～！（对不起！——没关系！）

冇问题 mou5mɐn6tʰɐi4〈冇音无第 5 声，摸好切〉同“冇所谓”。

唔紧要 m4kɐn2jiu3 不要紧（用于对别人的道歉作回应）：滚搅晒！——～！（打扰了！——没事儿！）

借借 tsɛ-2tsɛ3〈前一字读第 2 声〉请让一让（常与“唔该”连用。借：避让）：唔该～，畀我过去。（请让一让，让我过去。）

借乜(歪) tsɛ3mɛ2〈乜（歪）音摸野切第 2 声〉同“借借”（乜：往一边）。

饮杯 jɐm2pui1 字面意思是喝一杯，用于向人敬酒或与人碰杯时（实际上并不一定整杯地干）：嚟，～！（来，喝！）

胜嘅 seŋ3kɛ3〈嘅音既夜切第 3 声〉干杯（胜：喝干；嘅：的）：今日咁欢喜，嚟，～！（今天这么高兴，来，干杯！）［参见七 B3“饮胜”］

慢慢食 man6man-2sek6〈第二个慢字读第 2 声〉【敬】请慢慢吃（用于吃饭时自己先吃完时）：咁多位～！（诸位请慢用！）

慢慢行 man6man-2haŋ4〈第二个慢字读第 2 声，行音行路之行〉【敬】请慢走（用于送客时）：两位～！（二位慢走！）

得闲嚟坐 tɐk1han4lɐi4tsʰɔ5〈嚟音黎〉有空来坐（用于告别或送客时）。

唔使送 m4sɐi2soŋ3 不必送（用于作客离开时，对主人说）。

错荡 tsʰɔ3tɔŋ6 客套话，字面意思是“走错门”（荡：逛），用于有客人未经邀请或事先未打招呼而上门时。意思说自己门庭不高贵，贵客本不应登门，现在之所以登门，是走错了的缘故：乜今日咁～啊？（怎么今天承蒙光临？）

少食 siu2sek6 字面意思是“很少抽烟”，实际上是说自己不抽烟（食：指“食烟”，即抽烟）。用于别人（一般是刚认识的人）向自己让烟，而自己要谢绝时：食支烟？——～。（抽根烟？——我不抽烟。）

心想事成 sɐm1sœŋ2si6seŋ4 心里想望的事情都能获得成功（用于表示良好祝愿）：祝你～！

顺风顺水 sɐn6foŋ1sɐn6sɵy2 一路顺风（用于送行时）。

承你贵言 seŋ4nei5kwɐi3jin4【敬】承蒙您的好话（用于回答别人的祝愿时，意思是感谢对方，并希望事情果真能如对方所说的那样）：祝杨老板新年大发，财源广进！——～！～！

好话 hou2wa6【敬】字面意思是好说（话：说），用于回答别人的问候、祝愿或称赞时：你身子好？——～，呢排仲唔错。（您身体好？——谢谢，近来还不错。）｜你好嘢！——～嘞，请指教！（你真行！——承蒙夸奖，请指教！）

***托赖** tɔk3lai6【敬】①拜托（用于求人办事时）：呢件事～嘞！（这件事拜托了！）②托福（用于回答别人的问候，意思是托对方的福气，使自己幸运）：阿伯呢牌面色好好噃！——哈哈，～！（大伯这一向气色挺好啊！——哈哈，托您的福啊！）［重见七 A6］

七 E26 其 他

*交带 kau¹tai³ 把经手的事务移交给接手的人：～工作。[此为官话“交代（交待）”之摹音。广州话“带”与“代”及“待”不同音。重见七 C2]

执筹 tsɐp¹tsʰɐu⁻² 〈筹读第 2 声，此口切〉 抓阄：不如～啦，边个执倒边个去。（不如抓阄吧，谁抓到谁去。）

输赌 sy¹tou² 打赌：唔啱我哋～啊嗱。（要不我们打赌吧。）

输 sy¹ 拿某种东西打赌：输赌～乜嘢？（拿什么打赌？）｜我～两樽啤酒。（我拿两瓶啤酒打赌。）

有样学样 jɐu⁵jœŋ⁻²hɔk⁶jœŋ⁻² 〈样读第 2 声，椅响切〉 学着别人的样子来做（往往指不太好的）：大人唔好，细路就～。（大人不好，小孩就学着。）

冇计₂ mou⁵kei³ 〈冇音无第 5 声〉 不计较：多啲少啲～喇！（多点儿少点儿不计较了！）

派街坊 pʰai³kai¹fɔŋ¹【谑】大方地拿去送人（派：分发）：你而家有大把银纸～咩？（你现在有多得不得了的钞票拿去送给邻居们吗？）

捉黄脚鸡 tsok¹⁽³⁾wɔŋ⁴kœk³kɐi¹ 捉拿闯入他人家中调戏妇女的男人。

踢窦 tʰɛk³tɐu⁻³ 妻子捉丈夫的奸，或到丈夫与情人同居之所去闹事。

扮蟹 pan⁶hai⁵【喻】被捆绑。在市场出售的蟹总是用草绳捆绑，所以作比喻：几支狗仔对住，通通～。（几根手枪戳着，全部被绑起来。）

*囹 wɐn³ 〈音运第 3 声，户训切〉 把人关起来；或指关在外面进不去：将佢～响间房度。（把他关在房间里。）｜唔记得带锁匙，将自己～咗喺出便。（忘了带钥匙，把自己关在外面。）[重见七 D3]

乞食 hɐt¹sek⁶ 讨饭。

乞米 hɐt¹mɐi⁵ 讨饭。

告地状 kou³tei⁶tsɔŋ⁶ 把写着自己不幸境况的纸摆在马路边，以求获得过路人的施舍或帮助。

八、抽象事物

八A　事情、外貌

八A1　事情、案件、关系、原因

*嘢 jɛ^5〈音野〉事情；事件：呢件～你点睇啊？（这件事情你怎么看哪？）｜呢单～搞得唔好。（这件事弄得不好。）[重见一A3、八A8、十F2]

*东东 toŋ^{1}toŋ^1 事情；事物：你哋喺度搞乜～啊？（你们在这儿做什么事情？）[重见八A8]

事干 si^{6}kɔn^3 事情（略带贬义）：因咩～揾我啊？（为了什么事找我？）｜冇乜～就唔好嚟。（没什么事就别来。）

事实 si^{6}sɐt^6【贬】事情；麻烦事：佢个人特别多～嘅。（他这人特别多事。）

小儿科 siu^{2}ji^{4}fɔ^1【喻】小事儿；容易办的事：呢件係～嚟嘅啫，好易搞啫。（这不过是件小事儿，很容易办的。）

闲事 han^{4}si^6 很普通的事；很容易办到的事：呢件～嚟啫，你使乜咁紧张嘅？（这不过是小事一桩，你干嘛那么紧张？）

热气饭 jit^{6}hei^{3}fan^6【喻】【贬】吃了会使人上火的饭（热气：上火），比喻不容易做好的事或将来会留下麻烦的事：你咪估有筭嘢啊，呢单係～嚟㗎。（你别以为有好东西，这是件难收场的事。）

支质 tsi^{1}tsɐt^1【贬】琐碎啰唆的事情：佢个人最多～㗎嘞！（他这人啰唆事最多了！）

冇米粥 mou^{5}mɐi^{5}tsok^1〈有音无第5声〉【喻】毫无眉目的事情（冇：没有）：呢件事而家仲係～。（这件事现在八字还没一撇。）[参看七A8 "煲冇米粥"]

三幅被 sam^{1}fok^{1}p^{h}ei^5〈被音棉被之被〉【喻】【贬】被人不厌其烦地反复讲的事情：你讲嚟讲去，成日都係嗰～。（你说来说去，整天就是那些相同的内容。）

前尘往事 ts^{h}in^{4}ts^{h}ɐn^{4}wɔŋ^{5}si^6【雅】很久以前的往事：都係～嘞，唔好提喇。（都是陈年旧事了，别提了。）

头尾 t^{h}ɐu^{4}mei^5 事情的始末；首尾：呢件事我完全唔知～。（这件事我完全不知始末。）｜～三个月。（首尾三个月。）

手尾 sɐu^{2}mei^5 ①收尾工作：做埋啲～。（把收尾工作做了。）②【贬】遗留下来的麻烦事：呢匀有～嘞。（这一回可留下麻烦事了。）

苏州屎 sou^{1}tsɐu^{1}si^2【喻】【贬】遗留下的麻烦事：阿和做嘢揦揦西西，留低鬼咁多～过我。（阿和做事马马虎虎，留下很多麻烦事给我。）

*收科 sɐu^{1}fɔ^1【喻】【贬】本指戏曲中的收场动作，比喻事情的结局，特指不好的结局：呢单嘢唔会有乜嘢好～嘅。（这桩事儿不会有什么好收场的。）[重见七A4]

纹路 mɐn^{4}lou^6【喻】本指木、石等的纹理，比喻事情的条理、头绪：做嘢梗係要知～先得㗎嘛。（做事当然是要知道头绪条理才行嘛。）

景轰 keŋ^{2}kwɐŋ^2〈轰读第2声〉【贬】蹊跷的事；暧昧的事；意外而糟糕

的事：而家仲唔知到会有乜～㗎。(现在还不知道会有什么事出现。)

*半棚□ pun³lɐŋ¹kʰɐŋ¹〈棚音拉亨切，后一字音卡亨切〉事情正在进行、还没完成的过程中；半道儿：点解做到～唔做埋落去啫？（怎么干到半截儿不干下去啦？）[重见四 B3]

私隐 si¹jɐn² 隐私：做咩要打探人哋嘅～啫？（干吗要探听别人的隐私？）

阴骘事 jɐm¹tsɐt¹si⁶〈骘音质〉【贬】亏心事：做得～多，因住报应啊！（做太多亏心事，小心报应呀！）[照理应是"缺阴骘事"，此为省略形式]

个案 kɔ³ɔn³ 案件；事例（一般指案件或社会性研究中的事例）：旧年一年抢劫嘅～共有 500 宗。（去年一年抢劫的案件共有 500 宗。）| 呢份社区工作调查报告列举咗 50 个～。（这份社区工作调查报告列举了 50 个事例。）

畸士 kʰei¹si⁻²〈士音屎〉【外】案件；案例：呢单～由你两个继续查。（这宗案子由你们俩继续查。）[英语 case]

案底 ɔn³tɐi² 作案记录；犯罪记录：店铺盗窃係严重罪行，要留～㗎。（在商店盗窃是严重罪行，要留下作案记录的。）| 呢条友有～嘅。（这家伙有前科的。）

快劳 fai⁻¹lou⁻²〈快读第 1 声，劳音佬〉【外】档案：电脑入便冇呢个人嘅～嚅。（电脑里没这个人的档案。）[英语 file]

官非 kwun¹fei¹ 官司；涉及政府部门、上级机关的纠纷：我唔想惹啲～啊。（我不想惹那些跟官府有关的是非。）

度数 tou⁶sou³（做事的）分寸；谱儿：既然之係做头，乜都要有啲～㗎嘛！（既然是当头儿，什么都要有点儿谱儿嘛！）

黐揇 na¹nɐŋ³〈黐音拿第 1 声，揇音能第 1 声〉关系；能牵扯上的事情（黐：黏；揇：相连）：我同佢冇～㗎。（我和他没有任何关系。）

黐经（耕）na¹kaŋ¹〈黐音拿第 1 声，经音耕〉关系；联系（黐：黏；经：棉被胎上的网线），多用于否定：啲提示同条题都冇啲～嘅。（那些提示和那道题都毫无关系的。）

因由 jɐn¹jɐu⁴ 原因；缘由：呢件事起初係有个～嘅。（这件事最初是有个起因的。）

八 A2 形势、境况、信息

势色 sɐi³sek¹ 形势；情势：佢一睇～唔对，即刻走人。（他一看情势不对头，马上溜了。）

现况 jin⁶fɔŋ³ 现状：我哋公司嘅～唔係几好。（我们公司的现状不是很好。）

*姣气 hau⁴hei³〈姣音敲第 4 声〉【喻】【俗】（事情的）好的前景：呢单嘢好似冇乜～嘞嚅。（这件事好像没什么希望呢。）[重见八 B1]

市道 si⁵tou⁶ 市面；市场状况：～唔好，生意好难做。（市面萧条，生意很难做。）

市况 si⁵fɔŋ³ 同"市道"：而家啲～咁曳，唔好入货嘞。（现在的市场状况这么差，别进货了。）

家居环境 ka¹kɵy¹wan⁴keŋ² 居住环境：城市嘅～边有农村嘅好啊。（城市的居住环境哪有农村的好哇。）

*□趷 ki¹kɐt⁶〈前一字音机衣切，趷音巨日切〉【贬】梗阻；办事不顺利的情况：呢件事由开初到最尾都唔知碰倒几多～。（这件事从开头到最后也不知遇到多少梗阻。）[重见七 E20]

咿嘟 ji^{1}jok^1〈咿音衣，嘟音肉第 1 声〉【贬】不好的情况；动静：有乜～即刻走投。（有什么不好的动静，马上走人。）

***声气** sɛŋ^{1}hei^3〈声音司赢切第 1 声〉①音信；动静：陈仔又话喺美国翻嚟，做乜一啲～都冇㗎？（小陈又说从美国回来，怎么一点儿音信也没有？）｜老板又话加人工嘅，有～未？（老板又说要加工资，有动静了吗？）②（事情的）好的前景：噉睇都係有翻啲～个噃。（这么看来还是有点儿希望的。）［重见八 B1］

***料** liu^{-2}【俗】消息；信息：我听倒啲～，老细要加人工噃。（我听到一些消息，老板要加工资。）［重见八 B2］

坚料 kin^{1}liu^{-2}【俗】确凿的消息（坚：高质量的）：黄仔畀嗰啲的而且确係～嚟㗎，今晚场波真係冇晒票卖。（小黄透露的确实是可靠的消息，今晚这场球真的没票卖。）

流料 lɐu^{4}liu^{-2}【俗】不可靠的消息（流：劣质的）：黄仔又试爆啲～喇，咪信佢。（小黄又在传那些不可靠的消息，别信他。）

风 foŋ^1【俗】消息；信息；风声：我收倒～，话今晚要加班。（我收到消息，说今晚要加班。）

***贴士** t^{h}ip^{-1}si^{-2}〈贴读第 1 声，士音屎〉【外】内幕消息；提示性信息：你呢个估咁难估，畀啲～啦。（你这个谜语这么难猜，给点提示吧。）［英语 tips。重见八 C2］

意头 ji^{3}t^{h}ɐu^4 兆头（迷信的人指吉凶的征兆）：攞翻个好～。（图个好兆头。）

八 A3 嫌隙、冤仇、把柄

两句 lœŋ^{5}køy^3【喻】不一致的说法，比喻矛盾；别扭（用于否定）：我不溜都同佢冇～㗎。（我和他向来没矛盾。）

嗌霎 ai^{3}sap^3 冲突；矛盾（嗌：吵；霎：霎气，即闹别扭）：冇～唔等于就好老友。（没有冲突不等于很友好。）

拗撬 au^{3}kiu^6 冲突；矛盾：你两个有咩～啫？一行埋就好似贴错门神噉。（你俩有什么冲突呀？碰在一块儿就不理不睬的。）

隔夜仇 kak^{3}jɛ^{6}sɐu^4 隔了一夜尚未消失的嫌隙，谓很小的嫌隙（隔夜未消失比未隔夜就消失虽然稍大，仍属很小。一般用于否定，即连这样的嫌隙也没有）：我同你唔通仲有～咩？（我跟你之间难道还有什么风吹不散的怨气吗？）

仇口 sɐu^{4}hɐu^2 冤仇：佢唔会同乜嘢人有～嘅。（他不会同什么人有冤仇。）

牙齿印 ŋa^{4}ts^{h}i^{2}jɐn^3【喻】仇恨：佢两个嘅～好深，点都捞唔埋㗎喇。（他俩的仇恨很深，怎样都合不到一块儿。）

过节 kwɔ^{3}tsit^3 仇隙：佢哋两家人有啲～，所以咪冇来往啰。（他们两家有点儿仇隙，所以就没有来往。）

十冤九仇 sɐp^{6}jyn^{1}kɐu^{2}sɐu^4 深仇大恨：两兄弟好似有～噉，一撞埋唔係嗌交就係打交。（兄弟俩好像有深仇大恨似的，一碰面不是吵架就是打架。）

鸡脚 kɐi^{1}kœk^3【喻】把柄；可以被人指摘的过失：你而家噉嘅情况，就要一啲～都唔好漏畀人。（你现在这样的情况，就得一点把柄也不要让人抓住。）

痛脚 t^{h}oŋ^{3}kœk^3【喻】①同"鸡脚"：我唔会有～畀人揸倒嘅。（我不会有把柄让人抓到的。）②（与人对抗或竞争时的）弱点：只花心马係佢嘅～嚟嘅，执实死攻，佢实输嘞。（这窝心马是他的要害之处，抓紧死命地攻，他一定会输。）

八 A4 命运、运气、利益、福祸

命水 meŋ⁶søy²〈命音莫赢切第 6 声〉命运；命；运气：佢嘅～认真好，喺咁高揸落嚟乜事都冇。（他的运气真好，从这么高的地方摔下来一点儿事都没有。）

*__马命__ ma⁵meŋ⁶ 当牛做马的命；受苦的命：我啲～，边敢谂发达啊！（我这牛马的命，哪敢想发财呢！）[重见一 E4]

*__烂命__ lan⁶meŋ⁶ 不好的命；不值钱的命。[重见一 G5]

*__手势__ sɐu²sɐi³（抓阄、取牌等的）运气；手气：今日～曳，打咁多铺牌就输咁多铺。（今天手气差，打多少盘牌就输多少盘。）[重见八 B2]

手神 sɐu²sɐn⁴ 同"手势"：～几好，一执就执着好筹。（手气挺好，一抓就抓到好阄儿。）

彩数 tsʰɔi²sou³【喻】本指彩票号码，比喻运气：佢都算有翻啲～，次次都过倒骨。（他也算有点儿运气，每次都过得了关。）

着数 tsœk⁶sou³〈着音着急之着〉好处；便宜的事：陈仔畀咗乜嘢～你啊？你咁帮住佢。（小陈给了你什么好处？你这样护着他。）｜畀佢执倒～。（让他捡了便宜。）

飞来蜢 fei¹lɔi⁴maŋ⁻²〈蜢读第 2 声〉【喻】自动送上门来的好处：乜畀只～又飞走咗啊？（怎么让送上门来的便宜又飞走了？）

头啖汤 tʰɐu⁴tam⁶tʰɔŋ¹〈啖音冷淡之淡〉【喻】第一口汤（啖：口），比喻最先得到的、最大的利益。～都畀人饮咗嘞，仲谂乜嘢？（开头最大块的好处都让别人拿了，还想什么？）[参看七 A6"饮头啖汤"]

食福 sek⁶fok¹ 口福：我肠胃唔好，冇～。（我肠胃不好，没有口福。）

食神 sek⁶sɐn⁴ 口福：你真係有～，我哋啱啱整咗九大簋。（你真是有口福，我们刚刚弄了几样好菜。）

三衰六旺 sam¹søy¹lok⁶wɔŋ⁶ 人生的祸福（实际运用中常偏于指祸）：你呢几千缗唔好乱使，万一有个～，都有得支应嘛。（你这几千块不要乱花，万一有个旦夕祸福，也有得应付嘛。）

冬瓜豆腐 toŋ¹kwa¹tɐu⁶fu⁶【喻】意外的事；灾祸等：如果佢有乜～，我就捉住你嚟问！（他要有什么三长两短的，我就唯你是问！）

八 A5 款式、条纹、形状

*__款__ fun² 款式；式样：好～（式样好）[重见十 C4]

花款 fa¹fun² 花色；款式；花样：呢只布仲有冇第啲～啊？（这种布还有没有其他的花色？）｜佢玩得出乜嘢～啫！（他能玩出什么花样来！）

*__花臣__ fa¹sɐn⁻²〈臣读第 2 声，洗很切〉【外】花色；款式；花样：有咩～啊？（有什么花色？）｜唔好搞咁多～。（别弄那么多花样。）[英语 fashion。重见八 B3]

间条 kan³tʰiu⁻²〈间音间隔之间，条读第 2 声〉平行相间的条纹：有～嗰件衫几好睇。（有条纹的那件衣服挺好看。）

柳条 lɐu⁵tʰiu⁻²〈条读第 2 声，体晓切〉竖向的平行条纹：窗帘上便有啲暗～。（窗帘上有些暗竖条纹。）

𠾴₂ kwʰak¹〈音夸黑切〉圈儿（一般指较大的，不一定圆形）：画咗个～。（画了个大圈儿。）｜去街度行咗一～。（到街上走了个圈儿。）

宏 wɐŋ⁶〈读第 6 声〉圆圈儿（指较大而模糊的）：水面度有个～。（水面上有个圈儿。）

四方嚡 sei^{3}fɔŋ^{1}kw^{h}ak^{1}〈嚡音夸黑切〉方框：个图案由好多～组成。（那图案由许多方框组成。）

四方形 sei^{3}fɔŋ^{1}jeŋ^{4} 正方形。

扁圆形 pin^{2}jyn^{4}jeŋ^{4} 椭圆形。

长圆形 ts^{h}œŋ^{4}jyn^{4}jeŋ^{4} 椭圆形。

记认 kei^{3}jeŋ^{6} 记号；标记：我个个上便都画咗个～㗎。（我在每一个上面都画了记号的。）｜你可以攞呢裔戾颈树嚟做～。（你可以拿这棵歪脖子树来作标志。）

*__剔__ t^{h}ek^{1}【外】勾号（√）：对就打个～，唔对就打交叉。（对就打个勾，不对就打叉。）［英语 tick。重见七 A18］

交叉 kau^{1}(k^{h}au^{1})ts^{h}a^{1}〈交叉音卡敲切〉叉形符号（×）：唔要嘅就打个～。（不要的就打个叉。）［另有纵横相交的意思，则同于普通话］

八 A6　姿势、举动、相貌

*__架步__ ka^{3}pou^{6} 架势：佢一摆开个～，就睇得出係好熟行嘅。（他一摆开架势，就看得出是很内行的。）［重见八 C1］

甫士 p^{h}ou^{1}si^{-2}〈甫音铺垫之铺，士音屎〉【外】姿势：摆～（摆姿势。又比喻装模作样）［英语 pose］

动静 toŋ^{6}tseŋ^{6} 举止；姿态风度：睇一个人嘅～就睇得出佢嘅品性。（看一个人的举止就能看出他的品性。）｜你有啲～唔好，冇礼貌。（你有一些举止不好，没礼貌。）

*__面口__ min^{6}hɐu^{2} ①面孔的外貌：我见佢～好熟下。（我看他挺面熟的。）②脸色（与健康有关的）：你～唔好。（你脸色不好。）［重见八 B1］

口面 hɐu^{2}min^{6} 面孔的外貌：个男人～长长嘅。（那个男人脸长长的。）

瓜子口面 kwa^{1}tsi^{2}hɐu^{2}min^{6}【喻】瓜子形的脸：佢一副～，几好睇。（她一副瓜子脸，挺好看。）

国字口面 kwɔk^{3}tsi^{6}hɐu^{2}min^{6} 长方脸型（一般被视为有男子气概的脸型）：嗰个～嘅係你女婿啊？（那个长方脸的是你女婿吗？）

鞋抽面 hai^{4}ts^{h}ɐu^{1}min^{6}【喻】下巴向前突出的脸型（鞋抽：鞋拔子）。

唛头$_{1}$ mɐk^{1}t^{h}ɐu^{4}〈唛音麦第 1 声〉【贬】相貌；样子：我睇见佢个～就唔开胃。（我看见他的模样就讨厌！）

乞儿相 hɐt^{1}ji^{-1}sœŋ^{3}〈儿音衣，相音相貌之相〉【喻】【贬】很下贱的相貌；邋邋遢遢的模样（乞儿：乞丐）：你睇你副～，仲想话做老细添！（你看你这副叫花模样，还想当老板呢！）

猫样 mau^{1}jœŋ$^{-2}$〈样读第 2 声，椅响切〉【喻】【贬】难看的样子：下贱的相貌：嗰个噉嘅～想娶我个女？（那样的贱相想娶我女儿？）

衰样 sɵy^{1}jœŋ$^{-2}$〈样读第 2 声，椅响切〉【贬】糟糕的模样：乜两年唔见，你仲係噉副～㗎？（怎么两年不见，你还是这副糟模样？）

八 A7　力　量

力水 lek^{6}sɵy^{2} 力量；力度：你似乎争噉啲～。（你力量上似乎还差点儿。）｜呢一下～好大㗎。（这一下力量很大的。）

牛力 ŋɐu^{4}lek^{6}【喻】很大的力气（略带贬义）：做嘢咪净係用铺～，要用下脑至得㗎。（干活别光使蛮劲，要动一下脑子才行。）

蛮力 man^{4}lek^{6}【贬】蛮劲儿；傻劲儿：佢净係得铺～。（他光有一身傻劲儿。）

阴力 jɐm^{1}lek^{6} 柔劲儿；暗劲儿（表面上看劲不大，实际上劲道很强）：学功夫嗰啲人识得用～打人。（学武术的人会用柔劲儿打人。）

手力 sɐu^{2}lek^{6} 手劲：佢好好～。（他手劲挺大。）

脚头 kœk^{3}tʰɐu^{4} 脚力；脚劲：嗰个前锋嘅～真劲，网都畀佢射穿咗。（那个前锋的脚力真大，网都让他给射穿了。）

脚骨力 kœk^{3}kwɐt^{1}lek^{6} 腿力（用于走路方面）：你～几得，行咁远都唔瘡。（你的腿力挺好的，走那么远都不觉累。）

八 A8　附：一般事物、这、那、什么

［包括对各种事物的泛指和疑问，不一定是指抽象的事物］

***嘢** jɛ^{5}〈音野〉东西：我畀样～你睇。（我给你看一样东西。）｜有好多～硬过铁。（有好多东西比铁硬。）｜里便好似趸住个圆辘辘嘅～。（里头好像放着一个圆滚滚的东西。）［重见一 A3、八 A1、十 F2］

***东东** toŋ^{1}toŋ^{1}【谑】东西：呢里头啲～都几多。（这里头东西还挺多。）［重见八 A1］

***好嘢** hou^{2}jɛ^{5}〈嘢音野〉好东西：呢啲係～嚟㗎。（这是好东西。）［重见九 D1］

正斗嘢 tsɛŋ^{3}tɐu^{2}jɛ^{5}〈正音志赢切第 3 声，斗音升斗之斗，嘢音野〉质量好的东西：买倒～。（买到好东西。）［又作“正嘢”］

坚嘢 kin^{1}jɛ^{5}〈嘢音野〉【俗】质量好的东西（坚：质量好）。

苴嘢 tsa^{2}jɛ^{5}〈苴音炸第 2 声，嘢音野〉【贬】差劣的东西。

苴斗货 tsa^{2}tɐu^{2}fɔ^{3}〈苴音炸第 2 声，斗音升斗之斗〉【贬】本指差劣的货品，泛指差劣的东西。［又作“苴斗嘢”］

货仔 fɔ^{3}tsɐi^{2}〈仔音子矮切〉【贬】东西；货色（带贬义或不满意的口吻）：原来係噉嘅～。（原来是这样的货色。）｜得咁啲～，点够啊！（只有这么点东西，哪儿够呢！）

卖剩蔗 mai^{6}tsɛŋ^{6}tsɛ^{3}【贬】【喻】剩下来没人要的东西：啲～就畀我啊？剩下没人要的东西就给我呀？）［又作“卖剩脚”］

箩底橙 lɔ^{4}tɐi^{2}tsʰaŋ^{2} 同“卖剩蔗”。

***地藏** tei^{6}tsɔŋ^{6}〈藏音撞〉悄悄收藏的东西：睇下你啲～得唔得？（看看你的私下收藏品行不行？）［本为佛教一菩萨名，有“安忍如大地，静虑如秘藏”之誉。重见七 A11、八 C2］

嘁叻嚹嘞 kʰek^{1}lek^{1}kwʰak^{1}lak^{1}〈嘁音卡益切，叻音力第 1 声，嚹音夸客切第 1 声，嘞音拉客切第 1 声〉各种东西或事情（往往是指比较琐碎的）：将啲～捞晒走。（把各种各样的东西全拿走。）｜呢啲～唔好趸喺度。（这些拉拉杂杂的东西不要放在这儿。）［又作“嘁嚹”］

隙叻嚹嘞 kwʰek^{1}lek^{1}kwʰak^{1}lak^{1}〈隙音亏益切〉同“嘁叻嚹嘞”。［又作“隙嚹”］

乜乜物物 mɐt^{1}mɐt^{1}mɐt^{6}mɐt^{6}〈乜音么一切〉【贬】烦琐的事物；这个那个（乜：什么）：成箱～，多到死。（整箱子拉拉杂杂的东西，太多了。）｜三婶钟意成日讲人哋啲～，冇佢修！（三婶喜欢整天说人家这个那个的事，真拿她没办法！）

狗屎拉杂 kɐu^{2}si^{2}lap^{6}tsap^{6}〈拉音腊〉【喻】【贬】拉拉杂杂的事物：乜嘢～都要我嚟搞。（什么拉拉杂杂的事都要我来弄。）

***仔（崽）** tsɐi^{2}〈音挤第 2 声，子矮切〉表示小的词尾，加在表名物的词语后面，表示其体积小：凳～（小凳子）｜屋～（小房子）｜刀～（小刀）｜

树～（小树）。[重见一 B1、二 D1、一 C4]

呢$_1$ nei[1](ni[1])〈音你第 1 声，又音那衣切〉近指的单数形式；这：～个人（这个人）｜～样嘢（这种东西）。

咿 ji[1]〈音衣〉同“呢”：～架车（这辆车）｜～场波唔好睇。（这样的球不好看。）

呢啲 nei[1](ni[1])ti[1]〈呢音你第 1 声，又音那衣切；啲音低衣切〉近指的复数形式；这些（呢：这；啲：些）：～人（这些人）｜～嘢（这些东西）。

咿啲 ji[1]ti[1]〈咿音衣，啲音低衣切〉同“呢啲”（咿：这）：～车（这些车）｜～波唔好睇。（这样的球不好看。）

嗰 kɔ[2]〈音个第 2 声，几可切〉远指的单数形式；那：～个人（那个人）｜～架车（那辆车）。

嗰啲 kɔ[2]ti[1]〈嗰音个第 2 声，啲音低衣切〉远指的复数形式；那些（嗰：那；啲：些）：～人（那些人）｜～车（那些车）。

***啲**$_1$ ti[1]〈低衣切〉复数的指示；这些；那些：～嘢喺呢度。（那些东西在这儿。）｜～飞机票喺边个度？（那些飞机票在谁那儿？）[本来用法相当于普通话“些”，与“呢（这）”、“嗰（那）”组成“呢啲（这些）”、“嗰啲（那些）”。又省略了“呢”和“嗰”，单说“～”，不明确作近指示还是远指。重见九 B18]

今 kɐm[1] 指示目前正在进行的事情：～餐饭（现在这顿饭）｜～匀（现在这一次）。

***第二个** tɐi[6]ji[6]kɔ[3] 另一个；别的（单数）：呢个唔得就拶～，再唔得就再拶～，终有个得嘅。（这个不行就拿另一个，再不行就再拿另一个，总有一个行的。）[重见一 A1]

***第个** tɐi[6]kɔ[3] 同“第二个”：呢个袋冚唔落，嘛冚啲落～袋度啰。（这个袋子放不下，那不就放一些到别的袋子里嘛。）[重见一 A1]

第二啲 tɐi[6]ji[6]ti[1]〈啲音低衣切〉另一些；别的（复数）：我就钟意呢个，～都唔爱。（我就喜欢这个，别的都不要。）

第啲 tɐi[6]ti[1]〈啲音低衣切〉同“第二啲”：～公司亦不会差过你哋。（别的公司也不会比你们差。）

***嘅**$_1$ kɛ[3]〈记借切〉用在多种词语后面，构成表承事物的词语。相当于普通话的“的”：呢个係我～。（这是我的。）｜我要红～。｜过咗去～唔好提嘞。（过去了的不要提了。）[重见九 D34、十一 A1]

边 pin[1] 疑问指示的单数形式；哪：～个人（哪个人）｜～架车（哪辆车）。[重见四 B1]

边啲 pin[1]ti[1]〈啲音低衣切〉疑问指示的复数形式；哪些（边：哪；啲：些）：～人（哪些人）｜～车（哪些车）。

***乜**$_1$ mɐt[1]〈音物第 1 声，妈乞切〉什么；什么东西：你拶嚟啲究竟係～啊？（你拿来的究竟是什么？）[重见九 D33]

乜嘢 mɐt[1]jɛ[5]〈乜音物第 1 声，嘢音野〉什么东西；什么：我睇唔真嗰啲喺～。（我看不清楚那些是什么。）

咩$_1$ mɛ[1]〈么些切〉同“乜嘢”：呢个嘢～都唔似。（这东西什么都不像。）[此即“乜嘢”二字的合音。又作“咩嘢”]

乜东东 mɐt[1]toŋ[1]toŋ[1]〈乜音物第 1 声〉【谑】什么东西：嗰啲係～？（那是什么？）

乜鬼嘢 mɐt[1]kwɐi[2]jɛ[5]〈乜音物第 1 声，嘢音野〉【俗】什么东西：佢唔知冚咗啲～喺度。（他不知放了什么东西在这儿。）[又作“乜鬼”]

八 A9 其 他

火路 fɔ²lou⁶ 火候（烧火的火力大小及时间长短）：呢煲粥未够～。（这锅粥没到火候。）

色水 sek¹sɵy² 颜色：呢只～唔好睇。（这个颜色不好看。）

景 keŋ² 景色；风景：呢个～几上镜㗎。（这处景色挺上镜头的。）

八B 意识与能力

八 B1 想法、脾气、态度、品行

谂头 nɐm²tʰɐu⁴〈谂音那饮切〉①想法；想头（谂：想）：呢个细路仔细细个就好多～㗎喇。（这个小孩子年纪小小的就有很多想法。）②头脑；考虑问题的方法：你啲～就唔及你细佬喇。（你的脑瓜就比不上你弟弟了。）

谂法 nɐm²fat³〈谂音那饮切〉想法；念头（谂：想）：我好想知道你嘅～係点。（我很想知道你的想法是怎么样的。）

睇法 tʰɐi²fat³ 看法；见解（睇：看）：我啲～同你唔同。（我的看法和你不同。）

心机 sɐm¹kei¹ 心思；精神：畀啲～读书。（用点心思读书。）｜觉得做乜都冇～。（觉得干什么都没心思。）

心水 sɐm¹sɵy² ①心意：我睇几好，唔知啱唔啱你嘅～呢？（我看挺好，不知道合不合你的心意呢？）②考虑问题的头脑：佢个人谂嘢～好清㗎。（他这人考虑事情头脑非常清醒。）

***姣气** hau⁴hei³〈姣音敲第 4 声〉【俗】（女人的）放荡的感情（姣：淫荡）。[重见八 A2]

火气 fɔ²hei³ 男子汉的血性；阳刚的脾性：你个男人老狗，点解冇啲～嘅？（你这男子汉，怎么没点儿阳刚之气？）[又指怒气，则同于普通话]

心火 sɐm¹fɔ² 原为中医术语，指郁积于心（五脏之一）中的邪火（六淫之一），转指火气：你今日～咁盛嘅？（你今天怎么火气那么冲？）

牛颈 ŋɐu⁴keŋ²【喻】【贬】犟脾气：你成世人都係噉铺～。（你一辈子都是这犟脾气。）

炮仗颈 pʰau³tsœŋ⁻²keŋ²〈仗读第 2 声，纸响切〉【喻】【贬】火爆脾气：佢係～嚟㗎，郁郁就同人嗌交。（他是火爆脾气，动不动就和别人吵架。）

***面口** min⁶hɐu² 脸色（指不高兴时显露出来的态度）：佢居然攞啲噉嘅～嚟畀我睇！（他居然拿这样的脸色来给我看！）[重见八 A6]

***声气** seŋ¹hei³〈声音司赢切第 1 声〉对人说话的态度：你好～啲同佢讲，佢会听嘅。（你态度好点儿跟他说，他会听的。）[重见八 A2]

本心 pun²sɐm¹ 良心：人要凭～做事嘅。（人要凭良心办事的。）[又有初衷、本来的意愿之义，则同于普通话]

口齿 hɐu²tsʰi² 承诺；对所作承诺的信用：我个人一贯好讲～嘅。（我这人一向很讲信用的。）

八 B2 本领、能力、技艺、素质

道行 tou⁶hɐŋ⁶〈行音幸〉【喻】高深的本领：呢一次係要揾阿强哥啲咁有～嘅先搞得嘞。（这一回得找强哥这样有本事的才玩得转了。）

板斧 pan²fu²【喻】本事：原来你都有翻两下～个噃。（原来你还有那么两下本事。）[说唐故事说程咬金的本

事为"三板斧"，广州话此语即从此而来]

*三板斧 $sam^1pan^2fu^2$【喻】仅有的本事：我係得～咋。（我就这么点儿本事了。）[参见"板斧"。重见五 E3]

*散手 $san^2s\text{ɐ}u^2$【喻】本指散打武术，比喻本事、技艺：畀两道～你睇下。（露两手你瞧瞧。）[重见七 D8]

*料 liu^{-2}〈读第 2 声，利晓切〉才能；能力；学问：佢有乜～啫，居然做倒经理。（他有啥才能呢，居然当上经理。[重见八 A2]

牙力 $ŋa^4lek^6$【喻】说话使人遵从的能力：你有～啲，你去同佢哋讲。（你说话有人听，你去跟他们讲。）

口码 $h\text{ɐ}u^2ma^5$ 口才：我哋呢几个最好～就係阿东啦。（我们几个中口才最好的就是阿东了。）

喉底 $h\text{ɐ}u^4t\text{ɐ}i^2$ ①戏曲、歌唱演员的唱功；歌唱的基本功：呢个花旦嘅～认真好嘢。（这个花旦的唱功确实不错。）②【喻】本事：冇咁上下～唔敢咁牙擦嘅。（没有一定的本事不敢那么自负的。）

*手势 $s\text{ɐ}u^2s\text{ɐ}i^3$ 手艺：你煮餸嘅～唔错。（你做菜的手艺不错。）[重见八 A4]

手作 $s\text{ɐ}u^2tsɔk^{-6}$〈作音昨〉手艺。

手工 $s\text{ɐ}u^2koŋ^1$ 工艺；在手工工作中表现出的技艺：呢啲家俬啲～唔错。（这些家具的工艺不错。）

*人工 $j\text{ɐ}n^4koŋ^1$ 同"手工"。[重见八 C2]

*手(首)本戏 $s\text{ɐ}u^2pun^2hei^3$【喻】最拿手的本事、技艺：画荷花係佢嘅～嚟嘅。（画荷花是他的拿手本事。）[重见八 C3]

眼水 $ŋan^5søy^2$ ①视力：你～好啲，你嚟望下。（你视力好些，你来看一下。）②准头（射击、投掷等的准确性）：阿坚～真好，一掟就中。（阿坚真有准头，一掷就中。）③对事情的判断能力：冇咁上下～边揾到咁好嘅老婆嚅！（要是没有一定的眼力，怎能找到这么好的老婆呢！）

眼界 $ŋan^5kai^3$ 准头（射击、投掷等的准确性）：有边个啲～好得过射击运动员啊？（有谁的准头比射击运动员还好呢？）

二仔底 $ji^6ts\text{ɐ}i^2t\text{ɐ}i^2$〈仔音子矮切〉【喻】很差的底子和素质；水平不高的本事：就佢噉嘅～，再学两年都及唔倒你啦！（就他这样的孬本事，再学两年也比不上你呀！）

质素 $ts\text{ɐ}t^1sou^3$ 素质：呢啲工人～几高下。（这些工人素质挺高的。）

八 B3 计策、办法、把握

窍 k^hiu^{-2}〈音桥第 2 声，启晓切〉计策；窍门；办法：度～（想办法）| 你有乜嘢～呢？（你有什么计策？）

绝世好窍 $tsyt^6s\text{ɐ}i^3hou^2k^hiu^{-2}$〈窍音桥第 2 声〉绝妙的计策（窍：计策）：你呢条正式係～，冇得顶。（你这个真是绝妙的办法，没说的。）

计 $k\text{ɐ}i^{-2}$〈读第 2 声，假矮切〉计策；办法：谂～。（想办法。）| 冇～。（没办法。）

计仔 $k\text{ɐ}i^{-2}ts\text{ɐ}i^2$〈计音假矮切，仔音子矮切〉同"计"：谂～。（想办法。）| 冇～。（没法子。）

屎坑计 $si^2haŋ^1k\text{ɐ}i^{-2}$〈计读第 2 声〉【谑】【贬】蹲茅坑想出来的办法（屎坑：茅坑）；坏点子；低劣的办法：一日到黑谂埋晒啲～。（一天到晚净想些肮脏点子。）

符 fu^4【喻】本指符咒，比喻办法：冇晒～。（一点儿办法也没有。）

符□ fu^4fit^1〈后一字音飞热切第 1 声〉办法：买唔到火车票，你有咩～

啊？（买不到火车票，你有什么办法呀？）

把炮 pa^{2}p^{h}au^{3} ①把握：冇乜～。（没什么把握。）｜应承得你，就实係有～嘅。（既然答应你，就肯定有把握的。）②有解决问题的办法；神通：佢个人真係有～。（他这人真有办法。）

揸拿 tsa^{1}na^{4}〈揸音渣〉把握（揸：抓）：冇七八程～就唔好做。（没七八成把握就不要干。）

***花臣** fa^{1}sɐn^{-2}〈臣读第 2 声，洗很切〉【外】【贬】花招：你又想搞乜嘢～啊？（你又想要什么花招？）[英语 fashion。重见八 A5]

八C　社会性事物

八 C1　工作、行当、规矩、事务

工 koŋ^{1} 职业；工作：你打乜嘢～㗎？（你干什么工作？）｜做两份～。（做两份工作。）

住家工 tsy^{6}ka^{1}koŋ^{1} 当保姆的工作：佢打咗一牌～，后来去咗间工厂。（她做了一段时间的保姆，后来去了一家工厂。）

***瓣** fan^{6}〈音饭〉专业范围；行当：语言学都唔係你嗰～嘅。（语言学不属你的专业范围。）[重见十 E2、十 F1]

***水**$_{1}$ søy^{2}【俗】职业行当：你食边只～㗎？（你吃哪门子饭？）[重见八 C2、十 F2]

偏门 p^{h}in^{1}mun^{-2}〈门读第 2 声〉旁门左道：捞～。（走旁门左道。）

***架步** ka^{3}pou^{6}（专业的）技术规程；（行会或黑社会的）行规；（办事的）程序：你唔知～唔好乱掟。（你不知道门道儿不要乱碰。）[重见八 A6]

规例 kw^{h}ɐi^{1}lɐi^{6} 规则；规矩：入公司做嘢，就要守公司嘅～。（进公司干活，就要遵守公司的规则。）

例规 lɐi^{6}kw^{h}ɐi^{1} 同“规例”：茶楼啲～係唔畀自己带餸去食㗎。（茶楼的规矩是不准自己带菜去吃的。）

***例牌** lɐi^{6}p^{h}ai^{-2}〈牌读第 2 声〉常例；一般的规矩：入学之前要检查身体，呢个係～嚟㗎啦。（入学之前要检查身体，这是常例嘛。）[重见七 D2]

工夫 koŋ^{1}fu^{1} 活儿；工作：仲有好多～要做。（还有很多活儿要干。）｜～长过命。（熟语：活儿比命长。谓工作是做不完的。）

懒佬工夫 lan^{5}lou^{2}koŋ^{1}fu^{1} 很容易做的工作；不费劲的工作（工夫：工作）：呢啲～，你就啱嘞。（这些不费力的活儿，最适合你了。）

眼睇工夫 ŋan^{5}t^{h}ɐi^{2}koŋ^{1}fu^{1}〈睇音体〉眼睛看着就能学会的活儿；很容易做的工作（睇：看）：呢啲係～嚟嗻，一阵就学得识㗎喇。（这些是一看就知道怎么做的活儿，一会儿就能学会的了。）[又作“眼见工夫”]

***下栏** ha^{6}lan^{4} 下手；杂活：技术上你揸好，啲～就嗌胡须仔做得嘞。（技术上你抓好，那些杂活儿就叫小胡子干行了。）[重见三 B1、八 C2]

家头细务 ka^{1}t^{h}ɐu^{4}sɐi^{3}mou^{6} 家务；家里的琐碎事务：咁得闲睇电视，不如帮手做下啲～啦。（这么有空看电视，还不如帮忙做点儿家务吧。）

一头家 jɐt^{1}t^{h}ɐu^{4}ka^{1} 整个家庭的各种事务：结咗婚有～，边仲得闲去玩啊？（结了婚家里有一大堆事务，哪儿还有空去玩儿啊？）

八 C2 收入、费用、财产、钱款

入息 jɐp^{6}sek^{1} 经济收入：佢做个总工程师～都唔少㗎。（他当个总工程师收入也不少呢。）

***人工** jɐn^{4}koŋ^{1} 薪水；工资：你喺呢间公司做捞几多～啊？（你在这间公司工作拿多少工资？）[重见八 B2]

***贴士** t^{h}ip^{-1}si^{-2}〈贴读第 1 声，士音屎〉【外】小费：喺中国，啲人客唔兴畀～。（在中国，客人们不习惯给小费。）[英语 tips。重见八 A2]

***下栏** ha^{6}lan^{4}〈下音下面之下〉服务性行业的老板把小费收入或其他额外收入的一部分分给员工，作为外快，称为"～"。[重见三 B1、八 C1]

***利市(是)** lɐi^{6}si^{6}〈利音丽〉①压岁钱：细路仔最钟意过年㗎嘞，有～揸啊嘛。（小孩子最喜欢过年了，有压岁钱拿嘛。）②每逢红白喜事为酬谢亲友帮忙而赠送的钱。③老板发给员工的奖金。[重见九 C1]

佣 joŋ^{2} 佣金；回扣：呢单生意做得成，你肯畀几个～啊？（这宗生意要是做成了，你能给百分之几的佣金呢？）

折头 tsit^{3}t^{h}ɐu^{4} 折扣：买衫有～。（买衣服有折扣。）

时年 si^{4}nin^{4} 年成；一年的农业收获。

渔获 jy^{4}wɔk^{6} 水产收成：今年嘅～几好啊。（今年的水产收成很好呀。）

使用 sɐi^{2}joŋ^{6} 日常费用；开支：每个月～都好大下㗎。（每个月的开支都挺大的。）

散使 san^{2}sɐi^{2} 零用钱。

皮费 p^{h}ei^{4}fɐi^{3}【外】费用（一般指商业上的）：就噉维持个铺面都好大～喇。（就这样维持一个铺面费用也很大了。）["皮"是英语 pay 的音译]

水脚 sɵy^{2}kœk^{3} 路费；运费：每年春节，老细都会畀～啲员工翻屋企过年。（每年春节，老板都会给路费让员工们回家过年。）| 呢批货净係～都唔少。（这批货光运费就不少。）[旧时珠江三角洲地区以水路为主，故称。今即使全走陆路，亦沿用此说法]

运脚 wɐn^{6}kœk^{3} 运费。

汤药费 t^{h}ɔŋ^{1}jœk^{6}fɐi^{3} 医药费（汤药：中药汤）：细路仔唔好打交啊，打伤人要赔～㗎。（小孩子别打架，打伤了人要赔医药费的。）

***汤药** t^{h}ɔŋ^{1}jœk^{6} 同"汤药费"。[重见三 D10]

灯油火蜡 tɐŋ^{1}jɐu^{4}fɔ^{2}lap^{6} 灯火钱；照明费：晚晚睇书通宵咁滞，净係～都唔知点计啦！（每天晚上看书几乎看通宵，光是电费就没法算！）

福寿金 fok^{1}sɐu^{6}kɐm^{1}【婉】丧葬费：呢次空难，航空公司支付嘅～成 500 万。（这次空难，航空公司支付的丧葬费就达 500 万。）

身家 sɐn^{1}ka^{1} 个人财产：我全副～响齐度㗎喇。（我全部财产全在这儿了。）

物业 mɐt^{6}jip^{6} 不动产：主要指房产。

***地藏** tei^{6}tsɔŋ^{6}〈藏音撞〉【喻】私房钱：你瞒住老婆收埋几多～啊？（你瞒着妻子藏起多少私房钱呀？）[重见七 A11、八 A8]

***水$_{1}$** sɵy^{2}【喻】钱财：又有～揸嘞。（又有钱拿了。）| 呢度要几多～度？（这儿大约要多少钱？）[此原为旧时黑话。重见八 C1、十 F2]

米 mɐi^{5}【喻】钱财。旧时官吏以米定俸，折米价为银发薪，故称：佢有～就恶晒咩？（他有钱就能横行霸道吗？）

楼花 lɐu^{4}fa^{1} 期楼（尚未建成而以期货形式进行交易的楼房）。

本银 pun^{2}ŋɐn^{-2}〈银读第 2 声，毅很切〉本金。

*皮1 pʰei-2〈读第2声，普起切〉【外】钱；本钱：落好重～。（下很大本钱。）[英语 pay。重见十 D1]

定3 tɛŋ6〈音地赢切第6声〉定金：我而家即刻就落～。（我现在马上就给定金。）

燕梳 jin3sɔ1【外】保险：你买咗～未啊？（你买了保险了吗？）[英语 insurance]

善款 sin6fun2 慈善捐款：呢次嘅～收入共三千万。（这次的慈善捐款收入共三千万。）

贵利 kwɐi3lei6 高利贷：～唔能够借㗎，利沓利，好禁还㗎。（高利贷不能借呀，利滚利，还不起的。）

纸水 tsi2søy2 币值（纸：钞票）：～跌。

八 C3　文化、娱乐、卫生

字墨 tsi6mɐk6 文化知识：个肚度冇乜～啲人都係差啲。（肚子里没多少墨水的人总是差点儿。）

九因歌 kɐu2jɐn1kɔ1 九九歌；乘法口诀。

对3 tøy-2〈读第2声，底许切〉对子；对联；联句：谂一副好啲嘅～。（想一联好点儿的对子。）

大戏 tai6hei3 传统戏曲，特指粤剧：睇～。

*手(首)本戏 sɐu2pun2hei3（某演员或戏班）最拿手的剧目：呢出係佢哋嘅～嚟㗎。（这一出是他们最拿手的戏。）[重见八 B2]

手(首)本 sɐu2pun2 同"手(首)本戏"。

天光戏 tʰin1kwɔŋ1hei3 旧时戏班演通宵的戏（天光：天亮）。

戏肉 hei3jok-2〈肉读第2声〉戏剧的精彩部分；戏剧高潮：～仲喺后便哩。（重头戏还在后头呢。）

龙舟 loŋ4tsɐu1 一种流行于粤语地区的曲艺。原为专在渡船中为乘客卖唱者的唱调，后发展为有说有唱并有弦乐伴奏的形式。

*数白榄 sou2pak6lam-2 一种流行于粤语地区的曲艺。主要特色是在木鱼伴奏下快速朗读。似北方的快板书。[简称"白榄"。重见七 B8]

木鱼书 mok6jy4sy1 一种流行于粤语地区的曲艺。最初限于佛教徒传唱佛教因果报应故事，后发展为吟诵说唱体，内容亦渐广泛。特点是节奏自由，没有起板和过门。

八音 pat3jɐm1【旧】①民间音乐：听～。②演奏民间音乐的乐队：请～。

合尺 hɔ4tsʰɛ1〈合音何，尺音车〉工尺（中国的传统乐谱记音法的各个音阶的总称）。[工尺唱名依官话发音，不按广州话字音读]

咸水歌 ham4søy2kɔ1 一种流行于珠江三角洲地区的民歌。其前身为水上居民（疍民）的情歌。

口簧 hɐu2wɔŋ-2〈簧读第2声〉顺口溜：听啲细路噏嗰啲～鬼咁得意。（听那些小孩念的那些顺口溜忒有意思。）

古仔 kwu2tsɐi2 故事：佢好识作～。（他很会编故事。）[又作"古"]

*估 kwu2 谜语：群姐嗰日打嗰只～我点都估唔倒。（群姐那天出的那个谜语我怎么也猜不出来。）[重见五 B2]

私伙局 si1fɔ2kok-2〈局读第2声〉一种民间业余曲艺、音乐组织：有兴趣唱下粤曲，点解唔入～啫？（有兴趣唱唱粤曲，为什么不加入"私伙局"呢？）

班1 pan1【外】乐队：敨～（组建乐队。）[英语 band]

派对 pʰa1tʰi4〈派音怕第1声，对音提移切〉【外】派对；舞会；联欢聚会：毕业～｜生日～。[英语 party。此词写作"派对"，是按上海话音译。广

州虽亦循例书写，但不读广州话此二字音，而依英语原词读］

红会 hoŋ⁴wui⁻² “红十字会”的简称。

八 C4 情面、门路

面₃ min⁻²〈读第 2 声，摸演切〉情面；面子：我喺佢哋中间都仲有啲～嘅。（我在他们中间还有些面子。）｜冇～见人。（没脸见人。）

薄面 pɔk⁶min⁻²〈面读第 2 声〉小小的情面：界翻几分～。（给几分情面。）

人事 jɐn⁴si⁻²〈事音屎〉人际关系：佢喺呢间厂做咗二十年，上上下下～都好好㗎。（他在这个厂干了二十年，上上下下关系都很好的。）｜靠真本事啊嘛，点能够靠～呢！（靠真本事嘛，怎么能靠人情关系呢！）

频婆面 pʰɐn⁴pʰɔ⁻²min⁶〈婆读第 2 声，普可切〉【喻】【贬】很厚的脸皮（频婆：凤眼果）：佢叻就叻在有副～，一日上门嚟嗡。（他能就能在有一副厚脸皮，整天上门来求。）

窿路 loŋ¹lou⁶【喻】门路：你有冇～买火车票啊？（你有没有门路买火车票呀？）

窿罅 loŋ¹la³〈罅音赖亚切〉【喻】很偏的门路（罅：缝）：佢实揾倒～嘅。（他一定能找到门路的。）

八 C5 语言、文字

白话 pak⁶wa⁻²〈话读第 2 声，壶哑切〉粤语；广州话：呢条涌呢便係讲～嘅，嗰便係讲倕话嘅。（这条小河这边是讲粤语的，那边是讲客家话的。）

倕话 ŋai¹wa⁻²〈倕音毅鞋切第 1 声，话读第 2 声〉客家话（客家话读“我”为“倕”）。

吟话 laŋ¹wa⁻²〈吟音那坑切，话读第 2 声〉潮汕话（潮汕话读“人”如“吟”音）。

土谈 tʰou²tʰam⁴ 土语：我哋呢度有啲～出便啲人听唔明嘅。（我们这儿有些土语外边的人听不明白的。）

咸水话 ham⁴søy²wa⁻²〈话读第 2 声〉原指疍家人说的粤语，转指不纯正的广州话。

煲冬瓜 pou¹toŋ¹kwa¹〈煲音保第 1 声〉【谑】普通话（此三字音与“普通话”音近）。

捞话 lau¹wa⁻²〈捞音拉敲切，话读第 2 声〉北方话。［参见一 E6“捞松”］

鬼佬话 kwɐi²lou²wa⁻²〈话读第 2 声〉外国话（鬼佬：对外国人不敬之称）。

背语 pui⁶jy⁵〈背音背诵之背〉①隐语；黑话：嗰啲人斟盘都係用～嘅，你边听得倒啊？（那些人商量事情都是用隐语的，你哪听得懂呢？）②歇后语：“食猪红屙黑屎”係句～嚟嘅，即係话“即刻见功”。（“吃猪血拉黑屎”是一句歇后语，就是说“马上见效”。）

说话 syt³wa⁶ 话：咪噉样同大人讲～。（别这样和大人说话。）｜你呢句～唔啱。（你这句话不对。）

笛 tɛk⁻²〈读第 2 声〉【喻】本指驯动物用的笛哨，比喻对人的吩咐、指教等：佢而家都唔听我嘅～嘞。（他现在都不听我的话了。）

***誓愿** sɐi⁶jyn⁶ 誓言：你记唔记得你发过乜嘢～啊？（你记不记得你曾立下什么誓言？）［重见七 C11］

童子口 tʰoŋ⁴tsi²hɐu² 迷信说法：小孩子能在无意中说出有关未来吉凶等的预言，即所谓“～”。［参看七 B12“撞口卦”］

大话 tai⁶wa⁶ 谎话：一听就知你呢啲係～啦！（一听就知道你这是谎话！）［普通话指虚夸的话，与广州话有所不同］

大炮 tai^{6}p^{h}au^3【喻】谎话；牛皮：嗰嘅～你都信？(这样的牛皮你也信？)

葫芦 wu^{4}lou^{-2}〈芦音佬〉【喻】谎话；牛皮：佢嘅～而家唔灵喇。(他的牛皮现在没人信了。)［旧时江湖医生挂葫芦卖药，吹得神乎其神，言过其实，故以“葫芦”喻谎言］

*__粗口__ ts^{h}ou^{1}hɐu^2 脏话：唔好讲～！(别说脏话！)［重见七 C9］

*__烂口__ lan^{6}hɐu^2 脏话。［重见七 C9］

简笔字 kan^{2}pɐt^{1}tsi^6 简化字：香港人唔多识睇～㗎。(香港人不大会看简化字。)［又作“简笔”］

浅笔字 ts^{h}in^{2}pɐt^{1}tsi^6 同“简笔字”。［又作“浅笔”］

深笔字 sɐm^{1}pɐt^{1}tsi^6 繁体字：嗰啲人唔识～又要学人写。(那些人不懂繁体字又要学人家写。)［又作“深笔”］

旧体字 kɐu^{6}t^{h}ɐi^{2}tsi^6 繁体字或旧时通行的异体字。［又作“旧体”］

大字 tai^{6}tsi^6 中、大楷毛笔字：二年级开始学写～。(二年级开始学写毛笔字。)

鬼画符 kwɐi^{2}wak^{6}fu^4〈画音划〉【喻】【贬】写得非常潦草的字：你啲～我睇唔倒。(你这些潦草的字我看不懂。)

鸡肠字 kɐi^{1}ts^{h}œŋ$^{-2}$tsi^6〈肠音抢〉【喻】【谑】①手写的西洋文字：～嚟㗎？我搞唔啱㗎！(是外文？我不行啊！)②写得极潦草难懂的字。

西文 sɐi^{1}mɐn^{-2}〈文读第 2 声〉西洋文字。

单企人 tan^{1}k^{h}ei^{5}jɐn^{-2}〈人音隐〉“亻”旁。(单人旁。企：站立)。

企人边 k^{h}ei^{5}jɐn^{-2}pin^1〈人音隐〉同“单企人”。

企人旁 k^{h}ei^{5}jɐn^{-2}p^{h}ɔŋ^4〈人音隐〉同“单企人”。

双企人 sœŋ^{1}k^{h}ei^{5}jɐn^{-2}〈人音隐〉“彳”旁(双人旁)。

耳仔边 ji^{5}tsɐi^{2}pin^1〈仔音子矮切〉【喻】①“阝”旁(在左，左耳旁。耳仔：耳朵)。②“阝”旁(左右不分)。［又作“耳仔旁”］

阜斗边 fu^{3}tɐu^{2}pin^1〈阜音裤，斗音升斗之斗〉【喻】“阝”旁(在右，右耳旁)和“卩”旁。［又作“阜斗旁”］

斧头边 fu^{2}t^{h}ɐu^{-2}pin^1〈头读第 2 声〉同“阜斗边”。［又作“斧头旁”］

狗爪边 kɐu^{2}tsau^{2}pin^1“犭”(反犬旁)。［又作“狗爪旁”］

绕丝边 k^{h}iu^{5}si^{1}pin^1〈绕音拒了切〉“纟”(绞丝旁)。［又作“绕丝旁”］

绕丝底 k^{h}iu^{5}si^{1}tɐi^2〈绕音拒了切〉“糸”字底。

穿心边 ts^{h}yn^{1}sɐm^{1}pin^1“忄”旁(竖心旁)。［又作“穿心旁”］

剔手边 t^{h}ɛk^{1}sɐu^{2}pin^1“扌”旁(提手旁)。［又作“剔手旁”］

剔土边 t^{h}ɛk^{1}t^{h}ou^{2}pin^1“土”旁(提土旁)。［又作“剔土旁”］

礼衣边 lɐi^{5}ji^{1}pin^1“礻”旁和“衤”旁的合称。［又作“礼衣旁”］

冧宫头 lɐm^{1}koŋ^{1}t^{h}ɐu^{-2}〈冧音林第 1 声，头读第 2 声〉“宀”(宝盖头)和“冖”(秃宝盖头)的合称。“冧”、“宫”二字即此二部首的代表字。

冧篷头 lɐm^{1}p^{h}oŋ^{4}t^{h}ɐu^4〈冧音林第 1 声〉同“冧宫头”。

草花头 ts^{h}ou^{2}fa^{1}t^{h}ɐu^{-2}〈头读第 2 声〉“艹”头(草字头)。

竹花头 tsok^{1}fa^{1}t^{h}ɐu^{-2}〈头读第 2 声〉“⺮”头(竹字头)。

三点头 sam^{1}tim^{2}t^{h}ɐu^4“⺌”头和“⺍”头的合称。

撑艇仔 ts^{h}aŋ^{1}t^{h}ɛŋ^{5}tsɐi^2〈仔音子矮切〉【喻】“辶”(走之底)和“廴”的合称。［又作“撑艇”］

八 C6 其 他

*阿（亚）爷 a³jɛ⁴【俗】【喻】公家：你唔好话係～嘅嘢就唔徼惜先得㗎！（你不要公家的东西就不爱惜了嘛！）｜捞～啲银纸嚟猛食，个国家有乜法子唔穷嚡！（拿公家的钱来拼命吃，国家哪有不穷的呢！）[重见一 C2]

*阿（亚）公₁ a³koŋ¹ 同“阿爷”。[重见一 C2]

私家 si¹ka¹ 私人（属于私人的）：～车｜～屋｜～侦探。

如来佛祖 jy⁴lɔi⁴fɐt⁶tsou² 如来佛。

天后 tʰin¹hɐu⁶ 原是宋代福建蒲田湄州一位渔民的女儿，名叫林默。传说她精通医术，博晓天象，娴习水性。后因救助落水商客而殁。她死后 100 年（北宋元祐年间，公元 1086 年），家乡父老为其立祠，奉为海神。后又升格而为天妃、天后。福建、台湾以及星马各地称“妈祖”。

*摄青鬼 sip³tsʰɛŋ¹kwɐi²〈青音差赢切第 1 声〉传说中隐身于僻静处加害路人的妖魅：你成只～噉喺呢度蜎出嚟，想吓死人咩！（你活像个妖魅般在这儿钻出来，想吓死人吗！）[重见一 D5]

坳胡 au⁻¹wu⁴⁽⁻¹⁾〈坳音啊敲切，胡又音乌〉传说中的凶恶人物，大人常用来吓唬小孩。本指南朝时人刘胡。《南史·列传第三十》：“刘胡，南阳湼阳人也，本以其面坳黑似胡，故名坳胡。及长单名胡焉。出身郡将，稍至队主，讨伐诸蛮，往无不捷。蛮甚畏惮之。明帝即位，除越骑校尉。蛮畏之，小儿啼哭，语之‘刘胡来’，便止。”

坳胡婆 au⁻¹wu⁴⁽⁻¹⁾pʰɔ⁻²⁽⁻¹⁾〈坳音啊敲切，胡又音乌，婆读第 2 声或第 1 声〉同“坳胡”。

*唛₅ mɐk¹〈音麦第 1 声〉【外】商标：双箭～（双箭牌）｜呢只～嘅花生酱香啲㗎。（这个牌子的花生酱香点儿。）[英语 mark]

唛头₂ mɐk¹tʰɐu⁴〈唛音麦第 1 声〉同“唛₅”。

花名 fa¹mɛŋ⁻²〈名音摸赢切第 2 声〉绰号：起～｜唔好帮人改～。（不要给人家起绰号。）

卓头 tsʰœk³tʰɐu⁴ 噱头：出～（弄噱头）。

九、状况与现象

［自然现象和生理现象参见二，心理现象参见五，某些社会现象参见八］

九A 外形与外貌

九A1 大、小、粗、细

巨揈 kɵy⁶fɐŋ⁴〈揈音扶宏切〉巨大：嗰裔树够晒～。(那棵树够巨大的。)

大揈₂ tai⁶fɐŋ⁴〈揈音扶宏切〉同"巨揈"。

***大嚿** tai⁶kɐu⁶〈嚿音旧〉(论块的东西)体积大（嚿：块）：嗰嚿石头好～。(那块石头很大。)［重见九A8］

***大粒** tai⁶nɐp¹（论颗的东西）颗粒儿大（粒：颗）：呢啲花生粒粒咁～。(这些花生每一颗都那么大。)［重见九C1］

***大只** tai⁶tsɛk³（论只的东西）大：呢只鸡～过嗰只。(这只鸡比那只大。)［重见九A8］

大辘(碌) tai⁶lok¹〈辘（碌）音鹿第1声〉(枝状物）粗（辘：用于枝状物的量词）：攞支好～嘅棍嚟。(拿来一根很粗的棍子。)

细 sɐi³ 小：呢只杯咁～嘅？（这只杯子怎这么小？）｜呢裔树好～嘛。(这棵树很小。)｜佢年纪唔～喇。(他年纪不小了。)［与"大"相对。普通话"细"与"粗"相对，而在广州话中与"粗"相对的是"幼"］

细嚿 sɐi³kɐu⁶〈嚿音旧〉〈论块的东西〉体积小（细：小；嚿：块）：切开两嚿，大嚿嘅畀嫲嫲，～嘅我自己食。(切成两块，大的给奶奶，小的我自己吃。)

***细粒** sɐi³nɐp¹（论颗的东西）颗粒儿小（细：小；粒：颗）：咁大嚿咩，切～啲，一唔係点叫肉丁啫！(哪能这么大的块儿，切小点儿，要不怎么叫肉丁呢！)［重见九A2］

***细只** sɐi³tsɛk³（论只的东西）小（细：小）：唔该称嗰只最～嘅畀我。(劳驾把那只最小的称了卖给我。)

细辘(碌) sɐi³lok¹〈辘（碌）音鹿第1声〉(枝状物）细（辘：用于枝状物的量词）：唔使咁大辘，～啲就得嘞。(用不着这么粗，细点儿就行了。)

***奀** ŋɐn¹〈音银第一声，毅因切〉小；细（一般用于论个的或长条的物品。略含因小而令人不能满意的意思）：啲苹果咁～嘅。(这些苹果这么小。)｜书架只脚唔得太～㗎。(书架的腿不能太细的。)［重见九A8、九D2］

大 tai⁻¹〈读第1声〉小：我睇过喇，好～嗻。(我看过了，很小的。)［这是"大"的变调］

啲咁大 tek¹kɐm³tai⁻¹〈啲音的，咁音甘第3声，大读第1声〉非常小（啲：一点；咁：这么）：只只虾都係～只嘅。(所有的虾都是才那么丁点大。)

鼻屎咁大 pei⁶si²kɐm³tai⁻¹〈咁音甘第3声，大读第1声〉【喻】非常小（咁：这么）：啲药丸仔就好似～粒。(那些小药丸非常小。)

咸柑咁大 ham⁴kɐm¹kɐm³tai⁻¹〈咁音甘第3声，大读第1声〉同"鼻屎咁大"(咸柑：腌柑皮粒儿)。

丁香 teŋ¹hœŋ¹【谑】小：呢啲饺子咁～嘅？（这些饺子这么小的？）

的色 tek¹sek¹ 小巧：呢只钟几～嘴。(这个钟挺小巧的。)｜佢生得好～。

（她长得挺小巧。）

*粗嚡 ts^{h}ou^{1}hai^4〈嚡音鞋〉（粉状物）不细腻；颗粒粗：呢只爽身粉好～。（这种爽身粉很粗。）[重见九 A7]

幼 jɐu^3 ①（长条物）细小：呢条竹好～。（这根竹子很细。）②（粉状物）细小：磨得好～。（磨得很细。）

幼细 jɐu^{3}sɐi^3 ①（长条物）细小：呢条柱咁～，够唔够力㗎？（这根柱子这么细，够不够牢靠？）②（粉状物）细小：啲面粉几～噃。（这些面粉挺细的。）

幼滑 jɐu^{3}wat^6 细腻（粉状物颗粒细小或纺织物等纤维细小而手感滑腻）：生粉梗係～嘅好。（芡粉当然是细腻的好。）｜呢种绸仔特别～嘅。（这种绸子特别细腻的。）

*⿱髟鸟 niu^1〈音鸟第 1 声，那腰切〉（条状物）细；细而长（略含因太细而不能令人满意的意思）：咁～条竹唔得，一拗就断啦。（这么细的竹子不行，一折就断了。）｜呢条绳～得滞，换条粗啲嘅嚟。（这条绳子太细，换一条粗点儿的来。）[重见九 A9]

九 A2　长、短、高、矮、厚、薄

长挠挠 ts^{h}œŋ^{4}nau^{4}nau^4〈挠意闹第 4 声〉【贬】很长：噉～我点攞啫？（这么长，我怎么拿呀？）

长赖□ ts^{h}œŋ^{4}lai^{4}kw^{h}ai^4〈赖音罗鞋切，后一字音葵鞋切〉【贬】很长：你啲头发～，仲唔剪咗佢。（你的头发很长，还不把它剪了。）[又作“长赖赖”]

短切切 tyn^{2}ts^{h}it^{1}ts^{h}it^1〈切读第 1 声〉【贬】很短：你件衫～，就嚟凸出个肚脐喇。（你的衣服真短，快要露出肚脐了。）

短□□ tyn^{2}ts^{h}ɛt^{6}ts^{h}ɛt^6〈后两字音车字第 6 声加上切字的音尾〉同“短切切”。

高戙戙 kou^{1}toŋ^{6}toŋ^6〈戙音洞〉高高的（一般用于细长而竖立的物体。戙：竖立）：嗰栋楼～噉企喺江边度，鬼咁映眼。（那座楼高高地竖在江边，非常抢眼。）

高⿱髟鸟⿱髟鸟 kou^{1}niu^{1}niu^1〈⿱髟鸟音鸟第 1 声，那嚣切〉高而细长（一般用于指身材。⿱髟鸟：细长）：嗰个～嘅就係佢男朋友。（那个细高个儿就是她的男朋友。）

⿱髟鸟高 niu^{1}kou^1〈⿱髟鸟音鸟第 1 声，那腰切〉（身材）瘦而高（⿱髟鸟：细长）：佢生得～～。（他长得瘦瘦高高。）

牛高马大 ŋɐu^{4}kou^{1}ma^{5}tai^6 身材高大（虽然言及“牛马”字样，但并无贬义）：阿伟仔～。（小伟子人高马大。）

神高神大 sɐn^{4}kou^{1}sɐn^{4}tai^6 身材高大：佢咁～，直情打得几个啦。（他身材这么高大，肯定能对付好几个人。）

高大威猛 kou^{1}tai^{6}wɐi^{1}maŋ^5【褒】（身材）高大威武：佢个男朋友～，成个史泰龙噉款。（她的男朋友高大威武，活脱脱像史泰龙。）

矮咄咄 ɐi^{2}tɐt^{1}tɐt^1〈咄音低一切〉【贬】（身材）非常矮：嗰个男仔～，鬼有人睺咩。（那个男孩子矮墩墩的，哪有人喜欢？）

矮细 ɐi^{2}sɐi^3 矮小：同班同学佢生得最～。（同班同学他长得最矮小。）

*细粒 sɐi^{3}nɐp^1（个子）矮小：15 岁喇？咁～嘅？（15 岁了吗？个子这么小？）[重见九 A1]

*翳（曀）ɐi^3〈音矮第 3 声〉（房屋等）低矮（使人有压抑的感觉）：呢种楼层得两米半，～到死。（这种楼层只有两米五，局促得要死。）[重见二

C10、五 A2、七 E12、九 A10、九 B1]

厚揞揞 hɐu⁵tɐp⁶tɐp⁶〈揞音第入切〉【贬】很厚：咁热，着到～，因住焗亲啊。（这么热，穿得这么厚，小心热坏了。）

厚身 hɐu⁵sɐn¹（物体）厚：呢度有两把刀，～嗰把用嚟斩骨嘅。（这儿有两把刀，厚的那把是用来剁骨头的。）

薄身 pɔk⁶sɐn¹（物体）薄：呢只布～啲，平好多㗎！（这种布薄一些，便宜很多哪！）

薄切切 pɔk⁶tsʰit¹tsʰit¹〈切读第1声〉【贬】很薄：张被～，点顶得冻㗎。（这被子太薄了，哪里御得了寒？）

薄□□ pɔk⁶jit¹jit¹〈后两字音热第1声〉同"薄切切"。

薄英英 pɔk⁶jeŋ¹jeŋ¹【贬】很薄：就噉拶块～嘅布褛住。（就这样用一块薄薄的布蒙着。）

薄削 pɔk⁶sœk³（布等）很薄（略带贬义）：呢只布咁～，唔做得窗帘。（这种布这么薄，不能做窗帘。）

九 A3 宽、窄

阔 fut³ ①宽：呢个门口咁～，你就算再肥啲都入倒去啦。（这个门这么宽，你就是再胖点儿也进得去。）②（衣物）宽大；肥大：裤脚～啲就好嘞。（裤腿肥点儿就好了。）

阔落 fut³lɔk⁶（地方）宽大；宽敞：佢屋企住得好～。（他家住得很宽敞。）

阔哩啡 fut³lɛ⁴fɛ⁴〈哩音黎爷切，啡音肥爷切〉【贬】（衣物）宽大；肥大：件衫～，好睇咩？（这衣服肥肥大大的，好看吗？）

阔哩□ fut³lɛ⁵kwʰɛ⁵〈哩音黎野切，后一字音葵野切〉同"阔哩啡"。

浅窄 tsʰin²tsak³ 狭小；狭窄：呢个铺位初时觉得几阔落下，生意做大咗就见～嘞。（这个铺位起初觉得挺宽敞的，生意做大了就显得地方狭小了。）

***逼（偪）** pek¹〈偪音逼〉①狭小：呢间屋～咗啲。（这间房子小了点儿。）②拥挤：返工时车係咁～㗎喇。（上班时间汽车就这么挤。）[重见六 B2、九 B6]

夹₁ kip⁶〈音劫第6声〉狭小；拥挤：嗰度咁～，点坐得落人啊？（那儿那么窄，怎么坐得下人呢？）

逼夹 pek¹kip⁶〈夹音劫第6声〉狭小。

屈厔（质） wɐt¹tsɐt¹〈厔音质〉狭小；局促：好多人嘅屋企都几～㗎。（好多人家的居所相当狭小。）

局₂ kok⁶ 狭小；局促：咁细定方摆咁多嘢，～到死。（这么小地方摆那么多东西，局促得要命。）

***腌臜** ɐp¹tsɐp¹〈腌音阿恰切，臜音汁〉地方窄小：呢间房住四个人係～啲喇。（这个房间住四个人是窄了点儿。）[重见九 B9]

九 A4 直、曲

直不甩 tsek⁶pɐt¹lɐt¹〈甩音拉一切〉笔直（不甩：词尾，无意义）：佢～噉企响度。（他笔直地站在那儿。）| 呢条路～嘅。（这条路笔直笔直的。）

***啱** tim⁶〈音店第6声，第艳切〉直：呢条木唔够～。（这根木头不够直。）[重见九 A5、九 C1]

挛 lyn¹〈音乱第1声，拉冤切〉弯；曲：～毛（头发鬈曲）| 支通～咗。（这根管子弯了。）

挛弓 lyn¹koŋ¹〈挛音乱第1声〉弯曲：呢支棍～㗎，点丟得入个窿？（这根棍子是弯曲的，怎么捅得进洞里？）

挛弓虾米 lyn¹koŋ¹ha¹mɐi⁵〈挛音乱第1声〉【喻】弯曲；扭曲变形：呢块

板～㗎，点整得家俬㗎？（这块板扭曲变形，怎能用来做家具？）

孪捐 lyn¹kyn¹ 弯曲（指多向弯曲）：条巷仔孪孪捐捐，行到我唔知方向。（那小巷弯弯曲曲，走得我不知方向。）

九曲十三弯 kɐu²kʰok¹sɐp⁶sam¹wan¹ 弯弯曲曲：呢条路～，出唔出到去㗎？（这条路弯弯曲曲的，走得出去吗？）

㲟 ŋau⁴〈音咬第 4 声〉扭曲不平：呢件床板～㗎，点瞓嚅？（这块床板扭曲不平，怎么睡呀？）

**㲟框* ŋau⁴kwʰaŋ¹〈㲟音咬第 4 声〉扭曲变形：呢度门～嘅，闩唔到啊。（这门扭曲变形，关不了啦。）[重见七 D4]

九 A5 竖、斜、陡、正、歪

***戙（洞）** toŋ⁶〈戙音洞〉竖直：将啲竹打～放。（把竹子竖着放。）[重见六 D5]

***企₂** kʰei⁵ 竖直：打～趸。（竖着放。）[重见六 D11]

戙𡁻企 toŋ⁶tok¹kʰei⁵〈戙音洞，𡁻音督〉竖立；竖直（戙：竖；𡁻：戳；企：立）：石油气罐要～放。（石油气罐要竖起来放。）| 本书～住。（那本书直立着。）

戙企 toŋ⁶kʰei⁵〈戙音洞〉直立（戙：竖；企立）：～喺度。（直立在这儿。）

企身 kʰei⁵sɐn¹ 竖立的；立式的（用于器物）：～煲（立式瓦锅）|～柜（大衣橱）。

***㞧** tim⁶〈音店第 6 声，第艳切〉竖直：打横唔得就打～。（横着不行就竖着。）[重见九 A4、九 C1]

闸 tsap⁶ 倾斜：嗰块板～咗埋一便。（那块板向一边倾斜了。）

闸侧 tsap⁶tsɐk¹ 斜：将啲床板～嚟凭，企过头会冧㗎。（把床板斜着靠，太直了会倒下来的。）| 将两张枱喺门两边～摆到八字形。（把两张桌子在门两边斜着摆成八字形。）

笡（斜） tsʰɛ³〈音扯第 3 声〉陡：呢座山咁～，上唔上到去㗎？（这座山这么陡，上得去吗？）[普通话“斜”和“陡”有程度之别，广州话一律称为“～”]

四正 sei³(si³)tsɛŋ³〈四又音试，正音郑第 3 声〉（物体）端正：将张枱放～啲。（把那张桌子摆正点儿。）

乜₂（歪） mɛ²〈音咩第 2 声，摸写切〉歪斜：个相架挂～咗。（那个像框挂歪了。）| 条电灯杉～埋一便。（那根电线杆歪到一边。）[字或写作“歪”，意思同普通话的“歪”基本一样，而读音则完全不同]

乜斜 mɛ²tsʰɛ³〈乜音摸写切，斜读第 3 声〉歪斜：写字写到乜乜斜斜。（写字写得歪歪斜斜。）[普通话“乜斜”专用于眼睛，与广州话不同]

乜哩零青 mɛ²li¹lɛŋ⁴tsʰɛŋ³〈乜音摸写切，哩音拉衣切，青音次庆切〉【贬】歪歪斜斜：着件衫都着到～，似咩样！（穿衣服穿得左歪右斜的，像什么样子！）

彼 pʰɛ⁵〈抱野切〉歪斜；歪倒：埲墙～㗎，仲凭嘢上去？！（那墙是歪斜的，还靠东西上去？！）| 佢屈亲只脚，行路～下～下噉。（他扭伤了脚，走路一歪一倒的。）

九 A6 尖利、秃钝

尖不甩 tsim¹pɐt¹lɐt¹〈甩音拉一切〉尖尖的（不甩：词尾，无意义）：呢支棍～，𡁻倒人㗎。（这根棍子尖尖的，会捅伤人的。）

利 lei⁶ 尖利；锋利：嗰块玻璃好～㗎，因住割亲手。（那块玻璃很尖利，小心割破手。）

倔（屈） kwɐt⁶ 秃；不尖；钝：把锥～咗，㓥唔到窿添。（这把锥子钝了，扎不了洞了。）｜把刀切到～晒。（这刀切得很钝了。）

倔擂槌 kwɐt⁶ləy⁴tsʰəy⁴【喻】秃秃的；很不尖（倔：秃；擂槌：鼓槌）：支墨笔～，点写嚡？（这支毛笔秃秃的，怎么写字呀？）

*__倔头__ kwɐt⁶tʰɐu⁴（顶端）不尖；秃：～扫把（用秃了的扫帚）。[重见九 B5]

九 A7 齐平、光滑、粗糙、凹凸、皱

齐葺葺 tsʰɐi⁴tsʰɐp¹tsʰɐp¹〈葺音辑〉非常齐平：球场上啲草剪到～。（球场上的草剪得非常齐。）

滑捋捋 wat⁶lyt⁻¹lyt⁻¹〈捋音拉月切第 1 声〉滑溜溜；光滑：摸上去～。（摸上去滑溜溜的。）｜地下打咗蜡，～嘅。（地板打了蜡，非常光滑。）

滑潺潺 wat⁶san⁴san⁴〈潺音山第 4 声，时闲切〉【贬】滑而带黏液（潺：动物黏液）：唔知黐咗啲乜～嘅嘢。（不知道粘上了些什么滑溜溜的东西。）

滑揗揗 wat⁶tʰɐn⁴tʰɐn⁴〈揗音吞第 4 声，提人切〉【贬】滑而多油：～只手摸埋嚟。（滑腻腻的手摸过来。）

*__蹁__ sin³〈音扇〉滑：落过雨，地下好～。（下过雨，地上很滑。）[重见六 B4]

*__嚡__ hai⁴〈音鞋〉（物体表面）粗糙；不光滑：啲板咁～嘅，用砂纸揞过嚟啊？（这些木板怎这么粗糙，是不是用砂纸擦过？）[重见九 B21]

*__嚡涩涩__ hai⁴sɐp⁶sɐp⁶〈嚡音鞋，涩音拾〉【贬】（物体表面）非常粗糙；很不光滑（嚡：粗糙）。[重见九 B21]

粗嚡 tsʰou¹hai⁴〈嚡音鞋〉（物体表面）粗糙：你只手～到死，BB 唔钟意你摸佢啊！（你的手那么粗糙，孩子不喜欢你摸他呢！）[重见九 A1]

凹 nɐp¹〈音粒〉①凹：～入去（凹进去）②瘪：个乒乓波～咗。（那乒乓球瘪了。）｜车呔～晒。（轮胎全瘪了。）[“凹”字本音 ɐp¹，但“凹”的意思广州话说 nɐp¹，所以习惯上把“凹”字读这个音]

*__局__₁ kok⁻¹〈音谷〉受压力而拱起：落咗场雨，靠山嗰埲墙～咗出嚟。（下了场雨，靠山的那堵墙向外拱起来了。）｜揿低两边，中间又～起。（把两边摁下去，中间又鼓起来。）[重见二 C6、七 E5]

*__龅（鲍）__ pau⁶〈音包第 6 声，步校切〉向外拱出：㧬到满得滞，两边～晒开嚟。（塞得太满了，两边都鼓出来了。）[重见二 D2、六 B2]

岩巉 ŋam⁴tsʰam⁴〈巉音参第 4 声，慈咸切〉高低不平：係唔係呢条路嚟？咁～嘅。（是不是这条路呀？这么高低不平。）

一岩一窟 jɐt¹ŋam⁴jɐt¹fɐt¹〈窟音忽〉表面凹凸不平：块地畀人掘到～。（这片地给挖得凹凸不平。）

*__荦确__ lɐk¹kʰɐk¹〈荦读为拉得切，确读为卡得切〉凹凸不平：个地面～到死，点踩得倒雪屐嚡？（这地面很不平整，怎能溜旱冰呢？）[韩愈《山石》诗：“山石荦确行径微”。今广州话口语读音稍变。重见九 D34]

凹凹突突 nɐp¹nɐp¹tɐt⁶tɐt⁶〈凹音粒〉凹凸不平：个枱面～。（桌面凹凸不平。）｜条路～。（这条路凹凸不平。）

狗牙 kɐu²ŋa⁻²〈牙读第 2 声，毅哑切〉【喻】边缘不平整，如犬齿状：拶刀

仔荆啊嘛，搣到张纸边～噉！（拿小刀裁嘛，撕得这纸边像被狗咬过似的！）

巢 tsʰau⁴ 皱：张纸～咗。（那张纸皱了。）

巢咪嚒 tsʰau⁴mi¹mɐŋ¹⁽³⁾〈咪音么衣切，嚒音么亨切，又读第 3 声〉非常皱（巢：皱）：件衫～。（那衣服非常皱。）

巢嚒嚒 tsʰau⁴mɐŋ¹mɐŋ³〈前一嚒音么亨切，后一嚒读前一嚒的第 3 声〉非常皱（巢：皱）。

巢皮 tsʰau⁴pʰei⁴ 表面起皱纹：人老就～。（人老皮肤就起皱纹。）｜只苹果干到～。（那苹果干得皮儿都皱了。）

九 A8 胖、壮、臃肿、瘦

肥 fei⁴ 胖：～仔（胖小子）｜呢个妹妹仔好～嚤。（这个小妹妹很胖哟。）［普通话“肥”只用于动物，广州话也用于人］

***肥腯腯** fei⁴tyt¹(tɐt¹)tyt¹(tɐt¹)〈腯音低月切第 1 声，又音低一切〉【褒】胖嘟嘟（只用于小孩或小动物）：呷个 BB～，好得意啊。（这个小孩儿胖嘟嘟的，真有趣。）

***肥揗揗** fei⁴tʰɐn⁴tʰɐn⁴〈揗音吞第 4 声〉胖乎乎（略带贬义）：肥佬～，买嚿猪肉去拜神。（童谣：胖子胖乎乎，买块猪肉去拜神。）［重见九 B22］

肥肥白白 fei⁴fei⁴pak⁶pak⁶ 又白又胖：休息咗两个月，变到～。（休息了两个月，变得又白又胖。）

面圆 min⁶jyn⁴【婉】（小孩）胖：庭庭呢牌冇病就～嘞。（庭庭这段时间没病就胖了。）

抵打 tɐi²ta²【婉】（婴幼儿）胖：你用乜法子养得个细路咁～嘅！（你用什么办法把孩子养得这么胖！）［本义为“该打”，孩子胖则屁股多肉，令人忍不住要打几下］

肥尸大只 fei⁴si¹tai⁶tsɛk³〈只音脊〉【贬】肥硕（大只：健壮）：你咪睇佢～，㷫嘅！（你别看他个大身粗，一副空架子！）

肥头耷耳 fei⁴tʰɐu⁴tɐp¹ji⁵〈耷音低恰切〉胖头胖脑；肥头大耳（耷：下垂。略含贬义）。

短度阔封 tyn²tou⁻²fut³foŋ¹〈度音捣〉【喻】【谑】【贬】矮且胖（度：量长度的物品；封：布幅）：佢～，一啲身材都冇。（他又矮又胖，身材一点儿都不好。）

***大只** tai⁶tsɛk³ 健壮：佢都几～嚤，咁冻都係着两件衫。（他也够健壮的，这么冷也只穿两件衣服。）［重见九 A1］

大只骡骡 tai⁶tsɛk³løy⁴løy⁴〈骡音雷〉高大健壮（略含贬义）：见你～，点解好似冇力噉嘅？（见你个头大大的，怎么好像没力气似的？）

***大嚿** tai⁶kɐu⁶〈嚿音旧〉健硕（嚿：块）：我哋公司你最～嘞，呢啲粗重工夫梗係你做喇。（我们公司你块头最大了，这些粗活重活当然归你干了。）［重见九 A1］

***大份** tai⁶fɐn⁶ 见“大嚿”。［重见九 C2］

黑黑实实 hak¹(hɐk¹)hak¹(hɐk¹)sɐt⁶sɐt⁶ 肤色黝黑、肌肉结实：佢生得～，点会有病痛嚤？（他长得又黑又结实，怎么会有病呢？）

瘘□ lɐu⁶pɐu⁶〈瘘音漏，后一字音保后切〉【贬】体态臃肿：佢咁～，唔知係着得衫多定係水肿。（他这么臃肿，不知道是穿了太多的衣服还是水肿。）

大肚腍□ tai⁶tʰou⁵nɐm⁴tɐm¹〈腍音那淫切，后一字音低音切〉【贬】大腹便便：未到五十就～嘞。（没到五十就大腹便便了。）

奀 ŋɐn[1]〈音银第1声，毅因切〉瘦小：你咁～，真係风都吹得起。（你这么瘦小，风也可以把你吹起来。）[重见九A1、九D2]

*__䯯__ niu[1]〈音鸟第1声〉（身材）瘦；苗条：阿秀一日想身材～啲，又话减肥又剩。（阿秀成天想身材苗条些，说要减肥什么的。）[重见九A1]

奀䯯䯯 ŋɐn[1]niu[1]niu[1]〈奀音银第1声，䯯音鸟第1声〉【贬】极瘦小（奀：瘦弱；䯯：瘦）：你～嘅，有冇食饭㗎？（你那么瘦小，有没有吃饭的呀？）

奀䯯鬼命 ŋɐn[1]niu[1]kwɐi[2]mɛŋ[6]〈奀音银第1声，䯯音鸟第1声〉【贬】瘦小（瘦小；䯯：瘦）：佢咁～，我睇唔捱得几耐。（他瘦成那个样儿，我看熬不了多久。）

瘦蜢蜢 sɐu[3]maŋ[-2]maŋ[-2]【贬】非常瘦：乜你～㗎？好似三年冇食饭嘅。（怎么你瘦得这么厉害？好像有三年没吃饭似的。）

瘦骨赖柴 sɐu[3]kwɐt[1]lai[4]tsʰai[4]〈赖读第4声，黎鞋切〉【贬】极瘦；骨瘦如柴。

瘦骨如柴煲碌竹 sɐu[3]kwɐt[1]jy[4]tsʰai[4]pou[1]lok[1]tsok[1]〈煲音保第1声，碌音录第1声〉【熟】【喻】【谑】极瘦：新嚟嗰个会计真係～。（新来那个会计真是骨瘦如柴。）

落形 lɔk[6]jeŋ[4] 变瘦（不好的结果）：病后～。（病后变瘦。）

*__殽晒框__ ŋau[4]sai[3]kwʰaŋ[1]〈殽音咬第4声〉【喻】因累或病而变瘦、不成人形。[重见七A7]

清减 tsʰeŋ[1]kam[2]【雅】变瘦：呢排你～咗嘈。（这段时间你瘦了。）

潇湘 siu[1]sœŋ[1]【褒】身材苗条：抵冷贪～。（熟语：捱冷图苗条。常用以指在寒冷的天气穿得很少的女性。）

九 A9 其他形状

[另参见八A5]

扁□□ pin[2]tʰɛt[6]tʰɛt[6]〈后二字音提夜切加上达字的音尾〉【贬】很扁：呢个盒～，装得咩嘢？（这个盒子太扁，能装得了什么呀？）

四方 sei[3]fɔŋ[1] 正方形的：～嚹（方框）｜砌～城（砌方阵。喻打麻将牌）。

四四方方 sei[3]sei[3]fɔŋ[1]fɔŋ[1] 方方正正：呢张枱～，几啱一家四口食饭啊。（这张桌子方方正正的，很适合一家四口吃饭。）

圆辘辘（碌碌） jyn[4]lok[1]lok[1]〈辘（碌）音录第1声，拉屋切〉圆溜溜（指球状体或圆柱体。辘：滚动）：呢嚿石春～，成个波嘅。（这块鹅卵石圆溜溜的，活像一个球。）

圆揼揼 jyn[4]tɐm[4]tɐm[4]〈揼音第淫切〉圆溜溜（指球状体或圆圈）：搓汤圆梗係要搓到～㗎啦，唔通整啲扁汤圆出嚟咩？（搓汤圆当然是要搓得圆溜点儿，难道要做扁汤圆吗？）｜画个圆圈～。（画个圆圈圆圆的。）

圆揼□ jyn[4]tɐm[4]tœ[4]〈揼音第淫切，后一字音第靴切第4声〉同"圆揼揼"。

三尖八角 sam[1]tsim[1]pat[3]kɔk[3] 外形多棱角；不端正整齐：呢嚿石头～，成支狼牙棒嘅。（这块石头棱角真多，活像一根狼牙棒。）

九 A10 亮、清晰、暗、模糊

光 kwɔŋ[1] 亮：呢间屋都几～嘈。（这间房子挺亮堂的。）｜呢盏灯好～。（这盏灯挺亮。）

光猛 kwɔŋ[1]maŋ[5] 明亮：如果打开晒啲窗，仲～啊。（如果把窗户全打开，更明亮。）｜光管～过灯胆。（日光灯比灯泡明亮。）

瞠眼 tsʰaŋ[4]ŋan[5]〈瞠音撑第4声，慈盲切〉

炫目；刺眼：呢盏台灯～过头，换过盏畀我啦。（这盏台灯太晃眼了，给我换另外一盏吧。）

瞨$_{2}$ ts^{h}aŋ^{4}〈音撑第4声，慈盲切〉同“瞨眼”：眼灯～住，我瞓唔着觉。（这灯照着眼，我睡不着觉。）

劖$_{1}$ ts^{h}am^{4}〈音蚕，慈咸切〉同“瞨眼”。

劖眼 ts^{h}am^{4}ŋan^{5}〈劖音蚕，慈咸切〉同“瞨眼”：我怕～。（我怕刺眼。）

***映眼** jeŋ^{2}ŋan^{5} 同“瞨眼”：日头好～。（太阳很晃眼。）[重见九 A12]

光瞨瞨 kwɔŋ^{1}ts^{h}aŋ^{4}ts^{h}aŋ^{4}〈瞨音慈盲切〉很明亮；很亮堂（瞨：炫目）：～仲使乜拉开窗帘嗮。（亮堂得很，哪用得着拉开窗帘呢。）

光劖劖 kwɔŋ^{1}ts^{h}am^{4}ts^{h}am^{4}〈劖音蚕，慈咸切〉同“光瞨瞨”（劖：炫目）。

蒙蒙光 moŋ$^{-1}$moŋ$^{-1}$kwɔŋ^{1}〈蒙读第1声〉蒙蒙亮：个天啱啱～我就出门嘞。（天才蒙蒙亮我就出门了。）

呤 leŋ^{3}〈丽庆切〉锃亮：～到瞨眼。（锃亮得刺眼。）| 呢只油油上去好～。（这种漆漆上去锃亮锃亮。）

腊腊呤 lap^{-3}lap^{-3}leŋ^{3}〈腊读第3声，呤音丽庆切〉锃亮异常：你对皮鞋擦到～。（你那双皮鞋擦得贼亮。）| 呢啲家俬油到～。（这些家具漆得光可照人。）

闪闪呤 sim^{2}sim^{2}leŋ^{3}〈呤音丽庆切〉闪闪发亮（呤：锃亮）：呢件～嘅衫我都唔敢着出街。（这件闪闪发亮的衣服我都不敢穿它上街。）[又作“闪呤呤”]

真 tsɐn^{1} 清楚：你睇～啲。（你看清楚点儿。）| 听唔～。（听不清楚。）

黑 hak^{1}(hɐk^{1}) 暗；光线不足：呢度咁～，你唔着灯睇书，想坏眼啊？！（这里这么暗，你不开灯看书，想弄坏眼睛吗？！）[普通话“黑”比一般的“暗”程度要深，广州话“～”则包括了普通话的“黑”和“暗”，光线稍不足即可称为“～”]

黑咪麻 hak^{1}(hɐk^{1})mi^{1}ma^{1}〈咪音么衣切，麻读第1声〉极暗：间屋～，着灯啦。（房子黑咕隆咚的，开灯吧。）[又作“黑麻麻”]

***黑咪嗌** hak^{1}(hɐk^{1})mi^{1}mɐŋ^{1}〈咪音么衣切，嗌音么亨切〉极暗：嗰个山窿～，边个敢入去嚅？（那个山洞黑极了，谁敢进去呀？）[又作“黑嗌嗌”、“黑咪嗌嗌”。重见九 A11]

***夜麻麻** jɛ^{6}ma^{-1}ma^{-1}〈麻读第1声〉夜里光线极暗：～又冇电筒，点去啊？（晚上黑咕隆咚，又没手电，怎么去啊？）[重见九 D14]

乌天黑地 wu^{1}t^{h}in^{1}hak^{1}(hɐk^{1})tei^{6} 昏天黑地：头先热头仲鬼咁光猛，突然之间就～。（刚才太阳还亮堂得很，突然间就昏天黑地了。）

乌灯黑火 wu^{1}tɐŋ^{1}hak^{1}(hɐk^{1})fɔ^{2} 黑灯瞎火；没有灯火：点解～嘅，有电咩？（怎么黑灯瞎火的，没电吗？）

***翳（曀）** ɐi^{3}〈音矮第3声〉昏暗：呢个厅采光唔好，～咗啲。（这个客厅采光不好，暗了点儿。）| 天咁～，係咪想落雨呢？（天这么阴沉，会不会下雨呢？）[重见二 C10、五 A2、七 E12、九 A2、九 B1]

遮手影 tsɛ^{1}sɐu^{2}jeŋ^{2} 写字时光线的方向不对，被手挡住，致使写字的地方光线太暗：你噉坐～喋，掉翻转啦。（你这样坐手挡住光线了，掉转过来吧。）

***矇**$_{1}$ moŋ^{4} 模糊：啲字好～，睇唔见。（那些字很模糊，看不见。）[重见二 C7]

***矇查查** moŋ^{4}ts^{h}a^{4}ts^{h}a^{4} 模模糊糊；模糊不清：我哋上山嗰阵有雾，～，乜都睇唔倒。（我们上山的时候有雾，模模糊糊的，什么也看不见。）[重见二 C7、五 B11]

***霞霞雾雾** ha^{4}ha^{4}mou^{6}mou^{6} 模模糊糊（如有云雾遮挡）：喺嗰上便望落嚟，净係一片～噉。（在那上面望下来，只是一片模模糊糊的。）［重见五 B11］

九 A11　颜　色

红轰轰 hoŋ^{4}kweŋ^{4}kweŋ^{4}〈轰读第 4 声，古宏切〉【贬】红红的：而家潮流兴着到～㗎。（现在时兴穿得红红的。）

红当荡 hoŋ^{4}tɔŋ^{1}tɔŋ^{6}【贬】红红的：啲家俬油到～，有乜好睇啫？（家具漆得红红的，有什么好看呀？）

红擈擈 hoŋ^{4}pɔk^{1}pɔk^{1}〈擈音薄第 1 声〉（肤色）红：个面珠～，唔使搽胭脂嘞。（脸颊红扑扑的，不用涂胭脂了。）｜去咗几日海滩，畀太阳晒到啲皮肤～。（去了几天沙滩，皮肤被晒得通红。）

金鱼黄 kɐm^{1}jy^{4}wɔŋ$^{-2}$〈黄音枉〉桔红色；橙黄色。因色泽近一种普通的金鱼，故名：你啲家俬係浅色嘅，啲窗帘布用～都几衬啊。（你的家具是浅颜色的，窗帘用桔红色的也挺合适的。）

屎黄 si^{2}wɔŋ^{4}【贬】土黄色：埲墙油成～色，一啲都唔好睇。（那堵墙刷成土黄色，一点儿不好看。）

黄黚黚 wɔŋ^{4}kɐm^{4}(k^{h}ɐm^{4})kɐm^{4}(k^{h}ɐm^{4})〈黚音忌淫切，又音禽〉【贬】黄黄的：做咩啲头发～噉嘅？（为什么头发黄黄的？）

黄净 wɔŋ^{4}tsɛŋ^{6}〈净音郑〉【褒】黄而干净（无其他杂色）：嗰啲芒果又大只又～。（那些芒果个儿又大又纯黄无瑕。）

猪肝色 tsy^{1}kɔn^{1}sek^{1} 赭色；褐色。因色泽近猪肝，故云：～嘅衫梗係唔好睇喇。（赭色的衣服当然不好看啦。）

茶色 ts^{h}a^{4}sek^{1} 赭色；褐色。因色泽近茶，故云：～玻璃（赭色玻璃）。

咖啡色 ka^{3}fɛ^{1}sek^{1} 赭色；褐色。因色泽近咖啡，故云。［又作"啡色"］

肉色 jok^{6}sek^{1} 淡赭色。因色泽近东方人的肤色，故云：～丝袜（淡赭色的半透明丝袜）。

湖水蓝 wu^{4}søy^{2}lam^{4} 湖蓝；天蓝；浅蓝：～嘅恤衫都好睇㗎。（湖蓝色的衬衣也挺好看。）

姣婆蓝 hau^{4}p^{h}ɔ^{4}lam^{4}〈姣音校第 4 声，何淆切〉【贬】翠蓝。一般认为，穿着此颜色衣物显得过于妖冶，故名（姣婆：淫妇）：乡下啲女仔钟意～。（乡下的女孩子喜欢翠蓝色。）

青BB ts^{h}eŋ^{1}pi^{1}pi^{1}〈青音差赢切第 1 声，B 音巴衣切〉【贬】青青的；绿绿的：仲咩你块面～㗎？（你的脸干嘛青青的？）｜嗰啲灯映到间房啲嘢～，几得人惊啊。（那些灯把房间里的东西映照得一片惨绿，怪吓人的。）

白净 pak^{6}tsɛŋ^{6}〈净音郑〉【褒】（肤色）白皙：嗰个女仔啲皮肤几～。（那个女孩子的肤色多白皙。）

白雪雪 pak^{6}syt^{-1}syt^{-1}〈雪读第 1 声〉雪白：你块面～，係唔係搽咗粉啊？（你的脸雪白，是不是抹了脂粉？）

白赖嗤 pak^{6}lai^{4}sai^{4}〈赖读第 4 声，嗤音时鞋切〉【贬】白：人人块面畀支光管照到～。（每个人的脸给日光灯照得一片惨白。）［又作"白赖赖"、"白嗤嗤"］

白蒙蒙 pak^{6}moŋ$^{-1}$moŋ$^{-1}$〈蒙读第 1 声，么空切〉白白的；白而模糊：块糕上便嗰啲～嘅嘢係咩嚟㗎？係唔係发毛呢？（那块糕上面白白的东西是什么？是不是发霉了？）［普通话指烟雾、蒸气等白茫茫一片，广州

话也有此用法，而总的较普通话意义更宽泛］

黑黢黢 hak^{1}(hɐk^{1})tsɵt^{1}tsɵt^{1}〈黢音卒〉黑黑的；黑油油的：你搽咗镬黸啊？块面~嘅。(你抹了锅灰吗？脸上黑黑的。)｜你啲头发~，好靓啊。(你的头发黑油油的，好漂亮。)［普通话也有此词，只是“黢”读qū，广州话与之不十分对应］

乌黢黢 wu^{1}tsɵt^{1}tsɵt^{1}〈黢音卒〉同“黑黢黢”。

***黑咪⿰口孟** hak^{1}(hɐk^{1})mi^{1}mɐŋ^{1}〈咪音么衣切，⿰口孟音么亨切〉乌黑：佢晒到~，成嚿炭头噉。(他晒得乌黑，活像块黑炭。)［又作“黑⿰口孟⿰口孟”、“黑咪⿰口孟⿰口孟”。重见九 A10］

黑古勒□ hak^{1}(hɐk^{1})kwu^{2}lɐk^{6}tɐk^{6}(kwɐk^{6})〈勒音丽特切，后一字音特，又音跪特切〉黑不溜秋：你~噉，扮黑人唔使化妆嘞。(你黑不溜秋的，扮黑人不用化妆了。)

黑墨墨 hak^{1}(hɐk^{1})mɐk^{6}mɐk^{6} 非常黑：幅画一眼望落~噉一嚿，细睇原来都几禁睇。(那幅画一眼望去黑黝黝的一片，细看原来也挺耐看的。)

乌劣劣 wu^{1}lyt^{-1}lyt^{-1}〈劣读第1声〉黑油油；黑亮：两条辫~。(两条辫子黑油油的。)

鼠灰 sy^{2}fui^{1} 银灰色。因色泽近灰鼠，故名。

九 A12 鲜艳、夺目、朴素、暗淡

七彩 tsʰɐt^{1}tsʰɔi^{2} 色彩缤纷；鲜艳：~气球｜~金鱼。

花哩碌 fa^{1}li^{1}lok^{1}〈哩音拉衣切，碌音录第1声〉【贬】色彩斑驳：男仔学咩人着~啲衫噃。(男孩子别学人家穿花哩胡哨的衣服。)｜画到~。(画得斑斑驳驳。)

花哩胡碌 fa^{1}li^{1}wu^{4}lok^{1}〈哩音拉衣切，碌音录第1声〉同“花哩碌”。

花斑斑 fa^{1}pan^{1}pan^{1}【贬】色彩斑驳：个细路将幅墙画到~(那小孩把这面墙画得斑斑驳驳的。)

大花大朵 tai^{6}fa^{1}tai^{6}tœ^{2}〈朵音底靴切第2声〉【贬】画面或图案中有许多大而不当的花朵：条床单~有乜好睇嚟！(床单上许多大花朵有什么好看哪！)

抢眼 tsʰœŋ^{2}ŋan^{5} 夺目；耀眼：条标语挂喺呢度好~。(这标语挂在这儿非常夺目。)

***映眼** jeŋ^{2}ŋan^{5} 同“抢眼”：着呢件衫企响嗰堆人度鬼咁~。(穿这件衣服站在那堆人当中非常耀眼。)［重见九 A10］

老实 lou^{5}sɐt^{6} 颜色、式样朴素大方（多用于指服饰）：我噉嘅年纪，仲係着到~啲好。(我这样的年纪，还是穿得朴素点儿好。)

老实威 lou^{5}sɐt^{6}wɐi^{1} 颜色、式样朴素大方而又带鲜艳，显得漂亮（老实：朴素大方；威：漂亮。多用于指服饰）：你呢件衫算得上係~嘞。(你这件衣服可算得上是既朴实又漂亮了。)

哑 a^{2} 没有光泽；色泽黯淡：嗰只色就几靓，呢只色就~啲。(那种颜色就挺漂亮，这种颜色就略为黯淡。)

哑色 a^{2}sek^{1} 同“哑”：架车冇打蜡，就~啲啰。(这辆车没上蜡，光泽就差些。)

九 A13 美、精致、难看

靓(姈) lɛŋ^{3}〈音丽赢切第3声〉漂亮；美：嗰个女仔~到飞一声。(那个女孩子漂亮得不得了。)｜景色几~。(景色挺美。)

九 状况与现象

炜(威) wɐi^{1}〈炜音威〉漂亮（多用于指服饰）：哗，呢件衫认真～嘞！（嚯，这件衣服确实漂亮！）

好睇 hou^{2}t^{h}ɐi^{2}〈睇音体〉好看（睇：看）：你睇呢幅画几～！（你看这幅画多好看！）

一只雀噉 jɐt^{1}tsɛk^{3}tsœk^{-2}kɐm^{2}〈雀读第2声，噉音敢〉【喻】像一只鸟儿那样，比喻打扮得很漂亮（带揶揄口吻）：你今日着到～，约咗男仔出街啊？（你今天穿得花枝招展的，约了男孩子上街吗？）

成只雀噉 sɛŋ^{4}tsɛk^{3}tsœk^{-2}kɐm^{2}〈成音时赢切〉同"一只雀噉"（成：整个）。

青靓白净 ts^{h}ɛŋ^{1}lɛŋ^{3}pak^{6}tsɛŋ^{6}〈青音车赢切第1声，净音郑〉皮肤白皙好看，用于形容女子：嗰个女仔～，几顺眼。（那个女孩子白得挺顺眼。）

身光颈靓 sɐn^{1}kwɔŋ^{1}kɛŋ^{2}lɛŋ^{3}〈靓音丽赢切第3声〉穿着打扮干净、整齐、漂亮（靓：漂亮）：今日去做伴郎，梗要执得～啦。（今天去当伴郎，当然要打扮得干净、漂亮啰。）

光鲜 kwɔŋ^{1}sin^{1}（衣着）整洁好看：着得～啲，个人都零舍精神。（穿得好看点儿，人也显得特别精神。）

有型 jɐu^{5}jɛŋ^{4} 好看；有特色（指外形、款式等）：呢栋楼几～。（这座楼房挺好看。）

霎眼娇 sap^{3}ŋan^{5}kiu^{1}〈霎音细鸭切〉（女人）乍看上去很漂亮（暗含有不耐看的意思。霎：眨）。

骨子 kwɐt^{1}tsi^{2} 精致：呢条颈链几～。（这条项链多精致。）

玲珑浮突 lɛŋ^{4}loŋ^{4}fɐu^{4}tɐt^{6} 精致玲珑，有立体感：呢个象牙雕做得真係～。（这个象牙雕做得真是精致玲珑。）

清景 ts^{h}ɛŋ^{1}kɛŋ^{2} 清雅；雅致：佢间房布置得几～。（他的房间布置得挺雅致。）

难睇 nan^{4}t^{h}ɐi^{2}〈睇音体〉难看（睇：看）：个背景咁～，喺度影相嘅！（这背景这么难看，咋在这儿照相！）

***肉酸** jok^{6}syn^{1} 难看；丑陋：嗰个女仔咁鬼难睇，仲搽脂荡粉，～到死。（那个女孩子这么丑，还涂脂搽粉的，难看死了。）[重见二 C7、五 A4]

异相 ji^{6}sœŋ^{3} 丑陋：我话点止肉酸啊，直情係～添。（我说岂止难看，简直是丑陋。）[本为佛家语，指各种色相。佛经的异相故事每每出现丑陋的形象，为此词之所据]

碍相 ŋɔi^{6}sœŋ^{3} 丑陋。

鹘突 wɐt^{6}tɐt^{6}〈鹘音户日切〉丑陋：嗰个人成面豆皮，仲有嗌鸡，够晒～。（那个人满脸麻子，还有疤瘌，真够丑陋的。）

***丑怪** ts^{h}ɐu^{2}kwai^{3} 丑陋；难看：嗰条嘢个样好～。（那家伙的样子很丑陋。）[重见五 A4]

***丑死怪** ts^{h}ɐu^{2}sei^{2}kwai^{3} 同"丑怪"。[重见五 A4]

骑喱 k^{h}ɛ^{4}lɛ^{4}〈喱音黎爷切〉模样难看的：嗰个样咁～，有女仔钟意至奇。（他那个样子活像个癞蛤蟆，要有女孩子喜欢就奇怪了。）["骑喱蚂"为一种蛙的名称（参见二 D8），"～"一词即由此而来]

乌捬 wu^{1}wɛ^{5}〈捬音壶野切〉不加梳洗的；蓬头垢面的：女仔之家咪搞到咁～喇，失礼死人啊！（女孩子家别弄得蓬头垢面的，太丢人啦！）

九 A14 新、旧

新净 sɐn^{1}tsɛŋ^{6}〈净音郑〉新；不旧：你架单车踩咗几年，仲几～喎。（你的自行车骑了好几年，还挺新的。）

新嚡嚡 sɐn^{1}kw^{h}ak^{1}kw^{h}ak^{1}〈嚡音卡划切

第1声〉崭新：你只手表仲～，噉就掭咗喇？（你的手表还非常新，这就扔掉了？）

新簇簇 sɐn1tsʰok1tsʰok1〈簇音促〉崭新；簇新：件～嘅衫着上身，好似个新郎哥噉。（簇新的衣服穿在身上，好像个新郎似的。）

新鲜滚热辣 sɐn1sin1kwɐn2jit6lat6【喻】本是形容刚炒上的菜热腾腾的样子，比喻很新的：我呢批衫个款～，而家第处仲未见到。（我这批衣服的款式很新，现在别处还见不到。）｜呢批货～运到，仲未开封哩。（这批货新到的，还没启封呢。）

陈皮 tsʰɐn4pʰei4【谑】旧（本为中药名）：你部机啱买嘅咩？好似咁～嘅。（你这机子刚买的吗？好像很旧的样子。）

九 A15 表情、脸色、相貌

[哭、笑的动作参见七A19；相貌另参见二C11、15及八A6]

好笑口 hou2siu3hɐu2 愉快欢笑的样子：咁～，有乜嘢好事啊？（满面笑容的，有什么好事啊？）

笑口吟吟 siu3hɐu2jɐm4jɐm4 笑吟吟：祥叔个人一日到黑都係～嘅。（祥叔这人一天到晚都是笑吟吟的。）

笑口噬噬 siu3hɐu2sɐi4sɐi4〈噬音西第4声，时危切〉咧着嘴笑的样子（略含贬义）：你睇佢～，梗係捞到乜笋嘢嘞。（你看他笑得龇牙咧嘴的，肯定捞到什么好东西了。）

笑笑口 siu3siu3hɐu2 微笑的样子：杨主任～噉，唔出声。（杨主任微笑着，不作声。）

笑微微 siu3mei-1mei-1〈微读第1声，么嬉切〉微笑的样子：佢～噉行埋嚟。（他面带微笑走过来。）

见牙唔见眼 kin3ŋa4m4kin3ŋan5【谑】形容笑的样子（唔：不。笑的时候张嘴眯眼）：睇你笑到～，好似执到金嘞咧。（瞧你笑得只见牙齿不见眼睛的，像是捡了个金元宝。）

有牙冇眼 jɐu5ŋa4mou5ŋan5〈冇音无第5声〉同"见牙唔见眼"（冇：没有）。

煠熟狗头 sap6sok6kɐu2tʰɐu4〈煠音霎第6声，霅习切〉【喻】【贬】像煮熟的狗头那样龇牙咧嘴（煠：清水煮），比喻笑的模样：我睇见佢～个样就饱嘞。（我看见他龇牙咧嘴的模样就恶心。）

喊噉口 ham3kɐm2hɐu2 像哭的样子；悲苦的样子(喊：哭；噉：那样)：你～，係唔係有咩唔开心嘅嘢啊？（你哭丧着脸，是不是有什么伤心事呀？）

苦口苦面 fu2hɐu2fu2min6 愁眉苦脸：咪成日～啦，我睇到都唔开心。（别整天愁眉苦脸的，我看了也难受。）

苦瓜干噉口面 fu2kwa1kɔn1kɐm2hɐu2min6【喻】像苦瓜干般的嘴脸；愁云满脸；脸色阴沉：你两个～，係咪有咩唔妥啊？（你们俩愁云满脸的，是不是出了什么岔子？）[又作"苦瓜噉口面"]

鼓埋泡腮 kwu2mai4pʰau1sɔi1 鼓起腮帮子（埋：收拢），形容生气或忧愁的样子：成日～，都唔知你做乜。（整天鼓着腮帮子，也不知道你为啥。）

掹埋块面 mɐŋ1mai4fai3min6〈掹音么亨切〉板着脸（掹：拉；埋：收拢）：佢～，烂个唔严肃噉。（他板着脸，摆出一副严肃的样子。）

揦埋口面 la2mai4hɐu2min6〈揦音丽哑切〉苦着脸；哭丧着脸（揦：抓；埋：收拢）：咪～喇，天跌落嚟唔係当被冚啰。（别苦着脸，天掉下来不就是当被子盖嘛。）

揦口揦面 la^{2}hɐu^{2}la^{2}min^6〈揦音丽哑切〉同“揦埋口面”。

瞪眉突眼 tɐŋ^{1}mei^{4}tɐt^{6}ŋan^5 瞪眼发怒的样子：佢～，好似要食人噉。（他横眉怒目，好像要吃人一般。）

黑口黑面 hak^1(hɐk^1)hɐu^{2}hak^1(hɐk^1)min^6 黑着脸；不高兴的样子：一大早～，做乜啊？（一大早就拉长了脸，干嘛呢？）

眼光光 ŋan^{5}kwɔŋ^{1}kwɔŋ^1 ①目光呆滞：咪～坐响度唔郁啦，过嚟帮手啊。（别呆呆地坐在那一动不动，过来帮忙呀。）②干瞪眼：佢～睇住个荷包跌咗落水，冇晒符。（他眼睁睁看着钱包掉到河里，一点办法也没有。）

***吽哣** ŋɐu^{6}tɐu^6 呆滞；没精打采：你发咩～嚠，做嘢啦。（你发什么呆呀，干活去。）[重见五 E2]

***木独** mok^{6}tok^6 呆滞；表现出迟钝的样子：阵间见到人，咪咁～啊。（待会儿见了面，别那么呆板。）| 你够晒～嘞，噉都学唔识。（你够迟钝的，这样都学不会。）[重见五 E2、九 B22]

呆呆铎铎 ŋɔi^{4}ŋɔi^{4}tɔk^{6}tɔk^6〈呆音鹅来切〉呆呆的样子：佢病完之后，成个人～，睇嚟伤晒元气嘞。（他病了一场，整个人呆呆的，看来是大伤元气了。）

面木木 min^{6}mok^{6}mok^6 毫无表情的样子；呆滞：佢～噉坐喺度，嗌佢都听唔见。（他表情麻木地坐在那儿，喊他也听不见。）

定晒形 tɛŋ^{6}sai^{3}jeŋ^4 整个人一动不动（晒：完全），形容发愣、发呆的样子：王仔一听，当堂～。（小王一听，当场愣住了。）| 佢成个～噉响度谂嘢，周围啲人做乜都唔知。（他整个人像中了定身术似的在想心事，周围的人干什么都不知道。）

头耷耷，眼湿湿 tʰɐu^{4}tɐp^{1}tɐp^{1}ŋan^{5}sɐp^{1}sɐp^1〈耷音低恰切〉【熟】低着脑袋，眼睛湿湿的（耷：下垂），形容人沮丧的样子。

耷头耷脑 tap^{1}tʰɐu^{4}tɐp^{1}nou^5〈耷音低恰切〉垂头丧气的样子（耷：低下）：输咗都唔使～嘅！（输了也用不着一副垂头丧气的模样！）

冇厘神气 mou$^{5(-2)}$ lei^{4}sɐn^{4}hei^3〈冇音无第 5 声，又读第 2 声〉没精打采（冇厘：毫无）：阿琦啱啱离咗婚，一日到黑～噉。（阿琦刚刚离了婚，整天没精打采的。）

眼甘甘 ŋan^{5}kɐm^{1}kɐm^1 目光贪婪的样子：个细路～噉嗬实嗰蛋糕，梗係好想食定嘞。（那小孩眼巴巴地盯着那块蛋糕，肯定是很想吃了。）

面红红 min^{6}hoŋ^{4}hoŋ^4 脸色涨红：饮酒饮到～。（喝酒喝得脸红了。）

红粉花绯 hoŋ^{4}fɐn^{2}fa^{1}fei^1〈绯音非〉脸色红润：～係健康嘅标志，有咩唔好啫。（脸色红润是健康的标志，有什么不好呀。）[又作“红粉绯绯”]

面青青 min^{6}tsʰɛŋ^{1}tsʰɛŋ^1〈青音差赢切第 1 声〉脸色发青：呢个后生仔～，梗係有唔妥嘞。（这个青年人脸色发青，一定有毛病。）

面青口唇白 min^{6}tsʰɛŋ^{1}hɐu^{2}sɐn^{4}pak^6〈青音差赢切第 1 声〉唇青脸白：佢冻到～。（他冷得唇青脸白。）| 吓到佢～。（把他吓得唇青脸白。）

面红面绿 min^{6}hoŋ^{4}min^{6}lok^6 脸色一会儿红一会儿青（形容激动或紧张）：嬲到佢～。（气得他脸色又红又青。）

面黄黄 min^{6}wɔŋ^{4}wɔŋ^4 脸色发黄。

倒㗎 tou^{3}kʰɐp^6〈倒音到，㗎音其入切〉下巴前突，下齿比上齿更靠前（㗎：咬）。

胡须勒□ wu^{4}sou^{1}lɐk^{6}tɐk^6(kwɐk^6)〈须音

苏，勒音利特切，后一字音特，又音跪特切〉胡子多而乱：你睇你～，仲唔剃下！（你看你胡子拉喳的，还不去刮一下！）

九B 物体状态

九 B1 冷、凉、暖、热、烫

冻 toŋ^3 冷；凉：呢度嘅冬天唔係几～嚟。（这里的冬天没多冷。）[温度略低在广州话即可称为"～"]

***刺(赤)** tsʰɛk^3〈刺音赤〉很冷：～到入心。（冷得刺骨。）[重见二 C7]

冻冰冰 toŋ^{3}peŋ^{1}peŋ^1 冷冰冰：你只手～，仲唔着多件衫！（你的手冷冰冰，还不多穿件衣服！）

寒寒冻冻 hɔn^{4}hɔn^{4}toŋ^{3}toŋ^3 冷：出到嚟先觉～。（出来了才觉得冷。）

阴阴冻 jɐm^{1}jɐm^{1}toŋ^3 冷；有凉意：呢间屋～嘅。（这房子一股寒气。）

凉 lœŋ^4 凉快；凉爽：今日咁～，唔使开风扇喇。（今天这么凉快，不用开风扇了。）[普通话"凉"指冷，与广州话有程度上和感情色彩上的不同]

凉浸浸 lœŋ^{4}tsɐm^{3}tsɐm^3 ①极凉快：个山窿入便～，好似开咗空调噉。（那个山洞里好凉快，像开了空调似的。）②冷：呢度～，快啲走啰！（这里冷飕飕的，快点儿走吧！）

浸浸凉 tsɐm^{3}tsɐm^{3}lœŋ^4 同"凉浸浸"。

风凉水冷 foŋ^{1}lœŋ^{4}søy^{2}laŋ^5 凉快；凉爽（指有风，一般与水无关）：呢度楼层高，四周围冇嘢挡，到热天～，唔知几舒服。（这里楼层高，周围没东西遮挡，到夏天非常凉快，说不出的舒服。）

暖粒粒 nyn^{5}nɐp^{6}nɐp^6〈粒读第 6 声，泥入切〉暖洋洋：个被窦～。（被窝暖洋洋的。）

***焗** kok^6〈音局〉闷热：天口咁熨，又唔开风扇，想～死人咩！（天气这么热，又不开风扇，想闷死人吗！）｜打风前都係咁～㗎嘞。（刮台风前都是这么闷热的。）[重见七 B2、七 B5]

***翳(曀)** ɐi^3〈音矮第 3 声〉闷热：香港嘅夏天好～，而家好多人屋企都装咗冷气机。（香港的夏天很闷热，现在很多人家里都装了空调机。）[重见二 C10、五 A2、七 E12、九 A2、九 A10]

翳(曀)焗 ɐi^{3}kok^6〈翳（曀）音矮第 3 声，焗音局〉闷热：呢几日认真～，话唔埋要打风嘞。（这几天真是闷热难当，说不定要刮台风了。）

焗闷 kok^{6}mun^6〈焗音局〉闷热：屋度咁～，出去坐下。（屋里这么闷热，出去坐一坐。）

焗热 kok^{6}jit^6〈焗音局〉闷热。

***熨** heŋ^3〈音庆〉热：你个额头好～，係唔係发烧啊？（你的额头很烫，是不是发烧呀？）｜天口～。（天气热。）[重见五 A1、五 A3、七 B5]

熨烚烚 heŋ^{3}hɐp^{6}hɐp^6〈熨音庆，烚音合〉热烘烘：呢间房～，成个炕炉噉。（这间房子热烘烘的，活像个烤炉。）

焫 nat^3〈音捺那压切〉热；烫：啲汤好～，摊一阵至饮啦。（这汤很热，凉一凉再喝。）｜晒到地下～脚嘅。（晒得地面烫脚。）｜～手。["～"和"淥"都指烫。"淥"总与热水有关；"～"则不一定，相反地，常常指干的（无水分的）烫]

淥 lok^6〈音六〉烫：滚水嚟㗎，因住～亲手。（是开水，小心烫着手。）｜～下对脚先瞓觉。（烫一下脚才睡觉。）[参见"焫"]

滚热辣 kwen²jit⁶lat⁶ 滚烫（常用于食物）：大冷天时～噉食落去，好舒服。（大冷的天儿，滚烫滚烫地吃下去，很舒服。）

九 B2 干燥、潮湿、多水

干爽 kɔn¹sɔŋ² 干而清爽：近排天口好～。（这段时间天气清爽干燥。）｜地下好～。（地上干而清爽。）

干涸 kɔn¹kʰɔk³〈涸音确〉干燥：天口～（天气干燥。）［普通话指原来有水的地方变得没水，与广州话不同］

干争争 kɔn¹tsɐŋ¹tsɐŋ¹〈争音斗争之争〉干巴巴：啲泥～噉，点种啊？（这些泥土干巴巴的，怎么种呢？）

干鲠鲠 kɔn¹kʰɐŋ²kʰɐŋ²〈鲠音启肯切〉（食物）干巴巴（使人吃时有鲠着喉咙的感觉）：冇水～，我食唔倒嘅。（没有水，干巴巴的，我吃不下。）

干水 kɔn¹søy² 干；水分少的；经过脱水的：啲红枣要晒到干晒水先趸得嘅。（红枣要晒得完全干才能放。）｜唔使㨃喇，我啲菜把把都好～嘅。（不必甩了，我的菜每一把都是没多少水的。）

收干水 sɐu¹kɔn¹søy² 经自然晾放而脱水；风干：啲木料唔～唔用得嘅。（木料不风干不能用的。）［又作“收水”］

*__䍗__ hɔŋ²〈音康第 2 声〉（皮肤等）因缺乏油脂而干燥：而家天时块面～嘅，要搽啲护肤霜至得。（现在这种天气搞得脸很干燥。要搽些护肤霜才行。）［重见九 B11、九 B20、九 B22］

湿 nɐp⁶〈尼入切〉潮湿；受潮的样子：你头发咁～嘅，啱洗过头咩？（你头发那么潮，刚洗过头吗？）

丝丝湿湿 si¹si¹sɐp¹sɐp¹ 潮湿；湿漉漉：搞到四围～。（弄得到处湿漉漉的。）

湿趿趿 sɐp¹tʰɛt⁶tʰɛt⁶〈趿音替夜切加铁字音尾〉湿漉漉：啱啱抹完地，～。（刚擦完地板，湿漉漉的。）

湿坺坺 sɐp¹pʰɛt⁶pʰɛt⁶〈坺音铺夜切加别字音尾〉湿漉漉（有泥浆般的感觉。坺：糊状物的一团）：唔知边个有闩水喉，搞到个地下～。（不知道谁没关水龙头，弄得地下湿漉漉的。）

湿涸涸 sɐp¹nɐp⁶nɐp⁶〈涸音粒第 6 声，尼入切〉潮湿；湿而带黏性：天口～，啲衫都发毛嘞。（天气潮湿，衣服都发霉了。）｜你跌咗落水啊？个身～嘅。（你掉进水里吗？身上湿乎乎的。）

*__淰__ nɐm⁶〈那任切〉湿透：落雨佢都唔带遮出街，个身湿到～晒。（下雨他也不带雨伞上街，浑身都湿透了。）｜件衫跌咗落水咁耐，仲唔～晒咩。（那件衣服掉进水里这么久，还不湿透了。）［重见二 C5］

水嘛嘛 søy²tsɛ⁴tsɛ⁴〈嘛音蔗第 4 声，治爷切〉【贬】有很多水：乜你啲韭菜鸡蛋炒到～嘅？（怎么你的韭菜鸡蛋炒得水汪汪的？）

九 B3 稠、浓、黏、稀

杰 kit⁶ 稠；浓；糨：啲粥好～（这些粥很稠。）｜牛奶～过水。（牛奶比水浓。）［此为壮语词］

杰挞挞 kit⁶tʰat⁶tʰat⁶〈挞读第 6 声〉非常浓；非常稠（成糊状的）：呢坺咩嘢嚟㗎？～嘅。（这摊是什么东西呀？这么稠的。）

溶 jɔŋ⁴ 浓：呢杯茶好～。（这杯茶很浓。）［实即“浓”的变音］

*__黐__ tsʰi¹〈音痴〉黏；有黏性：有咩

嘢～得过万能胶啊。(有什么东西比万能胶还黏呀。) [重见六 D7、七 A6、七 A15]

*粈 nɐp^{6}〈音粒第6声，那入切〉黏糊：冇得冲凉，成身～到死。(不能洗澡，全身黏黏糊糊。) [重见九 C8]

黐粈粈 ts^{h}i^{1}nɐp^{6}nɐp^{6}〈黐音痴，粈音那入切〉黏糊糊（略带贬义）：整到啲胶水上只手度，～。(弄了点胶水在手上，黏糊糊的。)

粈黐黐 nɐp^{6}ts^{h}i^{5}ts^{h}i^{5}〈粈音那入切，黐音似〉黏糊糊（略带贬义）：佢唔知整咗啲乜～嘅嘢喺张枱度。(他不知弄了些什么黏糊糊的东西在桌上。)

粈称称 nɐp^{6}ts^{h}eŋ^{3}ts^{h}eŋ^{3}〈粈音那入切，称读第 3 声〉同"粈黐黐"。

稀冧冧 hei^{1}lɐm^{1}lɐm^{1}〈冧音林第 1 声，拉音切〉【贬】很稀：开到啲浆糊～，边黐得实嘅啫！(把浆糊调得这么稀，哪能粘得住呢！)

稀寥寥 hei^{1}liu^{-1}liu^{-1}〈寥读第 1 声，拉嚣切〉【贬】很稀：啲粥～，见水唔见米。(粥很稀，光看见水看不见饭粒。)

*削 sœk^{3} 稀(不够稠)：底糕蒸到咁～，成汪水噉。(这块糕蒸成这么稀，像一滩水一样。) [重见九 B4]

削坺坺 sœk^{3}p^{h}ɛt^{6}p^{h}ɛt^{6}〈坺音铺夜切加别字的音尾〉【贬】稀而烂（坺：糊状物的一团）：翻煮嘅饭～。(反复煮的饭稀烂稀烂的。)

九 B4 硬、结实、软、韧、脆

硬□□ ŋaŋ^{6}kwɐk^{6}kwɐk^{6}〈后二字音跪麦切〉非常硬（略带贬义）：呢个馒头～，咬都咬唔郁。(这个馒头非常硬，咬都咬不动。)

硬极□ ŋaŋ^{6}kek^{6}kwɐk^{6}〈后一字音跪麦切〉同"硬□□"。

*实 sɐt^{6} 硬：呢块地好～啊，锄头都锄唔入。(这块地很硬呀，连锄头也锄不进去。) [重见九 B6、九 D20、九 D22]

实□□ sɐt^{6}kwɐk^{6}kwɐk^{6}〈后二字音跪麦切〉非常硬（略带贬义）：呢块砖头～，㩧极都唔烂。(这块砖非常硬，怎么敲都不碎。)

实极□ sɐt^{6}kek^{6}kwɐk^{6}〈后一字音跪麦切〉同"实□□"。

*硬净 ŋaŋ^{6}tsɛŋ^{6}〈净音郑〉硬；结实；坚固：嚿木头好～。(这木头很结实。) | 张枱够晒～ (这桌子够结实的。) [重见二 C9、九 D4]

*实净 sɐt^{6}tsɛŋ^{6}〈净音郑〉同"硬净"(实：硬)：呢种布零舍～嘅。(这种布特别结实。) [重见二 C9、九 D4]

老身 lou^{5}sɐn^{1} (植物的木质、果实等)因生长期长而长得结实：呢只木～啊，做家俬最靓嘞。(这老木头质地密实，做家具最好了。)

*腍 nɐm^{4}〈泥淫切〉软：笪地好～，手指都㧾得入。(这块地很软，连手指也可以捅进去。) [重见五 C2]

腍□□ nɐm^{4}pɛt^{6}pɛt^{6}〈腍音泥淫切，后二字音啤第 6 声加别字音尾〉软而烂（略含贬义）：啲饼浸到～，点食啊？(饼泡得烂乎乎的，怎么吃？)

*腍啤啤 nɐm^{4}pɛ^{6}pɛ^{6}〈腍音泥淫切，啤读第 6 声〉同"腍□□"。[重见五 C2]

软熟 jyn^{5}sok^{6} 柔软：呢件皮衣又几～嚡。(这件皮衣很柔软。)

*软腍腍 jyn^{5}nɐm^{4}nɐm^{4}〈腍音泥淫切〉很软：揿落去～嘅 (按下去软绵绵的。) [重见五 C2]

䓍 p^{h}ɐu^{3}〈破沤切〉不结实；松软；泡(pāo)：呢嚿木头～㗎，啲钉用手就揿得入去。（这块木头是泡的，用手就能把钉子摁进去。）

松绪 soŋ1pʰɐu3〈绪音破沤切〉同“绪”：谂唔到呢嚿石头咁～，轻轻一擙就散咗。（想不到这块石头这么不结实，轻轻一敲就碎了。）

*__削__ sœk3 松软；不结实（常用于指肌肉）：呢牌少运动，大髀肉都～晒。（这段时间运动得少，大腿上的肉都没那么结实了。）[重见九 B3]

*__蔫韧__ jin1(ŋin1)jɐn6(ŋɐn6)〈蔫音烟，又音毅烟切；韧音因第 6 声，又音毅恨切〉韧：呢条皮带咁～嘅，斩极都唔断。（这根皮带这么韧，怎么砍也砍不断。）[重见五 B6]

㩧㩧脆 pɔk1pɔk1tsʰɵy3〈㩧音驳第 1 声〉非常松脆（常指食物）：～啲嘢係就係好食，之好热气。（松脆的食品是蛮好吃，可就是上火。）[又作“脆㩧㩧”]

恶恶脆 ɔk1ɔk1tsʰɵy3〈恶读第 1 声〉同“㩧㩧脆”：炒花生～。[又作“脆恶恶”]

咯咯脆 lɔk1lɔk1tsʰɵy3〈咯音落第 1 声〉同“㩧㩧脆”。[又作“脆咯咯”]

爽 sɔŋ2 脆（多用于指含水分的食物）：今日买返嚟啲雪梨好～。（今天买回来的梨子很脆。）

*__爽脆__ sɔŋ2tsʰɵy3 同“爽”：呢种瓜係要噉炒先～嘅。（这种瓜是要这样炒才脆嫩的。）[重见五 C1]

松化 soŋ1fa3 酥脆（指食物）：呢家饼家做啲饼零舍～嘅。（这家饼店做的饼特别酥脆。）

九 B5　空、通、漏、堵塞、封闭

吉 kɐt1 空（不单用）：～屋（空房子）｜～包（空袋子。）[广州话“空”与“凶”音同，故忌讳改称“～”]

空框吟 hoŋ1kwʰaŋ1laŋ1〈吟音拉坑切〉空空荡荡（用于大面积的地方）：间屋～，乜都冇。（那间房子空空荡荡，什么都没有。）[又作“空框框”]

空寥寥 hoŋ1liu-1(lɛu-1)liu-1(lɛu-1)〈寥读第 1 声，又音丽爷切第 1 声加乌的音尾〉空空的：打开个袋睇下，～嘅。（打开袋子一看，空空如也。）

空笼 hoŋ1loŋ-2〈笼读第 2 声〉空心；中空的（用于有较大体积者）：将嚿木里头挖到～。（把木头里面挖空。）

通心 tʰoŋ1sɐm1 空心；中空的（用于条状物）：～粉（中空的粉条）｜呢碌棍～嘅。（这根棍子空心的。）

通笼 tʰoŋ1loŋ-2〈笼读第 2 声〉无阻塞的；中空的：呢个窿～㗎，睇到光嘅。（这个洞是通的，可以看见光线。）

通窿 tʰoŋ1loŋ1 洞穿的；穿孔的：底下係～嘅。（底下是穿底儿的。）

穿窿 tsʰyn1loŋ1 洞穿的；穿孔的（用于较薄的物体）：埲墙～嘅。（那堵墙穿了洞。）｜件衫磨到～。（那件衣服磨破了。）

漏罅 lɐu6la3〈罅音丽亚切〉有漏缝（罅：缝）：只筲箕～嘅，点装米得㗎！（这筲箕有漏缝儿的，怎么装米呢！）

漏窿 lɐu6loŋ1 有漏洞（窿：洞）：唔怪之咁快冇水啦，个煲～咻！（难怪这么快没水了，原来这锅穿了个洞！）

盟 mɐŋ4 不通的：～鼻（鼻塞）｜呢支通～咗。（这根管子不通了。）

盟笼 mɐŋ4loŋ-2〈笼读第 2 声〉堵塞的；在空腔尽头处不通的（盟：不通）：呢个窿～㗎，支竹对唔过去。（这个洞中间不通，竹子捅不过去。）

*__盟塞__ mɐŋ4sɐk1 不通的；有阻塞的（盟：不通）。[重见五 B11]

倔笼 kwɐt^{6}lɔŋ$^{-2}$〈笼读第 2 声〉空腔尽头处不通的（倔：秃）：嗰个山窿係～嘅。（那个山洞是通不出去的。）

*__倔头__ kwɐt^{6}tʰɐu^{4} 在尽头处不通的（多指道路等。倔：秃）：～巷（死胡同）| 呢条路係～嘅。（这条路尽头是不通的。）[重见九 A6]

倔㞘 kwɐt^{6}tok^{1}〈㞘音督〉同"倔头"（㞘：底）。

密笼 mɐt^{6}lɔŋ$^{-2}$〈笼读第 2 声〉封闭的；内部的空腔与外部不通的：一定要做到～嘅，漏亲气就唔啱。（一定要做成封闭的，一漏气就不行。）

*__密实__ mɐt^{6}sɐt^{6} 严实；封闭得严密：包到鬼咁～。（包得非常严实。）[重见五 C5]

九 B6 密、满、挤、紧、疏、松

密厔厔 mɐt^{6}tsɐt^{1}tsɐt^{1}〈厔音质〉密密麻麻（厔：塞）：啲嘢堆到～，行都冇地方行。（东西堆放得密密麻麻，连走路的地方也没有。）

顶笼 teŋ^{2}lɔŋ$^{-2}$〈笼读第 2 声〉完全满：架车～喋喇，唔好再装喇。（车子已经满了，别再装了。）

胀卜卜 tsœŋ^{3}pok^{1}pok^{1}〈卜音波屋切〉胀鼓鼓：食到个肚～。（吃得肚子胀鼓鼓的。）

爆棚 pau^{3}pʰaŋ^{4}【喻】原指看戏的人极多，连戏棚（以竹木临时搭建的观众席）也挤破了，形容人多而拥挤：今晚会场实～啫。（今天晚上会场肯定座无虚席。）

挤拥 tsɐi^{1}joŋ^{2} 拥挤：年年嘅花市都係咁～喋喇。（年年的花市都是这么拥挤的。）

*__逼(偪)__ pek^{1} 拥挤：架车好～，唔好上喇。（这辆车挺挤，别上了。）[重见六 B2、九 A3]

偪人 pek^{1}jɐn^{4} 人多拥挤（偪：挤）：星期日出街，商铺里头～到死。（星期天上街，商店里人挤得要命。）

*__梗__$_{1}$ kɐŋ^{2}（机件转动）不灵活；不松动；紧；固定：个水喉掣锈到～咗，拧唔郁。（那水龙头锈紧了，拧不动。）[重见九 D5、九 D20]

*__实__ sɐt^{6} 紧；不松：冚～个盖。（把盖子盖严实。）| 个缬打到好～，解唔开。（那绳结打得很结实，解不开。）| 夹～啲衫，咪畀风吹走。（把衣服夹好，别让风吹跑。）| 你揸～未啊？（你抓紧了没有？）[重见九 B4、九 D20、九 D22。]

*__衡__ hɐŋ^{4} 绷得紧：掹～条绳。（把绳子拉紧。）| 条弹弓～过头，拉唔开。（那条弹簧太紧了，拉不开。）[重见九 C8、九 D14]

疏罅 sɔ^{1}la^{3}〈罅音丽亚切〉疏；不密（罅：缝儿）：将佢哋～噉摆开。（把它们疏疏地摆开。）| 凡係见倒～嘅地方都补翻落去。（凡是见到疏的地方都给补上去。）

疏哩大嚹 sɔ^{1}li^{1}tai^{6}kwʰak^{3}〈哩音拉衣切，嚹音困客切〉【贬】分布得很稀疏：个网～嘅，捉得倒鱼咩？（这网眼这么疏，能捕到鱼吗？）

疏嘞嚹 sɔ^{1}lak^{3}kwʰak^{3}〈嘞音厉客切，嚹音困客切〉同"疏哩大嚹"。

疏寥寥 sɔ^{1}liu^{-1}liu^{-1}〈寥读第 1 声〉【贬】非常疏：唔知你哋点插秧嘅，插到～。（也不知道你们是怎么插秧的，插得这么疏。）

离行离罅 lei^{4}hɔŋ^{4}lei^{4}la^{3}〈罅音丽亚切〉【贬】稀疏；疏落（罅：缝儿）：你哋点排队喋？～！（你们怎么排队的呀？稀稀拉拉的！）

离行离迾 lei^{4}hɔŋ^{4}lei^{4}lat^{6}〈迾音辣〉同"离行离罅"（迾：行列）。

零星落索 leŋ^{4}seŋ^{1}lɔk^{6}sɔk^{3}【贬】零零

落落：年三十晚马路上～，人都唔多个。（除夕夜马路上零零落落的，人也没几个。）

散收收 san^{2}sɐu^{1}sɐu^{1}【贬】松散：～噉唔得嘅，摆好啲嚟啦。（这样松松散散不行的，摆好一点吧。）

松彼彼 soŋ^{1}pʰɛ^{5}pʰɛ^{5}〈彼音皮野切〉【贬】松松垮垮的（彼：歪斜）：绑到～噉，一搣唔係散啰。（捆得松松垮垮的，一提起来不就散架了吗。）

九 B7 整齐、均匀、吻合、乱、不相配

归一 kwɐi^{1}jɐt^{1} 整齐；放置紧凑：啲嘢要放～啲。（东西要放整齐点儿。）

企理 kʰei^{5}lei^{5} 整齐；有条理：将间屋执～啲，唔好失礼啲人客啊。（把房子收拾得整齐点，别在客人面前丢脸。）｜今日执得咁～，约女仔出街哩？（今天穿戴得这么整齐，约女孩子上街是吧？）

齐整 tsʰɐi^{4}tseŋ^{2} 整齐：将啲书沓～啲。（把那些书叠整齐点儿。）

匀洵 wɐn^{4}tsʰɐn^{4} 均匀：油色要油得～啲。（上色儿要上得均匀点儿。）

冚$_{2}$ hɐm^{6}〈音含第 6 声，贺任切〉两物之间接合得严：将个盖扱～啲。（把盖子盖严点儿。）｜闩～道门。（把门关严。）｜呢两只机件对得好～。（这两个机件吻合得很好。）

佮佮冚 tʰɐp^{1}tʰɐp^{1}hɐm^{6}〈佮音他恰切，冚音贺任切〉两物之间非常吻合；接合无间：个樽放落个盒度～。（那瓶子放进这盒子里刚刚好。）

啱牙 ŋam^{1}ŋa^{-2}〈啱音岩第 1 声，牙读第 2 声〉【喻】本指螺纹吻合（啱：合；牙：螺纹），泛指各种物件之间接合得严：如果係原装嘅就实～嘅。（如果是原装的就一定吻合。）

乱龙 lyn^{-2}loŋ^{4}〈乱读第 2 声，音恋〉乱套；混乱：搞到呢度乱晒龙。（弄得这里全乱了套。）

乱立立 lyn^{6}lɐp^{6}lɐp^{6} 混乱：点解呢度抄到～㗎？（怎么这儿被翻得乱七八糟的？）

立乱$_{1}$ lɐp^{6}lyn^{6} 乱：你张枱咁～嘅。（你的桌子这么乱。）

立立乱 lɐp^{6}lɐp^{-2}lyn^{6}〈第二个立字读第 2 声〉混乱：而家治安好差，成个社会～。（现在治安不好，整个社会乱哄哄的。）

七国咁乱 tsʰɐt^{1}kwɔk^{3}kɐm^{3}lyn^{6}〈咁音甘第 3 声〉【喻】混乱（七国：指战国时期）：萝卜头打嚟嗰阵，成个香港～，个个都谂住走路。（日本人打来那阵子，整个香港一片混乱，人人都想着逃难他方。）［旧时说书讲战国故事称为“讲七国”］

乱晒坑 lyn^{6}sai^{3}haŋ^{1} 乱成一团（晒：完全）：我先头至执好间房，而家又试畀你搞到～。（我刚才才收拾好房间，现在又让你给弄得乱成一团。）

***摎挍** lau^{2}kau^{6}〈摎音裸考切，挍音技校切〉杂乱；没条理：你张床咁～都唔执拾下。（你的床这么杂乱也不收拾收拾。）［重见九 C12］

污(乌)哩单刀 wu^{1}lei^{1}tan^{1}tou^{1}〈哩音拉希切〉乱：你两只马骝仔搞到间屋～。（你们两个小猴子把房子弄得乱糟糟的。）

污(乌)哩马查 wu^{1}lei^{1}(li^{1})ma^{5}tsʰa^{-5}〈哩音拉希切，又音拉衣切；查读第 5 声〉乱：啲字写到～。（这字写得乱七八糟。）

胡哩马查 wu^{4}lei^{1}(li^{1})ma^{5}tsʰa^{-5}〈哩音拉希切，又音拉衣切；查读第 5 声〉同“污（乌）哩马查”。

一镬泡 jɐt^{1}wɔk^{6}pʰou^{5}〈镬音获，泡音抱〉【喻】混乱（镬：锅）：呢件事

界佢搞到～。(这件事让他弄得乱了套。)

一碟斋 jɐt^{1}tip^{6}tsai^1【喻】混乱（斋：指什锦素菜，由多种用料拌成）：我走咗两日啫，返嚟就见～嘞。(我走了才两天，回来就见到乱糟糟了。)

倒泻箩蟹 tou^{2}sɛ^{2}lɔ^{4}hai^5〈泻音写〉【喻】像把一箩筐螃蟹倒了出来一样（泻：不小心倒出），比喻场面混乱，难以收拾。

哩啡 lɛ^{5}fɛ^5〈嚟音黎野切，啡音肥野切〉不整齐；凌乱：你间屋咁～㗎。(你的房子这么凌乱。)｜翻公司上班唔好着到咁～。(回公司上班别穿得这么不整齐。)

鸳鸯 jyn^{1}jœŋ^1 不配对；不同式样配在一起的：～袜（不配对的袜子）｜～雪糕(两种颜色或味道的冰激凌)。

唔啱合尺 m^{4}ŋam^{1}hɔ^{4}ts^{h}ɛ^1〈啱音岩第1声，合音何，尺音车〉【喻】字面意思是乐调不配，比喻无法配合：你哋两个做出啲嘢都～嘅。(你们俩做出的东西互相搭不上界。)［参看八C3“合尺”］

九 B8 稳定、不稳、颠簸

［摇动参见六A4］

*__稳阵__ wɐn^{2}tsɐn^6 稳；不动摇：将张凳放～啲。(把那凳子放稳点。)｜眼钉唔～。(这钉子不稳。)［重见九C1］

*__定__$_2$ teŋ^6 稳；稳定：行独木桥脚步要好～至得。(走独木桥脚步要很稳才行。)｜潘司机开车开得～。［重见五A5、五A6、五C5］

定当 teŋ^{6}tɔŋ^3 同“定”：你企～啲嚟啊！(你站稳一些啊！)

*__定过抬油__ teŋ^{6}kwɔ^{3}t^{h}ɔi^{4}jɐu^4【喻】抬油必须走得很稳，比抬油还稳，表示极稳。［重见五A5］

脚步浮浮 kœk^{3}pou^{6}fɐu^{4}fɐu^4 脚步不稳：饮咗两杯就～。(喝了两杯就走路也走不稳了。)

春下春下 tsoŋ^{1}ha^{5}tsoŋ^{1}ha^5〈春音钟，下读第5声〉走路脚步不稳，人的重心向前倾跌的样子：岁数毕竟大咗，行步路都～嘅。(岁数毕竟大了，走起路来向前一栽一栽的。)

*__扽__ tɐn^3〈帝训切〉颠簸：坐车尾好～。(坐在车后部非常颠簸。)［重见六D3、六D4、六D5］

九 B9 零碎、潦草、肮脏

湿碎 sɐp^{1}søy^3 琐碎；零碎：咪净係做埋晒啲～嘢啦，做啲有睇头嘅事得唔得？(别老是做那些琐碎事吧，干些有看头的事情行不行？)［重见九B18］

*__湿湿碎__ sɐp^{1}sɐp^{1}søy^3 琐碎；零碎：呢啲嘢咁～，我係唔会做嘅。(这些事这么琐碎，我是不会做的。)［重见九B18］

碎湿湿 søy^{3}sɐp^{1}sɐp^1 零碎：呷啲布～，唔好要喇。(这些布零零碎碎，别要了。)

缭绕(繑) liu^{5}k^{h}iu^5〈缭音了，绕（繑）音桥第5声〉（字迹）潦草：你写字咁～，边个睇倒你啊？(你写字那么潦草，谁能看得懂呀？)

污糟 wu^{1}tsou^1 肮脏：个地下咁～，唔好坐落去。(地上很脏，别坐下去。)

邋遢 lat^{6}t^{h}at^3〈邋音辣，遢音替压切〉肮脏：张凳好～㗎。(那张凳子很脏的。)［普通话指不整洁、不利落，与广州话不完全一样］

揦鲊 la^{5}tsa^2〈揦音喇叭之喇，鲊音炸第2声〉肮脏：呢间旅馆啲浴缸鬼咁～，最好咪用。(这家旅馆的浴缸非常脏，最好别用。)

*腌臜 ɐp¹tsɐp¹〈腌音啊恰切，臜音汁〉肮脏：呢个地方咁鬼～。（这个地方这么脏。）[重见九 A3]

九 B10 破损、破烂、脱落

崩 pɐŋ¹（硬物）破损：个碗～咗一窟。（这碗缺了一块。）| �～头。（碰破了头。）

*坼 tsʰak³〈音拆〉裂：张枱～咗。（这张桌子裂开了。）[重见二 C11]

*爆 pau³ ①裂：只木桶～咗条罅。（这个木桶裂了一条缝。）②炸：个暖水壶～咗。（热水瓶炸了。）[重见七 E11]

䟺 pʰei¹〈音披〉物品的表面或边缘有少许残破：条裤膝头哥处开始～嘞。（这裤子膝盖那地方开始起毛了。）| 只杯有啲～口。（这杯子的杯口有点儿破。）| 张席未瞓得半年啲边就～嘞。（这席子没睡半年边上就破了。）

残 tsʰan⁴ 残破：你架钱七都够晒～嘞，除咗个呤钟唔响，周身都响。（你那辆老爷车也够残破的了，除了铃不响，整辆车上上下下都响。）

烂₁ lan⁶ 碎；破：打～咗个杯。（把杯子打碎了。）| 连衫都摵～埋。（连衣服也撕破了。）[普通话的"破、碎、烂"在广州话都说"～"]

融 joŋ⁴ 稀烂：将啲粥煲～啲。（把粥熬烂点儿。）

融融烂烂 joŋ⁴joŋ⁴lan⁶lan⁶ 非常破烂（融：稀烂）：张被都～嘞，仲点冚啊？（这张被子已经非常破烂了，还怎么盖？）| 掘到块地～。（把地挖得坑坑洼洼的。）| 你架单车～，换过架啦。（你的自行车破破烂烂的，换辆新的吧。）

烂融融 lan⁶joŋ⁴joŋ⁴ 稀巴烂（融：稀烂）：摵到～。（扯得稀巴烂。）

烂苴苴 lan⁶tsa²tsa²〈苴音子哑切〉破烂而脏乱：剩低啲～嘅畀我。（剩下一些破破烂烂的给我。）

*烂笪笪 lan⁶tat³tat³〈笪音达第 3 声，帝压切〉破烂，稀巴烂。[重见五 D6]

烂身烂势 lan⁶sɐn¹lan⁶sɐi³（衣着）破烂：～噉去人屋企唔礼貌㗎嘛！（穿得破破烂烂地到人家里去不礼貌嘛！）

甩 lɐt¹〈拉一切〉脱落：啲油啱啱先扫上去，而家就开始～嘞。（这些油漆刚刷上去，现在就开始脱落了。）| ～咗粒螺丝。（掉了一颗螺栓。）[这跟普通话的"甩"意思不同，读音也不相应]

甩甩离 lɐt¹lɐt¹lei⁴〈甩音拉一切〉将要脱落的样子（甩：脱落）：嗰只铰～㗎喇，快啲安翻佢啦。（那个合页快掉了，快点把它装好吧。）

甩头甩骨 lɐt¹tʰɐu⁴lɐt¹kwɐt¹〈甩音拉一切〉【喻】散了架子（甩：脱落）：架单车都～嘞，仲踩！（那自行车已经散了架了，还骑！）

甩皮甩骨 lɐt¹pʰei⁴lɐt¹kwɐt¹〈甩音拉一切〉同"甩头甩骨"。

九 B11 腐烂、发霉、褪色

*宿 sok¹ 馊；食物腐败变质：啲餸～咗。（那些菜馊了。）[重见九 B20]

膉 jek¹〈音益〉食油腐败变质：啲生油～咗，唔食得啰。（那些花生油已经腐败变质，不能吃了。）

发毛 fat³mou⁻¹〈毛读第 1 声〉发霉（霉丝如白色茸毛）：啲月饼～咗，真係嘥。（那些月饼发霉了，真浪费。）

*粇 hɔŋ²〈音糠第 2 声〉（米、面等）发霉变质：～米（发霉变质的米）。[重见九 B2、九 B20、九 B22]

*[扌+呙] wɔ^{5}〈音窝第5声〉鸡蛋、鸭蛋等变质：呢只蛋～咗。（这个蛋坏了。）[重见九C2]

废$_{2}$ fɐi^{3} 腐朽：呢条桥啲桥板～晒。（这座桥的桥板全朽了。）

霉 mui^{4} 腐朽：条电灯杉～喫喇，唔知几时会冧落嚟。（那条电线杆已经腐朽了，不知道什么时候会倒下来。）｜块布～咗，一搣就烂。（这块布腐朽了，一扯就破。）

起哄 hei^{2}hoŋ^{6}〈哄音夏共切〉长水锈：把刀用完冇抹干，实～喇。（那把刀用完没擦干，肯定长水锈了。）

甩色 lɐt^{1}sek^{1}〈甩音拉一切〉脱色；褪色（甩：脱落）：呢件衫～喫，唔好同其他衫一齐洗。（这件衣服脱色的，不要和别的衣服一块儿洗。）

九 B12　压、硌、绊、卡、碍、累赘

矺（责）tsak$^{3(6)}$〈音责，又音摘〉压：畀啲木头～住喺底。（被木头压在底下。）｜玻璃好容易～烂喫。（玻璃很容易压碎的。）

梗$_{2}$（哽）ŋɐŋ^{2}〈毅肯切〉硌（凸起的硬东西顶到身体使感到难受或受到损伤）：～脚｜～住条腰。（硌着腰。）

□ kwʰɐŋ^{3}〈夸凳切〉①绊住；钩住：畀树枝～住咗佢条辫。（她的辫子被树枝挂住了。）｜啲水草～实个鱼钩。（水草绊住了鱼钩。）②被钩住而划破：～烂个衫袖。（剐破了衣袖。）｜响眼钉度～损只手。（被钉子划破了手。）

*嘁$_{2}$ kʰek^{1}〈音卡益切〉卡住；绊住：上便～住，你褪落啲就过得嘞。（上面卡住，你往下挪点儿就能过了。）｜就係靠呢个戌～实，唔跌得落嚟嘅。（就是靠这个键子卡住，掉不下来的。）[重见六D12、七E14]

食$_{2}$ sek^{6} 卡住；堵住（位置）：入便～实咗，搣唔出嚟。（里面卡住了，拔不出来。）｜畀对方后卫～住身位，冇办法攞倒球。（被对方后卫堵住了位置，没办法拿到球。）

阻 tsɔ^{2} 挡；堵；阻碍：你唔好喺度～住晒啦！（你别在这儿碍手碍脚的！）｜边个堆啲嘢响处～实个门口？（谁堆了这些东西在这儿把门口堵住了？）｜张枱摆呢度好～喫。（这桌子摆这儿很碍地方的。）

阻定 tsɔ^{2}tɛŋ^{6}〈定音地郑切〉碍地方（定：地方）：趸正个路口，～得滞。（放在路中央，太碍地方了。）

*䏟膪 ŋa^{6}tsa^{6}〈䏟音毅夏切，膪音治夏切〉体积过大，占地方：呢个木箱太～，阻住条路。（这个木箱太占地方，把路给堵了。）[重见七E16]

䏟定 ŋa^{6}tɛŋ^{6}〈䏟音毅夏切，定音地郑切〉占地方（䏟：占；定：地方）：呢对鞋唔好掭，放喺度又唔～。（这双鞋别扔，放在这儿又不占地方。）

*论尽 lɵn^{6}tsɵn^{6} 累赘；不方便：咁多行李，路上好～喫。（这么多行李，路上很不方便的。）｜仲要带埋呢个嘢去，～到死。（还要把这个也带去，真累赘。）[重见二C3、九C3]

九 B13　颠倒、反扣

掉转头 tiu^{6}tsyn^{3}tʰɐu^{4}〈转读第3声〉上下颠倒：将道门～嚟装。（把门颠倒来装。）[普通话指水平方向的掉转方向，广州话既有与普通话相同的意思，又有上下颠倒的意思]

倒掟 tou^{3}tɛŋ^{3}〈倒音到，掟音帝赢切第3声〉颠倒（放或挂等）：呢幅插图～嚟排都有嘅。（这幅插图居然排版排颠倒了。）

***倒掟头** tou^{3}teŋ^{3}t^{h}ɐu^{4}〈倒音到，掟音帝赢切第 3 声〉同“倒掟”：你本书揸～喇！（你把那本书倒过来拿了！）[重见六 B2]

櫼头倒脚 tsim^{1}t^{h}ɐu^{4}tou^{3}kœk^{3}〈櫼音尖，倒音到〉①头对脚，脚对头（櫼：楔），指两人同床各睡一头；要～先瞓得落。（要一人睡一头才睡得下。）②泛指物品互相颠倒放置：一只呢便，一只嗰便，着层～噉叠满佢。（一个往这边，一个往那边，逐层互相颠倒着把它放满。）

櫼头对脚 tsim^{1}t^{h}ɐu^{4}tøy^{3}kœk^{3}〈櫼音尖〉同“櫼头倒脚”。

反仰 fan^{2}ŋɔŋ^{5}〈仰音昂第 5 声〉正面朝上：～瞓。（正面朝上睡觉。）| 将个镬盖～嚟⿺辶乏。（把锅盖反过来放。）

倒扱 tou^{3}k^{h}ɐp^{1}〈倒音到，扱音级〉反扣；正面朝下（扱：反扣）：将个面盆～住嚟冚嗰个桶。（把脸盆反扣着盖那个桶。）

仆转 p^{h}ok^{1}tsyn^{3}〈仆音批屋切，转读第 3 声〉正面朝下（仆：脸朝下扑倒）：点解你习惯～瞓觉嘅？（怎么你习惯趴着睡觉？）| 啲碗～⿺辶乏好琼干啲水。（那些碗倒扣着放，好让水滴干。）

九 B14　相连、纠结、吊、垂

***乃** nai^{-3}〈音奶第 3 声，那隘切〉细细地相连：原来係一路～过去嘅。（原来是一直连过去的。）| 一条丝带～住两便。（一条丝带拉着两头。）[重见七 A20]

***⿰扌能** nɐŋ^{3}〈音能第 3 声〉细细地相连：条线～住只纸鹞。（那根线牵着风筝。）| ～条绳过嚟。（拉一根绳子过来。）[重见十 C3]

***孖** ma^{1}〈音妈〉（两物）黏连；并联：两稿树生到～埋咗。（两棵树长得连在一起了。）| 攞多条嚟打～先够力。（多拿一根来合双才受得住力。）[重见七 E1、九 D25、十 A1、十 C1]

***绕（繑）** k^{h}iu^{5}〈音桥第 5 声，企了切〉纠结：啲冷～埋一堆。（那些毛线纠结在一块儿。）[重见六 D7]

叮拎等⿰扌能 teŋ^{4}neŋ^{1}teŋ^{4}nɐŋ^{3}〈叮读第 4 声，拎音那英切，等读第 4 声，⿰扌能音能第 3 声〉一串一串连着或悬挂着的样子：嗰种时装好得意嘅，成身～好多嘢嘅。（那种时装很有意思，身上这儿一串那儿一挂的很多东西。）

***椗** teŋ^{3}〈音定第 3 声，帝庆切〉（用绳等）吊；悬挂：将佢～喺度，听日就会干㗎嘞。（把它吊在这里，明天就会干了。）[重见二 E1、六 D1]

吊吊揈 tiu^{-4}tiu^{-2}feŋ^{3}〈前吊字读第 4 声，后吊字读第 2 声，揈音费庆切〉悬挂在空中晃荡（揈：晃动）：个人椗响条安全带度～，真係牙烟。（那人吊在安全带上晃荡，真危险。）

髧 tɐm^{3}〈帝暗切〉垂挂；悬挂：佢啲头发～晒落嚟。（她的头发全垂了下来。）| 啲树枝一路～到埋水面。（树枝一直垂到水面。）

耷（⿰耳荅） tɐp^{1}〈低恰切〉（物体）下垂；耷拉：稿树断咗，～咗落涌。（那棵树折断了，垂到小河里。）

堕 tɔ^{6} 水平的物体（尤指软的物体）部分下垂，变得不平：电灯杉同电灯杉之间嗰段电线通常係～落嚟嘅。（电线杆和电线杆之间的那段电线通常是下垂的。）| 条横额左边～咗，搣翻高啲。（横额左边低了，扯高点儿。）

九 B15 裸露、遮盖

[遮盖的动作参见六 D7]

冇遮冇掩 mou^{5}tsɛ^{1}mou^{5}jim^{2}〈冇音无第5声〉没有遮拦；裸露（冇：没有）：呢个冲凉房～，点冲倒凉㗎？（这个洗澡间没遮没拦的，怎能洗澡呀？）

光脱脱 kwɔŋ^{1}t^{h}yt^{-1}t^{h}yt^{-1}〈脱读第1声〉完全裸露；光溜溜；光秃秃：嗰树冇晒树皮，～。（那棵树没了树皮，光溜溜的。）｜除到～。（脱得一丝不挂。）

光捋捋 kwɔŋ^{1}lyt^{-1}lyt^{-1}〈捋音劣第1声〉光溜溜：个山顶～，连条草都冇。（那山顶光秃秃的，连草也没一根。）

光捋出 kwɔŋ^{1}lyt^{-1}ts^{h}yt^{1}〈捋音劣第1声，出音差月切第1声〉同“光捋捋”。

光身 kwɔŋ^{1}sɐn^{1} 物体表面没有附着物；光滑：呢种树干～嘅叫做柠檬桉。（这种树身光滑的叫柠檬桉。）

*__打__ ta^{2} 露（身体部位）：～出肚脐。｜～条手瓜出嚟。（把手臂露出来。）[重见七 A2、七 A17、九 D25]

突 tɐt^{6} 同“打”：裤脚穿咗，～出个膝头哥。（裤腿穿了，露出膝盖。）

*__褛__ lɐu^{1}〈音楼第1声，拉欧切〉蒙盖；遮蔽：头发～住眼。（头发盖着眼睛。）｜～到满晒蠄蟧丝网。（全蒙满了蜘蛛网。）｜有一嚿布～住。（有一块布蒙着。）[重见二 D2、三 A1、六 D7、七 B1]

网 mɔŋ$^{-1}$〈读第1声，妈糠切〉蒙盖；罩；成片的东西粘附在表面：由头到脚～到实。（从头到脚蒙得严严实实。）｜成日觉有嘢～实块面嘅。（老是觉得好像有一块什么东西粘在脸上。）

*__埲__ p^{h}oŋ^{1}〈音篷第1声，批空切〉蒙（尘土）：啲书～晒尘喇。（这些书都蒙上尘了。）｜架钢琴面度～满尘。（那钢琴上面落满尘土。）[重见六 A7]

九 B16 淹、沉、浮、洇、凝

浸$_{2}$ tsɐm^{3}〈至暗切〉淹；泡：呢啲木头～喺水度好耐嘞，都霉晒嘞。（这些木头泡在水里很久了，全腐朽了。）｜嗰场大水～咗半条村。（那一场洪水淹了半个村子。）

浸底 tsɐm^{6}tɐi^{2}〈浸音治任切〉沉在水底：咁重，边有唔～㗎？（这么重，哪能不沉呢？）

浮面 p^{h}ou^{4}min^{-2}〈浮音蒲，面读第2声〉浮在水面：～嗰啲係空壳，唔好要。（浮在水面的是空壳儿，不要。）

浮浮泛 p^{h}ou^{4}p^{h}ou^{4}p^{h}an^{3}〈浮音蒲，泛音盼〉在水面漂浮：几百条木头喺江边度～。（几百根木头在江边上漂浮着。）

*__浮头__ p^{h}ou^{4}t^{h}ɐu^{4}〈浮音蒲〉浮到水面：呢种石头好轻㗎，掉落水识得～嘅。（这种石头很轻的，扔到水里会浮上来的。）[重见二 D2]

化水$_{1}$ fa^{3}søy^{2} 洇；墨水等在纸上渗开：呢只纸～嘅。（这种纸会洇的。）

*__琼__ k^{h}eŋ^{4} 凝结（由液体变为固体或半固体）：啲油～晒。（那些油全凝结了。）[重见七 B3、七 B13]

九 B17 远、近

冇雷公咁远 mou^{5}løy^{4}koŋ^{1}kɐm^{3}jyn^{5}〈冇音无第5声，咁音甘第3声〉【熟】【喻】字面意思是在没有打雷的地方那么远（冇：没有；雷公：雷神；咁：那么），指很远；遥远：你走到～，我点揾你啊？（你跑得那么远，我怎么找你呀？）

离天隔丈远 lei^{4}t^{h}in^{1}kak^{3}tsœŋ^{6}jyn^{5}【熟】【喻】离得远（指触摸不到的距离）：

你企到～，我点递畀你啊？（你站得那么远，我怎么递给你呀？）

隔成条墟咁远 kak³sɛŋ⁴tʰiu⁴hɵy¹kɐm³jyn⁵〈咁音甘第 3 声〉同“离天隔丈远”（墟：集市；咁：那么）。

*__埋__ mai⁴ 靠近；贴近：唔好企咁～。（不要站得那么近。）｜再挨～啲先够定趸。（再贴近点才够地方放。）[重见六 A2、九 D21]

两步路 lœŋ⁵pou⁶lou⁶【喻】非常近：我返工就～嗻。（我上班用不了走几步路。）

行雷都听闻 haŋ⁴lɵy⁴tou¹tʰɛŋ¹mɐn⁴〈行音何盲切，听音梯赢切第 1 声〉【熟】【谑】字面意思是那边打雷这边也能听得见（行雷：打雷），是说相隔不远，但实际上雷声可以传很远，所以带有开玩笑的口吻：佢就住我隔篱啫，～。（他就住我隔壁，他家打雷我家都听得见。）

九 B18 多、少

大把 tai⁶pa² 很多：你话一声，包保～人去。（你说一声，保管很多人去。）｜你问佢攞啦，佢～。（你向他要吧，他多的是。）[普通话也有“大把”，但一般只用于指钱，在句子中的位置也受很多限制，广州话的用法则宽泛得多]

多罗罗 tɔ¹lɔ⁴lɔ⁴【贬】很多：人就～，嘢就冇人做。（人就多得很，事情就没人干。）

多多声 tɔ¹tɔ¹sɛŋ¹〈声音司赢切第 1 声〉很多（带夸张口吻）：呢啲嘢我嗰度～啦！（这些东西我那儿多的是！）

几十百 kei²sɐp⁶pak³ 很多（不一定真的有数十上百）：一次考～门，边搞得啱？（一次考好多门，怎么弄得来？）

无千无万 mou⁴tsʰin¹mou⁴man⁶ 无数：～嘅黄蜂飞嚟飞去。（成千上万的马蜂飞来飞去。）

多少 tɔ¹siu² 不多不少的一些：我呢几年都储埋有～响度。（我这几年也存有一些在这儿。）

*__啲__₁ ti¹〈音低衣切〉表示少量；一些、一点儿：仲有～。（还有一些。）｜畀多～佢啦。（多给他点儿吧。）[重见八 A8]

啲₂ tit¹〈音跌第 1 声〉表示极少量；一点儿：我要～啫。（我只要一点点。）

啲啲 tit¹tit¹〈啲音跌第 1 声〉极少；一点儿：真係～都揾唔倒。（真的是一点儿也找不到。

啲多 tit¹(tek¹)tœ¹〈啲音跌第 1 声，又音的；多音爹靴切〉极少；一丁点儿。

啲咁多 tit¹(tek¹) kɐm³tœ¹(tɔ¹)〈啲音跌第 1 声，又音的；咁音甘第 3 声；多音爹靴切，或读本音〉同“啲多”。

鼻屎咁多 pei⁶si²kɐm³tœ¹(tɔ¹)〈咁音甘第 3 声，多音爹靴切，或读本音〉【喻】形容极少：～，点够啊！（像鼻屎那么丁点儿，哪儿够呢！）[又作“鼻屎咁啲”（啲音 tit¹〈跌第 1 声〉）]

咸柑咁多 ham⁴kɐm¹kɐm³tœ¹(tɔ¹)〈咁音甘第 3 声，多音爹靴切，或读本音〉【喻】形容极少（咸柑：一种用腌制的柑皮做的小丸状食物）。[又作“咸柑咁啲”（啲音 tit¹〈跌第 1 声〉）]

鸡嗉咁多 kɐi¹sɵy³kɐm³tœ¹(tɔ¹)〈嗉音岁，咁音甘第 3 声，多音爹靴切，或读本音〉【喻】形容极少：净攞倒～啫。（只拿到一点点。）[又作“鸡嗉咁啲”（啲音 tit¹〈跌第 1 声〉）]

一啲₁ jɐt¹ti¹〈啲音低衣切〉一些：叫～人过嚟呢便。（叫一些人过这边来。）｜我攞咗～。（我拿了一些。）

一啲₂ jɐt¹tit¹〈啲音跌第 1 声〉一点儿：就噉～边处够啊？（就这么一点儿

哪儿够呢？）

少少 siu2siu2 很少份量；一点点：先畀咗～盐就咁咸。（才下了一点点盐就那么咸。）

些少 sɛ1siu2 不多的一些：有～就得嘞。（有一点儿就行了。）

三九两丁七 sam1kɐu2lœŋ5teŋ1tsʰɐt1 人少：都 9 点嘞，仲係～。（都 9 点了，还是只有几个人。）

***湿湿碎** sɐp1sɐp1sɵy3 极少（含有不在乎或不屑的口吻）：十万缗对佢嚟讲～啦！（十万块对他来说小菜一碟！）

九 B19　重、轻

重身 tsʰoŋ5sɐn1〈重音重量之重〉（物体）重：呢只做镇纸就唔够～喇。（这个做镇纸就不够重了。）｜萝卜要～嘅先靓啊嘛！（萝卜要重的才好嘛！）

重耷耷 tsʰoŋ5tɐp6tɐp6〈重音重量之重，耷音第入切〉很重：孭住啲～嘅嘢，行都行唔郁。（背着些沉甸甸的东西，走都走不动。）

重粒粒 tsʰoŋ5nɐp6nɐp6〈重音重量之重，粒读第 6 声〉同“重耷耷”：点解你个袋咁～嘅？（怎么你的口袋这样沉？）

重秤 tsʰoŋ5tsʰeŋ3〈重音重量之重〉（货物）比重大；压秤；见斤两：1 斤先咁啲多咋？咁～嘅！（1 斤才那么点儿啊？这么压秤！）

***先** sin1 称东西时斤两略多（表现为秤尾翘起）：1 斤，～啲畀你啦。（1 斤，给你多点儿吧。）｜2 斤 6 ～少少。（2 斤 6 两多一点点。）［重见四 A2、九 D20、九 D24、九 D26］

戥手 tɐŋ6sɐu2〈戥音等第 6 声〉拿在手里觉得重；手感重：一捞起咁～就知係实心嘅啦。（一拿起来那么沉就知道是实心的了。）

轻身 hɛŋ1sɐn1〈轻音哈赢切第 1 声〉（物体）轻：你睇佢咁大，其实好～嘸，一的就起。（你看它那么大，其实很轻，一提就提起来。）

轻寥寥 hɛŋ1liu-1liu-1〈轻音哈赢切第 1 声，寥读第 1 声〉很轻：里头啲嘢冚低晒喇，得个～嘅空藤喼之嘛。（里头的东西全放下了，只剩个轻轻的空藤箱子罢了。）

轻□ hɛŋ1kʰɛŋ4〈轻音哈赢切第 1 声，后一字音琼赢切〉轻巧：呢个手抽仔几～。（这个小提包挺轻巧。）

轻秤 hɛŋ1tsʰeŋ3〈轻音哈赢切第 1 声〉（货物）比重小；不压秤；不见斤两：粉丝好～嘅，半斤就有一大包嘞。（粉丝不压秤的，半斤就有一大包了。）

慢$_2$ man6 称东西时斤两略少（表现为秤尾下垂）；免：斤三两～啲。（1 斤 3 两少一点儿。）｜8 两～啲。（差一点 8 两。）

九 B20　气　味

臭亨亨 tsʰɐu3hɐŋ1hɐŋ1【贬】臭烘烘：乜呢度～嘞，倒泻屎啊？（这里怎么臭烘烘的，倒洒了粪便吗？）

臭崩崩 tsʰɐu3pɐŋ1pɐŋ1【贬】臭烘烘：呢个厕所～，都唔知有冇洗嘅。（这个厕所臭烘烘的，也不知道有没有清洗。）

冤 jyn1 极臭：唔止係臭，直情係～！（不止是臭，简直是臭不可闻！）

冤臭 jyn1tsʰɐu3 极臭。

冤崩烂臭 jyn1pɐŋ1lan6tsʰɐu3【贬】臭不可闻；臭气熏天：个屎坑～，我唔明你哋点顶得顺。（这个茅坑臭气熏天，我真不明白你们怎么受得了。）

***宿** sok1 ①食物馊后发出的气味：啲饭～嘅。（这饭有馊味。）②汗臭味：件衫咁耐唔洗，～到死。（这衣服这么久不洗，酸臭得很。）[重见九 B11]

宿亨亨 sok1hɐŋ1hɐŋ1【贬】馊臭或汗酸味很浓（宿：馊，汗臭）：啲饭～，点食嚡！（这饭一股馊味，怎么吃呀！）| 个身～。（身上酸臭酸臭的。）

酸宿 syn1sok1 汗酸臭（宿：汗臭）：而家啲天口，朝早着上身嘅衫，到晚黑换落就酸酸宿宿嘞。（现在这种天气，早上穿上身的衣服，到晚上换下来就酸酸臭臭了。）

酸宿烂臭 syn1sok1lan6tsʰɐu3 汗酸味非常浓烈（宿：汗臭）：着到件衫～都仲唔换！（衣服穿得汗臭熏天还不换！）

咸1 ham4 汗臭：成身～仲唔去冲凉！（满身汗臭还不去洗澡！）

咸臭 ham4tsʰɐu3 汗臭；身体、衣物因肮脏而发出臭味：～袜（臭袜子）| 一身～噉行埋嚟，我怕咗佢。（一身酸臭地走过来，我怕了他了。）

鶡 hɔt3〈音喝〉某些动物身上发出的腥臭：只狗要同佢冲凉㗎，唔係就～到死。（这狗要给它洗澡，不然就腥臭得很。）

腥鶡 sɛŋ1hɔt3〈腥音司赢切第 1 声，鶡音喝〉同“鶡”。

臭腥 tsʰɐu3sɛŋ1〈腥音司赢切第 1 声〉腥：只猫拉咗啲鱼肠去食，搞到个厅四围都～嘅。（猫把鱼肠叼了去吃，弄得客厅到处都腥味。）

腥温温 sɛŋ1wɐn1wɐn1〈腥音司赢切第 1 声〉【贬】很腥：啱劏完鱼，～只手又去收衫嘅！（刚杀完鱼，沾满腥味的手怎么又去收衣服！）

腥亨亨 sɛŋ1hɐŋ1hɐŋ1〈腥音司赢切第 1 声〉【贬】很腥：啲鱼唔落姜葱，～㗎。（煮鱼不放姜和葱，太腥了。）

压 at3 臊（尿臭味）：你屘尿够晒～。（你那泡尿真够臊的。）

压堪堪 at3hɐm1hɐm1【贬】臊臊的（尿臭味）：呢啲係唔係尿嚟㗎？～嘅。（这是不是尿呀？一股臊味儿。）

臊2 sou1 膻：怕～就唔食得羊肉。（怕膻就吃不了羊肉。）[普通话“臊”指尿或狐狸的气味，“膻”指羊肉的气味，广州话“～”指羊肉或狐狸的气味，而尿的气味说“压”]

臊亨亨 sou1hɐŋ1hɐŋ1 非常膻。

***扛** hɔŋ2〈音康第 2 声〉陈米发霉的气味：啲米好旧喇，一朕～味。（这些米很陈了，一股霉味儿。）[重见九 B2、九 B11、九 B22]

臭青 tsʰɐu3tsʰɛŋ1〈青音差赢切第 1 声〉生的青菜或草的气味：啲菜都未煮熟，～嘅！（这菜还没煮熟，一股草味儿！）

燶 lɔ3〈音罗第 3 声〉因烧焦而发出难闻的气味（如烧橡胶等）；饭菜串烟：呢度烧乜嘢咁～？（这里烧什么东西那么难闻？）| 啲饭好～。（这饭糊味很浓。）

九 B21 味 道

甜耶耶 tʰim4jɛ4jɛ4【贬】甜得发腻：啲包整到～，有咩好食嚡！（这些包子做得甜腻腻的，有什么好吃！）

甘 kɐm1 甘草或橄榄的味道（初吃时味淡或略带涩味，过后显出香甜）：啲咸榄噍耐咗越噍越～。（盐腌橄榄嚼得久了，越嚼越香。）

咸唛唛 ham4mɐk1mɐk1〈唛音麦第 1 声〉太咸：啲粥～，放得太多盐。（这粥太咸，盐下多了。）

酸□□ syn1tɐm1tɐm1〈后二字音得堪

切〉很酸：啲酸甜排骨～，你仲要醋？（这些糖醋排骨酸掉牙了，你还要醋？）

酸微微 syn^{1}mei^{-1}mei^{-1}〈微读第1声，么嬉切〉【褒】有点儿酸：酸梅～，几好食。（酸梅酸溜溜的，真好吃。）

***嘞**$_1$ lɐk^{1}〈丽特切第1声〉很苦且涩：呢啲药唔係苦，直情係～。（这些药不是苦，而是又苦又涩。）[重见二C7]

劫 kip^{3} 涩：啲鸡屎果～嘅，点食啊？（那些番石榴涩的，怎么吃呀？）

***嚡** hai^{4}〈音鞋〉涩：香蕉未熟唔食得，～㗎。（香蕉没熟透不能吃，涩的。）[重见九A7]

***嚡涩涩** hai^{4}sɐp^{6}sɐp^{6}〈嚡音鞋，涩音拾〉涩：啲生果未熟就係～㗎喇。（水果没熟透就是涩的了。）[重见九A7]

九 B22 可口、难吃、味浓、味淡

和味 wɔ$^{4(-1)}$mei$^{6(-1)}$〈两字可同时读第1声〉味道好：～榄（蜜饯橄榄）| 呢啲牛杂几～。（这些牛杂碎味道挺好。）[读第1声时带开玩笑口吻]

好味 hou^{2}mei^{6} 味道好：你整嘅餸认真～！（你做的菜味道确实好！）

够镬气 kɐu^{3}wɔk^{6}hei^{3}〈镬音获〉用猛火炒菜，菜中带有很浓的油香气（镬：炒菜锅）：呢碟菜～。（这盘菜炒得够香的。）

入味 jɐp^{6}mei^{6} 在烹调或腌制过程中，配料的味道进入食物内部，因而美味可口。

爽口 sɔŋ^{2}hɐu^{2} 口感脆嫩：呢味菜几～。（这个菜口感挺好。）

弹牙 tan^{6}ŋa^{4}〈弹音弹簧之弹〉同"爽口"：啲牛肉丸～嘅，正！（这些牛肉丸爽脆，好！）

爽甜 sɔŋ^{2}t^{h}im^{4} 口感脆嫩而香甜（爽：脆）：呢啲苹果好～。（这些苹果又脆又甜。）

腍甜 nɐm^{4}t^{h}im^{4} 软而香甜（腍：软。一般用于指蔬菜纤维不硬）：～白菜。

好食 hou^{2}sek^{6} 好吃（食：吃）：糖冬瓜好～。（糖腌冬瓜条很好吃。）

食过翻寻味 sek^{6}kwɔ^{3}fan^{1}ts^{h}ɐm^{4}mei^{6}【熟】吃了还想再吃，形容味道极好（食：吃；翻：回来）：我煮啲菜好味哩？～啊？（我煮的菜味道好吧？吃了还想再吃吗？）

粉 fɐn^{2} 薯类、瓜果等含淀粉丰富；面：呢只番薯好～。（这个红薯很面。）| 呢只苹果係～嘅。（这只苹果是面的。）

生水$_2$ saŋ^{1}sɵy^{2} 淀粉质的薯类等食物煮熟后硬滑不面；艮：～芋头唔好食。（艮芋头不好吃。）

肾$_2$ sɐn^{5}〈读第5声，时引切〉同"生水"：呢只莲藕～嘅。（这藕是艮的。）

难食 nan^{4}sek^{6} 难吃（食：吃）：～都要食，唔係一阵间顶唔顺㗎！（难吃也得吃，不然一会儿顶不住的！）

***恶骾** ɔk^{3}k^{h}ɐŋ^{2}〈骾音卡肯切〉难吃（恶：难；骾：勉强下咽）：呢碟餸好似猪潲噉，好～。（这盘菜活像泔水一般，真难吃。）[重见九D9]

难骾 nan^{4}k^{h}ɐŋ^{2}〈骾音卡肯切〉难吃；难以下咽（骾：勉强下咽）：啲饭煮到咁硬，好～。（饭煮得这么硬，很难下咽。）

黐牙 ts^{h}i^{1}ŋa^{4}〈黐音痴〉（食物）粘糊（黐：黏）：碟马蹄糕整得唔好，～嘅。（那盘荸荠糕做得不好，太黏糊了。）

涸喉 k^{h}ɔk^{3}hɐu^{4}〈涸音确〉炝嗓子：辣到～。（辣得炝嗓子。）

***揦脷** la^{2}lei^{6}〈揦音丽哑切，脷音利〉味道具强刺激性；过辣或过咸，或带涩味等（揦：侵蚀；脷：舌头）：落咁多盐，咸到～。（下那么多盐，咸得难受。）[重见九C11]

攻鼻揦脷 koŋ[1]pei[6]la[2]lei[6]〈揦音丽哑切，脷音利〉气味或味道具强刺激性（如辣味等。多用于食物。攻：熏；揦：侵蚀；脷：舌头）：呢啲係正宗麻辣豆腐，～嘅！（这是正宗麻辣豆腐，呛鼻子辣舌头的！）

***掯** kʰɐŋ[3]（酒或烟）味道浓烈：呢只酒几多度㗎？好～啊！（这种酒多少度？味儿很厉害啊！）｜～得滞嘅烟我唔食。（劲儿太足的烟我不抽。）［重见五 E1］

膥 nɐu[6]〈怒又切〉腻（食物油脂太多或太甜，使人不想吃）：啲肥猪肉太～，食唔落嘞。（这些肥猪肉太腻，吃不下了。）

膥喉 nɐu[6]hɐu[4]〈膥音怒又切〉同"膥"：啲糖水放啲糖多得滞，好～。（这甜品糖放多了，挺腻的。）

***肥揗揗** fei[4]tʰɐn[4]tʰɐn[4]〈揗音吞第 4 声〉【贬】油乎乎。［重见九 A8］

淡灭灭 tʰam[5]mit[6]mit[6] 味道很淡。

淡谋谋 tʰam[5]mɐu[4]mɐu[4] 淡而无味：啲菜～，有冇放盐㗎？（这些菜淡而无味，有没有放盐呀？）

***无闻无味** mou[4]mɐn[4]mou[4]mei[6] 一点味道也没有：啲汤～，白滚水噉。（这些汤一点儿味道也没有，活像白开水。）［重见九 D11］

***木独** mok[6]tok[6] 寡味：呢碟鸡蒸得熟过龙，～啲。（这碟鸡蒸得过了火，寡味了点儿。）［重见五 E2、九 A15］

***粠** hɔŋ[2]〈音康第 2 声〉菜因缺油而乏味：你係唔係唔记得落油啊，啲菜咁～嘅？（你是不是忘了放油哇，这菜怎么没点儿油味？）［重见九 B2、九 B11、九 B20］

九 B23 其 他

***猛** maŋ[5]（火或阳光等）旺：热头咁～唔戴帽？（太阳这么厉害不戴顶帽子？）｜火～得滞，閂细啲。（火太旺了，关小点儿。）

***慢**₂ man[6]（炉火）不旺：捞～火嚟煲汤。（用文火熬汤。）｜呢个电炉～咗啲。（这个电炉火力不够。）［重见七 D4］

***燶** noŋ[1]〈音农第 1 声，那空切〉烧焦；糊：煲～饭。（饭烧糊了。）｜煲～粥。（粥烧糊了。）｜枱脚烧到～晒。（桌脚烧焦了。）［重见二 E1］

火烛 fɔ[2]tsok[1] 火灾：细路仔唔好玩火，因住～啊。（小孩子别玩火，小心引起火灾。）｜二楼～啊，快啲搵人救火啦。（二楼着火了，赶快找人灭火。）

***扠**₂ mɐn[3]〈音文第 3 声，马训切〉靠近边缘；离边沿近：枱上只碟唔好放咁～，因住跌烂。（桌上的碟子别放得太靠边，小心摔坏。）｜企到～墙角。（站得紧贴墙角。）［重见九 D9］

神 sɐn[4] 不正常；出故障：部机～咗。（机子坏了。）｜呢个钟～嘅，睇表啦。（这个钟不行的，看表吧。）

够力 kɐu[3]lek[6] 物体能够承受住压力或拉力：粗啲嘅～。（粗点儿的能受得住。）｜呢支竹唔係好～。（这根竹子不太受得住力。）

劖₂ tsʰam[5]〈音惨第 5 声〉小而尖的东西刺入；扎（非人为动作）：只脚～倒刺。（脚上扎了刺。）｜顾住畀玻璃碎～亲手。（小心碎玻璃扎手。）

九 C 境况与表现

九 C1 妥当、顺利、得志、吉利、好运

***啱** tim[6]〈音店第 6 声，第艳切〉妥当；妥贴：搞咗成日先搞～。（弄了一整

天才弄好。)｜我同佢讲～咗㗎喇。(我已经跟他讲妥了。)｜全部安排～晒。(全部都安排妥当。)[重见九 A4、九 A5]

***恰恰啱** $t^hɐp^1t^hɐp^1tim^6$〈恰音他恰切，啱音第艳切〉非常妥当；有条理：将啲事情安排到～。(把事情安排得有条不紊。)[重见五 D1]

***稳阵** $wɐn^2tsɐn^6$ 稳妥；可靠：呢件事好～嘅，你唔使忧。(这事是非常稳妥的，你不必担心。)｜你揾嘅人要～先得嚕。(你找的人要靠得住才好。)[重见九 B8]

好地地 $hou^2tei^6tei^6$ 好好的；好端端的（后面往往接着相反的情况）：部机～你又拆咗佢做乜嘢？(这机子好端端的，你又把它拆了干什么？)｜今朝仲～，到下昼就话唔舒服。(今天上午还好好的，到下午就说不舒服。)

顺景(境) $sɵn^6keŋ^2$ 顺利；景况好：做人边处有话时时都咁～㗎？(人生哪能总是那么顺利呢？)

好景(境) $hou^2keŋ^2$ 景况好；顺利：做生意係噉㗎喇，～咪揾多啲啰。(做生意就是这样的了，景况好就多挣点儿呗。)

顺风顺水 $sɵn^6foŋ^1sɵn^6sɵy^2$ 非常顺利：佢读完高中就考上大学，读完大学又考上研究生，真係～。(他读完高中就考上大学，读完大学又考上研究生，真是非常顺利。)

顺档 $sɵn^6tɔŋ^3$ 顺利：呢一次都几～。(这一次还挺顺利。)

顺摊 $sɵn^6t^han^1$ 顺利：你估次次都咁～嘅咩？(你以为每一回都是那么顺利吗？)

风生水起 $foŋ^1saŋ^1sɵy^2hei^2$〈生音生熟之生〉【喻】兴旺；很有起色：睇见你哋搞到～，我都戥你哋欢喜。(看着你们搞得红红火火的，我都替你们高兴。)

有毛有翼 $jɐu^5mou^4jɐu^5jek^6$【喻】羽翼丰满；比喻已经成熟、壮大：你而家～嘞，唔使我理嘞係咪？(你现在羽翼丰满了，不用我管了是不是？)

名成利就 $meŋ^4seŋ^4lei^6tsɐu^6$ 名利双收；有名有利：今次你～喇啩，又上电视，又攞奖金嘅。(这回你名利双收了吧，又是上电视，又是拿奖金的。)

小鬼升城隍 $siu^2kwɐi^2seŋ^1seŋ^4wɔŋ^4$【喻】【贬】小人得志。

***大粒** $tai^6nɐp^1$【喻】官儿大：你话呢两个人边个～啲？(你说这两个人谁的官儿大些？)[重见九 A1]

***利市(是)** $lɐi^6si^6$〈利音丽，市音事〉吉利：通胜话听日出门唔～。(通书上说明天出门不吉利。)[重见八 C2]

利利市(是)市(是) $lɐi^6lɐi^6si^6si^6$〈利音丽，市音事〉大吉大利：择个好日子至结婚，～啊嘛。(挑个好日子才结婚，就大吉大利了。)

***大吉利市(事)** $tai^6kɐt^1lɐi^6si^6$〈利音丽，市音事〉大吉大利（常用于别人说了不吉利的话之后，迷信认为这样可以冲走不吉利）：～！噉嘅说话都讲得嘅咩？(大吉大利！这样的话也能说的吗？)[重见七 A4]

够运 $kɐu^3wɐn^6$ 运气好：你若果唔係咁～，呢匀都几甩㞘。(你要不是运气那么好，这回也挺麻烦的。)

***好彩** $hou^2ts^hɔi^2$【喻】运气好（彩：彩票）：我今日算～，冇误倒呢班船。(我今天算走运，没误了这班船。)[重见九 D24]

好彩数 $hou^2ts^hɔi^2sou^3$【喻】运气好（彩数：彩票号码）。

好命水 hou²mɛŋ⁶søy²〈命音务赢切第6声〉命好；运气好（命水：命运）：睇下边个咁～，执得到呢支好筹先！（看看谁的运气好，能抓到这个好阄儿！）［又作“好命”］

大命 tai⁶mɛŋ⁶〈命音务赢切第6声〉命大（往往指经历危险而安全无恙）：你真係～嘞，噉都冇事。（你的命真大，这样都没事。）

九 C2　不利、失败、严峻、紧急

阻滞 tsɔ²tsɐi⁶ 不顺利：佢一世人都咁～，要读书嘅时候冇书读；想揾钱又蚀晒本。（他一辈子都这么不顺利，该读书的时候没书读；想挣点儿钱又亏了本。）

*__㖞__ wɔ⁵〈音窝第5声〉【喻】失败；落空：呢单嘢卒之～咗。（这件事终于黄了。）｜佢两个拍拖拍咗半年，都係～咗。（他俩谈恋爱谈了半年，还是吹了。）［重见九 B11］

*__衰__ søy¹ 失败；落空：辛辛苦苦准备咗半年，点知又～咗。（辛辛苦苦准备了半年，谁知道又失败了。）［重见五 D6、九 C3、九 D2］

谢鸡 tsɛ⁶kɐi¹【喻】事物衰败、不振作（取花谢为喻；“鸡”是无意义的词尾）：间公司畀佢玩到谢晒鸡。（公司让他弄得不行了。）［又作“谢”］

冧档 lɐm³tɔŋ³〈冧音林第3声，档音上当之当〉垮台（冧：垮；档：摊子）：你个经理咁乞人憎，实～㗎。（你的经理这么讨人厌，肯定垮台。）

攞胆 lɔ²tam²〈攞音裸〉【喻】造成严重困难；事态严峻（一般用于抱怨、责怪等。攞：拿）：个个月都要上缴千五缗，好～㗎嘛！（每个月都要上缴一千五百块，很要命啊！）

*__攞命__ lɔ²mɛŋ⁶〈攞音裸，命音务赢切第6声〉同“攞胆”：过晒钟仲唔嚟，条友真係～！（钟点全过了还不来，这人真是要命！）

唔得掂 m⁴tɐk¹tim⁶〈掂音店第6声，第艳切〉不得了；无法收拾（唔：不；掂：妥当）：一踏错脚就～喇！（一失足就不得了啦！）｜个账度争咗成千缗咁滞，呢匀～嘞！（账上差了将近一千块钱，这回难办了！）

*__唔掂__ m⁴tim⁶〈掂音店第6声，第艳切〉情况不好；事情没做好（唔：不；掂：妥当）：我一去到即时发现～。（我一去到马上发现事情不妙。）［重见九 D7］

*__唔係路__ m⁴hɐi⁶lou⁶ 情况不对头；形势向不好方向发展（唔：不；係：是）：噉样落去～，要谂办法至得。（这样下去不行，要想办法才是。）［重见九 C12］

*__唔係__ m⁴hɐi⁶ 同“唔係路”：睇见～，快啲停低。（看见不对头，赶紧停下。）［重见九 D20、九 D32］

两头唔到岸 lœŋ⁵tʰɐu⁴m⁴tou³ŋɔn⁶【熟】【喻】事情发展到一半时陷入困难境地；进退维谷（唔：不）：嗰便话我哋走咗嘞佢哋唔理，呢便话我哋未到亦都唔理，噉我哋死嘞，～。（那边说我们走了他们不管了，这边说我们没到也不管，那我们遭殃了，进退两难。）

半天吊 pun³tʰin¹tiu³【喻】吊在半空里，喻事情做到一半无法进行下去，又无法善后：呢件事而家～，点办？（这事现在悬在那儿，怎么办？）

*__大份__ tai⁶fɐn⁶【喻】事情后果严重：若果揼亲人就～喇！（要是砸伤了人事情就大了！）［重见九 A8］

大镬 tai6wɔk6【喻】事情后果严重；罪名大或多（镬：炒菜锅）：侵吞善款，对出去好～㗎！（侵吞募捐款，捅出去不得了的！）

大碟 tai6tip6【喻】罪名大或多：佢想整鬼你，呢度一啲嗰度一啲，想有几～就有几～啦。（他想整你，这儿一点儿那儿一点儿，想有多少罪名就有多少罪名。）

水浸眼眉 sɵy2tsɐm3ŋan5mei4【喻】水淹到眉毛那么高（浸：淹），即将近没顶，比喻事情紧急：平时冇啲准备，到～先嚟谂计。（平时没一点儿准备，到火烧眉毛了才来想办法。）

事急马行田 si6kɐp1ma5haŋ4tʰin4〈行音何盲切〉【喻】中国象棋"马"走日字，不可走田字。这里比喻紧急之时不按章程办事（行：走）。

事紧马行田 si6kɐn2ma5haŋ4tʰin4〈行音何盲切〉同"事急马行田"。

打紧 ta2kɐn2 要紧（多用于否定）：我呢件嘢唔～嘅。（我这件事不要紧的。）

紧要 kɐn2jiu3 要紧：你唔～啊嘛？（你不要紧吧？）｜我有～嘅事想揾佢。（我有要紧的事要找他。）

九 C3　倒霉、糟糕、运气差

*__折堕__ tsit3tɔ6 倒霉；糟糕：有咁耐风流，有咁耐～。（熟语：有多长时间的风光快活，就有多长时间的倒霉。）［重见五 D6］

该煨 kɔi1wui1〈煨音会第 1 声，窝灰切〉倒霉；糟糕（多用作叹语）：～啰，边个倒咗啲垃圾喺我嘅门口度啊？（倒霉！谁把垃圾倒在我的门前呀？）

*__论尽__ lɵn6tsɵn6 情况不好；糟糕：真係～喇，架单车爆咗呔添。（真是糟糕了，自行车轮胎漏气。）｜睇嚟呢单嘢好～噃！（看来这事很不妙哇！）［重见二 C3、九 B12］

*__棹忌__ tsau6kei6 糟糕：呢件事未谂好就做，实～嘅。（这件事没想好就做，一定糟糕的。）［重见五 B6］

*__抵死__ tɐi2sei2 ①该当倒霉：～！鬼叫你唔帮我。（活该！谁让你不帮我。）②糟糕：真係～，又赖低咗把遮。（真糟糕，又把伞落下了。）［重见五 D6］

死火 sei2fɔ2【喻】原指汽车因故障而熄火，比喻事情糟糕：呢匀～嘞，唔记得带飞机票添。（这回糟了，忘了带飞机票。）

*__甩厔__ lɐt1tsɐt1〈甩音拉一切，厔音质〉遇上麻烦；情况糟糕：呢单嘢都几～。（这件事还挺麻烦。）

*__湿滞__ sɐp1tsɐi6【喻】境况糟糕：你知～哩！（你知道麻烦大了吧！）［重见二 C13］

弊 pɐi6 糟糕；倒霉：咿匀够晒～啰，畀啲贼仔爆咗格。（这次够糟糕的，给小偷进屋盗窃了。）

弊家伙 pɐi6ka1fɔ2 同"弊"。

*__衰__ sɵy1 糟糕；倒霉：～喇！唔记得带锁匙添。（糟了！忘了带钥匙。）［重见五 D6、九 C2、九 D2］

冇脉 mou5mɐk6〈冇音舞〉【喻】字面意思是"没脉搏"（冇：没有），即死，比喻境遇极糟糕、绝望：呢单嘢睇嚟～嘞。（这件事看来没希望了。）

黑 hak1(hɐk1)【俗】倒霉：我呢牌好～，乜都唔啱。（我这一段时间非常倒霉，什么都不顺。）

运滞 wɐn6tsɐi6 运气不好：一时～啲嗻，唔惊嘅！（只是一时运气不大好，不怕！）

九 C4　狼狈、有麻烦、凄惨、可怜

*__狼犺__ lɔŋ4kʰɔŋ4〈犺音抗第 4 声，其杭切〉狼狈：睇你个～样，好似啱啱踎完监出嚟噉！（看你这狼狈相，像

九 状况与现象

是刚蹲完监狱出来似的！）[重见九 C8]

*冇修 mou$^{5(-2)}$sɐu^{1}〈冇音无第 5 声，又读第 2 声〉原是迷信说法，指前世没修下阴德（冇：没有），引申指非常狼狈、窘困：成班人喺度撚到佢冇晒修。（一帮人在那儿把他耍得狼狈不堪。）[重见七 A8、九 C12]

一身蚁 jɐt^{1}sɐn^{1}ŋɐi^{5}【喻】惹上很多麻烦：你同佢嗰班嘢黐埋，包你～。（你跟他们那帮人黏一块儿，肯定你麻烦少不了。）

周身蚁 tsɐu^{1}sɐn^{1}ŋɐi^{5} 同“一身蚁”。

惨过南海潮 tsʰam^{2}kwɔ^{3}nam^{4}hɔi^{2}tsʰiu^{4}【熟】比《南海潮》中的悲惨场面更甚（《南海潮》是 20 世纪 60 年代的一部电影，片中有悲惨的场面）。

惨情 tsʰam^{2}tsʰeŋ^{4} 凄惨：佢细个嗰阵好～㗎，5 岁死咗老豆，7 岁死咗老母。（他小时候很凄凉，5 岁那年父亲死了，7 岁那年母亲也死了。）

凄凉 tsʰɐi^{1}lœŋ^{4} 可怜：嗰三千蚊要养成头家，真係～！（那三千块要养全家，真是可怜！）[普通话形容景物或气氛凄惨，与广州话不同]

冇阴功 mou$^{5(-2)}$ jɐm^{1}koŋ^{1}〈冇音无第 5 声，又读第 2 声〉原义是没有阴德（冇：没有；阴功：迷信说法认为在阳世做好事可以在阴间记功，作为下一辈子投生得好或差的依据），即造孽，转义为凄惨、可怜（一般用于感叹）：～啰，畀啲衰人打成噉。（可怜哪！让那些坏蛋打成这个样。）[又省作“阴功”]

九 C5　舒服、富有、辛苦、贫穷

梳扶 sɔ^{1}fu^{4}【外】舒服：瞓喺度咁～，唔使做啊？（躺在这儿这么舒服，不用干活吗？）[英语 soft]

*叹 tʰan^{3} 舒服：佢份工好～㗎，朝九晚五，坐喺度睇下报纸饮下茶，乜都唔使做，乜都唔使谂。（他那份工作很舒服的，早上 9 点上班，下午 5 点下班，坐在那儿看看报纸喝喝茶，什么都不用干，什么都不用想。）[重见七 A1]

盆满钵满 pʰun^{4}mun^{5}put^{3}mun^{5}【喻】富有；拥有很多钱财（广州话以水喻财）：呢几年柱叔赚到～咯。（这几年柱叔赚得钱包鼓鼓的了。）

大汗[扌耷]细汗 tai^{6}hɔn^{6}tɐp^{6}sɐi^{3}hɔn^{6}〈[扌耷]音第入切〉【喻】大滴的汗水滴在小滴的汗水上（[扌耷]：滴；细：小），形容干活干得辛苦：你净睇见我哋而家喺度晒命，唔见我哋头先～。（你只看到我们现在躺在这儿休息，没看到我们刚才汗流浃背的样子。）

一只屐噉 jɐt^{1}tsɛk^{3}kʰɛk^{6}kɐm^{2}〈屐音剧，噉音敢〉【熟】【喻】【俗】非常辛苦（屐：木拖板；噉：那样）：今日做到～。（今天干得辛苦得要死。）

一只狗噉 jɐt^{1}tsɛk^{3}kɐu^{2}kɐm^{2}〈噉音敢〉【熟】【喻】【俗】非常辛苦（噉：那样）：我哋～，佢响嗰度[足辰][足辰]脚吖！（我们干得那么辛苦，他在那儿摇着二郎腿！）

气咳 hei^{3}kʰɐt^{1} 吃力：抬只柜上三楼，够晒～！（把那柜子扛上三楼，真够吃力！）

穷到燶 kʰoŋ^{4}tou^{3}noŋ^{1}〈燶音农第 1 声，那空切〉【喻】非常穷（燶：焦）：我～，仲边有钱借畀你啊！（我一贫如洗，还哪有钱借给你哟！）

裤穿窿 fu^{3}tsʰyn^{1}loŋ^{1}【喻】【谑】裤子穿窟窿，喻穷困潦倒：有朝一日龙穿凤，唔使成世～。（俗谣：有朝一日飞黄腾达，不用一辈子穷困潦倒。）

九 C6　洋气、派头、土气、寒碜

侨 k^{h}iu^{4} 洋气。华侨回乡多少带点儿洋味，故云：你都几～个嘞。（你也够洋气的了。）

新潮 sɐn^{1}ts^{h}iu^{4} 时髦：～发型（时髦的发型）｜～机恤（时髦的夹克）。

时款 si^{4}fun^{2} 时髦：你戴呢顶帽都算係～嘞。（你戴的这顶帽子也算是时髦了。）

派 p^{h}ai^{-1}〈读第 1 声〉有派头（多用于衣着等）：戴翻副墨镜係零舍～啲嘅。（戴上一副墨镜是特别有派头。）

够派 kɐu^{3}p^{h}ai^{-1}〈派读第 1 声〉同“派”：唔打领呔就唔～喇。（不打领带就不够派头了。）

有型 jɐu^{5}jeŋ^{4} 有派头：着起套西装好～嘞！（穿起西服来挺有派头的！）

有型有款 jɐu^{5}jeŋ^{4}jɐu^{5}fun^{2} 有派头；像模像样：训练咗 3 个月，企出嚟都话得係～啦。（训练了 3 个月，站出来也还说得上是有个模样了。）

係威係势 hɐi^{6}wɐi^{1}hɐi^{6}sɐi^{3} 很威风、很有派头的样子：佢～，亦就得个“睇”字。（他这派头十足的，也就是中看不中用。）

朴$_{2}$ p^{h}ɔk^{1}〈音扑第 1 声〉有派头：着呢套西装，够唔够～啊？（穿这套西装，够气派吧？）

爆$_{2}$**（雹）** pɔk^{1}〈音薄第 1 声〉【贬】土气：你咁～㗎，噉都唔识？（你怎么这么土，这都不懂？）｜佢讲句话都～过人嘅。（他开口说话都显得特别土气。）［“爆佬”（参见一 F2）是对农民的蔑称］

老土 lou^{5}t^{h}ou^{2}【贬】土气：你呢个发型～啲嘞。（你这个发型土了点儿。）

***薯头** sy^{4}t^{h}ɐu^{4}【贬】土气：呢对鞋好～啊。（这双鞋很土呀。）［又作“薯”。重见五 E2、一 G4］

大乡里 tai^{6}hœŋ^{1}lei^{-2}〈里音李第 2 声，丽起切〉【贬】土气。

寒酸 hɔn^{4}syn^{1}（衣着）寒碜：你又唔係冇钱，使乜着到咁～嘞！（你又不是没钱，干嘛穿得这么寒碜！）

***兜踎** tɐu$^{1(6)}$mɐu^{1}〈兜又读第 6 声，音豆〉（外貌）寒碜：有啲人就係噉，几有钱都好，之着到鬼咁～。（有些人就这样，尽管很有钱，却穿得相当寒碜。）［重见五 E2］

耷湿 tɐp^{1}sɐp^{1}〈耷音低恰切〉（外表）寒碜；不体面：唔係话摆门面啊，有时～过头生意都拉唔倒㗎！（不是说摆门面哪，有时太寒碜了生意也拉不到哇！）

着龙袍唔似太子 tsœk^{3}loŋ^{4}p^{h}ou^{4}m^{4}ts^{h}i^{5}t^{h}ai^{3}tsi^{2}〈着音衣着之着〉【喻】穿上龙袍也不像太子（着：穿；唔：不），比喻人再打扮也还是缺乏气派。

九 C7　繁忙、空闲

揼揼转 t^{h}ɐm^{4}(tɐm^{4})t^{h}ɐm^{2}(tɐm^{2})tsyn^{3}〈前一揼音提淫切，又音第淫切，后一揼为前一揼之第 2 声，转读第 3 声〉（忙得）团团转：你睇我好似好得闲，其实我做到～。（你看我好像挺空闲，其实我干得团团转。）

陀陀拧 t^{h}ɔ^{4}t^{h}ɔ$^{-2}$neŋ^{6}〈第二陀字读第 2 声，拧读第 6 声〉同“揼揼转”。

频扑 p^{h}ɐn^{4}p^{h}ɔk^{3} 忙（多是指奔波劳碌）：呢牌佢都几～，有时见佢得闲嘅。（这段时间他也挺忙的，难得见他有闲下来的时候。）

唔得闲 m^{4}tɐk^{1}han^{4} 没空；忙：我呢牌好～。（我这一段时间很忙。）

得闲 tɐk^{1}han^{4} 有空；有时间：你～咪嚟倾下偈啰。（你有空就来聊聊天吧。）

他条 tʰa¹tʰiu⁴ 悠闲；悠游：你份工都几～个噃，唔使好似我哋噉日日要上班。(你的工作也挺悠闲的，不用像我们那样天天要上班。)

踬踬脚 ŋen³ŋen³kœk³〈踬音银第 3 声〉抖动着腿（许多人坐着的时候的一种习惯动作），形容悠闲的样子：佢做完自己啲嘢就～噉睇人哋做。(他干完自己的活儿就悠哉游哉地看别人干。)

九 C8 手快、匆忙、紧张、手慢、悠游

快手 fai³sɐu²（做事）快；手快：～啲啦，就嚟饿穿肠喇。(快点儿吧，快要饿死了。)

快手快脚 fai³sɐu²fai³kœk³（做事）快；迅速：我哋～执埋啲手尾佢。(咱们手脚快点把剩下的活儿干完。)

爽手 sɔŋ²sɐu²（做事）快：～啲得唔得嚟，咁耐嘅？（快点儿行不行，怎么这么久？）

啦啦声 la⁴la²sɛŋ¹〈前一啦读第 4 声，后一啦读第 2 声，声音司赢切第 1 声〉迅速地；赶快（做事。此为模拟动作的声音）：就快开场嚟喇，～行啦。(就要开场了，赶快走吧。)

啦啦林 la⁴la⁴lɐm⁴〈啦读第 4 声〉同"啦啦声"：佢～执好啲工具。(他迅速把工具收拾好。)

林林声 lɐm⁴lɐm²sɛŋ¹〈第二个林字读第 2 声，声音司赢切第 1 声〉同"啦啦声"。

哩哩啦啦 li⁴li⁴la⁴la⁴〈哩音黎移切，啦音黎霞切〉同"啦啦声"。

庆零含林 heŋ⁴leŋ⁴hɐm⁴lɐm⁴〈庆读第 4 声〉迅疾地（做事。此为模拟动作的声音）：佢～就搞啱咗部风扇。(他很快地把风扇弄好了。)

零零林林 leŋ⁴leŋ⁴lɐm⁴lɐm⁴ 同"庆零含林"。

时哩沙啦 si⁴li¹sa⁻⁴la⁻⁴〈哩音拉衣切，沙读第 4 声，啦读第 4 声〉同"庆零含林"：佢～就搞好一餐饭。(他三下两下就弄好一顿饭。)

忙狼 mɔŋ⁴lɔŋ⁴ 匆忙：咁～点做得好嘢嘅嗻！(这么匆忙怎能做得好事情呢！)[又作"狼忙"]

*__狼犺__ lɔŋ⁴kʰɔŋ⁴〈犺音抗第 4 声，其杭切〉匆忙；急：佢狼狼犺犺噉走上嚟揾我。(他急匆匆地跑上来找我。)[重见九 C4]

猴(喉)擒 hɐu⁴kʰɐm⁴ 着急；急匆匆地：咁～做乜噃，仲有一个字至开场。(这么匆忙干什么，还有 5 分钟才开场。)

*__猴(喉)急__ hɐu⁴kɐp¹ 急急忙忙地；急匆匆地：唔使～，慢慢食，仲有大把。(不用急，慢慢吃，还有很多。)[重见五 A5]

擒青 kʰɐm⁴tsʰɛŋ¹〈青音差赢切第 1 声〉匆忙；急忙：～得滞顾住跌亲啊！(太急了不小心摔跤啊！)

擒擒青 kʰɐm⁴kʰɐm⁻²tsʰɛŋ¹〈第二个擒读第 2 声，青音差赢切第 1 声〉急匆匆；匆忙地：你～赶住去边啫？(你急匆匆的，赶去哪儿呀？)

赶住去投胎 kɔn²tsy⁶høy³tʰɐu⁴tʰɔi¹【熟】【喻】【贬】匆匆忙忙（赶住：赶着）。

频□ pʰɐn⁴lɐn⁴〈后一字音黎人切〉匆忙：佢成日都係咁～嚟喇，一阵间赶住入货，一阵间赶住找数。(他整天都是这么匆忙的，一会儿赶去进货，一会儿赶去付款。)

急急脚 kɐp¹kɐp¹kœk³ 急匆匆地（走路）：你～赶住去边啊？（你急急忙忙赶去哪儿？）

滚水淥脚 kwɐn²søy²lok⁶kœk³【喻】匆忙（指逗留的时间短或走路匆忙。滚

水：开水；渌：烫）：佢嚟咗一下，～又走咗。（他来了一下，匆匆忙忙又走了。）｜行步路都～嘅。（连走起路来也匆匆忙忙。）

***衡** hɐŋ^{4} 本义是绷得紧，引申为紧张（催促等）；大肆（张扬等）。用在表示动作的词语后面，有时前面还带“到”（得）字：畀佢催到～。（被他紧紧催逼。）｜大炮车到～。（牛皮吹上天。）[重见九 B6、九 D14]

衡晒 hɐŋ^{4}sai^{3} 同“衡”（晒：非常）：督～（不停地督促、指点）｜报纸卖到～。（报纸上大张旗鼓地报道。）

摸$_{2}$ mɔ$^{-1}$〈读第 1 声〉（做事、走路等）慢：你行得最～。（你走得最慢。）｜佢做嘢好～嘅。（他做事很慢的。）

慢手 man^{6}sɐu^{2}（做事）慢：你咁～㗎，就嚟冇车搭㗎喇。（你动作这么慢，快没车坐了。）

咪摸 mi^{1}mɔ$^{-1}$〈咪音么衣切，摸读第 1 声〉磨蹭；（做事）慢吞吞（摸：慢）：你咪咁～啦，大家等咗你好耐喇。（你别磨蹭了，大家等了你很久了。）

摸佗 mɔ$^{-1}$tʰɔ^{4}〈摸读第 1 声〉同“咪摸”：杨仔手脚～得滞。（小杨手脚太慢）。

***粒** nɐp^{6}〈音粒第 6 声，那入切〉（做事）慢：你个人认真～嘞，噉啲嘢做咁耐未做好。（你这人动作真慢，这么点事做那么久没做好。）[重见九 B3]

粒手粒脚 nɐp^{6}sɐu^{2}nɐp^{6}kœk^{3}〈粒音粒第 6 声，那入切〉（做事）慢（粒：黏）：唔好～啊，时间唔够㗎！（手脚别那么慢，时间不够的！）

黐手粒脚 tsʰi^{1}sɐu^{2}nɐp^{6}kœk^{3}〈黐音痴，粒音粒第 6 声〉同“粒手粒脚”（黐：黏）。

粒油 nɐp^{6}jɐu^{-2}〈粒音粒第 6 声，油读第 2 声〉【喻】本指机械的润滑油不起作用（粒：黏），比喻人做事手脚慢：同咁～嘅人拍档都几烦嘅。（跟手脚这么慢的人一起做事也挺烦的。）

***粒糯** nɐp^{6}nɔ^{6}〈粒音粒第 6 声，那入切〉做事手脚慢：咁～几时搞得啱啊？（这么慢吞吞的，什么时候弄得好哇？）[重见五 C2]

唔嗲唔吊 m^{4}tɛ^{2}m^{4}tiu^{3}【贬】做事漫不经心，不紧不慢：好似佢噉～，几时先做得完啊？（像他这样拖拖拉拉的，什么时候才干得完哪？）

姐手姐脚 tsɛ^{2}sɐu^{2}tsɛ^{2}kœk^{3}【喻】像小姐一样的手脚，喻慢吞吞：你～，搞到天光都唔啱啦。等我嚟啦。（你慢吞吞的，弄到天亮也弄不好。让我来吧。）

滋游 tsi^{1}jɐu^{4} 悠游；慢条斯理：佢做咩都係咁～。（他无论干什么都是慢条斯理的。）

滋游倓定 tsi^{1}jɐu^{4}tam^{6}teŋ^{6}〈倓音冷淡之淡〉悠游；慢条斯理；从容：就算係火烛，佢都係咁～。（就算是失火，他也是那么不紧不慢。）

九 C9　熟悉、生疏、坦率、露骨

熟络 sok^{6}lɔk^{3}（与人）熟悉：陈仔啊？我同佢几～㗎。（小陈吗？我和他挺熟的。）

熟口面 sok^{6}hɐu^{2}min^{6} 面熟；面善：呢位先生咁～嘅，係咪见过呢？（这位先生很面熟，是不是见过面？）

熟行 sok^{6}hɔŋ^{4}〈行音银行之行〉对某一事物很熟悉；在行：呢件事问你就最～嘞。（这事儿问你就最在行了。）

熟行熟路 sok^{6}hɔŋ^{4}sok^{6}lou^{6}〈行音银行之行〉同“熟行”：佢做起上嚟就～啦。（他干起来就轻车熟道了。）

生部 saŋ¹pou⁻²〈生音生熟之生，部读第2声〉陌生：个细路半年唔见就同我～咗。（这孩子半年不见就跟我陌生了。）

丢生 tiu¹saŋ¹ 荒疏（学业、技术等）：学过啲英语而家～晒添。（学过的英语现在全荒疏了。）

丢疏 tiu¹sɔ¹ 同“丢生”。

直白 tsek⁶pak⁶ 坦率；直截了当地（说）：你～同佢讲。（你直截了当地跟他说。）｜我个人讲话一向好～嘅。（我这人说话一向很坦率的。）

开明车马 hɔi¹meŋ⁴køy¹ma⁵〈车音居〉【喻】以下棋比喻双方坦率地把话说明，或在明里争斗：我～同你讲都唔怕嘞，我唔会畀你收购刘生间公司嘅。（我打开天窗跟你往明里说也不怕，我不会让你收购刘先生的公司的。）

出骨 tsʰɵt¹(tsʰyt¹)kwɐt¹【贬】露骨：你嬲人都唔使嬲到咁～喋。（你对人恼火也不用这么露骨嘛。）

出面 tsʰɵt¹(tsʰyt¹)min⁻²〈面读第2声〉毫不掩饰地；露骨地：係人都睇得出，佢钟意李小姐钟意到～。（谁都看得出来，他喜欢李小姐，毫不掩饰。）

明框 meŋ⁴kwʰaŋ¹【贬】公开地；露骨地：你噉即係～虾我嘛！（你这明明是在欺负我嘛！）

日光日白 jɐt⁶kwɔŋ¹jɐt⁶pak⁶ 光天化日之下：～都有人敢乱嚟？（光天化日的也有人敢乱来？）

九 C10　和睦、合得来、不和、合不来

家和万事兴 ka¹wɔ⁴man⁶si⁶heŋ¹〈兴读第1声〉【熟】一家和睦，万事皆兴：你两公婆唔好成日嘈喧巴闭喇，～啊嘛。（你们夫妻俩别整天吵吵嚷嚷了，一家和睦，万事皆兴呀。）

和气生财 wɔ⁴hei³sɐŋ¹tsʰɔi⁴〈生音司亨切〉和气招财。

糖黐豆 tʰɔŋ⁴tsʰi¹tɐu⁻²〈黐音痴，豆读第2声〉【喻】糖浆和豆子黏在一块儿，形容亲密无间：佢哋两个好到真係～。（他们俩要好得真是黏一块儿了。）[常与“水抠油”对举]

*__啱__ ŋam¹〈音岩第1声〉①合得来；投合：若果大家都唔～嘅，就梗係冇法子拍档啦。（要是双方都不对卯的，就当然没办法合作了。）②男女之间情投意合：谂唔到杨仔同佢～咗呀。（想不到小杨跟她好上了。）[此为壮语词。重见九 D3、九 D23]

啱窍 ŋam¹kʰiu⁻²〈啱音岩第1声，窍音桥第2声〉合得来；投合（啱：合）：我同明仔好～嘅。（我跟小明很合得来。）

啱偈 ŋam¹kɐi⁻²〈啱音岩第1声，偈音计第2声〉同“啱窍”：～就倾多两句，唔～就倾少两句嘛。（谈得来就多聊两句，谈不来就少聊两句罢了。）

啱倾 ŋam¹kʰeŋ¹〈啱音岩第1声〉谈得来（啱：合；倾：谈）：年岁争咁大边～喋。（年岁相差那么大哪儿谈得拢呢？）

*__拍档__ pʰak³tɔŋ³〈档音上当之当〉合作得好：你哋两个都几～啊。（你们俩合作得还挺好嘛。）[重见一 E2、七 E3]

*__敆(夹)档__ kɐp³(kap³)tɔŋ³〈敆音计入切第3声，又音计鸭切；档音上当之当〉同“拍档”：唔～好难一齐做嘢嘅。（合不来很难一起做事的。）[重见七 E3、一 E2]

*__敆(夹)__ kɐp³(kap³)〈计入切第3声，又音计鸭切〉合得来；合作得好：

我哋嗰度冇边个话同侯师傅唔～略。（我们那儿没有谁跟侯师傅合不来嘛！）[重见七 A13、七 E3]

行得埋 haŋ⁴tɐk¹mai⁴ 合得来（行：走；埋：靠拢）：一见面就咁～，少有！（一见面就那么投合，少见！）

登(戥)对 tɐŋ¹tøy³ 般配：一个够靓仔，一个够靓女，两个几～。（一个够帅，一个够俊，俩人挺般配。）

捞乱骨头 lou¹lyn⁶kwɐt¹tʰɐu⁴〈捞音劳第 1 声〉【喻】迷信说法：两人上一辈子死后骨骸彼此混在一起，来生就会成为死对头（捞：搅和）。比喻两人关系极差：佢两个～嘅，见亲面就嗌交。（他们俩是水火不相容的，一见面就吵架。）

贴错门神 tʰip³tsʰɔ³mun⁴sɐn⁴【喻】门神像应是左右相向，如贴错则背对背，比喻二人不和；合不来：佢两个～嘞，边处倾嘅啫！（他们俩卯不对榫，哪里合得来呢！）

水抠油 søy²kʰɐu¹jɐu⁴〈抠音卡欧切〉【喻】水和油一般无法拌和（抠：掺和；搅拌），比喻关系差、合不来：我同佢直情就係～，捞唔埋嘅。（我和他简直就是势如水火，搅不到一块儿。）[常与"糖黐豆"对举]

唔啱牙 m⁴ŋam¹ŋa⁻²〈啱音岩第 1 声，牙读第 2 声〉【喻】螺纹互相不扣合（唔：不；啱：合适；牙：螺纹），比喻合不来：～嘅人你就咪分配佢哋一齐做啦。（合不来的人你就别分配他们一起工作嘛。）

唔打得埋 m⁴ta²tɐk¹mai⁴【喻】合不来（唔：不；埋：靠拢）：佢哋旧时～嘅，而家变到咁老友。（他们以前合不来的，现在变得这么好。）

行唔埋 haŋ⁴m⁴mai⁴ 合不来（行：走；唔：不；埋：靠拢）：我同佢永世～嘅！（我跟他永远都走不拢！）

九 C11　合算、不合算

化算 fa³syn³ 合算；划得来：由呢度坐飞机去海南岛，几～㗎。（从这儿坐飞机到海南岛，挺划算的。）[这是对北方话"划算"的摹音]

抵 tɐi² 合算；划得来：两毫子一斤白菜，～到烂啦。（两毛钱一斤白菜，合算极了。）

着数 tsœk⁶sou³〈着音着急之着〉合算；划得来：一缗鸡买两嚿番枧，几～啊。（一块钱买两块肥皂，挺划得来嘛。）| 照呢个方案你哋最～。（照这个方案你们最合算。）

着₃ tsœk⁶〈音着急之着〉同"着数"：我都话噉样～。（我也说这样划算。）

有数为 jɐu⁵sou³wɐi⁴〈为读第 4 声〉合算；划得来（为：计算）：呢单生意～。（这宗生意划得来。）

为得过 wɐi⁴tɐk¹kwɔ³〈为读第 4 声〉同"有数为"。

唔抵 m⁴tɐi² 不值得；亏：噉件嘢买咁贵，～啊！（这样一件东西买那么贵，不值！）| 行咗步盲棋，输得真係～！（走了一步睁眼瞎的棋，输得真亏！）

冇数为 mou⁵sou³wɐi⁴〈冇音无第 5 声，为读第 4 声〉不合算；划不来（冇：没有；为：计算）：再平啲畀你我就真係～喇。（再便宜给你我就真的划不来了。）

为唔过 wɐi⁴m⁴kwɔ³〈为读第 4 声〉同"有数为"（唔：不）。

***揦脷** la²lei⁶〈揦音丽哑切，脷音利〉【喻】钱财花得令人心疼；很不划算：十几万好～啊。（十几万太叫人揪心。）[重见九 B22]

九 C12　有条理、没条理、马虎、随便、离谱

有纹路 jɐu^{5}mɐn^{4}lou^6（做事等）有条理；逻辑性强（纹路：条理）：人哋係大学生，讲话梗～啦。（人家是大学生，说话当然有条理。）

有纹有路 jɐu^{5}mɐn^{4}jɐu^{5}lou^6 同“有纹路”：你咪睇佢至得10岁，之讲起话嚟～。（你别看他才10岁，可说起话来有板有眼的。）

有头有路 jɐu^{5}tʰɐu^{4}jɐu^{5}lou^6 头头是道；有板有眼：佢做起嘢上嚟～。（他干起活来头头是道。）

*__冇修__ mou$^{5(-2)}$ sɐu^1〈冇音无第5声，又读第2声〉【喻】（言行）不合于理（冇：没有；修：指前世修行）：呢条傌仔真～，话极都唔听。（这小子真不像话，怎么说他都不听。）［重见七A8、九C4］

*__摎挍__ lau^{2}kau^6〈摎音励考切，挍音教第6声〉（做事等）缺乏条理：佢做嘢咁～，仲话大学生添！（他做事这么没条理，还说是大学生呢！）［重见九B7］

鸡手鸭脚 kɐi^{1}sɐu^{2}ap^{3}kœk^3 手忙脚乱；笨手笨脚：睇你～嘅，仲係我嚟啦！（看你毛手毛脚的，还是我来吧！）

冇纹路 mou^{5}mɐn^{4}lou^6〈冇音无第5声〉【贬】缺乏条理性的；逻辑性不强的（冇：没有；纹路：条理）：你讲话都～嘅，都唔知你噏乜。（你说话没有条理，都不知道你在说啥。）

无厘头 mou^{4}lei^{4}tʰɐu^4【贬】缺乏条理性的；没有头绪的；莫名其妙的（无厘：没一点儿）：你专门做埋晒啲～嘅嘢！（你专门干一些没头没脑的事情！）｜～文化（指完全没有社会意义、只靠无聊的噱头来取悦读者和观众的文化商品。例如一些庸俗的电影、小说等。）

冇厘傝僠 mou^{5}lei^{4}tap^{3}sap^3〈冇音无第5声，傝音搭，僠音垃圾之圾〉【贬】（做事等）没条理；不踏实；不合常理或逻辑：～嘅人我係唔要嘅。（办事没头没脑的人我是不要的。）｜唔好讲埋晒啲～嘅嘢啦！（别尽说些离格儿的话吧！）［又作“冇傝僠”］

沙沙滚 sa^{4}sa^{4}kwɐn^2〈沙读第4声〉草率的；马虎了事的；靠不住的：佢做嘢不溜～㗎啦。（他干活一向草率。）｜呢条友仔～㗎，因住啊。（这个家伙靠不住，小心点儿。）

沙哩弄冲 sa^{4}li^{1}loŋ^{6}tsʰoŋ^3〈沙读第4声，哩音拉衣切，冲读第3声〉马马虎虎的；不负责的；捣乱的：做嘢就要正经啲，唔好～。（干活就要认真点，不要马马虎虎的。）｜细路仔唔好喺处～。（小孩别在这捣蛋。）

揦西 la^{2}sɐi^1〈揦音励哑切〉马虎：你唔使指意佢会做得好啊，佢做乜嘢都係咁～嘅。（你别指望他会做得好，他无论做什么事都是这样马虎的。）

捞哨 lau^{4}sau^4〈捞音罗矛切，哨读第4声〉（做事）马虎潦草：我都谂唔到佢会～成噉嘅！（我都想不到他会马虎到这程度！）

立乱$_2$ lɐp^{6}lyn^{-2}〈乱读第2声〉马虎草率地；无章法地：～搞下就算。（随随便便弄一下就算了。）｜你～嚟嘅！（你乱来！）

求其 kʰɐu^{4}kʰei^4 随便：食餐便饭嘛，～点几个菜好喇。（吃顿便饭，就随便点几个菜好了。）｜同呢啲人做嘢唔使咁认真㗎，～得㗎嘞。（替这些人干活不必太认真，随随便便行的了。）［此为“求其过得去”省略而成］

是但 si^{6}tan^6 随便地；不认真地：～揾几个人做啦，眼睇工夫嚟嘅嘛。（随便找几个人干吧，那是谁都会干的

活。)｜买番枧定係买枧粉啊？——～啦，你揸主意。(买肥皂还是买洗衣粉？——随便好了，你决定吧。)

*唔係路 m⁴hɐi⁶lou⁶ 做事不像话；没谱儿：你哋班友仔真係～嘅，成朝先做咁啲多嘢。(你们这帮家伙真是不像话，整个上午才干那么点儿活。)［省作“唔係”。重见九 C2］

唔教人 m⁴kau³jɐn⁴ 做事对别人有妨害；使人陷于困难境地：条契弟～嘅，见倒势色唔係，声都唔声就较咗脚咻！(这兔崽子害死人，看到情况不对，一声不响就溜了号！)

九 C13 凶狠、可厌［憎恶参见五 B6；蛮横参见五 D7］

狼 lɔŋ⁴【喻】如狼般的；凶狠；不要命的：黑社会啲人个个都好～㗎，唔好惹佢哋。(黑社会的人个个都很凶狠的，不要招惹他们。)｜佢揸车好～㗎，四波仲踩衡油。(他开车不要命的，挂到四档还开足油门。)

狼命 lɔŋ⁴mɛŋ⁶〈命音务赢切第 6 声〉【喻】狠；凶：够～先至做得大佬㗎。(够凶才能当头儿嘛。)

狼胎 lɔŋ⁴tʰɔi¹【喻】狠；狠命：佢打起交嚟够晒～，有人够佢打㗎。(他打架够狠的，没人打得过他。)

*恶₁ ɔk³ 凶：唔使咁～嘅，有话咪慢慢讲啰。(别这么凶，有话就慢慢讲嘛。)［重见七 E16、九 D1］

恶死 ɔk³sei² 凶狠；凶恶：佢係呢条街最～，冇人敢话佢㗎。(在这条街道上，他最凶恶，没有人敢说他。)

恶死能登 ɔk³sei²(si²)nɐŋ⁴tɐŋ¹〈死又音屎〉穷凶极恶；凶恶得很：呢个世界就係有啲咁～嘅人。(这个世界上就是有这么些穷凶极恶的人。)

恶亨亨 ɔk³hɐŋ¹hɐŋ¹ 凶恶的样子：～噉望住。(恶狠狠地望着。)

势凶夹狼 sɐi³hoŋ¹kap³lɔŋ⁴ 气势汹汹的样子（夹：而且；狼：凶狠）：你～我就惊咗你嘅哩咩？（你气势汹汹的我就怕你了吗？)

乞人憎 hɐt¹jɐn⁴tsɐŋ¹ 惹人憎恶的：呢个嘢啲所为好～。(那个家伙的所作所为很令人憎恶。)

神台猫屎——人憎鬼厌 sɐn⁴tʰɔi⁴mau¹si², jɐn⁴tsɐŋ¹kwɐi²jim³【歇】遭到大家的讨厌（神台：神案)：四围咁倒垃圾就确係～！(到处倒垃圾就真的人人讨厌！)

九 C14 其 他

龙精虎猛 loŋ⁴tseŋ¹fu²maŋ⁵【喻】生气勃勃：一话打波，一个个就～嘞。(一说打球，一个个就生龙活虎的了。)

*死咕咕 sei²kwu⁴kwu⁴〈咕读第 4 声，巨胡切〉毫无生气；毫无起色：嗰个厂长边处得㗎，搞到间厂～噉。(那个厂长哪儿行呢，搞得那工厂一点起色也没有。)［重见五 E2］

着₃ tsœk⁶〈音着急之着〉在理；有理：呢件事就係你唔～喇，仲咁大声！(这件事就是你没理了，声音还那么大！)

着理 tsœk⁶lei⁵〈着音着急之着〉同“着₃”：唔使讲都係你～啦。(不用说都是你在理了。)

初嚟甫到 tsʰɔ¹lɐi⁴pou⁶tou³〈嚟音黎，甫音部〉刚来到不久（嚟：来；甫：刚)：我～，乜都唔知。(我刚来，什么都不知道。)

望天打卦 mɔŋ⁶tʰin¹ta²kwa³ 原指祷雨，引申为一切指望天气，靠天吃饭（不一定指农业方面，也不一定指希望下雨)。

手多多 sɐu^{2}tɔ^{1}tɔ^{1}【贬】多手；乱摸乱弄：入到嚟唔畀～㗎。(进这儿来不许多手多脚。)

*__手痕__ sɐu^{2}hɐn^{4}【喻】【贬】多手（痕：痒）：个细路～，将呢度搣甩晒。(那孩子多手，把这儿全拉掉了。)

九D　性质与事态

九 D1　好、水平高、比得上

*__好嘢__ hou^{2}jɛ^{5}〈嘢音野〉好；非常好（嘢：事物）：你啲手艺认真～！(你的手艺实在好！)｜～～，呢一球传得靓！(真好真好，这一球传得漂亮！)［重见八 A8］

嬻 tsan^{2}〈音盏〉好：呢件事做得唔～(这件事做得不好。)

正$_2$ tsɛŋ^{3}〈音郑第 3 声〉好：～菜（好菜）｜～嘢（好东西）。

正斗 tsɛŋ^{3}tɐu^{2}〈正音郑第 3 声〉好：今晚出戏真～。(今晚那部电影真好。)

*__坚__ kin^{1} 好；优良：～料（好消息）｜件衫好～。(这衣服质量很好。)｜你部电视机又冇发票，又冇唛头，我点知係唔係～㗎。(你这台电视机既没有发票，也没有商标，我怎么知道是不是好东西。)［重见九 D3］

*__得__ tɐk^{1} 水平高；行：你都几～噃。(你还挺行。)｜噉嘅水平算～㗎喇。(这样的水平算不错的了。)［重见九 D7、九 D16］

冇得弹 mou^{5}tɐk^{1}t^{h}an^{4}〈冇音无第 5 声，弹音弹琴之弹〉无可指摘的；极好的（冇：没有；弹：指责）：陈师傅做啲嘢真係～！(陈师傅的活儿真是没说的！)

湿水棉花——冇得弹 sɐp^{1}søy^{2}min^{4}fa^{1}—mou^{5}tɐk^{1}t^{h}an^{4}〈冇音无第 5 声，弹音弹琴之弹〉【歇】棉花湿了就没办法弹。谓无可指摘。［参见"冇得弹"］

唔话得 m^{4}wa^{6}tɐk^{1} 无可指摘的（唔：不；话：说）：呢碟餸啲味道～。(这盘菜的味道没说的。)

冇得顶 mou^{5}tɐk^{1}tɛŋ^{2}〈冇音无第 5 声〉好极了；没有什么能与之相比（冇：没有）：个 18 号啲过人技术认真～！(那个 18 号的过人技术实在是再好没有了！)

认咗第二，冇人敢认第一 jeŋ^{6}tsɔ^{2}tɐi^{6}ji^{6}mou^{5}jɐn^{4}kɐm^{2}jeŋ^{6}tɐi^{6}jɐt^{1}〈咗音左，冇音无第 5 声〉【熟】无人能超越（咗：了；冇：没有）：喺我哋厂我跑步～。(在我们厂我跑步是首屈一指的。)

㯳青 piu^{1}ts^{h}ɛŋ^{1}〈㯳音标，青音差赢切第 1 声〉杰出；突出；出众：佢读书喺班上最～。(他在班上学习最出众。)

擸网顶 lap^{3}mɔŋ^{5}tɛŋ^{2}〈擸音拉鸭切，顶音底赢切第 2 声〉【喻】抓住网的总纲（擸：揽取），比喻成绩最好、水平最高；首屈一指：讲到捉棋，我哋呢班人当中係陈仔～喇。(说到下棋，我们这群人当中小陈是首屈一指的。)［重见七 A3］

*__恶__$_1$ ɔk^{3} 水平高；有竞争力：呢支队喺呢个组里头係最～嘅。(这支队伍在这个组里是实力最强的。)［重见七 E16、九 C13］

劲 keŋ^{6} ①【俗】水平高；好：呢幅画好～。(这幅画非常好。) ②令人振奋的：啯场足球真～。(那场足球赛真令人振奋。)

劲抽(秋) keŋ^{6}ts^{h}ɐu^{1} 同"劲"：史泰龙确实～。(史泰龙确实棒。)｜啯个波射得好～。(那个球射得真棒。)｜呢只音乐真～。(这支曲子真激越。)

架势 ka³sɐi³ 了不起（略含贬义）：呢匀你～喇，老细睇得起嗮。（这回你可了不起了，老板瞧得起你。）

*__巴闭__ pa¹pɐi³ 了不起（略含贬义）：捞头奖有乜咁～啫。（拿了头奖有啥了不起的。）[重见五 E1、七 C8]

*__够__ kɐu³ 用于比较，表示能够比得上：阿宇都～佢阿妈高喇。（阿宇都有他妈妈高了。）| 我唔～佢大力。（我没他力气大。）[重见九 D21]

*__过__ kwɔ³ 在表示比较的句子里，引出比较的对象（放在比较词语的后面），表示超过：呢支竹长～嗰支。（这根竹子比那根长。）| 我做得快～你。（我做得比你快。）[重见七 A10、七 B4、九 D18、十 F2]

九 D2　不好、水平低、中等、差得远

*__衰__ sɵy¹ 不好；坏；差：你个人咁～嘅，做埋晒啲噉嘅～嘢！（你这人怎么这么坏，尽干这种缺德事！）[重见五 D6、九 C2、九 C3]

化学 fa³hɔk⁶ 易坏的；质次的：呢张椅咁～㗎，噉就散咗。（这张椅子怎这么差，这就散架了。）[早期的赛璐珞制品以"化学"为标榜，但极易破碎，故有此说]

豆泥 tɐu⁶nɐi⁴ 劣；次；水平低：呢个演员啲唱工～啲。（这个演员的唱腔差了点儿。）

苴(苲) tsa²〈音炸第 2 声，止哑切〉劣；次；水平低：乜你游水游得咁～㗎。（怎么你游泳游得这么差。）| 呢只茶叶好～，边饮得嗮？（这种茶叶很差，怎么能喝？）

苴斗 tsa²tɐu²〈苴音止哑切，斗音升斗之斗〉劣的；不好的；差的；水平低：呢个班成绩认真～。（这个班成绩实在差。）

苴皮 tsa²pʰei⁴〈苴音止哑切〉差劲；劣的；水平低：你咁～㗎，都唔够佢跑。（你怎么这么差劲，连他也跑不过。）

*__曳__ jɐi⁵⁽⁻⁴⁾〈以礼切，又音移黎切〉差；次；劣；水平低：佢啲手工好～㗎咋。（他的手艺很差。）[重见五 C3]

水₂ sɵy² 差；次；劣：佢哋嗰队波好～之嘛。（他们那个球队很差的。）

水皮 sɵy²pʰei⁴ 差；次；劣；水平低：我谂唔到你咁～，让双马都输。（我想不到你这么差劲，饶双马还是输。）

水斗 sɵy²tɐu²〈斗音升斗之斗〉差劲；劣的；水平低：乜咁～㗎，呢个字都唔识写。（怎这么差劲，这个字也不会写。）

*__水汪__ sɵy²wɔŋ¹ 差劲：你做嘢认真～嘞，胡哩马查，似咩嘢样嗮！（你干活怎这么差劲，乱七八糟的，像什么样！）[重见九 D7]

屎 si² 差；次；水平低：王仔啲棋好～㗎咋。（小王的棋很臭。）

*__茄__ kʰɛ⁻¹〈读第 1 声，卡些切〉【俗】差；劣；水平低：佢斗木斗得好～。（他木工活做得很差。）[重见二 B5]

芒 mɔŋ⁻¹〈读第 1 声，么糠切〉【俗】条件差；水平低：谂唔到你哋公司咁～。（想不到你们公司条件那么差。）

流中中 lɐu⁴tsoŋ¹tsoŋ¹ 差；劣：条友仔话技校毕业个喎，做出啲嘢嚟～嘅！（那家伙说是技校毕业的，怎么做的活儿那么次的！）

*__流__ lɐu⁴ 差；劣；次：你只手表～得滞，先至戴咗半年就神咗。（你的手表太次，才戴了半年就坏了。）[重见九 D3]

儿嬉 ji^{4}hei^{1} 差；劣；次；儿戏：呢支笔够晒～，写唔到两个字就写唔出嘞。（这支笔够差劲的，写不了两个字就写不了啦。）

***奀** ŋɐn^{1}〈音银第 1 声〉差；劣：佢哋支球队好～嘅嗻，你唔使惊佢。（他们那支球队很差的，你不用怕他。）[重见九 A1、九 A8]

***尾尾屎** mei^{-1}mei^{-1}si^{2}〈尾读第 1 声，妈希切〉【儿】倒数第一；最差：凡仔考得个 61 分，全班～。（小凡只考了个 61 分，全班倒数第一。）[重见四 B5]

麻麻哋 ma^{4}ma^{-2}tei^{2}〈第二个麻字读第 2 声，哋音底起切〉不好但也不是太差；水平一般（根据说话人的口气，可以是侧重于说不好，也可以是说还过得去）：噉嘅质量就～喇。（这样的质量就不怎么样了。）| 佢嘅水平～啦。（他的水平马马虎虎吧。）[又作"麻麻"]

中亭 tsoŋ^{1}t^{h}eŋ$^{-2}$ 中等：佢～身材。（他中等身材。）| 佢喺班度成绩算～。（他在班里成绩算中等。）

中中哋 tsoŋ^{1}tsoŋ^{1}tei^{2}〈哋音地第 2 声，底起切〉中不溜儿：唔算叻又唔算曳，～。（不算能也不算差，中不溜儿。）

争天共地 tsaŋ^{1}t^{h}in^{1}koŋ$^{6(-2)}$tei^{6}〈争音之坑切，共又读第 2 声〉【喻】别若霄壤；差得非常远：佢嗰两个细佬同佢比就～啰。（他那俩弟弟跟他比就有天渊之别了。）

争成条墟 tsaŋ^{1}seŋ^{4}t^{h}iu^{4}høy^{1}〈争音之坑切，成音时赢切〉【喻】相去一个集市那么远（墟：集市），比喻差得很远。[参见九 B17"隔成条墟咁远"]

九 D3　真实、虚假、正确、谬误

珍珠都冇咁真 tsɐn^{1}tsy^{1}tou^{1}mou^{5}kɐm^{3} tsɐn^{1}〈冇音无第 5 声，咁音甘第 3 声〉【熟】珍珠也作"真珠"。连珍珠也不如其真（冇：没有；咁：这么），即谓千真万确；非常真实：我亲眼见到陈仔拍拖哩。呢件事～㗎。（我亲眼看见小陈谈恋爱了。这事千真万确。）

***坚** kin^{1}【俗】真的：～料（确切的消息）| 呢件嘢～唔～啊？（这件事真的吗？）[重见九 D1]

实牙实齿 sɐt^{6}ŋa^{4}sɐt^{6}ts^{h}i^{2}（说话）千真万确：你讲到～，唔信都唔得喇。（你说得千真万确，不信也不行呀。）

实古实凿 sɐt^{6}kwu^{2}sɐt^{6}tsɔk^{6} 千真万确：呢件事睇起上嚟～，况且陈仔嗰份人唔会讲大话嘅。（这件事看起来千真万确，何况小陈那个人不会说谎的。）

摆明 pai^{2}meŋ^{4} 明明白白地表现出来；人所共知：呢一匀～就係对住你嚟嘅。（这一次非常显然就是冲着你来的。）

花假 fa^{1}ka^{2} 虚假：呢啲药绝对冇～。（这些药绝无虚假。）

***流** lɐu^{4} 假的：呢件嘢係唔係～㗎？（这件事是不是假的？）[重见九 D2]

***啱** ŋam^{1} 对；正确；准确：个答案～定係唔～？（那个答案对还是不对？）| 你噉做就～嘞。（你这样做就对了。）| 呢个钟係～嘅，你只表唔～嗻。（这个钟是准的，是你的表不准。）[重见九 C10、九 D23]

谬 mɐu^{6} 错误；荒谬：你真係～啰，噉嘅嘢都去做。（你真荒谬，这样的事也去做。）

谬俚 mɐu⁶lei⁻²〈俚音利第2声，丽起切〉错误；荒谬：佢讲啲嘢好～嘅。（他说的话非常荒谬。）

九 D4 顶用、好用、无用、禁得起、禁不起

止得咳 tsi²tɐk¹kʰɐt¹【喻】顶用；有效（倾向于指能制止事态向不好方面发展）：呢只药膏好～下，一敷就唔痛嘞。（这种药膏挺管用，一敷就不疼了。）

杀食 sat³sek⁶ 顶用：啲水泥钉几～个噃。（那些水泥钢钉挺管用的。）

*__使得__ sɐi²tɐk¹ 顶用；好使：呢种万能胶係～，黐得好实。（这种万能胶确实好使，黏得挺结实。）[重见五 E1]

戥手 tɐŋ⁶sɐu²〈戥音等第6声，第幸切〉（工具）称手；好使：做嘢啲架撑一定要～先啱嘅。（干活儿工具一定要称手才行。）

就手 tsɐu⁶sɐu² ①同“戥手”：呢块波板几～下。（这块球拍挺称手的。）②方便（取用）：成日用嘅嘢要放喺～嘅地方。（经常用的东西要放在方便拿的地方。）

唔等使 m⁴tɐŋ²sɐi² 无用的；无益的：咪做埋晒啲嗽嘅～嘅嘢啦！（别尽干这种没用的事吧！）

禁(襟) kʰɐm¹〈琴第1声〉经久耐用：呢种煲好～㗎，用十年八年冇问题。（这种锅非常耐用，用十年八年没问题。）[与普通话意思相近，但普通话不单独使用]

硬撑 ŋaŋ⁶tsʰaŋ³〈撑读第3声〉禁得起（打击等）：呢条塘虱够晒～，开咗肚仲唔死。（这条胡子鲶真禁得起，开膛破肚还没死。）| 佢好～㗎，伤风感冒闲事啦。（他很挺得住，伤风感冒只是小事一桩。）

*__硬净__ ŋaŋ⁶tsɛŋ⁶(tsaŋ⁶)〈净音郑，又音治硬切〉坚固耐用；结实：呢个柜斗得够晒～喇。（这柜子做得够结实的了。）[重见二 C9、九 B4]

*__实净__ sɐt⁶tsɛŋ⁶〈净音郑〉同“硬净”：对皮鞋日日嗽着，着咗半年，仲咁～。（这双皮鞋天天穿，穿了半年，还这么结实。）[重见二 C9、九 B4]

顶得顺 teŋ²tɐk¹sən⁶ 挺得住：成两百斤个噃，你～咩？唔好夹硬嚟啊。（整整两百斤呀，你挺得住吗？别勉强啊。）| 今个月冇咗奖金，点～啊？（这个月没了奖金，怎么熬得住哇？）

顶唔顺 teŋ²m⁴sən⁶ 禁不起；挺不住：你屋企咁多电器，呢条灰士～㗎，实烧啫。（你家里这么多电器，这根保险丝禁不起，肯定要熔断的。）| 食咁少饭，我～嘅。（吃这么少饭，我挺不住。）

九 D5 变化、不变、有关、无关

午时花六时变 ŋ⁵si⁴fa¹lok⁶si⁴pin³【喻】【贬】午时花（一种花卉）早晚不同，比喻变化无常或经常变卦（“午”与“五”谐音，同“六”相对）：佢个人～嘅，我唔敢信佢。（他这人一会儿一变，我不敢相信他。）

*__梗__₁ kɐŋ² 固定不变：一日做8个钟就～㗎嘞。（一天工作8小时是固定不变的。）[重见九 B6、九 D20]

梗板 kɐŋ²pan² 固定的；定死的：个个月上缴五百缗，呢个係～㗎喇。（每个月上缴五百块，这是固定不变的了。）

关事 kwan¹si⁶ 有干係（往往用于否定

或疑问）：唔～（不相干）｜唔关我事。（与我无关。）｜噉都～？（这也有关系？）

有黐擨 jɐu^{5}na^{1}nɐŋ^3〈黐音那第1声，擨音能第3声〉有关；有牵扯（黐擨：关系）：我估佢同呢件案件实～。（我估计他跟这个案件一定有牵扯。）

冇黐擨 mou^{5}na^{1}nɐŋ^3〈冇音无第5声，黐音那第1声，擨音能第3声〉无关；没有牵扯（冇：没有；黐擨：关系）：你同佢哋敆伙做生意，呢件事你点可能～呢？（你跟他们合伙做生意，这件事你怎么可能不牵扯进去呢？）

唔黐经（耕） m^{4}na^{1}kaŋ^1〈黐音拿第1声，经音耕〉毫无关系；毫无牵连（唔：不；黐：黏；经：棉胎上的网线）：呢两件事都～嘅。（这两件事毫不相干。）｜你讲埋晒啲～嘅嘢。（你尽说些不相干的话。）［参见八A1“黐经（耕）”］

关人 kwan^{1}jɐn^4 与人无关（是“关人屁事”的省略，因后面字眼不雅，所以省略）：你自己之嘛，～啊！（你自己的缘故，关别人什么事！）

九 D6 增加、减少、没有、不充足、欠缺

耷保 tɐp^{1}pou^4〈耷音低恰切，保读第4声〉【外】双倍地增加：老细，做多咁多嘢，人工係咪～啊？（老板，多做那么多活儿，工资是不是加倍啊！）［英语 double］

打孖 ta^{2}ma^1〈孖音妈〉双倍（孖：并联）：药都好立乱～食嘅咩！（药也能随便双倍地吃吗！）

缩水 sok^{1}sɵy^2【喻】本指布料浸水后尺寸缩短，比喻物量减少；特指货币贬值：乜你哋呢度做啲面包～缩咗咁多嘅？（怎么你们这儿做的面包缩小了那么多？）｜银纸～（货币贬值。）

化水$_2$ fa^{3}sɵy^2【喻】减少而最后变为零：呢铺即估有赚，谁不知又～。（这一回还以为能赚，谁知又没了。）

噉$_1$ kɐm^2〈音敢〉放在表动作等的词语后面、表数量的词语前面，表示数量的减少：畀佢攞咗～大半。（被他拿了一大半。）｜係少～啲嘛。（只少了一点儿。）｜唔见～十几个。（不见了十几个。）

紧$_2$ kɐn^2 同“噉$_1$”：笔经费已经用～五六万喇。（那笔经费已经用去五六万了。）

***冇** mou^5〈音无第5声，米老切〉没有；不存在；不拥有：呢度一个人都～。（这儿一个人也没有。）｜我～呢本书。（我没有这本书。）｜而家～事嘞。（现在没事了。）［重见九D32］

清光 tsʰeŋ^{1}kwɔŋ^1 用在表动作的词语后面，表示一点不剩，全部没有了；光：食～（吃光）｜畀佢咸唪呤攞～。（让他全部拿光。）

***抆$_2$** mɐn^3〈音文第3声，务训切〉办事时材料、金钱或时间等不充足，不够或几乎不够；缺乏余地：六百缗好～喇，实唔够。（六百块钱很紧了，肯定不够。）｜你唔好预咁～啦。（你别预计得没点余地嘛。）［参见“绷绷紧”。重见九B23］

抆码 mɐn^{3}ma^5〈抆音文第3声，务训切〉同“抆$_2$”：两个钟头赶去嗰度，我睇几～。（两个小时赶到那儿，我看挺玄乎的。）

抆水 mɐn^{3}sɵy^2〈抆音文第3声，务训切〉同“抆$_2$”：呢幅布做两件衫，～啲。（这块布做两件衣服，勉强了点儿。）

抆抆莫 mɐn³mɐn³mɔk⁻²〈抆音文第3声，莫读第2声〉同"抆₂"：做嘢咪做到～，万一搞咗都有得揸啊。（做事情别不留余地，万一砸了也可以补救嘛。）

绷绷紧 maŋ¹maŋ¹kɐn²〈绷音么坑切〉【喻】办事时材料、金钱或时间等不太充足，余地不多：畀两个月时间就～。（给两个月时间就勉勉强强。）｜呢度啲木斗一张枱一个柜都係～嘅咋。（这里的木料做一张桌子一个柜子也只是刚刚够。）［与"抆₂"意思相近。"抆₂"侧重于不太够，"～"侧重于勉强够］

揸揸紧 man¹man¹kɐn²〈揸音蛮第1声〉同"绷绷紧"。

唔够喉 m⁴kɐu³hɐu⁴【喻】原意是没吃饱（参见二C4"够喉"。唔：不），比喻不满足：批咗3车畀佢仲话～。（批了3车给他还说不够。）

*__争__₁ tsaŋ¹〈音之坑切〉缺乏；相差：仲～一个人。（还缺一个人。）｜～啲咁多就够嘞。（差一点点就够了。）｜两个人～成20岁。（俩人相差整整20岁。）［重见七B7］

九 D7 能够、不行、有望、无望、有收益、无收益

*__得__ tɐk¹ 行；可以；能够：你3点钟嚟～唔～？（你3点钟来行不行？）｜你走～嘞。（你可以走了。）｜唔拶～走个噃。（不能拿走的。）［普通话"可以"、"能够"同表动作等的词语配合使用时，是放在这词语前面的，而广州话"～"同这种词语配合使用时，一般是放在后面的。重见九D1、九D16］

*__唔掂__ m⁴tim⁶〈掂音店第6声，第艳切〉不行；行不通（唔：不；掂：妥当）：未计划好就嘟，梗係～啦！（没计划好就动手，当然不行了！）［重见九C2］

唔捞 m⁴lou¹〈捞音劳第1声〉不行；行不通（唔：不）：你噉样做实～嘅。（你这样干一定行不通。）｜做人自私过头～嘅！（做人太自私是不行的！）

有行 jɐu⁵hɔŋ⁴〈行音银行之行〉【喻】（事情）有希望；有可能；有所收获（行：本指行情）：睇嚟～噃。（看来有希望。）

有声气 jɐu⁵sɛŋ¹hei³〈声音司嬴切第1声〉同"有行"：经理噉讲即係～啦。（经理这么说也就是有希望了。）

冇行 mou⁵hɔŋ⁴〈冇音无第5声，行音银行之行〉【喻】（事情）没希望；无所收获（行：本指行情）：卒之都係～。（最后还是没希望。）

冇声气 mou⁵sɛŋ¹hei³〈冇音无第5声，声音司嬴切第1声〉同"冇行"：唔通呢次又～？（难道这次又是失望而归？）

卖鱼佬洗身——冇腥（声）气 mai⁶jy⁴lou²sɐi²sɐn¹—mou⁵sɛŋ¹hei³〈冇音无第5声，腥（声）音司嬴切第1声〉【歇】卖鱼的人本来满身腥气，洗澡以后腥气就没了（洗身：洗澡）。"腥"与"声"同音，以谐音双关谓没希望。［参见"冇声气"］

水汪汪 søy²wɔŋ¹wɔŋ¹【喻】事情不落实；没有结果；希望渺茫：我即估啱喇添，原来仲係～㗎？（我还以为行了呢，原来还是没点儿眉目哪？）｜人哋都到嘞，你哋仲一啲冇准备，咁～嘅？（人家都到了，你们还一点没准备，这么没头绪的？）

*__水汪__ søy²wɔŋ¹ 同"水汪汪"。［重见九D2］

有嘢到 jɐu⁵jɛ⁵tou³〈嘢音野〉【俗】有所收获（嘢：东西）：呢匀都冇白行，

总算係～。（这次没白走一趟，总算有收获。）

有料到 jɐu^{5}liu^{-2}tou^3〈料读第 2 声〉同“有嘢到”。

冇嘢到 mou^{5}jɛ^{5}tou^3〈冇音无第 5 声，嘢音野〉【俗】无所收获；得不到利益（冇：没有；嘢：东西）：我哋啲穷机构～嘅。（我们这些穷机构没有油水的。）

冇料到 mou^{5}liu^{-2}tou^3〈冇音无第 5 声，料读第 2 声〉同“冇嘢到”。

九 D8　到时、过点、来得及、来不及

够钟 kɐu^{3}tsoŋ^1 到钟点；引申为到期：～落班。（到点下班。）| 出年我就～退休嘞。（明年我就退休了。）

过钟 kwɔ^{3}tsoŋ^1 晚点，误点：佢～都未到，怕係唔嚟喇。（他过了时间还没到，恐怕不来了。）

过庙 kwɔ^{3}miu^{-2}〈庙读第 2 声〉【喻】晚点；误点：而家先嚟，过晒庙喇！（现在才来，晚了！）

嚟得切 lɐi^{4}tɐk^{1}ts^{h}it^3〈嚟音黎〉来得及（嚟：来）：仲有大把时间，行路去都～。（还有很多时间，走路去也来得及。）

赶得切 kɔn^{2}tɐk^{1}ts^{h}it^3 来得及；赶得上：如果唔塞车嘅话，一实～。（如果不堵车的话，肯定赶得上。）

赶得起 kɔn^{2}tɐk^{1}hei^2（工程等）能及时完成（起：完成）：呢单工程元旦之前～。（这项工程能在元旦以前完成。）

得切 tɐk^{1}ts^{h}it^3 赶得及（用在表示动作或活动的词语后）：做～（能赶得及做）| 而家仲走～。（现在走还来得及。）

嚟唔得切 lɐi^{4}m^{4}tɐk^{1}ts^{h}it^3〈嚟音黎〉来不及（嚟：来；唔：不）：而家咁晏，～喇。（现在这么晚，来不及了。）[又作“嚟唔切”、“唔嚟得切”]

赶唔得切 kɔn^{2}m^{4}tɐk^{1}ts^{h}it^3 来不及；赶不上（唔：不）。[又作“赶唔切”、“唔赶得切”]

唔切 m^{4}ts^{h}it^3 赶不及（用在表示动作或活动的词语后）：睇～（来不及看）| 做～（来不及做）。

九 D9　困难、危险、可怕、容易、浅显

恶₂ ɔk^3 难于（做某事）：呢件嘢好～搞㗎。（这件事很难办呀。）

恶意 ɔk^{3}ji^3 同“恶”：如果上便唔拆得，就好～做个噃。（如果上面不能拆，就很难弄的。）| 佢个人～请。（他这人难请。）

恶作 ɔk^{3}tsɔk^3 难办；不好对付（恶：难）：呢单工程的确～，唔好接啰。（这项工程确实不好对付，不要承接了。）

***恶骾** ɔk^{3}k^{h}ɐŋ^2〈骾音卡肯切〉【喻】不好应付（恶：难；骾：勉强下咽）：呢镬嘢好～㗎，唔好孭上身啊。（这骨头挺难啃的，不要背这个包袱。）[重见九 B22]

踢脚 t^{h}ɛk^{3}kœk^3 难办：呢件事好～。（这件事很难办。）[重见九 B22]

择使 tsak^{6}sɐi^2 难办：我都知呢单嘢～㗎嘞。（我也知道这件事难办的了。）

虾人 ha^{1}jɐn^4 字面意思是欺负人（虾：欺负），指事情难办，使人为难：你咪话好易啊，唔熟嘅话都几～㗎。（你别说很容易，不熟的话也挺难人的。）

牙烟 ŋa^{4}jin^1 危险：唔好企开山崖嗰度，好～㗎。（别站到山崖那儿，很危险的。）

擙骨 ŋou^{4}kwɐt^{1}〈擙音傲第 4 声，娥豪切〉【喻】危险（擙：摇）：你睇下天棚嗰支天线岌岌贡，好似随时跌得落嚟，～啲噃。（你瞧天台上那根天线摇摇晃晃的，好像随时会摔下来的样子，有点危险呀。）

危危乎 ŋɐi^{4}ŋɐi^{4}fu^{4} 危险：呢间屋～想冧想冧噃，住得人嘅咩？（这所房子挺危险的，像是要倒塌的样子，能住人吗？）

得人惊 tɐk^{1}jɐn^{4}kɛŋ^{1}〈惊音机赢切第 1 声〉令人惊惧的：嗰部鬼戏好～㗎。（那部魔怪电影很令人恐惧。）

得人怕 tɐk^{1}jɐn^{4}pʰa^{3} 同“得人惊”：佢恶起上嚟个样认真～。（他凶起来那个样子着实令人害怕。）

易过借火 ji^{6}kwɔ^{3}tsɛ^{3}fɔ^{2}【熟】【喻】比借个火还容易，喻非常容易；易如反掌：整电视机？～啦！（修电视机？太容易了！）

当食生菜 tɔŋ^{3}sek^{6}saŋ^{1}tsʰɔi^{3}〈当音当作之当，生音生熟之生〉【熟】【喻】只当是吃生菜（食：吃），比喻非常容易做。旧时习惯拿生菜洗洗就吃，连煮熟也不用，所以说容易：畀我嚟就～嗻。（让我来就太容易不过了。）

好闲 hou^{2}han^{4} ①事属等闲，谓容易办（好：很）：呢件事对于佢嚟讲就梗係～啦。（这件事对于他来说当然是很容易的了。）②很平常的；不必在乎的：十几缗～嗻。（十几块钱是小意思。）｜朋友之间帮下忙～嗻，使乜噉。（朋友之间帮帮忙不算什么，何必这样。）

闲闲哋 han^{4}han^{-2}tei^{2}〈后一闲字读第 2 声，哋音地第 2 声〉同“好闲”（哋：稍微）：咪话～，唔係话得就得㗎。（别说容易，不是说行就行的。）

一字咁浅 jɐt^{1}tsi^{6}kɐm^{3}tsʰin^{2}〈咁音甘第 3 声〉【喻】像“一”字那么浅显（咁：那么），比喻极为浅显：噉嘅道理～嗻，点会唔明啊？（这样的道理浅显极了，怎么会不懂呢？）

九 D10　奇怪、无端、难怪

奇 kʰei^{4} 奇怪：真係～嘞，啱先仲响度嘞，唔见咗嘅？（真奇怪，刚才还在这儿的，怎么不见了？）［普通话“奇”一般不单独用，广州话则常单独用］

出奇 tsʰɵt^{1}(tsʰyt^{1})kʰei^{4} 奇怪：你讲啲话又係～嘅，你嚟得点解我就唔嚟得？（你说话也奇怪，你能来为什么我就不能来？）［普通话“出奇”指不平常，与广州话不同］

吊钉 tiu^{3}tɛŋ^{1}〈钉音低赢切第 1 声〉不合常理的；奇怪的：点解度度都搞啱，就剩嗰啲咁多唔做埋佢，咁～嘅？（为什么处处都弄好，就剩那一点点不把它也做了，这么蹊跷？）

翘钉 kʰiu^{3}tɛŋ^{1}〈翘音桥第 3 声，钉音低赢切第 1 声〉同“吊钉”。

***旮旯** kʰa^{3}la^{1}〈旮音卡第 3 声，旯音啦〉同“吊钉”：佢个人做乜都係零舍～嘅。（他这人不管干什么都是特别奇怪的。）［重见四 B7］

冇解 mou^{5}kai^{2}〈冇音无第 5 声〉不知为什么；奇怪；莫名其妙（冇：没有）：你个人做嘢乜咁～嘅！（你这人做事怎么这么莫名其妙的呢！）

无端白事 mou^{4}tyn^{1}pak^{6}si^{6} 无端；无缘无故地：畀佢～闹咗一餐，真係局气！（被他无缘无故骂了一顿，真是憋气！）｜点解禽树～会冧嘅？（为什么这树无缘无故会倒呢？）

无情白事 mou^{4}tsʰeŋ^{4}pak^{6}si^{6} 同“无端白事”：～又使咗两百缗。（无缘无故地又花了两百块。）

无端端 mou^{4}tyn^{1}tyn^1 同“无端白事”：点解～搣烂佢啫？（干嘛无缘无故把它撕了？）

无簕簕 mou^{4}na^{1}na^1〈簕音拿第1声，那哈切〉无缘无故地：冇人惹佢，唔知～喊乜嘢呢。（没人招惹他，不知无缘无故地哭什么呢。）

唔怪之得 m^{4}kwai$^{3(-2)}$tsi^{1}tɐk^1〈怪可读拐〉难怪；怪不得：～佢唔肯嚟啦，原来係噉。（怪不得他不肯来，原来是这样。）| 噉就～喇。（这就难怪了。）[又作“唔怪得之”、“唔怪得”，“唔怪之”、“唔怪”、“怪唔之得”、“怪唔得之”、“怪唔之”、“怪唔得”、“怪之得”、“怪得之”、“怪之”、“怪得”]

九 D11　有趣、滑稽、枯燥

得意 tɐk^{1}ji^3 有趣；有意思：呢个妹妹仔好～。（这个小妹妹很有趣。）| 佢讲个古仔鬼咁～。（他讲的故事非常有意思。）[普通话“得意”的意思广州话也用，但没有“有趣”的意思常用]

趣致 ts^{h}øy^{3}tsi^3 有趣（专用于小孩、小动物等）：呢个BB几～嘅。（这个小孩儿多有趣呀。）

趣怪 ts^{h}øy^{3}kwai^3 有趣：嗰个玻璃公仔～到乜嘢噉。（那个玻璃小人儿有趣得不得了。）

***得戚** tɐk^{1}ts^{h}ek^1 有趣：呢啲细路仔画鬼咁～。（这些小孩子的画非常有趣。）

***搅（搞）笑** kau^{2}siu^3 好笑；滑稽：呢部电影都几～个嘅。（这部电影也挺好笑的。）[重见七 A19]

嬻鬼 tsan^{-2}kwɐi^2〈嬻音盏〉有趣；诙谐（嬻：好）：呢幅漫画真係～嘞。（这幅漫画真有趣。）

***鬼（诡）马** kwɐi^{2}ma^5 诙谐；滑稽：佢讲说话好～，成日引到我哋咔咔笑。（他说话挺诙谐的，老是逗得我们哈哈大笑。）[重见五 D6]

生鬼（诡） saŋ^{1}kwɐi^2〈生音生熟之生，司坑切〉诙谐；滑稽：嗰个演员演得仲未够～。（那个演员演得还不够诙谐。）

***奸诡** kan^{1}kwɐi^2 幽默；滑稽：嗰个笑星好～㗎，佢一企出嚟啫，你就想笑。（那个笑星很幽默的，他刚一站出来，你就想笑。）[重见五 D6]

***无闻无味** mou^{4}mɐn^{4}mou^{4}mei^6 枯燥的：呢出电影～，不如唔好睇啰。（这部电影挺枯燥的，不如别看了。）[重见九 B22]

无聊赖 mou^{4}liu^{4}lai^6 无聊；枯燥：退咗休唔去搵啲世艺就好～嘅。（退了休不去找点儿消遣很无聊的。）

九 D12　嘈杂、声音大、静、声音小

***嘈** ts^{h}ou^4 声音杂乱扰人：呢度近街市，好～嘅。（这儿靠近菜场，很吵的。）[重见七 C6、七 C8]

***嘈喧巴闭** ts^{h}ou^{4}hyn^{1}pa^{1}pɐi^3 非常嘈杂（巴闭：咋呼吵嚷）：点解呢度咁～嘅？（怎么这儿这么嘈杂？）[又作“嘈吱巴闭”。重见七 C8]

含含声 hɐm^{4}hɐm^{2}sɛŋ^1〈第二个含读第2声，声音司赢切第1声〉人声鼎沸；嘈杂（含含：模拟人声）：啲人～，冇法子听倒佢讲乜。（那些人太吵了，没办法听见他说什么。）

家嘈屋闭 ka^{1}ts^{h}ou^{4}ok^{1}pɐi^3 家中吵吵闹闹（指在家里吵架造成的现象。闭：巴闭，即吵嚷）：响公司已经忙到死，返到嚟又～，真係烦！（在公司已经忙得要命，回来家里又是吵吵

闹闹的，真烦！）

大声 tai⁶seŋ¹〈声音司赢切第 1 声〉声音大：佢个人讲嘢好～嘅。（他这人说话声音大得很。）[普通话有时也用此词，但使用范围很窄]

唠嘈 lou⁴tsʰou⁴【贬】（说话）声音大：讲话使乜咁～啫。（说话何必这样扯起嗓门。）

静英英 tseŋ⁶jeŋ¹jeŋ¹ 静悄悄；寂静：成间屋～，揾个人都冇。（整所房子静悄悄的，人影也没一个。）

静鸡鸡 tseŋ⁶kei¹kei¹ 静悄悄；悄悄地：平时呢度好嘈㗎，做咩今日～嘅？（平时这里很吵，干嘛今天静悄悄的？）｜佢～行过去，想吓下佢。（他悄悄地走过去，想吓她一跳。）

细声 sei³seŋ¹〈声音司赢切第 1 声〉声音小：将个收音机拧到～啲。（把收音机的声音关小点儿。）

蚊螆噉声 men¹tsi¹kem²seŋ¹〈螆音之，噉音敢，声音之赢切第 1 声〉【喻】像蚊子一样的声音（蚊螆：蚊虫；噉：那样），比喻声音小：你～，边个听得倒嗝！（你声音像蚊子那么小，谁能听得见呢！）

九 D13 热闹、排场、冷清、偏僻

闹热 nau⁶jit⁶ 热闹：哗，乜呢度咁～啊？（嚯，怎么这儿这么热闹？）

墟冚 hɵy¹hem⁶〈墟音虚，冚音含第 6 声〉热闹（墟：集市；冚：模拟人声）：新年花市年年都係咁～㗎喇。（新春花市年年都是这么热闹的。）

柴哇哇 tsʰai⁴wa¹wa¹ 热闹：好耐未试过噉成班人～去玩嘞。（好久没有这样一群人热热闹闹去玩儿了。）

满天神佛 mun⁵tʰin¹sen⁴fet⁶【喻】【贬】事情沸沸扬扬；流言蜚语到处传：小小嘅一件事搞到～。（小小的一件事情弄得满城风雨。）

大阵仗 tai⁶tsen⁶tsœŋ⁶〈仗音丈〉【喻】兴师动众；声势大；排场大：细路仔生日，使乜搞到咁～啫！（小孩子生日，何必搞那么大的排场！）｜佢哋呢次都好～个嗝。（他们这一回声势还挺大的。）

静局 tseŋ⁶kok⁶ 清静；冷清：呢度好耐未试过咁～啰。（这里很久没这么清静了。）

鬼影都冇只 kwei²jeŋ²tou¹mou⁵tsɛk³【熟】连鬼的影子也看不见（冇：没有），形容一个人也没有，非常冷清：成条村～，真係得人惊。（整个村子一个人影也没有，真是吓人。）

背角 pui⁶kɔk³〈背音背诵之背〉偏僻：佢住到好～，仲係揾个人陪佢翻屋企啦。（她住得很偏僻，还是找个人陪她回家吧。）[又作“背”]

堕角 tɔ⁶kɔk³ 偏僻：呢度咁～，生意梗係差啦！（这里地方这么偏僻，生意当然不好了！）

九 D14 早、迟、久、暂、快、慢

***早辰（晨）** tsou²sen⁴ 早（不限于指早上的早）：乜咁～就嚟咗嘞。（怎这么早就来了。）[与普通话“早晨”的意思不同。重见七 E25]

辰（晨）早 sen⁴tsou² 同“早辰（晨）”：我～就坐咗喺处嘞。（我很早就坐在这儿啦。）

倒䓣咁早 tou²tʰap³kem³tsou²〈䓣音塔，咁音甘第 3 声〉【俗】【喻】像倒马桶那么早（䓣：屎䓣，马桶）。过去，清粪工人习惯在凌晨时分收集马桶，故以此喻极早。

倒屎咁早 tou²si²kem³tsou²〈咁音甘第 3 声〉同“倒䓣咁早”。

晏 an³ 迟；晚：你咁～至嚟㗎。(你这么晚才来。) | 而家～喇，听日先啦。(现在晚了，明天再说吧。)

夜 jɛ⁶ 迟；晚（专指晚上的时间晚）：唔好搞到咁～瞓觉。(不要弄得那么晚睡觉。)

*__夜麻麻__ jɛ⁶ma⁻¹ma⁻¹〈麻音妈〉夜里很晚；夜深：～你仲出去？(夜深了你还出去？) [重见九 A10]

蚊都瞓 mɐn¹tou¹fɐn³〈瞓音训〉【喻】蚊子也睡觉了（瞓：睡），喻极迟：等你嚟做，～喇。(等你来干就太晚了。) [又作"蚊瞓"]

蛇都死 sɛ⁴tou¹sei²【喻】蛇是极耐饥、耐渴的动物，连蛇都死了，喻极迟：到你嚟帮手，～喇！(等到你来帮忙就太晚了！)

耐 nɔi⁶ 久：架车咁～仲未嚟㗎，急死人喇！(那辆车这么久还没来，急死人了！) | 我哋等咗你好～。(我们等了你很长时间。)

禁(襟)等 kʰɐm¹tɐŋ²〈禁音襟〉要等很久（禁：经得起）：呢班船咁～嘅。(这班船要等这么久。)

未有耐 mei⁶jɐu⁵nɔi⁻¹⁽⁻²⁾〈耐读第 1 声或第 2 声〉字面意思是还没过多久（耐：久），意为还要过很久：到我未啊？——～啊！(轮到我了吗？——早着哪！) | ～够钟。(还要好久才到点。)

有牌(排) jɐu⁵pʰai⁴⁽⁻²⁾〈牌（排）又读第 2 声〉还要过很久（牌：时间）：呢啲炆牛肉仲～至得啊。(这些炖牛肉还要好些时间才好呢。)

古老十八代 kwu²lou⁵sɐp⁶pat³tɔi⁶ 非常旧的；年代久远的：呢啲係～嘅款嚟。(这些是很旧的款式。) | ～嘅事（很久以前的事）

冇几耐 mou⁵kei²nɔi⁶⁽⁻¹,⁻²⁾〈冇音无第 5 声，耐又读第 1 声或第 2 声〉没多久（冇：没有；几：多少；耐：久）：佢走咗～嘛，行快步都追得上。(他走了没多久，走快点儿还能追得上。)

冇耐 mou⁵nɔi⁻²〈冇音无第 5 声，耐读第 2 声〉同"冇几耐"：阿华喺车间做咗～就调上办公室嘞。(阿华在车间没干多久就调上办公室了。)

快脆 fai³tsʰøy³ 快；赶快；迅速：佢走得够～。(他跑得够快的。) | 你～啲嚟啦。(你赶快来啊。)

快马 fai³ma⁵【俗】【喻】快：炒两碟菜，～啲嗜。(炒两碟菜，要快点儿。)

快过打针 fai³kwɔ³ta²tsɐm¹【喻】比打针还快，喻极快（给小孩打针时，大人总是安慰说"快了快了"，所以用来作比方）：同你整翻个水喉，～啦。(替你修好那个水龙头，很快的。)

飞咁快 fei¹kɐm³fai³〈咁音甘第 3 声〉飞快（咁：那样）：佢～做好啲嘢。(他飞也似地把那些事情干完。)

*__衡__ hɐŋ⁴ 速度大；转速快：车叶转得好～。(螺旋桨转得很快。) | 走～去。(迅速地跑去。) [重见九 B6、九 C8]

慢过蚁躝 man⁶kwɔ³ŋɐi⁵lan¹〈躝音阑第 1 声〉【喻】比蚂蚁爬还慢（躝：爬）。喻极慢：你行路仲～，行快两步得唔得？(你走路比蚂蚁爬还慢，走快两步行不行？)

九 D15　厉害、很、过分、最、更、甚至

交关 kau¹kwan¹ 程度深；厉害：呢两日冻得～。(这两天冷得厉害。) | 当初如果处理得好，后尾就唔会搞到咁～。(当初如果处理得好，后来就不会弄得那么难收拾。)

紧张 kɐn²tsœŋ¹ 程度高；厉害：小小事之嘛，使乜恶到咁～喏！(不过是小小的事情，何必凶得那么厉害！)｜今年係热得～。(今年是热得厉害。)

犀利 sɐi¹lei⁶ 程度深；厉害：你啲棋真～，我捉你唔过。(你的棋真厉害，我下不过你。)

犀飞利 sɐi¹fei¹lei⁶【俗】程度很深；很厉害：嗰条裙卖到千五缗，认真～！(那裙子卖到 1 500 元，真不得了！)

利害 lei⁶hɔi⁶ 厉害。[普通话意思一样，但多写作“厉害”。广州话“利”和“厉”不同音]

飞起 fei¹hei²【俗】程度很深；很厉害(一般只用于“到”字后面，放在句子后部作补充说明)：佢明知自己唔啱，仲恶到～。(他明知自己不对，还凶得很。)｜嗰度啲嘢贵到～。(那里的东西贵得不得了。)

到 tou³ ①用在表示动作或状态的词语同其他词语之间，表示这动作或状态所达到的程度：饮～块面红晒。(喝得脸全红了。)｜眼瞓～死。(困得要命。)[如一般表示程度，就同普通话一样用“得”，要表示动作达到某种程度，就用“到”]②前一种用法省略了后面的词语，表示达到了很高的程度：佢嗰日恶～！(他那天凶得呀！)

好 hou² 表示程度高；很；挺：你件衫～靓。(你的衣服很漂亮。)｜呢间屋～大。(这间房子挺大。)[普通话也用来表示程度高，但带感叹口气，与广州话不同]

好鬼 hou²kwɐi²【俗】同“好”：嗰个人～衰嘅。(那个人很坏的。)

鬼咁 kwɐi²kɐm³〈咁音甘第3声〉【俗】表示程度很高，非常：～苦(非常苦)｜～靓(非常漂亮)。

鬼死咁 kwɐi²sei²kɐm³〈咁音甘第3声〉【俗】表示程度很高；非常：～瘡(非常疲劳)｜～衰(很坏)。

***几** kei² ①表示程度高(比“好”的程度略低)；你嚟得～早啊。(你来得很早呀。)｜佢做得都～好。(他干得还挺好。)②用于感叹句中，表示程度高；多么：你睇人哋～叻！(你看人家多有能耐！)｜佢～识叹啊！(他多会享受！)③表示任何程度；无论多么：～高都照擒上去。(不管多高都照样爬上去。)｜等～耐都要等落去。(不论等多久都要等下去。)[重见九 D33、十 A1]

下₂ ha⁵〈读第5声〉与“好”、“几”等配合使用，放在表状态的词语后面，表示程度高(比单用“好”、“几”时的程度略低一些)：佢生得几高～。(他长得相当高。)｜嗰只都好大～。(那个也挺大的。)

几咁 kei²kɐm³〈咁音甘第3声〉用于感叹句中，表示程度高；多么：你都唔知呢单嘢～恶作！(你都不知道这事儿多难搞！)｜～靓！(多么漂亮！)

***咁** kɐm³〈音甘第3声〉表示已达到某种高程度(要读重音)：我都～大嘞，仲唔畀我去。(我已经这么大了，还不让我去。)[重见九 D33]

更 ŋɐŋ³〈毅凳切〉表示尽管达到高程度(后面紧接否定的说法)；再(……也不)：～急都冇用略。(再急也没用。)｜你嗰个～大都唔够我嘅大。(你那个再大也比不上我的大。)

极 kek⁶ 表示即使达到很高或最高程度(后面紧接否定的说法)；怎么(……也还是)：话～佢都係噉。(怎么说他也还是这个样子。)｜佢叻～都有限啦。(他再怎么有能耐也就是这么个水平。)

零舍 leŋ⁴sɛ³〈舍读第3声〉表示非同一般的高程度；特别；尤其：佢做

得～快。(他干得特别快。) | 咁多个当中呢个～好。(这么多个当中这个尤其好。)

*晒 sai^{3} 表示程度高（用在所要表示程度的词语后面）：唔该～！(非常感谢！) | 呢匀舒服～嘞。(这一回可舒服了。) [重见九 D21]

太过 tai^{3}kwɔ^{3} 表示过分的程度；太：你唔能够～相信佢嘅。(你不能太相信他。)

过头 kwɔ$^{3(-2)}$tʰɐu^{4}〈过又读第 2 声〉表示过分的程度（用在所要表示程度的词语后面）：多～（太多）| 呢次係大意～喇。(这一回是太大意了。)

过龙 kwɔ$^{3(-2)}$loŋ^{4}〈过又读第 2 声〉同"过头"：叫你整阔啲，你又阔～。(叫你弄宽点儿，你又弄得太宽了。)

得滞 tɐk^{1}tsɐi^{6} 同"过头"：你个人又係老实～。(你这人也是太老实。)

过步 kwɔ^{3}pou^{6} 过分：唔好做到咁～。(不要做得那么过分。)

至 tsi^{3} 表示最高程度；最：我～钟意呢只颜色。(我最喜欢这种颜色。) | 几兄弟我～大。(几兄弟我最大。)

极之 kek^{6}tsi^{1} 表示程度极高；极其：呢件事～紧要。(这件事极其重要。) | 佢做嘢～慢。(他干活极慢。)

*仲(重) tsoŋ^{6}〈重音重要之重〉①表示比较高的程度；还；更：你嚟得～早。(你来得更早。) | 佢～高过佢大佬。(他比他哥哥还高。) ②表示不太高、但相比之下还算高的程度；还：情况都～好。(情况还好。) | 呢啲～干啲，嗰啲好湿㗎。(这些还干点儿，那些很湿的。) [重见九 D20、九 D27、九 D30]

仲(重)加 tsoŋ^{6}ka^{1}〈重音重要之重〉同"仲(重)①"：你未见过，嗰个～犀利啊！(你没见过，那个更加厉害！)

更之 kɐŋ^{3}tsi^{1} 更加：噉就～唔啱。(这样就更加不行。)

甚至无 sɐm^{6}tsi^{3}mou^{4} 表示强调突出某一事例或内容以表明其程度之高；甚至：啲风大到～树都吹冧。(风大得甚至连树也吹倒。) | 嗰度唔好话冲凉，～食嘅水都唔够。(那里别说洗澡，甚至吃的水也不够。) [又作"至无"]

九 D16　稍微、有点、差不多、几乎、仅仅

稍为 sau^{2}wɐi^{4} 表示程度不高；稍稍；稍微：佢～肥啲。(他稍稍胖点儿。)

略略 lœk^{6}lœk^{-2}〈第二字读第 2 声〉表示程度不高；稍稍：～高啲就好嘞。(稍微高些就好了。)

有啲 jɐu^{5}ti^{1}〈啲音低衣切〉表示程度不高；有点儿（啲：些）：个头～痛。(头有点儿疼。)

有啲咁多 jɐu^{5}tit^{1}kɐm^{3}tœ^{1}〈啲音跌第 1 声，咁音甘第 3 声，多音低靴切〉表示程度较低（比"有啲"程度低）；有一点点（啲咁多：一点点）：点解觉得～冻嘅？(怎么觉得有一点儿冷？) [又作"有啲多"]

唔係几 m^{4}hɐi^{6}kei^{2}〈几音几时之几〉表示不很高的程度；不很；不十分（唔：不；係：是；几：很）：我～钟意呢个人。(我不太喜欢这个人。) | 佢嘅手工都～得　。(他的手艺也不是怎么好。)

哋$_{2}$ tei^{2}〈音地第 2 声，底起切〉描状的词语重叠（重叠后的第二个字常常读变调第 2 声），后面加"～"，表示程度减轻或语气放缓：红红～（有

点儿红）| 长长～（有点儿长）| 呢煲饭宿宿～嘞。（这锅饭有点儿馊了。）| 佢同佢表哥似似～。（他跟他表哥有点儿像。）| 绑到松松～。（绑得稍微松一点儿。）

差唔多 tsʰa^{1}m^{4}tɔ^{1} 表示程度、状态接近；差不多（唔：不）：佢两个～。（他们俩差不多。）

几回 kei^{1}wui^{4}〈几读第 1 声〉表示接近达到某种程度或状态；几乎；差点儿：～跌咗落去。（几乎掉下去了。）

争几回 tsaŋ^{1}kei^{1}wui^{4}〈争音之坑切，几读第 1 声〉同“几回”（争：差）：～去唔倒。（差点儿去不成。）

争啲 tsaŋ^{1}ti^{1}〈争音之坑切，啲音低衣切〉①差一点点：（争：差；啲：一点）：～都唔得。（差一点点也不行。）②差点儿；几乎：我～畀你吓死。（我差点儿被你吓死。）

咁滞 kɐm^{3}tsɐi^{6}〈咁音甘第 3 声〉表示接近某种程度或状态；差不多（放在表示状况的词语后面）：啲人走晒～喇。（那些人差不多走光了。）| 病到佢死～。（病得他几乎要死。）

乜滞 mɐt^{1}tsɐi^{6}〈乜音妈一切〉用在含有否定词的表示某种状况的词语后面，表示接近于这种状况：条街度冇人～。（街上几乎没人。）| 呢只款唔好睇～。（这种款式不怎么好看。）

*__得__ tɐk^{1} 仅仅有：～两架车，点车啊？（只有两辆车子，怎么运？）| 整到咁辛苦先～咁少。（搞得那么辛苦才只有那么点儿。）[重见九 D1、九 D7]

係得 hɐi^{6}tɐk^{1} 仅仅有（带强调口吻）：攰埋～咁多喇。（总共就只有这么多了。）

净得 tseŋ^{6}tɐk^{1} 仅仅有：嗌咗好耐，～十零个人落嚟。（喊了好久，只有十多个人下来。）

*__净係__ tseŋ^{6}hɐi^{6} 仅仅是：～呢啲，今日就做唔晒。（光是这些，今天就干不完。）[重见九 D21]

九 D17　经常、不断、总是、长期、一向、动辄

周时 tsɐu^{1}si^{4} 经常：呢趟车～误点嘅。（这趟车经常误点的。）

常时 sœŋ^{4}si^{4} 经常：我～同佢哋讲要小心㗎喇。（我经常跟他们说要小心的了。）

周时无日 tsɐu^{1}si^{4}mou^{4}jɐt^{6} 经常地；随时地（略带贬义）：统计室新嚟咗个靓女，嗰班男工就～嚟走嚟哄下哄下。（统计室新来了个漂亮女孩，那帮男工就没时没刻地跑来探头探脑的。）

密密 mɐt^{6}mɐt^{6} 频繁地：阿星仔梗係钟意阿梅定嘞，～嚟嚟揾佢嘅。（小星了肯定是喜欢上阿梅了，频频地来找她。）

勿歇 mɐt^{6}hit^{3} 不断地；不停地：佢一自打仔，把口仲一自～嚟闹。（他一边打孩子，嘴巴还一边不停地骂。）

凛扰 lɐm^{5}tɐm^{2}〈凛音林第 5 声，扰音底饮切〉连续不断地：广告一卖出去，啲订单就～嚟嘞。（广告一做出去，订单就不断地来了。）

连气 lin^{4}hei^{3} 一连；一气：～赢咗五盘棋。（一连赢了五盘棋。）

枕长 tsɐm^{2}tsʰœŋ^{4}〈长音长短之长〉长期经常地；长期不断地：甲方嗰便～有人喺度监督质量㗎。（甲方那边一直都经常有人在这儿监督质量的。）

枕住 tsɐm^{2}tsy^{6} 同“枕长”：我～做咗半年理疗先至见好。（我连续做了半年理疗才见好。）

生晒 saŋ^{1}sai^{3}〈生音生熟之生〉【贬】用在某些表示动作或活动的词语后，表示不断地做、老是做，带有令人讨厌的意思（晒：表示程度高）：嘈～（吵吵闹闹）｜做乜喺度望～啫！（干嘛老在这儿望来望去！）

亲$_{2}$ ts^{h}ɐn^{1} 表示动作或状态有规律地、有条件性地重复出现（用在表示出现条件的词语后面）：我嚟～都见倒你喺度。（我每次来都见到你在这儿。）｜佢喊～就畀糖食嗰，习惯晒！（她一哭就给糖果吃，养成了坏习惯！）

逢亲 foŋ^{4}ts^{h}ɐn^{1} 表示动作或状态有规律地、有条件性地重复出现（用在表示出现条件的词语前面）；凡是；每逢：佢～生日都摆酒。（他每逢生日都设宴。）

***硬係** ŋaŋ$^{-2}$hɐi^{6}〈硬读第 2 声〉总是：个水喉～漏水，整极都整唔好。（那水龙头老是漏水，怎么弄也弄不好。）

***係** hɐi^{6} 同“硬係”：安嚟安去～都安唔上去，点算呢？（装来装去总也装不上去，怎么办呢？）[重见九 D29、九 D30]

***成日** sɛŋ^{4}jɐt^{6} 老是；整天：你～走嚟呢度做乜嘢？（你老是跑到这儿来干什么？）[重见四 A7]

***一日到黑** jɐt^{1}jɐt^{6}tou^{3}hak^{1}(hɐk^{1}) 同“成日”：佢两个～嘈交。（他们俩整天吵架。）[重见四 A7]

喐亲 jok^{1}ts^{h}ɐn^{1}〈喐音郁，衣屋切〉动辄（喐：动；亲：每当）：个细路～就喊，好讨厌！（那孩子动不动就哭，很讨厌！）

喐下 jok^{1}ha^{5}〈喐音郁，下读第 5 声〉同“喐亲”：班友～就提条件讲数口。（那帮家伙动不动就提条件讲价钱。）

喐啲 jok^{1}ti^{1}〈喐音郁，啲音低衣切〉同“喐亲”（啲：一点）：我而家身体差咗，～就感冒。（我现在身体差了，动不动就感冒。）

不溜 pɐt^{1}lɐu^{1}〈溜音楼第 1 声，拉欧切〉一向：我～搭咿路车㗎。（我一向乘这路线的车。）

奉旨 foŋ^{6}tsi^{2} 总是；一向：佢～迟到嘅。（他总是迟到。）

一路 jɐt^{1}lou^{6} ①表示动作不间断或情况不改变。一直：～做到完为止。（一直干完为止。）②连用时表示两种动作同时进行。一边……一边……：～做功课～睇电视点得㗎！（一边做作业一边看电视怎么能行呢！）

九 D18 不时、间或、偶然、又、再、重新

时不时 si^{4}pɐt^{1}si^{4} 表示频率不很密的多次重复；不时：我～都会去睇下佢。（我不时也会去看望他一下。）

耐不耐 nɔi^{6}pɐt^{1}nɔi$^{-2(-1)}$〈后一耐字念第 2 声或第 1 声〉同“时不时”（耐：久）：我啲头痛病～又嚟一次嘞，好鬼麻烦。（我的头疼病不时发作，很麻烦。）

久唔久 kɐu^{2}m^{4}kɐu^{2} 同“时不时”（唔：不）：佢就住动物园对面，～就带个细路去玩㗎嘞。（他就住动物园对面，隔不多久就带小孩去玩儿。）

久时久 kɐu^{2}si^{4}kɐu^{2} 同“时不时”：呢种药酒唔使日日饮，～饮一两杯，对身子好啊。（这种药酒不必天天喝，不时喝上一两杯，对身体好哇。）

间中 kan^{3}tsoŋ^{1}〈间音间隔之间〉间或；偶尔：佢～嚟呢度住一两晚。（他偶尔来这里住一两个晚上。）

耐唔中 nɔi^{6}m^{4}tsoŋ^{1} 隔些时；有时（耐：久；唔：不）：你呢个病话係好咗嘛，都係要～去医院检查下。（你这个病虽说是好了，也还是要隔一段时间就去医院检查一下。）[又

作"耐中"]

冇几何 mou⁵kei²hɔ⁻²〈冇音无第5声，何音可〉没几回；不经常（冇：没有）：我～去佢度。（我很少到他那儿去。）

有几何 jɐu⁵kei²hɔ⁻²〈何音可〉用反诘语气表示没几回；不经常：老同学～聚得咁齐啊，点解唔去？（老同学聚得这么齐能有几回呢，为什么不去？）

偶然之间 ŋɐu⁵jin⁴tsi¹kan¹ 偶然；偶尔：～睇倒嗰条广告。（偶然看到那则广告。）｜我～都去嗰度饮餐茶。（我偶尔也到那儿去喝茶。）

又试 jɐu⁶si³ 表示动作或状态重复发生，或不同的动作或状态相继发生；又：点解啱啱去完～去嚟？（为什么刚刚去过又去呢？）｜啱考完试，～嚟数学竞赛，气都冇啖敨。（刚考完试，又来数学竞赛，想喘一口气也不行）。

再试 tsɔi³si³ 表示动作或状态重复；再：你如果～係噉，就唔原谅㗎喇！（你如果再这样，就不原谅了！）

***过** kwɔ³ 表示整个动作过程从头重复（用于表示动作的词语后面）：全部都要做～。（全部都要重新做。）｜唔得就嚟～。（不行就从头来。）［重见七A10、七B4、九D1、十F2］

***翻（返）** fan¹ 表示使事物恢复到原先的状态（用于表示动作的词语后面）：拶～本书。（把书拿回来。）｜整～干净个地下。［把地上弄干净（得像原先那样）。］｜点解打开个窗啊？闩～！（干嘛打开窗子？关上！）［重见五B7、六A2］

九 D19 极度、勉强、尽量、直接

***搏命** pɔk³mɛŋ⁶〈命音务赢切第6声〉【喻】极度；拼命地；竭力地：你咪净係识得～做，要顾住身子啊！（你别光懂得拼命干，要注意身体啊！）｜啲风～噉吹。（那风发狂地吹。）［重见七A2、七E14］

搏晒老命噉 pɔk³sai³lou⁵mɛŋ⁶kɐm²〈命音务赢切第6声，噉音敢〉【喻】拼命地；竭力地（晒：全部；噉：那样）：～嗌，嗰边先听倒。（竭尽全力地喊，那边才听到。）

起势 hei²sɐi³ 极度；拼命地；竭力地：仲未开门，～咁逼做乜嘢啫！（还没开门，拼命地挤做什么！）｜佢啲鼻血～流，吓到我死。（他的鼻血不断地流，把我吓死了。）

猛 maŋ⁵ 同"起势"：我～走～走，就係追佢唔上。（我拼命跑拼命跑，就是赶不上他。）［普通话"猛"有时也有"拼命地"的意思，但用法非常有限］

猛咁 maŋ⁵kɐm³〈咁音甘第3声〉同"猛"（咁：那样）：一坐低就～食烟。（一坐下来就拼命抽烟。）｜一朕朕黑烟～攻上嚟。（一股股黑烟拼命往上冒。）

死 sei² 同"起势"：一日到黑唔出声，喺度～做。（一天到晚不吭声，在那儿拼命干。）｜打到只牛～趯。（把那头牛打得拼命跑。）

死咁 sei²kɐm³〈咁音甘第3声〉极度；拼命地；竭力地；死死地：～冲埋去。（拼命冲过去。）｜～盯住对方嘅9号。（死死盯住对方的9号。）

夹硬 kap³ŋaŋ⁻²〈硬读第2声〉硬着；以强力（做某事）；勉强地：～逼上车。（硬挤上车。）｜有病就唔好～做啦。（有病就不要硬撑着干了。）｜讲唔入就唯有～嚟喇。（说不下就只好硬来了。）

尽地 tsøn⁶tei⁻²〈地读第2声，底起切〉全部用尽地；尽（jǐn）：而家冇办法喇，唯有～搏一搏啦。（现在没办法

了，只有尽全部力量搏一搏吧。）| 木头就咁多嘞，～做啦。（木头就这么多了，尽着做吧。）

*直头 tsek⁶tʰɐu⁴ 径直；直接：～揾佢哋董事长倾。（直接找他们董事长谈。）[重见九 D20]

*直程（情）tsek⁶tsʰeŋ⁴ 径直；直接：～去到厂里头提货。（直接到厂里提货。）[重见九 D20]

九 D20 肯定、也还、应该、千万

*梗₁ kɐŋ² 〈假肯切〉 一定；肯定；当然：我～嚟嘅。（我一定来的。）| 听日我～去。（明天我肯定去。）| 噉样～唔得啦。（这样当然是不行的。）[重见九 B6、九 D5]

座梗 tsɔ⁻⁵kɐŋ² 〈梗音假肯切〉 一定；肯定；必然：法国队～赢嘅。（法国队肯定赢。）

*实 sɐt⁶ 一定；肯定：听日～落雨喇。（明天肯定会下雨。）| 你～嚟噃嗄？（你一定要来啊？）[重见九 B6、九 D22]

一实 jɐt¹sɐt⁶ ①同"实"：～係你搞错咗。（肯定是你搞错了。）| 包你～满意。②表示确定（做法）：噉就～係噉做啦。（那就定下来是这么干吧。）

实行 sɐt⁶hɐŋ⁴ 〈行音衡〉 ①同"实"：噉样搞～唔啱。（这样搞肯定不行。）②表示确定（做法）：我哋谂过，～按你嘅办法。（我们想过，确定按你的办法。）

实稳 sɐt⁶wɐn² 一定；肯定：呢次～捞倒冠军。（这一回保准拿到冠军。）

整定 tseŋ²teŋ⁶ 注定：真係～畀你赢倒。（真是注定让你赢下来。） | 呢单嘢都係～嘅。（这事是注定的。）

一于 jɐt¹jy¹ 表示确定（某种做法）；下决心；无论如何：我～要揾佢倾一次。（我一定要找他谈一次。）| 你～听日就去报名啦。（你就定下来不变，明天就去报名吧。）

的而且确 tek¹ji⁴tsʰɛ²kʰɔk³ 事情非常肯定；确凿无疑；确实；的确：呢件事～係佢做嘿。（这事儿确确实实是他干的。）

是必 si⁶pit¹ 肯定；一定；必然：你一走咗，佢～唔嚟。（你一走，他肯定不来。）[此与普通话"势必"用法相近，但广州话"是"与"势"不同音]

认真 jeŋ⁻²tsɐn¹ 〈认读第 2 声，音影〉 确实；实在；真的：～对唔住嚙。（实在对不起。）| 佢嗰手～使得。（他那一手确实了不起。）["认"字如读本调第 6 声，意思就同普通话一样]

正式 tseŋ³sek¹ 确实；实在；真的（略带夸张口气）：你条友～係大头虾嚟嘅！（你这家伙真正是个马大哈！）

正一 tseŋ³jɐt¹ 同"正式"：呢勺就～係恶搞嘞！（这回就真的是难搞了！）

*直程（情）tsek⁶tsʰeŋ⁴ ①表示事情肯定，无可置疑：佢～就係讲大话！（他这完全是说谎！）②表示事情就是如此（带夸张口气）：啲风吹到～眼都擘唔开啊！（那风把人吹得简直眼睛都睁不开！）[重见九 D19]

*直头 tsek⁶tʰɐu⁴ 同"直程（情）"：噉样做～唔啱啦！（这样做肯定不行的！）| 架车逼到～好似沙甸鱼罐头噉。（那车子里挤得简直跟沙丁鱼罐头似的。）[重见九 D19]

总言之 tsoŋ²jin⁴tsi¹ 表示极肯定，无商量余地：我唔理你哋讲乜，～喺办公室跳舞就唔得。（我不管你们怎么说，一句话，在办公室跳舞就是不行。）[又作"总之"。普通话"总之"只有总括而言的意思，不特别表示肯定]

*先 sin¹ 表示十分确定，含有“只有这才是”的意思；才：学似佢噉～係男子汉啊嘛！（像他这样才是男子汉嘛！）［重见四 A2、九 B19、九 D24、九 D26］

*至 tsi³ 同“先”：你话人，你～係孤寒种啊！（你说人家，你才是吝啬鬼呢！）［重见九 D26］

*先至 sin¹tsi³ 同“先”：嗰场波～精彩啊！（那场球才精彩呢！）［重见九 D26］

*唔係 m⁴hɐi⁶ 表示一种反诘语气，表面上否定，实际上是强烈的肯定。不就（唔：不）：噉～搞啱啰！（这不就弄妥了吗！）｜佢钟意喎，～由得佢啦！（他说他喜欢，那不就由他去吧！）［重见九 C2、九 D32］

*咪₂ mɐi⁶〈音米第 6 声，务係切〉“唔係”的合音：你早啲嚟～好啰！（你早点儿来就好了！）［重见九 D32］

嘛 ma⁶〈读第 6 声〉“唔係”的合音：一趸落去～得啰！（一放下去不就行了吗？）

自不然 tsi⁶pɐt¹jin⁴ 自然：有我喺度，呢一层～就冇问题。（有我在，这一层自然就没问题。）｜到时候你～就会知道嚟嘞。（到时候你自然就会知道的了。）

*都 tou¹ 表示有保留的肯定。也；还：噉样～好嘅，费事佢担心。（这样也好，省得她担心。）［重见九 D21］

*亦都 jek⁶tou¹ 同“都”：呢度嘅生活～过得去。（这里的生活也还过得去。）［重见九 D21］

*仲（重）tsoŋ⁶〈重音重要之重〉同“都”：成绩～唔错。（成绩还不错。）［重见九 D15、九 D20、九 D30］

即管 tsek¹kwun² 表示肯定某种做法，可以不受限制地放心去做。尽管：你想嚟就～嚟啦。（你想来就尽管来吧。）｜有乜嘢唔啱～揾我。（有什么不妥尽管找我。）［普通话“尽管”还有一个用法接近“虽然”，广州话“～”没有］

应份 jeŋ¹fɐn⁶ 应该；份内该做的：我噉做係～嘅。（我这样做是应该的。）｜呢啲银纸～係你出嘅。（这些钱应该是你出的。）

先该 sin¹kɔi¹ 应该；本该：你～叫佢唔好走啊嘛。（你本应叫他别走嘛。）

千祈 tsʰin¹kʰei⁴ 表示恳切叮咛。千万：细路仔～唔好玩火。（小孩子千万别玩火。）

九 D21 全部、一同、也都、独自、双方

咸（冚）唪呤 hɐm⁶paŋ⁶laŋ⁶〈咸（冚）音含第 6 声，唪音部硬切，呤音路硬切〉表示总括全部；全：呢啲钱～係你嘅。（这些钱全是你的。）｜啲金鱼～死清光。（那些金鱼全死光了。）

咸（冚）巴呤 hɐm⁶pa⁶laŋ⁶〈咸（冚）音含第 6 声，巴音罢，呤路硬切〉同“咸（冚）唪呤”：佢哋～走晒。（他们全走了。）

咸（冚）hɐm⁶⁽⁻²⁾〈音含第 6 声，又读第 2 声〉同“咸（冚）唪呤”：一朕风嚟，～都吹走晒。（一阵风吹来，全都吹走了。）

咸（冚）啲 hɐm⁶ti¹〈咸（冚）音含第 6 声，啲音低衣切〉同“咸（冚）唪呤”：班友～都係缩头龟！（那帮家伙全都是缩头乌龟！）

*晒 sai³ 表示总括全部（动作或状态涉及所有对象。用于表示动作或状态的词语后面）：呢本书我一日睇～。

(这本书我一天看完。)｜揾过～都揾唔倒。(全找遍了也没找到。)｜头发白～。(头发全白了。)[重见九 D15]

*埋 mai⁴ 用在表示动作等的词语后面，表示范围扩展；连……也；全部：乜我嗰份你都食～啊？(怎么连我那一份儿你也吃掉了？)｜佢颈都红～。(他连脖子也红了。)｜做～呢啲就走得。(把这些干完就可以走了。)｜咁多我唔搦得～。(这么多我拿不了。)[重见六 A1、九 B17]

添 tʰim¹ 用在句子后部，表示范围扩展、动作等涉及的对象增加：攞多啲嚟～。(再多拿一些来。)｜食碗～啦。(再吃一碗吧。)

埋晒 mai⁴sai³【贬】表示只是或总是做某一件事情(用于表示动作的词语后面)：一日做～啲唔等使嘅嘢。(整天净是干些无益的事。)｜执～呢啲烂嘢翻嚟。(净把这些破烂东西拣回来。)

*净係 tseŋ⁶hɐi⁶〈净音静〉表示全部都是一样(没有别的)：你～识得讲笑。(你就净会开玩笑。)｜丽丽～响度喊，乜都唔讲。(丽丽光是哭，什么都不说。)[重见九 D16]

齐齐 tsʰɐi⁴tsʰɐi⁴ 一同；一起：成班人～去唱卡拉 OK。(一群人一块儿去唱卡拉 OK。)

一齐 jɐt¹tsʰɐi⁴ 一同；一起：我哋大家～做啦。(我们大家一起做吧。)[普通话指同时做某事，与“一起”意思不一样；广州话很少说“一起”，不管一同做某事还是同时做某事，都说“～”]

*同埋 tʰoŋ¹mai⁴ 一同；一起；结伴(做事)：我哋几个係～做嘢嘅。(我们几个是一块儿做工的。)[重见九 D25]

死得咁齐全 sei²tɐk¹kɐm³tsʰɐi⁴tsʰyn⁴〈咁音禁〉【谑】人来得这么齐(咁：这么)：一话有嘢分就～。(一说有东西分就来得这么齐。)

*都 tou¹ 表示范围同一；也。①表示相同：你係打工仔，我哋～係嘛。(你是受雇做工的人，我们也是嘛。)②表示无论如何也是一样：就算你唔讲我～知道。(就算你不说我也知道。)③加强语气，表示“甚至连……也是一样”：一啲风～冇。(一点儿风也没有。)[此词还表示“全部”的意思，则与普通话一样。重见九 D20]

*亦都 jek⁶tou¹ 同“都”：佢识英文，～识法语。(他懂英文，也懂法语。)｜横啱～咁晏嘞，唔好去喇。(反正也这么晚了，别去了。)｜连咁细条嘅～要搣埋。(连这么细的也要拔掉。)[重见九 D20]

亦 jek⁶ 同“都”：你嚟～得，唔嚟～得。(你来也行，不来也行。)｜你叻极～有限。(你再能干也有限。)｜一粒粮食～唔好嘥。(一颗粮食也不要浪费。)

又 jɐu⁶ 同“又都”：做～由你，唔做～由你。(干也由你，不干也由你。)[此词又表示重复等，则同于普通话]

*够 kɐu³ 表示与已知有相同的情况，往往用于对别人话语的反驳：你话佢蠢，你～蠢啦！(你说他蠢，你不也蠢吗！)｜佢话我？我～要话佢咯！(他说我？我还要说他呢！)｜你得我～得咯。(你行我也行呀。)[重见九 D1]

又都 jɐu⁶tou¹ 同“都①”：你去得，我～去得㗎。(你能去，我也能去嘛。)

又够 jɐu⁶kɐu³ 同“够”：何晓琳～唔合格啦，佢又去得？(何晓琳也是不合格嘛，怎么他又能去？)

一枝公 jɐt¹tsi¹koŋ¹【谑】独自一人：

佢做乜嘢都係～，从来唔会同人一齐做。（他做任何事都是独自一人，从来不会和别人一块儿干。）

孤家寡人 kwu¹ka¹kwa²jɐn⁴【谑】独自一人：～仲好，钟意点就点。（独个儿更好，想怎么着就怎么着。）

两份 lœŋ⁵fɐn⁻²〈份意粉〉①双方一起（做某事）：我哋～嚟搞啱佢。（咱们俩一起来弄好它。）②属于双方的；双方各有一份的：你食晒点得㗎！係你同你细佬～㗎！（你怎么能全吃掉？是你跟你弟弟两个人的！）

两家 lœŋ⁵ka¹ 同"两份"：我同你～去嘛，唔使惊啰！（我跟你两人一块儿去就不用怕了嘛！）｜係得咁多嘞，你哋～分啦。（就这么多了，你们双方分了吧。）

九 D22 正在、起来、下去、已经、曾经

紧$_3$ kɐn² 表示动作等正在进行（放在表示动作等的词语后面）：佢做～功课。（他正在做功课。）｜嗰时我食～饭。（那时我正吃着饭。）｜落～雨啊。（正下雨呢。）［参见"住$_1$"］

住$_1$ tsy⁶ 表示动作或动作造成的状态等在保持着（放在表示动作等的词语后面）：佢坐～喺度。（他坐在这儿。）｜戍～道门。（闩着门。）｜梳～孖辫。（梳着两条辫子。）｜黑～块面。（黑着脸。）［"紧"动作性很强，一般表示动态的过程；而"～"则往往表示静态的保持］

***实** sɐt⁶ 大致同"住"，略带"紧"、"严实"的含义：成日见你揦～支竹做乜啊？（整天见你拿着根竹子干什么？）［无法与"紧"、"严实"的含义相联系的动作一般不使用"～"］［重见九 B6、九 D20］

***喺度** hɐi²tou⁶〈喺音係第2声，起矮切〉①表示动作等正在进行（放在表示动作等的词语前面，有时可与"紧"配合使用。喺：在；度：这儿，那儿）；正在：王仔～睇书。（小王正在看书。）｜妈咪～炒紧菜。（妈妈正在炒菜。）②表示动作、状态等在保持着（只用于与处所有关的动作、状态）：唔好瞓～睇书，坏眼㗎！（别躺着看书，对眼睛不好！）［重见九 D31］

***喺处** hɐi²sy³〈喺音起矮切，处音恕〉同"喺度"：个车站好多人～等车。（车站上很多人在等车。）｜我睇见嗰度有人企～。（我看见那儿有人站着。）［重见九 D31］

***响度** hœŋ²tou⁶ 同"喺度"（响：在）：人人都～做紧嘢。（人人都在干活。）｜擒上去坐～。（爬上去坐着。）［又作"响处"。重见九 D31］

正喺度 tseŋ³hɐi²tou⁶〈正音正确之正，喺音起矮切〉同"喺度①"：我哋～商量呢件事。（我们正在商量这事儿。）［又作"正喺处"、"正响度"、"正响处"］

***正话** tseŋ³wa⁶ 表示动作正在进行。正在：我入去见佢～食饭。（我进去看见他正吃饭。）［重见四 A2、九 D23］

起上嚟 hei²sœŋ⁵lɐi⁴〈上音上去之上，嚟音黎〉表示动作等开始（放在表示动作等的词语后面）；起来：忍唔住笑～。（忍不住笑起来。）［又作"起嚟"］

***起身** hei²sɐn¹ 同"起上嚟"：呢啲嘢要做～先知嘅。（这些事要干起来才知道的。）［重见六 A2、七 B1］

***落去** lɔk⁶hɵy³ 表示动作等的继续（放在表示动作等的词语后面）；下去：唔能够再拖～喇。（不能再拖下去了。）［重见六 A2、七 B6］

九 状况与现象

开₃ hɔi¹ 表示动作等在此以前已经开始并持续下来（放在表示动作等的词语后面）：我做～百货嘅，近牌转咗专卖服装。（我一直做百货生意的，近来转为专卖服装。）｜食～一种药就唔好随便换。（一种药吃开了头就不要随便换。）｜畀返本书我啦，我睇～喋。（把那本书还给我吧，我正看着呢。）[“～”与“紧”、“住”的区别在于：一、含有事情在此以前已经开始的意思；二、说话的时候事情并不一定正在进行或持续]

咗（咽） tsɔ²〈音左〉表示动作等完成（放在表示动作等的词语后面）；了：佢嚟～两个星期度。（他来了大约两个星期。）｜个樽掉～喇。（那瓶子扔掉了。）｜你肥～好多嚡。（你胖了许多啊。）

经已 keŋ¹ji⁵ 已经：我～叫佢嚟咗。（我已经把他叫来了。）

试过 si³kwɔ³ 表示动作等曾经发生（放在表示动作等的词语前面）；曾经：呢篛花～开出朵紫花嚟。（这株花曾经开过一朵紫花。）｜有一年大水～浸到嚟呢度。（有一年洪水曾经淹到这里来。）[“～”针对专指的某件事、某一次，与“曾经”不完全相同]

有 jɐu⁵ 表示动作等曾经发生，带有“确实有这么回事”的含意（放在表示动作等的词语前面）：嗰日我～嚟呢度。（那天我来这儿了。）｜佢今朝～返工喋。（他今天早上是上了班的。）

*__嚟__ lɐi⁴〈音黎〉表示动作等曾经发生，含意近于“有”（放在表示动作等的词语后面）；来着：琴日我去搵佢～，佢唔喺企。（昨天我去找他来着，他不在家。）｜今朝仲见佢～。（今天早上还见他来着。）[重见六A2、九D31、十一A1]

九 D23 刚刚、待会儿、将要、立刻、突然、碰巧

*__啱__ ŋam¹〈音岩第1声〉刚刚：佢～走，你就嚟嘞。（他刚走，你就来了。）[重见九C10、九D3]

*__啱啱__ ŋam¹ŋam¹ 刚刚：我～落飞机。（我刚刚下飞机。）[重见四A2]

*__正话__ tseŋ³wa⁶ 刚刚：架车～至走。（车子刚刚才走。）[重见四A2、九D22]

等阵 tɐŋ²tsɐn⁶ 待会儿：～我至走。（待会儿我才走。）

*__一阵间__ jɐt¹tsɐn⁶⁽⁻²⁾kan¹〈阵又读第2声，紫很切〉待会儿：～摎畀你。（过一会儿拿给你。）[重见四A7]

一适间 jɐt¹sek¹kan¹ 待会儿：我～再嚟。（我一会儿再来。）

听下 tʰeŋ⁻¹ha⁻¹〈听音他英切；下读第1声〉待会儿：仲唔快啲，～天黑喇！（还不快点儿，过一会天要黑了！）

转头 tsyn³tʰɐu⁴〈转音钻〉待会儿：而家我翻工先，～畀电话你。（现在我先去上班，回头给你电话。）

就快 tsɐu⁶fai³ 将要；快要：你间屋～搞好啰嚡。（你的房子快搞好了哟。）｜你碟菜～炒好嘞。（你要的菜马上就炒好了。）

就嚟 tsɐu⁶lɐi⁴〈嚟音黎〉同“就快”（嚟：来）：～食得饭。（马上可以吃饭了。）｜～过年嘞。（快过年了。）

即刻 tsek¹hɐk¹ 立刻；立即；马上：呢单嘢我～同你搞啮。（这件事我立刻替你办好。）

当堂 tɔŋ¹tʰɔŋ⁴ 当场：佢一听，～晕低。（他一听，当场晕倒。）

突然之间 tɐt⁶jin⁴tsi¹kan¹ 突然：～走咗出嚟。（突然走了出来。）

啱巧 ŋam¹kʰiu²〈啱音岩第1声，巧音桥第2声〉碰巧；凑巧（啱：合）：

我一出门就撞倒佢，真係～。（我一出门就碰到他，真是凑巧。）

啱好 ŋam¹hou²〈啱音岩第 1 声〉碰巧；正好（啱：合）：我做完，～佢亦都做完。（我做完，正好他也做完。）

九 D24　终于、预先、临时、暂且、再说、幸好

终须 tsoŋ¹søy¹ 终归；最后：噉样落去～有日会出事。（这样下去总有一天会出事。）

卒之 tsøt¹tsi¹ 终于：佢～都係嚟咗。（他终于还是来了。）

始终 tsʰi²tsoŋ¹ 到最后：噉搞～唔啱嘅。（这样搞最后还是不行的。）｜佢两个掟咗两次，不过～都係好翻。（他俩分手了两次，不过最后还是好了。）[普通话意为“自始至终”，与广州话有差别]

预早 jy⁶tsou² 预先：有乜改动你～通知嚧。（有什么变动你预先通知啊。）

定₂ teŋ⁶ 预先（做好某事）。用在表动作的词语后：要落车嘅行～出车门口啦。（要下车的预先走到车门来吧。）｜我呢度乜嘢都准备～㗎喇。（我这里什么都预先准备好了。）

立时间 lɐp⁶(lap⁶)si⁴kan¹ 在极短的时间内：呢啲嘢唔係～做就做得出嘅。（这些东西不是一时间说做就能做出来的。）

临时临急 lɐm⁴si⁴lɐm⁴kɐp¹ 临到事情迫到眉睫之时：而家～去边度揾咁多呢种铁盒嚟？（现在临时到哪儿找那么多这种铁盒子呢？）

临急临忙 lɐm⁴kɐp¹lɐm⁴mɔŋ⁴ 同“临时临急”：到考试前一晚先～嚟复习。（到考试前一个晚上才临时来复习。）

住₂ tsy⁶ 放在表动作等的词语后面，表示暂且：唔好畀佢知～。（暂时别让他知道。）｜条鱼未得～，仲要蒸下。（那鱼还不行，还要蒸一下。）｜你哋做～先，我去揾经理倾。（你们暂且先干着，我去找经理谈。）

自 tsi⁶ 同“住”：咪～！（等一等！）｜攞～咁多，唔够再嚟攞。（先拿这么多，不够再来拿。）

***先** sin¹ 放在表动作的词语后面，表示：①先做某一件事（与普通话放在表动作的词语前面的“先”用法大致相同）：我行～。（我先走。）②先让某一情况实现，别的事情以后再说（相当于普通话“再说”）：呢件事等佢返嚟～啦。（这事等他回来再说吧。）③要先弄清楚某一情况，别的以后再说：事成以后畀几多我～？（先说清楚，事成以后给我多少？）④要做某件事；有做某件事的欲望：睇见你哋食得咁爽，我都食个～。（看见你们吃得那么香，我也吃上一个吧。）[重见四 A2，九 B19、九 D20、九 D26]

***好彩** hou²tsʰɔi²【喻】幸好（彩：彩票）：～我冇去啫，一唔係都几牙烟。（幸好我没去，要不然也挺危险。）[重见九 C1]

好在 hou²tsɔi⁶ 幸好：～我行快几步，冇淋倒雨。（幸亏我走得快，没淋着雨。）[普通话指情况有利，与广州话稍有不同]

好得 hou²tɐk¹ 幸好：～阿明嚟话声，唔係我就白行一趟。（幸好阿明来说一声儿，不然我就白走一趟。）

多得 tɔ¹tɐk¹ ①幸好：～阿妈带咗把遮，我哋至行得返嚟。（幸好妈妈带了把伞，我们才能走回来。）②多亏：～你帮手，唔该晒！（多亏你帮忙，谢谢了！）

九 D25　和、或者、要么、不然、只好

*䊱 na¹〈音拿第 1 声〉①连接两个并列的事物或人；和：大佬～细佬（哥哥和弟弟）②表示协同、共同（做事）；同；和：我哋～你玩。（我们和你玩儿。）③表示事情关联的对象；同；和：呢件事～你冇关系。（这件事和你没关系。）④表示比较的对象；同；和：攞我～佢比就好难比嘅。（拿我同他比是很难比的。）［重见七 E1］

*孖 ma¹〈音妈〉同“䊱”（较少用）：我～边个拍档？（我和谁搭档？）

*帮 pɔŋ¹ 同“䊱②③④”：佢～乜嘢人响一齐？（他跟什么人在一起？）｜肯定～佢有啲䊱揦。（肯定跟他有点儿瓜葛。）｜你～何生比梗係唔得啦。（你跟何先生比当然不行了。）［重见七 E1］

䊱埋 na¹mai⁴〈䊱音拿第 1 声〉同“䊱①②”（埋：合拢）：呢件衫～呢条裤合共几多钱？（这件上衣和这条裤子，一共多少钱？）｜最好你得闲～我去。（最好你有空跟我一起去。）

*同埋 tʰoŋ⁴mai⁴ 同“䊱①②”（埋：合拢）：老师～学生有 50 人。｜我而家～佢住一间房。（我现在同他住一个房间。）［重见九 D21］

孖埋 ma¹mai⁴ 同“䊱①②”（孖：并联；埋：合拢）：不如～佢一齐啦。（不如和他一块儿吧。）

帮埋 pɔŋ¹mai⁴ 同“䊱①②”（埋：合拢）：我、你～阿广就已经有三个人啦。（我、你和阿广加起来就已经三个人了。）｜有我～你响一齐，你就定啦。（有我和你在一起，你就放心吧。）

连埋 lin⁴mai⁴ 连同：今年～旧年下半年，我哋产值超过两千万。（今年连同去年下半年，我们产值超过两千万。）

*打 ta² 连接两个相同的疑问性指代词，表示选择：两个孖仔似到死，我分唔出边个～边个。（两个孪生子像得不得了，我分不出谁是谁。）｜拆出嚟嘅零件边度～边度要记住先嵌得翻嘅。（拆出来的零件哪个在哪里要记住才装得回去。）［重见七 A2、七 A17、九 B15］

夹₂ kap³ 连接两种并列的状态或动作等；又……又……：平～靓。（又便宜又好。）

兼夹 kim¹kap³ 同“夹”：发烧～头痛。（又发烧又头疼。）

定₂ teŋ⁶ 连接两样事物、人、动作或状态等，表示二者选择其一；还是；或者：你肥～佢肥？（你胖还是他胖？）

定係 teŋ⁶hɐi⁶ 同“定”（係：是）：你去～佢去，你哋自己定。（你去还是他去，你们自己定。）

抑或 jek¹wak⁶(wa⁶)〈或字又变读音话〉同“定”：你做～我做好呢？（你做还是我做好呢？）

一是 jɐt¹si⁶ 同“定”：我都搞唔清係前便嗰个～后便嗰个。（我都弄不清是前面那一个还是后面那一个。）

一唔係 jɐt¹m⁴hɐi⁶ ①连接有相反的因果关系的两件事，表示“如果不……就要”；要么；要不然（唔係：不是）：快啲，～赶唔切喇！（快点儿，要不然赶不及了！）②成对地使用，连接两个并列的事物、人、动作或状态等，表示二者选择其一；要么；要不然：～你，～我，点都要去一个嘿嘞。（要么你，要么我，怎么也要去一个的了。）③表示提出建议；要么；要不然：～我去睇下先。（要不

然我先去看一看。）[又作“唔係”]

一唔係嘅话 jɐt^{1}m^{4}hɐi^{6}kɛ^{3}wa^{-2}〈嘅音记借切，话读第2声〉同“一唔係①”（但口气略重一些）：你小心先好，～好易出事㗎。（你小心才好，要不然的话很容易出事的。）[又作“唔係嘅话”]

一係 jɐt^{1}hɐi^{6} 同“一唔係②③”（係：是）：～上，～落，唔得噉喺中间㗎。（要不上去，要不下来，不能这样在中间的。）|～畀佢算啦。（要不给他算了。）

唔啱 m^{4}ŋam^{1}〈啱音岩第1声〉表示提出建议（唔：不；啱：合适）：～我哋谂过第条计。（要不然我们想其他的办法。）

*__唯有__ wɐi^{4}jɐu^{5} 表示唯一的选择；只有；只好：咁夜冇车搭㗎喇，～行路啦。（这么晚没有车坐了，只好步行了。）[重见九D29]

九D26 然后、接着、才、于是、至于

然之后 jin^{4}tsi^{1}hɐu^{6} 连接一先一后两件事，表示其先后顺序；然后：先落啲油，～落盐。（先放点油，然后放盐。）

连随 lin^{4}tsʰøy^{4} 表示做一件事紧接着做另一件；接着：货一到～就车去畀你，嚟得切嘅。（货一到跟着就给你运去，来得及的。）

跟手 kɐn^{1}sɐu^{2} 同“连随”：啱啱响北京返嚟，～又去四川。（刚刚从北京回来，接着又去四川。）

跟住 kɐn^{1}tsy^{6} 同“连随”：听完报告～讨论。（听完报告接着讨论。）

*__先__ sin^{1} 才。①连接一先一后的两件事，着意指出其先后：你嚟到佢～起身嘅。（你来到他才起床的。）|等佢下昼返嚟，～大家一齐商量呢件事。（等他下午回来，才大家一起商量这件事。）②连接具有条件和结果关系的两件事：係要你去佢～肯去。（要你去他才肯去。）|价钱出得高，～会有人制。（价钱出得高，才会有人愿意。）③表示事情的发生或结束来得晚：而家～嚟嘅？（现在才来？）[重见四A2、九B19、九D20、九D24]

*__至__ tsi^{3} 同“先”：我返到嚟个天～落雨。（我回到了天才下雨。）|梗係要学～识㗎嘛。（当然是要学才懂的嘛。）|佢琴晚12点几～走。（他昨晚12点多才走。）[重见九D20]

*__先至__ sin^{1}tsi^{3} 同“先”：呢样唔得～考虑第样。（这个不行才考虑别的。）|食安眠药～瞓得着。（吃安眠药才睡得着。）|催咗好多次～去食饭。（催了很多次才去吃饭。）[重见九D20]

于是乎 jy^{1}si^{6}(sy^{6})fu^{4}〈是又可读树（受前后字音的影响所致）〉于是：大家都话冇头唔得嘅，～嘛推炳叔出嚟啰。（大家都说没个头儿不行，于是就把炳叔推出来。）[普通话偶尔用于书面语，口语则不用，广州话则为口语的常用词]

至到 tsi^{3}tou^{3} ①表示引进另一个话题。至于：呢便你放心啦，～嗰层，我都有准备㗎嘞。（这边你放心吧，至于那一层，我也有准备的了。）②及至：～天黑，佢都未嚟。（直至天黑，他也没来。）

九D27 不但、而且、且不说

不特 pɐt^{1}tɐk^{6} 表示有进一层的意思。不仅；不但：～佢唔知，我都唔知。（不仅他不知道，我也不知道。）

不特只（止） pɐt^{1}tɐk^{6}tsi^{2} 同“不特”：

猫～食老鼠，仲食鱼。（猫不仅仅吃老鼠，还吃鱼。）

唔只(止) m⁴tsi² 同"不特"（唔：不）：～佢去，我都去。（不但他去，我也去。）

唔单只(止) m⁴tan¹tsi² 同"不特"（唔：不）：喺呢度食饭，～免收茶费，仲有折头添。（在这儿吃饭，不但免收茶水费，还有折扣。）

不单只(止) pɐt¹tan¹tsi² 同"不特"：佢～自己唔嚟，连阿祥都拉埋走。（他不光自己不来，还把阿祥也拉走了。）

唔净只(止) m⁴tseŋ⁶tsi² 同"不特"：～噉啊，有啲嘢你仲唔知。（不光是这样，有些事你还不知道。）

***仲(重)** tsoŋ⁶〈重音重要之重〉表示更进一层。还；而且：净讲唔得，～要做。（光说不行，还要干。）｜佢唔净只识开车，～识修车。（他不但会开车，而且会修车。）［重见九 D15、九 D20、九 D30］

姑勿论 kwu¹mɐt⁶lɵn⁶ 表示退一步考虑的意思。且不说：～嘥钱，起码就嘥时间先。（且不说浪费钱财，起码是浪费时间。）

咪话 mɐi⁵wa⁶〈咪音米〉同"姑勿论"（咪：别；话：说）：～我唔制，就算我制我都做唔倒啦。（别说我不愿意，就算愿意我也做不到哇。）

唔好话 m⁴hou²wa⁶ 同"姑勿论"（唔好：别；话：说）：～佢啦，佢师傅都唔得啊。（别说他，他师傅也不行。）

九 D28　因为、所以、既然、反正、为了、免得

事关 si⁶kwan¹ 表示因果关系（用于表示原因的句子前面）；因为：唔好畀咁重嘅嘢佢做，～佢身子仲未恢复晒。（不要给他那么重的活儿干，因为他身体还没完全恢复。）［普通话（以及广州话）用"因为"时，表示原因的句子一般放在前面，表示结果的句子放在后面；而广州话用"～"时，表示原因的句子常常放在后面］

事因 si⁶jɐn¹ 同"事关"：呢个要董事会决定，～呢笔数唔细㗎嘛。（这要董事会决定，因为这笔数字不小啊。）

故此 kwu³tsʰi² 表示因果关系（用于表示结果的句子前面）。所以：先头塞车，～而家至翻到嚟。（刚才堵车，所以现在才回来。）

既然之 kei³jin⁴tsi¹ 既然：～你都噉讲咯，我亦都唔会咁计较嘅。（既然你都这么说了，我也不会那么计较的。）

横啱 waŋ⁴tim⁶〈啱音店第 6 声，第艳切〉指明某种情况或原因等（啱：竖）。反正：～都係噉嘞，去就去啦。（横竖都是这样了，去就去呗。）｜～好近啫，行路啦。（反正很近，步行吧。）［普通话"反正"还有表示不管怎样都不变的意思，这在广州话也说"反正"不说"～"，如："你去唔去都好，反正我去。"（不管你去不去，反正我去。）］

为咗 wɐi⁶tsɔ² 引出目的；为了（咗：了）：老豆做呢啲完全都係～你。（爸爸做这些完全是为了你。）

免至 min⁵tsi³ 表示目的（力求避免的）。免得；以免：我哋行快啲啦，～搭唔到车。（我们走快点，免得搭不上车。）

谨防 kɐn²fɔŋ⁴ 同"免至"：最好闩埋窗口，～撇雨。（最好关上窗子，免得潲雨。）

***费事** fɐi³si⁶ 表示目的（力求避免引起某些麻烦）。免得；以免：你袋起

啦，～畀阿珍睇见。（你装进兜里吧，省得让阿珍看见。）｜写落嚟～唔记得。（写下来以免忘记。）［重见五 B5］

九 D29 如果、无论、那么、除了

若果 jœk⁶kwɔ² 表示假设。如果；要是：～你唔去，我哋大家都唔去。（如果你不去，我们大家也不去。）

若然之 jœk⁶jin⁴tsi¹ 同“若果”：～老师唔嚟上课，你哋就自习啦。（要是老师不来上课，你们就自修。）［又作“若然”］

得到 tɐk¹tou³ 如果能够；如果等得到（一般用于不大可能的假设）：～长哥喺度就啱嘞。（要是长哥能在这儿就好了。）｜～嗰一日，我死都眼闭喇！（要能等到那一天，我死也瞑目了！）

***唯有** wɐi⁴jɐu⁵ 表示指定的条件。只有：～叫七叔嚟先搞得啱。（只有叫七叔来才弄得好。）［重见九 D25］

係要 hɐi⁶jiu³ 同“唯有”（係：是）：～噉，啲友仔先至惊嘅。（就是要这样，那些家伙才会怕的。）

***係** hɐi⁶ 同“係要”：～林伯镇得住佢两个。（只有林伯镇得住他俩。）［重见九 D17、九 D31］

唔理 m⁴lei⁵ 表示无条件。无论；不管：～点，你都咪应承佢。（不管怎样，你都别答应他。）

***噉₂** kɐm²〈音敢〉表示在某种情况下会出现的结果或作出的判断等。那么：若果佢唔制，～就冇办法嘞。（如果他不愿意，那就没办法了。）｜～好啦，就畀你啦。（那么好吧，就给你吧。）［重见九 D31、九 D33、九 D34］

除咗 tsʰɵy⁴tsɔ² 表示不计算在内，引出被排除的内容；除了：～明仔，仲有边个唔去？（除了小明以外，还有谁不去？）

九 D30 固然、但是、不过、反而、还

固然之 kwu³jin⁴tsi¹ 固然：呢件事～紧要，之不过嗰件一样咁紧要。（这件事固然重要，不过那件事同样重要。）

但係 tan⁶hɐi⁶ 表示转折。但是（係：是）：好就几好，～唔容易做到。（好是挺好，但是不易做到。）

之 tsi¹ 表示转折（比“但係”口气轻些）。只是；不过：烧是退咗，～仲係有啲头晕。（烧是退了，只是还有点头晕。）

之但係 tsi¹tan⁶hɐi⁶ 表示转折。但是；可是：我係好想结婚，～冇房㖞。（我是很想结婚，可是没房子啊。）

之不过 tsi¹pɐt¹kwɔ³ 表示转折。不过：我好想去嘅，～实在好唔得闲。（我很想去的，不过实在没空。）

反为 fan²wɐi⁴ 表示转折，与前面讲的意思相反或出乎意料。反而：佢想用棍揼人，～被支棍揼亲自己。（他想用棍子打人，反而被棍子打到自己。）

倒翻转 tou³tan¹tsyn³〈倒音到，转读第3声〉同“反为”（翻：回）：你唔话佢，～嚟话我添！（你不说他，反而来说我！）［又作“倒转”］

就 tsɐu⁶ 表示转折，前后的内容稍有不吻合（但不一定是完全相反）：阿妹话好热，我～唔多觉得。（妹妹说很热，我却没太大感觉。）｜呢两只股票都升咗，唔知点解嗰只～跌咗啲。（这两只股票都升了，不知道为什么那只却跌了一点儿。）［普通话“就”

的用法很多，广州话大多相同，只有这一种用法特殊一些。普通话“就”表示承接，一般前后内容是顺承的，不表示前后内容不对接的转折，而广州话就有这种用法。]

***仲(重)** tsoŋ^{6}〈重音重要之重〉还(hái)。①表示动作或状态持续不变；仍然：佢～喺嗰度。(他还在那儿。)｜散咗会啲人～未争完。(散了会人们还没争论完。)②表示项目、数量、范围等扩充；包括：除咗佢哋3个，～有我。(除了他们3个，还有我。)③表示重复：呢个节目8点钟～要播一次。(这个节目8点钟还要播一次。)[重见九D15、九D20、九D27]

九 D31　是、像、可能、原本、实际上、在

***係** hɐi^{6} 表示判断或陈述。是：我～一个中国人。｜地球～圆嘅。(地球是圆的。)｜呢件事～噉嘅。(这件事是这样的。)[重见九D17、九D29]

即係 tsek^{1}hɐi^{6} 表示指定的判断。就是：沪～上海。

亦即係 jek^{6}tsek^{1}hɐi^{6} 同“即係”而口气较强。也就是：阿超嘅老豆～阿文嘅舅父。(阿超的父亲也就是阿文的舅舅。)

***嚟** lɐi^{4}〈音黎〉表示判断。用在句子后部，常与“係……嘅”(是……的)相配合使用(“～”放在“嘅”的前面)：呢只鹿仔係象牙～嘅。(这只小鹿是象牙的。)｜我哋经理原本係个司机～嘅。(我们经理原来是个司机。)｜条绳好长～略，边个剪咗？(这绳子很长的嘛，谁剪了？)[重见六A2、九D22、十一A1]

嚟嘅 lɐi^{4}kɛ^{3}〈嚟音黎，嘅音记借切〉参见“嚟”。

似 tsʰi^{5} 像：个仔～老母，女～老豆。(那儿子像母亲，女儿像父亲。)

似足 tsʰi^{5}tsok^{1} 十分像；极像：佢行步路都～佢舅父。(他连走路都跟他舅舅像极了。)

十足十 sɐp^{6}tsok^{1}sɐp^{6} 十分像；极像：阿炜着起呢件衫，～个超人噉。(阿炜穿起这件衣服，完全像个超人似的。)[又作“十足”]

学 hɔk^{6} 像(一般仅指行为等方面的相像，不用于外形上的相像)：人人都～你咁好心，呢个世界就太平喇。(人人都像你心肠这么好，这个世界就太平了。)

学似 hɔk^{6}tsʰi^{5} 同“学”：你不如～珍姐噉电个嗰种发仲好睇啦。(你如像珍姐那样烫那种发型更好看。)

***噉**$_{2}$ kɐm^{2}〈音敢〉表示相像或比喻，放在作比况的事物后面。……似的：佢瘦到一辘竹～。(他瘦得像一根竹子似的。)｜强仔大大下成个佢老豆～。(阿强渐渐长大了，整个儿像他父亲。)[重见九D29、九D33、九D34]

都似 tou^{1}tsʰi^{5} 有可能(用在句子后部，表示一种猜测)：噉嘅天时佢唔嚟～。(这样的天儿他不来也是有可能的。)｜咁耐嘞，唔见咗～。(这么久了，说不定不见了。)

有之 jɐu^{5}tsi^{1} 同“都似”：佢份人唔声唔气走咗去都～㗎。(他这种人一声不吭跑掉了也是有可能的。)

话唔定 wa^{6}m^{4}teŋ$^{6(-2)}$〈定又读第2声，底影切〉说不定(唔：不)：今日～会落雨。(今天说不定会下雨。)

唔定 m^{4}teŋ$^{-2}$〈定读第2声，底影切〉说不定(常用在句子后部)：佢会嚟都～。(说不定他会来。)｜年底前完得倒工～㗎。(年底之前说不定能完工。)

***谂怕** nɐm2pʰa3〈谂音那饮切〉也许；恐怕（表示一种猜测。谂：想）：佢去北京出差，～返嚟喇。（他去北京出差，也许回来了。）[重见五 B2]

***两睇** lœŋ5tʰɐi2〈睇音体〉存在两种可能性；有两种可能的发展趋势；需要从两个方面去看（睇：看）：你唔好咁快讲死，呢件事仲係～嘅。（你别这么快说死了，这事还是有两种可能的。）[重见七 A2]

原底 jyn4tɐi2 原本；本来：佢～同我一间厂嘅。（他原本跟我是一个工厂的。）| 你仲住喺～嗰度啊？（你还住原来那地方吗？）

本应 pun2jeŋ1 本来：呢间佛寺～好大㗎，后来拆咗一大窟。（这间佛寺本来很大的，后来拆掉了一大片。）

本身 pun2sɐn1 原本；本来：我哋～住喺九龙塘，搬嚟呢度冇耐。（我们本来住在九龙塘，搬到这儿没多久。）

实情 sɐt6tsʰeŋ-2〈情读第 2 声，此影切〉实际上：～你唔叫佢，佢都会嚟。（实际上你不叫他，他也会来。）| 我哋厂～冇噉嘅生产能力。（我们厂实际上没有这样的生产能力。）

查实 tsʰa4sɐt6 实际上：～嗰朝早佢都冇嚟。（实际上那天早上他也没来。）

喺 hɐi2〈音係第 2 声，起矮切〉①表示人或事物存在的处所、位置。在：本书～枱度。（那本书在桌子上。）| 佢唔～屋企。（他不在家。）②引出动作所涉及或起始的处所、位置。在；从：坐～张凳度。（坐在凳子上。）| ～黑板上便写字。（在黑板上写字。）| ～嗰便行过嚟。（从那边走过来。）③引出状态或动作发生或起始的时间（一般只限于动作性不明显的词语）。在；从：时间定～听朝 9 点。（时间定在明早 9 点。）| 会议改～礼拜五下昼。（会议改在星期五下午。）| ～8 点钟开始。（从 8 点钟开始。）④引出某些范围；在：佢～学习上好努力。（他在学习上很努力。）| 温度保持～5 度以下。（温度保持在 5 度以下。）[比普通话“在”使用范围小。口语中最常出现的是①②，而③④略带有书面语色彩]

响 hœŋ2 同“喺”：你而家～边度？（你现在在什么地方？）| 我唔係～医院出世嘅。（我不是在医院出生的。）| ～呢方面仲要落多啲工夫。（在这方面还要多下点儿工夫。）| 个苹果～树上便跌落嚟。（那苹果从树上掉下来。）

***喺度** hɐi2tou6 在这里；在那里：头先仲～。（刚才还在这儿。）| 去到佢都唔～嘞。（去到他已经不在那里了。）[重见九 D22]

***喺处** hɐi2sy3〈处音恕〉同“喺度”。[重见九 D22]

***响度** hœŋ2tou6 同“喺度”。[又作“响处”。重见九 D22]

介乎 kai3fu4 在两者之间；介于：～你哋两个之间。（介于你们俩之间。）| ～2 点到 6 点之间。

九 D32　不、不是、不要、不必、不曾

唔 m4 表示对一般动作、状态等的否定；不：我～去。（我不去。）| 你食～食？（你吃不吃？）| ～係噉嘅。（不是这样的。）| 佢生得～高。（他长得不高。）

***唔係** m4hɐi6 表示否定的判断或陈述；不是：我～做生意嘅。（我不是做生意的。）| 呢间厂～属轻工局嘅。（这家工厂不是属轻工局的。）[重见九 C2、九 D20]

唔好 m4hou2 ①表示对“要”的否定，即劝阻或禁止；不要；别：～去嘞。（不要去了。）| ～噉样。（别这样。）②表示希望某种猜测不要成为现实；不要；别：呢匀～又搞衰咗啊喇！（这一回别又弄糟了啊！）

*咪₂ mɐi⁵〈音米〉同“唔好”：～乱咁嘟！(别乱动！)[重见九 D20]

把鬼 pa²kwɐi²【俗】以反诘语气表示否定（指不做某事）：睬佢～！(理他干嘛！)

把屁 pa²pʰei³ 同“把鬼”：去嗰度～咩！(干嘛要到那儿去！)

唔使 m⁴sɐi² 表示对“需要”的否定；不用；不必：～畀钱。(不用付钱。免费。)｜～讲喇。(甭说了。)｜～咁客气。(不必这么客气。)

使乜 sɐi²mɐt¹〈乜音物第 1 声，么一切〉表示一种反诘语气；何必：咁细件事～你亲自嚟啊！(这么小的事何必您亲自来呢！)｜都係熟人，～咁客气！(都是熟人，何必这么客气！)

*冇 mou⁵〈音无第 5 声〉表示对“曾经”的否定；没有：佢去咗，我～去。(他去了，我没去。)｜呢度从来～咁冻过。(这儿从来没那么冷过。)[普通话“没有”还表示对“已经”的否定，这在广州话不说“～”而说“未”。重见九 D6]

未 mei⁶ 对“已经”的否定；没有；还没：件衫～干。(这衣服还没干。)｜你睇见～啊？就係噉。(你看见了没有？就是这样。)

未曾 mei⁶tsʰɐŋ⁴ 同“未”：我仲～去，佢就嚟咗先嘞。(我还没去，他就先来了。)

未算 mei⁶syn³ 对“已经达到某种程度”的否定；不算：噉都仲～犀利。(这还不算很厉害。)

九 D33　这样、那样、怎样、为什么、难道

*噉₂ kɐm²〈音敢〉对性质、状态、方式、外貌等的指示；这么；这样；那么；那样：～做唔啱，要～做。(那么做不对，要这么做。)｜～嘅颜色好啲。(这样的颜色好一些。)｜点解係～嘅？(怎么是这样的呢？)[普通话“这么、这样”和“那么、那样”是有区别的，广州话则都用“～”。参见“咁”。重见九 D29、九 D3l、九 D34]

噉样 kɐm²jœŋ⁻²〈噉音敢，样读第 2 声〉同“噉”：就～得嘞。(就这样行了。)｜你千祈唔好再～喇！(你千万别再那样了！)｜佢外形就係～嘅。(它的外形就是这个样子的。)

*咁 kɐm³〈音甘第 3 声，嫁嵌切〉对于程度的指示；这么；这样；那么；那样：佢～肥。(他这么胖。)｜我唔要～多，就～多够嘞。(我不要那么多，就这么些够了。)｜我边学得刘先生～本事啊！(我哪能像刘先生那么有本事呢！)[普通话“这么、这样”和“那么、那样”有区别，广州话则都用“～”。又普通话对程度的指示和对性质、状态、方式等的指示都用同一套词语，广州话则有“～”和“噉、噉样”的分别。重见九 D15]

*几 kei² 表示对程度的疑问；多：有～大？(有多大？)｜唔知要～长先至够。(不知道要多长才够。)[重见九 D15、十 A1]

点 tim² 表示对性质、状态、方式、外貌等的疑问；怎么；怎么样：～做至啱？(怎么做才对？)｜呢件事到底～㗎？(这件事到底是怎么样的？)

点样 tim²jœŋ⁻²〈样读第 2 声，椅响切〉同“点”：呢件事你～谂？(这事儿你怎么想？)｜恐龙係～㗎？(恐龙是什么样子的？)

点解 tim²kai² 表示对原因、目的的疑问；为什么（点：怎么）：琴日你～唔嚟？(昨天你为什么不来？)

为乜嘢 wɐi^{6}mɐt^{1}jɛ^{5}〈为音因为之为，乜音么一切〉同“点解”（乜嘢：什么）：～而家先到？（为什么现在才到？）［又作“为乜”］

***乜**$_1$ mɐt^{1}〈音物第1声，么一切〉同“点解”：～你仲未完啊？（怎么你还没做完呢？）［重见八A8］

做乜嘢 tsou^{6}mɐt^{1}jɛ^{5}〈乜音么一切，嘢音野〉同“点解”（乜嘢：什么）：我唔明佢～要噉。（我不明白他为什么要这样。）［又作“做乜”］

唔通 m^{4}t^{h}oŋ^{1} 表示反问；难道（唔：不）：～你唔使食饭？（难道你不用吃饭？）｜呢件事～噉就算？（这件事难道就这样算了？）

九 D34 其 他

***嘅**$_1$ kɛ^{3}〈记借切〉放在表事物的词语前面，其他词语后面，表示前面的词语对此事物有说明、形容、领有、限制等关系，相当于普通话“的”(de)：整餸～手势（做菜的手艺）｜好靓～衫（很漂亮的衣服）｜我～单车（我的自行车）｜呢度～天气（这里的天气）［重见八A8、十一A1］

***噉**$_2$ kɐm^{2}〈音敢〉放在各种词语后面，构成形容性的结构；相当于普通话“地”(de)或“的”：笑笑口～讲。（笑吟吟地说。）｜颜色慢慢～淡落去。（颜色慢慢地淡下去。）｜成身污糟邋遢～。（全身脏不拉几的。）｜画到花哩碌～。（画得花里胡哨的。）［重见九D29、九D31、九D33］

衬 ts^{h}ɐn^{3} 陪衬；装点：咁大个字都睇唔到，你只眼生嚟～㗎？（这么大一个字都看不见，你长眼睛只是装点陪衬的吗？）

打底 ta^{2}tɐi^{2} 垫底儿：红色～，衬啲黄字。（红色垫底，衬些黄字。）｜食碗饭～先饮酒。（吃碗饭垫底再喝酒。）

着迹 tsœk^{6}tsek^{1}〈着音着急之着〉露出痕迹：作亲案就冇话一啲都唔～嘅。（凡作案就不会一点痕迹都不露。）

唔汤唔水 m^{4}t^{h}ɔŋ^{1}m^{4}sɵy^{2}【喻】【贬】不像汤也不是水（唔：不），比喻事情没完成，或做得很不像样：做到一半～噉，又掉低嘞。（干了一半还没个样子，又扔下了。）

来路 lɔi^{4}lou^{-2}〈路音佬〉外来的；从国外进口的：～车（进口汽车）｜～货（进口货）。

绕口 k^{h}iu^{5}hɐu^{2}〈绕音桥第5声〉拗口：你篇文章读起上嚟好～。（你那篇文章读起来很拗口。）

绕脷 k^{h}iu^{5}lei^{6}〈绕音桥第5声，脷音利〉拗口（脷：舌）：呢句好似咁～嘅。（这句子好像挺拗口。）

***荦确** lɐk^{1}k^{h}ɐk^{1}〈荦读为拉得切，确读为卡得切〉（文章等）不通顺；不顺口：呢篇嘢读起嚟咁～，都唔知写啲乜。（这篇东西读起来挺不通顺，也不知道写的啥。）｜你讲话不溜都係咁～㗎？（你说话是不是一向都这样结巴？）［重见九A7］

十、数与量

［多少参看九B18］

十A　数量

十A1　数　目

*数 sou^3 数目；数字：呢个係个好大嘅～。（这是个很大的数目。）［重见九］

冧把 lɐm^{1}pa^2〈冧音林第1声〉【外】号码；数码：记住嗰栋楼嘅～。（记住那幢楼的号码。）｜个个都笠个～落去。（每一个都给编上个号码。）［英语 number］

廿 ja^6(jɛ^6)〈音二夏切，又音夜〉二十：三百～一｜～四史［此与普通话意思完全一样，只是读音相去很远］

*孖 ma^1〈音妈〉原义是并联，用于念数码时，两个相同的数目字连在一起则念作"～×"：我嘅电话号码係八～三二五～〇六。（我的电话号码是八三三二五〇〇六。［重见七E1、九B14、九D25、十C1］

揸住 tsa^{1}tsy^6【婉】五。为旧时饮食业的专用语，用于伙计向柜台报账时。

揦住 la^{2}tsy^6〈揦音喇第2声，拉哑切〉同"揸住"。

礼拜 lɐi^{5}pai^3【婉】七。为旧时饮食业的专用语，用于伙计向柜台报账时。

三几 sam^{1}kei^2 不多的数量，一般指三以上、五以下：你畀～个我啦。（你给我三五个吧。）

*几 kei^2 问数量的疑问代词；多少：你个仔～大啦？（你儿子多大了？）｜仲有～公里？（还有多少公里？）［普通话"几"也作疑问代词，但用法没有广州话那么广泛。重见九D15、九D33］

几多 kei^{2}tɔ^1 ①问数量的疑问代词；多少：一共有～人？（一共多少人？）②表示不定的数量；多少：我做得～做～。（我能干多少干多少。）｜～都得。（多少都行。）

定点 teŋ^{6}tim^2【旧】对小数点的读法：十二～八六（十二点八六，即12.86）。

齐头 tsʰɐi^{4}tʰɐu^4 整，没零头：10 缗～（10 元整）｜凑啱～啦。（凑够整数吧。）

齐头数 tsʰɐi^{4}tʰɐu^{4}sou^3 整数；没零头的数：畀够三百对你，～嘞。（给足你三百双，凑个整数吧。）［参见"齐头"］

零丁 leŋ^{4}teŋ^1〈零音陵，黎形切〉（数目）不成整数：呢一批三万零二，咁～嘅。（这一批是三万零二，这尾数这么零散。）

十A2　概数、成数

零 lɛŋ^4〈音衫领之领第4声，罗赢切〉用于数量词后，表示余数：十～条竹（十多根竹子）｜千～两千缗（一两千块钱）

松啲 soŋ^{1}ti^1〈松音松紧之松，啲音低衣切〉用于数量词后面，表示有不大的余数：有两百个～都够㗎嘞。（有两百个稍多就足够了。）

有突 jɐu^{5}tɐt^6 用于数量词后面，表示有余数，有强调超出某一数量的意思：总共350～。（总共350出头。）

有找 jɐu⁵tsau² 用于钱的整数后面，表示比该整数略小：两百绎～。（两百块不到。）

度₃ tou⁻² 〈音堵，底好切〉用于数量词后，表示大约的数量：百零人～（大约一百来人）｜20 绎～（20 块钱左右）｜一个钟头～。

左近 tsɔ²kɐn⁻² 〈近音紧，假很切〉用于数量词后面，表示大约的数量；左右：五十岁～｜两百吨～。[普通话“左近”只有“附近”的意思，广州话也有这个意思]

成 sɛŋ⁴ 〈时嬴切〉用于数量词或表示某种数量的词语前，表示达到或几乎达到某个数量；有，整整：嚟咗～80 人。（来了有 80 人。）｜佢哋公司嘅产品占咗～大半。（他们公司的产品占了整整一半。）

程 tsʰeŋ⁴ 十分之一；成：攞三～出嚟（拿三成出来）｜呢件事有八～喇。（这事儿有八成儿了。）[此与普通话“成”义同音亦近，实为同一个词，只是广州话“程”和“成”不同音，习惯上不写作“成”]

啵口（巴仙） pʰɛ⁶sɛn¹ 〈啵音破夜切，后一字音些加上先字的音尾〉百分之一；百分点：升咗三个～。（升了百分之三。）[英语 percent]

十 B　人与动植物的计量单位

十 B1　人的计量单位 [一般用“个”，与普通话一样]

丁 teŋ¹ 个（用于表示人少时）：就得嗰五～人，点做啊？（就只有这五个人，怎么干哪？）

***菢** tɐu¹ 〈音兜，多优切〉【贬】个：呢～友仔（这个家伙）[重见十 B2]

***只** tsɛk³ 〈音脊，志锡切〉【贬】个：嗰～衰仔（那个坏小子）[重见十 B2、十 B3、十 C4、十 C1、十 F1]

***条** tʰiu⁴【贬】个：呢～衰神（这个坏家伙）｜佢哋三～嘢（他们三个家伙）。[重见十 C2]

***啵** pʰɛ¹ 〈音批夜切第 1 声〉【外】用于成对的情侣；对儿：呢便一～，嗰边一对。（这边一对儿，那边一双。）[英语 pair。重见三 A19、十 C1]

班₂ pan¹ 帮、群：呢～友仔好恶搞。（这帮家伙很难搞。）｜嚟咗成～人。（来了一大群人。）

军 kwɐn¹【喻】大群（一般只用于“成～人”这个短语中）：一下嚟咗成～人。（一下子来了一大群人。）

朋 pʰaŋ⁴ 〈音棚〉大群：围咗一大～人。（围着一大堆人。）

伙 fɔ² 用于人家；户：呢度住咗两～人。（这里住着两户人。）

***脱** tʰyt³ ①用于来往的人；批：啲人嚟咗一～又一～。（那些人来了一拨儿又一拨儿。）②辈、代：我哋呢～人老喇！（我们这一代人老了！）｜佢哋话係两兄弟，实情唔係一～人。（他们说是两兄弟，实际上不是同一代人。）[重见十 C1]

十 B2　动植物的计量单位

***只** tsɛk³ 〈音脊，志锡切〉用于动物；只、头：一～猪｜一～牛。[普通话“只”的使用范围比广州话小。重见十 B1、十 B3、十 C1、十 C4、十 F1]

裔（坡） pʰɔ¹ 〈裔音坡，批呵切〉用于植物；棵：一～树｜两～菜。

***坎** hɐm² 〈音海饮切〉用于植物，一般

是从种植的角度说的（其本来意义是指为栽种植物而挖的坑）；棵：呢度可以种几～荔枝。（这里可以种几棵荔枝。）[重见二 A2、十 C6]

*蔸 tɐu¹〈音兜，多优切〉①用于成簇的植物；丛、棵：一～白菜｜一～草。②用于金鱼（实是借用植物的量词，因金鱼尾巴张开成簇形）；条：买两～金鱼。[重见十 B1]

藭 kʰoŋ⁴⁽¹⁾〈音穷，又读第 1 声〉用于长得成簇成包的果子、粮食等；串、包：一～龙眼｜一～粟米（一包玉米）。

*荚 hap³〈气鸭切〉用于菜叶等；片：两～黄芽白（两片黄芽菜叶子）。[重见二 E1]

十 B3 人体部位等的计量单位

*只 tsɛk³ 用于肩膀、上下肢；个、条：左便～膊头（左边的肩膀）｜你～手长啲。（你的手臂长一些）。｜叉开两～脚。（叉开两条腿。）[普通话对上肢手腕以下、下肢脚腕以下用“只”，对整个的上下肢则用“条”，而广州话都用“～”。重见十 B1、十 B2、十 C1、十 C4、十 F1]

个 kɔ³ 用于心：我～心跳得好犀利。（我的心跳得很厉害。）｜噉你～心都安乐啲啊。（这样你的心也安稳些嘛。）

块 fai³ 用于脸孔；张：黑起～面（拉下脸孔）｜你～面有啲邋遢。（你的脸有点儿脏。）

*棚 pʰaŋ⁴ 用于牙齿；排：佢～牙好白。（她的牙齿很白。）[重见十 C5]

*泡 pʰao¹〈读第 1 声〉①用于鼓起的腮帮子：做乜鼓起～腮啊？（干嘛气鼓鼓的？）②用于含在眼中的泪水：含住两～眼泪水。（含着泪水。）[重见十 F1]

*堂 tʰɔŋ⁴ ①用于眉毛；对：佢嗰～眉好威。（他那对眉毛很俊。）②用于鼻涕，指两行流出的：你睇你个仔嗰～鼻涕！（你看你儿子那两行鼻涕！）[重见十 C2]

*筒 tʰoŋ⁴〈音同〉用于鼻涕（特指还留在鼻腔之内的）：擤咗～鼻涕佢啦！（把鼻涕擤掉吧！）[重见十 C6]

*㞘(启) tok¹〈音督〉用于屎尿、痰等；泡、口：屙咗～屎好大～。（拉了一泡好大泡的屎。）｜一～尿。（一泡尿。）｜一～口水。[重见四 B2]

十 C 物体的计量单位

[表示容器的名词一般都可以作量词，此处不一一列出，参见三]

十 C1 不同组成的物体的量（个、双、套等）

*只 tsɛk³ 用于单个的物品；个：一～箩｜一～桶仔（一个小桶）｜三～牌（三张扑克或麻将牌）｜写两～字。[普通话一般只用于成对的东西中的一个，广州话无此限制。重见十 B1、十 B2、十 B3、十 C4、十 F1]

对₄ tøy³ 用于成双的物品；双：一～鞋｜一～袜｜一～筷子。[普通话和广州话都既用“双”又用“对”，普通话用“双”较多，广州话用“对”较多。]

*孖 ma¹〈音妈，馍虾切〉用于成双相连的东西；对儿：一～腊肠｜一～油炸鬼（一根油条。一根油条由两小根组成）｜一～番枧（一条肥皂。一条肥皂由两块组成）。[重见七 E1、九 B14、九 D25、十 A1]

*啤 pʰɛ¹〈音批夜切第 1 声〉【外】用

于扑克；对儿：一～8｜一～倾（一对K）。［英语 pair。重见三 A19、十 B1］

*拃 tsa⁶〈音炸第6声，治夏切〉用于扑克，指同时甩出的几张牌（常特指五张）；把：你仲有几多只？——啱好一～。（你还有多少牌？——刚好一把五张。）［重见十 C3］

副 fu³ 用于成套的东西；套：一～梳化（一套沙发）｜一～机器。［普通话"副"也用于成套的东西，但使用频率比广州话低］

*脱 tʰyt³ 用于衣服；套：一～西装｜成～卖（成套出售）。［重见十 B1］

十 C2 不同形状的物体的量（块、条、片等）

*嚿 kɐu⁶〈音旧，忌右切〉用于成块、成团的东西；块、团：两～砖头｜一～泥｜一～肉｜一啖食咗一～大饭公。（一口吃了一块大饭团。）［重见十 D1］

嚿溜 kɐu⁶lɐu⁶〈嚿音旧，溜音留第6声〉用于成团的东西（一般是有臃肿感觉的；略带贬义）；团、块：佢搦住一大～唔知乜嘢嚟。（他提着一大块不知道是什么东西。）

*坺 pʰat⁶(pʰɛt⁶)〈音破辣切，又音破夜切加上拔字的音尾〉用于糊状物（略带贬义）；团、摊（量不太大）：一～酱｜一～浆糊。［重见十一 B3］

坺迾 pʰat⁶lat⁶(pʰɛt⁶lɛt⁶)〈坺音破辣切，又音破夜切加上拔字的音尾；迾音辣，又音例夜切加上拔字的音尾；两字韵母要保持一致〉用于糊状物（略带贬义；比用"坺"语气重）；团、摊：一～烂溚（一团烂泥）。

*条 tʰiu⁴ 用于长条形的物品；条、根：一～棍｜一～锁匙（一把钥匙）。［普通话也使用"条"，但用法比广州话少。重见十 B1］

*支（枝）tsi¹ 用于杆状的物品；根：一～棍｜一～竹。［普通话也使用"枝"，但用得比广州话少。重见十 C6］

*辘 lok¹〈音六第1声，啦旭切〉用于圆柱形的物体（一般不是太细小的）；节、根：一～蔗（一节或一根甘蔗）｜一～杉（一根杉木）｜攞～粗啲嘅嚟。（拿一根粗点儿的来。）［重见三 A8、六 A5、六 B4］

橛 kʰyt⁶(kyt⁶)〈音其月切，又音忌月切〉用于较短的条状物，一般是指从条中分离出来的；截、节：一～铅笔｜条棍断咗一～。（那根棍子断了一截。）

*粒 nɐp¹ 用于颗粒状的东西；粒、颗：一～种子｜一～豆｜一～星。［普通话也使用"粒"，但用得比广州话少。重见十 D1、十 F1］

*堂 tʰɔŋ⁴ 用于成架的物体；架、顶、把：一～梯｜一～磨｜一～蚊帐｜一～锯。［重见十 B3］

饼 pɛŋ² 用于扁状物品；片、盘：一～面（一团干面条）｜一～带（一盘录音带或录像带）。

墩 tɐn²〈音炖第2声，抵隐切〉用于矗立的东西；座：一～楼｜一～砖（一摞砖头）。

栋 toŋ⁶ 用于矗立的东西；座：一～楼｜一～桥｜一～砖（一摞砖头）。［普通话"栋"只用于楼房，广州话用法则广泛得多］

十 C3 不同排列的物体的量（串、排、把等）

*抽（搊）tsʰɐu¹ ①用于可以用手提起、一般是成串成簇的物品；串：一～菩提子（一串葡萄）｜一～锁匙（一

串钥匙）②用于用手提袋等装着的物品；袋：一～苹果［重见六 D1］

*秤 tsʰeŋ³ 同“抽①”。

*揇 nɐŋ³〈音能第 3 声〉用于成串的东西（一般是不很整齐的）；串：一～荔枝［重见九 B14］

□揇 kwʰɐŋ³nɐŋ³〈前一字音愧幸切第 3 声，揇音能第 3 声〉用于成串的、有点凌乱或累赘的东西；串：左手一～、右手一～都係秀姑叫佢买嘅嘢。（左手一串、右手几包都是秀姑叫他买的。）

迾 lat⁶(lɛt⁶)〈音辣，又音例夜切加上列字的音尾〉用于成列的物体；列、行、排：路边种两～树。｜嗰度起咗一～屋。（那儿建了一排房子。）

排赖 pʰai⁴lai⁴〈赖读第 4 声，罗鞋切〉用于成排的东西（指比较大而不很整齐的，略带贬义）；排：而家就一～嗽掉喺度，点办？（现在就一大排地丢在这儿，怎么办？）

梳 sɔ¹ 用于成排的、不很大的东西；排：一～子弹｜一～香蕉（成挂的香蕉可分切为若干排，一排为一～）

*沓 tap⁶〈音踏〉用于多层的东西；迭：一～纸｜一～楼（一座楼房）｜一～碗（一摞碗）。［重见四 A7、六 D5］

重 tsʰoŋ⁴〈音从〉用于成层的、一般较厚的东西；层：冚咗三～。（盖了三层。）

浸₃ tsɐm³〈音志勘切〉用于蒙在物体表面的很薄的东西；层：一～皮｜枱面一～灰尘（桌面上一层灰尘）

*棟 lɐm⁶〈音林第 6 声，例任切〉用于堆砌起来的东西；摞、垛、堆：一～砖｜一～水泥［重见六 D5］

堆□ tɵy¹lɵy¹〈后一字啦虚切〉用于成堆的东西（一般是多而零乱的，略带贬义）；堆：啲嘢就噉一～噉掉喺度就唔理喋喇？（这些东西就这样一大堆地扔在这儿不管了？）

扎 tsat³ 用于捆在一起的东西；束、捆：一～花｜一～禾秆（一捆稻草）

*拃 tsa⁶〈音炸第 6 声，治夏切〉用于用手抓起的或捆成一手可抓起的小束的东西；把：一大～｜一捞就係一～（一拿就是一把）｜买一～菜［重见十 C1］

*揦₂ la²〈音啦第 2 声，黎哑切〉用于用手抓起的东西（一般是用在估量分量时）；把：有一～度（有一把左右）［重见六 D1］

*执 tsɐp¹ 用于用手抓起的东西（一般量不太大）；撮、把、小把：一～米｜一～头发［重见六 D5、七 A11］

十 C4 分类的物品的量

*只 tsɛk³ 用于分类的物品等；种：呢～布贵过嗰～好多㗎。（这种布比那种贵很多的。）｜呢～色好啲。（这种颜色好一些。）｜买咗三～股票。（买了三种股票。对股票的叫法进入普通话，变为“支”。）［重见十 B1、十 B2、十 B3、十 C1、十 F1］

停 tʰeŋ⁻²〈读第 2 声，土影切〉用于分类的物品；种：有几～唔同产地嘅有得拣下。（有几种不同产地的可以挑一下。）

*款 fun² 用于分类的物品，侧重于款式的分类；种：你话边一～好睇？（你说哪一种好看？）［重见八 A5］

十 C5 食物的量

件 kin⁶ 用于食物（一般是小块的）；块：唔该买两～萝卜糕。（劳驾买两块萝卜糕。）｜几～猪肉。

楷 kʰai²〈音卡鞋切第 2 声〉用于柑桔等由果膜包裹着的小块果肉；瓣儿：

一～碌柚（一瓣儿柚子）

*拆 sak^3〈音四客切〉用于切开的食物，一般是角形的；块：一～糕｜将西瓜切开几～。（把西瓜切成几块。）[重见十 E2]

底$_2$ tɐi^2 用于蒸糕，一般指整盘没切开的或切得比较大的；块、大块、盘：一～萝卜糕｜成～拶走。（整大块拿走。）

砖 tsyn^1 用于豆腐等（因方形像砖）；块：一～腐乳（一块豆腐乳）

脔 lin^2〈音练第 2 声，拉演切〉用于大块的肉（一般是生的）；大块：一～猪肉。

卖$_2$ mai^{-2}〈卖读第 2 声〉专用于饭店等出售的饭菜；份：一～炒面（一份炒面条）

半卖 pun^{3}mai^{-2}〈卖读第 2 声〉用于饭店等出售的饭菜等；指较小的一份：再嚟两个～嘅。（再来两个小份的。）

喳 tsa^1【外】用于生啤酒；扎：要两～生啤。[英语 jar]

*餐 tsʰan^1 用于饭；顿：一日三～饭[普通话口语中不用“餐”，广州话则极常用。重见十 F2]

围 wɐi^4 用于酒席（因围桌而坐）；桌：佢结婚摆咗二十～。（他结婚摆了二十桌酒席。）

箸 tsy^6〈音住，治遇切〉用于用筷子夹起的菜等；筷子：一～菜｜大～食餸。（多吃菜。）[广州话对名词同普通话一样说“筷子”，而量词说“箸”]

啖 tam^6〈音冷淡之淡〉用于吃到口中的食物、水或吸入的空气等；口：饮～水。（喝一口水。）｜两～就食咗。（两口就吃了。）｜畀我敨～气得啩？（让我喘口气该可以吧？）

路 lou^6 用于茶或中草药，指沏或煎的次数；次、趟：二～茶（沏第二次的茶，或煎第二次的药）

*棚 pʰaŋ^4 用于食物咀嚼后剩下的渣滓；把：一～蔗渣｜呢种果得～渣，冇嘢食。（这种果子只嚼出一把渣子来，没东西可吃。）[重见十 B3]

十 C6　某些特定用品、物品的量

架 ka^3 用于车、船（一般是机动船）、机器等；辆、艘、台：一～单车（一辆自行车）｜一～拖拉机｜一～船｜一～电视机

部 pou^6 同“架”：买咗～新车（买了一辆新车）｜一～录音机｜一～电脑

*坎 hɐm^2〈音海饮切〉用于炮；门：一～大炮[重见二 A2、十 B2]

*筒 tʰoŋ^4〈音同〉用于照相胶卷（因装在小筒内。照完洗出来时已不在筒内，而习惯上仍称～）；卷：呢～菲林影得几好。（这一卷胶卷照得挺好。）[重见十 B3]

*支 tsi^1 用于瓶装或筒装的物品（多是液体）：要一～啤酒、三～可乐。｜买～红汞水。（买一瓶红药水。）｜一～喷蚊水（一筒雾剂杀蚊药水）｜一～香水。[重见十 C2]

*张 tsœŋ^1 用于菜刀或肉刀等；把：一～刀[重见十 D1]

口 hɐu^2 ①用于香烟；根：一～烟②用于针等；根：一～大头针

眼 ŋan^{-2}〈读第 2 声〉用于针、钉等；根：一～钉②用于灯；盏：一～电灯③用于水塘、井等；口：一～鱼塘

间$_2$ kan^1〈音奸〉①用于房屋；所、间：一～屋（一所房子）｜一～房（一个房间）②用于学校等；所：一～大学｜一～医院｜一～工厂｜一～药店[普通话“间”是建筑物最小的单位，只用于房间、小屋子和单间的

厂房、小店铺等，而广州话则是不管大小都用“间”]

道 tou^{6} 用于门、桥等；扇、座：一～门｜两～桥。

埲 poŋ^{6}〈音罢用切〉用于墙；堵：拆咗呢～墙（拆了这堵墙）｜夹喺两～墙中间（夹在两堵墙之间）。

牏 jy^{2}〈音瘀〉用于墙，指其横截面（厚度）的砖层：双～墙（双层砖墙）｜单～墙｜三～墙。

十 C7 其 他

朕 tsɐm^{6}〈音浸第 6 声，治任切〉用于气味或风；股、阵：一～味｜一～风。

𩙪 poŋ^{6}〈音罢用切〉【贬】用于气味；股：一～𠯠（一股不好的气味）｜一～燶味（一股糊味儿）。

十 D 货币和度量衡单位

十 D1 货币单位

缗(文) mɐn^{-1}〈音蚊，馍因切〉元：两百五十二～｜三～三毫半（三块三毛五）。

缗(文)鸡 mɐn^{-1}kɐi^{1}〈缗（文）音蚊，馍因切〉元：六～｜十～。[只用于没有尾数（后面不带角、分）的情况下，一般也只用于十元以下]

个 kɔ^{3} 元：总共係一百三十六～五毫二。（总共是一百三十六块五毛二。）｜两～八｜九～银钱（九块钱）[常用于有尾数的情况下。如无尾数，则一般不用于十元以上，而且要加“银钱”二字在后面]

***张** tsœŋ^{1}【俗】①元：五～嘢（五元钱）｜二十～嘢。②百元（原为暗语，将钱款数目缩小一百倍表示）：五～嘢（五百元）。[一般配“嘢”字使用，多只用于没有尾数的情况下。重见十 C6]

***皮**$_{1}$ pʰei$^{2(4)}$〈读第 2 声，也可读第 4 声〉【外】【俗】元：三几～｜百零～（百来块钱）。[英语 pay。重见八 C2]

毫 hou^{4} 角：四个七～半（四块七毛五）｜两缗六～（两块六毛）。

毫子 hou^{4}tsi^{2} 角：两～｜八～斤（八毛钱一斤）。[一般只用于前无元、后无分的情况下]

***粒** nɐp^{1}【俗】①角：几～嘢（几毛钱）。[一般配“嘢”字使用，只用于前无元、后无分的情况下]②十元（原为暗语，将钱款数目缩小一百倍来表示）：三～嘢（三十元）。[重见十 C2、十 F1]

粒神 nɐp^{1}sɐn^{4}【俗】同“粒”，但不配“嘢”字。

斗令 tɐu^{2}leŋ$^{-2}$〈斗音升斗之斗，令读第 2 声〉【旧】半角钱。旧时商业活动中以支、神、斗、苏、马、令、侯、庄、弯、享代表从一至十的数字。抗战前的银币一角为七分二厘，半角为三分六厘，“三六”即为“～”。

㔶屎 løy^{1}si^{2}〈㔶读第 1 声〉【旧】旧时铜钱的最小单位；文：成身一个～都冇。（全身一个铜板也没有。）｜一个～唔值（一文不值）。[现只用于某些固定说法中]

***嚿** kɐu^{6}〈音旧，忌右切〉【俗】①百元（本义为“块”。以前银行每每以百张一元票捆作一扎，形如砖块）：两～水（两百块钱）。②泛指比较多；笔：冇大～啲点够啊？（没大笔点儿钱哪儿够呢？）[一般配“嘢”或“水”字使用，不带尾数。重见十 C2]

***栋** toŋ^{6}【俗】千元（本为矗立状物的

量词。十“嚿”叠起即为一“栋”）。

*撇 p^{h}it^3【俗】千元（“千”字上为一撇）：三～嘢畀你。（三千块卖给你。）[一般配“嘢”或“水”字使用，不带尾数。重见六 A3、六 D8]

干 kɔn^1【俗】千元。（“干”与“千”字形相似）。

盘（盆）p^{h}un^4【俗】万元：净係个架就成～水㗎喇！（光是这架子就上万元了！）[一般配“水”字使用，不带尾数]

十 D2 度量衡单位

获 wɔk^1〈读第 1 声〉【外】电的功率单位；瓦：呢部机几多～？（这台机子多少瓦？）[英语 watt]

火 fɔ^2 电的功率单位（只用于电灯）；瓦：六十～灯胆（六十瓦灯泡）。

烟子 jin^{1}tsi^2【外】英寸。[英语 inch]

安士 ɔn^{1}si^2〈士音屎，洗椅切〉【外】盎司（重量单位）。[又作“安”。英语 ounce]

石 sɛk^6〈读本音〉容量单位；十斗。[普通话十斗也作“石”，但读为 dàn]

十E 时间和空间的计量单位

十 E1 时间的量

个钟 kɔ^{3}tsoŋ^1 小时：做咗两～。（干了两个小时。）

点钟 tim^{2}tsoŋ^1 小时：一日工作八～。[普通话“点钟”指时刻，不表示时量；广州话既表示时刻，也表示时量]

粒钟 nɐp^{1}tsoŋ^1 小时：由呢度去火车站都唔使半～。（从这里到火车站也用不了半个小时。）

骨 kwɐt^1【旧】【外】刻（十五分钟）：三点一个～（三点十五分）[英语 quarter]

字 tsi^6 五分钟（钟表盘上每五分钟位置上有一个数字）：两点三个～（两点十五分）｜十点八个～（十点四十分）｜八点九个半～（八点四十七八分）｜两三个～（十来分钟）｜再过半个～度就得嘞。（再过大约两三分钟就行了。）[广州话中不习惯使用“分钟”，在“点”或“钟头”之下主要用“～”；还时常有省略的说法，如“三点五”指“三点五个～”即三点二十五分，决不可理解为三点五分]

牌（排）p^{h}ai$^{4(-2)}$〈又读第 2 声〉表示一段时间的量词。

*轮 lɵn^4 表示一段时间（一般是若干日子）的量词。[重见七 A2、七 A14、十 F2]

驳$_3$ pɔk^3【旧】同“轮”。

日 jɐt^6 天（二十四小时）：我嚟咗三～嘞。（我来了三天了。）

对时 tɵy^{3}si^4 二十四小时（从一天的某一时刻到次日同一时刻）：一个～食一次药。（二十四小时吃一次药。）[又作“对”]

*月头 jyt^{6}t^{h}ɐu^4 月（一年的十二分之一）：两个～｜呢个～使用大啲（这个月花费大点儿。）[重见四 A6]

对年 tɵy^{3}nin^4 一周年。

对岁 tɵy^{3}sɵy^3 周岁。

勾 ŋɐu^1【谑】岁：你都成五十～啦。（你也上五十岁了嘛。）

十 E2　空间、长度的量

*度₁(道) tou⁶ 表示处所、位置：有一～好啲，有一～冇咁好。（有一处好些，有一处没那么好。）| 两～都咁上下。（两个地方都差不多。）[重见四 B1]

处 sy³〈音书第 3 声〉同"度(道)"。[另有读书音 tsʰy³（到处之处）]

*便 pin⁶ 表示方向性的位置；边，面：东～ | 南～ | 西北～。[重见十 F1]

*瓣 fan⁶〈音饭，父限切〉用于指有方向性的位置，一般是旁边或侧面的；边：呢～好过嗰～啲。（这一面比那一面好一些。）[重见八 C1、十 F1]

*㖿 sak³〈音细客切〉①表示有方向性的地域：嗰一～都係山。（那边一片都是山。）| 东便嗰～讲客家话嘅。（东边那一片是讲客家话的。）②表示被分切开的一块面积；片：你呢～地大过佢嗰～一啲。（你这一片地比他那一片大一点儿。）[重见十 C5]

幅 fok¹ 用于具有一定面积的东西；块、片：一～布 | 一～地（一块地，多是指建筑用地）。

笪 tat³〈音达第 3 声〉用于有一定面积的东西；块：呢～地皮唔错。（这块地皮不错。）| 一～瘌（一块疤）。

窟(忽) fɐt¹〈音忽〉①用于有一定面积的东西；块：捞一～地嚟种番薯，一～种菜。（拿一块地来种红薯，一块种菜。）| 将呢～布对中裁开两～。（把这块布对开裁为两块。）②用于有一定体积的东西，一般是指从一大块中分离出来的一小块；块：挖一～仔畀我。（挖一小块给我。）| 个碗崩咗一～。（这碗缺了个口子。）

*皮₂ pʰei⁴ 用于物体的表面或外轮廓（常用于作大小的比较时）；层、圈：点解半个月唔见就瘦咗一～嘅？（怎么半个月不见就瘦了一圈呢？）| 呢只缸大过嗰只成～。（这个缸比那个整整大一圈。）[重见十 F1]

揽₃ lam⁶〈读第 6 声〉伸开两只胳膊的长度（可以指两手向两旁伸直量长度，也可以两手围拢量物体的外径，后一个意思在普通话说"围"）：翕树有成～粗。（那棵树有整整一围那么粗。）

*揇₂ nam³〈音南第 3 声，那喊切〉张开的大拇指与中指（或小拇指）之间的距离；拃：张纸有两～长。（这纸有两拃长。）[重见六 D10]

*踹 nam³〈音南第 3 声，那喊切〉一步的距离；步：呢道门到嗰道门有五～远。（这扇门到那扇门有五步远。）[重见六 D11]

铺₁(甫) pʰou³〈音破澳切〉十里：一～路。[源于古代驿站称"铺"]

塘(堂) tʰɔŋ⁴ 十里：两～路（二十里路）。[源于古代驿站称"塘"]

十F　抽象的计量单位

十 F1　抽象事物的量

单₂ tan¹ 用于事情等；桩、件：有一～生意 | 呢～嘢大镬喇！（这件事儿闹大了！）

栊 loŋ⁻² 〈读第 2 声，力拥切〉【贬】用于本事、心计、事情等（一般配用"嘢"）：你嗰～嘢我一眼睇穿啦！（你那些心术我一眼看穿了！）| 呢～嘢你唔好黐手！（这件事你别粘上手！）

手 sɐu² 用于手段、本事、事情等（一般与“嘢”配合使用)：你都识得呢～嘢？(你也会这一手？)

*瓣 fan[6]〈音饭〉用于事务、业务等；方面：唔係呢～嘅人唔会识嘅。(不是这方面的人是不会懂的。)[重见八 C1、十 E2]

头$_2$ tʰɐu[4] 用于事务，指许多事务的总和：一～家(整个家的事务)｜一～杂事(一大堆杂事)。[重见四 B5]

味 mei[-2]〈读第 2 声，摸起切〉【喻】【谑】用于不大好或不大正经的事情等：呢～嘢我唔制㗎。(这种事我不干的。)｜畀呢～你叹下！(给这个你尝尝！意思是：让你尝尝厉害！)[原用于菜肴，与普通话相同；比喻义用于有某种“滋味”的事情]

*铺$_2$ pʰou[1]〈读第 1 声〉①用于瘾头：我有～噉嘅瘾。(我有这样的瘾头。)｜大～瘾(瘾头大)②用于脾气(一般是不好的脾气)：你～牛颈啊！(你这牛脾气呀！)③【贬】用于力气：一～牛力(一股蛮力气)④【贬】用于说法：你呢～话法啊！(你这种说法！意思是：你这是胡说！)⑤用于棋类或乒乓球、台球等比赛；局、盘：捉两～棋。(下两盘棋。)｜呢～输咗成 10 分。(这一局输了整整 10 分。)[重见十 F2]

*GAME kɛm[1]〈音机些切加上金字的音尾〉【外】用于乒乓球等；局：五～三胜｜二十一分～(二十一分一局)。[重见七 D8。源于英语]

*粒 nɐp[1] 用于球赛中所进的球；个：赢咗对方三～。(赢了对方三个球。)[重见十 C2、十 D1]

*只 tsɛk[3] 用于歌、故事等；支、个：你都唱一～啦！(你也唱一首吧！)｜有啲～歌仔唱。(熟语，指再没有那样好的事了)｜一～古仔(一个故事)。[重见十 B1、十 B2、十 B3、十 C1、十 C4]

把 pa[2] 用于话语(或以“嘴”或“牙”比喻)、嗓门：我一～嘴唔够你哋两～嘴讲。(我一张嘴巴说不过你们两张嘴巴。)｜佢个人净係得～牙之嘛！(他这人只是会说而已！)｜佢～声沙晒。(他的声音全沙哑了。)

*泡 pʰao[1]〈读第 1 声〉用于怒气：一～气(一肚子火)[重见十 B3]

*皮$_2$ pʰei[4]【喻】原指物体的外轮廓的一圈，比喻义用于比较本领的高低：阿刚仔就係叻你一～。(小刚子就是比你略高一筹。)[重见十 E2]

世 sɐi[3] 用于人生；辈：我呢～人(我这辈子)。

份 fɐn[6]【贬】用于人的品质、性格等：佢呢～人你仲指拟佢？(他这样的人你还指望他？)

*便 pin[6] 用于相对或并列的人或势力等；方面：佢係嗰～嘅人。(他是那边的人。)｜两～都同意。(双方都同意。)[重见十 E2]

造 tsou[6] 用于农作物，指在同一块地上种植的次数；茬：一～禾｜海南岛一年可以种三～。

十 F2 动作的量

*餐 tsʰan[1] 用于做事情等，指做得时间长的；顿、场(前面如带数词，一般只带“一”)：打咗个仔一～。(把儿子打了一顿。)｜今日做～懵嘅。(今天干了一场够呛的。)[重见十 C5]

大烂餐 tai[6]lan[6]tsʰan[1] 用于做事情等，比“餐”更强调其时间长或程度强烈(只与“一”相配使用)：嘈咗一～。(吵闹了一大通。)

*轮 lɵn[4] 用于所做的事情；次：行咗三～都未办成。(跑了三趟也还没办

成。)［重见七 A2、七 A14、十 E1］

仗 tsœŋ³〈音打仗之仗，志向切〉用于所做的事；次：呢一～又係去上海。(这一次又是到上海去。)

匀(云) wɐn⁴ 用于做事情等；次、趟：行两～｜今～唔啱喇！(这回不行了！)

*__水__₁ sɵy² ①用于乘船往返的次数：呢条路我唔知行过几多～喇！(这条水路我不知道走过多少个来回了！)②用于衣服等洗的次数；又指穿着的次数：呢种布洗一～缩一～。(这种布洗一次缩水一次。)｜呢条裙我净着过两～。(这条裙子我只穿过两次。)［重见八 C1、八 C2］

*__过__ kwɔ³ 用于漂洗的次数：呢啲衫过咗一～咋。(这些衣服只漂洗了一次。)［重见七 A10、七 B4、九 D1、九 D18］

巴 pa¹ 用于打耳光；巴掌：掴咗佢两～。(掴了他两巴掌。)｜一～打埋去(一巴掌打过去)。

捶 tsʰɵy⁴ 用于用拳头打；拳：一～打过去(一拳打过去)。

渠 kʰɵy⁴ 同“捶”。

*__煲__ pou¹〈音保第1声〉用于击打；下：呢～犀利喇！(这一下可厉害了！)［重见三 A11、七 B2、七 E15］

*__嘢__ jɛ⁵ 用于某些动作，如打、戳等；下：揞咗两～(捶了两下)｜一～巩过去(一下戳过去)。［重见一 A3、八 Al、八 A8］

身 sɐn¹ 用于打人，专指往身上打：打咗佢一～(打了他一顿)

*__铺__₂ pʰou¹〈读第1声〉用于所做的事情；次：呢一～(这一次)｜去一～南京。(去一趟南京。)［重见十 F1］

十一、其 他

十一A 语 气

十一 A1 用在句末表示叙述、肯定等的语气词

*嘅$_1$ kɛ^3〈记借切〉①表示叙述：梁小姐係三点度到～。(梁小姐是三点左右到的。) ②表示肯定：就係噉～。(就是这样的。)[重见八 A8、九 D34]

*㗎$_1$ ka^3〈音嫁〉表示肯定（口气较重）：我唔知～！(我不知道的呀！)[重见十一 A2]

嘅$_2$ kɛ^2〈假写切〉表示肯定，又带有解释或同意的口气：呢件事唔关佢事～。(这事儿跟他无关的。) | 噉都好～。(这样也好。)

哩(咧)$_1$ lɛ^5〈李野切〉表示情况确实如此，用于希望对方相信或敦促对方接受自己的意见：我唔係呃你～。(我不是骗你呀。) | 噉样唔好～！(这样不好的！)

*嚟 lɐi^4〈音黎〉表示命令对方保持某一状态：坐好～！(坐好！) | (企住～！(站住！)[重见六 A2、九 D22、九 D31]

*啊$_1$(吖) a^1〈读第 1 声〉①表示同意对方的意见（有让步、放弃自己原有意见的意思）：噉又得～！(这也行嘛！) ②表示所说的事实非常显然（有反驳对方的意思）：佢亦都冇话到你乜嘢～！(他也没说你什么嘛！) ③表示对对方的言行不以为然：呢啲嘢你使乜咁志在～！(这些东西你何必那么在乎呢！)[重见十一 A2]

嘞$_2$ lak^3〈赖客切〉表示事情发生了、情况出现了，大致相当于普通话的“了（le）”：大家都嚟齐～。(大家都来齐了。) | 我食咗饭～。(我吃过饭了。)

喇(嚹)$_1$ la^3〈读第 3 声，赖阿切〉大体同“嘞”，而口气略重一些：啲书冧晒落嚟～！(那些书全掉下来了！)

咯 lɔk^3〈音洛，赖各切〉大体同“嘞”，而带有提醒对方注意的口气：琴日都搦晒去～。(昨天都全部拿去了。)

啰$_1$ lɔ^3〈读第 3 声，赖个切〉①大体同“咯”，而口气略重：落雨～，快啲收衫！(下雨了，快点收衣服！) ②表示建议、邀约：呢个礼拜去东郊公园玩～。(这个星期天到东郊公园玩吧。) ③表示劝阻或催促（口气较婉转）：噉嘅话就唔好再讲～！(这样的话就不要再说了！) | 行～！(走吧！)

啰喂 lɔ^{3}wei^3〈啰音罗第 3 声，厉个切〉表示催促对方与自己一起行动：郁手～！(动手干起来吧！)[其中“啰”是“啰$_1$③”]

啰$_2$ lɔ^4〈音罗〉表示情况就是如此，带理所当然、肯定无疑的口气（往往用于回答别人的提问）：边个好啲？——呢个好～！(哪个好一些？——当然是这个好！)

噃 pɔ^3〈音播〉①表示希望对方注意自己所说的内容，有告知、提醒、叮咛、催促、警告等作用：冇晒～。(全都没有了。) | 好走啰～。(该走了。) | 你要记住～！ | 呢堂梯唔

十一 其他

係几稳阵～。（这把梯子不太牢靠呢。）｜佢梗得啦，有人帮佢～！（他当然行啦，有人帮他嘛！）②表示说话人自己突然意识到某种情况，表示醒悟或原来没估计到等意思：係～！佢讲得啱～！（可也是！他说的对呀！）｜你都几得～！（原来你还挺行！）

啝₁ wɔ³〈音和第3声，户播切〉同"嚤"。[这是"嚤"的语音弱化形式]

个嚤 kɔ³pɔ³〈嚤音播〉相当于"嘅₁"（的）加上"嚤"，只是"嘅"字受"嚤"字音影响读成了"个"：噉唔得～。（这样不行的。）｜啊，都几好～！（哟，还挺好的！）[又作"个啝"]

***啝**₂ wɔ⁵〈音和第5声，胡我切〉①表示转告别人所说的话：经理话就噉得喇～。（经理说就这样行了。）｜嗰度好难行～。（据说那儿很难走。）②表示对某一出乎意料的事情表示不满：畀佢摷晒走～！（被他全拿走了！）[重见十一A2]

咊 wɔ⁴〈音和〉表示出乎意料，带吃惊、惊奇或不以为然等口气：阿珍成个人变晒～！（阿珍整个人全变了！）｜整出咗咁多～。（居然弄出这么多来。）｜佢噉都唔制～。（这样他都不干。）

***嗄** ha²〈音夏第2声，起哑切〉表示提醒对方注意：你睇真啲～！（你看清楚啊！）｜因住～！（小心哪！）[重见十一A2、十一A3]

啦 la¹〈拉哈切〉①表示命令、请求、提议、制止等：就噉～。（就这样吧。）｜快啲去～！（快点去吧！）｜②表示勉强的同意、认可：好～，你话点就点～！（好吧，你说怎么样就怎么样吧！）③表示已经如此或当然如此：都係噉～。（就是这样了。）｜使乜讲～！（哪用得着多说呢！）④表示认定某事，带责备的口吻：一日都係你～，唔係都唔会噉！（全都是你，要不也不会这样！）⑤表示列举：阿哥一家～，细妹佢哋～，你呢度～，敆埋都有八九个人㗎。（哥哥一家吧，妹妹她们吧，你这儿吧，合起来也有八九个人的。）

嗻₂ tsɛ¹〈音遮〉①表示事情不过如此而已（常用于对某种说法的否定）：好细雨～，唔使担遮。（只是很小的雨，不用打伞。）②表示反驳别人的说法：你做得人哋又做得～！（你干得了人家也干得了嘛！）③表示某种看法为自己所独有、内容为自己所独知等（发音较短促）：实係佢～！（一定是他了！）｜我就知道～。（我就知道呢。）

***唧（啫）** tsɛk¹〈音席第1声〉①表示只不过如此（口气比较强烈）：係得咁多～。（这只有那么多。）｜先话佢一句～，就喊啰㖞。（才说了他一句，就哭了。）②表示所说的内容为对方所不知道：我阿哥有好多好靓嘅邮票～。（我哥哥有许多很漂亮的邮票呢。）③表示鼓动或建议（往往是提出同对方意见不同的建议）：我话噉样好～！（我说这样才好呢！）[重见十一A2]

咋₁ tsa³〈音炸〉表示仅限于此（指出数量或范围较小）：一个月三百缗～。（一个月才三百块。）｜係我先咁好讲话～。（只有我才这么好讲话。）

之嘛 tsi¹ma³〈嘛读第3声，马亚切〉①表示不过如此，有"没什么大不了"的意思：十几缗～，湿湿碎啦！（不过是十几块钱，小意思！）②表示仅仅因为某个原因（而导致事情没弄好），带有遗憾的口气：小谢手脚慢得滞～！(都是因为小谢手脚太慢！)

至嚹 tsi³pɔ³〈嚹音播〉表示仅仅如此，有提醒对方注意的口气：呢度得二十个～。(这里只有二十个呢。)[参见“嚹”]

罢啦 pa⁻²la¹〈罢读第2声，比哑切〉表示作罢，不再计较：有呢种就要嗰种～。(没有这种就要那种算了。)

係啦 hɐi⁻²la¹〈係读第2声，起矮切〉①表示断然如此，不必犹豫和怀疑：你放心～，我实得嘅。(你放心吧，我一定行。) ②表示只好如此，有无奈的口气：人人都唔肯去，噉我去～！(人人都不愿意去，那么我去就是了！)

十一 A2　用在句末表示问话的语气词

***啊₁(吖)** a¹〈读第1声〉①表示追问(带不耐烦的口气)：你讲你去唔去～？(你说你去不去吧？) ②表示反问：点会唔得～？(怎么会不行呢？)[重见十一 A1]

啊₂(呀) a⁴〈读第4声〉①表示要证实某一情况：张生话佢实嚟～？(张先生说他一定来吗？)｜係胡小姐～？(是胡小姐吗？) ②表示反问，口气较重：你估你大晒～？(你以为你能压住一切吗？)

㗎₂ ka⁴〈音架第4声，计霞切〉相当于“嘅₁”(的)加上“啊₂”：係胡小姐～？(是胡小姐的吗？)｜唔畀攞出嚟～？(不让拿出来的吗？)[参见十一 A1“嘅₁”]

***㗎₁** ka³〈音嫁〉①表示某种疑问：点解唔见咗～？(怎么不见了呢？) ②表示某种反问：噉点得～？(这怎么行呢？)[重见十 A1]

□ hɛ² 表示希望对方同意自己的说法：都几抵～？(还挺值的是吧？)｜大翻啲就好喇～？(再大点儿就好了，对不对？)

喇(嚹)₂ la⁴〈读第4声，黎霞切〉表示询问某种情况是否发生：王伯制～？(王大伯愿意了？)｜啲人走晒～？(人都走了？)

哩(咧)₂ lɛ⁵〈李野切〉用于反问句，表示不出所料(多是不好的事)，带有责怪对方不听劝告的口气：呢勾撞板～？(这回砸锅了不是？)｜你而家知唔得～？(你现在知道不行了吧？)

哩(咧)₃ lɛ⁴〈黎爷切〉表示商量，带有希望对方同意的意思，有时有恳求或催促的口气：我试下～？(我试一试吧？)｜带埋小华去～？(把小华也带上好吗？)｜做多半个钟头～？(多干半个小时吧？)

㖞₂ wɔ⁵〈音和第5声，胡我切〉用于反问句，表示所说的内容应予否定：有啲噉嘅好事～！(哪有这样的好事！)｜畀晒你～！(难道全给你不成！)[重见十一 A1]

***嗄** ha²〈音夏第2声，起哑切〉①表示带商量口气的请求：我攞走喇～？(我拿走了啊？) ②表示心有疑惑而期待对方答复：咁恶搞嘅～？(怎么这么难弄啊？)[重见十一 A1、十一 A3]

嘅₃ kɛ²〈假写切〉①加强疑问语气：点解唔得～？(这怎么会不行呢？) ②加强反问语气：噉都通～？(这样做说得过去吗？)

***唶(唧)** tsɛk¹〈音席第1声〉表示催促对方答复：你去定係唔去～？(你到底去还是不去？)[重见十一 A1]

咋₂ tsa⁴〈治霞切〉表示对事态仅仅如此心存疑惑或不满等：咁耐整好两

十一 其他

条～？(这么久才弄好两条？)|全市就得呢度有呢种布～？(全市就只有这里有这种布啊？)

咩3 mɛ¹〈么些切〉表示疑问、设问或反问：佢仲未到～？(他还没到吗？)|佢唔制～，我都有计。(他不肯吗，我也有办法。)|唔通噉都得嘅～？(难道可以这样的吗？)

啩 kwa³〈音瓜第3声，固阿切〉表示半信半疑(常与否定词一起使用)：唔会～？(不会吧？)|未有咁快～？(没那么快吧？)

十一 A3 单独使用的表语气词语(叹词)

哗 wa¹⁽⁴⁾〈音华第1声，又读第4声〉表示惊叹：～！真好嘢(嚯！真好！)|～！啲风大到！(嗬！这风多大呀！)

哈 ha¹ ①表示愤慨：～！你咁大胆！(嘿！你这么大胆！)②表示疑惑：～，点解唔得呢？(咦，怎么不行呢？)③表示惊奇：～，原来佢都识。(嘿，原来他也会。)④表示无奈：～，噉都搞唔啱！(嗨，这样也还是弄不好！)

*__嗄__ ha²〈音夏第2声，起哑切〉用于问话，表示：①要求对方回答，有追问、质问、探询、恳求等含义(总是用在句子后面)：噉我点啊，～？(那我怎么办，啊？)|呢啲畀晒我啦，～？(这些全给我了，啊？)②对别人的话感到意外或没听清，要求对方说清楚：～？架车走咗？(什么？车子走了？)|～？你讲乜话？(啊？你说什么？)③对别人的呼唤一时反应不过来，以反问作应答：～？我喺度。(啊？我在这儿。)[重见十一 A1、十一 A2]

唓 tsʰɛ¹(tsʰœ¹)〈音车，又音差靴切〉表示不满、反对等：～！噉边个肯啊！(嗨！这样谁肯干哪！)|～！咪乱讲！(呸！别胡说！)

啋 tsʰɔi¹〈音采第1声，差开切〉表示厌恶、斥责等，一般是针对别人所说的不好、不吉利的话而发：～！唔听你噏埋呢啲嘢(呸！不听你说这些东西！)[此一般为妇女所用。按旧时迷信的说法，口中喊"～"可以祛除不吉利]

呢2 nɛ¹〈音尼些切〉提醒对方注意自己所指示的事物：～，嗰个就係嘞。(喏，那个就是了。)[参见"嗱"]

嗱 na⁴〈音拿〉同"呢"：～，就喺度。(喏，就在这儿。)[一般来说，用"呢"或用"～"是一样的，但如果有明显的远近之别时，"呢"指远处的，"～"指近处的]

呢嗱 nɛ¹na⁴〈呢音尼些切，嗱音拿〉同"呢"而口气较重：～！噉都睇唔见！(喏！这样都看不见！)

十一B 模拟声响

十一 B1 自然界的声音

吧吧声 pa⁻⁴pa⁻²sɛŋ¹〈前一吧字读第4声，后一吧字读第2声，声读司赢切第1声〉水流声：～噉流。(哗哗地流。)

*__嘞__ hœ⁴〈音靴第4声〉水流声：～噉流出嚟。(哗的流出来。)[重见二C6]

*__嘞嘞声__ hœ⁴hœ²sɛŋ¹〈第一字音靴第4声，第二字音靴第2声，声读司赢切第1声〉水流声。[重见十一 B2]

化化声 fa⁴fa²sɛŋ¹〈第一个化读第4声，第二个读第2声，声音司赢切第1

声〉水流声。[普通话用“哗”象水声。广州话“化”同“哗”的普通话音、广州话音都不相同]

叮揼 teŋ²tɐm²〈叮音顶，揼音底饮切〉落水声：～一声跌咗落水。(扑通一声掉下水去。)

揼₂ tɐm²(tʰɐm²)〈音底敢切，又音体敢切〉落水声：谂都冇谂就～声跳落去救人。(想都没想就扑通一声跳下去救人。)

啡啡声 fɛ⁴(fi⁴)fɛ²(fi²)sɛŋ¹〈前一啡字读咖啡之啡的第4声，又音吠疑切；第二字读第一字的第2声；声读司赢切第1声〉(水、汽等的) 喷射声。

*__嗻__₁ tsɛ⁴〈音谢第4声，志爷切〉(水、汽等的) 喷射声；漏气声。[重见七B5、十一 B3]

*□ sœ⁴〈时靴切第4声〉滑落声：～声落晒嚟。(哗一下全下来了。)[重见六 A6]

呼 fu⁴〈读第4声〉风声。[普通话也用“呼”字象风声，可是读音跟广州话很不一样]

*__轰__ kwɐŋ⁴〈跪衡切〉雷声。[普通话也用“轰”字象雷声等，可是读音跟广州话很不一样。重见十一 B3]

*__咩__₂ ŋɛ¹(ɛ¹)〈音毅爷切第1声，又音阿爷切第1声〉羊叫声。[与普通话“咩”读音不同。重见七 C8、十一 B2]

噢 ou¹ 狗叫声：只狗～～叫。(那狗汪汪叫。)

嗷₁ ŋau¹〈音咬第1声〉猫叫声。

嗷₂ au⁴〈音阿咬切第4声〉老虎、狮子等的吼声。

□□□ œ⁴œ¹œ³〈第一字音阿靴切第4声，第二、第三字分别为第一字的第1声和第3声〉公鸡啼声。

局局角 kok⁶kok⁶kɔk¹〈角读第1声〉母鸡叫声。

十一 B2 人发出的声音

庆庆含含 heŋ⁴heŋ⁴hɐm⁴hɐm⁴〈庆读第4声，何形切〉众人嘈杂的声音：话口未完，底下就～噉议论起上嚟。(话音未落，下面就闹闹哄哄地议论起来。)

*__嘞嘞声__ hœ⁴hœ²sɛŋ¹〈第一字音靴第4声，第二字音靴第2声，声读司赢切第1声〉①众人嘈杂的声音。②气喘声：行唔得几步就～嘞。(没走几步就喘得厉害。)[重见十一 B1]

□□**呱呱** kwi¹kwi¹kwa¹kwa¹〈前二字音姑衣切〉吵嚷声：你班友仔～嘈实晒！(你们这帮家伙哇啦哇啦地吵着人家！)

*□□**声** kwɐt¹kwɐt¹sɛŋ¹〈前二字音姑些切加上骨字的音尾，声读可赢切第1声〉小孩的尖叫声：你唔好～得唔得啊？(你别尖叫行不行？)[重见十一 B3]

□ kʰit¹〈音揭第1声〉笑声：忍唔住～一声笑咗出嚟。(忍不住噗嗤一声笑出来。)

咔咔声 kʰa⁴kʰa²sɛŋ¹〈第一字音卡第4声，第二字音卡第2声〉笑声：～笑(哈哈大笑)。

嗷嗷声 ŋau⁴ŋau²sɛŋ¹〈第一字音咬第4声，第二字音咬第2声〉哭声：～喊(嗷嗷地哭)。

咩₂ ŋɛ¹(ɛ¹)〈音毅爷切第1声，又音阿爷切第1声〉小孩哭声：头先好似听见佢～一声嘅。(刚才好像听见他哭了一声)。[重见七 C8、十一 B1]

□□□□ fi⁴(fit⁴)fi⁴⁽¹⁾(fit⁴⁽¹⁾)fɐt⁶fɐt⁶〈前二字音扶疑切，又音扶疑切加上发字的音尾，第二字也可读第1声；后二字音咖啡之啡第6声加上发字的音尾〉因流鼻水而抽鼻子的声音，一般用以指：①抽泣：喊到～。(哭得一把鼻涕一把泪。）②伤风或鼻炎等：你～嘞，係咪要食啲药啊？（你老抽鼻子，是不是要吃点药？）

□□声 œt⁴œt²sɛŋ¹〈第一字音阿靴切第 4 声加上吉字的音尾，第二字为第一字的第 2 声〉①哭得很凄惨的声音：～噉喊。（呜呜地哭。）②鼻鼾声。

□□声 kœt⁴kœt²sɛŋ¹〈第一字音锯第 4 声加吉字的音尾，第二字为第一字的第 2 声〉鼻鼾声：～瞓着咗。（呼呼地睡着了。）

咕咕声 kwu⁴kwu²sɛŋ¹〈第一字音古第 4 声，第二字音古第 2 声，声读司赢切第 1 声〉①鼻鼾声。②肠鸣声（在饥饿等的时候）：饿到我个肚～。（饿得我肚子咕咕叫。）

括括声 kwut⁴kwut²sɛŋ¹〈第一字音忌活切第 4 声，第二字为第一字的第 2 声〉①鼻鼾声。②大口喝水声：快啲～饮晒佢！（快点儿大口喝完它！）

杂杂声 tsap⁻⁴tsap⁻²sɛŋ¹〈第一字音习第 4 声，第二字音习第 2 声，声读司赢切第 1 声〉咀嚼声：食嘢～，只猪噉！（吃东西这么响，像头猪！）

嗒嗒声 tap¹tap¹sɛŋ¹〈嗒音搭第 1 声〉咂嘴声；咂糖果的声音。

*□ pʰu⁴〈婆胡切〉用力喷吐的声音：～声吐晒出嚟。（"噗"的一声全吐了出来。）[重见六 C2]

***哕** œt⁶〈阿靴切第 6 声加上日字的音尾〉呕吐的声音。[重见二 C10、二 C16]

钳钳声 kʰɛm⁴kʰɛm²sɛŋ¹〈第一字音骑字加禽字的音尾，第二字为第一字的第 2 声〉咳嗽的声音：一日听见佢～。（整天听见他咳嗽。）

哓哓声 hiu²hiu²sɛŋ¹〈声读司赢切第 1 声〉哮喘鸣音。

***乒乒声** pɐŋ⁴(pɐm⁴)pɐŋ²(pɐm²)sɛŋ¹〈前一乒音崩第 4 声，又音罢含切；后一乒字读前一字的第 2 声〉心跳声（指人在心情紧张等情况下听见自己的心脏跳动的声音）：当时我个心跳到～。（当时我的心跳得砰砰地响。）[重见十一 B3]

*□ pɐp⁶〈部合切〉心跳声：我一听倒个心就～声跳。（我一听到心里就突地跳一下。）[重见十一 B3]

喑 ɐm⁴〈音暗第 4 声，阿含切〉喂小孩时，把汤匙伸进小孩嘴里，同时大人口中发出"～"的声音（实际上是模仿合口的动作，意在催促孩子吃）。

十一 B3　人造成的声音

***轰** kwɐŋ⁴〈跪衡切〉重击声、爆炸声等。[普通话也用"轰"字象重击声等，可是读音跟广州话很不一样。重见十一 B1]

乒 pɐŋ⁴(pɐm⁴)〈音崩第 4 声，又音罢含切〉重击声、爆炸声等：～声碎晒。（砰的一声全碎了。）[相比之下，"轰"所形容的声音要重些，"～"要轻些]

乒乒 pɐŋ⁴pɐŋ⁴(pɐm⁴)〈乒音兵第 4 声，乒音崩第 4 声，又音罢含切〉同"乒"：部打桩机～～嘈到死。（那台打桩机咚咚地吵得要命。）[比普通话的"乒乒"所象的声音要响得多、沉得多。与广州话"乒乒球"中的"乒乒"也不同音]

***乒乒声** pɐŋ⁴(pɐm⁴)pɐŋ²(pɐm²)sɛŋ¹〈前一乒音崩第 4 声，又音罢含切；后一乒字读前一字的第 2 声〉重击声；脚步声。[重见十一 B2]

*□₂ paŋ⁴〈部横切〉①重击声。②枪声；鞭炮声等：畀人～一枪打低咗。（让人砰的一枪打倒了。）[重见七 D11]

乒乒□□ peŋ⁴peŋ⁴paŋ⁴paŋ⁴〈乒音兵第4声，后二字音部横切〉①用力敲击物体的声音：隔篱～唔知拆乜嘢。（隔壁乒乒乓乓不知在拆什么东西。）②连串的枪声或鞭炮声等。

铎 tɔk¹〈多恶切第1声〉清脆的敲击声：～噉铿咗下只木鱼。（柝的一声敲了一下木鱼。）

硧 kʰɔk¹〈读第1声〉①敲击声：我听倒有人～～噉敲门嘅。（我听到有人柝柝地敲门。）②皮鞋等走路的声音：佢对高踭鞋～～声。（她那双高跟鞋柝柝地响。）

角 kɔk⁶〈读第6声〉同"硧"。

登登声 tɐŋ⁴tɐŋ²sɛŋ¹〈前一登字读第4声，后一登字读第2声，声音司赢切第1声〉沉重或疾速的脚步声：林伯七十岁行路仲～。（林大伯七十岁走路还登登地响。）

凌凌林林 leŋ⁴leŋ⁴lɐm⁴lɐm⁴ ①众多脚步声：大家～行咗上楼。（大家踢踢腾腾上了楼。）②迅速地做事、收拾东西等的声音。

时哩沙啦 si⁴li⁴⁽¹⁾sa⁴la⁴〈哩音黎疑切，又音拉衣切；沙读第4声，啦音黎霞切〉①迅速收拾东西等的声音。②某些东西磨擦等的声音：呢种衫着上身成日～噉嘅。（这种衣服穿在身上整天沙沙地响。）

*□ pɐp⁶〈部合切〉①重物落地声。②跳跃声：佢～声扎咗上去。（他托的一声跳了上去。）[重见十一 B2]

*坺 pʰat⁶〈音婆压切第6声〉软物或糊状物重重摔下的声音：成个人～一声揞落地。（整个人啪的一声摔在地上。）[重见十 C2]

佮 tʰɐp¹〈他恰切〉①轻盈的落地声：～声跳落嚟。（托的一声跳下来。）②盖盒盖、放话筒等声音。

给 kʰɐp¹ 盖盒盖、放话筒等声音：未等华仔讲完，阿珍就～声收咗线。（没等华仔讲完，阿珍就咔的一声挂了电话。）

倾铃哐啷 kʰeŋ¹leŋ¹kwaŋ¹laŋ¹〈铃读第1声，哐音夸坑切，啷音拉坑切〉玻璃、器皿等碰撞、打碎等声音：一下～打烂晒。（一下子乒乒乓乓全打碎了。）

平₂ pʰɛŋ⁴〈皮赢切〉锣声。

鑔 tsʰa⁴〈音查〉钹声。

鑔督铮 tsʰa⁴tok¹tsʰɛŋ³〈鑔音查，铮音次赢切第3声〉锣鼓声（一般指唱戏的锣鼓声）。

咩咩 ŋɛ⁴ŋɛ¹〈第一字音娥爷切，第二字读第一字的第1声〉胡琴的声音。

辑 tsʰɐp¹ ①拍照声：～！又影一张。（嚓！又照一张。）②干脆地剪东西的声音：～噉剪断咗。（嚓的一声剪断了。）

啷₂ laŋ¹〈拉坑切〉铃声：电话又试～噉响嘞。（电话又当啷啷地响了。）

啷₃ lɔŋ¹〈音郎第1声〉摇铃声；物体在空铁盒里滚动等的声音：一筛就～～噉响。（一摇晃就叮当响。）

铃啷 leŋ¹lɔŋ¹〈铃音令第1声，啷音郎第1声〉同"啷₂"。

铃 leŋ¹〈音令第1声〉小铃声：有架单车～一声驶埋嚟。（有辆自行车滴铃铃一声骑过来。）

□□□□ kwit¹kwit¹kwɛt¹kwɛt¹〈前二字音姑衣切加上骨字的音尾，后二字音姑些切加上骨字的音尾〉金属磨刮的刺耳响声：上便刮乜嘢刮到～啊？（上面刮什么东西声音那么刺耳呀？）

***□□声** kwɛt¹kwɛt¹sɛŋ¹〈前二字音姑些切加上骨字的音尾，声读司赢切第1声〉金属磨刮的刺耳响声。[重见十一 B2]

□ ŋɛt^{1}〈毅些切加上骨字的音尾〉①门轴等转动的嘎吱声：道门～声打开咗。（那门吱呀一声打开了。）②木构件等受压发出的嘎声：条担挑～～声，断咁滞。（那扁担嘎吱嘎吱地响，快要断了。）

嘞$_{3}$ lak^{1}〈拉客切第 1 声〉木头、布等折裂、撕裂的声音：条方～声断咗。（那木方咔嚓一声断了。）

□ sœt^{6}〈音士靴切第 6 声加上术字的音尾〉飞掠的声音：～声飞走咗。（哧溜一声飞走了。）

嘬 ts^{h}yt^{1}〈音差雪切第 1 声〉飞掠的声音：～声唔见咗。（哧溜一声不见了。）

咻 put^{1}〈音波活切第 1 声〉汽车鸣笛声：架车～声开走咗。（车子嘟的一声开走了。）

盎 ɔŋ^{4}〈阿航切〉汽车、机器等的开动声；飞机声：点解今日成日听见有飞机～嗽飞嘅嘎？（怎么今天老是听见有飞机在隆隆地飞呢？）

□□声 wiu^{2}wiu^{2}sɛŋ^{1}〈前二字音乌晓切〉警报器的声音：架警车～嚟嘞。（警车呜呜地来了。）

□呜□呜 wi^{1}wu^{3}wi^{1}wu^{3}〈第一、第三字音乌衣切，呜读第 3 声〉警报器的声音。

*__嗻__$_{1}$ tsɛ^{4}〈音谢第 4 声，志爷切〉淬火的声音；滚烫的东西遇水发出的声音：一壳水淋落去，～一声。（一瓢水浇下去，嗤的一声。）[重见七 B5、十一 B1]

喳喳声 tsa^{4}tsa^{2}sɛŋ^{1}〈前一喳字音治霞切，第二字音指哑切，声读司赢切第 1 声〉①煎炸声。②收音机等的杂音：声音靓图像就差，图像好又～，点都校唔倒。（声音好图像就差，图像好杂音又大，怎么也调不好。）

十一C　熟　语

[在前面各类中已有不少熟语，本节为举例性质]

十一 C1　口头禅、惯用语

一本通书睇到老 jɐt^{1}pun^{2}t^{h}oŋ^{1}sy^{1}t^{h}ɐi^{2}tou^{3}lou^{5}〈睇音体〉【喻】只会抱着老皇历，不懂适时变通（睇：看）。

开讲有话 hɔi^{1}kɔŋ^{2}jɐu^{5}wa^{6} 俗话说……；古语说……。用于引用警句等的时候。“开讲”指旧时说书的开场白，因为说书一开始多要引用警句，所以这样说。

冇嗰支歌仔唱 mou^{5}kɔ^{2}tsi^{1}kɔ^{1}tsɐi^{2}ts^{h}œŋ^{3}〈冇音无第 5 声，嗰音个第 2 声，仔音子矮切〉【喻】没有那首歌可唱了（冇：没有；嗰：那）。比喻过去曾有过的事（一般是好的）再也没有了：嗰时一毫子一碗艇仔粥唔知几靓，而家～喇。（那时候一毛钱一碗艇仔粥相当好，现在没那样的事了。）

风水佬唔呃得十年八年 foŋ^{1}sɵy^{2}lou^{2}m^{4}ak^{1}tɐk^{1}sɐp^{6}nin^{4}pat^{3}nin^{4}〈呃音啊黑切〉【谑】风水先生骗人骗不了十年八年那么久（唔：不；呃：骗）。是说骗局不可能持久，又常用于表示自己没有骗人：～，唔使一个礼拜你就知我冇讲大话。（骗人总没法骗得久，不用一个星期你就知道我没说谎。）[风水先生替人看墓地，说葬先人于某处，可使子孙腾达，实际上骗人可以不止十年八年。这里故意反过来说，有谐趣之意]

可恼也 k^{h}ɔ^{1}nau^{1}jɛ^{1}〈可音卡呵切，恼音那敲切，也音爷第 1 声〉表示恼恨时的用语。此语取自粤剧。21 世纪初以前，粤剧一般用官话演唱，后来改为用广州话，但一些程式化的台词仍沿用旧时官话，“～”即属此类。后进入日常用语。[此三字如按广州话一般读法为 hɔ^{2}nou^{5}ja^5，但实际上这个词没有这样读的]

边有咁大只蛤乸随街跳 pin^{1}jɐu^{5}kɐm^{3}tai^{6}tsɛk^{3}kɐp^{3}na^{2}ts^{h}øy^{4}kai^{1}t^{h}iu^3〈咁音甘第 3 声，蛤音急第 3 声，乸音拿第 2 声〉【喻】哪有那么大的蛤蟆满街跳（边：哪；咁：这么；蛤乸：蛤蟆）。意思是说没有那么便宜的事：进口货大平卖？～啊！（进口货大降价？哪有这样满大街能捡到的好事！）

观音菩萨，年年十八 kwun^{1}jɐm^{1}p^{h}ou^{4}sat^{3}nin^{4}nin^{4}sɐp^{6}pat^3【喻】【谑】观音永远不会老。这是用来笑话那些总是说自己很年轻的女人。[“萨”和“八”押韵]

有冇搞错 jɐu^{5}mou^{5}kau^{2}ts^{h}ɔ^3〈冇音无第 5 声〉有没有弄错（冇：没有）。用于表示怀疑或不满时：～啊，戽到我一身湿！（怎么回事，泼了我满身的水！）

后嚟先上岸 hɐu^{6}lɐi^{4}sin^{1}sœŋ^{5}ŋɔn^6〈嚟音黎，上读第 5 声〉【喻】坐渡船时，先上船的坐靠里，上岸时在后，后上船的反而先上岸（嚟：来）。比喻后来者反而先得益。往往用于对这类现象表示不满时。

好狗唔挡路 hou^{2}kɐu^{2}m^{4}tɔŋ^{2}lou^6【喻】用于叫人不要挡着路时（唔：不）。这是对对方略带侮辱性或带开玩笑口吻的说法。

好心着雷劈 hou^{2}sɐm^{1}tsœk^{6}løy^{4}p^{h}ɛk^3〈着音着火之着〉【喻】好心不得好报。

好话唔好听 hou^{2}wa^{6}m^{4}hou^{2}t^{h}ɛŋ^1〈听音梯赢切第 1 声〉好话总是不好听的（唔：不）；忠言逆耳。一般用于准备讲出某些逆耳忠言或虽犯忌讳而又道出实情的话的时候：～，佢老豆死咗佢唔知点算。（说句不好听的，他父亲死了他不知怎么办。）

吓坏老百姓 hak^{3}wai^{6}lou^{5}pak^{3}seŋ^3【谑】（气势等）把人吓着（有时带一点讽刺口吻）：你摆个噉嘅款，唔好～噃！（你摆这样的架子，别把人吓着了！）

讲开又讲 kɔŋ^{2}hɔi^{1}jɐu^{6}kɔŋ^2 既然说起来也就说吧。用于顺着话题讲下去，提起一个与前面的话题有关而又不很相同的话题时：我唔够条件。係嘞，～，你够条件喎，点解唔报名呢？（我不够条件。对了，这话说起来，你够条件嘛，怎么不报名？）

怕咗……先至怕米贵 p^{h}a^{3}tsɔ^{2}sin^{1}tsi^{3}p^{h}a^{3}mɐi^{5}kwɐi^3【谑】首先怕某人，其次才怕大米涨价（咗：了）。意思是某人很可怕。此语始自 20 世纪 40 年代后期，其时米价腾贵，而且日日上涨，令人心惊，所以用来作夸张形容的参照物。此语运用时，“怕”字后面一般用“你”或“佢”（他），很少用其他词语，一般指人而不指事物。带玩笑色彩，所说的人并不是真的可怕，一般只是令人厌烦：算嘞，畀你嘞，成日嘈住要，我真係怕咗你先至怕米贵啊！（算了，给你吧，整天吵着要，我真是怕了你了！）

妹仔大过主人婆 mui^{-1}tsɐi^{2}tai^{6}kwɔ^{3}tsy^{2}jɐn^{4}p^{h}ɔ^4〈妹读第 1 声，仔音子矮切〉【喻】丫环的地位比女主人还高（妹仔：丫环）。比喻喧宾夺主。

斩脚趾避沙虫 tsam^{2}kœk^{3}tsi^{2}pei^{6}sa^{1}ts^{h}oŋ$^{-2}$〈虫读第 2 声〉【喻】砍掉脚趾头以免去疥癣之害（沙虫：疥虫）。比喻避小害而失大利；因噎废食。

话斋 wa^{6}tsai^1 正如……所说，……。用于引用别人的话语（引用者自己也同意这种说法）的时候：佢～，一日唔死都要过得有滋有味。（正如他所说，一天不死也要活得有滋有味。）

十一 其他

话头 wa6tʰɐu4 同“话斋”。

话事偈 wa6si6kɐi2〈偈音计第 2 声，解矮切〉同“话斋”：三哥～，良心钱先至养得肥人嘅。（正如三哥说的，良心钱才能养得人胖。）

担担唔识转膊 tam1tam3m4sek1tsyn3pɔk3〈前担字读第 1 声，后担字读第 3 声，转读第 3 声〉【喻】【贬】挑担子不会换肩（唔：不）。比喻做事不懂得从权、灵活处置，死板。

拧甩头当凳坐 neŋ5lɐt1tʰɐu4tɔŋ3tɐŋ3tsʰɔ5〈拧读第 5 声，甩音拉一切，当音当作之当〉【喻】把脑袋拧下来当凳子坐（甩：掉）。表示死也不怕或顶多是个死。

***咸(冚)家铲** hɐm6ka1tsʰan2〈咸音含第 6 声〉【詈】【俗】全家死光（咸：全部）。这是极恶毒的骂人话。[重见一 A3]

屌(丢)那妈 tiu2na5ma1【詈】【俗】一般粗俗的骂人话（“那”为“你阿”的合音）。

挑那星 tʰiu1na5seŋ1【詈】【俗】不那么粗俗的骂人话。

前世唔修 tsʰin4sɐi3m4sɐu1 迷信认为一个人在他的前世没修下阴德，这一世也就没有好报应（唔：不）。这句话一般用于感叹世事时用，如某人行为不端、某人遭受灾祸等，都可用此语表示慨叹的感情。

络住啰柚吊颈 lɔk6tsy6lɔ1jɐu2tiu3kɛŋ2〈啰音罗第 1 声〉【喻】【谑】套着屁股上吊（啰柚：屁股），肯定死不了。比喻做事极为保险：陆叔～，样样股票都买啲。（陆叔真够保险的，每样股票都买一点。）

捉倒鹿唔识脱角 tsok1(3)tou2lok-2m4sek1tʰyt3kɔk3【喻】捉到鹿却不懂怎样把鹿角取下来（倒：得到；唔：不）。比喻在接近成功时不知道怎样举措才能获得成果。

揦埋都係风湿 la2mai4tou1hɐi6foŋ1sɐp1〈揦音丽哑切〉【喻】【贬】旧时有的医生医术不高，病人说身体疼，他统统都说是风湿（揦埋：不管什么；係：是）。比喻对具体问题不作具体分析，什么都看作相同的问题。

十一 C2 歇后语

牛皮灯笼——点极唔明 ŋɐu4pʰei4tɐŋ1loŋ4tim2kek6m4meŋ4【喻】是说人愚蠢迟钝，怎么指点也不明白（极：怎么……也；唔：不。）“点”是点灯和指点双关，明是明亮和明白双关。

拜太公分猪肉——人人有份 pai3tʰai3koŋ1fɐn1tsy1jok6jɐn4jɐn4jɐu5fɐn-2〈份读第 2 声〉【喻】每个人都有一份。旧时用猪肉祭祖，然后平分给族内的男子（拜太公：祭祖）。

水瓜打狗——唔见嗰橛 sɵy2kwa1da2kɐu2m4kin3kɐm2kʰyt6〈嗰音敢，橛音决第 6 声〉【喻】用丝瓜打狗，自然会断掉一截（水瓜：丝瓜；唔：不；嗰：表示数量变化；橛：截），指少了一部分：仲煲紧冇米粥，啲资金经已～嘞。（事情还八字没一撇，那资金就已经用掉不少了。）

阿崩买火石——嘁过先知 a3pɐŋ1mai5fɔ2sɛk6kʰek1kwɔ3sin1tsi1〈嘁音卡益切〉【喻】买打火石必须先试一试。谓经过较量才知谁高谁低（阿崩：豁唇儿；嘁：有“卡住用力摩擦”和“较量”双关意思；先：才）。[“阿崩”为广州话歇后语中常出现的人物，并无贬义。又作“老李买火石——嘁过先知”]

纸扎老虎——有威冇势 tsi2tsat3lou5fu2jɐu5wɐi1mou5sɐi3〈冇音无第 5 声〉【喻】只有空架子（冇：没有）。

秀才手巾——包书（输） sɐu3tsʰɔi4sɐu2kɐn1pau1sy1 一定会输。“书”与“输”同音：你呢匀碰倒高手，係～喇。（你这回碰上高手，是输定了。）

泥水佬开门口——过得自己过得人 nɐi4søy2lou2hɔi1mun4hɐu2kwɔ3tɐk1tsi6kei2kwɔ3tɐk1jɐn4 泥瓦匠在墙上开门口，用自己的身量来比该开多高，能过得了自己就能过得了别人。这是说做事要既能让自己过得去，也能让别人过得去。用以劝喻人做事要推己及人或不要太过分。

单眼仔睇老婆——一眼睇晒 tan1ŋan5tsɐi2tʰɐi2lou5pʰɔ4jɐt1ŋan5tʰɐi2sai3〈仔音子矮切，睇音体〉独眼龙相亲——一眼全看到了（晒：全部）。是说一览无余。

食猪红屙黑屎——即刻见功 sek6tsy1hoŋ4ɔ1hak1(hɐk1)si2tsek1hak1(hɐk1)kin3koŋ1【喻】吃猪血拉黑屎——马上见效（猪红：猪血）。比喻做某事很快就显出效果或后果（包括积极的和消极的）。

落雨担遮——死挡（党） lɔk6jy5tam1tsɛ1sei2tɔŋ2 下雨打伞——死死地挡住（担遮：打伞）。“挡”与“党”同音。“死党”即非常要好的朋友：我同佢两个係～。（我跟他两个是生死之交。）

十一 C3　谚　语

一种米养百种人 jɐt1tsoŋ2mɐi5jœŋ5pak3tsoŋ2jɐn4〈种音种类之种〉同一种米养出来的人却有很多种。这是说世上的人良莠不齐。一般是用在感叹某些人的品质差得令人诧异的时候。

人多煠狗唔腍 jɐn4tɔ1sap6kɐu2m4nɐm4〈煠音是习切，腍音泥含切〉【喻】人多而心不齐或组织不力，连煮狗肉也煮不烂（煠：煮；唔：不；腍：软烂）。

上屋搬下屋，唔见一箩谷 sœŋ6ok1pun1ha6ok1m4kin3jɐt1lɔ4kok1 即使是从上房搬到下房，也会有所损失（唔：不），是说搬家总会有碰坏或丢失东西的情况。旧时习惯以谷为财物的比照物，“一箩谷”指不多不少的损失。［“屋”与“谷”押韵］

山大斩埋有柴 san1tai6tsam2mai4jɐu5tsʰai4【喻】山上每一个地方的柴都不多，但由于山很大，各处的柴都砍了聚在一起就多了（埋：聚拢）。比喻小的数量一点一点凑起来就很多：每本虽然只赚一毫子，但係发行百几万，～啊嘛。（每本虽然只赚一毛钱，但是发行一百多万，总数合起来就不少了嘛。）

牛唔饮水点揿得牛头低 ŋɐu4m4jɐm2søy2tim2kɐm6tɐk1ŋɐu4tʰɐu4tɐi1〈揿音今第6声，忌任切〉【喻】牛不喝水怎能把牛头按下去（唔：不；点：怎么；揿：按）。是说做事要自觉自愿，不可能靠强迫。

分甘同味，独食难肥 fɐn1kɐm1tʰoŋ4mei6tok6sek6nan4fei4【喻】这是劝喻人有利益当与别人分享（肥：胖）。［“味”与“肥”押韵］

仔大仔世界 tsɐi2tai6tsɐi2sɐi3kai3〈仔音子矮切〉儿女大了，世界就是儿女的世界了（仔：儿女）。这是父母慨叹时常用的话，意思是说儿女大了，不可能事事都听父母的了；也包含着儿女长大后就应该由他们自己走自己的路的意思。

本地姜唔辣 pun2tei6kœŋ1m4lat6【喻】人才在本地总是起不了作用（唔：不），也暗示另一个意思是外面的人才反而较易受重用。［与普通话“墙内开花墙外香”意思有些近似。］

龙床不如狗窦 loŋ⁴tsʰɔŋ⁴pɐt¹jy⁴kɐu²tɐu³〈窦音斗〉【喻】再好的地方也不如自己家里舒坦（窦：窝）。

好头不如好尾 hou²tʰɐu⁴pɐt¹jy⁴hou²mei⁵ 劝喻人做事不要虎头蛇尾。

好物沉归底 hou²mɐt⁶tsʰɐm⁴kwɐi¹tɐi²【喻】好东西留到最后。

同人唔同命，同遮唔同柄 tʰoŋ⁴jɐn⁴m⁴tʰoŋ⁴mɛŋ⁶tʰoŋ⁴tsɛ¹m⁴tʰoŋ⁴pɛŋ³【喻】用伞的把儿跟人的命运相比，慨叹各人命运的好坏差很远（唔：不；遮：伞）。[“命”与“柄”押韵]

近官得力，近厨得食 kɐn⁶kwun¹tɐk¹lek⁶kɐn⁶tsʰøy⁴tɐk¹sek⁶〈近音接近之近〉有“近水楼台先得月”的意思。这两句也可以拆开来单独用。[“力”与“食”押韵]

乱棍打死老师傅 lyn⁶kwɐn³ta²sei²lou⁵si¹fu⁻²〈傅音虎〉【喻】有时不按部就班地做事也能成功，甚至超过经验老到的人（老师傅：指武艺高强的枪棒师傅）。

鸡髀打人牙铰软 kɐi¹pei²ta²jɐn⁴ŋa⁴kau³jyn⁵【喻】用鸡腿来打人，可以使人的颌关节变软（髀：腿；牙铰：颌关节）。比喻以请吃喝来使人不说自己的坏话。[这同北方话“吃人的嘴软”说的是同一现象，但北方话是从吃别人东西的人方面说的，而广州话此语是从请吃的人方面来说的。]

画公仔唔使画出肠 wak⁶koŋ¹tsɐi²m⁴sɐi²wak⁶tsʰɵt¹(tsʰyt¹)tsʰœŋ⁻²〈画音划，仔音子矮切，肠音抢〉【喻】画小人儿不必把肠子也画出来（公仔：小人儿；唔使：不必）。是说对某些事情不必要说得太白。

烂船都仲有三斤钉 lan⁶syn⁴tou¹tsoŋ⁶jɐu⁵sam¹kɐn¹tɛŋ¹〈钉音低赢切第1声〉【喻】原有雄厚家底，即使衰落，也还有一定分量（烂：破；都仲有：也还有）。[与北方话“瘦死的骆驼比马大”意思相近。]

蚁多褛死象 ŋɐi⁵tɔ¹lɐu¹sei²tsœŋ⁶【喻】无数蚂蚁爬到大象身上可以把大象咬死（褛：昆虫等爬伏）。比喻弱者人多而齐心，可以战胜强者。

唔係猛龙唔过江 m⁴hɐi⁶maŋ⁵loŋ⁴m⁴kwɔ³kɔŋ¹【喻】有本事的人才出来闯荡（唔：不；係：是）。

虚不受补 høy¹pɐt¹sɐu⁶pou²【喻】本是中医的行话，是说身体底子虚的人受不了大补。比喻无实际水平的人受不了过分的表扬或重用等，一般是表示自我谦虚的话：你千祈咪讲呢啲，我係～啊！（你千万别说这些，我没这个水儿，受不住哇！）

朝朝一碗粥，饿死医生一屋 tsiu¹tsiu¹jɐt¹wun²tsok¹ŋɔ⁶sei²ji¹sɐŋ¹jɐt¹ok¹〈生音司亨切〉【谑】每天早上喝一碗粥，就不会生病，医生就会因此而失业，全家都得挨饿（朝：早上；一屋：全家）。这是夸张地说早上喝粥有益健康。[“粥”与“屋”押韵]

矮仔多计 ɐi²tsɐi²tɔ¹kɐi⁻²〈仔音子矮切，计读第2声〉矮仔计谋多（矮仔：矮子）。民间认为个子小的人计谋比较多。此语略带开玩笑口气，而无贬义。

碗碟碰埋都有声 wun²tip⁶pʰoŋ³mai⁴tou¹jɐu⁵sɛŋ¹〈声音司赢切第1声〉【喻】碗碟碰在一起也会有声响，何况人呢（埋：靠拢）。用于劝人对已发生的争吵不要介怀。

臊臊都係羊肉 sou¹sou¹tou¹hɐi⁶jœŋ⁴jok⁶【喻】虽然有点膻，羊肉总归是肉（臊：膻；係：是）。意思是说有些利益虽不能尽如人意，但也毕竟是一种利益：少啲都捞啦，～啊嘛！（少一些也拿吧，不管怎么说也比没有的好。）

十一 其他

词目笔画索引

本索引按照首字笔画数目排序，首字相同的，按第二个字的笔画数目排序，以此类推。笔画数目相同的字，按照起笔笔画，起笔相同的，按第二笔笔画，以此类推。笔画顺序是：提、横、竖钩、竖、撇、点、捺、折。外文字母起头的词条和无字可写、以方框□起头的词条附在后面。□起头的词条后面括注音标，表示这个词的读音或者这个词第一个音标的读音。

一画

〔一〕

二画

〔一〕

〔丨〕

〔丿〕

三画

〔一〕

四画

〔一〕

五画

〔一〕

〔丨〕

六画

〔一〕

七画

〔一〕

八画

〔一〕

九画

〔一〕

十画

〔一〕

〔乛〕

十一画

〔一〕

十二画

〔一〕

〔丨〕

十三画

〔一〕

十五画

〔一〕

十六画

十九画

二十画

□起头

第三版后记

这本词典是二十年前所编，由广东人民出版社于1997年出版。到2011年，香港商务印书馆改为繁体，在香港出版，当时我们应编辑先生的要求，作了幅度不大的修改和补充。现在承广东世界图书出版公司青睐，印行第三版。这基本上就是第二版的简体版，只是在看校样时略微作了一些校改。

说到编广州话词典，不能不提这个领域里的前辈专家、年已近90的白宛如老人。白老长期从事广州方言研究，尤其是广州方言辞汇的研究，有多篇论文发表，她所编撰的《广州方言词典》(江苏教育出版社1998年出版)，品质之高，在行内是有口碑的。前些日子，白老告诉我，她的视力越来越差，已经有多年完全无法做案头工作了，但她几十年积累下来的资料，断断不能浪费，希望交给我，让我接手做下去。于是我从她家搬过来几大摞编著号的卡片屉，有二十五个之多，另有两个纸板箱，都塞得满满当当的卡片，大都是关于广州话辞汇的资料。这些硬纸板做的屉子虽然年头不浅，可还很结实，而白老仍然千叮咛万吩咐，说一定要用绳子捆紧，小心搬动，万一卡片散落，乱了次序，就不好办了。跟我一起去的社科院语言所司机小薛开始还有点不理解，后来也就明白，这是老人对自己多年心血“肉紧”(广州话：因疼惜而紧张）的表现。这些东西现在就摆在我书房的书柜里，坐在书桌前抬眼就能见著。拉开屉子，看着那一张张已开始发黄的卡片上白老一丝不苟的字迹，回想起那天她轻轻地抚摸着这些卡片屉时，眼睛里透出那仿佛是母亲看子女般的温柔目光，我深深感到，我没有权力辜负她的殷殷嘱托。我目前固然是杂务缠身，没法做这个事，不过等过几年，退休以后，就可以集中时间和精力，再回到这个天地里，编一本更加详尽的广州话词典。我在这里说这个话，一来是有意向读者说明，今后我再编广州话词典，里面将包含白老的学术成果；二来也是为了防止日后自己偷懒——编词典是一项很烦人的工作，以我的惰性，是很容易“缩沙”(广州话：退缩）的，而把话说在前头，自断了退路，到时也就只能“顶硬上”(广州话：硬顶着干）了。请大家监督我吧。

广东世界图书出版公司的编辑魏志华女士为这一版花了很多心力，

我很感谢她。又有几位年轻朋友听说需要重新编制索引，主动提出义务承担这件麻烦的工作，他们是：姚琼姿、林姿、刘云玉、彭家欣、黄子瑜、徐钰炫、李颖怡、何原双。我也要说声谢谢！

麦　耘

2015 年 5 月

于古燕方城之槛泉斋

第二版后记

这本词典是十几年前的作品。现在该书要重版，我一则为“敝帚”还不失价值而窃喜，二则也不免心存遗憾。当年匆匆完稿的时候，心知它的不完善，就想着以后有机会，要作大修订的。可是这一次，除了改正一些错误、增加若干词条、调整少数词条的归类，再有根据出版社的要求改用繁体，以及用了比较规范的国际音标注音之外，基本没有作什么改动。这固然可以拿杂务太多、腾不出时间来做藉口，而真正的原因，还是学殖有限。

这不是故作谦虚，是实情。这本词典最大的特色在于语义分类，当年花功夫花得最多的是这方面，而自觉最不满意的也是这方面。十多年过去，我在这方面几乎毫无进步。当然，这些年也接触了一些语义分类系统，尤其是中文信息处理界做的系统，例如著名的“知网”的系统。搞中文信息处理的专家们的思路跟方言学者的不很一样。方言学者多从方言调查的角度想问题，会首先从词汇意义本身的关系上去分类；而中文信息处理要求词库可以处理句子，所以更注重语义在句子中（句法中）的地位，这是很值得方言学界参考的。但是两者如何很好地结合，我却想不出一个好方案来。也许这得寄希望于真懂计算机的下一代人了。

借此重版之际，我们要谢谢出版社和印刷厂的各位编辑、打字和校对人员！这么烦琐的音标，还要造许多古怪的方言字，真是难为了。

谢谢读者们！我们在初版后记里公布了通信地址，希望得到读者的反馈，以便改进。我们也确实获得过读者的意见，有益于这词典的修订。现在要通告的是，谭步云先生的通信地址依旧：510275，广州市海珠区，中山大学中文系；而我的就有了变动：100732，北京市建国门内大街5号，中国社会科学院语言研究所。我们依然热切欢迎你们的宝贵意见！

麦　耘
于北京东郊之我心堂

初版后记

编一本广州话义类词典，这是七八年来一直萦回于我心中的一件事。但一来自觉水平不逮，二来也惮于其工程之浩大，所以迟迟不曾动手。这次由于出版社编辑的大力支持，更赖谭步云学兄欣然加盟，现在总算把它搞出来了。

汉语的方言很多，其词汇各有特点。方言词典一向有人编纂，广州话的方言词典也出版过不止一本。不过这些方言词典大都是根据方言的语音依音序排列的，这就产生了一个问题：对于不熟悉这种方言的人来说，这种词典几乎是完全没办法使用的。

由于广东经济的发展，外地到广东、特别是到广州附近地区工作的人很多，他们都有学习广州话的迫切要求。学习一种方言，学会其语音当然是首要的；不过由于各方言之间总有一定的语音对应规律，学语音并非方言学习中的最难之点。实际上，最妨碍讲不同方言的人之间沟通的，是词汇上的差异。所以，一本实用的、易查的词典是非常必需的；而按照语义来分类的词典就是最实用、最易查的。要想知道广州话对某种事物是怎么说的，根据目录，按图索骥，一翻就能找到；而且同义词、近义词、反义词都在其前其后，查起来非常方便。

从学术研究的角度说，这样的词典同样有其重要价值。方言的研究发展到今天，方言之间的比较研究可说是个大方向。方言语音的比较研究早有人搞了，方言的语法比较也在兴起，而方言之间词汇的比较似乎是殿后军。其中原因很多，但下面这个原因也许是最主要的：词汇量大面广，如非自己的母语，要全面掌握是很难的。要想取若干种方言作词汇上的比较，来自不同方言区的学者进行合作是最理想的，但这样的机会总是有限；而要通晓多种方言，包括其大部分词汇，对大多数方言学家来说，又是过高的要求。在这种情况下，按义类编排的方言词典就是很有用的了。我甚至想象，通过长期的努力、不断的修订，学术界可以制定一套既科学、严密，且便于查找，又适用于各方言的语义分类体系，各方言都依这个体系来编写方言词典，就像古文字学家都按《说文解字》体系来编写古文字字典那样，要进行比较研究就极为方便了。如果我们这本东西能为这个宏大的工作起到一点微薄的作用，我们就可说是太高兴了。

另外一方面，编义类词典对语义学的研究也会有裨益。汉语的语义系统是怎样一个架构，现在并不是很清楚的，有一些地方则是很不清楚的。我们在编这本词典的时候，就碰到不少棘手的问题，主要是某些词语从语义上如何分类及归类的问题，以致有些地方虽经再三推敲，仍觉未安。这固然是我们水平有限之故，实在也因为有些问题目前学术界也没怎么注意到。如果有多一些人来编各种义类词典，包括普通话的和方言的，一定能发现并解决更多的问题。

我们在编这本词典的过程中，在收词、释义和用字方面，参考了饶秉才、欧阳觉亚、周无忌先生的《广州话方言词典》（香港商务印书馆，1981）、曾子凡先生的《广州话・普通话口语词对译手册》（香港三联书店，1982）、吴开斌先生的《简明香港方言词典》（花城出版社，1991）以及谭永泉先生的《广州话与普通话词语对译2000例》（广州市推广普通话协会，1993），还有一些有关广州话词语和考本字等方面的文章，恕不能在此一一列举；在分类方面，则参考了梅家驹、竺一鸣、高蕴琦、殷鸿翔先生的《同义词词林》（上海辞书出版社，1983）和林杏光、菲白先生的《简明汉语义类词典》（北京商务印书馆，1987）。谨在此一并致谢！

在编写的分工上，麦耘负责总体设计和分类，具体编写第一、四、五、十、十一大类，并给全部词条注音、统稿以及编制索引，谭步云负责编写第二、三、六、七、八、九大类。

编这样的词典，在我们是首次，水平和经验均有所阙，见闻也不够广，加之时间比较仓促，有些地方无法细磨，所以完稿之后，自己也觉得很不满意。一向听说，编词典是吃力不讨好的事，个中苦乐，唯编者自知。今见果然。不过事属草创，势难求全，不足之处，尚可俟之后日。从某种意义上说，这本词典的编成，只是这一工作的开始。我们设想，在将来适当的时候，要对它作不止一次的修订。我们诚恳地希望各界朋友多提出意见，无论是分类、收词、用字、释义、例句、体例等方面，都可以直接来信赐教。我们的通信地址是：510275，广州市海珠区中山大学中文系，麦耘、谭步云。这里预先说一声：谢谢了！

麦　耘
乙亥仲春之月
记于康乐园七面来风阁